Inhalt

III. Anhang

Zur Einführung

Vor über zwanzig Jahren erschien die erste Auflage des »Gemeindepädagogischen Kompendiums«[1]. Es war der erste umfassendere Versuch einer Gemeindepädagogik.

1. Was bleibt und was sich geändert hat

Es war der Versuch einer Kartographierung der gemeindepädagogischen Handlungsfelder und der damit verbundenen Professionstheorie der Religionspädagogen bzw. Gemeindepädagogen und des dimensionalen Verständnisses von Gemeindepädagogik. Das Vorhaben hatte eine dezidiert theologische und pädagogische Grundausrichtung. Inzwischen ist die Diskussion, wie unten im Beitrag 2. »Problemorientierte Geschichte der Gemeindepädagogik« nachzulesen ist, weiter gegangen. Gleichwohl sehen die Herausgeber keinen Anlass, an der Grundausrichtung des Konzeptes etwas zu ändern. Die Formel »Kommunikation des Evangeliums« und die pädagogische Grundausrichtung bleiben somit unverändert.

Evangelium steht dabei für die theologisch-inhaltliche Seite der Kommunikation. Weder eine Begriffsbildung mit dem Bestandteil Kirche noch eine solche mit dem Bestandteil Religion vermögen in dieser Klarheit zu signalisieren, worum es inhaltlich geht: um die grundlegende Orientierung an der Botschaft Jesu, die sich durch ihren personal-kommunikativen Charakter auszeichnet. Der Begriff der Kommunikation ermöglicht wissenschaftstheoretisch die Kooperation mit den Erfahrungswissenschaften und dem lebensweltlichen Kontext des Evangeliums. Dies ermöglicht es, manche Rahmenbedingungen (z.B. die Adressaten) genauer zu erfassen und hinsichtlich der konkreten Gestaltungen (z.B. Erfahrungen mit Organisationsformen im Zusammenhang der Konfirmandenarbeit) und Kommunikationsformen neue Wege zu reflektieren und zu erproben.

Die pädagogische Grundorientierung wird ebenfalls unverändert beibehalten. Wir sehen keine Gründe, die uns nötigen könnten, uns einer liturgischen Grundorientierung der Gemeindepädagogik zuzuwenden. Einsichten von Psychologie, Lernpsychologie, Lebenslauftheorie usw. sind unseres Erachtens jeweils in den pädagogischen Zusammenhang einzuordnen und in diesem Gesamtrahmen aufzunehmen. Die Verwendung des Bildungsbegriffes als der pädagogischen Leitformel unseres gemeindepädagogischen Konzeptes macht dieses deutlich. Bildung ist dabei kein affirmativer, sondern ein kritischer Begriff, der Gemeindepädagogik zum Anwalt der Kinder, Jugendlichen und Erwachsenen im Blick auf alle Prozesse des Lehrens und Lernens in Sachen Glauben macht.

---

[1] Göttingen 1987. Eine 2. Aufl. kam 1994 heraus.

Nach zwanzig Jahren waren die Herausgeber der Meinung, dass es an der Zeit sei, das Feld der Gemeindepädagogik noch einmal neu zu bedenken. Wir haben dabei nicht auf die früheren Mitarbeiter*innen* »zurückgegriffen«, sondern neue und auch jüngere Kollegen und Kolleginnen zur Mitarbeit gewinnen können. Wir haben es darum auch »Neues Gemeindepädagogisches Kompendium« genannt. Bei der Neubearbeitung wurde auch darauf geachtet, einer möglichen innerkirchlichen Binnenorientierung der Disziplin und einer möglichen parochialen Verengung entgegenzutreten. Insofern sind wir gerade nicht der Empfehlung, zur alten Katechetik zurückzukehren (*Christoph Bizer*) gefolgt, sondern haben das Haus der Katechetik endgültig verlassen.

Eine Konzentration nur auf die Parochie würde in der Tat übersehen, dass die Bildungsprozesse des Glaubens sich an ganz verschiedenen Lernorten vollziehen können. Darum stellt sich die Frage nach dem Lernort nicht mehr global im Sinne von hier Lernort Schule und dort Lernort Gemeinde, sondern es ist zu einer Lernorttypologie im Detail voranzuschreiten und zu fragen: Was leistet der Lernort KonfiCamp? Was sind die möglichen Erträge eines Gemeindepraktikums? Was vermag eine Werkstatt Gottesdienst einzubringen? usw.

Auch sind die strukturellen Entwicklungen und organisatorischen Veränderungen in der Kirche sowie die gesellschaftlichen Rahmenbedingungen (z.B. die Entwicklung hin zur Ganztagsschule) in die Überlegungen einzubeziehen. Das ist etwa im Blick auf die künftige Gestalt der Konfirmandenarbeit von erheblicher Brisanz.

2. Zu Erwartungen/Befürchtungen/Hoffnungen

Wer könnte sich durch die Ausführungen des Kompendiums angesprochen fühlen? Da sind auf der einen Seite die *Lehrkräfte für den Religionsunterricht*. Sie waren und können sich der kirchlichen Aufmerksamkeit für ihr Fach sicher sein. Sie könnten die Befürchtung hegen, dass die gewonnene Positionierung, welche nicht zuletzt eine solide Theorie des schulischen Religionsunterrichts untermauert hat, unter dem Anspruch und Ansturm einer offensiven Gemeindepädagogik insoweit wieder verloren gehen könnte, als der schulische Religionsunterricht an Aufmerksamkeit verliert oder gar in dem umfassenden Rahmen einer Gemeindepädagogik – gemäß dem Motto redivivum »Kirche in der Schule« – eingeordnet werden könnte. Die Ausführungen im ersten Beitrag »Was ist Gemeindepädagogik?« geben Auskunft darüber, in welcher Weise Gemeindepädagogik und Religionspädagogik als Theorie des schulischen Religionsunterrichts einander komplementär zugeordnet und miteinander verbunden sind.

Daneben stehen die *Diplom-Religionspädagoginnen und -pädagogen (FH)*, die an die Gemeindepädagogik hohe Erwartungen geknüpft haben und weiterhin knüpfen. Gegenüber dem schulischen Religionsunterricht und den anderen kirchlichen Handlungsfeldern möchten sie in der Gemeindepädagogik ihr ureigenstes Arbeitsgebiet anerkannt sehen, für das sie eigens ausgebildet sind.

Sie können mit Recht auch für diesen Bereich eine besondere Sachkompetenz beanspruchen. Die Fachhochschulen haben in Sachen Gemeindepädagogik in den letzten beiden Jahrzehnten Beachtliches geleistet.

Die *Pfarrerinnen* und *Pfarrer* könnten sich möglicherweise durch die Gemeindepädagogik mit ihren theoretischen und praktischen Innovationen verunsichert fühlen. Sie könnten befürchten, dass die angestammten Hoch- und Hofburgen pfarramtlicher Tätigkeit, Predigt und Gottesdienst, an Bedeutung verlieren könnten, ja noch mehr: Sie könnten in ihren Diensten »pädagogische Nachstellungen« *(K. Foitzik)* befürchten und sich einer Verpädagogisierung allen gemeindlichen Redens und Handelns ausgesetzt fühlen. Auch hier sei auf die diesbezüglichen Klärungen im Beitrag 1. »Was ist Gemeindepädagogik?« verwiesen. Erfreulicherweise ist im letzten Jahrzehnt ja das Bewusstsein darüber, wie eng evangelisches Glaubensverständnis und die Aufgabe der Bildung miteinander verbunden sind, deutlich gewachsen.

Schließlich ist festzuhalten, dass seitens der *Kirchenleitungen* nicht nur bei den Bildungsreferenten ein starkes Interesse an den gemeindepädagogischen Entwicklungen an den Tag gelegt wird. Neben der grundsätzlichen positiven Verhältnisbestimmung von Glaube und Bildung besteht hier ein starkes Interesse daran, dass durch eine integrative Gemeindepädagogik die Versäulung der diversen Arbeitsfelder gestoppt wird und es zu einer positiven In-Beziehung-Setzung der unterschiedlichen und vielfältigen Aktivitäten kommt.

Was man sich im Einzelnen von der Gemeindepädagogik und ihrer Vernetzung verspricht, ist aber nicht exakt auszumachen; zu vielfältig sind die kirchlichen Interessen: Sie können
- diakonisch motiviert sein im Sinne einer Kirche für andere,
- bevorzugt Erziehung und Unterricht Getaufter durch die Kirche intendieren,
- missionarisch von der Werbung und Mehrung neuer Gemeindeglieder bestimmt werden und
- endlich am »zusammen-Kirche-Sein« von Kindern, Jugendlichen und Erwachsenen ausgerichtet sein.

Die solchermaßen anzutreffenden Befürchtungen und Erwartungen, Interessen und Hoffnungen im Hinblick auf das Unterfangen der Gemeindepädagogik enthalten viele der Problempunkte und offene Fragen, denen man sich gegenübersieht, wenn man wissenschaftlich schlüssig und praktisch orientiert an die Bearbeitung der Disziplin und der verschiedenen Handlungsfelder herangeht.

3. In Europa tut sich etwas im Blick auf die Bildungsprozesse im Glauben

Gegenwärtig kann man beobachten, dass wieder Bewegung in die gemeindepädagogische Szene gekommen ist. Der Blick auf Europa lässt das deutlich erkennen. Es zeigt sich allerorten die Notwendigkeit von Weiter- und Neuentwicklungen. Dazu sei exemplarisch auf einige Entwicklungen in Norwegen, der Schweiz, in Dänemark und Deutschland hingewiesen.

In der *Schweiz* hat die Landeskirche des Kantons Zürich unter dem Titel »aufwachsen-aufbrechen« im Jahre 2004 ein religionspädagogisches Gesamtkonzept vorgelegt, das im Laufe von zehn Jahren nach und nach implementiert werden soll.[2] Als Gesamtziel wird formuliert, dass es darum geht, »mit Kindern, Jugendlichen und Familien den Glauben an Gott zu erfahren, ihn zu lernen, zu leben und zu gestalten«. Die gemeindepädagogischen Aktivitäten werden auf vier Altersphasen aufgeteilt, wobei eine jede unter einem besonderen Leitmotiv steht: Phase 1 (bis 8 Jahre): »Feiern« – Phase 2 (8 bis 12 Jahre): »Lernen« – Phase 3 (12 bis 16 Jahre): »Teilen« und Phase 4 (16 bis 25 Jahre): »Gestalten«. Insgesamt umfasst das Angebot einen Umfang von 192 Lektionen zu je 60 Minuten.

In *Norwegen* hat das Parlament im Jahre 2003 eine Reform der Glaubenserziehung beschlossen, derzufolge in einem Zeitraum von zehn Jahren neue Ansätze für die kirchliche Kinder- und Jugendarbeit entwickelt werden sollen. Das Parlament stellt die notwendigen Mittel zur Verfügung und intendiert eine breite volkskirchlich orientierte Glaubenserziehung seitens der Kirchen, nachdem der Religionsunterricht in der Schule in ein religionskundlich orientiertes Fach umgewandelt worden ist. Das Verfahren der Erarbeitung ist so geregelt, dass die einzelne Gemeinde Projektanträge stellt und diese bei Bewilligung dotiert erhält. Nach fünf Jahren soll auf der Basis dieser durchgeführten Einzelprojekte ein kirchliches Gesamtkonzept erstellt werden. Wir haben es also deutlich mit einem Ansatz zu tun, der von unten her, von den Gemeinden, verwirklicht werden soll.[3]

In *Dänemark* wurde im letzten Jahrzehnt der so genannte »Einleitende Konfirmandenunterricht« als eine freiwillige Ergänzung zum eigentlichen Konfirmandenunterricht eingeführt.[4] Dieser Unterricht findet in der Regel in der 3. Klasse, gelegentlich auch in der 4. Klasse, statt. Der einleitende Unterricht beginnt im Herbst und umfasst eine bis zwölf Doppelstunden (es können auch bis zu 20 Doppelstunden sein). Er wird vom Pfarrer verantwortet, aber man hat gerade wegen dieser Neuerung fast 300 Gemeindehelfer bzw. Katecheten in der dänischen Volkskirche eingestellt, deren wesentliche Aufgabe der einleitende Konfirmandenunterricht ist. Das Ziel des Unterrichts besteht darin, mit der religiösen Praxis und dem gottesdienstlichen Leben vertraut zu machen und darin einzuüben. Dieser einleitende Konfirmandenunterricht soll eine Brücke bauen zwischen der Taufe und der mit ihr verbundenen Unterweisung der Eltern und der eigentlichen Konfirmandenarbeit. Es ist bemerkenswert, dass dieses Angebot auch in stark säkula-

---

2   *Kirchenrat der Evangelisch-reformierten Landeskirche des Kantons Zürich* (Hrsg.), »aufwachsen-aufbrechen«. Religionspädagogisches Gesamtkonzept, Zürich 2004.

3   *B. Krupka/H. Leganger-Krogstad,* Das Größte unter ihnen – die Glaubenserziehungsreform in Norwegen, in: *M. Spenn u.a.* (Hrsg.), Handbuch Arbeit mit Kindern. Evangelische Perspektiven, Gütersloh 2007, 518–527.

4   S. dazu *G. Adam/E. Harbsmeier,* Konfirmandenunterricht in der Dänischen Volkskirche. Ein einführender Bericht, in: AuG 58/2007, 150–158.

risierten Teilen der Bevölkerung auf große Resonanz stößt, selbst bei Eltern, die persönlich über keinerlei religiöse Praxis verfügen. Die Einführung hat sich jedenfalls als großer Erfolg erwiesen: etwa die Hälfte aller Gemeinden bieten sie an und etwa 20.000 Kinder nehmen an ihm teil.

Für *Deutschland* sei auf folgende Beispiele von Gesamtkonzepten für die Wahrnehmung von kirchlichen Bildungsaufgaben hingewiesen:

–   Die Synode der Evangelisch-Lutherischen Kirche in Bayern hat ein Jahr nach dem Erscheinen der EKD-Denkschrift »Maße des Menschlichen« im Jahre 2004 ein »Bildungskonzept für die Evangelisch-Lutherische Kirche in Bayern« verabschiedet.[5] Hier werden Grundlegungsfragen »Bildung als kirchliche Aufgabe« und altersstufenbezogene Herausforderungen »Bildung in Lebenslagen« thematisiert.

–   In gleicher Weise hat die Föderation Evangelischer Kirchen in Mitteldeutschland auf ihrer Synode im April 2006 einen kirchlichen Gesamtbildungsplan »Kirche bildet. Bildungskonzeption der EKM« verabschiedet.[6] Auch hier werden einerseits »Bildung als evangelische Grundaufgabe« und andererseits »Evangelische Bildung in Lebenslagen« behandelt.

–   Als drittes Beispiel sei die Studie der Bildungskammer der Evangelischen Kirche von Kurhessen-Waldeck genannt, die unter dem Titel »Bildung stärken – Strukturen klären« herausgekommen ist.[7] Auf eine kurze Grundlegung folgen Ausführungen zu den Bereichen Kinder, Jugend, Erwachsene und Alte Menschen.

Wir brechen ab. Es gäbe noch von manch weiteren Entwicklungen zu berichten.[8] Diese wenigen Hinweise zeigen die Fruchtbarkeit des gemeindepädagogischen Austausches über die Grenzen von Ländern und Kirchen hinweg. Darum ist es auch erfreulich zu bemerken, dass die Religionspädagogik/Gemeindepädagogik in ihre internationale Phase eingetreten ist, d.h., dass wir beginnen, Fragen euro-

---

[5]   Vgl. *Landeskirchenamt der ELKB* (Hrsg.), Bildungskonzept für die Evangelisch-Lutherische Kirche in Bayern, München 2004. (Landeskirchenamt der ELKB, Katharina-von-Bora-Str. 11, 80333 München). Auch als pdf-Datei zum Download verfügbar: www.bayern-evangelisch.de/web/engagiert_bildung.php.

[6]   *Evangelische Kirche der Kirchenprovinz Sachsen/Evangelisch-Lutherische Kirche in Thüringen*, Kirche bildet. Bildungskonzeption der Föderation Evangelischer Kirchen in Mitteldeutschland, Eisenach 2006 (Kirchenamt der EKM, Dr.-Moritz-Mitzenheim-Str. 2a, 99817 Eisenach). – Auch als pdf-Dokument zum Download verfügbar: http://www.ekmd-online.de/attachment/aa234c91bdabf36adbf227d333e5305b/24dd3c8 652ec38e6804bd585bcb9ee40/Bildungskonzeption+der+EKM.PDF.

[7]   *Bildungskammer der Evangelischen Kirche von Kurhessen-Waldeck* (Hrsg.), Bildung stärken – Strukturen klären. Eine Studie der Bildungskammer, Kassel 2007 (Landeskirchenamt, Wilhelmshöher Allee 330, 34131 Kassel). – Auch als pdf –Datei zum Download verfügbar: www.ekkw.de/media_ekkw/downloads/ekkw_texte_bildungsstudie.pdf.

[8]   S. dazu bei *M. Spenn u.a.* (Hrsg.), Handbuch, 492–552.

paweit zu diskutieren. Dies sei an einem Beispiel verdeutlicht. Gegenwärtig wird eine gemeindepädagogisch orientierte »Empirische Studie zur Konfirmandenarbeit in Deutschland und Europa« in sieben Ländern unter Federführung des Lehrstuhls für Praktische Theologie/Religionspädagogik an der der Universität Tübingen und des Comenius-Institutes in Münster durchgeführt.

4. Dank

Schließlich haben wir Grund zum Dank an alle, die zum Gelingen dieses »Neuen Gemeindepädagogischen Kompendiums« beigetragen haben.

Zunächst gilt unser Dank den Kolleginnen und Kollegen in Deutschland und Österreich, die sich bereit gefunden haben, trotz vielfältiger anderweitiger Aufgaben sich mit einem Beitrag an diesem »Neuen Gemeindepädagogischen Kompendium« zu beteiligen.

Ebenso haben wir den Mitarbeiter/innen des Instituts für Religionspädagogik der Evangelisch-Theologischen Fakultät in Wien zu danken: Herr Erich Foltinowsky hat die Druckvorlage erstellt, Frau Katja Eichler und Frau Dorothea Eschner haben Korrektur gelesen und Frau Gertraud Schaffenberger und Frau Karin Sima haben sich um das Erstellen der Register verdient gemacht.

Last, but not least sei für die gute Zusammenarbeit mit Frau Susanne Franzkeit und ihren Mitarbeiterinnen vom Verlag V&R unipress gedankt.

Bamberg/Wien,
im August 2008   Gottfried Adam/Rainer Lachmann

Erster Teil:
Gemeindepädagogische Grundlagen

1. Gottfried Adam/Rainer Lachmann
Was ist Gemeindepädagogik?

Die Gemeindepädagogik ist »in den vergangenen dreißig Jahren erwachsen geworden«. Gleichwohl kann auch heute noch festgestellt werden, dass ihr Begriff »schillernd« sei; so könne er z.B. verwendet werden »als Sammelbegriff für kirchlich-gemeindliche Handlungsfelder mit pädagogischem Ansatz; für einen kirchlichen Beruf; als Dimension jedweder kirchlicher Praxis; als praxisleitende Theorie«[1]. Grund genug, um sich auch in diesem neuen Kompendium einmal mehr der Grundfrage zu stellen, was unter Gemeindepädagogik zu verstehen ist. Dabei verlangen sowohl grundlegende Problempunkte und Fragen wissenschaftlich schlüssige und praktisch realistische Auseinandersetzung als auch aktuelle gesellschaftliche Wandlungen aufmerksame Beachtung. Beispielhaft seien hier einige Fragen vorangestellt:

– In welchem Verhältnis stehen Religionspädagogik, Gemeindepädagogik und schulische Religionspädagogik zueinander?
– Handelt es sich bei Gemeindepädagogik und der Religionspädagogik als Theorie schulischen Religionsunterrichts nicht eigentlich um zwei inkompatible Größen?
– Welche Stellung und welcher Stellenwert kommen der Gemeindepädagogik im Zusammenhang mit den anderen kirchlichen Handlungsfeldern zu?
– Worin hat man im Blick auf die anderen Handlungsfelder den integrativen Gehalt, worin das profilierende Moment zu sehen?
– Wie können ungerechtfertigte gemeindepädagogische Vereinnahmungen, Übergriffe und Grenzüberschreitungen vermieden werden?
– Was meint die Rede von Gemeinde im Hinblick auf die hier gemeindepädagogisch anvisierten Bereiche religiöser Erziehung in der Familie, im Kindergarten, in der Jugendarbeit oder der Altenarbeit?
– Was bedeutet im Zusammenhang mit Erwachsenenbildung oder Altenarbeit die Apostrophierung als (Gemeinde-)Pädagogik?
– Welches ist im Kontext kirchlicher Gemeindebildung und -bindung und persönlicher Sinnsuche und Lebensbewältigung der leitende Maßstab für gemeindepädagogisches Urteilen und Handeln?
– Wie weit reichen gemeindepädagogische Bildungsverantwortung und kirchlicher Bildungsauftrag?

---

[1] *M. Spenn,* Perspektiven der Gemeindepädagogik, in: CI-Informationen 2007, Nr. 2, 3.

– Welche Auswirkungen haben die gesellschaftlichen Wandlungen in den Lebensbedingungen von Kindern, Jugendlichen, Erwachsenen und alten Menschen auf gemeindepädagogisches Bildungshandeln?

– Wie wirkt sich die zunehmende Bedeutung sozialpädagogischer und diakonischer Arbeit in Kirche und Gesellschaft auf die Gemeindepädagogik aus?

– Wie vermeidet Gemeindepädagogik eine Engführung auf die Ortsgemeinde und integriert ihrem Gemeindeverständnis die überparochialen Dienste und neuen Gemeindeformen?

– Welche Handlungsfeld übergreifenden und spezifischen Kompetenzen brauchen Gemeindepädagogen und -pädagoginnen?

– Wie antwortet gemeindepädagogische Theorie und Praxis auf das wachsende und unverzichtbare »Kapital« ehrenamtlicher Mitarbeiter?

– Welcher Stellenwert kommt der gemeindepädagogischen Vermittlung christlicher Glaubensinhalte in unserer multikulturellen und religiösen Gesellschaft zu?

– Welche gemeindepädagogische Rolle sollen auf dem Hintergrund kirchlicher Prioritätendiskussion Gottesdienst, Sakramente und Missionsauftrag spielen?

– Wie weit differenziert Gemeindepädagogik in ihrer Theoriebildung von eher persönlich, gesellschaftlich oder kirchlich geprägten Formen des Christentums?

– Wo finden sich historische Wurzeln und gegenwartsrelevante Entwicklungen und Problemstellungen der Gemeindepädagogik?

Die Fülle der anstehenden Fragestellungen will schier nicht enden. Speziellere Aspekte sind in den einzelnen Beiträgen aufzunehmen. An dieser Stelle geht es zunächst um die Klärung des theoretischen Gesamtzusammenhangs, in dem evangelische Bildungsverantwortung wahrzunehmen ist.

1. Evangelische Bildungsverantwortung in Gemeinde, Schule und Gesellschaft

Dazu ist eine Klärung dessen hilfreich, was mit den Begriffen Religionspädagogik, Gemeindepädagogik und Bildungsverantwortung gemeint ist.

1.1 Religionspädagogik – Gemeindepädagogik – Bildungsverantwortung

Infolge der durch die religionspädagogische Krise und Wende Ende der 1960er Jahre forcierten Fixierung auf den schulischen Religionsunterricht bürgerte sich in der alten BRD verstärkt der Begriff Religionspädagogik als Bezeichnung für die Theorie schulischen Religionsunterrichts ein. Daneben blieb freilich stets das weitere Verständnis von Religionspädagogik als Theorie religiösen Erziehens und Unterrichtens, Bildens und Lernens erhalten. Nachdem sich der fruchtbare Nebel innovatorischer Euphorie auf dem Gebiet schulisch-religionsunterrichtlicher Theoriebildung bis Mitte der siebziger Jahre verzogen hatte, wurde der Blick – nicht zuletzt geschärft durch die RU-losen Verhältnisse in der DDR – wieder frei für die religionspädagogischen Tätigkeiten und Arbeitsfelder, die es neben dem Religionsunterricht an der Schule auch noch gab. Es stellte sich die Frage nach einer angemessenen Sammelbezeichnung für diesen außerschulisch-kirchlichen Arbeitsbereich, was schließlich – da, wie unter II. aufgezeigt, der traditionelle Ausdruck Katechetik aus guten Gründen nicht mehr in Frage kam – mit dem terminologischen Vorschlag »Gemeindepädagogik« eine Beantwortung fand.

So finden sich unter dem übergreifenden Dach einer Allgemeinen Religionspädagogik, die sich mit *Karl Ernst Nipkow* auch als Theorie evangelischer bzw. »kirchliche(r) Bildungsverantwortung in Gemeinde, Schule und Gesellschaft« umschreiben lässt[2], Gemeindepädagogik und *Religionspädagogik i.e.S. (= im engeren Sinne)* versammelt. Dabei wurde die *Gemeindepädagogik* zunächst primär ausgrenzend dadurch definiert, dass der schulische Religionsunterricht ihr als Gegenstand der Bearbeitung entzogen war, sei es, dass es ihn wie in der ehemaligen DDR überhaupt nicht mehr gab, sei es, dass er als *Theorie des schulischen Religionsunterrichts* den eigenständigen Bereich der *Religionspädagogik i.e.S.* ausmachte.

Genaueres Hinsehen lässt sehr bald deutlich werden, dass es sich bei diesen beiden so benannten Teilbereichen einer Allgemeinen Religionspädagogik mindestens terminologisch eigentlich um *zwei inkompatible Größen* handelt. Auf der Seite der Religionspädagogik als Theorie des Religionsunterrichts ist die Pädagogik durch den Zusatz Religion inhaltlich qualifiziert, auf der Seite der Gemeindepädagogik – analog etwa dem Begriff der Schulpädagogik – durch den Ort oder Veranstalter. Terminologisch exakt müsste unter dem Oberbegriff der Allgemeinen Religionspädagogik einerseits von schulischer Religionspädagogik, andererseits von gemeindlicher Religionspädagogik gesprochen werden. Nur das kann gemeint sein, wenn neben der Rede von Religionspädagogik i.e.S. von Gemeindepädagogik gesprochen wird.

Entsprechend gilt es zu beachten, dass es sich beim Gebrauch des inzwischen eingebürgerten Begriffs *Gemeindepädagogik* um *eine abkürzende Redeweise* handelt, in der das gegenüber der schulischen Religionspädagogik unterscheidende Merkmal der Gemeinde gewissermaßen den mit Religion begrifflich ausgewiesenen Inhalt in sich vereinnahmt und integriert hat. Abgesehen davon, dass damit ein reflektiertes Gemeindeverständnis verlangt ist, bedeutet das besonders angesichts der unterschiedlichen gemeindepädagogischen Handlungsfelder, die in vorliegendem Band behandelt werden, je neu danach zu fragen, in welchem Sinne

---

2 So der Untertitel des Werkes von *K.E. Nipkow,* Bildung als Lebensbegleitung und Erneuerung, Gütersloh (1990) ²1992, 17: »Bei der Rede von ›kirchlicher‹ bzw. ›evangelischer‹ Bildungsverantwortung sollen sich die beiden Termini wechselseitig interpretieren.« Kirche soll dabei nicht nur auf die amtskirchliche Bildungsverantwortung bezogen sein und der Begriff »evangelische Bildungsverantwortung« soll deutlich machen, dass die Theorie kirchlicher Bildungsverantwortung von »reformatorischen Voraussetzungen« aus gedacht ist und entwickelt wird.

Gemeinde jeweils fungiert: Bezeichnet sie das didaktische Feld, den sozialen Ort, ist sie Subjekt, Objekt oder Ziel religionspädagogischer Aktivität?

Funktional verbunden in dem übergreifenden Bereich einer Allgemeinen Religionspädagogik wird hier unterschieden nach dem Handlungsfeld schulischen Religionsunterrichts, mit dem sich die Religionspädagogik im engeren Sinne beschäftigt, und den gemeindepädagogischen Handlungsfeldern, die Gegenstand der Gemeindepädagogik sind. Dabei ist die Gemeindepädagogik gegenüber der schulischen Religionspädagogik profiliert durch ihren dominanten Gemeindebezug, gegenüber den anderen kirchlichen Handlungsfeldern durch die sie integrierend bestimmende (religions-)pädagogische Aufgaben- und Handlungsdimension.

1.2 Unterschieden – aber aufeinander bezogen

Diese deutliche Unterscheidung – nicht Trennung! – von Gemeindepädagogik und schulischer Religionspädagogik nach ihren unterschiedlichen didaktischen Bedingungsfeldern, die inzwischen auch für die neuen Bundesländer reale Relevanz besitzt, bedeutet eine entschiedene Absage an alle Tendenzen der Nivellierung von gemeindepädagogischer und schulischer Bildungsarbeit, wie sie uns einst im religionsunterrichtlichen Konzept »Kirche in der Schule« (M. Rang) begegnete und wie man sie auch jetzt wieder als aktuellen Trend in den konzeptionellen Vorstellungen der sog. »performativen Religionspädagogik« angedeutet sehen könnte.

Damit sollen und dürfen keineswegs die Überschneidungsmengen und -räume geleugnet werden, wie sie etwa bei Schulgottesdiensten, Schulseelsorge und jetzt ganz neu bei der kirchlichen Mithilfe in den ›Frei‹-Räumen der Ganztagsschulen vorhanden sind. Dessen unbenommen bleibt die Institution Schule gerade in pädagogisch didaktischer Hinsicht ein derart markant eigenes und eigenständiges Arbeitsfeld, in dem ›systemisch‹ verpflichtend und professionell Erziehung, Unterricht und Bildung gepflegt werden, dass der dort etablierte Religionsunterricht besondere Beachtung und Behandlung beanspruchen kann.

Diese definierte Prioritätensetzung von Gemeinde bzw. Schule zur profilierten Bestimmung und Unterscheidung von Gemeindepädagogik und schulischer Religionspädagogik gilt auch gegenüber den jeweiligen Adressaten der gemeindepädagogisch oder schulisch geleisteten Bildungsarbeit. Denn gerade diese taugen nicht zur unterscheidenden Profilierung von Gemeindepädagogik und schulischer Religionspädagogik, weil sie – wenigstens im Altersbereich der Kinder und Jugendlichen und z.T. auch der Erwachsenen – mit denselben Adressaten, mit Menschen unserer Welt und Gesellschaft zu tun haben, die sowohl den Religionsunterricht besuchen als auch an gemeindepädagogischen Angeboten teilhaben können. Je individuell erzogen und sozialisiert, partizipieren sie alle an den gegenwärtigen Lebens- und Gesellschaftsverhältnissen und der ambivalenten Bedeutung, die Religion und religiöse Bildung heute in ihnen spielen.

Pädagogisch verlangt das für den Religionsunterricht ebenso wie für die diversen gemeindepädagogischen Aktivitäten die Einstellung, in größtmöglicher Subjektorientierung der Individualität der Kinder oder Jugendlichen gerecht zu werden und ihre Würde ausnahmslos zu (be-)achten. Was Erziehung, Unterricht und Bildung betrifft, ist das pädagogisch die unverzichtbare Grundmaßgabe, die – in Verbindung mit der ebenso unverzichtbaren dialogischen Ausrichtung, die der »Kommunikation des Evangeliums« eigen ist – für alle kirchliche Bildungsarbeit zu gelten hat. Deshalb kann in den Adressaten – und das soll, um Missverständnisse zu vermeiden, an dieser Stelle noch einmal ausdrücklich wiederholt und betont werden – kein primäres Unterscheidungsmerkmal zwischen schulischer Religionspädagogik und kirchlicher Gemeindepädagogik gesehen werden.

Dieses ist vielmehr im ekklesiologisch- und praktisch-theologischen Verständnis von Gemeinde sowie in der schulpädagogisch fachdidaktischen Auffassung von Schule und ihrem Religionsunterricht zu suchen. Auf diese Weise sind die beiden Lernorte Schule und Gemeinde einerseits unterschieden, andererseits aber umfassend und übergreifend durch eine kirchliche Bildungsverantwortung verbunden. Diese ist entweder (1) von der Kirche allein (z.B. in der Kirchengemeinde) oder (2) unter ihrer Mitbeteiligung (z.B. in Falle des Religionsunterrichts) oder (3) bei ihrer Mitverantwortlichkeit (öffentliches Bildungswesen) bei allen Fragen und Belangen des Menschseins und der Menschenwürde in Gesellschaft, Politik und Wirtschaft zu tragen und zu verantworten.

2. Der Begriff der Gemeindepädagogik

Wenn wir uns der Gemeindepädagogik näher zuwenden, zeigt sich eine dreifache Verwendung des Begriffs. Unmittelbar kommt das sektorale Verständnis in den Blick: die konkreten gemeindepädagogischen Handlungsfelder. Dabei zeigen sich aber zwei Seiten: Einerseits geht es um eine Praxistheorie dieser Handlungsfelder, andererseits aber auch um eine Professionstheorie der hier tätigen Mitarbeiter*innen*. Schließlich ist noch die dimensionale Seite der Gemeindepädagogik, d.h. die gemeindepädagogischen Anteile des übrigen kirchlichen Handelns in Predigt, Seelsorge, Diakonie usw., zu bedenken.

2.1 Die Handlungsfelder der Gemeindepädagogik

Die im ›alten‹ gemeindepädagogischen Kompendium aufgeführten sieben Handlungsfelder orientierten sich im Wesentlichen an vorhandenen Arbeitsgebieten, Formen und Strukturen. Auch wenn die nachfolgenden Arbeiten zur Gemeindepädagogik von *Christian Grethlein* sowie *Klaus Wegenast* und *Godwin Lämmermann* sich dem weitgehend angeschlossen haben, war damit zweifelsohne die Gefahr normativer Fixierungen und Engführungen gegeben, welche die nötige Offenheit für neue gemeindepädagogische Entwicklungen, Strukturen und Sachbereiche hätte verbauen können. Diesem Verdacht wird jetzt durch die Ausweitung von sieben auf sechzehn gemeindepädagogische Handlungsfelder, die deutlich die konventionellen Arbeitsgebiete der Gemeindepädagogik erweitern und ergänzen, entgegen gewirkt. Kirchenpädagogik, Christenlehre, Kirchenmusik, Evangelisches Schulwesen, Studierendengemeinde, Diakonisch-soziales Lernen, Kirchentag und Internet sind die neu erfassten Handlungsbereiche, die unter den leitenden Kriterien »Gemeinde« und »(Religions-)Pädagogik« den gemeindepädagogischen Ansprüchen genügen müssen.

Mit den neuen Handlungsfeldern dürfte nicht nur »das alte Haus der Katechetik«[3] endgültig verlassen sein, sondern sollte auch der Vorwurf einer »Engführung auf die Ortsgemeinde« hinfällig geworden sein.[4] An ihnen wird unübersehbar deutlich, dass nicht mehr nur die Parochie der gemeindepädagogische Lernort ist, sondern auch die überparochialen Dienste und christlichen Gruppen und Netzwerke bis hin zum Kirchentag als Treffpunkt für Gemeinden, ›Individualchristen‹ oder gesellschaftspolitisch engagierte Initiativgruppen. Dabei wird der gegenwärtig sich vollziehende kirchliche Strukturwandel auch eine Neuvermessung der Kirche vor Ort zur Folge haben. Daher wird künftig eine Veränderung der räumlichen Orientierung der Parochie in Richtung auf den Einbezug der Region zu bedenken sein.[5]

Diese Ausweitung der gemeindepädagogischen Handlungsfelder macht deutlich, dass hier nicht nur das kirchlich-gemeindliche Christentum ›bedient‹ wird, sondern auch dem persönlich-privaten und gesellschaftlich-öffentlichen Christentum Raum zur Entfaltung und Wirkung gelassen wird.[6]

Gleichzeitig erfährt mit dieser Handlungsfeld-Erweiterung das religionspädagogische Konstitutivum der Gemeindepädagogik seine Präzisierung und Differenzierung in Richtung Kulturpädagogik oder Sozialpädagogik, wobei der oben bereits benannten (religions-)pädagogischen Grundmaßgabe dialogisch konnotierter Subjektorientierung kein Abbruch getan wird. Sie muss unverzichtbar erhalten bleiben, wenn die je handlungsfeldspezifischen Ausprägungen und Gestaltwerdungen kirchlichen Bildungshandelns ihren pädagogischen Anspruch begründet wahren wollen.

2.2 Gemeindepädagogik als Berufstheorie

Mit den genannten Handlungsfeldern hängt die Rede von Gemeindepädagogik im Sinne eines Verständnisses von Professionstheorie eng zusammen. Hier gibt es im Bereich der deutschen Landeskirchen zwar nach wie vor eine erstaunliche Vielfalt im Detail, aber der gemeindepädagogische Aufbruch Ende der 1960er

---

3 *H. Schröer,* Gemeindepädagogik wohin? – Bilanz einer realen Utopie, in: JRP 12/1995, Neukirchen-Vluyn 1996, 161–177, bes. 164.

4 *K. Foitzik,* Gemeindepädagogik, Gütersloh 1992, 181.

5 Dazu s. unten Teil 6.3 (Gemeinschaft der Glaubenden).

6 *D. Rössler,* Grundriß der Praktischen Theologie, Berlin/New York 1986, 79ff., hat diese »dreifache Gestalt des Christentums in der Moderne« herausgearbeitet. Vgl. auch *K.E. Nipkow,* Bildung als Lebensbegleitung, 147–152 (Formen des Christentums).

Jahre hat seinerzeit dafür gesorgt, dass in der Frage der Professionalisierung des Berufes des Religionspädagogen bzw. Gemeindepädagogen ein deutlicher Entwicklungsschub stattfand. Die westdeutschen Kirchen antworteten auf die gesellschaftlichen Entwicklungen und Herausforderungen der Zeit dadurch, dass sie religionspädagogische Fachbereiche an den kirchlichen Fachhochschulen schufen, an denen die entsprechenden Mitarbeiterinnen ausgebildet wurden. *Dieter Aschenbrenner* und *Gottfried Buttler* legten in ihrer Veröffentlichung »Die Kirche braucht andere Mitarbeiter«[7] die seinerzeitigen Analysen, Thesen und Materialien zum Berufsbild und zur Ausbildung der pädagogischen Mitarbeiter im Gemeindedienst vor. Der Untertitel des Buches »Vom Universaldilettanten zum Spezialisten« signalisiert deutlich die Motivlage. Die ostdeutschen Kirchen reagierten ebenfalls auf die neuen Herausforderungen und eröffneten eine neue Gemeindepädagogische Ausbildungsstätte in Potsdam und strukturierten die Ausbildung in Eisenach/Hainstein neu.

Zweifellos haben diese Reformen eine deutliche Qualitätssteigerung sowohl in der Ausbildung der Mitarbeiter*innen* wie der gemeindepädagogischen Arbeit zur Folge gehabt. Nun werden aber die gegenwärtigen Umstrukturierungsprozesse auch nicht ohne Konsequenzen für das Profil des Berufsstandes bleiben, weil nicht zuletzt die Regionalisierung der Anstellung und die zunehmende übergemeindliche Kooperation veränderte Aufgabenstellungen und berufliche Anforderungen nach sich ziehen werden.[8]

2.3 Gemeindepädagogik – dimensional bedacht

Das Verhältnis der Gemeindepädagogik zu den anderen kirchlichen Tätigkeiten bestimmt sich nach dem *Grundsatz integrierender Zielsetzung bei differenzierender Profilierung.* Dabei ist das integrale Moment vorgegeben mit der Kirche und ihrer Grundaufgabe der Kommunikation des Evangeliums, an der die einzelnen Handlungsfelder gemäß der sie je spezifisch prägenden Auftragsdimension partizipieren. Das religionspädagogische Handeln in Schule und Gemeinde erfährt dabei sein profilierendes Gepräge durch die *religionspädagogische Aufgaben- und Handlungsdimensionen.* Sie finden in den Tätigkeiten Erziehen, Unterrichten und Bilden bzw. im bildenden Lernen ihren besonderen Ausdruck. Dies macht entsprechende Gesamtkonzepte auf der gemeindlichen Ebene (Einschluss der Bildungsaufgabe in das Leitbild der Gemeinde), auf der Ebene des Kirchenkreises (Vernetzung, Neukonzeptionierung von Bildungshäusern, vgl. z.B. das Peter-Beier-Haus im Kirchekreis Jülich, 2007) wie der Landeskirche (vgl. z.B. das »Bildungskonzept für die Evangelisch-Lutherische Kirche in Bayern«, München 2004) nötig.

---

[7] Stuttgart 1970.

[8] S. dazu auch Art. 5 (Ehrenamtlich Mitarbeitende) und Art. 11 (Christenlehre in gemeindepädagogischer Perspektive).

21

Nun gibt es neben der sektoral, auf die institutionellen und formellen Angebote der gemeindepädagogischen Handlungsfelder ausgerichteten Betrachtungsweise auch das dimensionale Verständnis von Gemeindepädagogik. Hierbei geht es darum, die gesamte Gemeinde als Raum der Bildung und des Lernens in den Blick zu nehmen. Alles kirchliche Handeln in Predigt, Diakonie usw. hat auch eine pädagogische Dimension. Diese gemeindepädagogische Betrachtungsweise befragt daher die verschiedenen kirchlichen Aktivitäten auf die je in ihnen angelegte und ihnen aufgegebene religionspädagogische Handlungsdimension. Dabei wird vorausgesetzt, dass für die gemeindepädagogischen Handlungsfelder im Unterschied zu den anderen kirchlichen Handlungsfeldern die religionspädagogische Dimension ein besonderes Gewicht besitzt. Das schließt freilich nicht aus, dass an den verschiedenen gemeindepädagogischen Handlungsfeldern auch noch andere als nur die religionspädagogische Handlungsdimension beteiligt sind, wie umgekehrt auch die religionspädagogische Handlungsdimension in Handlungsfeldern auftauchen kann, die nicht religionsunterrichtlich oder gemeindepädagogisch orientiert sind.

Das Mischungsverhältnis verschiedener kirchlicher Handlungs- und Aufgabendimensionen ergibt dabei jeweils das differenzierte Profil eines kirchlichen Handlungsfeldes, wobei Anteil und Gewichtigkeit der Handlungsdimensionen in den einzelnen kirchlichen Handlungsfeldern durchaus unterschiedlich gesehen werden können. Daraus lassen sich viele der Auffassungsunterschiede erklären, die in Bezug auf die Bestimmung und Beurteilung der kirchlichen Handlungsfelder in der Praktischen Theologie anzutreffen sind. So ist es durchaus nicht unbestritten, dass z.B. für den Kindergottesdienst die religionspädagogische Dimension dominieren müsse. Genauso wäre eine Auffassung denkbar, in der etwa die gottesdienstliche oder kerygmatische Handlungsdimension, die ohnehin das Handlungsfeld Kindergottesdienst immer mitbestimmen, als dominant angesehen wird.

Neben der religionspädagogischen Aufgaben- und Handlungsdimension lassen sich folgende *weitere Dimensionen kirchlichen Handelns* unterscheiden: die (1) kerygmatische, (2) gottesdienstlich-liturgische, (3) spirituell-meditative, (4) diakonische, (5) seelsorgerliche und (6) kybernetische.

(1) Die *kerygmatische Aufgaben- und Handlungsdimension* kreist zentral um das Verkündigen und gibt den Ton an in den kirchlichen Handlungsfeldern Predigt, Evangelisation, Mission.

(2) Die *gottesdienstlich-liturgische Handlungsdimension* äußert sich primär im feiernden Handeln an Fest- und Feiertagen, in Gottesdienst, Kasualien und in den verschiedensten Weisen und Gelegenheiten kirchlicher Andachten – zweifellos eine Handlungsdimension, die sich – anteilig mehr oder weniger gewichtet – in den meisten gemeindepädagogischen Handlungsfelder ausmachen lässt. Sie selbst besitzt mit und im liturgischen Lernen und Singen einen nicht zu unterschätzenden Anteil an gemeindepädagogischem Potential, aus dem sich bis zu einem gewissen Grad auch die Kirchenmusik speist, die als ästhetisch konnotierte Bildungschance jetzt sogar eigenständige gemeindepädagogische Würde und Wichtigkeit erlangt

hat. Was für eine Gemeindepädagogik nicht angeht, ist, dass die gottesdienstlich-liturgische Dimension ob der ihr (praktisch-)theologisch zugeschriebenen Bedeutsamkeit gleichsam zum dominierenden ›Über-Maß‹ auch für das gemeindepädagogische Handlungsfeld wird und damit als »konzentrierteste Form« der Gemeindepädagogik[9] das Pädagogische oder Religionspädagogische als das eigentlich Verbindende, Integrierende und auch Dominierende von Gemeindepädagogik überholt, verdrängt oder gar ersetzt. Bei aller Wertschätzung, die dem Liturgischen im Zuge der derzeit ›grassierenden‹ ästhetischen Welle auch religionspädagogisch – man denke nur an die sog. »performative Religionspädagogik« – zugeschrieben wird, darf das nicht zum Verlust des (religions-)pädagogischen Propriums der Gemeinde*pädagogik* führen.

(3) Im letzten Jahrzehnt zunehmend wichtiger wurde auch in der evangelischen Kirche die *spirituell-meditative Dimension,* die gegen eine kognitiv einseitige Überbetonung protestantischer Frömmigkeit ebenso wie gegen ein ethisch einseitig auf gesellschaftliches Handeln und Wirken fixiertes Christentum auf die spirituelle Erfahrung und meditative Übung christlichen Glaubens setzt und damit für das persönliche Christsein ›Innerlichkeit‹ mobilisiert und entsprechende Wege markiert.

(4) Die *Diakonische Handlungsdimension* ist auf ihren verschiedenen Handlungsfeldern um dienendes Helfen in Situationen der Not und Bedürftigkeit bemüht, was ihr auf gemeindepädagogischem Gebiet besonders für Kindergarten, Jugendarbeit und Altenarbeit einen relativ hohen Stellenwert einräumt.

(5) Ohne auf besonders augenfällige Handlungsfelder verweisen zu können, gilt das gleichsam implizite Beteiligtsein an gemeindepädagogischen Aktivitäten auch für die *seelsorgerliche Dimension* kirchlichen Handelns.

(6) Bleibt schließlich noch die *kybernetische Handlungsdimension,* die primär dem kirchenleitenden Handeln in Pfarramt, Kirchenvorstand und Kirchenleitung gilt. Ihr Anteil an der Gemeindepädagogik ist bisher kaum wahrgenommen worden; er müsste gleichsam erst entdeckt werden, wobei der Ansatzpunkt im Blick auf die Gemeindepädagogik bei den sog. kirchlichen Trägerschaften genommen werden könnte.

Nach dieser Bestimmung der wichtigsten kirchlichen Handlungsdimensionen ergibt sich als vorrangige Aufgabe gemeindepädagogischer Reflexion, für jedes gemeindepädagogische Handlungsfeld je den Anteil und die Gewichtigkeit der verschiedenen Handlungsdimensionen an ihm herauszuarbeiten; denn daran bemisst sich das jeweilige Profil der verschiedenen Handlungsfelder gemeindlicher Religionspädagogik.

---

[9] *C. Grethlein,* Gemeindepädagogik, Berlin/New York 1994, 40.

3. Die Gemeinde der Gemeindepädagogik

Außer diesem pädagogischen ›Fundamentalen‹ der Gemeindepädagogik, das ihre diversen Handlungsfelder und Aktivitäten leitend und dominierend bestimmt, kommt nach dem hier vertretenen Verständnis von Gemeindepädagogik dem Begriff Gemeinde konstituierende und profilierende Bedeutung zu – jene wesentliche Bedeutung eben, mit der sich gemeindliche Religionspädagogik von schulischer Religionspädagogik unterscheidet. Entsprechend dem wissenschaftstheoretischen Selbstverständnis der Religionspädagogik als Verbundwissenschaft zwischen Theologie und Pädagogik bedarf die Gemeindepädagogik über die schulpädagogisch profilierte Religionspädagogik hinaus einer eigenen ekklesiologischen Begründung und Bestimmung. Diese findet über die Orientierung an CA VII und den einschlägigen Äußerungen der Barmer Erklärung in *Ernst Langes* Formel von der »Kommunikation des Evangeliums« eine Funktions- und Wesensbeschreibung, die nicht nur gemeindliche und schulische Religionspädagogik integriert, sondern beide auch mit den wesentlichen Dimensionen und Intentionen von Kirchesein und -werden verbindet.

Ohne unangemessen zu trennen, erlaubt sie sowohl theologisch wie soziologisch-empirisch die Unterscheidung verschiedener gemeindlicher Kommunikations- und Beteiligungsformen und ermöglicht die differenzierte Wahrnehmung der mit dem Evangelium fundamental vorgegebenen und aufgegebenen Gemeinsamkeit mit anderen nicht (gemeinde-)pädagogisch dominierten kirchlichen Handlungsfeldern, wie etwa dem Gottesdienst, der Predigt oder der sakramentalen »communio« im Abendmahl – Orten und Handlungen, wo in der Sprache Ernst Langes das »Wort für alle« kommuniziert wird.[10]

Unter den gemachten Voraussetzungen und Maßgaben richtig verstandener Gemeindepädagogik bedarf die Rolle, die der *Gemeinde* in den ›alten‹ wie neuen Handlungsfeldern zukommt, sorgfältiger Beachtung und Betrachtung, damit sie weder innerkirchlicher Vereinnahmung noch gemeindlicher Verflüchtigung aufsitzt. Das gilt es besonders zu berücksichtigen, wenn *Gemeinde als Subjekt* für die einzelnen Handlungsfelder angesetzt wird und sie diese Rolle im breit gefächerten Sinn von Initiator, Organisator, Veranstalter und Träger ebenso wie im Vollzug gemeindlicher ›Erbauung‹ spielt. Hier ist nicht nur im Blick auf den »pädagogischen Bezug« ständig sensibel und kritisch darauf zu achten, dass die pädagogisch geforderte Subjektorientierung unter der Hand gemeindlicher Subjekthaftigkeit nicht in Richtung unpädagogischer Objektbeziehung und -behandlung verfälscht wird, sondern hier ist zugleich danach zu fragen, wie sich die gemeindliche Subjektrolle da gestaltet und auswirkt, wo sie sich mitverantwortlich weiß und fühlt für Erziehungs- und Bildungsbereiche, an und in denen sie als Kirche nicht direkt beteiligt und gefragt ist. Das gilt ebenso für die nicht institutionalisierte religiöse Erziehung in der Familie wie für alle Erziehungs- und Bildungsbelange von der Kleinstkindbetreuung bis zur Altenarbeit, auch wenn sie scheinbar nichts mit

---

[10] Vgl. *K. Foitzik*, Gemeindepädagogik, 182.

Religion und Kirche zu tun haben. Analog dem gesellschaftspolitischen Engagement haben Kirche und Gemeinden hier eine Bildungsverantwortung, die sie mit ihrem Urteilen, Verhalten und Handeln um der Menschen und ihrer »Menschwerdung« willen wahrnehmen müssen, seien sie nun gefragt oder nicht.

Um Gemeinde als *didaktischen Ort* zum »Glauben und Leben Lernen« für die gemeindepädagogischen Handlungsfelder in Anschlag zu bringen, bedarf es nicht nur eines sehr offenen und wirkungsvollen Gemeindeverständnisses, das auch die gemeindlich entgrenzten Absichten und Wirkungen einer »Kirche für andere« in den Handlungsfeldern gemeindepädagogisch zu integrieren weiß, sondern auch eines weit gefassten Didaktik- und Lernverständnisses, das dem offenen Gemeindeverständnis korrespondiert. Hier hilft eine Orientierung am Bildungsbegriff, der in seiner mehrdimensionalen Vielschichtigkeit die Fokussierung auf bloßes Lehren und Lernen, auf Wissen und Information übersteigt und danach fragt, was »der Entfaltung des Menschen, jedem Einzelnen wie der menschlichen Gemeinschaft«, in unserer heutigen Informations- und Leistungsgesellschaft wirklich dient[11].

So erfährt das bildende Lernen und Unterrichten seine Ausweitung auf den gesamten Lebenslauf und Bildungsgang des Menschen. Es umfasst die Familienbildung ebenso wie die Elementarbildung in Kindergärten und Kindertagesstätten, die Jugendarbeit und die Erwachsenenbildung bis hin zur Altenbildung. Dieses biographie-orientierte gemeindepädagogische Didaktik- und Bildungsverständnis ist unabdingbar eingebunden in den prägenden Kontext unserer Gesellschaft und Kultur und gewinnt von daher ›in zweiter Linie‹ Anteil an den gemeindepädagogischen Bildungsvollzügen und ihrer Mehrdimensionalität. Das heißt, dass es in den gemeindepädagogischen Handlungsfeldern nicht ausschließlich um religiöse Bildung gehen kann, sondern dass – ihr integriert und sie erweiternd – auch ethische, ästhetische, ökologische, geschichtliche und soziale Bildung gemeindepädagogische ›Sache‹ ist.

Ein solchermaßen bildungsmäßig erweitertes und vertieftes Didaktik- und Lernverständnis der Gemeindepädagogik schließt natürlich die Gefahr nicht aus, dass profillos alles und jedes als gemeindliches Lernen ausgegeben wird. Deshalb stellt sich hier immer wieder die Frage, inwieweit und wie gewichtet unter dem gemeindepädagogischen Doppelanspruch von *religions*didaktischer und gemeindlicher Komponente jeweils begründeterweise von Gemeinde als didaktischem Ort gesprochen werden kann.

Hier sollte die gemeindepädagogische Grundmotivation der »Kommunikation des Evangeliums« helfen, sich nicht ängstlich und zu schnell in die beengende und bedrängende Ecke eines dauernden Rechtfertigungsdrucks für das eine oder andere oder überhaupt das ganze gemeindepädagogische Handeln stellen und drängen zu lassen. Dementgegen sollte sie unter der befreienden Uneigennützigkeit ihres Auftrags selbstbewusst gemeindepädagogische Bildungsverantwortung wahrnehmen, auch wenn sie scheinbar der Gemeinde directe nichts bringt und nützt und

---

[11] Vgl. *Kirchenamt der EKD* (Hrsg.), Maße des Menschlichen, Gütersloh 2003, 9ff.

noch dazu unter dem Verruf der Verwechselbarkeit steht. Familienbildung, Kindergartenarbeit, offene Jugendarbeit und diakonisch-soziale Dienste im Lehr- und Lernbereich gehören nämlich ebenso zum gemeindepädagogischen Auftrag wie profilierte Stellungnahmen zu Erziehungs- und Bildungsfragen unserer Gesellschaft!

Nicht zuletzt gegenüber der schulischen Religionspädagogik bekommt das Verständnis von Gemeinde als didaktischem Ort noch eine schärfere Profilierung, wenn man es zusammennimmt und zusammenzieht mit der Sicht von *Gemeinde als sozialem Ort*.[12] Das besonders dann, wenn damit nicht nur auf die vorfindliche Sozialgestalt der Gemeinde abgehoben wird, sondern zugleich der mit christlicher Gemeinde normativ gesetzte kommunikative, soziale und sozialpädagogische Anspruch ins Spiel gebracht wird. In solch verschränkter Sicht kann sich etwa ein schulfixiertes Didaktikverständnis gemeindepädagogisch spezifizieren und ausweiten in eine Richtung und Sichtweise, die das religionspädagogische Proprium der *Gemeinde*pädagogik konturierter zur Geltung bringen könnte. Wie weit dieser Aspekt zum Tragen kommen kann, wenn die Gemeinde nur als Träger von z.B. Kindergärten, Jugendstätten oder Altenheimen fungiert, muss im Einzelfall des jeweiligen Handlungsfeldes so realistisch wie anspruchsvoll bedacht und entschieden werden.

Fragt man sich schließlich, ob Gemeindepädagogik ihr besonderes Gepräge vielleicht auch dadurch erhalte, dass sie sich selbst als *Gemeinde* zum *Gegenstand* ihrer Überlegungen und Aktivitäten mache, so erinnert das an »Impulse«, wie sie etwa unter dem Leitbegriff der »Kirche vor Ort« die letzte Synodalperiode der ELKB ganz wesentlich bestimmten und durchgängig begleiteten und die gerade unter dem Aspekt kirchlich-gemeindlicher Selbstreflexion von hoher gemeindepädagogischer Relevanz sind.[13] Auf allen Ebenen und in allen Formen kirchlicher Gestaltwerdungen sind solche Initiativen nicht nur denkbar, sondern eigentlich unabdingbar; denn nur sie garantieren den kritischen Umgang mit sich selbst, dessen eine *ecclesia semper reformanda* dringend bedarf. Das geschieht zwar auch im schulischen Religionsunterricht, ja hier sogar – weil curricular verordnet – noch zuverlässiger als in den gemeindepädagogischen Handlungsfeldern, die, einmal abgesehen vom Konfirmandenunterricht oder entsprechend thematisierten Tagungen an den gemeindepädagogischen Bildungsstätten, scheinbar keine unabdingbare Verpflichtung verspüren, Gemeinde als wesenhaften Lerngegenstand zu thematisieren. Dem muss Gemeindepädagogik indes mit allen Mitteln entgegenwirken, weil Dauerreflexion von Gemeinde im kritischen Wechsel von Subjekt- und Objektrolle ureigenste gemeindepädagogische Aufgabe ist.

Das gewinnt zusätzliche Bedeutung, wenn man in Bezug auf den Lerngegenstand *Gemeinde als Lern-Ziel* ansteuert und eben darin das eigentliche und viel-

---

[12] Vgl. *K.E. Nipkow*, Mit Kindern und Jugendlichen glauben lernen, 21f.

[13] S. dazu *Landessynodalausschuss der ELKB* (Hrsg.), Kirche vor Ort. Mit Gottes Auftrag nahe bei dem Menschen, München 2007.

leicht sogar ausschließliche Gemeindepädagogische sehen will: Lernen, Gemeinde zu sein, zu leben, zu werden. Damit würde Gemeindewerdung bzw. Gemeindeaufbau so etwas wie das heimliche oder offene Curriculum *aller* gemeindepädagogischen Aktivitäten. Sicher darf und kann dort, wo Gemeinde als Subjekt, Ort oder Gegenstand der Gemeindepädagogik ernst genommen wird, solche ›Zielereignung‹ nie ausgeschlossen oder gar verhindert werden. Im Gegenteil: gemeindepädagogische Arbeit trägt in dieser Beziehung immer auch propädeutische Züge und hat »hinführenden, deutenden, einübenden Charakter«.[14] Genauso verbietet es sich aber auch, Gemeindewerdung zum unerlässlichen Wesenselement in *allen* gemeindepädagogischen Handlungsfeldern zu machen. Dagegen sperrt sich nicht nur die rein phänomenologische Beschreibung und Betrachtung bestimmter Handlungsfelder wie etwa (offene) Jugendarbeit, Erwachsenenbildung oder auch Altenarbeit, sondern dagegen spricht auch das oben markierte Gemeindeverständnis, für das die Dimension der ›Kirche für andere‹ zum unverzichtbaren Wesensbestandteil gehört.

4. Kommunikation des Evangeliums – gemeinsamer Horizont allen gemeindepädagogischen Handelns

Bevor das Profil der gemeindepädagogischen Handlungsfelder im Einzelnen ausgearbeitet wird, ist zunächst die Frage zu stellen, ob es eine integrierende Zielsetzung für die verschiedenen Handlungsfelder gibt. Ein solcher gemeinsamer Horizont hebt nicht die spezifische Kontur und das besondere Profil des einzelnen Handlungsfeldes auf, er ist aber notwendig, damit die einzelnen Aktivitäten in den gemeindepädagogischen Handlungsfeldern miteinander vernetzt sind und sich gegenseitig ergänzen können. Dabei darf eine solche gemeinsame Perspektive nicht nur formaler Art sein, sondern muss eine inhaltliche Orientierung aufweisen, um für die verschiedenen Handlungsfelder relevant sein zu können. Dieser gemeinsame Horizont ist im Grundauftrag der Kirche zu sehen. Mit einer Formel, die Ernst Lange geprägt hat, kann er als »Kommunikation des Evangeliums« bezeichnet werden.

4.1 Zum Verständnis von Kommunikation

Bevor wir die genannte Integrationsformel genauer entfalten, sei zunächst das Wortfeld von Kommunikation etwas abgeschritten. Der Mensch ist ein »dialogisches Wesen« (*Martin Buber*). Darum braucht er die Kommunikation als ein wesentliches Lebenselement, um in der Gemeinschaft Mensch zu werden und zu bleiben. Wir Menschen kommunizieren, um uns zu begrüßen, Anerkennung auszusprechen, Anweisungen zu geben, ein Problem zu lösen, etwas zu berichten, Hilfe zu erhalten, zu loben, etwas zu versprechen usw. Mit Recht hat der Philo-

---

[14] So *A. Exeler* in: Gemeindekatechese (Theologie im Fernkurs/Religionspädagogisch-Katechetischer Kurs, Lehrbrief 8), Würzburg 1974, 21.

soph *Karl Jaspers* der Kommunikation eine wesentliche Bedeutung zugemessen, wenn er von ihr als der universalen Bedingung des Menschseins spricht.[15] Dementsprechend hat er formuliert: »Alles was wir sind, sind wir in Kommunikation.«[16] Auch aus systemtheoretischer Sicht gilt: »Ohne Kommunikation gibt es keine menschlichen Beziehungen, ja kein menschliches Leben.«[17]

Für das Gelingen von Kommunikationsprozessen hat *Paul Watzlawick* Grundsätze formuliert und damit wesentliche Dimensionen der menschlichen Kommunikation herausgestellt. Drei wichtige Regeln seien wiedergegeben:

(1) Jede Person kommuniziert ohne Unterbrechung.

(2) Jede Kommunikation hat einen Inhalts- und einen Beziehungsaspekt.

(3) Jede Person bringt ihre eigenen Interessen und Sichtweisen in die Kommunikation ein.[18]

Der Begriff der Kommunikation als solcher findet sich im allgemeinen deutschen Sprachgebrauch erst in jüngerer Zeit, gleichwohl ist die Sache selber nicht neu. In der Antike bezeichnete der Begriff »communicatio« ein weites Bedeutungsfeld »im Umkreis von Mitteilung, Gewährung, Verbindung, Austausch, Verkehr, Umgang, Gemeinschaft«.[19] So ist einerseits die Information, die Nachricht und andererseits der Vorgang des Anteilgebens eingeschlossen. *Gerhard Sauter* macht ebenfalls darauf aufmerksam, dass das Verb »kommunizieren« in der Doppelbedeutung von »vereinigen, teilen« und »mitteilen« zu sehen sei und in anderen indogermanischen Sprachen schon länger gebräuchlich ist. »Das Englische unterscheidet zwischen *communicate*=mitteilen, benachrichtigen, übertragen und *share*=teilen.«[20] Damit ist deutlich, dass Kommunikation sich sowohl auf den Vorgang der Mitteilung wie auf das wechselseitige Verhältnis der Menschen bezieht. Deshalb hat die Rede von der Kommunikation zugleich eine soziale Komponente, weil sich Kommunikation als ein Begriff erweist, der Gemeinschaft einschließt und intendiert.

Der Vorgang der Kommunikation ist in der doppelten Zielrichtung von Verstehen und Verständigung zu sehen. Beim Akt des Verstehens ist die Überlieferung im Blick, wobei es darum geht, sie sich in einem hermeneutisch orientierten Verstehensprozess anzueignen, mit ihr in Verbindung und Auseinandersetzung zu

---

15 *K. Jaspers,* Vernunft und Existenz, Bremen [3]1949, 59.

16 *K. Jaspers,* Philosophische Logik, Bd. 1. Von der Wahrheit, München 1958, 378.

17 *N. Luhmann,* Soziologische Aufklärung, Bd. 3, Opladen 1981, 25.

18 *P. Watzlawick/J.H. Beavin/D.D. Jackson,* Menschliche Kommunikation, Bern (1969) [10]2000, 53, 56, 61 (Formulierungen von G.A.). Zum Thema Kommunikation siehe auch *G. Adam,* Grundlagen der Kommunikation, in: *R. Rogall u.a.,* Professionelle Kommunikation in Pflege und Management, Hannover 2005, 15–78, bes. 19ff., sowie *W. Simon,* Grundlagen der Kommunikation (Gabals Großer Methodenkoffer), Offenbach 2004.

19 *K.P. Sternschulte,* Art. Kommunikation, in: *J. Ritter* (Hrsg.), Historisches Wörterbuch der Philosophie, Bd. IV, Basel 1976, 893.

20 *G. Sauter,* Art. Kommunikation, in: TRT, Bd. 3, Göttingen 1983, 117.

treten. Demgegenüber bezieht sich der Vorgang der Verständigung auf die Kommunikation mit den heutigen Zeitgenossen, wobei das Ziel die Gewinnung von Gemeinschaft im Sinne von Kommunikationsgemeinschaft oder Handlungsgemeinschaft darstellt. Der Zusammenhang Überlieferung – Verstehen – Verständigung konstituiert somit den Kommunikationsprozess.

Bei der intensiven Beschäftigung mit den Fragen der Kommunikationsforschung wurden in der Praktischen Theologie/Religionspädagogik in den letzten Jahrzehnten die weitergehenden Fragen nach der Wirkung von Gruppenprozessen und den Strukturen der Kommunikation reflektiert. Dabei wurden die vielfältigen Aspekte des Kommunikationsvorganges bewusst. Zugleich kamen neben dem sprachlichen Vorgang der Verständigung die außer- und vorsprachlichen Phänomene der Kommunikation (Gesten, Blicke, Information durch Zeichen und Kommunikation durch Handeln) in den Blick. Natürlich besteht eine wichtige Frage, welche Wahrheit eigentlich jeweils transportiert wird. Es ist jedenfalls keineswegs zufällig, dass der lateinische Begriff »communicatio« in der christlichen Tradition einen wesentlichen Platz einnimmt, wenn z.B. im Blick auf Jesus Christus die Vereinigung von Gottheit und Menschheit als »communicatio idiomatum« bezeichnet wird.

Im Übrigen hat *Ernst Käsemann* auf einen interessanten anthropologischen Zusammenhang aufmerksam gemacht. In Weiterführung von Überlegungen seines Lehrers *Rudolf Bultmann* hat er im Blick auf den paulinischen Soma-Begriff herausgestellt, dass Soma die »Fähigkeit zur Kommunikation und die Realität seiner (=des Menschen) Zugehörigkeit zu einer ihn qualifizierenden Welt«[21] bezeichnet. Der Leib eröffnet die Möglichkeit der Kommunikation. Damit steht er in der Ausrichtung auf andere, in der Gebundenheit durch die Welt und unter dem Anspruch des Schöpfers. Dies ist ein nachhaltiger Hinweis auf den im Leib gesetzten Weltbezug des Menschen: Leib ist »der Mensch in seiner Weltlichkeit, also in seiner Kommunikationsfähigkeit.«[22]

4.2 Kommunikation des Evangeliums

Wenn Kommunikation – anthropologisch und sozialwissenschaftlich-kommunikationstheoretisch betrachtet – eine solche gemeinsame Basis für die gemeindepädagogischen Handlungsfelder darstellt, so ist nicht nur festzustellen, dass kommuniziert wird, sondern es ist weiter zu fragen, was inhaltlich kommuniziert werden soll. Dies wird mit der Integrationsformel »Kommunikation des Evangeliums« klar und deutlich ausgesagt. Damit ist ein gemeinsamer Zielhorizont im Blick, der einerseits seinen Ursprung im Evangelium selber hat und der andererseits die Adressaten grundsätzlich mit einbezieht. Dieser doppelte Bezug

---

[21] *E. Käsemann*, Exegetische Versuche und Besinnungen, Bd. 2, Göttingen ⁶1975, 200. – Vgl. auch *Ders.*, aaO., Bd. 1, Göttingen ⁶1975, 32: »Der Leib als Möglichkeit der Kommunikation.«

[22] *E. Käsemann*, aaO., Bd. 2, 129.

ist wichtig, weil ein echter Kommunikationsvorgang, wie wir zuvor gesehen haben, immer ein zweiseitiger Vorgang von Mitteilen und Anteilnehmen ist.

Die Rede von der »Kommunikation des Evangeliums« steht im Zusammenhang mit dem Grundauftrag der Kirche. *Ernst Lange* hat im Blick darauf herausgestellt: »Wir sprechen von Kommunikation des Evangeliums und nicht von ›Verkündigung‹ oder gar ›Predigt‹, weil der Begriff das prinzipiell Dialogische des gemeinten Vorgangs akzentuiert und außerdem alle Funktionen der Gemeinde, in der es um die Interpretation des biblischen Zeugnisses geht – von der Predigt bis zur Seelsorge und zum Konfirmandenunterricht als Phasen und Aspekte ein- und desselben Prozesses sichtbar machen kann.«[23] Als wir in der 1. Auflage des »Gemeindepädagogischen Kompendiums« diese Formel im Jahre 1987 aufgriffen, war sie noch relativ unbeachtet. Inzwischen findet sie breite Verwendung in der theologischen Diskussion und in der praktisch-theologischen Reflexion, wenn auch immer wieder vorgeschlagen wird, auf den Begriff der »Verkündigung« zurückzugreifen. Dieser Begriff hat zwar im Zusammenhang der Dialektischen Theologie eine wichtige Funktion gehabt, aber er steht heute in der Gefahr, dass er im monologischen Sinne (miss-)verstanden werden kann (nicht muss). Dagegen akzentuiert die Wendung »Kommunikation des Evangeliums« das »prinzipiell Dialogische des Vorgangs«. Darum seien die *vier wesentlichen Gesichtspunkte,* die mit dieser Wendung verbunden sind, noch einmal unterstrichen:

(1) Der Dialog wird als wesentlich und prinzipiell unabdingbar für den Vorgang der »Kommunikation des Evangeliums« gesehen. Ernst Lange spricht explizit vom Kommunikations*auftrag,* der sich nicht nur auf die Interpretation innerhalb der Gemeinde bezieht, sondern der auch auf die Interpretation gegenüber der Welt abzielt. Die Aussage vom Auftrag zur Kommunikation des Evangeliums macht darum die Herausforderung bewusst, diese Grundaufgabe im Blick auf den gesellschaftlichen Zusammenhang und das heißt im Blick auf die Fragen der Menschen und der Gegenwart wahrzunehmen.

(2) In dieser Formel von der »Kommunikation des Evangeliums« verbinden sich humanwissenschaftliche und theologische Anliegen. Der Begriff der Kommunikation ermöglicht den *Brückenschlag* und die *Vermittlung* zwischen theologischen und humanwissenschaftlichen Gesichtspunkten. Er stellt damit ein integrierendes Moment dar. Der Kommunikationsbegriff bietet den Vorteil, dass das Nachdenken über gemeindepädagogisches Handeln nicht einer rein theologischen Betrachtung und möglichen binnenkirchlichen Engführung anheim fällt.

(3) Andererseits ermöglicht es die Formel von der »Kommunikation des Evangeliums« sicherzustellen, dass die gemeindepädagogische Dimension nicht aus dem *Gesamtspektrum der praktisch-theologischen Vermittlungsbemühungen* heraus fällt und ein Sonderdasein führt, sondern bei aller Eigenständigkeit

---

[23] *E. Lange,* Aus der »Bilanz 65«, in: *Ders.,* Kirche für die Welt, München/Gelnhausen 1981, 101.

zugleich in einem Gesamthorizont steht, der die verschiedenen praktisch-theologischen Handlungsdimensionen umgreift.

(4) Die *Interpretation des biblischen Zeugnisses* wird dabei als wesentlich und grundlegend festgehalten. Was zuvor hinsichtlich Verstehen und Verständigung im Kommunikationsprozess formal beschrieben wurde, gilt es hier im Blick auf den Zusammenhang von biblischen Texten und dem in der Bibel bewahrten Evangelium auszuführen.

Damit werden die biblischen Texte im Kommunikationsprozess als Gesprächspartner voll anerkannt. Auf diese Weise wird ausgeschlossen, dass die biblischen Texte einerseits zu einer reinen Information über Bibelinhalte verobjektiviert werden und dass sie andererseits total funktionalisiert und medialisiert werden, um als Mittel zum Zweck persönlicher Interessen sowie gesellschaftlicher Machtinteressen zu dienen. Den biblischen Texten wird auf diese Weise das ihnen zukommende sachlich-inhaltliche Gewicht und ihre subjekthafte Eigenständigkeit nicht genommen, sondern gewahrt. Damit ist deutlich, es geht nicht einfach um die Bibel als literarisches Buch, sondern um die Bibel in ihrer Qualität als Schrift, d.h. als Übermittlerin des Evangeliums.[24]

In diesem Sinne will Evangelium als die Botschaft von der Menschenfreundlichkeit Gottes zur Geltung kommen und verstanden werden. Die Menschwerdung Gottes (Joh 1,14) zielt nicht auf die Vergottung des Menschen, sondern auf seine Menschwerdung. Dabei ist deutlich, dass die Menschwerdung des Menschen nicht einfach ein naturgegebener, dem Menschen immanenter Prozess des Wachsens ist, der sich von selber einstellt, sondern dass die Kommunikation des Evangeliums erforderlich ist.

In der Bibel wird das Menschsein des Menschen so beschrieben, dass von seiner Freiheit geredet wird – angefangen vom Auszug aus Ägypten über das Exil bis hin zur Predigt Jesu und den Briefen des Apostel Paulus. Die Botschaft von der »herrlichen Freiheit der Kinder Gottes« (Röm 8,21) bildet das Zentrum von allem, was zu kommunizieren ist. Sie hat ihren Ursprung in der Botschaft Jesu. Inhaltlich gilt: »Darin unterscheidet sich Christus von den anderen Herren, dass er Freiheit wirkt. Und er ruft nicht nur zu ihr, das wäre das Gesetz. Jesus gibt Freiheit. Das ist seine Unverwechselbarkeit.«[25]

5. Bildung als pädagogische Leitkategorie der Gemeindepädagogik

Wenn wir uns jetzt dem pädagogischen Profil religiöser Bildung zuwenden, so ist noch einmal ins Gedächtnis zurückzurufen, was *Ernst Lange* seinerzeit im Blick auf das pädagogische Handeln der Kirche formuliert hatte: »Ich vermute, die

---

[24] S. dazu *G. Adam,* Art. Bibel/Wort Gottes, in: *R. Lachmann/G. Adam/W. Ritter,* Theologische Schlüsselbegriffe. Biblisch-systematisch-didaktisch (TLL 1), Göttingen (1999) ²2004, 41–57, bes. 47–49.

[25] *E. Käsemann.* Der Ruf der Freiheit, Tübingen ⁴1968, 208.

Kirche sollte den Lebenszyklus als eine religiöse Aufgabe, eine zusammenhängende religiöse Aufgabe ernstnehmen und zu verstehen versuchen …, als eine pädagogische Aufgabe im Medium von Bildungsvorgängen … Im Identitätsproblem gibt es eine wirkliche Korrespondenz, eine Korrelation von Frage und Antwort, von Bedürfnis und Angebot, hier spitzt sich das Evangelium in seinem zentralen Inhalt zu auf ein Kernproblem der Existenz.«[26] Von daher legt es sich nahe, das Konzept einer religiösen Bildung als Lebensbegleitung im Blick auf die Entwicklungsaufgaben, beständigen Lebenssituationen und kritischen Lebensereignisse zu formulieren.

Bewusst wird hier nicht von Erziehung und Lernen gesprochen, sondern von Bildung. Erziehung wie Lernen sind Teilaspekte innerhalb des umfassenderen Horizontes der Bildung des Einzelnen als Person. Die verschiedenen Aspekte des Lernens, die man auflisten kann (Wissenserwerb, Lernen von Haltungen, Soziales Lernen, Lernen an Vorbildern usw.) finden ihren letzten Bezugspunkt im Bildungshorizont. Wenn wir heute von Bildung reden, so bewegen wir uns im Kontext jenes Verständnisses von Bildung, das im Gefolge von Humanismus und Aufklärung Bildung definiert als eigenverantwortlichen Selbstwerdungsprozess des Menschen. Darin ist zugleich eingeschlossen, dass Bildung ein Angebot für alle Menschen ist. Die klassischen Bildungstheorien (von *Wilhelm von Humboldt, Johann H. Pestalozzi* und *Friedrich D.E. Schleiermacher u.a*). weisen zumindest folgende vier gemeinsame Charakteristika auf:[27]

(1) Bildung zielt auf die Befähigung zu vernünftiger Selbstbestimmung. Dabei bezeichnet Bildung einerseits die Bildung, die jemand erworben hat – also den Bildungsinhalt, und andererseits den Weg dazu – also den Bildungsprozess, in dem jemand sich bildet. Selbstbestimmung, Freiheit, Autonomie und Mündigkeit sind Begriffe, die bei der Beschreibung dieses Sachverhaltes verwendet werden.

(2) Bildung wird im Zusammenhang der jeweiligen Lebensgegebenheiten und kulturellen Situation erworben. Sie kann nur in der aktiven Auseinandersetzung mit der Welt, in der wir leben, erworben werden. Die Klassiker sprechen bei diesem Charakteristikum von Humanität, Menschlichkeit, Welt und Allgemeinem. Heute fragt man in der pädagogischen Diskussion an dieser Stelle nach »*Schlüsselproblemen*« und »*allgemeiner Bildung*«.

(3) Bildung kann jeder Mensch nur für sich erwerben. Dies kann einem niemand abnehmen, sonst wäre es ja Fremdbestimmung. Der Einzelne bzw. die Einzelne ist unvertretbar. Er bzw. sie ist ein Individuum. Jede Person muss diesen Prozess selbst durchlaufen, der im gelingenden Falle ein Leben in Freiheit ermöglicht. Bildung ist *Aufgabe und Werk eines jeden Menschen* selbst. Es geht also um *Selbstbildung*.

---

[26] *E. Lange,* Bildung als Problem und als Funktion der Kirche, in: *Ders.,* Sprachschule für die Freiheit, München 1980, 190f.

[27] Vgl. dazu *W. Jank/H. Meyer,* Didaktische Modelle, Frankfurt a.M. 1991, 137ff., sowie *W. Klafki,* Neue Studien zur Bildungstheorie und Didaktik, Weinheim/Basel ⁴1994, 15ff.

(4) Der Bildungsprozess vollzieht sich in *Gemeinschaft*. Der individuelle Bildungsprozess geschieht nicht im luftleeren Raum, sondern ist angewiesen auf die Begegnung, die Auseinandersetzung und den Dialog mit anderen Menschen. Dieser Aspekt wird angesichts der heutigen Betonung der Individualisierung leicht übersehen.

Wer sich auf den Bildungsbegriff bezieht, der bezieht deutlich Position im Blick auf die Kinder, Jugendlichen und Erwachsenen. Er lässt sich darauf ein, dass alles Lehren und Lernen die Freiheit der Lernenden nicht übersehen darf, sondern dass es darum geht, dass Kinder, Jugendliche und Erwachsene als individuelle und selbstständige Personen ihren Weg in Freiheit und eigener Verantwortlichkeit finden sollen. Es ist unsere Grundüberzeugung, dass das evangelische Glaubensverständnis und ein solches subjektorientiertes Bildungsverständnis zusammengehören.[28]

Wenn bei unseren Überlegungen von Bildung und nicht von Erziehung gesprochen wird, so ist das kein Zufall. Der Begriff der Erziehung zielt eher auf Anpassung und Einpassung. Er bezeichnet die – gewiss auch notwendige – Aufgabe der Einordnung des Einzelnen in die menschliche Gemeinschaft. Demgegenüber geht es beim Bildungsbegriff darum, was den Maßstab der Personwerdung des Menschen ausmacht. Bildung ist damit ein kritischer Begriff, durch den die Freiheit von Kindern, Jugendlichen und Erwachsenen festgehalten und unterstrichen werden soll: Das Individuum bildet sich selber. Es sei noch einmal festgehalten: (1) Bildung zielt auf die Personwerdung, die Menschwerdung des Menschen, sein Leben in Freiheit; (2) Bildung ist etwas Allgemeines; (3) Bildung kann jede Person nur für sich selbst erwerben; (4) Bildung vollzieht sich in Gemeinschaft.

Die Nähe eines solchen Bildungsverständnisses zu zentralen Grundaussagen des christlichen Glaubens ist leicht erkennbar. Menschwerdung des Menschen, Unvertretbarkeit der einzelnen Person, Leben in Freiheit, Einzelner und Gemeinschaft – das alles sind zentrale Themen des christlichen Glaubens. Damit sind vielfältige Möglichkeiten der Korrespondenz und der gegenseitigen Abbildbarkeit von christlichem Glaubensverständnis und pädagogischer Bildungstheorie gegeben. Bildung in diesem Verständnis ist theologisch anschlussfähig und lässt Raum für die theologischen Grundanliegen (z.B. Verständnis christlicher Freiheit) und

---

[28] *H. Blankertz* hat diesen Maßstab der Personwerdung des Menschen bleibend formuliert: »Die Inhalte dürfen mit ihren Ansprüchen den Educandus nicht determinieren, sondern als bildende Lehre müssen sie so verwandt werden, daß sie zugleich kritische Vernunft entbinden, die sich, potentiell jedenfalls, auch gegen die Inhalte selbst richten können. Mit anderen Worten: Was die Jugend aus dem ihr von der Erwachsenengeneration angewiesenen und als Vorwegnahme der Zukunft gedachten Zielen der Bildung macht, bleibt dieser Jugend überlassen. Für dieses Recht der Jugend steht in der bildungstheoretischen Didaktik der Begriff der Bildung.« (Theorien und Modelle der Didaktik, München [9]1975, 41f.).

die Grundaufgabe der Kirche (Kommunikation zwischen dem lebensförderlichen Evangelium und dem Menschen unserer Tage).

Reiner Preul hat hinsichtlich der Bildungsaufgabe deutlich formuliert, dass die evangelische Kirche prinzipiell nur auf Selbstbildung setzen und dafür Ermöglichungsräume eröffnen und Sinnangebote machen könne, die vom aneignenden Subjekt frei zu übernehmen und auch zu modifizieren seien. »Bildung war immer schon Selbstbildung, Selbstvergewisserung in Fragen von Religion und Weltanschauung und entsprechendem Ethos.«[29]

In Weiterführung dieser Überlegungen hat er die Kirche explizit als Bildungsinstitution bezeichnet. Dabei wird ein Verständnis von Bildungsinstitution zugrunde gelegt, vorausgesetzt, demzufolge dies Institutionen sind, »die sich auf das Bewusstsein und Erleben der Menschen beziehen und beides durch die Mittel der Sprache, der Kunst, des Ritus und des Spiels darstellen und zugleich beeinflussen, somit bilden.«[30] Mit einen solchen Verständnis von Kirche als Bildungsinstitution werden vielfältige Kooperationsmöglichkeiten mit anderen Institutionen des Bildungswesens und des kulturellen Lebens eröffnet.

6. ... zu erfahren, zu lernen und zu leben – Kirche als Lernort und Lebensort des Glaubens

Abschließend ist noch die Frage der Gemeinde in ekklesiologischer Hinsicht zu bedenken.

6.1 Kirche – theologisch bedacht

Christliche Gemeinde zeichnet sich dadurch aus, dass sie nicht ein Verein ist, der durch den Zusammenschluss seiner Mitglieder begründet wird, sondern dass es sich bei ihr um eine »Gemeinschaft von Glaubenden« handelt, die ihr Dasein der Kommunikation des Evangeliums von der Menschenfreundlichkeit Gottes verdankt. Biblisch formuliert ist diese Gemeinschaft »das auserwählte Geschlecht, das königliche Priestertum, das heilige Volk, das Volk des Eigentums« (1 Petr 2,9). Koinonia, d.h. Gemeinschaft, die vom Heiligen Geist geschaffen und erhalten wird, ist der Schlüsselbegriff für diese Art der Gemeinschaft. Paulus spricht vom Leib Christi, in dem alle Glieder auf Christus als das Haupt bezogen sind (Eph 4,1; 1 Kor 12,12ff.).

Also nicht so sehr ihre Gestalt als vielmehr ihr Grund und ihr Ursprung sind es, die diese Gemeinschaft auszeichnen. Der Ursprung liegt im Evangelium von Jesus Christus, das durch die Verkündigung des Wortes Gottes und die Feier der Sakra-

---

[29] *R. Preul,* Die Evangelische Kirche als Bildungsinstitution, in: *R. Schmidt-Rost u.a.* (Hrsg.), Profilierte Bildung. Der Beitrag der christlichen Kirchen zu den Bildungsaufgaben der Gegenwart, Hannover 2006, 47–73, hier: 49.

[30] *R. Preul,* aaO., 63. – S. auch *Ders.,* Kirchentheorie. Wesen, Gestalt und Funktionen der Evangelischen Kirche, Berlin/New York 1997, 140–152.

mente bezeugt und durch den Heiligen Geist Glauben wirkt gemäß Confessio Augustana Art. 7, wo es heißt: Die Kirche ist »die Versammlung aller Glaubigen (communio sanctorum), bei welchen das Evangelium rein gepredigt und die heiligen Sakrament lauts des Evangelii gereicht werden.«[31]

Damit ist deutlich, dass die christliche Botschaft darauf gerichtet ist, den Glauben im Sinne des Vertrauens auf Gott zu wecken. Und es ist auch deutlich, woran die Kirche zu erkennen ist. Dementsprechend stellt *Martin Luther* heraus: »Wir haben ein solches (sc. Zeichen) auch: nämlich die Taufe, das Brot (=Abendmahl) und als mächtigstes von allen das Evangelium. Diese drei sind die Symbole, Marken und Kennzeichen der Christen. Wo du nämlich siehst, dass die Taufe, das Brot und das Evangelium da sind, an welchem Ort und bei welchen Personen immer es auch sei, da sollst du nicht zweifeln, dass dort die Kirche sei ... Denn allein durch das Evangelium wird die Kirche empfangen, geformt, ernährt, erzeugt, erzogen, geweidet, bekleidet, geschmückt, gestärkt, bewaffnet, bewahrt. Kurzum: Das ganze Leben und Wesen der Kirche besteht im Worte Gottes.«[32]

Nun ist aber schon bei Luther wie bei *Melanchthon* der Glaube untrennbar mit Lehr- und Lernprozessen verbunden. Die Lehr- und Lernprozesse sind vom Evangelium als der freien Tat Gottes zwar zu unterscheiden, doch kommt ihnen grundlegende Bedeutung für das christliche Leben zu. »Entsprechend der Unterscheidung zwischen den beiden Regimenten Gottes und deren Zusammengehörigkeit sind also wegen der Freiheit Gottes und der des Menschen allgemeine Bildung und die Kommunikation des Evangeliums sowohl von einander zu unterscheiden als auch aufeinander zu beziehen.«[33]

So wahr es ist, dass der Glaube auf Bildung angewiesen ist, so können Glaube und Bildung doch nicht einfach einander konvergierend in dem Sinne zugeordnet werden, dass mit Hilfe eines guten Bildungsprogrammes die einzelne Person »auf geradem Wege« zum Glauben geführt werden könnte. Das Verhältnis von Glaube und Bildung kann nur dialektisch in einer Doppelthese zureichend bestimmt werden:

Christlichen Glauben gibt es nicht ohne Bildungsprozesse, aber Bildungsprozesse bewirken für sich allein keinen christlichen Glauben (im Vollsinne des Wortes). Der christliche Glaube bleibt im letzten Geschenk, Wirkung des Heiligen Geistes. Die Rede von der Offenbarung hält das *extra nos* des Heilsgeschehens fest. Gleichwohl wird der Glaube nicht ohne Bildungsprozesse von der einzelnen Person aufgenommen, und die Verwirklichung des Glaubens im Leben bedarf der kommunikativen Bildungs- und Lernprozesse.

Doch wie verhält sich der Glaube zu solchen Bildungsprozessen? Dafür ist es hilfreich, zwischen dem Personsein und dem Subjekt-Werden des Menschen zu

---

[31] BSLK 61, 4f. – In Art. 8 heißt es: »die Versammlung aller Glaubigen und Heiligen (congregatio sanctorum et vere credentium)« (BSLK 62,3f.).

[32] WA 7, 720f. (Ad librum eximii Magistri Nostri Ambrosii Catharini ... responsio. 1521).

[33] *C. Grethlein,* Theologie und Didaktik, in: ZPT 59/2007, 503–525, hier: 507f.

unterscheiden. Der Mensch empfängt sein Personsein im Glauben. Das Personsein des Menschen ist Gabe des Evangeliums. Dieser zugeeigneten Identität als Person gilt es im Leben zu entsprechen und sie im eigenen Subjektwerden – bei aller Fragmentarität – zu realisieren. In diesem Sinne formuliert *Peter Biehl*, dass es im Prozess der Bildung um »den Prozess der Subjektwerdung des Menschen in der Gesellschaft als ein ständiges Freilegen seiner ihm gewährten Möglichkeiten (geht). Diesem Prozess bleibt das Personsein als Grund der menschlichen Freiheit und Selbstbestimmung stets voraus. Subjekt muss der Mensch im Prozess seiner Bildung erst werden, Person ist er immer schon.«[34]

6.2 Kirche vor Ort – bedacht

Obwohl oder gerade weil die Dimension der globalen Verantwortung für alle Glaubenden unübersehbar geworden ist, gilt es die Bedeutung und Relevanz der konkreten Kirchengemeinde vor Ort festzuhalten.[35] Trotz anderer Formen christlicher Gemeinde bleibt die Gemeinde vor Ort – lebensgeschichtlich betrachtet – ein wichtiger Platz für die Praxis christlichen Lebens und Glaubens. Kirche wird über die Ortsgemeinde zugänglich und erfahrbar.

Kirche ist konkret Gemeinschaft der Glaubenden. Wie verhalten sich nun aber Ortsgemeinde und Gesamtkirche? Wenn wir auf das Neue Testament schauen, so finden wir dort keinen Gegensatz von Ortsgemeinde und Gesamtkirche. Auch ist die Gesamtkirche nicht die Summe der Einzelgemeinden, vielmehr ist die Gesamtkirche immer konkret in der Einzelgemeinde da und die Einzelgemeinde darf sich als Gesamtkirche wissen und verstehen.

Dabei geht es nicht um ein statisches Verständnis, das der Realität nicht gerecht wird. Das heutige Leben ist z.B. in einem bisher unbekannten Ausmaß durch Mobilität und Reisen bestimmt. Es ist ja kein Zufall, dass heute das menschliche Leben oft mit der Metapher der Lebensreise beschrieben wird. Der Prozess der gesellschaftlichen Ausdifferenzierung und Pluralisierung der Lebenslagen ist eine Gegebenheit, die man nicht rückgängig machen kann – und warum sollte man das auch wollen? Deswegen ist es hilfreich, wenn im Programmkonzept »aufwachsen – aufbrechen« der Evangelisch-reformierten Landeskirche des Kantons Zürich von »Kirche am Ort« und »Kirche am Weg« gesprochen wird. Dazu heißt es:

- »*Kirche am Ort:* Das ist die einzelne Kirchgemeinde mit ihrer eigenen Geschichte, ihren besonderen Räumen und ihren vertrauten Gesichtern. Kinder finden darin Heimat. Sie wachsen im christlichen Glauben auf.

  Als Jugendliche und junge Erwachsene lösen sie sich von ihrer Kindheit, ihren Eltern und ihrem Zuhause. Sie verlassen, was ihnen Heimat auf Zeit war. Sie brechen auf und begegnen der Kirche am Weg.

---

[34] S. dazu *P. Biehl*, Die Gottebenbildlichkeit des Menschen und das Problem der Bildung, in: *Ders.*, Erfahrung, Glaube und Bildung, Gütersloh 1991, 124–223, hier: 158.

[35] Wobei »Kirche vor Ort« sich »neben ihren Gemeinden auch in Einrichtungen und Diensten« verwirklicht (*Landessynodalausschuss der ELKB [Hrsg.], Kirche vor Ort, 53*).

– *Kirche am Weg:* Das ist eine andere Art von Kirche. Sie geht auf Jugendliche und junge Erwachsene zu. Sie ist präsent in ihren Lebenswelten und Kulturen. Ihr Radius ist regional. Sie sucht den Dialog mit Jugendlichen und jungen Erwachsenen und begleitet sie während ihrer Wanderjahre. Jugendliche und junge Erwachsene gestalten die Kirche am Weg selber mit.«[36]

Der Rhythmus von Aufwachsen und Aufbrechen, vom Einüben und kritisch und selbständig Bedenken signalisiert einen lebendigen Umgang mit der Tradition. Das lässt sich ganz gut mit dem übergreifenden Gesamtziel beschreiben, wonach es darum geht, »mit Kindern und Jugendlichen auf der Grundlage des Evangeliums von Jesus Christus das Vertrauen auf Gott, die Liebe zur Schöpfung, die Hoffnung auf Frieden und Gerechtigkeit zu erfahren, zu lernen und zu leben.«[37]

Zugleich wird zu bedenken sein, dass es neben der Kirche am Ort die Kirche am Weg, die Gemeinde auf Zeit, die Gemeinde in der Region, die Gemeinde bei Gelegenheit und sogar die Gemeinde auf überregionaler Ebene gibt. Wie immer die Gestalt der Kirche sich auch präsentieren mag, so gilt von der Bildung als einer kirchlichen Grundaufgabe:»Bildung ist seit der Reformation untrennbar mit der protestantischen Identität verknüpft, Bildung als ganzheitliche Persönlichkeitsbildung ist wesentlicher Bestandteil des evangelischen Profils. Bildung ist für die Kirche ein zentrales Zukunftsthema … Bildung ist heute und morgen eine unaufgebbare Grund- und Kernaufgabe kirchlichen Handelns.«[38]

6.3 Gemeinschaft der Glaubenden – als Kirche unterwegs und im Wandel

Die Gemeinschaft der Glaubenden ist eine konkrete Gemeinschaft. Als solche stellt sie den Kontext von christlicher Bildung, Erziehung und Unterricht dar. Sie organisiert sich in verschiedenen Gestalten und artikuliert sich in vielfältigen Kommunikationsformen. Die Gemeinde als Lern- und Lebensort verändert sich gegenwärtig vor allem durch Reduzierung von Mitarbeiterstellen, durch Kooperationsvorhaben sowie durch Regionalisierung des gemeindepädagogischen Handelns.

Damit kommt es im Blick auf die Parochie zu einer Erweiterung der räumlichen Orientierung in Richtung auf die Region. Neue Konzepte und eine neue Praxis der Kooperation von Kirchengemeinden bilden sich heraus.

– Im Blick auf die Konfirmandenarbeit gibt es dafür eine größere Zahl von Beispielen. Dadurch wird die pädagogische Arbeit von Gemeinden in nachbarschaftlicher Kooperation vernetzt.

---

[36] *Kirchenrat des Kantons Zürich* (Hrsg.), aufwachsen – aufbrechen. Kirche unterwegs mit Kindern, Jugendlichen und Familien, Zürich o.J. (2002), 5. In Zeile 3 wurde im Zitat »reformierten« durch »christlichen« ersetzt.

[37] Ebd.

[38] *Landeskirchenamt der ELKB* (Hrsg.), Bildungskonzept für die Evangelisch-Lutherische Kirche in Bayern, München 2004, 58.

- Auch werden gemeindepädagogische Mitarbeiter*innen* zunehmend auf Dekanats- oder Stadtkirchenverbandsebene angestellt.
- Es ist auch denkbar, dass bestimmte Bildungsaufgaben im Rahmen einer Kooperation auf der Ebene des Kirchenkreises einem Bildungshaus oder einer Stadtakademie übertragen werden, um auf diese Weise z.B. die Arbeit mit Familien professioneller gestalten zu können.

Von daher differenzieren sich die organisatorischen Strukturen und Kommunikations- und Lernformen auf vielfältige Weise. Die gemeindepädagogische Arbeit kann sich daher auf sehr differenzierte Weise vollziehen:
- Zum einen gibt es die unmittelbaren *unterrichtlichen Formen* (Unterricht im Rahmen der Konfirmandenarbeit, Glaubenskurse in Seminarform).
- Zum andern sind *unterrichtsnahe Formen* (Familienbildung, Kinderbibelwochen, sonstige Bibelwochen, Studienkreise, Studientage) vorhanden.
- Darüber hinaus sind *freiere Formen* (Kinderchor, Jungschar, offene Jugendarbeit, Jugendchor, Freizeitarbeit) zu finden.
- Es gibt *komplexe Programme* (Familiensonntag, Gemeindefeste, Konfirmandenfreizeiten, Tagungswesen, Projekte, Kirchentagsbegleitung).
- Es gibt die zwischengemeindlichen *Kooperationsprogramme* (KonfiLager, Familienarbeit auf der Ebene der Stadtakademie).

Diese exemplarische, nicht vollzählig gemeinte Auflistung zeigt, dass wir es insgesamt mit einem mehrfach gestuften System der Kommunikation zu tun haben. All dies sind Prozesse formeller und nichtformeller Bildung, die in der christlichen Gemeinde ihren Ort haben kann. Zum Schluss ist noch auf informelle Bildungsprozesse hinzuweisen, die sich in der Begegnung mit glaubwürdigen Personen vollziehen, indem man am Glaubensvollzug von erwachsenen Christen und Christinnen teilnimmt. Damit tritt neben das Curriculum, wie es sich in gedruckten Lehrbüchern und Unterrichtsmaterialien (z.B. für den Konfirmandenunterricht) niederschlägt, die *Gemeinde selbst als Curriculum*. Die Worte und Handlungen von Eltern und Erwachsenen in der Gemeinde *sind* Curriculum, ebenso ihre Lebensvollzüge und Lebensformen. In der pädagogischen Terminologie bezeichnet man diesen Zusammenhang als das *»hidden curriculum«*, d.h. das verborgene Curriculum. Darauf zu achten, schärft den Blick für die Strukturen, die unser Verstehen beeinflussen und unser konkretes Verhalten formen. Auch dieser Zusammenhang gehört zur Kommunikation des Evangeliums hinzu. Nur können wir ihn nicht einfach planen und inszenieren.

Literatur

Grethlein, Christian, Gemeindepädagogik, Berlin/New York 1994.

Landeskirchenamt der ELKB (Hrsg.), Bildungskonzept für die Evangelisch-Lutherische Kirche in Bayern, München 2004.

Spenn, Matthias u.a. (Hrsg.), Handbuch Arbeit mit Kindern. Evangelische Perspektiven, Gütersloh 2007.

Spenn, Matthias u.a., Lebenswelten und Bildungsorte der Gemeindepädagogik, Münster 2008.

2. Rainer Lachmann
Problemorientierte Geschichte der Gemeindepädagogik

Vor dreißig Jahren bezeichnete *Jürgen Henkys* in der »Urfassung« unseres »Gemeindepädagogischen Kompendiums« eine »*Historische Gemeindepädagogik*« als »sehr wünschenswert« und erinnerte in diesem Zusammenhang an die »Katechumenatslehre« von *C.A.G. von Zezschwitz*, die »Praktische Theologie als ›Lehre von der kirchlichen Gemeindeerziehung‹« von *F. Niebergall* und an *O. Hammelsbecks* »kirchliche(n) Unterricht«.[1] Bis heute blieb Henkys Anregung uneingelöstes Desiderat und äußerte sich etwa im Widerspruch gegen eine »noch rudimentäre(n) Gemeindepädagogik-Geschichtsschreibung«, welche die gemeindepädagogischen Anfänge auf Rosenbooms und Heßlers Veröffentlichungen von 1974 zurückführte und nicht auf die »Professionalisierungsbemühungen kirchlicher Mitarbeiterberufe und -ausbildungen« Ende der 1960er Jahre im Fachhochschulbereich.[2] Origineller mahnte *Henning Schröer* das historische Defizit der Gemeindepädagogik mit dem »schönen Satz an: ›Paternitas semper incerta‹«, womit er die existierenden »Vaterschaftsprobleme für das Kind Gemeindepädagogik zwischen Hammelsbeck und Niebergall redivivus« benennen wollte.[3]

Eine erste Frucht zeigte Schröers Votum mit der gründlichen Aufarbeitung der »Problemgeschichte eines umstrittenen Begriffs«, die *Karl Foitzik* 1992 in seiner »Gemeindepädagogik« leistete. Auch Foitzik musste konstatieren, dass in der gemeindepädagogischen Literatur »die Geschichte des Begriffs und dessen, was er aussagen will, fast ganz ausgeklammert worden ist« und forderte deshalb »als erste Aufgabe für die weitere wissenschaftliche gemeindepädagogische Diskussion die Auseinandersetzung mit ihrer eigenen Geschichte«.[4] Weit ausholend will er dazu den »eigentlichen« Beginn der Gemeindepädagogik »schon im altkirchlichen Katechumenamt« ansetzen, beschränkt sich dann aber – in großzügigem Übergehen von *Luther, Comenius*, Pietismus und Aufklärung – auf die »ersten Jahrzehnte dieses Jahrhunderts« (gemeint ist das 20. Jahrhundert) und arbeitet die schon von *Schröer* angesprochene »Gemeindepädagogie« in *Friedrich Nie-*

---

[1] *J. Henkys,* Gemeindepädagogik in der DDR, in: *G. Adam/R. Lachmann* (Hrsg.), Gemeindepädagogisches Kompendium, Göttingen (1987) ²1994, 55–86, bes. 86.

[2] *G. Buttler,* Gemeindepädagogik als Handlungsfeld und als Professionswissen in einer Kirche des »allgemeinen Priestertums«, in: *R. Degen/W.-E. Failing/K. Foitzik* (Hrsg.), Mitten in der Lebenswelt, Münster 1992, 16–52, bes. 16f.

[3] *H. Schröer,* Gemeindepädagogik – noch unfertig, aber notwendig, in: *R. Degen u.a.* (Hrsg.), aaO., 80–87, bes. 85.

[4] *K. Foitzik,* Gemeindepädagogik. Problemgeschichte eines umstrittenen Begriffs, Gütersloh 1992, 383.

bergalls »Praktischer Theologie« auf.[5] Foitzik bleibt mit seinen geschichtlichen Ausführungen an der gemeindepädagogischen Begriffsgeschichte orientiert, weiß aber, wie bereits angedeutet, durchaus darum, dass es die Sache, um die es der Gemeindepädagogik zu tun ist, schon gab, bevor sich der Begriff »Gemeindepädagogik« herausbildete.

In diesem Zusammenhang gerät historisch ein anderer vermeintlich überholter Begriff ins Blickfeld: die *Katechetik*, deren Erbe in gewisser Weise die Gemeindepädagogik angetreten hat. Mit ihrer Geschichte hat sich *Christoph Bizer* angelegentlich befasst und hat dabei überzeugend aufgezeigt, dass die Herkunftsgeschichte der Gemeindepädagogik ohne den Bezug auf die von ihr abgelöste Katechetik nicht angemessen aufgearbeitet werden kann. Historiographisch interessant und pikant ist dabei das mehr oder weniger latent leitende Interesse Bizers, dass die Gemeindepädagogik sich namentlich wieder aufgibt und stattdessen »sich selbst als Katechetik neu« gewinnt!?[6]

1. Wurzeln und Anfänge der Gemeindepädagogik

1.1 Aufklärung

Folgt man *Enno Rosenbooms* gemeindepädagogisch ›archetypischen‹ Aufsatz aus dem Jahr 1974, so ist neben dem Begriff »Gemeinde« die »Pädagogik« das zentrale »Leitwort« der Gemeindepädagogik.[7] Wenn dem so ist, dann läge es nahe, die Anfänge der Gemeindepädagogik in der *Aufklärungszeit* zu suchen, denn in sie fällt auf den Spuren *John Lockes* und *Jean-Jacques Rousseaus* die Entdeckung des Eigenrechts des Kindes und seiner Subjektivität. Damit ist verbunden und erwächst die Entwicklung der Pädagogik zu einer eigenständigen Wissenschaft. Die Einrichtung der ersten Professur für Pädagogik, die 1779 an der Universität Halle erfolgte, setzte hier ein deutliches Zeichen, das sich auf seine Weise auch in den aufgeklärten Kreisen in Theologie und Kirche feststellen ließ. (Religions-)Pädagogisch waren es hier vor allem die sog. Philanthropen im Umfeld von *Johann Bernhard Basedow, Joachim Heinrich Campe* und *Christian Gotthilf Salzmann,* die integriert und korreliert mit ihrer neologischen und rationalistischen Theologie der Aufklärungspädagogik konzeptionellen Raum gaben.

Mit ihrer durch die Ablehnung der herkömmlichen Katechismen bedingten Erschließung neuer Inhalte für den Religionsunterricht, ihrer kindgemäßen Begründungen und ihren aufklärerischen Zielsetzungen kann man in ihren religionsunterrichtlichen Vorstellungen nachgerade die Anfänge »moderner« Religionspädagogik und -didaktik sehen. Das besonders auch dann – und hier wird es gemeindepädagogisch relevant –, wenn man beachtet, dass die philanthropische Religionspädagogik primär schulisch ausgerichtet war. Das trifft zusammen mit

[5]   *K. Foitzik,* aaO., 384–388.
[6]   *C. Bizer*, Art. Katechetik, in: TRE XVII, 1988, 686–710, bes. 706.
[7]   *E. Rosenboom*, Gemeindepädagogik, in: EvErz 26/1974, 25–40, bes. 26.

der in der Aufklärungszeit einsetzenden Trennung der Schulen von der Kirche –
1794 bestimmte das preußische »Allgemeine Landrecht«: »Schulen sind Veranstaltungen des Staates« – einer Trennung, die dem schulischen Religionsunterr-
richt bis heute die Ernstnahme der Schule als institutionell eigenständigem Bedingungsfeld abverlangt.

Dass darin die Anfänge einer Entwicklung angelegt sind, die auch und noch im
vorliegenden Kompendium zu einer Unterscheidung von schulischer Religionspädagogik und Gemeindepädagogik qua gemeindlicher Religionspädagogik geführt
hat und beiträgt, liegt auf der Hand. Noch deutlicher mit spezifischer Akzentuierung wird das in concreto an den religionsunterrichtlichen Konzepten der Philanthropen, in denen – wie etwa bei *Christian Gotthilf Salzmann* – der Religionsunterricht über die kirchlichen Vorstellungsarten und konfessionellen Unterschei-
dungslehren aus der Schule ausgegliedert und in die Kirchengemeinde verlagert
wird.[8] Ohne Zweifel verband sich in dieser philanthropisch neologischen und
rationalistischen Sicht mit dem gemeindlichen Unterricht vorrangig der Eindruck
orthodoxer Kirchlichkeit gepaart mit gepflegter Pädagogik-Resistenz. Dieses
›böse Vor-Urteil‹, je genährt durch entsprechende Erfahrungen, leistete in der
Folge der Separierung des schulischen Religionsunterrichts von der kirchlichen
Unterweisung großen Vorschub.

In gewisser Weise konvergierte diese ›separatistische‹ Vorstellung mit der besonders für das 19. Jahrhundert belegten und praktizierten Auffassung, dass in den
Volksschulen der Unterricht im Katechismus den Pfarrern vorbehalten blieb, während »dem Lehrer mit dem Unterricht in Biblischer Geschichte eine Hilfsfunktion
für den ›eigentlichen‹ Religionsunterricht des Pfarrers zugewiesen« wurde.[9] Begründet wurde diese Aufgabenverteilung mit der durch das Theologiestudium
erworbenen Kompetenz der Pfarrer bei dogmatischen Themen, hinter der natürlich
kirchlicherseits auch immer eine gewisse Wächterfunktion hinsichtlich der reinen
orthodoxen Lehre christlichen Glaubens mitspielte. Pädagogische Kompetenzen
spielten in dieser Praxis keinerlei Rolle, was bei zunehmender pädagogischer
Befähigung der Lehrer durch verbesserte Lehrerbildung die unguten Trennungs-
tendenzen und -bestrebungen zwischen pfarramtlicher Unterweisung und schulischem Religionsunterricht ›förderte‹.

In der Konsequenz bescherte diese Entwicklung ein, wenn man so will, gemeindepädagogisch unzuträgliches Doppeltes: zum einen das institutionell undifferenzierte Festhalten an einem kirchlich bestimmten Religionsunterricht an den
Schulen im Einzugs- und Herrschaftsbereich des je vorfindlichen Kirchentums,
dem der Ruch theologisch-kirchlicher Restauration und pädagogischen Desinte-
resses anhing; zum anderen einen primär schulisch verorteten und begründeten
Religionsunterricht mit betont pädagogischer Ausrichtung, dem eine mehr oder

---

[8]   Vgl. *R. Lachmann*, Die Religions-Pädagogik Christian Gotthilf Salzmanns (AHRp 2),
      Jena 2005, 185–203 u. 318.
[9]   *H. Schönfeld*, Bücher für den evangelischen Religionsunterricht (AHRp 1), Jena ²2005.

weniger ausgeprägte Tendenz zur Distanzierung oder gar Separierung von der kirchlichen Institution, ihren herrschaftlich-geistlichen Ansprüchen und ihren ›positiven‹ Inhalten in Katechismus, Gesangbuch und Bibel eignete.

Beide hier typisierten Entwicklungslinien gehören zur Herkunftsgeschichte der Gemeindepädagogik; beide sind sie freilich negativ konnotiert: hier pädagogisches Desinteresse und institutionell undifferenzierte kirchliche Vereinnahmung, da Vernachlässigung oder Verleugnung bewährter christlich-kirchlicher Inhalte sowie institutionell profilierte Trennung zwischen schulischem Religionsunterricht und gemeindlicher Unterweisung; beide Herkommenslinien sind unaufgebbarer Bestandteil der *Problem*geschichte von Gemeindepädagogik, machen problemsichtig und können und wollen beitragen zu historisch sensibilisierter gemeindepädagogischer Theoriebildung.

1.2 Das 19. und 20. Jahrhundert

Problemorientierte Geschichtsforschung hätte nun die hypothetisch typisierten religionspädagogischen Entwicklungslinien an den unterschiedlichen Ausprägungen ›gemeindepädagogischer‹ Theorie und Praxis zu konkretisieren, differenzieren und verifizieren, wofür gerade das 19. und 20. Jahrhundert reiches konzeptionelles Material liefert. Für die ›Trennungslinie‹ ist dabei *Friedrich Adolph Wilhelm Diesterweg* ein Paradebeispiel. In den drei im Laufe seines Berufslebens vertretenen religionsdidaktischen Paradigmen demonstrierte er durchgängig seine dominante Orientierung an pädagogischer Autonomie im Feld schulischer Erziehung und Bildung.

Dies geht einher mit einer von einem Religionsbegriff her bestimmten Ablehnung aller konfessionellen, dogmatischen und »supranaturalistischen Inhalte der Kirche« und ihrer Katechismen und Gesangbücher und der Trennung und Distanzierung von Kirche und Gemeinde und deren katechetischen Vorstellungen und Aktivitäten. Hier wird nicht nur Diesterwegs Herkunft aus der philanthropischen Tradition deutlich, sondern es wird auch andeutungsweise verständlich, worin seine große Wirkung auf die nachfolgenden, zunehmend pädagogisch bewusster und selbstbewusster ausgebildeten Generationen der (Religions-)Lehrerschaft bestand.[10]

Die mit Diesterweg angesprochene Entwicklungslinie lässt sich nahtlos fortsetzen mit den Konzepten der »vergessenen Väter der modernen Religionspädagogik E. Thrändorf, A. Reukauf, R. Staude«.[11] Diese haben mit ihrer religionspädagogischen Rezeption der *Herbart-Zillerschen Pädagogik* gleichsam den Anfang der liberalen Religionspädagogik markiert. Alle drei genannten Spätherbartianer wa-

---

[10] Vgl. *H.F. Rupp*, Vom Reichdeputationshauptschluss bis zur Reichsgründung, in: *R. Lachmann/B. Schröder* (Hrsg.), Geschichte des evangelischen Religionsunterrichts in Deutschland, Neukirchen-Vluyn 2007, 128–166, bes. 151–158.

[11] So der Titel einer 1989 in Göttingen (ARP 5) erschienenen Untersuchung von *G. Pfister*.

ren so ausschließlich auf den »Religionsunterricht als Kern des schulischen Unterrichts« fixiert, dass der gemeindliche Unterricht außerhalb der Schule für sie überhaupt nicht in den Blick geriet und kein wahrgenommenes Problem war. Fasziniert von den religionsunterrichtlichen Möglichkeiten, die die Herbart-Zillersche Pädagogik im Bereich der Didaktik und Methodik eröffnete, blieb die Erziehung, Bildung und Unterweisung der Kirche im gemeindlichen Bedingungsfeld völlig ausgeklammert.

Selbst *Staudes* intensive literarische Beschäftigung mit Luthers Katechismus und Katechismusunterricht machte hier keine Ausnahme.[12] Das gilt auch für *Reukauf*, wenn er zwar die Notwendigkeit der »Jugendpflege« für die schulentlassene Jugend herausstellt, dabei aber eher an die staatlichen Einrichtungen denkt als an kirchliche Jugendarbeit und Jugendbildung.[13] Ähnliches gilt im Bereich der »Jugendfortbildung und -pflege« auch für *Richard Kabisch*.[14] Er bleibt religionspädagogisch völlig dem Schulhorizont verhaftet und lässt in seinen kritisch polemischen Äußerungen zur geistlichen Schulaufsicht[15] – sie verleugne durch Rückzug auf klerikale Machtpositionen die evangelische Freiheit – immerhin anklingen, aus welcher kirchenkritischen Tradition er kommt.

Nach der Phase der Evangelischen Unterweisung mit ihrem restituierten Vorstellungen vom Gesamtkatechumenat und dessen nivellierender gemeindlich-kirchlicher Vereinnahmung des schulischen Religionsunterrichts erfolgte – beginnend mit dem hermeneutischen Religionsunterricht – einmal mehr eine Wende in Richtung einer Religionspädagogik, die so gut wie ausschließlich auf den Religionsunterricht in der Schule ausgerichtet war. Es ist bezeichnend, dass just in dieser Phase Ende der sechziger/Anfang der siebziger Jahre der Begriff »Gemeindepädagogik« erstmals auftaucht, ehe dann im Zuge religionspädagogischer Integration auch die gemeindepädagogischen Handlungsfelder religionspädagogisch übergreifend integriert wurden. Jetzt erst kommt die seit der Aufklärung zu verfolgende, unselige Entwicklung der Trennung von gemeindlicher und schulischer Religionspädagogik an ihr Ende und macht einem Modell der Unterscheidung und Vernetzung Platz.

1.3 Katechetik

Die Aufklärungs-verwurzelte Problemgeschichte der Gemeindepädagogik, wie sie sich bis hierher darstellte, trug ein ambivalentes Gesicht: Positiv schärfte sie den Blick für die Notwendigkeit einer Differenzierung und Profilierung nach schulischem und gemeindlichem Arbeitsfeld, negativ ließ sie unübersehbar die Folgewirkungen einer Trennung mit Nichtbeachtung oder gar Verachtung und

---

[12] Vgl. *G. Pfister*, Vergessene Väter der modernen Religionspädagogik, 157ff.

[13] *G. Pfister*, aaO., 138f.

[14] *G. Bockwoldt*, Richard Kabisch. Religionspädagogik zwischen Revolution und Restauration, Berlin 1976, 76f.

[15] *G. Bockwoldt*, aaO., 36ff.

Diffamierung der je anderen Seite deutlich werden. Diese problemorientierte Perspektive nach den institutionell und didaktisch unterschiedlichen Bedingungsfeldern muss allerdings noch dadurch ergänzt werden, dass *die wissenschaftliche Katechetik* in den Blick genommen wird, deren »Ursprung« von *Bizer* mit Recht in der Aufklärung gesehen wird.[16]

Es gab zwar mit den sog. »Katechetischen Theologien« des 17. und vor allem 18. Jahrhunderts bereits eine beachtliche Vorgeschichte der Katechetik.[17] Diese blieben jedoch auch in ihren reformorthodoxen Ausprägungen noch völlig im Rahmen orthodox-lutherischer Katechismuslehre und gelangten zu keiner wissenschaftlichen Eigenständigkeit.

1.3.1 Gräffes Katechetik

Letztere sieht *Bizer* dann geradezu paradigmatisch mit den diversen Werken zur »Katechetik« gegeben, die der Göttinger Theologe *Johann Friedrich Gräffe* gegen Ende des 18. Jahrhunderts herausbrachte.[18] Zweifelsohne stehen diese für eine »erste Blütezeit« der Katechetik und können ursprungsgeschichtlich durchaus die Vaterschaft bzw. Mutterschaft der Gemeindepädagogik für sich beanspruchen. Zweierlei konstituierte *Gräffes Katechetik*: einmal die Pädagogik, die sich bei ihm vor allem als sokratische Methode äußerte, und zum anderen die »Kantischen Grundsätze«, die besonders in Kants Erkenntnistheorie mit Pädagogik und Sokratik konvergierten. Hier verbanden sich verstandesgeleitete Mündigkeitsintention mit einer kindbestimmten Methode zu einem Konzept der Katechetik, das bei aller aufklärerischen Zeitbedingtheit konstitutive Elemente künftiger katechetischer/gemeindepädagogischer Theoriebildung und Praxisübung avisierte.

Fragwürdig blieben und bleiben für diese Katechetik die christlichen bzw. kirchlichen Inhalte. Diese ›entschärfte‹ Gräffe insofern, als er seine Katechetik als Pädagogik ausgab, die vor allem die »katechetische Technik« vermitteln wollte.

Als solche gehörte die Katechetik »neben der Homilitek zu den wichtigsten Stücken der Pastoraltheologie« und übernahm die Unterrichtsinhalte neben anderen aus »der Dogmatik« mit der Aufgabe, die »vorgegebenen (und zubereiteten) Inhalte im Blick auf den zu Unterrichtenden« zu bearbeiten.[19] Wie das in concreto aussah, demonstrieren die »Ausführlichen Katechisationen über den Hannöveri-

---

[16] C. *Bizer*, Katechetische Memorabilien. Vorüberlegungen vor einer Rezeption der evangelischen Katechetik, in: JRP 4/1988, 77–97, bes. 83.

[17] Vgl. R. *Lachmann*, Vom Westfälischen Frieden bis zur Napoleonischen Ära, in: *Ders./ B. Schröder* (Hrsg.), Geschichte des evangelischen Religionsunterrichts in Deutschland, Neukirchen-Vluyn 2007, 78–127, bes. 97f.

[18] C. *Bizer*, aaO., 84f. und *Ders.*, Art. Katechetik, in: TRE XVII, 686–710, bes. 691f.; vgl. außerdem W. *Schulz*, Die Institutionalisierung der Katechetik an den deutschen Universitäten unter dem Einfluß der Sokratik – dargelegt am Beispiel J.F.C. Gräffe. Maschinenschriftl. Dissertation Göttingen 1979.

[19] W. *Schulz*, aaO., 55f.

schen Landeskatechismus«, die Gräffe in 5 »Theilen« von 1801 bis 1807 veröffentlichte – ein Unterfangen, was an der Unverträglichkeit von aufklärerischer Sokratik und kirchlicher Katechismuslehre scheitern musste. Ohne Differenzierung zwischen Schule und Gemeinde erfuhr Gräffes Katechetik ihre ›Kirchlichkeit‹ durch die Geistlichen und ihre theologische Ausbildung, in deren Fächerkanon sich die »Katechetik« etablierte. Das verhinderte nicht, dass Graeffes Katechetik auch »in den aufblühenden Schullehrerseminaren« und im schulischen Religionsunterricht Eingang fand![20]

1.3.2 Verkirchlichungstendenz

Diese Offenheit und Brauchbarkeit der Gräffeschen Katechetik für Zwecke des schulischen Religionsunterrichts resultierte in gewisser Weise aus einem Defizit ihrer Anlage: Kirche, Gemeinde und die ihnen inhärenten positiven Inhalte des christlichen Glaubens kamen in ihr nämlich entschieden zu kurz. Gemeindepädagogisch gesehen fehlte damit dieser Katechetik die neben der Pädagogik zweite Leitdimension: die Gemeinde. An dieser offenen Flanke machte sich in der Folgezeit die Kritik an Graeffes Katechetik fest und besetzte sie – bei Beibehaltung des Begriffs – mit einer derart massiven Kirchlichkeit, dass dahinter die durch die Aufklärung neu und befreiend hinzu gewonnene Pädagogik mehr oder weniger ins Hintertreffen geriet. Wie im politischen Bereich geriet so ab den dreißiger Jahren des 19. Jahrhunderts die Katechetik immer mehr in das Fahrwasser kirchlicher Restauration, für die die reformatorischen Katechismen in einem heute kaum mehr vorstellbaren Maße in Theorie und Praxis bestimmend waren. Diese Verkirchlichung lässt sich konzeptionell verfolgen von der »Katechetik« *F.H.Ch. Schwarzs* (1818) über *C.J. Nitzschs* Katechetik im 2. Band seiner »Praktischen Theologie« (1848) bis hin zu der »Evangelischen Katechetik« von *C. Palmer* (1844/[8]1875) und dem »System der christlich-kirchlichen Katechetik« von *C.A.G. v. Zezschwitz* (1863–1869).

Geradezu programmatisch nimmt sich diese Verkirchlichungstendenz in *Palmers Vorrede* zu seiner »Evangelischen Katechetik« wie folgt aus: »Was der Katechetik meines Erachtens am meisten noth thut, das ist, daß sie, dem Ursprung und Zweck alles katechetischen Wirkens gemäß, wieder mit theologisch-kirchlichem Geiste getauft wird«, womit sie sich absetzt von einer Katechetik, die »eine Schulwissenschaft, ein Stück der pädagogischen Methodik geworden« war.[21] Entsprechend war für Palmer Katechese »diejenige Tätigkeit der Kirche, durch welche sie die in ihr geborene und getaufte Jugend mittelst gemeinsamer Unterweisung in der kirchlichen Lehre und gemeinsamer Erziehung für's kirchliche Leben zur Gemeinde heranbildet«, was sowohl für die Unterweisung im kirchlichen Raum wie den Unterricht in der öffentlichen Schule galt.[22] Letzterer blieb freilich

---

[20] *C. Bizer*, Art. Katechetik, 692.
[21] *C. Palmer*, Evangelische Katechetik, Stuttgart 1844, Vorrede IV.
[22] *H.F. Rupp*, aaO., 160ff.

bei Palmer schulisch völlig unprofiliert und spielte ähnlich der Pädagogik in der »Katechetik« nur eine marginale Rolle. Diesem Defizit schien Palmer mit seiner »Evangelischen Pädagogik« (1853) abgeholfen zu haben. Doch bewegte er sich dort, was den »Religionsunterricht« betraf – »diesen modernen Namen« der »weder biblischen noch kirchlichen Klang hat«, möchte er eigentlich vermeiden! – ganz in den von der »Katechetik« vorgezeichneten Bahnen und verstand die Pädagogik als »einen nothwendigen Ausläufer«, »eine Hülfswissenschaft, als einen appendix zur praktischen Theologie« ohne eigene »selbständige wissenschaftliche Basis«. Grundsätzlich geht dabei die Pädagogik »aus dem specifisch kirchlichen Leben hervor« und leitet ihre Prinzipien aus dem Wesen der Kirche ab.[23]

Damit hatte die Katechetik einen Weg eingeschlagen, der den Religionsunterricht an der Schule derartig kirchlich bestimmte und beherrschte, dass er mit der Zeit pädagogisch nicht mehr in die Schule »passte« und je länger, je mehr dahin tendierte, sich als kirchliche Unterweisung aus der Schule auszugliedern und gleichsam eine pädagogische Sonderwirklichkeit zu pflegen. Massiv lässt sich diese verkirchlichende und verkirchlichte Entwicklung an der »christlich-kirchlichen Katechetik« von *C.A.G. von Zezschwitz* ablesen, in der alle pädagogischen Bestimmungen ihre Legitimität ausschließlich im Horizont des Wesens und der Aufgabe von Kirche erfuhren.[24]

1.3.3 Gesamtkatechumenat – Geimeindepädagogik

In diesem Zusammenhang wurzelt der Begriff des »*Gesamtkatechumenats*«, der freilich erst in der Zeit der Bekennenden Kirche und des Kirchenkampfes seine konkrete Entfaltung erfuhr. Diese Katechumenatstradition und -intention leistete besonders »bei der Neugestaltung der ostdeutschen Gemeindepädagogik nach 1945 einen erheblichen Beitrag«, zumal ihre Aufgaben »in institutioneller Eigenständigkeit« wahr- und vorzunehmen waren.[25] In diesem »katechumenischen« Traditionsstrom lässt sich mit Fug und Recht ein wesentliches Element gemeindepädagogischer Herkunftsgeschichte sehen, das insbesondere in *Oskar Hammelsbecks* 1939 veröffentlichtem Buch »*Der kirchliche Unterricht*« konzeptionelle Gestalt gewonnen hat. Hammelsbeck vermeidet zwar »das zungenbrecherische Fachwort ›Katechumenat‹« oder »›Gesamtkatechumenat‹« und redet lieber von der »Einheit des kirchlichen Unterrichts«, bietet aber gleichwohl mit seinem erst »missionierenden« und dann »gemeindlichen Unterricht« ein Gesamtkonzept des katechetischen Handelns der Kirche, das grundlegend davon bestimmt ist, dass

---

[23] *C. Palmer*, Evangelische Pädagogik, Stuttgart 1853, 69; vgl. auch *H. Anselm*, Religionspädagogik im System Spekulativer Theologie. Untersuchungen zum Werk Christian Palmers als Beitrag zur religionspädagogischen Theoriebildung der Gegenwart, München 1982, bes. 3.2.2(2).

[24] Vgl. *A. Roggenkamp*, Das (zweite) deutsche Kaiserreich, in: *R. Lachmann/B. Schröder* (Hrsg.), aaO., 167–202, bes. 189f.

[25] *R. Degen*, Art. Gemeindepädagogik, in: LexRP I, 2001, Sp. 682–687, bes. 683f.

die Gemeinde in allen ihren Gliedern Ort und Träger kirchlichen Unterrichtens und Handelns ist.[26]

Die herkunftsgeschichtlichen Konvergenzen zwischen Katechetik/Katechumenat und Gemeindepädagogik liegen auf der Hand, und trotzdem bricht die Gemeindepädagogik mit der herkömmlichen Begrifflichkeit und entscheidet sich für eine neue ›Firmierung‹, die – wie schon seit den gemeindepädagogischen Anfängen bekannt[27] – begrifflich der Rede des liberalen Religionspädagogen *Friedrich Niebergall* nahe steht, der in seiner »Praktischen Theologie« von »Gemeindeerziehung« spricht.[28] Hier partizipiert die Gemeindepädagogik analog der Religionspädagogik am Bruch mit der Katechetik, die, wie *Bizer* überzeugend aufgezeigt hat, nur noch als überholtes, weil besonders pädagogisch defizitäres Relikt aus der »Vorvergangenheit« angesehen wird.[29] Damit ist die Katechetik, die ihren Ursprung in der pädagogischen Innovationskraft der Aufklärung hatte und von daher mit Recht als ein ›vorläufiger‹ Herkunftsort der Gemeindepädagogik anzusehen ist, über den Weg kirchlicher Restauration und kirchentümlicher Vereinnahmung in die Sackgasse des Images pädagogischer Rückständigkeit und einseitiger Verkirchlichung gelangt, die unter dem Druck der mächtigen schulischen Religionspädagogik nach einer neuen programmatischen Benennung verlangte.

Interessant ist bei unserer herkunftsgeschichtlichen Recherche nach der »Vaterschaft« der Gemeindepädagogik, dass diese nicht bruchlos zu haben ist – und zwar im doppelten Sinne! Bei unbestrittenem Ursprung in der Aufklärung führt ihr ambivalenter Weg zum einen zur Trennung von schulischem und gemeindlichem Unterricht und zum anderen zur Namensänderung von Katechetik und Gemeindepädagogik. Die von *Henning Schröer* beschworenen »Vaterschaftsprobleme« liegen auf der Hand und bieten neben anderem die herkunftsbedingte Hypothek der neuen Disziplin Gemeindepädagogik.[30]

2. Gemeindepädagogik als eigenständiges Wissenschaftsgebiet und Praxisfeld

2.1 ›Vorläufigkeiten‹ in der hermeneutischen Religionspädagogik

Nimmt man den nicht nur terminologischen Niedergang der Katechetik zum Indikator für das Aufkommen der Gemeindepädagogik, dann geraten die religionspädagogischen Wendejahre Mitte bis Ende der sechziger Jahre des vorigen Jahrhunderts ins Blickfeld. Interessanterweise hatte die hermeneutische Religions-

---

[26] *O. Hammelsbeck*, Der kirchliche Unterricht, München 1939, 13.

[27] Vgl. *G. Adam*, Gemeindepädagogik. Erwägungen zu einem Defizit Praktischer Theologie, in: WPKG 67/1978, 332–344, bes. 332.

[28] Der Untertitel von Niebergalls »Praktische(r) Theologie« lautet in beiden Bänden »Lehre von der kirchlichen Gemeindeerziehung auf religionswissenschaftlicher Grundlage« (Tübingen 1918/1919).

[29] *C. Bizer*, Katechetische Memorabilien, 79.

[30] *H. Schröer*, Gemeindepädagogik – noch unfertig, aber notwendig, 85f.

pädagogik trotz ihrer schulischen Fokussierung die Katechetik wissenschaftlich noch nicht verabschiedet. *Martin Stallmann* z.B. veröffentlichte nach seinem bahnbrechenden Werk »Christentum und Schule« (1959) vier Jahre später unter der Überschrift »Die biblische Geschichte im Unterricht« »katechetische Beiträge«, die er bei konstitutivem Bezug auf die zwischen Exegese und Katechese platzierte Predigt scheinbar problemlos in der »Katechetik als theologische(r) Disziplin« angesiedelt sein lässt!

Wenn für ihn in diesem Zusammenhang der Religionsunterricht, egal ob in der Schule oder der Kirche erteilt, »in jedem Fall kirchlicher Unterricht« ist, der sich »nicht von einem System der Kultur oder Bildung aus«, sondern von der Predigt her begründet, dann zeigen sich hier in aller unüberholten Deutlichkeit Strukturen der herkömmlichen Katechetik und darüber hinaus auch Züge Stallmannscher Hermeneutik, die so bisher für den hermeneutischen Religionsunterricht noch nicht angemessen wahrgenommen worden sind.[31]

Ähnlich wie Stallmann, nur – wie es seine Art ist – mit impulsgebender innovatorischer Potenz hält auch *Gert Otto* am Begriff der Katechetik fest. Freilich distanziert er sich ausdrücklich von dem »herkömmlichen Verständnis der Katechetik« und versucht, unter der ›Firmierung‹ »Implizite und explizite Katechetik« die »Ansätze eines neuen Selbstverständnisses unserer Disziplin zu zeigen«.[32] Und einmal mehr beweist Gert Otto auch hier sein untrügliches Gespür für dringlich Anstehendes und kann mit seinen Ausführungen zur Katechetik durchaus als Vorreiter und Wegbereiter der Gemeindepädagogik gelten.

Die von Otto neu verstandene Katechetik hätte danach in und mit ihrer lehrhaft pädagogischen Dimension »die ganze Wirklichkeit kirchlichen Lebens« wissenschaftlich zu durchdringen. Als »implizite Katechetik« müsste dabei etwa die »pädagogische Struktur der Predigt« und die »pädagogische Seite der Liturgie« oder des Gottesdienstes ins katechetische Blickfeld gerückt werden. Vor allem aber müsste darüber hinaus »der gesamte Bereich der Jugendarbeit, also gerade der außerunterrichtlichen Veranstaltungen« und das bisher »weitgehend vernachlässigte Feld ›kirchlicher Erwachsenenbildung‹« Gegenstand der Katechetik werden.[33]

In den Spuren von *Oskar Hammelsbeck* sprengt dabei die neue Katechetik sowohl die Beschränkung auf Unterricht wie auf die Kinder und »Unmündigen« und verlangt als unabdingbares Erfordernis die Einbeziehung der »für ihre Fragestellungen notwendigen profanen Wissenschaften«, von »Erziehungswissenschaft, Psychologie und pädagogischer Soziologie«. Dabei gehört für Otto »die religionspädagogische Erörterung« (!) des Religionsunterrichts an der Schule dringend mit hinein in die »katechetische Überlegung«; andernfalls würde die Katechetik sich

---

[31] *M. Stallmann*, Die biblische Geschichte im Unterricht, Göttingen 1963, 244 u. 252.

[32] *G. Otto*, Implizite und explizite Katechetik. Über Aufgaben und Probleme der Katechetik in der Gegenwart, in: MPTh 51/1962, 44–52, bes. 44.

[33] *G. Otto*, aaO., 46f.

»selbst isolieren«. Allerdings kann »diese Zuordnung der Religionspädagogik« – hier schon verstanden als ›Theorie schulischen Religionsunterrichts‹ – »zum Gesamtgebiet der Katechetik« nur in gleichsam differenzierender »Korrespondenz« angemessen vollzogen werden und das heißt »typisch ottonisch«: »Je weniger dabei die Schule mit der Kirche verwechselt wird, desto ergiebiger kann die gegenseitige Anregung innerhalb des Gesamtgebietes der Katechetik sein.«[34]

Es ist nicht zu leugnen, dass Gert Otto mit seinem »neuen Selbstverständnis« der Katechetik nicht wenige Gedanken und Forderungen vorwegnimmt, die später fester Bestandteil gemeindepädagogischer Auffassung werden: Er wendet sich gegen eine Trennung vom schulischen Religionsunterricht, plädiert aber sehr wohl für seine Unterscheidung von der kirchlichen Katechetik; weitet deren Handlungsfelder über Kindheit und Unterricht hinaus bis zur Erwachsenenbildung aus; macht auf die implizite katechetische Dimension in nicht primär pädagogisch bestimmten Gebieten kirchlichen Handelns aufmerksam und fordert nicht zuletzt die unabdingbare Einbeziehung von Pädagogik, Psychologie und Soziologie in die wissenschaftlichen Überlegungen.

Hier sind Einsichten markiert, die dann im Zuge des gesellschaftlichen Umbruchs und wissenschaftlichen Wandels in den späten sechziger Jahren zur sog. religionspädagogischen Wende mit dem endgültigen Aus für die herkömmliche Katechetik führen sollten.[35] Wie die bahnbrechenden »religionspädagogischen Wendemarken« *Hans Bernhard Kaufmanns*[36] und *Klaus Wegenasts*[37] und die mit ihnen erblühende Konzeptionenlandschaft aus problemorientiertem, therapeutischem und kritischem Religionsunterricht zweifellos beweisen, dominierte dann zwar für knapp ein Jahrzehnt die Religionspädagogik als Theorie und Praxis schulischen Religionsunterrichts in beinahe radikaler Ausschließlichkeit die Diskussion, doch war gerade das eben auch der Boden und der Wurzelgrund, aus dem die neue Wissenschaftsdisziplin der Gemeindepädagogik erwachsen sollte.

2.2 Vorphase

Gemeindepädagogische Geschichtsschreibung, die sich nicht dem Vorwurf »rudimentärer« Forschungsarbeit aussetzen will, kann sich eben dieser gemeindepädagogischen ›Wurzelgrund-Sicht‹ nur anschließen: Denn tatsächlich waren es diese Jahre religionspädagogischen Umbruchs und Aufbruchs, in deren ›fruchtbarem Dunstkreis‹ man die Entstehung der Gemeindepädagogik gleichsam als *Vorphase* historiographisch verorten kann. *Gottfried Buttler* hat sicher recht – und

---

[34] *G. Otto*, aaO., 51.

[35] Selbst so prominente Vertreter der Evangelischen Unterweisung bzw. des Kirchlichen Unterrichts wie *Helmuth Kittel* und *Kurt Frör* nennen ihre Werke jetzt »Evangelische Religionspädagogik« (Berlin 1970) bzw. »Grundriß der Religionspädagogik« (Konstanz 1975)!

[36] »Muß die Bibel im Mittelpunkt des Religionsunterrichts stehen?« (1966/1968)

[37] »Die empirische Wendung in der Religionspädagogik« (1968).

Karl Foitzik belegt es in differenzierter Recherche –, wenn er die Gemeindepädagogik »im Kontext der Professionalisierungsbemühungen kirchlicher Mitarbeiterberufe und -ausbildungen« »schon am Ende der 60er Jahre« entstehen sieht.[38] Er berief sich dabei auf seine eigene Mitarbeit im Ausschuss der Hannoverschen Landeskirche für »Fragen der Ausbildung von Gemeindehelfern und Gemeindehelferinnen«, wo in einem Protokoll vom Oktober 1969 die »pädagogischen Aufgaben der Kirche« ausdrücklich »Gemeindepädagogik« genannt werden.[39]

Auch wenn in der Stellungnahme der EKD »Zur Notwendigkeit kirchlicher Fachhochschulen« vom 23. April 1970 von »Gemeindepädagogik« noch nicht die Rede ist, so bürgerte sich doch gerade in der Arbeit der entsprechenden EKD-Fachhochschulkommission, deren Vorsitzender *G. Buttler* war, ab 1970/71 der Name »Gemeindepädagogik«/»Gemeindepädagogen« zusehends ein, und erfuhr die Gemeindepädagogik von daher in doppelter Hinsicht institutionelle ›Weihe‹! Einmal wurde sie durch die Verlautbarungen der EKD und ihre Kammer für Bildung und Erziehung kirchlich anerkannt und bekannt, was gleichsam als Höhepunkt mit den »Empfehlungen zur Gemeindepädagogik« vom Juli 1982 dokumentiert wurde, wonach »Gemeindepädagogik ... aufzeigen und verstehen lehren« sollte, »wie sehr Glauben und Leben, Gottes Wort und Erziehung, Gottesdienst und Bildung zusammengehören«.[40] Zum anderen aber gewann die Gemeindepädagogik im Kontext der neu gegründeten Fachhochschulen institutionelle Relevanz und Dringlichkeit; denn hier hatte sich je länger je mehr die Erkenntnis durchgesetzt, dass die dauernd wachsenden pädagogischen Aufgaben der Kirche nur durch theologisch-pädagogisch gut ausgebildete Fachleute zu bewältigen wären.

Unterstützt von den landeskirchlichen Ausbildungsreferaten, die an einer fundierten Praxistheorie für ihre Mitarbeiter*innen* in den (religions-)pädagogisch bestimmten kirchlichen Handlungsfeldern höchst interessiert waren, nahmen sich die Evangelischen Fachhochschulen engagiert und innovativ dieser neuen Ausbildungsarbeit an. Von daher geht man sicher nicht fehl, wenn man, was die Bundesrepublik betrifft, »die ursprünglichen ›Erfinder‹ der Begriffe Gemeindepädagogen und Gemeindepädagogik« mit *Wolf-Eckart Failing* im Fachhochschulbereich vermutet.[41] Im Sog der stürmischen (religions-)pädagogischen Wechseljahre lag der Begriff »Gemeindepädagogik« »gleichsam ›in der Luft‹«, und bot sich dieser Name gerade im Prozess der Neukonstituierung der Fachhochschulen als ideale

---

[38] *G. Buttler*, Gemeindepädagogik als Handlungsfeld, 17.

[39] Ebd.

[40] Zusammenhang von Leben, Glauben und Lernen, Empfehlungen zur Gemeindepädagogik, in: *Kirchenamt der EKD* (Hrsg.), Die Denkschriften der EKD, Bd. 4/1, Gütersloh 1987, 211–263, bes. 214.

[41] *W.-E. Failing*, Gemeindepädagogik am Anfang ihrer Selbstklärung, in: *F. Barth* (Hrsg.), Gemeindepädagogik im Widerstreit der Meinungen, Darmstadt 1989, 200–257, 202.

Sammelbezeichnung für die kirchlichen Dienste in den theologisch-pädagogischen Handlungsfeldern an![42]

Freilich gilt es bei dieser ›originalen‹ Verortung der Anfänge der Gemeindepädagogik im Fachhochschulbereich nicht den kritischen Akzent zu überhören, der für das Verständnis von Gemeindepädagogik in seiner Herkunft aus dem Kontext kirchlicher Berufsausbildung und Professionalisierung angelegt war. Hier deuteten sich bereits in den Anfangsjahren der Gemeindepädagogik Tendenzen binnenkirchlicher Verengung und Vereinnahmung gemeindepädagogischer Intentionen und Aktionen an, die – denken wir problemorientiert zurück – in gleichsam kirchentümlicher Reaktion wieder in eine erneute »Re-Katechetisierung der Gemeindepädagogik« führen könnten.[43]

Dabei wird dann später etwa gewarnt vor einer Verzweckung und Okkupation der Gemeindepädagogik im Interesse kirchlichen Gemeindeaufbaus[44] oder auch vor einem verkürzten Verständnis gemeindepädagogischer Professionalisierung, die einseitig »zur Legitimation eines Berufsbildes, eines Berufsstandes oder eines Studienganges verkommt«.[45] Hier lassen sich bis zu den Anfängen der Gemeindepädagogik Probleme und Problemkonstellationen zurückverfolgen, die ganz elementar mit dem Gemeindeverständnis und Kirchenbezug zusammenhängen und der Gemeindepädagogik bis in ihre jüngste Geschichte hinein zur Lösung aufgegeben sind.

2.3 Die erste Phase

»Für gewöhnlich setzt man die Geburtsstunde der sog. ›Gemeindepädagogik‹ mit *Enno Rosenbooms* mit diesem Begriff betitelten Aufsatz aus dem Jahre 1974 an« – eine Auffassung, wie sie auch im Vorgängerband unseres »Neuen Gemeindepädagogischen Kompendiums« geäußert wurde.[46] Allerdings musste diese Meinung historiographisch revidiert und, was die jüngere Geschichte betrifft, durch die Rede von einer gemeindepädagogischen Vorphase im Fachhochschulbereich relativiert werden. Und doch ist der Verweis auf »die ritualhaft Zitierten, wie Rosenboom, Nipkow« und etwa, für das Gebiet der DDR, Eva Heßler für die Anfänge der Gemeindepädagogik nicht ohne Berechtigung.[47] Denn was *Rosenboom* mit seinem Aufsatz »Gemeindepädagogik« im »Evangelischen Erzieher« schaffte und bewirkte[48], war eine erstmalige Bündelung und Präsentation dessen,

---

[42] *K. Foitzik*, Gemeindepädagogik. Problemgeschichte eines umstrittenen Begriffs, 61.

[43] *W.-E. Failing*, aaO., 233.

[44] *W.E. Failing*, aaO., 202.

[45] So die Warnung *H.-B. Kaufmanns* in: *G. Buttler*, Gemeindepädagogik als Handlungsfeld, 23.

[46] *G. Adam/R. Lachmann* (Hrsg.), Gemeindepädagogisches Kompendium, Göttingen (1987) ²1994, 13.

[47] *W.-E. Failing*, aaO., 203.

[48] In: EvErz 26/1974, 25–40.

was in der geschilderten Vorphase an gemeindepädagogischen Vorstellungen und Tendenzen begegnet war, und zwar in einer programmatischen Art und Weise, die bereits wesentliche Elemente gemeindepädagogischer Theoriebildung enthielt.

Ähnliches gilt von *Eva Heßler* (Naumburg), die in der DDR »zur gleichen Zeit wie in der Bundesrepublik E. Rosenboom, aber offenbar unabhängig von ihm« von der »Gemeindepädagogik programmatisch gesprochen« hatte und sich dabei interessanterweise in Anknüpfung und Absetzung auf »die herkömmliche Bezeichnung ›Katechetik‹« bezog.[49] Hier mündete eine eigene, aus der spezifischen Geschichte und Situation der DDR erwachsene Linie in die Konstituierung von Gemeindepädagogik ein, die dann besonders »im Zusammenhang der sogenannten Ausbildungskonzeption des Bundes der Evangelischen Kirchen in der DDR einen festen Platz« fand.[50] Sowohl von Heßler wie von Rosenboom her lässt sich deshalb ab 1974 durchaus von einer *ersten Phase gemeindepädagogischer Theoriebildung* sprechen.[51] Diese Phase kann aus der Sicht gemeindepädagogischer Geschichtsschreibung hier relativ knapp gehalten werden, weil sie außer mit der »Inventur der Gemeindepädagogik« durch *Günter Rudat*[52] vor allem durch *Karl Foitziks* »Gemeindepädagogik«[53] bereits eine umfassende und differenzierte Darstellung erfahren hat.

Die von Rosenboom und Heßler angestoßenen programmatischen Äußerungen zur Gemeindepädagogik fanden in den Folgejahren vielfältige Fortsetzung. So nahm katholischerseits z.B. *Erich Feifel* – beeinflusst durch das »Arbeitspapier« der Gemeinsamen Synode der Bistümer in der BRD, »Das katechetische Wirken der Kirche« (1973/74) – diesen Begriff auf und thematisierte ihn unter der leitenden Sicht der »Funktion der Gemeinde für Bildung und Erziehung« im 3. Band des »Handbuch(s) der Religionspädagogik«.[54] Es folgten unter der Überschrift »Gemeindepädagogik« *Gottfried Adams* »Erwägungen zu einem Defizit Praktischer Theologie«[55] und aus der DDR-Sicht die gemeindepädagogischen Arbeiten von *Jürgen Henkys* bis zu seinem Artikel »Gemeindepädagogik in der DDR« in unserem »Gemeindepädagogischen Kompendium«.[56] *Karl Ernst Nipkow* machte sich nach umfangreichen Vorarbeiten in den beiden ersten Bänden seiner »Grund-

---

49 *J. Henkys*, Was ist Gemeindepädagogik?, in: ChL 33/1980, 285–293, bes. 286.

50 *J. Henkys*, aaO., 285.

51 Vgl. *K. Goßmann*, Geleitwort, in: *R. Degen u.a.* (Hrsg.), Mitten in der Lebenswelt, 7.

52 In: EvErz 44/1992, 445–465.

53 Gütersloh 1992.

54 Gütersloh/Zürich 1975, 42–55.

55 WPKG 67/1978, 332–344; vgl. dazu *G. Adam*, Der Unterricht der Kirche (GTA 15), Göttingen ³1984, bes. 176–186.

56 Göttingen (1987) ²1994, 55–86; vgl. außerdem von ihm »Über Gemeindepädagogik und Ausbildungsreform«, in: *E. Schwerin* (Hrsg.), Christliche Unterweisung und Gemeinde, Berlin 1978, 33–47 und *J. Henkys*, Was ist Gemeindepädagogik? in: ChL 33/1980, 285–293. Hier werden auch die Überlegungen von *Eva Heßler* referiert.

fragen der Religionspädagogik«[57] den Begriff »Gemeindepädagogik« erstmals 1980 ausdrücklich zu eigen in seinem Birkacher Vortrag »Mit Kindern und Jugendlichen Glauben lernen als Aufgabe der Gemeinde. Zu den Voraussetzungsproblemen der Gemeindepädagogik«. Diese Birkacher Ausführungen wurden unter dem Motto »Gemeinsam leben und glauben lernen«, wie Nipkow den 3. Band seiner »Grundfragen der Religionspädagogik« nannte[58], in sein religionspädagogisches Gesamtkonzept integriert.

Bereits seit 1979 existierte unter der Herausgeberschaft von *Gottfried Buttler* und *Wolf-Eckart Failing* eine als »Beiträge zur Gemeindepädagogik« firmierende Veröffentlichungsreihe, die selbstbewusst und programmatisch ihr Verständnis von Gemeindepädagogik auf der Innenseite des Umschlags präsentiert.[59] Anfang 1982 wurden von der EKD-Kammer für Bildung und Erziehung die bereits oben angesprochenen »Empfehlungen zur Gemeindepädagogik«[60] verabschiedet. 1984 erschienen dann in einer neuen Zeitschrift »Lernort Gemeinde«[61] »Beiträge zur Gemeindepädagogik aus dem Evangelischen Zentrum Rissen« (bei Hamburg). Im Jahre 1985 gab dann das Comenius-Institut in Münster den 1. Band seiner neuen Reihe »Gemeindepädagogik. Arbeitsmaterialien. Materialien. Studien« heraus.[62]

Die genannten Veröffentlichungen aus dem letzten Jahrzehnt könnten als Indiz dafür gelten, dass Ausdruck und Sache der »Gemeindepädagogik« inzwischen so viel Eigenprofil gewonnen haben, dass man relativ unmissverständlich davon reden und danach benennen kann.[63] Dafür spräche auch, dass der gegenüber dem Religionsunterricht abgesetzte Aufgabenbereich »Gemeindepädagogik« inzwischen auch in offizielle kirchliche Verordnungen zum Dienst der sog. Religionspädagogen[64] Eingang gefunden hat. Gemeindepädagogik also Mitte der achtziger

---

[57] Gütersloh 1975.

[58] Gütersloh 1982, bes. 30ff.

[59] »Gemeindepädagogik versteht Gemeinde als Lernort und Gemeindearbeit als Lernprozeß ... Im weitesten Sinn ist Gemeindepädagogik Anleitung zum Christsein in der Gemeinde unter gegenwärtigen gesellschaftlichen Bedingungen. Solches Lernen wird durch pädagogisches Handeln motiviert und organisiert« *(G. Buttler/W.-E. Failing,* Didaktik der Mitarbeiterbildung, Gelnhausen u.a. 1979).

[60] *EKD-Kirchenkanzlei* (Hrsg.), Zusammenhang von Leben, Glauben und Lernen. Empfehlungen zur Gemeindepädagogik, Gütersloh 1982.

[61] Hamburg 1984ff.

[62] Konfirmandenzeit von 11 bis 15?, Gütersloh 1985. – Siehe auch zur diesbezüglichen Arbeit des Comenius-Institutes den Beitrag von *H.B. Kaufmann,* Studien und Projekte zur Gemeindepädagogik, in: KESH 25/1984, Beiheft: 44–51.

[63] Vgl. in diesem Sinne auch *K. Dienst,* Religionspädagogik und Gemeindepädagogik, in: DtPfBl 80/1980, 637–640 und den ersten einschlägigen Literaturbericht von *K. Wegenast,* Gemeindepädagogik – ein Schwerpunkt religionspädagogischer Arbeit, in: ChL 34/1981, 294–304.

[64] Vgl. z.B. die »Ordnung für den Vorbereitungsdienst der Religionspädagogen i.K.« vom 17.5.1982 der Evangelisch-Lutherischen Kirche in Bayern, wo es in § 5 Abs. 1 heißt »Der Einsatz in Religionsunterricht und Gemeindepädagogik soll zu gleichen Teilen er-

Jahre an allen Fronten im Vormarsch? Man könnte es meinen, obwohl allenthalben Konsens darüber bestand, dass es noch keine hinreichend ausgearbeitete und tragfähige Theorie der Gemeindepädagogik gäbe.

2.4 Die zweite Phase

Das Jahr 1987 markiert in der jüngeren Geschichte der Gemeindepädagogik einen deutlichen Einschnitt und eröffnet mit ersten hinreichend ausgearbeiteten und umfassend konzipierten Theorien der Gemeindepädagogik eine *zweite Phase* in der gemeindepädagogischen Theoriegeschichte.[65] Noch nicht als Gesamtkonzept, sondern als Versuch einer »Zwischenbilanz« bringt das Comenius-Institut 1987 sein »Forum Gemeindepädagogik« heraus, das »Leben und Auftrag der Kirche ... aus gemeindepädagogischer Sicht neu« wahrnehmen will und dazu »an exemplarischen Themen«, Berichten und Problemskizzen die Bedeutung der Gemeindepädagogik aufzuzeigen sucht.[66]

(1) Das von *Gottfried Adam* und *Rainer Lachmann* herausgegebene »*Gemeindepädagogische Kompendium*« erscheint im gleichen Jahr. Aus den konzeptionellen Vorarbeiten der ersten Phase entwickelt es erstmalig ein gemeindepädagogisches Gesamtkonzept, das im ersten Teil »Gemeindepädagogische Grundlagen« legt und im zweiten Teil – »Von der religiösen Erziehung in der Familie« bis zur »Altenarbeit« – sieben »Gemeindepädagogische Handlungsfelder« behandelt. Wissenschaftstheoretisch unterscheidet das Kompendium unter dem »übergreifenden Rahmen einer allgemeinen Religionspädagogik« zwischen schulischer Religionspädagogik und gemeindlicher Religionspädagogik qua Gemeindepädagogik, die ihr »profilierendes Gepräge durch die *religionspädagogische Aufgaben- und Handlungsdimension*« findet.[67] Diese Grundstruktur gemeindepädagogischer Theoriebildung bleibt bei allen notwendigen Veränderungen, Erweiterungen und Verbesserungen auch im vorliegenden »Neuem Gemeindepädagogischen Kompendium« erhalten.

Die für das »Gemeindepädagogische Kompendium« von Adam/Lachmann kennzeichnende Struktur von hier konzeptionellen Grundlagen und da »Gemeindepädagogischen Handlungsfeldern« »hat sich im wesentlichen durchgesetzt«, wie die gleichzeitig mit der 2. Auflage des »Gemeindepädagogischen Kompendiums«

---

folgen ... « Als Bereiche gemeindepädagogischer Arbeit werden in Abs. 3 genannt: Kindergottesdienst, Konfirmandenunterricht mit dazugehöriger Elternarbeit, Arbeit mit Jugend- und Erwachsenengruppen (*J. Heinzel [Red.]*, Rechtssammlung der Evangelisch-Lutherischen Kirche in Bayern, München Febr. 1985, Nr. 624).

[65] Anders als der Sammelband »Mitten in der Lebenswelt« lassen wir die »zweite Phase« nicht erst 1992 beginnen, sondern schon 1987! Vgl. *H. Schröer* (JRP12/1995, 163 u. 162), der auch für das Jahr 1987 einen deutlichen Einschnitt markiert.

[66] *E. Goßmann/H.B. Kaufmann* (Hrsg.), Forum Gemeindepädagogik. Eine Zwischenbilanz, Münster 1987, VI.

[67] *G. Adam/R. Lachmann* (Hrsg.), Gemeindepädagogisches Kompendium, 9 u. 20.

1994 erschienenen Studienbücher von *Christian Grethlein* bzw. von *Klaus Wegenast* und *Godwin Lämmermann* zeigen. Beide lapidar mit »Gemeindepädagogik« betitelten Arbeiten klären zuerst gemeindepädagogische Grundsatzfragen und bearbeiten dann der Tendenz nach »die klassischen kirchlichen Handlungsfelder«, die »mit pädagogischen Elementen unter Gemeindepädagogikmaterial« zusammengefasst werden.[68]

(2) *Klaus Wegenast* und *Godwin Lämmermann* behandeln mit Ausnahme der ausgelassenen ›kirchlichen‹ Kleinkinderarbeit in Familie und Gemeinde alle Handlungsfelder, die auch im »Gemeindepädagogischen Kompendium« bearbeitet wurden, wobei die beiden Kapitel über »Der kirchliche Unterricht« (missverständlich für Konfirmandenunterricht!) und »Kirchliche Erwachsenenbildung in Gemeinde und Gesellschaft« unvermerkt teils wörtlich mit den entsprechenden Beiträgen in unserem »Gemeindepädagogischen Kompendium« übereinstimmen. Leitend ist für Wegenasts und Lämmermanns »Gemeindepädagogik« – sie verstehen diese sehr undifferenziert »als Sammelbegriff für Bemühungen, Religion und Glaube verstehbar und anschaubar zu repräsentieren und zu vermitteln«[69] – die kritische Perspektive des Untertitels »Kirchliche Bildungsarbeit als Herausforderung«, wobei nicht recht deutlich wird, wer eigentlich Subjekt und Adressat dieser mit hohem theologisch-programmatischen Anspruch angegangenen Herausforderung ist.

Auf jeden Fall soll Gemeindepädagogik hier nicht nur »ein neues Berufsbild« umschreiben, sondern will »als eigene Dimension kirchlichen Handelns« eine »generelle Aufgabenstellung für die ganze Gemeinde in einer ›postmodernen Welt‹« sein. Als »Handlungstheorie« ist sie theologisch und sozialwissenschaftlich zu begründen und muss »den sehr unterschiedlichen Adressaten ebenso gerecht« werden »wie einer ›Kommunikation des Evangeliums‹«, die mit allen »Bemühungen gemeindepädagogischen Forschens und Lehrens, Planens und Handelns« »auf eine Gemeinde der Befreiten« als Lerngemeinschaft und Lernziel »hinarbeiten« möchte.[70] In dieser konzeptionellen Hinsicht bleibt diese »Gemeindepädagogik« scheinbar ganz im vorgegebenen Rahmen des »Gemeindepädagogischen Kompendiums« von Adam/Lachmann und doch pflegt sie einen anderen kritischen Geist und eine andere Kultur des Widerspruchs.

(3) Mit *Christian Grethleins* »Gemeindepädagogik« erscheint im gleichen Jahr 1994 die erste genuin gemeindepädagogische Monographie in der Geschichte dieser noch jungen Disziplin. Wie schon gesagt, hält auch sie sich an die vom »Gemeindepädagogischen Kompendium« vorgegebene Struktur, ergänzt sie aber durch einen »Ausblick«, der in zwei Kapiteln vom »Gottesdienst als Zentrum der Gemeinde« und von »Mitarbeit als Dienst« handelt. Daran wird ›ausblickend‹

---

[68] *H. Schröer*, Gemeindepädagogik wohin? Bilanz einer realen Utopie, in: JRP 12/1995, 150–177, bes. 163.

[69] *K. Wegenast/G. Lämmermann*, Gemeindepädagogik, Stuttgart/Berlin/Köln 1994, 4.

[70] *K. Wegenast/G. Lämmermann*, aaO., 4 u. 54f.

deutlich, was Grethlein eingangs als leitendes Interesse und profilierte Intention seines Konzepts von Gemeindepädagogik markiert hat und was dann im ersten behandelten Handlungsfeld »Bildung im Umfeld der Taufe« mit der Überschrift angesprochen wird. Dieses Konzept ist schwergewichtig bestimmt durch das »Gemeindeverständnis des Artikel 7 der Confessio Augustana« und lässt von daher den Gottesdienst mit Taufe, Herrenmahl und liturgischen Vollzügen zur »konzentriertesten Form« der Gemeindepädagogik werden.[71] Als zweites, bei Grethlein etwas kürzer geratenes Standbein der Gemeindepädagogik fungiert die »konstitutive Bedeutung pädagogischer Prozesse für den Bestand von Kirche und Theologie«, was Bildung zum pädagogischen Zentralbegriff werden lässt, der sich an der »Subjektivität« orientiert und sich mit den theologisch-gemeindlichen Kriterien von Gottesdienst, Taufe und Herrenmahl zu ›vermitteln‹ hat.[72]

Hier deutet sich noch einmal das Besondere dieser Gemeinde-›Pädagogik‹ an, für die nicht das Pädagogische oder Religionspädagogische – wie bei Adam/Lachmann – das Verbindende, Integrierende und letztlich auch Dominierende der Gemeindepädagogik ausmacht, sondern ein weit gefasstes ›Liturgisch-Gottesdienstliches‹. Hier zeichnet sich gemeindepädagogisch bereits in aller Deutlichkeit ab, was dann ein Jahrzehnt später für den Religionsunterricht als performative Religionspädagogik ins Spiel kommt: ein ›reizvolles‹ Bündnis von Liturgik und Pädagogik. Ob bei diesem ›gemeindeliturgischen‹ Ansatz nicht das pädagogische Proprium und Eigenprofil der Gemeindepädagogik verloren geht, ist im Blick auf die Zukunft der Gemeindepädagogik eine entscheidende Frage. Als bedenkliches Korrektiv an den bisher vertretenen gemeindepädagogischen Konzeptionen, denen ein Schuss mehr an sakralem und liturgischem Gehalt sicher gut anstehen würde, kann Grethleins pädagogisch etwas hinkende »Gemeindepädagogik« durchaus hilfreich sein.

Ein interessantes Schlaglicht setzt in diesem Zusammenhang die kritische Rezension, die *Jürgen Henkys* unter der Überschrift »Gemeindepädagogik – entkernt?« der »Gemeindepädagogik« von Wegenast und Lämmermann angedeihen lässt. Wenn Henkys angesichts des von diesen vertretenen Gemeindeverständnisses, nach dem »›normative Forderungen‹ (21) und damit auch rituelle Zumutungen ausgeschlossen sind«, fragt, ob mit solcher »Überwindung der Gottesdienstdimension von Gemeinde« die Gemeindepädagogik nicht »theologisch entkernt worden« sei[73], dann geht diese kritische Anfrage deutlich in Grethleins Richtung, auch wenn Jürgen Henkys ansonsten eher den religionspädagogisch profilierten Typ von Gemeindepädagogik vertritt.

---

[71] *C. Grethlein*, Gemeindepädagogik, Berlin/New York 1994, 2 u. 40.
[72] *C. Grethlein*, aaO., 29f.
[73] *J. Henkys*, Gemeindepädagogik – entkernt?, in: JRP 11/1994, 203–212, bes. 210.

(4) *Gemeindepädagogische Tradition der DDR.* Die Erwähnung von *Jürgen Henkys*[74] macht einmal mehr auf einen historiographisch kaum zu überschätzenden Tatbestand aufmerksam, der mit dem für historische Forschung notwendigen zeitlichen Abstand eine eigene Abhandlung verdient hätte: nämlich das mit der Wiedervereinigung möglich gewordene unbehindert freie ›Floating‹ zwischen der gemeindepädagogischen Tradition von DDR und BRD, das noch einen zusätzlichen ›Kick‹ bekam, als in den neuen Bundesländern auch der konfessionelle Religionsunterricht an den Schulen verpflichtend eingeführt wurde. Hier erfuhr die gemeindepädagogische Theorie und Praxis wechselseitige Anfragen, Anstöße und Anregungen, die in ihrer Wirkungsgeschichte noch im Gange und am ›Gähren‹ sind. Aus westdeutscher Sicht sei hier neben Jürgen Henkys vor allem an das konzeptionelle Potential erinnert, das neben anderen *Roland Degen* und *Eckart Schwerin* in die gemeindepädagogische Diskussion eingebracht haben![75]

Eine erste umfassendere Würdigung hat die Gemeindepädagogik in der (ehemaligen) DDR bereits in *Karl Foitziks* Münchener Dissertation zur »*Problemgeschichte eines umstrittenen Begriffs*« gefunden.[76] Dieses insgesamt präzise und umfassend recherchierte Werk gehört gleichsam als Standard in die gemeindepädagogische Theoriebildung und Forschung der zweiten Phase, denn indem es die Begriffsgeschichte der Gemeindepädagogik seit ihren Anfängen Ende der sechziger Jahre des vorigen Jahrhunderts aufarbeitete, schrieb es selbst Geschichte und wird inskünftig unentbehrliches Nachschlagewerk sein für die jüngere Geschichte der Gemeindepädagogik.

Bezeichnenderweise setzt es am Anfang des letzten Kapitels mit der »Aufforderung zur Auseinandersetzung mit der Geschichte der Gemeindepädagogik« ein und endet mit der Frage nach ihren »Zukunftschancen«. Nur wenn »anspruchsvolle Theoriekonzepte in der alltäglichen Praxis gleichsam »von unten« her Gestalt gewinnen, kann Gemeindepädagogik in der Hoffnungsperspektive Foitziks auf dem Weg ihrer »weiteren Ausarbeitung »dazu beitragen, daß verkrustete Gemeindestrukturen sich verändern, Gemeinden sich öffnen und als ›kommunikative‹ Gemeinden den einzelnen helfen, ihren Glauben im Alltag zu leben und ihre Umwelt mitzugestalten«.[77]

3. Rückblick als Ausblick

Auch wenn *Henning Schröer* 1995 eine etwas andere Phaseneinteilung der gemeindepädagogischen Entwicklung vornimmt als hier vertreten, so kann doch sein Jahrbuchartikel »Gemeindepädagogik wohin? Bilanz einer realen Utopie« als

---

[74] Siehe seinen höchst informativen Artikel »Gemeindepädagogik in der DDR«, in: *G. Adam/R. Lachmann* (Hrsg.), Gemeindepädagogisches Kompendium, Göttingen 1987, 55–86.

[75] Vgl. z.B. *R. Degen*, Art. Gemeindepädagogik, in: LexRP I, 2001, Sp. 682–687.

[76] Gemeindepädagogik, Gütersloh 1992.

[77] *K. Foitzik*, Gemeindepädagogik, aaO.

gemeindepädagogisches Fazit für die zweite Phase des letzten Jahrzehnts der jüngeren Geschichte der Gemeindepädagogik gelten.[78] Gleichzeitig steht diese »Bilanz« an der *Schwelle zur dritten gemeindepädagogischen Phase,* die über die Jahrtausendwende hinaus bis in unsere Gegenwart reicht und im vorliegenden »Neuen Gemeindepädagogischen Kompendium« seinen wissenschaftlich manifesten Niederschlag finden will. Bei aller Kontinuität des Konzepts dokumentiert dieses neue Kompendium mit seinen Beiträgen und Beiträgern Änderungen und Neuerungen, Wandlungen und Fortschritte einer Gemeindepädagogik, die »in den vergangenen dreißig Jahren erwachsen geworden« ist. »Ihre Väter und Mütter sind dabei, den Stab an die nächste Generation weiterzugeben.«[79] Inzwischen eine gesamtdeutsche Aufgabe« geworden, ist sie auch 2008 »noch unfertig, aber notwendig« und »realer Utopie« bedürftig und – um einen Wunsch von *Henning Schröer* weiterzugeben – hoffentlich bereit »weiter zur gemeinsamen Wahrheit von Pädagogik und Theologie, Gemeinde und Welt« mitzugehen.[80]

In diesem Sinne mit geschichtlich geschärftem Blick das zugrundegelegte gemeindepädagogische Programm und Konzept fortzuschreiben, stellt sich als Aufgabe für eine zukunftsfähige Gemeindepädagogik. Das bedingt – verglichen mit unserem »überholten« »Gemeindepädagogischen Kompendium« von 1987

– eine Ausweitung der Handlungsfelder über den gemeindlichen Bereich hinaus,
– fordert einen die Ortsgemeinde überschreitenden profilierten Gemeindebegriff,
– macht auf der Linie *Karl Ernst Nipkows* ein stärkeres Bedenken theologisch-kirchlicher Bildungstheorie und -verantwortung nötig,[81]
– verlangt entsprechend eine Differenzierung der gemeindepädagogischen Arbeitsbereiche nach alleiniger Zuständigkeit der Gemeinden, gemeindlich-kirchlicher Mitbeteiligung oder ›bloßer‹ Mitverantwortung,
– braucht nicht zuletzt eine gründliche Reflexion über das Subjekt der Gemeindepädagogik in der Spannung zwischen dem »Sowohl (›Einzelner‹) – als auch (›Wir‹), zwischen dem ›Ich‹ des Christen und dem ›Wir‹ der Kirche, des Leibes Christi«.[82]

Wo dieses theologische »Grundproblem« gemeindepädagogisch zufriedenstellend gelöst ist, da könnte die schon bei Schröer anklingende[83] Formulierung und Bestimmung von Gemeindepädagogik »als Anstiftung zu christlicher Lebenskunst« durchaus gemeindepädagogisch Raum greifen und verheißungsvolles Land für den aufstrebenden ›Nachwuchs‹ der Gemeindepädagogik eröffnen. Der Rück-

---

[78] *H. Schröer*, Gemeindepädagogik wohin?, 168 u. 176.
[79] *P. Bubmann*, Gemeindepädagogik als Anstiftung zur Lebenskunst, in: PTh 93/2004, 99–114, bes. 99.
[80] *H. Schröer*, aaO., 177.
[81] Vgl. besonders *K.E. Nipkow*, Bildung als Lebensbegleitung und Erneuerung. Kirchliche Bildungsverantwortung in Gemeinde, Schule und Gesellschaft, Gütersloh 1990.
[82] Vgl. nach wie vor unüberholt *C.H. Ratschow*, Der angefochtene Glaube. Anfangs- und Grundprobleme der Dogmatik, Gütersloh (1957) [2]1960, 308f.
[83] *H. Schröer*, Gemeindepädagogik wohin?, 173.

blick in die Geschichte der Gemeindepädagogik kann und soll hier relativierend, korrigierend und inspirierend wirken und den Theoretikern und Praktikern einer Gemeindepädagogik »im besten Alter« das nötige Problembewusstsein vermitteln, »um selbstbewusst und zuversichtlich mit Elan« und historischer Kompetenz »nach vorne« blicken zu können.[84]

Literatur

Bizer, Christoph, Art. Katechetik, in: TRE XVII, Berlin/New York 1988, 686–10.

Degen, Roland/*Failing*, Wolf-Eckart/*Foitzik*, Karl (Hrsg.), Mitten in der Lebenswelt. Lehrstücke und Lernprozesse zur zweiten Phase der Gemeindepädagogik, Münster 1992.

Foitzik, Karl, Gemeindepädagogik. Problemgeschichte eines umstrittenen Begriffs, Gütersloh 1992.

Schröer, Henning, Gemeindepädagogik wohin? Bilanz einer realen Utopie, in: JRP 12/1995, 161–177.

---

[84] *P. Bubmann*, aaO., 99.

3. Claudia Hofrichter
Das katechetische Handeln der Kirche
Katholische Entwicklungen und Spezifika

1. Die Anfänge ...

Mitte/Ende der sechziger Jahre des letzten Jahrhunderts begann das Pflänzchen Gemeindekatechese in einigen Gemeinden zu wachsen. Das Zweite Vatikanische Konzil hatte die Weichen gestellt. Es betonte die Berufung und Sendung jedes getauften und gefirmten Christen zur Verkündigung: Evangelisierung und »Weitergabe« der Botschaft des Glaubens sind der ganzen Gemeinde aufgetragen.[1]

Erwachsene begannen unter Anleitung des Pfarrers bzw. der Gemeindereferentin (damals noch Seelsorgehelferin genannt), außerhalb des schulischen Religionsunterrichts Kinder auf den ersten Empfang der Eucharistie und die Feier der Versöhnung vorzubereiten. Begleitend gab es Schüler- und Sonntagsgottesdienste. Parallel dazu entwickelte sich bereits die Katechese mit Eltern als eine Form der Erwachsenenkatechese, so dass auch die Mütter und Väter an der Kommunionkatechese teilhatten. Diese Katechese in kleinen überschaubaren Gruppen wurde bald auf die Vorbereitung der Feier der Firmung übertragen.

Wo und wann sich diese Form von Katechese erstmals zu entwickeln begann, lässt sich heute nicht mehr genau feststellen. Bekannt wurden in den Anfängen die Gemeinden Rüsselsheim mit Pfarrer *Anton Kalteyer*[2] und Wien-Machstraße mit Pfarrer *Paul Weß*[3]. Schnell entwickelte sich ein weites Feld pastoralen Handelns, das seinen Schwerpunkt in der Praxis auf die Sakramentenkatechese mit Kindern und Jugendlichen legte; in der Theoriediskussion war jedoch bereits bewusst, dass der Erwachsenenkatechese Priorität beizumessen sei, denn das volkskirchliche Milieu zeigte bereits zu diesem Zeitpunkt erste deutliche Auflösungserscheinungen. Die rege Teilnahme an Glaubenskursen, wie sie nach dem Konzil angeboten wurden, ebbte wieder ab. Man widmete sich deshalb intensiv der Sakramentenkatechese, denn soziologisch sah man in ihr zum einen die Kompensation des Aus-

---

[1]   Zur Entwicklung und zu Schwerpunkten der Katechese vgl. *C Hofrichter*, Leben Bewusstwerden Deuten Feiern. Rezeption und Neuformulierung eines katechetischen Modells am Beispiel »Taufgespräche in Elterngruppen« (Reihe Zeitzeichen 2), Ostfildern 1997 (zit.: Leben); *B. Lutz*, Art. Gemeindekatechese, in: LexRP 1, 2001, 675–682.

[2]   *A. Kalteyer*, Katechese in der Gemeinde. Glaubensbegleitung von Erwachsenen, Frankfurt a.M. 1976; *Ders.*, Katechese in der Gemeinde. Hinführung der Kinder zur Eucharistie. Ein Werkbuch, Frankfurt a.M. 1974.

[3]   *P. Weß*, Gemeindekirche – Ort des Glaubens. Die Praxis als Fundament und als Konsequenz der Theologie, Graz 1989.

falls anderer Sozialisationsorte in den Lebensräumen von Kindern und Jugendlichen (Schule, Familie, Öffentlichkeit), die bislang dem kirchlichen Interesse der Bindung ihrer Mitglieder entgegenkamen. Zum anderen wurden theologisch Sakramente als »Entfaltungen des sakramentalen Lebens der Kirche und damit der Gemeinde in konkreten Situationen des menschlichen Lebens«[4] verstanden.

... und ihre weitere Entfaltung

1.1 Sakramentenkatechese

Für die Sakramentenkatechese wurden in den siebziger und achtziger Jahren umfassende katechetische Programme entwickelt, die eine Vorbereitung auf die Feier der Sakramente von unterschiedlicher Dauer und Intensität vorsahen. Neben der biografieorientierten Aneignung eines Verständnisses des jeweiligen Sakraments wurde Katechese immer stärker als Einübung in die Grundvollzüge der Gemeinde als eines ineinander verwobener Prozesses von katechetischen Treffen, Erfahrungsräumen in der Gemeinde und Gottesdiensten konzipiert. Sakramentenkatechese entwickelte sich jahrgangsbezogen.

Die Sakramentenkatechese brachte viele Gemeindemitglieder in Bewegung und ermöglichte ihnen, sich intensiv mit den Themen des Glaubens auseinander zu setzen, die sie dann auch den Kindern und Jugendlichen weitervermittelten. Die ehrenamtlichen Katechet/innen übernahmen einen Teil der Verantwortung der Gemeinde für die Sakramentenvorbereitung. Waren sie anfangs mehr »helfende Hand«, so kamen sie allmählich als eigene Zielgruppe der Katechese in den Blick – als Menschen, die sich anlässlich der Vorbereitung von Kindern und Jugendlichen selbst noch einmal auf den Weg machen, suchen und fragen, um verlässliche Zeug/innen des Evangeliums zu sein. Die Arbeit der Katechet/innen ist bis heute aus der Katechese nicht wegzudenken und gehört elementar zu ihrem Profil. In anderer Weise als die hauptamtlichen Kräfte wirken die ehrenamtlichen Katechet/innen an der Verkündigung durch ihr Zeugnis des Lebens und des Wortes mit (vgl. Evangelii nuntiandi). Sie sind nicht Ersatz für fehlende Priester oder die begrenzten Stellendeputate hauptberuflicher Mitarbeiterinnen und Mitarbeiter. Vielmehr wird ihnen ein Vertrauensvorschuss entgegengebracht, dass sie kraft Taufe und Firmung sowie der Reflexion ihres Lebens als Glaubensgeschichte die Grundbefähigung zu katechetischem Handeln besitzen.

1.2 Erwachsenenkatechese

Die *Erwachsenenkatechese* als eigene Form der Katechese entwickelte sich – unabhängig von einem sakramentalen Anlass – nur zögerlich. Erwachsene entscheiden selbst, wann sie sich für einen Prozess des Glaubenslerners und der

---

[4] *D. Emeis/K.H. Schmitt*, Grundkurs Sakramentenkatechese, Freiburg/Basel/Wien ³1983, 22.

Glaubensvertiefung öffnen. Dies geschieht in der Regel anlassbezogen, wenn sie von einem bestimmten Ereignis herausgefordert werden. So blieb die Erwachsenenkatechese eher ein zweites denn ein erstes Standbein der Katechese, obwohl die Dringlichkeit gesehen wurde und alle kirchenamtlichen Dokumente die Erwachsenenkatechese zum Maßstab jeglicher Katechese machten. Die Bemühungen in der Erwachsenenkatechese standen dabei vielfach unter dem Vorzeichen zunehmender Kirchendistanziertheit.

Ende der siebziger Jahre begannen sich »Taufgespräche in Elterngruppen« in den ersten Gemeinden zu etablieren. Das Modell sieht vor, dass mehrere Eltern zusammen mit zwei Katechet/innen sich zwei bis drei Abende treffen, um miteinander Themen rund um die Taufe zu erschließen: Wie können wir Taufe verstehen? Was wünschen wir unserem Kind für die Zukunft? Wie gehören Leben und Glauben zusammen? Wie kann ich mein Kind christlich erziehen? Inzwischen ist das Modell stark verbreitet; in der Diözese Rottenburg-Stuttgart konnte es sich meinem Überblick nach am weitesten entwickeln. Die Option der Rottenburger Diözesansynode, Taufgespräche in Elterngruppen anzubieten, war dabei unterstützend.[5]

Im Laufe der Zeit wird die Katechese mit Katechet/innen deutlicher profiliert: Sie sind in erster Linie nicht »Lehrer/innen des Glaubens«, sondern »Begleiter/innen im Glauben«. Sie bringen ihre Erfahrungen und Kenntnisse, aber auch ihre Fragen und Unsicherheiten in den katechetischen Prozess mit ein. Ihre Aufgabe ist es, ein Klima zu schaffen, das den Teilnehmenden ermöglicht, ihren Glauben zur Sprache zu bringen. Dazu erscheint es immer notwendiger, dass Katechet/innen sowohl sprachfähige Zeug/innen sind, als auch theologische, sozialkommunikative, spirituelle und didaktisch-organisatorische Kompetenzen erwerben, um den Anforderungen heutiger Gruppenbegleitung gerecht werden zu können.

Immer wieder gab es Ansätze, Eltern anlässlich der Kommunionkatechese intensiver mit einzubeziehen. Sie wurden zum einen als Adressat/innen, die selbst in katechetischen Treffen ihren Glauben vertiefen und stärken, zum anderen als Glaubenszeug/innen ihrer Kinder angesprochen. So entstanden eine Reihe familienkatechetischer Ansätze in der Kommunionvorbereitung. Das seit den neunziger Jahren bekannt gewordene Modell »Catequesis familiar« versucht in besonderer Weise, das Engagement der Eltern zu fördern.[6] Familienkatechetische Ansätze in

---

5 *Bischöfliches Ordinariat Rottenburg* (Hrsg.), Beschlüsse der Diözesansynode Rottenburg-Stuttgart 1985/86, Weitergabe des Glaubens an die kommende Generation, Ostfildern ⁵1987, Teil II.II.1(15–17). *E. Werner* hat das Modell mit einer frühen Arbeitshilfe bekannt gemacht. Aktuelles Praxismaterial: *C. Hofrichter*, Wir möchten, dass unser Kind getauft wird. Handreichung für Taufgespräche in Elterngruppen, München 1995, völlig neu bearb. Ausgabe 2003; dazu gehört das gleichnamige Buch für Eltern.

6 Bekannt gemacht wurde das Modell damals durch *A. Biesinger*, Gott in die Familie. Erstkommunion als Chance für Eltern und Kinder, München 1996, und durch die Pfarrer *F. Nagler* und *A. Nagy* in der Diözese Rottenburg-Stuttgart.

der Kommunionvorbereitung haben bisweilen immer wieder Mühe, Eltern zu überzeugen, dass dies für sie und ihre Kinder ein guter Weg sein kann.

Dennoch dürfen die Chancen einer lebensnahen und lebensrelevanten Erwachsenenkatechese nicht unterschätzt werden. Entwicklungspotenzial liegt in weitgehend noch wenig in Blick genommenen Situationen wie die Lebensmitte, der Eintritt in den Ruhestand, der Eheschließung usw.

1.3 Erwachsenenkatechumenat

Der Erwachsenenkatechumenat als Prozess des Christwerdens kam mit der Arbeitshilfe der Deutschen Bischöfe »Stufen auf dem Glaubensweg« (1982)[7], in die auch erste Erfahrungsberichte aufgenommen sind, allmählich ins Blickfeld. Bereits das Zweite Vatikanische Konzil hatte die Erneuerung des Katechumenats nach dem Vorbild der frühen Kirche neu eingefordert. Als schließlich mit der Wende im Jahr 1989 die Zahl derer, die als Erwachsene Christ werden wollten, deutlich zunahm, rückte der Katechumenat deutlicher ins Bewusstsein. Das Treffen der Katechumenatsverantwortlichen in den Diözesen sowie das Europäische Katechumenatstreffen wurden zu einem Ort des Austauschs und der Entwicklung der Praxis des Katechumenats.

Was als Modell und Weg der Kirche mit dem Erwachsenenkatechumenat vorliegt, wird in der Praxis höchst differenziert angewendet. An vielen Orten gibt es Katechumenatsgruppen, gebildet aus Christen und Katechumenen, die sich regelmäßig über ein Kirchenjahr treffen; an ebenso vielen Orten hat sich diese Form allerdings noch nicht etabliert.[8] So wenig sich der Katechumenat in der Praxis bis heute durchsetzen konnte, umso mehr wurde er dennoch zum Paradigma für die Katechese überhaupt.[9]

1.4 Katechese in Bewegung

Katechese kann auf Blütezeiten blicken und auf Phasen der Neuorientierung. Gefördert wurde die katechetische Entwicklung durch die bereits Mitte der siebziger Jahre errichteten Referate für Gemeindekatechese auf Diözesanebene sowie beim Deutschen Katecheten-Verein (DKV) und im Sekretariat der Deutschen Bischofskonferenz. Mit zahlreichen Arbeitshilfen und Handreichungen zur Sakramenten- und Erwachsenenkatechese wurden die Mitarbeiter/innen in den Ge-

---

7 Download: www.dbk.de/Schriften. S. auch unter 2.7: Erwachsenentaufe als pastorale Chance.

8 Mehr zum Katechumenat siehe unten Teil 3.

9 Vgl. *E. Werner*, Der Katechumenat – ein Leitbild für die Katechese mit Erwachsenen?, in: KatBl 116/1991, 255–261; *W. Simon*, Glauben lernen? Modelle und Elemente einer Begleitung aus dem Lernweg des Glaubens, in: *W. Simon/M. Delgado* (Hrsg.), Lernorte des Glaubens. Glaubensvermittlung unter den Bedingungen der Gegenwart (Schriften der Katholischen Akademie Berlin 6), Berlin/Hildesheim 1991, 44–68; jüngst: *Die deutschen Bischöfe*, Katechese in veränderter Zeit (Hirtenriefe und Erklärungen 75), 2004.

meinden in ihrem katechetischen Wirken unterstützt. Bis heute haben solche Arbeitshilfen eine hohe Bedeutung: Sie helfen auf der einen Seite, Katechet/innen zu qualifizieren; auf der anderen Seite geben die Begleitbücher für die Kinder und Jugendlichen selbst diesen anlässlich der Erstkommunion oder Firmung ein Glaubensbuch als eine Form der Wegweisung an die Hand. Solche Materialien sind Behelf, die eigentliche Katechese geschieht vor allem als Begegnung zwischen Glaubenszeugen/Glaubenszeuginnen und Menschen, die sich dem Glauben öffnen.[10]

Bewegte Zeiten erlebte die Katechese mit zwei spezifischen Herausforderungen der neunziger Jahre:

(1) In den neunziger Jahren hielt eine Diskussion die Katechese in Atem, die mit den Stichworten *Rigorismus und Laxismus* verbunden ist: Unter welchen Bedingungen, so die Fragestellung, dürfen und sollen Menschen zum Empfang der Sakramente zugelassen werden? Die Debatte wurde hitzig geführt. In ihr kam die Spannung zwischen den Erwartungen der Menschen einerseits und dem Verständnis der Sakramente seitens der Kirche andererseits zum Ausdruck. Was Ende der siebziger Jahre unter dem Namen »Pastoral der Kirchenfremden«[11] verhandelt wurde, erhielt nun die Zuspitzung »Sakramente für Nichtglaubende«[12]. Die Befürworter hoher Zulassungsbedingungen wurden mit diesen weder der differenzierten Lebenssituation der Menschen noch dem Verständnis der Sakramente gerecht. Denn dogmatisch gesehen setzen Sakramente zwar Glauben voraus, ebenso stärken und vertiefen sie jedoch diesen Glauben. Diesen zweiten Aspekt betonten diejenigen, die sich von hohen Bedingungen distanzierten. Die Diskussion ebbte ab. Im Sinn einer verantwortlichen Sakramentenpastoral ging es nun um Erneuerungsschritte, die von den Deutschen Bischöfen in »Sakramentenpastoral im Wandel« (1993)[13] beschrieben wurden.

(2) Sakramentenkatechese hatte sich als *Jahrgangskatechese* entwickelt. Dies stand und steht immer wieder auf dem Prüfstand, denn das kalendarische Alter ist nicht notwendig ein Indiz für die innere Bereitschaft, ein Sakrament zu feiern, oder für einen bestimmen Reifegrad des Glaubens. Besonders im Kontext der Firmkatechese gibt es bereits seit den achtziger Jahren immer wieder Diskussionen um die Erhöhung des Firmalters. Dieses liegt in den meisten deutschen Diözesen zwischen 14 und 16 Jahren, in einigen wenigen noch bei 12 Jahren. Die jüngste Entscheidung einiger Diözesen in der Schweiz, das Firmalter auf 18 Jahre zu erhöhen, löste wieder eine verstärkte Diskussion aus. Entscheidend ist, was je-

---

[10] Der inzwischen viermal jährlich erscheinende Materialbrief Gemeindekatechese (Beiheft zur Fachzeitschrift »Katechetische Blätter« (KatBl) veröffentlicht bereits seit 1979 Bausteine und Erfahrungen aus der Katechese. Darüber hinaus können die Katechetischen Blätter als *die* Plattform für katechetische Themen gelten, nachdem die Lebendige Katechese leider eingestellt wurde.

[11] *J. Kardinal Höffner*, Pastoral der Kirchenfremden. Eröffnungsreferat bei der Herbstvollversammlung der Deutschen Bischofskonferenz 1979, Bonn 1979.

[12] So der Titel des Themenheftes der Fachzeitschrift Lebendige Seelsorge: LS 38/1987.

[13] Download: www.dbk.de/Schriften.

mand mit der Firmkatechese erreichen will und welches theologische Verständnis der Firmung damit verbunden ist. Aus sakramententheologischer Sicht geht es primär um die Bestärkung und erst in zweiter Linie um eine Entscheidung – und nicht umgekehrt. Dies muss bei allen Veränderungen bedacht werden.

... bis hin zu aktuellen Herausforderungen

1.5 Bildung von neuen pastoralen Strukturen – Verständnis von Gemeinde

Spätestens mit der Bildung von Seelsorgeeinheiten bzw. pastoralen Räumen ab etwa dem Jahr 2000 kommen neue Herausforderungen in den Blick: Wie organisieren wir Katechese in den neuen Strukturen? Wie erreichen wir die Menschen? Welche Modelle sind geeignet? Ehrenamtliche stehen nur begrenzte Zeit zur Verfügung, die Ressourcen der Hauptberuflichen sind ebenfalls beschränkt. Die Sakramentenkatechese, die vielerorts noch mit großen Teilnehmerzahlen verbunden ist, steht in der Spannung, Bewährtes zu erhalten und zugleich den neuen Rahmenbedingungen gerecht zu werden. Dazu gehören auch Überlegungen, ob lange und intensive oder zeitlich konzentrierte katechetische Wege angemessener sind. »Differenzierte Wege« ist das Schlüsselwort für zukunftsfähige Katechese.[14]

Nicht nur die neuen pastoralen Strukturen fordern heraus, sondern auch die Tatsache, dass viele Menschen der Territorialgemeinde als Ort des gelebten Glaubens den Rücken kehren. Für die einen ist sie nach wie vor wichtig und sie erhalten die Gemeinde am Leben, andere verhalten sich mehr als Nutzende denn als Gestaltende und suchen sich Glaubensorte, die ihren Vorstellungen und ihrem geistlichen Suchen entsprechen. So entstanden und entstehen neue Glaubensorte »auf Zeit« in Klöstern, geistlichen Zentren usw. Auch dort findet Katechese im weiteren Sinn statt, wenn Menschen nach dem Evangelium in ihrem Leben suchen und fragen, reflektieren und deuten. Es entstehen »Kleine christliche Gemeinschaften«[15], die eine Suchbewegung markieren und die in den Gemeinden mit für deren inneres Wachstum sorgen.

1.6 Wiederaufnahme in die Kirche und Katechumenat

Die Zahl derer, die nach einem Kirchenaustritt, der mehr oder weniger lange zurückliegt, wieder zur Kirche gehören wollen, nimmt zu. Welcher Weg der Begegnung mit ihnen ist angemessen, was braucht es an Seelsorge, was an katecheti-

---

[14] Vgl. Materialbrief GK 2002, Nr. 1: Differenzierte Wege in der Katechese; Materialbrief GK 2001, Nr. 1: Katechese in neuen Seelsorgestrukturen. Bezug: www.katecheten-verein.de.

[15] Vgl. Kleine christliche Gemeinschaften als Lebensräume des Glaubens. Hrsg./Bezug: *Bischöfliches Generalvikariat Hildesheim*, Fachbereich Verkündigung/Hauptabteilung Pastoral, Domhof 18–21, 31134 Hildesheim.

scher Begleitung?[16] Katholischerseits gibt es in Deutschland zwei miteinander vernetzte Initiativen, über die Menschen wieder Kontakt zur Kirche aufnehmen. Im Internet sind sie erreichbar unter: Die Initiative der Katholischen Diözesen im Südwesten Deutschlands (www.mach-dich-auf-und.com) sowie das im Auftrag der Deutschen Bischofskonferenz durch die Katholische Glaubensinformation Frankfurt (KGI) erstellte Internetangebot www.katholischwerden.de. Über E-Mail und über eine Hotline können von Interessierten erste Kontakte zu Ansprechpersonen in den Diözesen hergestellt werden, die dann weiterhelfen.

Der Erwachsenenkatechumenat braucht immer wieder einen neuen Anstoß, damit Seelsorger/innen Erwachsenen den einjährigen Weg durch das Kirchenjahr anbieten, und es braucht motivierende Gespräche mit den Taufbewerbern/innen, dass sie sich auf diesen Weg einlassen. Nach wie vor gibt es noch relativ wenige Katechumenatsgruppen, vorherrschend ist die Vorbereitung der Katechumenen im Einzelgespräch. Der Katechumenat ist zwar im Gespräch, die angemessene Umsetzung in der Praxis ist aber weiterhin Aufgabe.[17]

1.7 Interkulturelle Katechese

Für viele Katholiken nichtdeutscher Muttersprache gilt, dass sie eigene Gemeinden mit eigenen Seelsorgern bilden. Immer notwendiger werden Ansätze interkultureller Katechese, um zukünftig ein größeres Miteinander mit den deutschen Gemeinden zu ermöglichen. Dies betrifft insbesondere auch die Katechese. Leitend ist die Frage, welche Schritte hilfreich sind, Integration nicht als Vereinnahmung zu verstehen, sondern als gegenseitiges Geben und Nehmen, von der jeweiligen Kultur zu lernen und dennoch das spezifisch Eigene zu bewahren (Partizipation).[18]

1.8 Zeugenschaft: Sprach- und Auskunftsfähigkeit im Glauben

Die Pisa-Studie und ihre Nachfolger haben aufgeschreckt, die Sinus-Milieu-Studie hat alarmiert: Die christliche Religion, der Glaube an den dreifaltigen Gott

---

[16] Vgl. Materialbrief GK 2008, Nr. 3 u. 4: »Hier bin ich« – Katechetische Impulse für Erwachsene auf der Suche, im Katechumenat, bei Konversion oder Wiederaufnahme.

[17] Internet: www.katechumenat.de

[18] Vgl. den Beitrag von C. *Hofrichter*, Vamos Caminhando – Wir machen uns auf den Weg, in: Materialbrief GK 2007, Nr. 2: Katechese mit KatechetInnen. Erwachsene begleiten – Ehrenamtliche qualifizieren. – Die Projektgruppe »Interkulturelle Katechese« des Deutschen Katecheten-Vereins erstellt gegenwärtig eine Publikation, in der die katechetischen Wege verschiedener Sprachgruppen dargestellt sowie Praxisbeispiele für das katechetische Miteinander gegeben werden. Die Arbeitsgruppe »Interkulturelle Katechese« der Migrationskommission der Deutschen Bischofskonferenz bereitet eine grundlegende Arbeitshilfe mit Eckdaten zur Katechese in interkulturellem Kontext vor. Vgl. auch M. *Scheidler*, Interkulturelles Lernen in der Gemeinde (Reihe Zeitzeichen 11), Ostfildern 2002.

sowie das ausdrückliche Leben aus einer lebendigen Gottesbeziehung spielen nur für wenige Menschen eine wichtige Rolle in ihrem Leben. Das Wissen über die Kirche, der sie angehören, und ihrer Glaubensinhalte ist spärlich. Und trotz einer Zeit religionsproduktiver Tendenzen wächst die Zahl derer, die sich als zum Christsein berufen erfahren, nicht merklich, trotz steigender Wiedereintrittszahlen und Erwachsenentaufen.

Welche Gestalt hat eine Katechese der Zukunft, welche die Botschaft des Glaubens als Deutung des Lebens anbietet? Auch hier stellt sich die Herausforderung differenzierten Vorgehens: Unterschiedliche Bedürfnisse und Zugänge zu Glauben und Religion brauchen unterschiedliche Angebote und Möglichkeiten. Zeugen/Zeuginnen des Glaubens wird eine hohe Bedeutung zugemessen, Menschen, die sprach- und auskunftsfähig sind und Rede und Antwort stehen können.[19]

1.9 Einführung von Ganztagsbetreuung an Schulen

Mit der Einführung von Ganztagsschulen verändern sich die strukturellen Rahmenbedingungen für die Katechese. Fand bisher Kommunion- und Firmkatechese häufig an Nachmittagen statt, so ist unter den Bedingungen der Ganztagsschule eine Neuverortung notwendig. Der Kontakt und die Kooperation zwischen Kirchengemeinden und Schulen ist eine herausfordernde Aufgabe, wenn es darum geht, beide Lebensräume für Kinder und Jugendliche so zu profilieren, dass sie ihrem je spezifischen Auftrag entsprechend zur Entwicklung der Kinder und Jugendlichen beitragen. Wie in der Praxis schulischer Religionsunterricht und gemeindliche Katechese wechselseitig aufeinander bezogen sein können, ist bleibende Aufgabe.[20]

1.10 Kinder und Jugendliche bitten um die Taufe

Zunehmend mehr Kinder und Jugendliche bitten anlässlich der Kommunion- bzw. Firmkatechese ihrer Gemeinde um die Taufe. Die Taufe im Säuglingsalter ist für viele Eltern nicht mehr selbstverständlich. Die »aufgeschobene« Taufe wird jetzt zum Thema. Die Kinder wollen dazu gehören wie ihre Freunde und das Fest der Erstkommunion feiern. Im Religionsunterricht haben sie bereits vom Glauben erfahren und möchten nun weitere Schritte gehen. Wer sich im Jugendalter für die Taufe entscheidet, sieht in der Regel nicht nur das damit verbundene Fest, sondern es ist eine altersentsprechende Entscheidung für den christlichen Glauben mitge-

---

[19] Materialbrief GK 2005, Nr. 1: Glaube und Hoffnung beZEUGEN.

[20] Vgl. zum Thema: KatBl 132/2007, H. 2, unter anderem: *C. Hofrichter*, Quo vadis: Signaturen zu Katechese und Religionsunterricht 95–99; *W. Simon*, »Katechetische Dimension« des Religionsunterrichts?: in: KatBl 130/2005, 147–150; *T. Kiefer/T. Mann*, Sakramentenkatechese in der Ganztagsschule, in: KatBl 129/2004, 67–71; Materialbrief GK 2005, Nr. 2: Herausforderung Ganztagsschule.

geben. Viele Gemeinden sind bislang noch wenig auf diese Situation vorbereitet und haben noch kein rechtes Konzept für die Begleitung dieser Kinder und Jugendlichen. In der Praxis ist es ein guter Weg, wenn die Kommunion- bzw. die Firmkatechese zugleich als Katechumenat gestaltet werden kann.[21]

2. Katechese im Spiegel kirchenamtlicher Dokumente

Mit der Gemeinsamen Synode der Bistümer in der Bundesrepublik Deutschland (kurz: Würzburger Synode) wurde die katechetische Entwicklung bestätigt und im Synodenbeschluss »Schwerpunkte heutiger Sakramentenpastoral« sowie im Arbeitspapier »Das katechetische Wirken der Kirche« weitergeführt. Letzteres wurde für drei Jahrzehnte zur Programmschrift der Katechese und dann 2004 in »Katechese in veränderter Zeit« fortgeschrieben. Die wichtigsten Dokumente seien kursorisch mit ihren zentralen Gedanken benannt.[22]

2.1 Das Arbeitspapier der Gemeinsamen Synode der Bistümer in der Bundesrepublik Deutschland »Das katechetische Wirken«, 1974

Diese Programmschrift der Gemeindekatechese formuliert als oberstes Ziel katechetischen Wirkens, »dem Menschen zu helfen, dass sein Leben gelingt, indem er auf den Zuspruch und den Anspruch Gottes eingeht« (KWK A.3). Gelingendes Leben umfasst alle Dimensionen des Lebens von Freude und Hoffnung, Trauer und Angst, Scheitern und Glück. Katechese wird lebensbegleitend verstanden und ist allen Lebensaltern zugeordnet. Ausgangspunkt für die Katechese sind so die Lebenssituationen der Menschen, d.h., das Arbeitspapier favorisiert ausdrücklich den »anthropologischen Ansatz«, der in Karl Rahners Mystagogieverständnis gründet, das sich in Kürze so zusammenfassen lässt: Gott hat eine Geschichte mit jedem Menschen, längst bevor ihm dies bewusst ist. Diese Geschichte gilt es als Glaubensgeschichte zu entdecken, zu deuten und in das persönliche Leben zu integrieren.

---

[21] Für die Praxis haben *C. Hofrichter* und *E. Färber* Materialien herausgebracht: Ich Glaube. Jugendbuch und Arbeitshilfe zur Firmvorbereitung, München (Kösel) 2005; Wir feiern Kommunion. Vorbereitungsbuch für die Kinder und Handreichung für Katechetinnen und Katecheten, München 2007. *T. Esser*, Eingeladen zum Fest des Glaubens. Kinder auf die Taufe vorbereiten, München ²2005, macht einen Vorschlag zu einer eigenen Taufkatechese mit Kindern im Grundschulalter.

[22] Alle im folgenden genannten Texte sind zu bestellen bzw. als Download abrufbar unter www.dbk.de/Schriften. Das Arbeitspapier »Das katechetische Wirken der Kirche« außerdem in: *Gemeinsame Synode der Bistümer in der Bundesrepublik Deutschland*, Arbeitspapiere der Sachkommissionen. Offizielle Gesamtausgabe II, Ergänzungsband, Freiburg/Br. ³1981, 37–97. Der Synodenbeschluss »Schwerpunkte heutiger Sakramentenpastoral« in: *Gemeinsame Synode der Bistümer in der Bundesrepublik Deutschland*, Offizielle Gesamtausgabe I, Freiburg/Br. ⁵1982, 238–275. Download: www.dbk.de/Schriften/Synodentexte.

2.2 Der Synodenbeschluss »Schwerpunkte heutiger Sakramentenpastoral«, 1974

Sakramentenkatechese ist Aufgabe der Gemeinde; sie ist Trägerin der Katechese. Haupt- und ehrenamtliche Mitarbeiterinnen und Mitarbeiter verantworten in besonderer Weise diesen Auftrag. Die Gemeinde als Ganze leistet ihren Beitrag, indem in ihr die Grundvollzüge von Martyria, Liturgia und Diakonia überzeugend gelebt und in der Katechese aufgegriffen werden. Die Sakramente werden als Knotenpunkte des Lebens verstanden, die in bestimmten Situationen auf den lebendigen Gott verweisen und die Beziehung zwischen Gott und den Menschen und Gottes Handeln in der Welt feiern.

2.3 Apostolisches Schreiben »Evangelii Nuntiandi«. Papst Paul VI. über die Evangelisierung in der Welt von heute, 1975

Das Zweite Vatikanische Konzil hat sich bereits um eine Theologie der Evangelisierung bemüht; zehn Jahre danach wird dies präziser entfaltet. Evangelisierung wird als ein Prozess betrachtet, der verschiedene Elemente mit einschließt, wobei die ersten beiden Elemente vor allem die Evangelisierenden (EN 21–23), die weiteren Elemente besonders den Evangelisierten in den Blick nehmen.

(1) Das gelebte Zeugnis oder das Zeugnis ohne Worte geschieht als eine Form der Verkündigung durch die überzeugend christliche Lebensweise jedes einzelnen Christen inmitten seiner Lebenswelt.

(2) Die ausdrückliche Verkündigung und das Wort des Lebens verstärken und vertiefen das Zeugnis des Lebens durch die klare und eindeutige Verkündigung der Person Jesu und seiner Botschaft, die Rechenschaft ablegt von der Hoffnung, die Christen erfüllt.

(3) Die innere Zustimmung des Herzens bleibt keine private Angelegenheit, sondern »offenbart sich durch einen sichtbaren

(4) Eintritt in eine Gemeinschaft von Gläubigen«.

(5) Die Annahme des Evangeliums geschieht in der Regel in sakramentalen Gesten: in der Zustimmung der Kirche und im Empfang der Sakramente.

(6) Wer evangelisiert ist, wird seinerseits wieder evangelisieren und angestoßen zu neuem Apostolat.

Evangelii Nuntiandi unterscheidet zwischen Erstverkündigung und Katechese. Erstverkündigung ist vor allem im Umfeld des Lebenszeugnisses anzusiedeln. Menschen kommen in Kontakt mit Zeugen und Zeuginnen. Katechese ist dann der ausdrücklichen Verkündigung zugeordnet. Katechese hat damit eine deutliche Verortung. In der Praxis ist diese Unterscheidung bis heute jedoch kaum aufgegriffen.

2.4 Apostolisches Schreiben »Catechesi Tradendae«. Papst Johannes Paul II. über die Katechese in unserer Zeit, 1979

Catechesi Tradendae greift die eben beschriebene Unterscheidung auf. Akzente des Textes sind: Jede Katechese ist auf Jesus Christus als ihr Zentrum bezogen. Neben einer erfahrungsorientierten Katechese geht es auch um eine systematische Glaubensunterweisung, die die zentralen Inhalte des Glaubens aneignet. Dabei ist auf Elementarisierung zu achten, d.h. die Inhalte des Glaubens der Entwicklung des Einzelnen entsprechend darzubieten.

2.5 »Sakramentenpastoral im Wandel« (Pastoralkommission der Deutschen Bischofskonferenz, Nr. 12), 1993

Mit »Sakramentenpastoral im Wandel« (1993) antworten die Deutschen Bischöfe auf die Laxismus-Rigorismus-Diskussion. Sie formulieren zwar vorsichtig und zurückhaltend, aber doch deutlich heraushörbar Reformschritte für eine verantwortbare Tauf-, Erstkommunion- und Firmpastoral. Sie postulieren eine mystagogische Sakramentenpastoral, die anerkennt, dass das ganze menschliche Leben schon immer umfasst und durchdrungen ist vom Geheimnis und der gnadenhaften Selbstmitteilung Gottes. Sie schlagen differenzierte Wege der Vorbereitung auf die Sakramente vor und forcieren angesichts einer Zeit des Übergangs eine »Pluralität von Handlungsmodellen«, zu denen auch katechumenatsähnliche Prozesse gehören sollen.

2.6 Allgemeines Direktorium für die Katechese (Kongregation für den Klerus), 1997

Der weltkirchliche Orientierungsrahmen der Katechese steht im Kontext der evangelisierenden Sendung der Kirche. Das Direktorium trifft die Unterscheidung zwischen Erstverkündigung und Katechese, zwischen ersten Begegnungen mit dem Glauben und mit Christen, die den Wunsch nach »Mehr« wecken. Katechese ist eng verbunden mit dem Initiationsgeschehen in den Glauben und in die Gemeinschaft der Christen.

2.7 »Erwachsenentaufe als pastorale Chance. Impulse zur Gestaltung des Katechumenats« (Pastoralkommission der Deutschen Bischofskonferenz, Nr. 160), 2001

In »Stufen auf dem Glaubensweg« (1982) wurden bereits früh Ansätze einer gestuften Eingliederung in die Kirche aufgegriffen, die mit »Erwachsenentaufe als pastorale Chance – Impulse zur Gestaltung des Katechumenats« (2001) nochmals fokussiert werden: Als Christ wird man nicht geboren, sondern ins Christsein wächst man hinein. Der Text ist über seine Praxisimpulse hinaus eine gelungene Einführung in das Verständnis des Katechumenats.

2.8 Katechese in veränderter Zeit (Die deutschen Bischöfe, Nr. 75), 2004

Das Profil einer missionarisch-evangelisierenden Katechese wird theologisch präzisiert: »Katechese ist der kirchliche Dienst am Glauben der Menschen, der sich dem Wirken des Heiligen Geistes verdankt. Dieser Dienst besteht in der notwendigen Einführung, Vertiefung und Vergewisserung im Glauben« (KvZ Kap. 1). Der Katechumenat wird dabei als erkenntnisleitend für jede Katechese gesehen. Die Impulse in »Katechese in veränderter Zeit« verstehen sich als Leitbild zukunftsfähiger Katechese. Dies wird im Folgenden näher beschrieben.

3. Veränderte Zeit – veränderte Katechese[23]

Wodurch zeichnet sich nun das Leitbild der Katechese in veränderter Zeit aus? Welche Fokussierungen und Akzentuierungen werden getroffen? Was kommt deutlicher als bisher in den Blick? Das Wort der Deutschen Bischöfe »Katechese in veränderter Zeit« (Abk.: KvZ) gibt Maßstäbe vor:

3.1 Theologisches Potenzial: Dem Glauben ein Gesicht geben

Ein wesentlicher Akzent des Textes besteht darin, dass Christwerden und Christsein heute deutlicher als früher von einer persönlichen Entscheidung und nicht mehr durch Sozialisation getragen sind. Damit wird ein Perspektivenwechsel in der Katechese eingeläutet, der bei den einen auf Widerstand stößt, für die anderen längst überfällig war. »Die traditionelle Gleichsetzung der Katechese mit der Unterweisung von Kindern und Jugendlichen im Glauben gilt es zu überwinden. Die Katechese begleitet einführend und systematisch aufbauend den Glaubensweg der Menschen« (Kap. 2.2), damit das persönliche Glaubenszeugnis ermöglicht wird. Adressaten der Katechese sind damit »Menschen, die in die Glaubensgemeinschaft der Kirche hineinwachsen bzw. in sie aufgenommen werden möchten – und zwar Menschen aller Altersstufen« (Kap. 2.2). Katechese muss verstärkt im Blick auf die Erwachsenen initiativ werden, denn sie sind diejenigen, die der nachfolgenden Generation den Glauben vorleben.

Die Unterscheidung von Erstverkündigung und ausdrücklicher Katechese nimmt ernst, dass einer Entscheidung zum Christsein der Ruf Gottes vorausgeht und erste Begegnungen mit glaubenden Menschen dahingehend unterstützen, diesen Ruf wahrzunehmen und zu hören. Katechese ist ein spezifischer Vollzug im Rahmen einer umfassend zu verstehenden Evangelisierung (s.v.).

Menschen fragen heute, wozu es gut ist, Christ zu sein. Katechese wird in der Konsequenz verstanden als »der kirchliche Dienst am Glauben der Menschen, der sich dem Wirken des Heiligen Geistes verdankt. Dieser Dienst besteht in der notwendigen Einführung, Vertiefung und Vergewisserung im Glauben« (Kap. 1).

---

[23] Der folgende Abschnitt ist leicht verändert entnommen aus: KatBl 130/2005, 136–142: *C. Hofrichter*, Agenda 2010 der Katechese: Wider ein »Pisa« des Glaubens.

Buchstabiert man dieses knapp formulierte Katecheseverständnis durch, so verbinden sich damit Positionierungen:

Da der Glaube nicht mehr wie ein Erbe von Generation zu Generation weitergegeben wird, geschieht die Verkündigung der Katechese »unter dem Vorzeichen des ›Anbietens‹« (KvZ 2.1). Angesichts der Überfülle der Angebote in unserer Gesellschaft erscheint dies kirchenverbundenen Menschen unter Umständen als ein harter Schritt: »Nur noch ein Angebot unter vielen«! Anbieten geschieht jedoch im Wechselspiel von verbindlichem Auftrag Jesu, alle Völker mit seiner Botschaft bekannt zu machen und sie durch die Taufe in das Volk Gottes einzugliedern (vgl. Mt 28,19f.), und der freien Stellungnahme des Menschen zum Glauben bzw. zur Annahme dieses Glaubens.

»Anbieten« zeigt die theologische Qualität der Katechese auf. Katechese ist Auftrag und Aufgabe derer, die »zum Herrn gehören«. Als Weg- und Nachfolgegemeinschaft, die selbst als Lerngemeinschaft im Glauben unterwegs ist, ist Kirche mehr als Gemeinde und weiß sich geleitet vom Wirken des Heiligen Geistes. Damit entlastet das Papier die Katechese von der Hypothek des christlich-sozialisierenden Erfolgs: Ihre in den letzten Jahrzehnten primäre Fokussierung auf die Gemeinde hin hatte auch dazu geführt, der einzelnen Gemeinde eine Verantwortung für die Weitergabe des Glaubens zu übertragen, welche von Schule und Familie als weiteren Orten, mit dem christlichen Glauben bekannt zu machen, längst nicht mehr erfolgreich wahrgenommen wurde.

Katechese als Dienst am Glauben der Menschen beinhaltet die Achtsamkeit auf die Gegenwart Gottes mitten in katechetischen Situationen. Im Hören auf das Wort des Lebens und im Wahrnehmen der Gegenwart Gottes liegt die theologische Qualität katechetischen Handelns. Dienen als Charakteristikum von Katechese steht in enger Verbindung zum Anbieten des Glaubens und damit einer Haltung des Zeugnisgebens über den eigenen gelebten Glauben einerseits und der Verantwortung für organisierte Wege der Einführung, Vertiefung und Vergewisserung im Glauben andererseits. Beides geht nur über Personen, welche die Kompetenzen der »Auskunftsfähigkeit« und »Sprachfähigkeit« im Glauben mitbringen. Diese sind auf dem Weg bzw. bereits bei einem »lebendigen, ausdrücklichen und sich in Taten auswirkenden Glaubensbekenntnis« (KvZ 2.2) angekommen. Katechese ist damit ein dialogisches und kommunikatives Geschehen, das in seiner personalen Qualität den Menschen in seiner Identitätsfindung im Glauben unterstützt.

3.2 Didaktisches Modell: Katechumenat als Inspiration und Grundmuster katechetischen Handelns

Die ersten Diskussionen um den Katechesetext entzündeten sich an der deutlichen Priorisierung der Erwachsenenkatechese sowie an der Ausrichtung am Katechumenat. Die einen hörten, es ginge um die Abschaffung der Sakramentenkatechese, andere fühlten sich in ihren bisherigen Bemühungen nicht mehr genügend gewürdigt, wieder andere wussten sich in ihrem Denken bestätigt. Darum geht es:

Katechese in veränderter Zeit braucht zu ihrem fundierten theologischen Profil in einer breit gefächerten und oft diffusen pastoralen Situation auch ein didaktisches Modell im Sinne eines strukturierenden Handlungsmusters, an dem sie sich orientieren und messen lassen kann. Als ein solches Modell gilt der Katechumenat.

Kennzeichen des Katechumenats sind »sein prozesshafter Charakter und seine verschiedenen Phasen und Stufen. Darin drücken sich das organische Wachsen im Glauben und die unterschiedlichen Stufen der Kirchenzugehörigkeit aus. Ziel ist das Hineinwachsen in umfassende personale Beziehungen, grundgelegt im Ja Gottes zum Einzelnen wie zur Gemeinschaft der Glaubenden« (KvZ 3.2).

3.3 Der Glaubensweg im Katechumenat

Zum Glaubensweg im Katechumenat gehören wesentlich *drei Phasen* (vgl. KvZ 3.2):

Die Phase der *Erstverkündigung* steht am Anfang des Weges. Es ist die Zeit erster Kontakte und Begegnungen mit Menschen, die bereits im Glauben verwurzelt sind, sowie mit der Gemeinde, ihren Gruppen und Kreisen. Diese Phase mündet ein in die Feier der Aufnahme in den Katechumenat.

Die ›eigentliche‹ *Phase des Katechumenats* ist eine grundlegende, umfassende Einführung in den christlichen Glauben, in die lebendige Gemeinschaft mit Jesus Christus und so in das Leben als Christ. Dies geschieht durch die katechetische Erschließung der Heilsgeschichte und der Inhalte des Glaubens, durch das Hineinwachsen in gemeindliches Leben und durch die begleitenden liturgischen Feiern. Besondere Bedeutung hat dabei die Feier der Zulassung zur Taufe am ersten Sonntag der Österlichen Bußzeit; mit ihr beginnt die Zeit der näheren Vorbereitung auf den Empfang der Sakramente des Christwerdens in der Osternacht.

Die *mystagogische Phase* folgt unmittelbar auf die sakramentale Eingliederung in die Kirche. Der gelernte und eingeübte Glaube soll jetzt eine Vertiefung und Vergewisserung erfahren. Das in der spezifisch geprägten Form des Katechumenats Erworbene geht nun über in den Alltag des persönlichen und gemeindlichen Glaubenslebens.

Katechese im Katechumenat verknüpft drei Bereiche wechselseitig, die in einem dynamischen Prozess Gestalt gewinnen:
– den individuellen Lebens- und Glaubensweg,
– das in der kirchlichen Tradition gewachsene Glaubensbekenntnis und
– die in der Gemeinschaft erfahrbaren Glaubensvollzüge und gottesdienstlichen Feiern.

Im Katechumenat wird das Ineinander von Person, Erschließung des Glaubens und liturgischer Feier in besonderer Weise fruchtbar, da das Prinzip des Kairos – die Dinge zur rechten Zeit zu tun – Beachtung findet. Hierin besteht dann auch das besondere Anregungspotential des Katechumenats.

3.4 Standards der Katechese

Nicht nur, aber auch vom Katechumenat her lassen sich noch einmal didaktische Standards der Katechese formulieren, wie sie von vielen bereits verwirklicht, nun aber eigens gewichtet und bestätigt werden (vgl. KvZ Kap. 4).

- Katechese als *ganzheitlicher Prozess* ist *situations- und erfahrungsbezogen*. Die Option »differenzierter Katechese« gewinnt hier wieder an Bedeutung. Nicht alle Menschen – ob nun Kinder, Jugendliche oder Erwachsene – haben den gleichen Zugang zum christlichen Glauben. Deshalb braucht es verantwortliche Entscheidungen auch für individuelle Wege.
- Katechese ist *evangeliumsgemäß* und damit geprägt von der Person Jesu, die respektvoll mit den Bedürfnissen der Menschen umgeht.
- Katechese ist *prozesshaft und begleitend*, indem sie die personale Gottesbeziehung des Menschen fördert. Dazu gehören nicht nur bestimmte Inhalte und Themen, sondern vor allem auch Bezugspersonen als Glaubensbegleiter/innen (Katechet/innen).
- Katechese ist *positiv und verbindlich*. Es gilt, mit den Menschen das im Moment Mögliche zu erkennen und dann auch zu tun. Die Identifikation mit grundlegenden verbindlichen Aussagen der Glaubensverkündigung, wie sie etwa im Credo zusammengefasst sind, ist für manche nur bedingt möglich.
- Katechese ist *partizipatorisch*. In der Katechese sind alle Handelnde und Teilnehmende mit ihrer je eigenen Geschichte, ihren Erfahrungen und ihren persönlichen Voraussetzungen. Alle bringen ihre Sicht der Dinge ein. Also sind auch die Katechet/innen sowie die Gemeinde Mitlernende. Diese wechselseitige Dynamik soll Ausdruck eines Kirchenbildes sein, das die Beziehungsgeschichte Gottes mit den Menschen widerspiegelt. Ein solches Gestaltwerden von Kirche bleibt eine anspruchsvolle Aufgabe.
- Ein weiteres Charakteristikum der Katechese besteht darin, dass *Inhalte und Methoden in Personen verkörpert* sind. Damit wird die Bedeutung des persönlichen Zeugnisses der Katecheten/Katechetinnen, die stellvertretend für die Gemeinde handeln, ausgedrückt. Dieses muss authentisch (getragen von persönlicher Glaubwürdigkeit), identisch (den Glauben der Kirche verlässlich zum Ausdruck bringend) und verständlich (die Glaubensbotschaft plausibel auf die Lebens- und Glaubenssituation der Menschen hin aussprechend) sein.

Ausgehend von diesem notwendigen Zeugnis geben und Rechenschaft ablegen von der Hoffnung, die uns als Christen erfüllt (vgl. 1 Petr 3,15) wird noch einmal nachvollziehbar, weshalb die Erwachsenen verstärkt im Zentrum der Katechese stehen sollen. Zeugin und Zeuge sein kann nur, wer seinen eigenen Weg reflektiert hat und erahnt, was der Glaube ihm auch in Krisen und durch Brüche hindurch zu sagen hat.

4. Entwicklungen in die Zukunft

Katechese ist mehr als Katechese in der Gemeinde oder für die Gemeinde. Das Handlungsfeld Katechese ist seitens der religionspädagogischen Forschung bisher nur unzureichend in den Blick genommen worden. So waren es vor allem die Referenten/innen für Katechese in den Diözesen, die sich um die Theorie-Praxis-Reflexion bemüht haben. Folgende Elemente einer Theorie der Katechese sind Frucht dieses Nachdenkens.[24]

4.1 Katechese ist intervenierende Lebensdeutung

Katechese lässt sich beschreiben als »intervenierende Lebensdeutung«[25], die zielgerichtet »dazwischenkommen« will. Sie setzt an, wo Menschen zu suchen und zu fragen beginnen, weil sie feststellen, dass bisher gültige Lebensdeutungen nicht mehr ausreichen und es in ihrem Leben mehr als alles geben muss. So ist Katechese als Intervention ein organisierter und zielgerichteter Lernprozess einer Gruppe von Menschen, die mit einem gemeinsamen Interesse in einer konkreten Situation unter bestimmten Rahmenbedingungen und Voraussetzungen zusammen kommen. In der Begegnung mit der Frohbotschaft des Glaubens und der christlich-kirchlichen Tradition entdecken sie die eigene Lebensgeschichte als Geschichte Gottes mit seinem Volk und jedem einzelnen Menschen. Sie finden ein vertieftes Verständnis für ihr Leben und gewinnen Handlungsorientierung aus den Grundüberzeugungen des christlichen Glaubens für ihre Lebensgestaltung. Diese Definition von Katechese ist offen für zukünftige vielschichtige An- und Herausforderungen.

Wenn Menschen etwas wollen, kommen sie in der Regel freiwillig und zugleich verbindlich zusammen. Dies gilt auch für katechetische Gruppen. Freilich können dabei das Interesse und Ziel, sich auf die religiöse Deutung des Lebens einzulassen, unterschiedlich motiviert sein, z.B.: durch einen konkreten Anlass, etwa eine ambivalent erlebte, verändernde Lebenssituation (wie die Geburt eines Kindes, der Eintritt in den Ruhestand, Krankheit); durch ein Thema, für das sie eine Deutung aus dem Glauben suchen; durch die Erstkommunion des Kindes, die bei Eltern eigenes Fragen anregt, was der Glaube ihnen bedeuten kann; durch den Wunsch nach Vertiefung des bereits ausdrücklichen Lebens aus dem Glauben. Dabei traut Katechese als Intervention den Menschen zu, selbst den Zeitpunkt zu erkennen und zu entdecken, was gut und wichtig für sie ist. Katechese ist prozessorientiert und will Menschen unterstützen, die Kunst des mystagogischen

---

[24] Vgl. zum Ganzen: *C. Hofrichter*, Dialogisches Miteinander. Plädoyer für eine katechetisch-religionspädagogische Theoriebildung, in: RpB 56/2006, 63–74.

[25] Erstmals wurde diese Katechesedefinition weit vorausschauend formuliert in *C. Hofrichter*, Leben, 234. Formuliert wird ein Katechesebegriff, der über die Territorialgemeinde hinausreicht und andere gemeindeähnliche Orte als katechetischen Ort ermöglicht, insofern dort Katechese als ein längerfristiger Prozess markiert wird.

Entdeckens und die Kunst des Umdeutens[26] zu erlernen: Der Mensch, sein Wachstum und seine Lern- und Erfahrungsmöglichkeiten auf Glauben hin stehen im Vordergrund.

Katechese als Intervention nimmt deshalb Alltag und Lebenssituation der Menschen in besonderer Weise in den Blick. Sie umfasst sowohl die Anknüpfung an konkrete Erfahrungen der Menschen als auch das weiterführende Interesse an den elementaren Inhalten des Glaubens. Sie bietet einen »Erfahrungsraum« an, in dem einerseits die Sichtweise des Glaubens, wie sie in der Hl. Schrift überliefert ist, und andererseits die tragenden Grunddaten, die auf Erfahrungen von Menschen mit dem Heilshandeln Gottes zurückgehen und im Credo »gebündelt« sind, als umfassende Deutung des Lebens einbringt. So wird eine anthropologische, erfahrungsorientierte und zugleich eine systematische[27], christologische und ekklesiologische Ausrichtung der Katechese, die »identitätsverbürgendes Lebenswissen« (Jürgen Werbick) aneignen will, ermöglicht. Bei all dem gilt grundsätzlich, dass das Wort Gottes selbst die beste Intervention ist.

Katechese als Interventionsgeschehen versteht sich als lebensbegleitender, ganzheitlicher, missionarisch-prozesshafter, mystagogischer und differenziert angelegter Weg des Christwerdens und des Christseins.

4.2 Katechese begleitet die Initiation in den christlichen Glauben

»Katechese ist im Leben der Kirche neben dem Gottesdienst die wichtigste Form der Verkündigung«.[28] Als organisierter und strukturierter Prozess ist Katechese stets auch pädagogisches bzw. andragogisches Tun. Religiöses Lernen ist jedoch weit mehr. Der Vorgang der Initiation markiert eigene Regeln des »Lernens«, des Vertrautwerdens mit dem christlichen Glauben und der Aneignung von christlichen Lebenshaltungen und Ausdrucksweisen gelebten Glaubens. Nachdem Christwerden durch Sozialisation zukünftig immer weniger der Normalfall sein wird, wird Katechese stärker von der Begleitung der Initiation in den christlichen Glauben geprägt sein. Grundfrage ist: Was ist notwendig, um in die Gemeinschaft der Christen aufgenommen zu werden und in ihr zu leben? Umgekehrt muss die Gemeinschaft bestimmte Voraussetzungen in diesen Prozess einbringen, damit Initiation überhaupt möglich ist. Dabei geht es nicht um ein Lernen auf »Vorrat«, das jemand beherrschen muss, wenn der Zeitpunkt der Aufnahme da ist. »Lernen« geschieht im Mittun, Miterleben, Ausprobieren. So ist der katechetische Weg selbst bereits anfanghaftes Erleben des »neuen Lebens«, das Gott selbst schenkt. Dabei kann nicht immer als selbstverständlich vorausgesetzt werden, dass eine

---

[26] Zur »sanften Kunst des Glaubens als Umdeuten« vgl.: *C. Hofrichter*, Leben, 236–238.

[27] Zu einer systematischen Katechese gehören die Hl. Schrift als Quelle des Glaubens, die zentralen Texte als Ausdruck eines gemeinsamen Glaubensverständnisses, Credo, Vaterunser, Zehn Gebote, sowie das Verständnis der Sakramente.

[28] *Die Deutschen Bischöfe* (Nr. 80), Zeit zur Aussaat. Missionarisch Kirche sein, 2000, 21. Download: www.dbk.de.

erste Begegnung mit dem christlichen Glauben vor der Katechese stattgefunden hat. In einer missionarischen Kirche erfordert dies deshalb eine katechetische Grundhaltung, die bedingungslos offen ist für die Situation der Menschen, um christliche Identität aufzuzeigen. Dies konkretisiert sich unter anderem in einer voraussetzungslosen, für Nichtchristen verständlichen Sprache.

4.3 »Leben – Bewusstwerden – Deuten – Feiern« als Modell situationsgerechter Verkündigung

Das Modell »Leben – Deuten – Feiern« hat wie kein anderes die Katechese und katechetisches Handeln geprägt. *Dietrich Zimmermann* hat dieses ursprünglich in der französischen Liturgiepastoral beheimatete Modell in den siebziger Jahren für katechetische Prozesse in Deutschland bekannt gemacht[29], eine wissenschaftliche Reflexion und Fortschreibung wurde von Claudia Hofrichter geleistet.[30] Mit der Einführung der Dimension »Bewusstwerden« und der Ausdifferenzierung der Dimensionen »Deuten« und »Feiern« wurde das Modell zukunftsfähig weiterentwickelt.

Bewusstwerden geschieht aus überlieferten Verstehens- und Verhaltensmustern heraus. Bewusstgewordenes Leben ist Leben in einer reflexiven Weise mit den zur Verfügung stehenden alltäglichen Orientierungsmustern. Bewusstgewordenes Leben, dem bisherige Verstehensmuster nicht mehr genügen, ist Ausgangspunkt für ein ausdrückliches Deuten. Deutung stellt das Leben in einen neuen Rahmen und kann helfen, es tiefer und besser zu verstehen. Bewusstwerden und Deuten markieren eine Unterbrechung des Gewohnten, führen an Grenzen, die als Übergang wahrgenommen und somit zur Schwellenerfahrung werden. Zu deren Gestaltung und Bewältigung wählen Menschen Rituale, die ursprünglich Feiercharakter haben. Denn Feiern kommt selbst ein erheblicher Deutungsanteil zu, Feiern inszeniert (bewusstgewordenes) Leben und hebt es aus der Alltäglichkeit heraus. Feiern hat eine eigen Qualität des Deutens.

Zur Alltagsdeutung der Menschen mit den Deutungsmustern, die sie in sich tragen oder aus den Sinnangeboten von Religionen und Gesellschaft übernehmen, kommt in Katechese und Verkündigung die christlich-theologische Deutung als weitere Dimension dazu, die selbstverständlich an das Leben der Menschen und ihre Deutungen rückgebunden wird. Christliches Feiern als liturgisches Feiern ist auf die Lebensvollzüge der Menschen bezogen; es stellt das Leben des Menschen mit seinen Erfahrungen vor Gott und deutet es. Über den ausdrücklich christlich-theologischen Deutevorgang hinaus deutet die liturgische Feier auf eigene Weise einerseits das bewusstgewordene und im christlichen Glauben gedeutete Leben des Menschen, indem sie es in das Christusgeheimnis stellt und darin Gottes blei-

---

[29] *D. Zimmermann*, Leben – Glauben – Feiern. Dimensionen eines Glaubensweges, in: LS 29/1978, 148–154; *Ders.* (Hrsg.), Leben – Deuten – Feiern. Eine Orientierung für Pastoral und Katechese, München 1994.

[30] Vgl. *C. Hofrichter*, Leben, bes. Kapitel IV.

bende Zuwendung zusagt; andererseits greift liturgisches Feiern bewusstgewordenes Leben selbst auf und deutet und vertieft es. So sind die Dimensionen nicht in einem Nacheinander, sondern in einem wechselseitigen Ineinander zu begreifen.

4.4 Katechese ist personen- und situationsgerechtes lebensbegleitendes Lernen des Glaubens

Menschen haben verschiedene Weisen des Umgangs mit dem Religiösen und damit auch mit dem christlichen Glauben. Deshalb muss Katechese situations- und personengerecht sein. Das ist nicht neu. Die Sinus-Milieu-Studie hat diese Erkenntnis noch einmal verschärft, indem sie die begrenzte Wirkkraft der christlich-kirchlich geprägten Glaubensweitergabe in der Mehrzahl der Milieus verdeutlicht. Einige Zielgruppen/Milieus fühlen sich von Kirche kaum oder nicht mehr angesprochen. Ansprechen lassen sich die Milieus der Konservativen, die Traditionsverwurzelten und die DDR-Nostalgischen sowie Teile der Etablierten und der Bürgerlichen Mitte. Kirche steht nun vor dem Dilemma, dass sie »ihr Produkt ... nicht einfach milieuspezifisch designen, wie Autokonzerne ihre PKW's länderspezifisch auslegen«[31] kann. Spricht hier zunächst einiges für eine Nichtanpassung an Zielgruppenmilieus, so sind die Zielgruppen doch genau Teil und Inhalt der Botschaft des Evangeliums, das Kirche anbietet. Deshalb braucht es in der Pastoral insgesamt Zielgruppenkenntnisse, um die Botschaft angemessen verkünden zu können.

Die Milieus fordern auch noch einmal zu einer bewussteren Unterscheidung von Angeboten der Erstverkündigung einerseits und Katechese andersseits heraus. Die Beschreibung verschiedener Zugänge und Ausprägungen des gelebten Glaubens, wie sie die französische Religionssoziologin *Danièle Hervieu-Léger* beschreibt, erweitern hierbei noch einmal hilfreich die Perspektive und bauen eine Brücke.[32] Sie unterscheidet:

- »*regelmäßig Praktizierende*«,
- »die für einen Glauben und die Zugehörigkeit zu einer Gemeinde, erkennbar durch Rituale und eine besondere Religionspraxis«[33], stehen;
- »*Pilger*«, die auf eine lange und alte bestehende Form der Religion und der religiösen Gemeinschaftsbildung hinweisen. Deren Kennzeichen sind Mobilität, Freiwilligkeit, Individualität und Bindung auf Zeit.[34] »Pilgersein ermöglicht dem Einzelnen eine angepasste, in der Intensität von ihm selbst zu be-

---

[31] *R. Bucher*, Was geht und was nicht geht. Zur Optimierung kirchlicher Kommunikation durch Zielgruppenmodelle: www.sinnstiftermag.de/Kirche und Kommunikation/Ausgabe 4, Abschnitt III.

[32] Vgl. dazu *Danièle Hervieu-Léger*, Pilger und Konvertiten. Religion in Bewegung (Reihe Religion in der Gesellschaft 17), Würzburg 2004.

[33] *Danièle Hervieu-Léger*, aaO., 61.

[34] AaO., 65.

stimmende Teilnahme«[35]; insofern ist der Pilger Sinnbild für eine moderne Religiosität, für einen in seinen Glaubensvorstellungen beweglichen Menschen[36].

- *»Konvertiten«.* Damit werden drei verschiedene Prozesse der Bildung religiöser Identitäten beschrieben: 1. Jemand wechselt die Religion und lehnt damit ausdrücklich die ererbte religiöse Identität ab und nimmt an ihrer Stelle eine neue an. 2. Jemand, der bislang keiner religiösen Tradition angehört hat, entscheidet sich nach einem kürzeren oder längeren Weg des Suchens für eine bestimmte Religion und Konfession. 3. Jemand entdeckt eine religiöse Identität oder entdeckt sie wieder, die bisher nur formell bestanden hatte oder minimal in lediglich äußerlicher Anpassung gelebt wurde. Der Konvertit scheint die grundlegende Forderung der religiösen Moderne zu erfüllen, »derzufolge nur eine gewählte religiöse Identität ›authentisch‹ sein kann«.[37]

Unschwer lassen sich die »regelmäßig Praktizierenden« und auch die »Pilger« den kirchennahen Milieus zuordnen. In der Katechese finden sich verstärkt »Pilger« (Firmjugendliche, Erstkommunioneltern) und »Konvertiten«, also Menschen, die vielleicht im Kontakt mit kirchennahen Milieus nach dem christlichen Glauben begonnen haben zu fragen. Die seit Jahren bereits formulierte Perspektive der katechumenalen und lebensbegleitenden Katechese entspricht diesen Lebens- und Glaubensformen. Der Pilger ist über eine konkrete Gemeinde hinaus orientiert und dennoch auch gelegentlich gemeindenah verortet.

Katechese wird zukünftig verstärkt in gemeindeähnlichen, d.h. weniger ortsgebundenen Zusammenhängen stattfinden. Der Katechumenat selbst ist der Weg des Christwerdens primär der ersten und zweiten Ausprägung des Konvertiten. Nimmt man ernst, dass zum Glaubenlernen die Begegnung mit Christen gehört, so sind die praktizierenden Gläubigen die wichtigste Bezugsgruppe, gefolgt von den Pilgern, die sich auf Zeit auf einen solchen Prozess einlassen. Keine der Gruppierungen darf dabei instrumentalisiert werden. Für den Prozess des Glaubenlernens und der Gestaltwerdung eines lebendigen Glaubens sind alle füreinander wichtig. Katechese erweist sich so als differenzierendes lebensbegleitendes, personen- und situationsgerechtes Lernen des Glaubens.

5. Schluss

Mit der Katechese unterstützt Kirche das Handeln Gottes in der Welt, seinen Ruf an Menschen, die Botschaft des Glaubens anzunehmen. Insofern leistet Katechese einen Hebammendienst, indem sie anleitet, dass Menschen ihre Geschichte als Geschichte Gottes mit ihnen entdecken und deuten können. Katechese setzt also etwas voraus, was sie nicht selbst bewirken kann: den Ruf Gottes. Gott ruft, wen und wann er will.

---

[35] AaO., 76.
[36] AaO., 81.
[37] AaO., 88.

An Zeuginnen und Zeugen des Glaubens kann die nachwachsende Generation ablesen, dass es sich lohnt, Christ zu werden und Christ zu sein. Deshalb sollte die Erwachsenenkatechese an Priorität gewinnen, ohne dass die Kinder- und Jugendkatechese vernachlässigt wird. Sprach- und auskunftsfähig gewordene Christen erfüllen dann den Dienst der Kirche am Glauben der Kinder und Jugendlichen. Sie stärken diese, sich dem Ruf Gottes und des Evangeliums zu öffnen, ihn zu hören und anzunehmen.

Literatur

Die Deutschen Bischöfe, Katechese in veränderter Zeit (Hirtenschreiben und Erklärungen 75), Bonn 2004.

Hofrichter, Claudia, Leben – Bewusstwerden – Deuten – Feiern. Rezeption und Neuformulierung eines katechetischen Modells am Beispiel »Taufgespräche in Elterngruppen« (Reihe Zeitzeichen 2), Ostfildern 1997.

Hofrichter, Claudia, Dialogisches Miteinander. Plädoyer für eine katechetisch-religionspädagogische Theoriebildung, in: RpB 56/2006, 63–74.

Regelmäßig finden sich in den Fachzeitschriften »Katechetische Blätter« und »Materialbrief Gemeindekatechese« des Deutschen Katecheten-Vereins wichtige Beiträge zur Katechese.

4. Rudolf Englert
Lebenslauf und religiöse Entwicklung

Wie entwickeln sich religiöse Vorstellungen im Kinde? Wie wandelt sich das Gottesbild im Laufe des Lebens? Inwieweit prägt die Persönlichkeit eines Menschen auch seine Religiosität?

1. Religiöses Lernen zur rechten Zeit – zur Geschichte einer Fragestellung

Die Bedeutung solcher Fragen erscheint uns heute ganz offensichtlich. Das war allerdings keineswegs schon immer so. Dass Religion und in diesem Falle: dass der christliche Glaube als etwas gesehen wird, das der Dynamik der menschlichen Lebensgeschichte unterliegt und diese selbst mit prägt, ist eine Vorstellung, die sich selbst erst allmählich entwickelt hat.

Für die Gemeinden der apostolischen und nachapostolischen Zeit stand nicht die Frage der Glaubensentwicklung, sondern die Frage der Glaubensentscheidung im Vordergrund. Der Gedanke, dass man Christ nicht entweder ist oder nicht ist, sondern immer wieder neu werden muss, konnte demgegenüber kaum Raum gewinnen. Auch im Mittelalter spielte der Gedanke, dass sich der Glaube im Lebensprozess wandelt, nur eine geringe Rolle. Das Leben war kurz und jederzeit gefährdet; dass und wie es sich entwickelt, erschien insgesamt nicht weiter reflexionsbedürftig. Dazu kommt, dass sich Lebensphasen wie Kindheit und Jugend, die uns heute mit dem Menschsein als solchem gegeben zu sein scheinen, als Phasen eigener Prägung erst in der Neuzeit herausbildeten.[1]

Der böhmische Pädagoge *Jan Amos Comenius* (1592–1670) war einer der ersten, der die Entwicklungsperspektive zu einem prägenden Element seiner (religions-)pädagogischen Überlegungen werden ließ. Aus seiner Sicht ist »für jeden einzelnen Menschen sein ganzes Leben eine Schule, von der Wiege bis zur Bahre ... Man muß nur jedem Alter das zu tun geben, wozu es geeignet ist«[2]. Ein weiterer Schritt zu einer entwicklungsgerechten (Religions-)Pädagogik stellt das Werk von *Jean-Jacques Rousseau* (1712–1778) dar. Rousseau geht von einem natürlichen Rhythmus der Entwicklung aus und bereitet damit vor, was 150 Jahre später in der Forderung der Reformpädagogik nach einer Beachtung des »fruchtbaren

---

1 Nach dem französischen Historiker *Philippe Ariès* wurde das Kind, »kaum daß es sich physisch zurechtfinden konnte, übergangslos zu den Erwachsenen gezählt ... Vom sehr kleinen Kind wurde es sofort zum jungen Menschen, ohne die Etappen der Jugend zu durchlaufen« (Geschichte der Kindheit, München 1978, 46).

2 *J.A. Comenius,* Pampaedia. Lateinischer Text und deutsche Übersetzung (hrsg. *v. D. Tschižewskij* in Gemeinschaft mit *H. Geissler* und *K. Schaller*), Heidelberg 1960, 117.

Moments«[3] bzw. der »sensiblen Perioden«[4] im Bildungsprozess weiter Gestalt annimmt.[5]

In der Religionspädagogik selbst kann sich der Gedanke, dass es auch in der Glaubensentwicklung »sensible Perioden« gibt, allerdings erst spät Bahn brechen. Gerade in der langen, durch die Arbeit mit Katechismen geprägten Periode zeigt die Religionspädagogik wenig Sinn für die spezifischen Erfordernisse kindlichen und jugendlichen Glaubens. Noch in der zweiten Hälfte des 20. Jahrhunderts wurde der evangelischen Pädagogik eine »Verleugnung des Kindes« vorgeworfen.[6] Auch im katholischen Bereich kann die Vorstellung, dass der Glaube von Menschen voll und mit allen Konsequenzen in ihre personale Entwicklung integriert ist, erst nach dem Zweiten Vatikanischen Konzil (1962–1965) breiteren Raum gewinnen. Dass religionspädagogische Maßnahmen auf lebenszyklische Erfordernisse abzustimmen seien, wird so erst in den 1960er Jahren zu einem allmählich stärker empfundenen Erfordernis.[7]

Auf diesem Hintergrund bildet sich dann allerdings ein weitgehender religionspädagogischer Konsens darüber aus,
- dass es gewisse *Regelmäßigkeiten* auch im Bereich der Glaubensentwicklung gibt; das heißt zum Beispiel: ein in gewissen Grenzen erwartbares Wachstum, aber auch vorhersehbare Krisen und lebensgeschichtliche Bruchstellen;
- dass es unterschiedlich gute *Passungen* zwischen Glaubensinhalten und Lebenssituationen gibt, was auch heißen kann, dass sich im Kontext einer bestimmten lebensgeschichtlichen Situation manche Glaubensinhalte *nicht* oder nur sehr schwer erschließen lassen;
- dass es *Fehlformen* religiöser Erziehung gibt, die mit der Verfrühung und manchmal auch mit der Verspätung religiöser Erziehungs- und Bildungsmaßnahmen zu tun haben; kurz: dass es um religiöses Lernen zur rechten Zeit geht.[8]

---

3 Vgl. *F. Copei,* Der fruchtbare Moment im Bildungsprozess, Heidelberg [2]1950.

4 Vgl. *M. Montessori,* Kinder sind anders, Frankfurt a.M. 1980, 60ff.

5 Die Religion findet in Rousseaus Vorstellungen von einer idealen Kindheit allerdings kaum einen Platz: vgl. *J.-J. Rousseau,* Emil oder über die Erziehung, Paderborn 1971, insbes. 275–334: Glaubensbekenntnis des savoyischen Vikars. Siehe dazu auch *F. Schweitzer,* Die Religion des Kindes. Zur Problemgeschichte einer religionspädagogischen Grundfrage, Gütersloh 1992, 117–132.

6 Vgl. *W. Loch,* Die Verleugnung des Kindes in der Evangelischen Pädagogik. Zur Aufgabe einer empirischen Anthropologie des kindlichen und jugendlichen Glaubens, Essen [2]1968.

7 Dabei spielt auch die Forderung nach einer »Empirischen Wendung der Religionspädagogik« eine Rolle: Vgl. *K. Wegenast,* Die empirische Wendung in der Religionspädagogik, in: EvErz 20/1968, 111–124.

8 Vgl. dazu die Überlegungen zu einer »religionspädagogischen Pünktlichkeit«: *R. Englert,* Glaubensgeschichte und Bildungsprozess. Versuch einer religionspädagogischen Kairologie, München 1985, insbes. 2–29.

2. Verschiedene Perspektiven auf den Lebenslauf

Das Ganze des Lebens wird mit einer Reihe unterschiedlicher Begriffe bezeichnet. Der Begriff des »Lebenszyklus« akzentuiert besonders das Regelhafte in der Struktur menschlichen Lebens: eine gewisse Typik im Nacheinander von Phasen und Entwicklungsschritten. Der Begriff der »Lebensgeschichte« dagegen stellt stärker auf den individuellen Verlauf des Lebens ab: seine Bedingungen und Prägungen, seine Erlebnisse und Erfahrungen, seine erfüllten und enttäuschten Hoffnungen. Die »Biografie« wiederum lässt vor allem an die Rekonstruktion einer Lebensgeschichte in narrativer oder sogar literarischer Gestalt denken. Im Folgenden wird meist der Begriff des »Lebenslaufs« gebraucht, der auf alle genannten Aspekte hin offen ist.

2.1 Der »Lebenslauf« als wandelbares Konstrukt – Die soziologische Perspektive

Sowohl die Erstreckung als auch das Verständnis des Lebenslaufs sind geschichtlichem und gesellschaftlichem Wandel unterworfen. Die Interpretationen dessen, was »Kindheit«, was »Jugend« oder was »Alter« ist, wandelt sich in Abhängigkeit von den jeweiligen gesellschaftlichen Bedingungen.[9] So sind heute deutliche Tendenzen zur Nivellierung alterstypischer Erfahrungs- und Lebensräume feststellbar. Auffällig ist besonders die Einebnung der Unterschiede zwischen Kindheits- und Erwachsenenstatus.[10] Selbst prominente Pädagogen fordern, man solle von der Idee der Kindlichkeit des Kindes Abstand nehmen und Kinder heute wieder »wie kleine, aber ständig größer werdende Erwachsene«[11] behandeln. Von daher wird die Möglichkeit denkbar, dass die Kindheit als ein eigenständiger und besonders geschützter Lebensraum tatsächlich irgendwann einmal wieder verschwunden sein wird.[12]

Lebenslaufstrukturen sind darüber hinaus auch schichtenabhängig. So ist etwa die Jugendphase, die sich beim Übergang von einer Industrie- zu einer Dienstleistungs- und Wissensgesellschaft insgesamt stark ausgedehnt hat, keineswegs für alle Jugendlichen gleich lang. Es gibt Jugendliche bzw. junge Erwachsene, deren Berufsausbildung mit achtzehn Jahren zum Abschluss gekommen ist, und andere, die erst Ende Zwanzig zum Beispiel in ein Referendariat eintreten. Dies hat weit reichende Folgen für die sich dem Einzelnen jeweils eröffnenden Möglichkeits-Räume.

Dass die Phasenstruktur des Lebenslaufs auch mit soziokulturellen Variablen zu tun hat, zeigt sich besonders stark in der Veränderung weiblicher Lebenslaufmuster. So hat die veränderte Definition der gesellschaftlichen Rolle von

---

[9] Vgl. dazu M. Kohli (Hrsg.), Soziologie des Lebenslaufs, Darmstadt 1978.

[10] Jedenfalls ist dies der Grundtenor vieler Beobachtungen zum Wandel der Kindheitsmuster. Vgl. dazu etwa die »Mythologie der Kindheit« von D. Lenzen (Reinbek 1985).

[11] Vgl. H. Giesecke, Das Ende der Erziehung, Stuttgart 1985, 10.

[12] Vgl. dazu N. Postman, Das Verschwinden der Kindheit, Frankfurt a.M. 1987.

Frauen dazu geführt, dass sich die früher relativ kontinuierlich verlaufende weibliche Normalbiografie in eine größere Vielfalt möglicher Lebenslaufmuster ausdifferenziert hat; diese weisen im Durchschnitt deutlich mehr Unterbrechungen und Übergänge, also Diskontinuität, auf (insbesondere durch unterschiedliche Formen der Koordination von Arbeit und Mutterschaft, Berufs- und Familienbiografie).

Die soziologische Perspektive macht deutlich: Wie die religiöse Entwicklung von Menschen verläuft, was sie begünstigt und erschwert, hängt auch mit den jeweils gegebenen geschichtlichen und sozialen Bedingungen zusammen.

2.2 Der Lebenslauf als Entfaltung von Kompetenzen – Die psychologische Perspektive

Bei dem Versuch, die religiöse Entwicklung von Menschen besser zu verstehen, sind der Religionspädagogik in den letzten Jahrzehnten vor allem zwei psychologische Traditionen behilflich gewesen: Zum einen die psychoanalytische Tradition (wichtigster Vertreter: *Erik H. Erikson*) und zum anderen die strukturgenetische Tradition (wichtigster Vertreter: *Jean Piaget*). Sehr vergröbert könnte man sagen:

- Der *psychoanalytische Ansatz* interessiert sich in erster Linie für die Frage: Wie verändert sich der Mensch unter dem Druck von Entwicklungserfordernissen? Was bedeutet es für ihn z.B. gehen zu lernen, geschlechtsreif zu werden, die Verminderung seiner physischen Leistungsfähigkeit zu erleben? Welche Entwicklungsaufgaben hat er in den verschiedenen Lebensabschnitten zu bewältigen? Aus religionspädagogischer Sicht stellt sich von daher die Frage: Wie können die verschiedenen sich im Lebenszyklus ergebenden Entwicklungsaufgaben, etwa das Problem der Ablösung von den Eltern oder das Problem des Alterns und Sterben-Müssens, mit Hilfe des Glaubens und seiner Symbolik verarbeitet werden?
- Der *strukturgenetische Ansatz* hingegen interessiert sich eher für die Frage: Wie bilden sich bestimmte Kompetenzen des Menschen aus, z.B. sein logisches Denken, sein moralisches Urteil oder eben auch sein religiöses Bewusstsein? Ist da ein halbwegs allgemeingültiger Entwicklungsverlauf festzustellen? Von daher ergibt sich die religionspädagogische Frage: Wie lässt sich die Entwicklung religiöser Kompetenz gezielt fördern? Wie kann man Menschen befähigen, mit den religiösen Grundfragen ihres Lebens zunehmend »reifer« umzugehen?

2.2.1 Durch Entwicklungskrisen zur Identität – Der psychoanalytische Ansatz

Eine der religionspädagogisch einflussreichsten Theorien des Lebenslaufs stammt von dem amerikanischen Psychoanalytiker *Erik H. Erikson*. Sie ist in ihren Grundzügen in den 1950er Jahren entstanden, und es gibt gut begründete Zweifel, ob sie den seither im Bereich des menschlichen Lebenslaufs festzustellenden Veränderungen noch zu entsprechen vermag.[13] Menschen erreichen heute ein höheres Lebensalter, sie fühlen sich länger jung, sie möchten auch im Alter noch Neues lernen und müssen heute viel stärker als noch vor einem halben Jahrhundert damit zurechtkommen, dass nichts bleibt, wie es war: dass sie sich beruflich unter Umständen mehrfach umorientieren müssen, dass lebenslang währende Partnerschaften allmählich zu einer Rarität werden, dass man im Zuge erhöhter Mobilität seinen Lebensmittelpunkt immer wieder verschieben muss usw. Doch bei all seiner Revisionsbedürftigkeit weist Eriksons Konzept des Lebenslaufs eine Reihe von Aspekten auf, die religionspädagogisch bis heute von Interesse sind.

(1) *Die Zentralität des Identitätsbegriffs.* Eriksons Überlegungen kreisen sehr stark um die Frage, wie Menschen zu so etwas wie einer personalen Identität gelangen – einem Vertrauen in sich selbst, in die relative Konsistenz ihrer Biografie und in die einigermaßen verlässliche Präsenz gegenüber anderen. »Identität« ist für Erikson der Inbegriff einer psychisch intakten und sozial integrierten Persönlichkeit. Unter den Bedingungen einer Hochgeschwindigkeitsgesellschaft ist die Ausbildung einer solchen Identität zu einer lebenslangen Aufgabe geworden. Der Mensch ist gefordert, seine personale Identität immer wieder neu auszubalancieren[14] bzw. immer wieder neu aufs Spiel zu setzen; Identität behält von daher stets etwas Fragmentarisches. In diesem Sinne ist Eriksons Konzept entsprechend zu modifizieren, teilweise auch zu revidieren. Verabschieden braucht man es deshalb aber nicht.

Der israelische Gesundheitsforscher *Aaron Antonovsky* etwa hat bestätigt, wie elementar wichtig für die psychische Gesundheit eines Menschen ist, was auch für Erikson sehr stark im Zentrum steht: das Empfinden von Kohärenz. Ob jemand in der Lage ist, Verantwortung für sich selbst und sein Geschick zu übernehmen, ob er sich sozusagen als Regisseur seiner Lebensgeschichte empfindet, hängt wesentlich auch davon ab, ob er so etwas wie Identität oder Kohärenzsinn auszubilden vermag: »Der Kohärenzsinn beschreibt eine geistige Haltung: Meine Welt ist verständlich, stimmig, geordnet; auch Probleme und Belastungen, die ich erlebe, kann ich in einem größeren Zusammenhang sehen.

(a) Das Leben stellt mir Aufgaben, die ich lösen kann. Ich verfüge über Ressourcen, die ich zur Meisterung meines Lebens, meiner aktuellen Probleme mobilisieren kann.

(b) Für meine Lebensführung ist jede Anstrengung sinnvoll.

(c) Es gibt Ziele und Projekte, für die es sich zu engagieren lohnt.«[15]

---

[13] Vgl. dazu *H. Keupp*, Diskursarena Identität: Lernprozesse in der Identitätsforschung, in: *H. Keupp/R. Höfer* (Hrsg.), Identitätsarbeit heute, Frankfurt a.M. 1997, 11–39; *F. Schweitzer*, Postmoderner Lebenszyklus. Eine Herausforderung für Kirche und Theologie, Gütersloh 2003.

[14] Zum Konzept einer balancierenden Identität vgl. schon *L. Krappmann*, Soziologische Dimensionen der Identität, Stuttgart ⁵1978.

[15] *H. Keupp*, Ohne Angst verschieden sein können. Riskante Chancen in einer postmodernen Gesellschaft, in: *H. Klingenberger/B. Krecan-Kirchbichler* (Hrsg.), Nicht mehr si-

Religionspädagogisch stellt sich an diesem Punkt die Frage: Inwiefern kann die Beziehung zu einer religiösen Tradition einem Menschen helfen, diesen für seine personale Identität zentralen »Kohärenzsinn« auszubilden?

(2) *Die Vorstellung bestimmter Entwicklungsaufgaben.* Erikson hat »das menschliche Wachstum ... unter dem Gesichtspunkt der inneren und äußeren Konflikte dargestellt ..., welche die gesunde Persönlichkeit durchzustehen hat und aus denen sie immer wieder mit einem gestärkten Gefühl innerer Einheit ... hervorgeht.«[16] Im Wesentlichen sieht Erikson acht Entwicklungsaufgaben auf den Menschen im Laufe seines Lebens zukommen; deren Bewältigung ist jeweils mit vorhersehbaren, typischen Krisen verbunden, z.B. einer Krise des Vertrauens (Phase 1: Säuglingsalter), einer Krise des Autonomiebedürfnisses (Phase 2: Kleinkindalter), einer Krise des Expansionsbegehrens (Phase 3: Spielalter). Dabei geht es immer wieder neu darum, dass der Mensch sein im Laufe der Entwicklung sich steigerndes individuelles Potential in eine angemessene Passung mit den aus seiner Umwelt auf ihn zukommenden soziokulturellen Anforderungen zu bringen vermag. In der Grundschulzeit beispielsweise, in der die Kinder durch die Aneignung der einschlägigen Kulturtechniken herausgefordert sind, kommt es nach Erikson darauf an, dass sich in diesem Zusammenhang auch ein einigermaßen verlässliches und nicht ständig durch Minderwertigkeitsgefühle in Frage gestelltes Könnens-Bewusstsein entwickelt (Phase 4). In der Adoleszenz, in der man über die Identifikationen seiner Kindheit hinauskommen muss und sich und seine Umwelt in einer Form gesteigerter Reflexivität zum Thema zu machen beginnt, sieht Erikson die Grundlagen einer eigenständigen Ich-Identität entstehen (Phase 5).

Dieses Konzept eines in acht Phasen gegliederten Lebenszyklus wird man heute nicht mehr einfach übernehmen können. Dafür hat sich die innere Struktur des menschlichen Lebenslaufs in den letzten fünfzig Jahren zu sehr verändert. Dies gilt gerade für das Erwachsenenalter, dessen biografische Herausforderungen Erikson nur relativ schwach ausdifferenziert hat (Sich-Einlassen auf partnerschaftliche Intimität im frühen Erwachsenenalter: Phase 6, Bewährung in Elternschaft oder anderen Formen schöpferischer Generativität im mittleren Erwachsenenalter: Phase 7 und Ausbildung von Selbstakzeptanz und Integrität im späten Erwachsenenalter: Phase 8).

Demgegenüber hat die Lebenslaufforschung etwa mit der Postadoleszenz, der Krise der Lebensmitte, der »empty-nest-Phase« (wenn die Kinder »flügge« geworden sind) oder dem Rentenschock eine Reihe »neuer« Phasen und Einschnitte im Erwachsenenalter ausgemacht. Festhaltenswert jedoch erscheint Eriksons Grundgedanke: Es ist von einer begrenzten Anzahl vorhersehbarer lebenszyklischer Krisen auszugehen, in denen der Mensch herausgefordert ist, die Entwicklung seiner Kompetenzen und Bedürfnisse mit der Entwicklung umweltlicher

---

cher – aber frei, München 1999, 20. Interessant ist, dass diese Äußerung von einem der *Kritiker* Eriksons stammt.

[16] *E.H. Erikson,* Identität und Lebenszyklus, Frankfurt a.M. ⁴1977, 56.

Erwartungen und Erfordernisse in ein für beide Seiten akzeptables Verhältnis zu bringen.

(3) *Die Bedeutung soziokultureller Bewährungsmöglichkeiten.* Erikson betont die Bedeutung gesellschaftlicher Faktoren für die individuelle Entwicklung. Für die positive Lösung der bereits angesprochenen Entwicklungsaufgaben kommt einer angemessenen Passung zwischen reifungs- und lernbedingter Kompetenzentwicklung einerseits und gesellschaftlichen Verhaltensspielräumen und Bewährungsmöglichkeiten andererseits eine entscheidende Rolle zu; es kommt also darauf an, dass die soziale Umwelt auf die während des Lebenslaufs freigesetzten individuellen Fähigkeiten mit entsprechenden Selbstverwirklichungs- und Partizipationsangeboten reagiert. Dies gilt etwa auch für Rollenangebote in Kirche und Gemeinde.

Im Unterschied zu Freud hat Erikson eine sehr optimistische Auffassung von der Funktion der Gesellschaft für die Entwicklung des Einzelnen und arbeitet eher heraus, »was die Gesellschaft dem Kinde alles gibt, statt zu unterstreichen, was die Gesellschaft dem Kinde alles versagt«[17]. Von daher ist sein Identitätskonzept auch eher sozialintegrativ als gesellschaftskritisch. Doch selbst wenn man die Akzente hier sicherlich sehr anders setzen kann, bleibt Eriksons Betonung soziokultureller Bewährungsmöglichkeiten wichtig. Das Beispiel jugendlicher Langzeitarbeitsloser etwa macht deutlich: Wenn Menschen die Möglichkeit versagt wird, ihre im Laufe des Lebens angesammelten Kompetenzen in subjektiv als sinnvoll betrachtete und sozial angemessen honorierte Tätigkeiten umzusetzen, drohen Lebenslinien ins Abseits zu laufen.

(4) *Die Korrespondenz zwischen Entwicklungsaufgaben und religiösen Deutungsmustern.* Es hat immer wieder Versuche gegeben, Eriksons Theorie für religionspädagogische und pastorale Aufgabenstellungen fruchtbar zu machen. Die Grundannahme dabei war, dass die von Erikson unterschiedenen Entwicklungskrisen spezifische Ansprechbarkeiten für bestimmte religiöse Symbole erzeugen. Allerdings ist davon auszugehen, dass sich lebensgeschichtliche Entwicklungen und religiöse Deutungsmuster *wechselseitig* prägen: dass also religiöse Symbole nicht einfach nur der Spiegel einer durch ganz bestimmte Entwicklungen geprägten Persönlichkeitsstruktur sind[18], sondern ihrerseits den Umgang mit Lebenskrisen beeinflussen können. Hilfreiche Beziehungen lassen sich etwa herstellen zwischen einer Vertrauenskrise (vgl. Phase 1) und dem Symbol des verlorenen Paradieses, zwischen einer Krise des Autonomiebedürfnisses (vgl. Phase 2) und der Motivik des Exodus, zwischen einer Krise des Expansionsdrangs (vgl. Phase 3) und dem Umkehrmotiv oder zwischen einer Krise des Könnens-Bewusstseins (vgl. Phase 4) und der Berufungsthematik.

---

[17] *P. Lohauß,* Moderne Identität und Gesellschaft. Theorien und Konzepte, Opladen 1995, 30.

[18] S. dazu *M. Klessmann,* Identität und Glaube. Zum Verhältnis von psychischer Struktur und Glaube, München/Mainz 1980.

Auch solche Korrespondenzen werden freilich auf die sich verändernden Lebenslaufmuster hin immer wieder neu zu überdenken und nötigenfalls anzupassen sein. Dabei lässt sich an so etwas wie eine revisionsfähige »Theologie des Lebenslaufs« denken.[19] Dass es für bestimmte religiöse Themen und Motive in der Entwicklung von Menschen bestimmte »sensible Perioden« mit einer entsprechend erhöhten Ansprechbarkeit gibt, ist jedenfalls eine Idee, die auch weiterhin religionspädagogisch produktiv zu sein verspricht.

2.2.2 In Stufen zu religiöser Autonomie – Der strukturgenetische Ansatz

Die zweite große Inspiration entwicklungspsychologischen Denkens, von der hier die Rede sein soll, verbindet sich mit dem Werk von *Jean Piaget* und seiner Schule. Piaget selbst betrachtete sich als »genetischen Entwicklungstheoretiker«[20] und verstand seine Theorie als eine Art »dynamischen Kantianismus«[21]. Kantianer ist Piaget insofern, als er die Auffassung des großen Königsberger Philosophen teilt, dass sich dem Menschen die Wirklichkeit nicht unmittelbar abbildlich, in strikter »Objektivität«, erschließt, sondern nur in der Brechung durch die menschlichem Erkennen zugrundeliegenden Strukturen der Wahrnehmung und der Kognition. Dynamisch ist sein Kantianismus insofern, als Piaget herausstellt, dass diese Strukturen lebensgeschichtlich nicht von Anfang an in gleicher Weise gegeben sind, sondern sich im Laufe von Kindheit und Jugend in verschiedenen Stufen entwickeln. Piaget fragt also danach, wie sich die Strukturen, mittels derer Menschen die Wirklichkeit (re-)konstruieren, nach und nach entwickeln.

Mittels der von ihm ausgebildeten Strukturen des Wahrnehmens und Denkens versucht das Kind, sich in seiner Situation zurechtzufinden. Dabei entstehen immer wieder neue Probleme, die es an die Grenzen seiner Denkstrukturen stoßen lassen und es im Laufe der Zeit mehrfach zwingen, sein Erkenntnisinstrumentarium zu reorganisieren. Mit dieser Reorganisation wächst die kognitive Kompetenz des Kindes: Es vermag die eigenen Wirklichkeitskonstruktionen im Sinne zunehmender Realitätsgerechtigkeit (»Äquilibration« zwischen Mensch und Umwelt) zu optimieren. Diese Optimierung geschieht zum einen durch »Assimilation« (Integration von Erfahrungen/Informationen in bereits aufgebaute Strukturen) und zum anderen und ganz entscheidend durch »Akkommodation« bzw. strukturierendes Lernen (Ausbildung einer neuen, komplexeren Struktur).

Strukturierendes Lernen bezieht sich also nicht auf einen quantiativen, sondern auf einen qualitativen Erkenntnisgewinn; es führt zu einer Reorganisation der Wirklichkeitswahrnehmung auf einer höheren Kognitionsstufe. Strukturierendes Lernen ist nach Piaget und seiner strukturgenetischen Schule *übergreifend* (die

---

[19] Vgl. *F. Schweitzer,* Postmoderner Lebenszyklus und Religion. Eine Herausforderung für Kirche und Theologie, Gütersloh 2003, 161ff.

[20] Vgl. *R. Kegan*, Die Entwicklungsstufen des Selbst. Fortschritte und Krisen im menschlichen Leben, München 1986, 48.

[21] Vgl. *J. Piaget,* Lebendige Entwicklung, in: ZfP 20/1974, 3.

ausgebildeten kognitiven Strukturen sind quer durch alle Wissensbereiche hindurch wirksam), *unumkehrbar* (der Komplexitätsgrad einmal ausgebildeter Strukturen bleibt erhalten) und *konsequent* (die kognitiven Strukturen werden in einer bestimmten, sachlogisch bedingten Folge von Stufen entwickelt, von denen keine übersprungen werden kann). Allerdings ist strukturierendes Lernen im Unterschied zu quantitativem Wissenszuwachs pädagogisch auch *nicht so leicht zu beeinflussen*. Pädagogisch entscheidend ist aus dieser Sicht, »daß Lehrer die Erkenntnismöglichkeiten der Lernenden richtig einschätzen und angemessene Probleme vorlegen, Probleme, die Lernende als solche verstehen, die sie mit eigener Anstrengung (und vielleicht hilfreicher Anleitung) lösen können. Vermieden werden muß die unverstandene Übernahme der Erkenntnisse eines Lehrers.«[22]

Strukturgenetische Theorien untersuchen die Stufen, in denen sich strukturierendes Denken entwickelt, und zwar, ausgehend von dem durch Piaget untersuchten Bereich logischen Denkens, auch für den Bereich moralischen Urteils (insbes. *Lawrence Kohlberg*) oder eben für den Bereich der religiösen Entwicklung. Man geht hier also davon aus, dass sich im Bereich religiöser Kompetenz (bzw. religiösen Urteils, personalen Glaubens) in ähnlicher Weise Stufen unterscheiden lassen wie im Bereich des logischen Denkens. Die zwei in der Religionspädagogik am meisten verbreiteten derartigen Stufentheorien stammen von *James Fowler*[23] und von *Fritz Oser*[24]. Exemplarisch sei im Folgenden auf die Theorie von Oser etwas näher eingegangen.

Osers Stufentheorie geht davon aus, dass religiöse Entwicklung in die Richtung einer immer größeren religiösen Autonomie zeigt. Die Zunahme religiöser Autonomie heißt für Oser, dass der Mensch »auf jeder höheren Stufe … mehr und mehr von der Furcht befreit (wird), das Letztgültige greife direkt und willkürlich in sein Leben ein. Das Verhältnis zu ihm wird von Stufe zu Stufe jeweils integrierter und differenzierter.«[25] Im Einzelnen unterscheidet Oser folgende Stufen:

Stufe 1: Erfahrung völliger Fremdbestimmtheit
Der Mensch empfindet sich als von derjenigen Macht, der er sich letztinstanzlich verpflichtet weiß (= »das Ultimate«), einseitig und willkürlich bestimmt. Das Ultimate hat den Charakter eines »deus ex machina«, der auf eine für den Menschen unbegreifliche Weise ins Weltgeschehen eingreift und seine Gunst gewährt oder versagt.

---

[22] *L. Montada*, Die geistige Entwicklung aus der Sicht Jean Piagets, in: *R. Oerter/L. Montada*, Entwicklungspsychologie, Weinheim ³1995, 559.

[23] Vgl. *J. Fowler*, Glaubensentwicklung. Perspektiven für Seelsorge und kirchliche Bildungsarbeit, München 1989.

[24] Vgl. *F. Oser/P. Gmünder*, Der Mensch – Stufen seiner religiösen Entwicklung. Ein strukturgenetischer Ansatz, Zürich 1984.

[25] *F. Oser*, Wieviel Religion braucht der Mensch? Erziehung und Entwicklung zur religiösen Autonomie, Gütersloh 1988, 47.

Stufe 2: Orientierung am Fairnessprinzip einer Tauschbeziehung

Der Mensch sieht sich zur letztinstanzlich bestimmenden Macht in einer Art Tauschverhältnis (»do, ut des«: ich gebe, damit du auch gibst). Um sich diese Macht gewogen zu stimmen, versucht er, in derbem Sinne zu handeln. Das eigene Handeln und das Wirken der Ultimaten werden in einer Art Kausalitätsbeziehung gesehen.

Stufe 3: Orientierung an der eigenen Selbstbestimmung

Die Ansprüche des Ultimaten werden nun als etwas erlebt, was in Spannung oder sogar in Widerspruch zu den eigenen Wünschen nach Selbstbestimmung steht. Die Sache Gottes und die Sache des Menschen, ein auf der Einhaltung von Normen bestehender Gott und eine nach Autonomie strebende Person scheinen in einem unlösbaren Konflikt zu liegen. Von daher zeigt sich auf dieser Stufe eine Tendenz, Ultimates und eigenes Ich vollständig zu trennen und eine deistische oder auch eine atheistische Weltsicht einzunehmen.

Stufe 4: Orientierung an einem die eigene Verantwortung übersteigenden Heilsplan

Der Mensch erkennt nun die Grenzen seiner Autonomie und Verantwortung und er versucht, sein Handeln auf einen ihn übersteigenden und tragenden Sinnzusammenhang zu beziehen (»Heilsplan«, »Vorsehung« usw.). Auf diese Weise kommt es zu einer Vermittlung seines Autonomiestrebens mit dem Bezug zu einer letztinstanzlich verpflichtenden Macht. Von daher kann nun die Vorstellung entwickelt werden, dass Gott einen Anspruch repräsentiert, der mit dem Besten menschlichen Wollens zusammengeht.

Stufe 5: Orientierung an Intersubjektivität

Das Verhältnis des Menschen zum Ultimaten wird nun kommunikativ vermittelt gedacht. »Intersubjektivität wird zum signifikanten Ort der Manifestation des Transzendenten«[26]. Gott erscheint als die Ermöglichung der eigenen Freiheit, die Freiheit des Anderen als das Sinnziel des eigenen Handelns.

Was kann ein solches strukturgenetisches Konzept leisten? Man wird ihm vor allem drei Funktionen zuschreiben können:

(1) eine *orientierende Funktion*: Es eröffnet die Möglichkeit, religionspädagogischem Handeln eine empirisch abgesicherte Zielperspektive zu geben. Osers Untersuchungen legen nahe, dass die Beziehungen der Menschen zu etwas letztinstanzlich Verpflichtendem eine universelle Dynamik in Richtung zunehmender religiöser Autonomie aufweisen; das heißt, dass sich die Entwicklung religiöser Autonomie unabhängig von den jeweiligen Inhalten und kulturellen Voraussetzungen einer Religion überall im Wesentlichen auf die gleiche Weise vollzieht. Von daher scheint viel dafür zu sprechen, die Förderung eben dieser Entwicklung als das Ziel religiöser Erziehung zu betrachten.

---

[26] *F. Oser/P. Gmünder,* Der Mensch, 101.

Man kann allerdings fragen, ob diese Sicht religiöser Entwicklung nicht doch viel stärker von bestimmten theologischen Überzeugungen (z.B. von einem bestimmten Gottes- und Menschenbild, einer bestimmten Sicht des Verhältnisses von Immanenz und Transzendenz) abhängig ist, als Oser selbst zu erkennen gibt. In dem Maße aber, wie die Relativität des Autonomie-Ideals erkennbar wird, wird natürlich auch die Orientierungsleistung dieses Ansatzes fraglich. Immerhin: Das strukturgenetische Konzept bietet eine diskussionswürdige Vision für die Zielorientierung religiöser Erziehungs- und Bildungsprozesse.

(2) eine *diagnostische Funktion:* Das strukturgenetische Konzept stellt heraus: Alles, was Menschen in einem Lernprozess aufnehmen, nehmen sie auf die ihnen jeweils eigene Weise auf (»quidquid recipitur, secundum modum recipientis recipitur«) – also in Abhängigkeit von den Strukturen ihres Verstehens. Deshalb ist es bei der religionspädagogischen Arbeit, besonders mit Kindern und Jugendlichen, so wichtig, die mit diesen Strukturen gegebenen Möglichkeiten und Grenzen des Verstehens (z.B. von Gottesbildern, Gleichnissen, Wundergeschichten, ethischen Dilemma-Situationen usw.) im Blick zu behalten. Ein strukturgenetisches Konzept religiöser Entwicklung wie jenes von Oser erleichtert diese Aufgabe, indem es durch die Vorgabe von Stufen eine Unterscheidung verschiedener religiöser Verstehensniveaus erlaubt; auf diese Weise kann es dazu beitragen, dass Lehrende bewusster und präziser auf die religiösen Voraussetzungen von Schülerinnen und Schülern reagieren können.

Dass die Klassifizierung von Lernenden nach bestimmten Entwicklungsstufen gleichwohl nicht ganz unbedenklich ist, liegt auf der Hand. Sie kann dazu verführen, die religiöse Entwicklung von Menschen zu schematisch zu betrachten (»Schubladendenken«); außerdem könnte die Aufmerksamkeit dadurch einseitig auf die kognitive Dimension religiöser Entwicklung gelenkt werden, die bei Osers Konzept im Mittelpunkt steht. Andere Dimensionen, die für die Entwicklung einer personalen Religiosität ebenfalls wichtig sind, wie Gefühle und Haltungen, Sensibilität und Handlungsbereitschaft, könnten darüber zu kurz kommen.

(3) eine *didaktische Funktion:* Die didaktische Pointe des Stufenkonzeptes lässt sich nur verstehen, wenn man sich vergegenwärtigt: Es geht hier nicht in erster Linie um die Erweiterung des Wissens, sondern um die Transformation der Verstehensstrukturen, in denen dieses Wissen »verarbeitet« wird. Dies ist eine Einsicht von großer Tragweite! Denn damit wird der Glaube an die Selbstwirksamkeit von Wissenseingaben überwunden und die kognitiven Verarbeitungsprozesse der Lernenden werden, ganz im Sinne des pädagogischen Konstruktivismus,[27] ins Zentrum der didaktischen Aufmerksamkeit gerückt. Aus stufentheoretischer Sicht

---

[27] Vgl. z.B. *H. Mendl,* Konstruktivistische Religionspädagogik. Ein Arbeitsbuch, Münster 2005; *G. Büttner* (Hrsg.), Lernwege im Religionsunterricht. Konstruktivistische Perspektiven, Stuttgart 2006.

soll der Erzieher vor allem »Bedingungen der Möglichkeit dafür schaffen, daß die Zöglinge zur nächsthöheren Stufe weiterschreiten können«.[28]

Das heißt konkret Orientierung an einer »Diskurspädagogik«[29], die sich vor allem durch eine bestimmte Form der Provokation und der Intervention auszeichnet. Erstens: der Provokation, insofern eine solche Pädagogik die religiöse Urteilsfähigkeit der Lernenden durch virtuelle oder aktuelle Dilemmata ständig neu herausfordert. Es soll sich bei diesen Dilemmata möglichst um lebensnahe Konflikte handeln, die, gerade weil sie keine glatten Lösungen zulassen, Fragen nach der Hierarchie der Werte oder nach dem Vorrang von Verpflichtungen aufwerfen. Zweitens: der Intervention, insofern Oser Religionspädagog*innen* empfiehlt, ihre Diskussionsbeiträge nach einer +1-Konvention auszurichten; demnach wird die religiöse Urteilsbildung dann am wirkungsvollsten gefördert, wenn die Gesprächsbeiträge von Lehrenden das Argumentationsniveau der Lernenden um nur gerade eine Stufe (+1) überschreiten. Eine solche Diskurspädagogik muss allerdings, wenn es nicht zu kognitiven Verengungen kommen soll, durch eher erfahrungs- und inhaltsbezogene Ansätze religiösen Lernens ergänzt werden.

2.3 Der Lebenslauf als Frage nach der wahren Geschichte – die theologische Perspektive

Die menschliche Lebensgeschichte ist mehr als ein bloßes Nacheinander von Begebenheiten und Erlebnissen. Sie ist eine Konstruktion, die der Folge der Ereignisse eine perspektivische Ordnung unterlegt. Wie sich ein Leben darstellt, hängt also von der Perspektive ab, unter der die Ereignisfolge eines Lebens zu einer sinnhaften Struktur arrangiert wird; so kann man die gleichen Ereignisse wie Mosaiksteine zu unterschiedlichen Mustern zusammenlegen. Von daher ist jedem Menschen die Aufgabe gestellt, aus den Ereignissen und Begebenheiten seines Lebens eine Geschichte zu formen, die ihm selbst und anderen verständlich macht, wer er ist und warum er ist, wie er ist.

Die sinnhafte Strukturierung des biografischen »Materials« geschieht unter dem maßgeblichen Einfluss kulturell verfügbarer Deutungsmuster. Davon hängt entscheidend mit ab, in welchem Interpretationsrahmen man sein Leben »sieht« und welche Visionen für die eigene Zukunft man hat: ob man das Leben zum Beispiel durch eine einschneidende Kehrtwende in zwei ganz verschiedene Hälften zerfallen sieht (vgl. z.B. die Lebenslaufmuster »wiedergeborener« Christen) oder ob man sich vielleicht eher an dem Bild eines aus ganz unterschiedlichen Abschnitten bestehenden Flickenteppichs orientiert; ob man sinnvolles Leben nur in Mustern beruflicher Karriere erblicken kann oder ob man Sinn auch da zu entdecken vermag, wo die gesellschaftliche Außenseite eines Lebens nicht viel Glanz zeigt. Die Frage ist: Welche Rolle spielt der christliche Glaube bei der Konstrukti-

---

[28] *F. Oser,* Wieviel Religion braucht der Mensch, 51.
[29] Vgl. *F. Oser*, aaO., 56.

on solcher biografischer Sinnzusammenhänge? Wie wirkt er sich auf das Verständnis von Lebensgeschichten aus?

Eine sinnhafte Rekonstruktion der eigenen Lebensgeschichte gelingt nur, wenn der Einzelne im Dialog mit anderen steht und wenn es ihm gelingt, seine Geschichten mit den ihren zu verbinden. Die anderen sind für die Bestätigung seiner »story« allerdings von unterschiedlich starkem Interesse: Es gibt »signifikante Andere« (*G.H. Mead*) und solche, die weniger oder gar nicht bedeutsam sind. Wobei der für die Bestätigung einer Lebensgeschichte entscheidende Andere nicht unbedingt eine konkrete Person aus dem eigenen lebensweltlichen Umfeld sein muss, sondern auch »fiktiv« sein kann. Ja, man kann wohl sogar sagen: Im Grunde unterstellt jeder, »der sein Leben biografisch – und das heißt, auf einen möglichen Zusammenhang hin – reflektiert, als ›Adressaten‹ seiner Gedanken auch einen ›fiktiven anderen‹«[30]. Bei dieser Unterstellung wird davon ausgegangen, dass sich diesem »fiktiven Anderen« nicht nur erschließt, was offen zutage liegt, sondern auch der verborgene oder noch uneingelöste Sinn eines Lebenszusammenhangs. »Innerhalb der christlichen Tradition hat der ›fiktive andere‹ einen Namen: Gott.«[31]

Insgeheim hat wohl jeder Mensch die Hoffnung, dass er irgendwann einmal als der gesehen wird, der er *wirklich* ist, oder vielleicht auch: dass es *jemanden* gibt, der ihn in seiner *wahren* Identität zu würdigen vermag; der ihn auch dann »richtig« sieht und ihn auch dann gerecht beurteilt, wenn er sich von aller Welt falsch verstanden fühlt; der auch da Zusammenhänge und sinnvolle Verbindungen erkennt, wo er selbst im Augenblick nur Dahinleben und vielleicht sogar Chaos erblickt. Wir leben, so sagt der Schriftsteller *Botho Strauß*, »in der Gewißheit eines anderen Auges, das überblickt und Gestalt erkennt, wo der Dahinlebende sich nur der wirren, sporadischen Spuren und Teile gewiß ist. Das Vertrauen in ein umfassendes Gesehenwerden gründet in der Einheit Gottes ... Ohne diese Gewißheit, Erkannte zu sein, hielten wir uns keine Sekunde aufrecht.«[32]

Ist es nicht so, dass überall da, wo Menschen über ihre Lebensgeschichte wirklich ernsthaft nachdenken, unweigerlich auch dieser Horizont eines letzten, unbedingten, gültigen Verständnisses ins Spiel kommt? Und ist es nicht gerade der Bezug auf Gott, der eine gewisse Gewähr dafür bietet, dass dieser Horizont letzten Verständnisses nicht verloren geht: dass eine Appellationsinstanz bleibt gegen die Missverständnisse dieser Welt?

3. Grundbedingungen (post)moderner Lebensläufe

Es war bereits davon die Rede, dass das innere Gefüge des Lebenszyklus von hoher Plastizität ist. Unter den heute gegebenen Bedingungen stellt sich sogar die Frage, inwieweit sich überhaupt noch von typischen lebenszyklischen Mustern

---

[30] *H. Luther,* Religion und Alltag, 119.
[31] *H. Luther,* aaO., 120.
[32] *B. Strauß,* Wohnen, dämmern, lügen, München 1994, 195.

sprechen lässt. Gewiss hat es immer schon mehr als nur *ein* Muster gegeben; auch etwa im 19. Jahrhundert hat der typische Lebenszyklus einer »höheren Tochter« anders ausgesehen als der eines proletarischen Arbeiters. Doch gerade in den letzten Generationen haben sich das Ausmaß lebensgeschichtlicher Entscheidungsmöglichkeiten und die Spielräume biografischer Selbststeuerung für fast alle Gesellschaftsschichten erheblich erweitert.

Vor allem seit den 1960er Jahren hat ein Prozess der Individualisierung Platz gegriffen, der aus einer »Normalbiografie« immer stärker eine »Wahlbiografie« werden ließ. Das heißt: »Die Anteile der prinzipiell entscheidungsverschlossenen Lebensmöglichkeiten nehmen ab, und die Anteile der entscheidungsoffenen, selbst herzustellenden Biografie nehmen zu. ... Die Entscheidungen über Ausbildung, Beruf, Arbeitsplatz, Wohnort, Ehepartner, Kinderzahl usw. mit all ihren Unterunterentscheidungen können nicht nur, sondern müssen getroffen werden.«[33] Und sie müssen eben in dem klaren Bewusstsein getroffen werden, dass es jeweils interessante Alternativen gibt; das heißt, derartige Entscheidungen sind nicht nur unumgänglich, sondern auch risikoreich.

Der Übergang von Normal- zu Wahlbiografien hat auch zu einer deutlichen Erhöhung diskontinuierlicher Momente in den Lebensläufen von Menschen geführt – etwa im Berufsleben, im Bereich des partnerschaftlichen Zusammenlebens oder in der Verbundenheit mit einem bestimmten Lebensraum bzw. Wohnort. Der amerikanische Soziologe *Richard Sennett* sieht die Gefahr, dass dadurch identitätsstiftende Kontinuität zerfällt und persönliche Integrität entwertet wird: Wer sich den vor allem vom Berufsleben ausgehenden Flexibilisierungszwängen unterwerfe, habe in seinem Leben irgendwann keinen Platz mehr für beständige Loyalitäten und langfristige Bindungen. Der Zwang zur Flexiblität unterlaufe gerade jene Verbindlichkeiten und über den Tag hinausreichenden Projekte, aus denen ein Mensch einen wesentlichen Teil seines Selbstwertgefühls beziehe. Von daher stellt sich die Frage: »Wie kann ein Mensch in einer Gesellschaft, die aus Episoden und Fragmenten besteht, seine Identität und Lebensgeschichte zu einer Erzählung bündeln?«[34]

Absolute Flexibilität heißt ja: Möglichst alles muss möglichst jederzeit möglich sein. Das bedeutet einerseits die Eröffnung neuer biografischer Gestaltungsspielräume. Aber es bedeutet auch die Ausweitung der Zugriffsmöglichkeiten auf die Menschen; es heißt auch, dass dem Einzelnen von anderen eine höhere Verfügbarkeit abverlangt wird. Liegt in der Konsequenz der Forderung, dass möglichst alles möglichst jederzeit möglich sein soll, daher nicht auch die weitgehende Auflösung phasenspezifischer Lebensgestalten? Denn solche Lebensgestalten markieren ja auch *Grenzen der Freiheit* (vgl. z.B. das Elternrecht), aber auch der Zumut-

---

[33] *U. Beck*, Risikogesellschaft. Auf dem Weg in eine andere Moderne, Frankfurt a.M. 1986, 216.

[34] *R. Sennett*, Der flexible Mensch. Die Kultur des neuen Kapitalismus, Berlin 1998, 31.

barkeit (vgl. z.B. den Kinder- und Jugendschutz) *und der Verantwortlichkeit* (vgl. z.B. die Annahme der Strafunmündigkeit von Kindern).

Eine *Entgrenzung* der Lebensgestaltung dagegen erweitert die Spielräume – gewährt zum Beispiel Kindern bis dahin vorenthaltene Freiheiten und erlaubt noch »Senioren« ein jugendliches Outfit; sie macht aber vielleicht auch Kinderarbeit zunehmend wieder gesellschaftsfähig. Am Ende dieser Entwicklung scheint das Ideal einer »ewigen Jugend« zu stehen, dem die Kinder so früh wie möglich entsprechen und das die Erwachsenen so spät wie möglich aufgeben wollen. Werden wir also Zeugen eines Prozesses, in dem die ehemals einigermaßen klar konturierten Lebensgestalten und ihre spezifischen lebensgeschichtlichen Funktionen mehr und mehr verfließen?

Neben solchen Tendenzen zur Auflösung von Altersnormen ist in den Lebensgeschichten der Menschen heute gleichzeitig aber auch die Herausbildung neuer Lebensphasen und biografischer Einschnitte festzustellen (etwa die Prä- und die Postadoleszenz oder die Differenzierung zwischen drittem und viertem Lebensalter). Aus dieser Sicht löst sich der Zyklus des Lebens im Kontext postmoderner Verhältnisse nicht einfach auf, sondern er verändert sich; und zwar, wie *Friedrich Schweitzer* meint, ganz *grundlegend*: »Die Veränderungen betreffen nicht nur die Erfahrungen, die den Inhalt der verschiedenen Stufen des Lebenszyklus ausmachen. Sie betreffen vielmehr ebenso seine Struktur sowie sein Gefüge«[35].

Alle Stufen des Lebenszyklus haben demnach einen Teil ihrer bislang bestimmenden Charakteristika verloren: die Kindheit die Stabilität, das Jugendalter seine Orientierung auf eine relativ stabile und überdauernde Identität usw. Schweitzer spricht auf diesem Hintergrund von einem neuen, »postmodernen Lebenszyklus«; und er fordert eine auf diese veränderten Gegebenheiten bezogene »Theologie des Lebenszyklus«[36]. Diese Theologie müsse vor allem Antworten auf die Frage bieten, »welche Aspekte des christlichen Glaubens ... auf den verschiedenen Stufen von besonderer Bedeutung«[37] sind. Darüber hinaus müssten sich Theologie und Kirche »zwingend darüber klar werden, welche Gestalt von Kindheit, Jugend- und Erwachsenenalter usw. aus ihrer Perspektive als förderlich und menschlich bejaht werden kann«[38].

4. Religiöse Entwicklungsaufgaben im Lebenslauf

Der Glaube eines Menschen bleibt nur dann auf der Höhe seiner personalen Entwicklung, wenn es gelingt, ihn auf die wechselnden biografischen Herausforderungen des Lebens zu beziehen: Wenn der Glaube eines Menschen einerseits offen genug ist, um sich unter dem Anpassungsdruck biografischer Erfahrungen zu wandeln, andererseits aber auch gehaltvoll und tragfähig genug, um seinerseits

---

[35] *F. Schweitzer,* Postmoderner Lebenszyklus, 166.
[36] Vgl. *F. Schweitzer,* aaO., 177ff.
[37] *F. Schweitzer,* aaO., 179.
[38] AaO., 188.

biografische Krisen bestehen zu helfen.[39] Religionspädagogisch stellt sich von daher die Aufgabe, Menschen bei der Ausbildung eines in diesem Sinne biografiefähigen Glaubens zu helfen. Dabei sind zwei Vorüberlegungen wichtig: Welche Vorstellung hat man zum einen vom Ziel und zum anderen vom Verlauf religiöser Entwicklung?

Die Frage nach dem *Ziel* ist im Grunde die Frage nach dem Verständnis »erwachsener Religiosität« bzw. »religiöser Reife«. Was aber zeichnet eine »erwachsene Religiosität« aus? Welche Kriterien zeigen an, ob es jemandem gelungen ist, zu so etwas wie »religiöser Reife« zu gelangen? Ist es unter den Bedingungen weltanschaulicher Pluralität überhaupt noch möglich, bestimmte religiöse Wege, bestimmte Ausprägungen persönlicher Spiritualität oder bestimmte theologische Positionen bei der Ausformulierung individuellen Glaubens gegenüber anderen auszuzeichnen? Und inwieweit ist es noch vertretbar, die religiösen Suchprozesse von Menschen durch bestimmte religionspädagogische Zielvorgaben in irgendeine Richtung steuern zu wollen?

Die Frage nach dem *Verlauf* konvergiert mit der Frage nach den im Vollzug des Lebenslaufs sich stellenden religiösen Entwicklungsaufgaben: Welche religiösen Entwicklungsaufgaben stellen sich etwa in der Schulkindheit, im Jugendalter, im frühen Erwachsenenalter usw.? Inwiefern können psychoanalytische Phasen und strukturgenetische Stufentheorien bei der Beantwortung dieser Frage heute noch von Nutzen sein? Ist es in Anbetracht der festgestellten Entstandardisierung des Lebenslaufs überhaupt noch möglich, von einem bestimmten Gerüst phasenspezifischer Entwicklungsaufgaben auszugehen? Können im Blick auf die Individualisierung von Biografien und speziell auch von Glaubensbiografien vielleicht auch religiöse Entwicklungsaufgaben nur noch individuell bestimmt werden?

Es gibt also unübersehbare Schwierigkeiten bei der Bestimmung sowohl des Zieles als auch des Verlaufes religiöser Entwicklung. Woran kann sich eine lebenslaufbezogene Begleitung der religiösen Suchprozesse von Menschen dann aber orientieren? Ich möchte wenigstens eine *Reihe von Kriterien* nennen, die mir bei der Einschätzung religiöser Entwicklungen hilfreich erscheinen:[40]

(1) die *perspektivische Weite* des Referenzrahmens, in dem Menschen ihr Leben interpretieren;

(2) die *spirituelle Authentizität* der Formen, in denen sie ihrem Lebensglauben eine alltagstaugliche Gestalt geben;

(3) der *Grad reflexiver Durchdringung*, mit dem sie ihre eigene Religiosität zu verstehen versuchen;

---

[39] Vgl. dazu *T. Kläden*, Zentrale Ergebnisse des Forschungsprojektes »Religiöse Entwicklung im Erwachsenenalter« im Überblick, in: *W. Fürst u.a.* (Hrsg.), »Selbst die Senioren sind nicht mehr die alten…«. Praktisch-theologische Beiträge zu einer Kultur des Alterns, Münster 2003, 67–84.

[40] Vgl. *R. Englert*, Religionspädagogische Grundfragen. Anstöße zur Urteilsbildung, Stuttgart 2007, 252.

(4) die *ethische Konsequenz*, mit der sie ihre religiösen Überzeugungen im persönlichen und öffentlichen Leben umsetzen;

(5) das Maß an *Kommunikationsfähigkeit*, das sie im Austausch mit religiös Andersdenkenden zeigen.

Auf diesem Hintergrund sollen nun weitere Präzisierungen religiöser Entwicklungsperspektiven versucht werden.

4.1 Theorien religiöser Anfänge

Was steht am Anfang religiöser Entwicklung? Gibt es eine Art Nullpunkt, an dem der Mensch in religiöser Hinsicht als »tabula rasa«, als unbeschriebenes Blatt, gelten kann? Sehr grob lassen sich zwei Theorien religiöser Anfänge unterscheiden, die grundverschieden sind: das »Anlagemodell« und das »Bekehrungsmodell«.

Das *Anlagemodell* geht davon aus, dass es einen wirklichen Nullpunkt religiöser Entwicklung nicht gibt, weil jeder Mensch von Anfang an auf Gott hin ausgerichtet ist; es geht davon aus, dass das Offen-Sein-für-Gott zur Wesensnatur des Menschen gehört; dass dessen Verwiesenheit auf Transzendenz ein anthropologisches Grundcharakteristikum ist. Religiöse Entwicklung heißt von daher: Ausfalten, was im Grunde immer schon da ist. Ein besonders entschiedener Vertreter dieses Modells ist *Jean-Jacques Rousseau*, etwa wenn er sagt: »Wenn ich auf einer Insel geboren wäre, wenn ich außer mir keinen Menschen gesehen hätte, wenn ich nie erfahren hätte, was sich vor Zeiten in einem Winkel der Welt zugetragen hat – wenn ich nur meine Vernunft nütze, bilde und die unmittelbaren Fähigkeiten, die mir Gott gegeben hat, richtig verwende, so würde ich aus mir selber lernen, ihn zu erkennen, ihn und seine Werke zu lieben, das Gute zu wollen, das er will, und alle meine Pflichten zu erfüllen, um ihm zu gefallen.«[41] Aus dieser Sicht braucht der Mensch für seine religiöse Entwicklung also keine Heiligen Schriften, keinen Christus, keine Kirche und auch keine Religionslehrer. Er braucht nichts weiter als die Sensibilität für das, was seine Natur ihm eingibt.

Während beim Anlagemodell die entscheidende Wahrheit von innen, aus der Natur des Menschen, kommt, kommt sie beim *Bekehrungsmodell* von außen, durch die Begegnung mit dem Wort Gottes in den biblischen Zeugnissen und der kirchlichen Tradition. Nicht die menschliche Natur, sondern die göttliche Offenbarung bzw. die sie repräsentierende religiöse Tradition ist der entscheidende Ausgangspunkt religiöser Entwicklung. Aus dieser Sicht kann der Mensch aus sich selbst heraus allenfalls seine eigenen Götzen schaffen, nicht aber zum wahren und lebendigen Gott gelangen. Ein sehr dezidierter Vertreter dieses Modells ist *Karl Barth*, der schreibt: »Wenn wir uns Rechenschaft geben würden über das, dessen wir Menschen fähig sind, so würden wir uns vergeblich bemühen, etwas ausfindig zu machen, was gewissermaßen eine Disposition für das Wort Gottes

---

[41] *J.-J. Rousseau*, Emil oder über die Erziehung, Paderborn 1971, 326.

genannt werden könnte. Ohne irgend eine Möglichkeit unsererseits tritt die große Möglichkeit Gottes auf den Plan und macht möglich, was von uns aus unmöglich ist.«[42]

Der in den letzten Jahrzehnten zu beobachtende Wandel der Religiosität hat dem Anlagemodell eine deutlich gesteigerte Plausibilität beschert. Die Tendenz zur religiösen Individualisierung scheint mit den Grundannahmen dieses Modells zwanglos zusammen zu gehen; sie verläuft in Richtung einer Religion ohne verbindliches Bekenntnis, ohne verfasste Gemeinde, ohne unabweisbare Verpflichtungen. Religionspädagogisch wird es demgegenüber darauf ankommen, die Bedeutung dieser hier in den Hintergrund getretenen Faktoren für ein tradierungsfähiges Christentum in Erinnerung zu bringen – und zwar ohne dabei in den schroffen Exklusivismus des Bekehrungsmodells zu verfallen und die »natürliche« Religiosität des Menschen in Bausch und Bogen abzuwerten. Im Gegenteil: Diese gerade in der katholischen Tradition als eine entscheidende Mitgift Gottes betrachtete Ausgespanntheit des Menschen auf das göttliche Geheimnis[43] ist ein wesentlicher Anknüpfungspunkt für die religiöse Begleitung von Menschen im Lebenslauf.

4.2 Religiöse Entwicklungsaufgaben des Kindesalters

Bestimmend für das religiöse Denken des Vorschulkindes ist, was Piaget den kindlichen »Egozentrismus« nennt.[44] Das Kind ist noch nicht in der Lage zu verstehen, dass man die Dinge auch anders sehen kann, als es selbst dies tut. Es unterscheidet noch nicht konsequent zwischen Denken und Gedachtem (kindlicher Realismus), zwischen Belebtem und Unbelebtem (kindlicher Animismus: auch einem Stein oder einem Stuhl können Intentionen und Gefühle zugeschrieben werden), zwischen zweckvoll Gestaltetem und natürlich Gegebenem (kindlicher Artifizialismus: auch den Bewegungen von Wolken oder Sonne wird ein Plan unterstellt, dessentwillen sie sich so verhalten, wie sie sich verhalten).

Von daher hat das *Vorschulkind* eine Nähe zu magischem und mythischem Denken. Bei seinen Glaubensvorstellungen, die noch nicht unter dem Gesichtspunkt ihrer logischen Verträglichkeit miteinander koordiniert sind, sondern eher flüchtige Gelegenheitsprodukte darstellen, spielt die Phantasie eine dominierende Rolle. Das Kind ist dabei sehr empfänglich für die Beispiele, Stimmungen, Tätig-

---

[42] *K. Barth,* Dogmatik im Grundriß, Zürich (1947) [7]1987, 19.

[43] Vgl. dazu das weitgespannte Werk von *Karl Rahner.* Zur Einführung: *H. Vorgrimler,* Karl Rahner verstehen. Eine Einführung in sein Leben und Denken, Freiburg/Br. 1985.

[44] Vgl. zu den Begriffen des kindlichen Egozentrismus, Realismus, Animismus und Artifizialismus: *J. Piaget,* Das Weltbild des Kindes (mit einer Einführung v. *H. Aebli*), Frankfurt a.M. 1980.

keiten und Redeweisen, mit der seine Primärgruppe ihrem Glauben Ausdruck gibt.[45]

Im *Schulalter* verliert sich der kindliche »Egozentrismus« allmählich. Zwischen sechs und acht Jahren sehen die Stufentheorien das Kind in eine neue Phase seiner geistigen Entwicklung eintreten. Es lernt jetzt Phantasie und Realität allmählich sicher zu unterscheiden und auch einfache Formen logischen Schließens zu beherrschen; es entwickelt vielfältige Interessen und ist in der Regel begierig, neue Fähigkeiten und Fertigkeiten zu erwerben. Im religiösen Bereich läuft die Geschichte bzw. die Erzählung der Phantasievorstellung nur den Rang ab.

Was zählt und was nicht, was gut und was böse ist, wie man selbst gerne wäre und was man auf keinen Fall sein möchte, erschließt sich dem Kind in besonderer Weise aus Märchen, Abenteuergeschichten, filmischen Erzählungen oder eben auch aus biblischen Geschichten. Das Kind genießt Geschichten, in denen der Held triumphiert, das Böse entmachtet und die verwunschene Prinzessin erlöst wird und so schließlich alles wieder ins Lot kommt. So wird der Gerechtigkeit Genüge getan, für die das Schulkind einen ausgeprägten Sinn hat.

Das Prinzip der Gerechtigkeit muss nach der Vorstellung des Kindes auch dem Handeln Gottes zugrunde liegen. So kommt es zu dem *Phänomen des Moralismus* in der Religiosität des Schulkindes. Demnach ist Gott in den Augen des Kindes, das auf irgendetwas verzichtet hat oder sich in irgendeiner Weise »extra-brav« verhalten hat, die Erfüllung eines Wunsches schuldig (Oser: »do-ut-des-Stufe«). Irgendwann erkennt das Kind allerdings, dass dieses Kalkül keineswegs immer aufgeht. Damit gerät das Konzept göttlich-menschlicher Tauschgerechtigkeit in eine Krise, die sich in Verbindung mit persönlichen Nöten und Schicksalsschlägen zu einer tief greifenden Theodizeekrise auswachsen kann: Ein Gott, der sich nicht verhält, wie er sich verhalten *müsste* und nicht dafür sorgt, dass die Dinge so geschehen, wie es die Gerechtigkeit verlangt, gerät in den Verdacht, eine bloße Erfindung zu sein.[46] *Karl Ernst Nipkow* hat hier eine der Haupteinbruchstellen des Gottesglaubens bei Heranwachsenden gesehen.[47] Die entscheidende Herausforderung des Schulalters besteht aber wohl darin, dass das Kind jetzt allmählich aus der Welt von Phantasie, Spiel und Familiarität hinüberwechseln muss in die Welt von Realität, Arbeit und Institutionalität. Es muss sich einfügen, es muss die Geltung von Regeln beachten, es muss für sich mehr Verantwortung übernehmen und es muss, wie Erikson sagt: »Werksinn« ausbilden. Es muss Könnenserfahrungen

---

[45] Vgl. dazu *J. Fowlers* Beschreibung der Stufe des »intuitiv-projektiven Glaubens«: Glaubensentwicklung. Perspektiven für Seelsorge und kirchliche Bildungsarbeit, München 1989, 85ff.

[46] Sehr erhellend dazu: *U. Arnold/H. Hanisch/G. Orth*, 24 Gespräche über Gott und die Welt, Stuttgart 1997.

[47] Vgl. *K.E. Nipkow*, Erwachsenwerden ohne Gott? Gotteserfahrung im Lebenslauf, München 1987, 52ff; unter Bezugnahme auf neuere empirische Befunde kritisch dazu: *W. Ritter u.a.*, Leid und Gott. Aus der Perspektive von Kindern und Jugendlichen, Göttingen 2006.

machen und spüren, dass es ihm gelingt, seine Kompetenzen in wichtigen Bereichen zu erweitern. Dabei wird es immer wieder feststellen, dass es manches besser als andere, anderes aber auch weniger gut kann. Mit solchen Erfahrungen der eigenen Grenzen muss das Kind umgehen lernen. Es muss lernen, sich von den es bedrohenden Gefühlen der Minderwertigkeit nicht entmutigen zu lassen und die eigene Begrenztheit aushalten zu lernen.

Auf diesem Hintergrund erscheinen drei Formen religionspädagogischer Unterstützung im Kindesalter besonders geraten:

(1) Von Anfang an kann versucht werden, kindliches *Erleben auf dessen religiöse Dimension hin durchsichtig zu machen*, im Dialog mit dem Kind und durch behutsame Deutung.[48]

(2) Im Blick auf die Krise des »Werksinns« im Schulalter tut es Kindern gut zu erfahren, dass ihr Vertrauen auf Gott und ihr Schauen auf Jesus ihnen helfen können, sich *an ihren Talenten zu freuen*, aber auch *mit den eigenen Grenzen* zu leben.

(3) In Anbetracht der Transformation des Gottesbildes im späten Kindesalter ist es wichtig, dass Mädchen und Jungen bei der Bearbeitung ihrer Fragen an einen gerechten Gott in ihren Eltern und Erziehern *verständige und nachdenkliche Gesprächspartner/innen* finden.[49] Weitere Aufgaben seien hier lediglich aufgezählt: die Erschließung biblischer Glaubenszeugnisse; das Vertrautmachen mit dem Leben der christlichen Glaubensgemeinschaft (Miterleben des Jahresfestkreises; Befähigung zu einer altersangemessenen liturgischen Partizipation; Begegnung mit Formen christlicher Caritas); Impulse zur Ausbildung einer ethischen Handlungsmotivation; die Hinführung zur Toleranz gegenüber Andersgläubigen.

4.3 Religiöse Entwicklungsaufgaben des Jugendalters

Traditionell galt die Jugendzeit als eine Zwischen-Zeit: Man ist nicht mehr Kind und noch nicht Erwachsener. Heute kann es mitunter so scheinen, als wollten alle Menschen, gleichgültig welchen Alters, jugendlich sein. Doch selbst wenn man für die Abgrenzung nicht die »gefühlte Jugend«, sondern objektivere Maßstäbe zugrundelegt, ist unleugbar: Die für die Mehrheit früher nur kurze Jugendphase hat sich erheblich ausgeweitet. Die sog. Pubertät hat sich lebensgeschichtlich nach vorne verlagert, in die Zeit, die man früher die späte Kindheit nannte und die Freud als eine Zeit relativer Stabilität betrachtete (»Latenzperiode«). Gleichzeitig hat sich das Ende der Jugend nach hinten verschoben (»Post-Adoleszenz«),

---

[48] Vgl. dazu *K. Schori*, Religiöses Lernen und kindliches Erleben. Eine empirische Untersuchung religiöser Lernprozesse bei Kindern im Alter von vier bis acht Jahren, Stuttgart 1998.

[49] Anregung geben können hier vielfältige Impulse zum »Theologisieren mit Kindern«: vgl. das Jahrbuch für Kindertheologie, hrsg. v. *A.A. Bucher u.a.*, Stuttgart 2002ff.

weit in jene Altersregion hinein, die man bis dahin das »frühe Erwachsenenalter« nannte.

Dies macht es nicht einfacher zu sagen, welche besonderen Entwicklungsaufgaben sich im Jugendalter stellen. Zudem ist Jugend offensichtlich eine komplexe Größe, die nach Alter, Geschlecht, Herkunftsmilieu, jugendkultureller Orientierung, Schullaufbahn usw. zu differenzieren ist. Schon die Shell-Studie von 1992 machte deutlich, dass sich klassische Statuspassagen wie die Aufnahme sexueller Beziehungen und die Ablösung von der Herkunftsfamilie »tendenziell von der Bindung an Altersdatierungen ablösen und stärker gewissen biographischen Besonderheiten und individuellen Lebenswegen folgen«[50].

Während solche Statuspassagen früher in einer gesellschaftlich erzwungenen relativen Gleichzeitigkeit verliefen (z.B. Ablösung von der Herkunftsfamilie erst unter der Bedingung, materiell für sich selbst und möglichst auch für eine eigene Familie aufkommen zu können), sind, verglichen damit, heute zahlreiche Formen von Ungleichzeitigkeit festzustellen (z.B. materielle Unabhängigkeit bei gleichzeitigem Verweilen im Elternhaus – das »Pension-Mama-Phänomen«). Verbindliche Muster für den Verlauf und die Gestaltung der Jugendzeit existieren kaum mehr; die Jugendlichen müssen daher lernen, ihre Biografie viel stärker selbst zu steuern; und sie müssen lernen, mit den dabei unvermeidlichen Risiken zu leben.

In der Shell-Jugendstudie von 1997 kommt dieses die Jugendphase zunehmend belastende Bewusstsein biografischer Risiken sehr deutlich zum Ausdruck: »Die Krisen im Erwerbsarbeitssektor, Arbeitslosigkeit, Globalisierung, Rationalisierung und Abbau oder Verlagerung von Beschäftigung sind inzwischen nicht mehr ›bloß‹ eine Randbedingung des Aufwachsens. ... Sie haben inzwischen vielmehr das Zentrum der Jugendphase erreicht«[51]. Vielleicht ist dies der Hintergrund, vor dem zu verstehen ist, dass »den Jugendlichen ... im Laufe der 90er Jahre Leistung, Sicherheit und Macht wichtiger geworden« sind und dass »Karriere machen« und »treu sein« als »trendy« empfunden werden.[52] Die frühere Jugendgenerationen teilweise auszeichnende Lust an ideologischen Differenzen ist offensichtlich einem nüchternen Pragmatismus gewichen; die aufwändige Auseinandersetzung mit den Normen und Lebensmodellen der Elterngeneration hat einem breiten intergenerativen Grundkonsens Platz gemacht.

Wie steht es nun mit den religiösen Entwicklungsaufgaben des Jugendalters? Inwieweit ist Religion aus der Sicht heutiger Jugendlichen überhaupt noch ein für sie und ihre eigene Entwicklung relevantes Feld? Anfang der 1990er Jahre ergab eine – allerdings nicht unumstrittene – Studie von *Heiner Barz*, dass, außer bei

---

[50] Jugend '92. Lebenslagen, Orientierungen und Entwicklungsperspektiven im vereinigten Deutschland (11. Shell Jugendstudie), Bd. 2, Opladen 1992, 131.

[51] Jugend '97, Zukunftsperspektiven – Gesellschaftliches Engagement – Politische Orientierungen (12. Shell Jugendstudie), Opladen 1997, 13.

[52] Jugend 2002. Zwischen pragmatischem Idealismus und robustem Materialismus (14. Shell Jugendstudie), Frankfurt a.M. 2002, 18.

»kirchennahen« Jugendlichen, »die Bezugnahme auf übergeordnete Sinnhorizonte so gut wie verschwunden ist«[53]. Entscheidender Bezugspunkt sei das eigene Ich und dessen Wohlergehen. Soweit Gott in den Blick komme, werde er nicht mehr als personales *Gegenüber* von Mensch und Welt gesehen (»dualistisches Gottesbild«), sondern als *Dimension* von Mensch und Welt (»monistisches Gottesbild«). Vielfach werde Gott nur noch als Grenz- und Nothelfergott angerufen, der sich nicht mehr »an sich« (metaphysisch) zu erkennen geben muss, sondern nur noch »für mich« (funktional) nützlich zu sein braucht.

Einige Jahre später kam *Friedrich Schweitzer* zu dem Ergebnis, dass Jugendliche nicht angemessen verstanden würden, wenn man sie einfach als die Protagonisten einer Spaßgesellschaft ohne jedes Interesse an tiefer gehenden Fragen ansähe. Er attestiert den Jugendlichen eine subjektive Religion des Fragens und Suchens[54], deren religiöse Vorstellungen allerdings von der (zumindest vermeintlichen) Sicherheit und Eindeutigkeit kirchlichen Glaubens abgegrenzt werden und häufig in einer diffus anmutenden Schwebe bleiben.

Im Einzelnen unterscheiden *Ziebertz/Kalbheim/Riegel* »drei typische Bezüge auf Religion«[55]:

    (1) *religionskritische Jugendliche,* für die Religion etwas Irrationales ist, von dem sie sich distanzieren;

    (2) *religiös orientierte Jugendliche,* für die Religion so etwas wie ein umfassendes Fundament der Welterklärung und des Lebenssinns darstellt, und schließlich

    (3) *gelegenheitsreligiöse Jugendliche,* die Religion als eine Strategie der Lebensbewältigung betrachten, auf die manche Menschen zurückgreifen und andere eben nicht – und die für sie selbst nur in bestimmten, meist krisenhaften Situationen relevant wird.[56]

Insgesamt ist es für das *Jugendalter* weitaus schwieriger als für die Kindheit, *allgemeine Charakteristika der religiösen Entwicklung* zu benennen. Zu groß sind die Unterschiede, was die vorausgegangene religiöse Sozialisationsgeschichte angeht. Das biologische Alter ist spätestens mit dem Erreichen der Pubertät kein zuverlässiger Indikator des religiösen Entwicklungsstandes mehr. Das heißt, in der Begrifflichkeit der Stufentheorien formuliert: Man bekommt es sowohl mit Jugendlichen zu tun, deren religiöses Denken auf einem kindlichen Niveau stehen

---

[53] *H. Barz,* Postmoderne Religion. Die junge Generation in den Alten Bundesländern (Jugend und Religion, Bd. 2), Opladen 1992, 84.

[54] Vgl. *F. Schweitzer,* Die Suche nach eigenem Glauben. Einführung in die Religionspädagogik des Jugendalters, Gütersloh 1996, insbes. 37ff.

[55] *H.-G. Ziebertz/B. Kalbheim/U. Riegel,* Religiöse Signaturen heute. Ein religionspädagogischer Beitrag zur empirischen Jugendforschung, Gütersloh-Freiburg 2003, 236ff.

[56] Vgl. zum Ganzen auch *Th. Gensicke,* Jugend und Religiosität, in: Jugend 2006. Eine pragmatische Generation unter Druck (15. Shell Jugendstudie), Frankfurt a.M. 2006, 203–239.

geblieben ist, als auch mit solchen, deren Religiosität bereits eine reflektierte und sehr individuelle Gestalt angenommen hat. Die meisten 14- bis 24-Jährigen sind offensichtlich irgendwo »dazwischen«, also etwa auf jener Stufe 3 anzusiedeln, die Fowler »synthetisch-konventionell« nennt.[57] »Synthetisch«, weil sich der Jugendliche nun auf der Suche nach der Mitte all dessen befindet, was seine verschiedenen Identifikationen verbindet – auf der Suche nach seiner eigenen Geschichte und Identität. »Konventionell«, weil er dabei seine Maßstäbe in der Hauptsache immer noch von anderen, wenn auch vielleicht nicht mehr oder immer weniger von den Eltern bezieht.

4.4 Religiöse Entwicklungsaufgaben des Erwachsenenalters

Wie Lernen überhaupt, so lässt sich auch Glauben-Lernen nicht auf das Kindes- und Jugendalter beschränken. Es ist vielmehr eine lebenslange Aufgabe. Wer in die Entwicklung seines Glaubens nichts mehr investiert, wird eines Tages wahrscheinlich feststellen, dass ihm dieser Glaube abhanden gekommen ist. Wo man sich aber aktiv mit seinem Glauben auseinandersetzt, kann dieser Glaube nicht einfach derselbe bleiben; er muss sich wandeln und wird im Laufe des Lebens unterschiedliche Gestalten annehmen. Die persönliche Glaubensgeschichte hat Weg-Charakter: Sie gleicht einer Wanderung mit unterschiedlichen Etappen, mit Gipfeln und Tälern, mit Intensivphasen und Durststrecken. Dabei verläuft kein Weg wie der andere.

Vor diesem Hintergrund muss bedenklich stimmen, dass empirische Studien deutliche Indizien dafür ergeben haben, dass die religiöse Entwicklung vieler Menschen im Erwachsenenalter weitgehend stagniert.[58] Als mögliche Gründe für eine solche Stagnation nennt *Fritz Oser* insbesondere den im religiösen Bereich fehlenden sozialen Entwicklungsdruck und die Trägheit der kirchlichen Milieus. Aus seiner Sicht müssten Kirche und Gemeinde die religiöse Entwicklung ihrer Mitglieder stärker stimulieren: »Das religiöse Bewusstsein braucht religiöse Inhalte, religiöse Konflikte, Begründungen und Handlungen und auch religiöse Gemeinschaft, um in seiner Entwicklung weiterzuschreiten.«[59]

Auch *James Fowler* hat darauf hingewiesen, dass eine durchschnittliche Gemeinde die Entwicklung ihrer Mitglieder auf höhere Stufen religiöser Reife eher bremst als fördert. Jede Gemeinde tendiere dazu, sich auf eine Art angenommenes mittleres Entwicklungsniveau, das »modale Entwicklungsniveau«[60], einzupendeln. Die Frage ist: Was geschieht mit Menschen, die sich mit diesem religiösen Durchschnittsniveau nicht zufrieden geben mögen, die es nach religiöser Vertiefung,

---

[57] Vgl. *J. Fowler*, Glaubensentwicklung, 91ff.
[58] *Vgl. F. Oser*, Religiöse Entwicklung im Erwachsenenalter, in: *M. Böhnke/K.H. Reich/L. Ridez* (Hrsg.), Erwachsen im Glauben. Beiträge zum Verhältnis von Entwicklungspsychologie und religiöser Erwachsenenbildung, Stuttgart 1992, 70.
[59] *F. Oser*, Religiöse Entwicklung, 84.
[60] *J. Fowler*, Glaubensentwicklung, 115.

nach intensiverer Reflexion, nach ausdrucksstärkeren Formen des Glaubens verlangt?

Eine neuere Untersuchung zeigt allerdings ein günstigeres Bild der religiösen Entwicklung heutiger Erwachsener. Aus der Befragung älterer Menschen ging hervor, dass etwa 60 Prozent im Laufe ihres Lebens so etwas wie einen Gestaltwandel ihres (in einem weiten Sinne verstandenen) Glaubens durchliefen, mitunter auch mehrere.[61] Gerade solche Transformationen lassen erkennen, dass Biografie und Glaubensgestalt in einem wechselseitigen Prägungsverhältnis stehen, dass der Glaube erwachsener Menschen also durchaus in Bewegung bleibt. Die Untersuchung zeigt allerdings auch, wie problematisch es gerade im Blick auf das Erwachsenenalter ist, von irgendeiner Typik religiöser Entwicklungsverläufe zu sprechen. So werden Befunde, die für die Generation der zwischen 1935 und 1955 geborenen und überwiegend noch unter dem starken Einfluss konfessioneller Milieus aufgewachsenen Männer und Frauen gelten mögen, wahrscheinlich bereits für die Folgegenerationen nicht mehr zutreffen.

Unter den Bedingungen säkularer Gesellschaften und religiös pluraler Kulturen hat die religiöse Entwicklung Erwachsener immer mehr die Gestalt eines offenen Suchprozesses angenommen. In diesem Zusammenhang ist verschiedentlich die Metapher der »Pilgerschaft« gebraucht worden. Von einem christlichen Standpunkt aus hat James Fowler von der bleibenden Suche des Menschen nach seiner Berufung gesprochen: seiner Berufung zur Partnerschaft mit Gott und zur Teilhabe an Gottes Werk.[62] Aus einer eher religionswissenschaftlichen Perspektive sieht die Soziologin *Danièle Hervieu-Léger* eine Religion der Pilger und Konvertiten am Horizont heraufziehen.[63] Aus ihrer Sicht wird eine Religion nur dann noch Lebensrelevanz für den Einzelnen besitzen, wenn dieser auf den verschlungenen Pfaden seiner existentiellen Suchbewegung einen wirklich persönlichen Zugang zu ihr findet – und sich also nicht darauf beschränkt, einfach irgendwo mitzulaufen. Das heißt, die Pilgerschaft, das Hinter-sich-Lassen liebgewordener Orte und Weggefährten, das immer wieder neue Aufbrechen und Unterwegs-Sein, wird zur wesentlichen Existenzform religiös suchender Menschen.

In den meisten Fällen wird die religiöse Prägung erwachsener Menschen allerdings von weniger hoher Intensität sein als bei den »Pilgern«. Grob lassen sich zwei verschiedene Beziehungsmuster zwischen Biographie und Religion unterscheiden:[64] Beim ersten Muster kommt es, weil die Religion hier eine »das Leben des einzelnen strukturierende und ordnende Kraft«[65] hat, zu einer *religiösen Prä-*

---

[61] Vgl. *W. Fürst u.a.*, Detaillierter Ergebnisbericht des Forschungsprojektes »Religiöse Entwicklung im Erwachsenenalter«, in: *Dies.* (Hrsg.), »Selbst die Senioren sind nicht mehr die alten…«, Münster 2003, 221ff.

[62] *J. Fowler*, Glaubensentwicklung, 41ff.

[63] Vgl. *D. Hervieu-Léger*, Pilger und Konvertiten. Religion in Bewegung, Würzburg 2004.

[64] Vgl. *J. Köhnemann*, »Ich wünschte, ich wäre gläubig, glaub' ich«. Zugänge zu Religion und Religiosität in der Lebensführung der späten Moderne, Opladen 2002, 107.

[65] Ebd.

gung biografischer Entwicklungen. Im zweiten Fall hingegen kommt es, gewissermaßen umgekehrt, zu einer »Biographisierung des Religiösen«[66]. Hier wird »Religion an bestimmten Punkten in die Biographie eingebaut«, wobei im Vordergrund eben »nicht die Religion, sondern die Biografie«[67] steht. Eine besondere Rolle spielen in diesem Zusammenhang die Lebenswenden, insbesondere Geburt, Hochzeit und Tod. An diesen sensiblen Punkten der eigenen Biografie spüren offenbar auch viele mit der Kirche nicht oder kaum mehr verbundene Menschen, dass das Gelingen ihres Lebens auf Voraussetzungen angewiesen ist, die sie selbst nicht herstellen können.

Auch im Blick auf das zweite Muster: *die Biografisierung des Religiösen,* wird deutlich: Viele Menschen berühren bei der Reflexion ihrer Biografie durchaus jene Dimension, die man in einem weiten Sinne »religiös« nennen könnte. Das heißt, man versichert sich der Bedeutung individuellen Lebens auch dadurch, dass man dessen Bezug auf etwas festhält, was dieses Leben transzendiert: etwa, wenn die Geburt eines Kindes als kostbares Geschenk und unverdientes Glück erfahren wird und die Eltern sehr deutlich spüren, wie sehr dieses Neugeborene auf einen Segen angewiesen ist, den sie allein nicht geben können, oder wenn sich Menschen bei ihrer Suche nach einer wirklich erfüllenden Aufgabe bewusst werden, dass ihr Leben Maßstäben der Bewährung zu genügen hat, die sich allein in Kategorien wie »Erfolg«, »Einkommen« und »Ansehen« nicht erfassen lassen, oder wenn Menschen Höhepunkte ihres Lebens bewusst inszenieren, um einen unverlierbaren Moment ihrer Biografie auf diese Weise festzuhalten und in ein ihre individuelle Erinnerung übergreifendes Gedächtnis einzuschreiben.

*

Das exemplarische Studium (post)moderner Lebensbewältigungsmuster lässt erkennen, dass auch Menschen, die aus geprägten christlichen Traditionen und kirchlichen Bezügen fast ganz herausgetreten sind bzw. noch nie in diesen Traditionen und Bezügen verwurzelt waren, gleichwohl ein sehr sensibles Verständnis für Dimensionen des Lebens wie »Segen« oder »Bewährung« oder »Gedenken« entwickeln können.[68] Hier werden wichtige Anknüpfungspunkte für christliche Deutungsangebote erkennbar.

Die beschriebenen Wandlungsprozesse machen deutlich: Ein Christentum, das religiös suchenden Menschen einen persönlichen Zugang eröffnen will, muss aus der Enge kerngemeindlicher Milieus heraus und neue Formen gesellschaftlicher Präsenz entwickeln: einladende, animierende, unverbindliche Formen eines Christentums zum Kennenlernen. Ein zukunftsfähiges Christentum braucht Initiativen,

---

[66] *P. Alheit,* Religion, Kirche und Lebenslauf. Überlegungen zur »Biographisierung des Religiösen«, in: Theologia Practica 21/1986, 130–143.

[67] *J. Köhnemann,* »Ich wünschte …«, 110.

[68] Vgl. exemplarisch dazu *A. Reese,* »Ich weiß nicht, wo da Religion anfängt und aufhört«. Eine empirische Studie zum Zusammenhang von Lebenswelt und Religiosität bei Singlefrauen, Gütersloh/Freiburg 2006.

Foren und Netzwerke, die von der Gestaltungskraft des Glaubens für das individuelle und gesellschaftliche Leben unaufdringlich Zeugnis ablegen.

Literatur

Englert, Rudolf, Glaubensgeschichte und Bildungsprozess. Versuch einer religionspädagogischen Kairologie, München 1985.

Fowler, James, Glaubensentwicklung. Perspektiven für Seelsorge und kirchliche Bildungsarbeit, München 1989.

Oser, Fritz, Wieviel Religion braucht der Mensch? Erziehung und Entwicklung zur religiösen Autonomie, Gütersloh 1988.

Reese, Annegret, »Ich weiß nicht, wo da Religion anfängt und aufhört«. Eine empirische Studie zum Zusammenhang von Lebenswelt und Religiosität bei Singlefrauen, Gütersloh/Freiburg 2006.

Schweitzer, Friedrich, Postmoderner Lebenszyklus und Religion. Eine Herausforderung für Kirche und Theologie, Gütersloh 2003.

Wohlrab-Sahr, Monika (Hrsg.), Biographie und Religion, Frankfurt a.M. 1995.

5. Susanne Breit-Keßler/Martin Vorländer
Ehrenamtliche Mitarbeitende

»Man reicht ihnen den kleinen Finger, und sie nehmen gleich die ganze Hand« – dieser lustvolle Stoßseufzer wird gerne laut, wenn man Männer und Frauen nach ihrem Engagement in der Kirche befragt. Dieses Engagement zeigen in der evangelischen Kirche Menschen ganz unterschiedlicher Berufsgruppen. Sie reichen von der Verwaltungsangestellten und dem Mesner über die Kirchenmusikerin, die Mitglieder der Besuchsgruppe, die Mitarbeitenden im Beratungsdienst etc. bis hin zur Kindergärtnerin und Gemeindepädagogin. Neben den hauptamtlich Mitarbeitenden gibt es eine wachsende Zahl von nebenamtlich und die große Zahl der ehrenamtlich Mitarbeitenden. Bei der Vielfalt kirchlicher Ämter ist es eine wesentliche Frage, wie sich all diese Mitarbeitenden und das ordinationsgebundene Amt des Pfarrers, der Pfarrerin zueinander verhalten.[1]

1. Mitarbeitende in den gemeindepädagogischen Handlungsfeldern

In unserem Zusammenhang geht es um die gemeindepädagogischen Mitarbeiterinnen und Mitarbeiter. Die gemeindepädagogische Entwicklung hat dazu geführt,

– dass an den Fachhochschulen in den 1970er Jahren neue Studiengänge zur qualifizierten Ausbildung von Mitarbeitern entstanden sind.[2]
– dass für das Pfarramt die Anforderungen hinsichtlich der religions-/ gemeindepädagogischen Kompetenz gewachsen sind.
– dass die Frage der Zuordnung und des Miteinanders unterschiedlich qualifizierter Mitarbeiter/innen zum Amt der Pfarrerin/des Pfarrers und zur Gemeindeleitung neu zu bedenken ist.
– und last, but not least, dass die Frage der ehrenamtlich Mitarbeitenden aufgrund der neuesten Entwicklungen ein hohes Maß an Aufmerksamkeit verdient.

Die gewachsenen gemeindepädagogischen Anforderungen haben sich bisher in den einschlägigen Prüfungsordnungen für das Pfarramtsstudium nicht niedergeschlagen. Angesichts dessen, was wir heute über die Bedeutung von Bildung für

---

[1] Zur Entwicklung der kirchlichen Ämter und Dienste sei auf *K. Foitzik*, Die Mitarbeiter in den gemeindepädagogischen Handlungsfeldern, in: *G. Adam/R. Lachmann* (Hrsg.), Gemeindepädagogisches Kompendium, Göttingen 1987, 162–170, verwiesen.
[2] S. dazu *D. Aschenbrenner/K. Foitzik* (Hrsg.), Plädoyer für theologisch-pädagogische Mitarbeiter in der Kirche, München 1981.

den christlichen Glauben und das Christsein wissen, besteht hier nach wie vor ein großer Nachholbedarf.

Sehen wir von der Diakonie ab, so stellen die Personen, die im Bereich der Gemeindepädagogik tätig sind, neben den Pfarrerinnen und Pfarrern die größte Gruppe von hauptamtlich tätigen Mitarbeitenden in der Kirche dar. Das entsprechende Berufsprofil wurde im Zusammenhang der (Neu-)Entdeckung der Gemeindepädagogik seit den 1970er Jahren zunehmend deutlicher bedacht. Die Analyse der Tätigkeiten führte zu einer präziseren Fassung und Ausformulierung der erforderlichen Qualifikationen und eine entsprechende Ausgestaltung der einschlägigen Fachhochschulstudiengänge. Dazu sei auf die informativen Ausführungen von *Karl Foitzik* im »Gemeindepädagogischen Kompendium«[3] verwiesen.

Aufgrund der gegenwärtigen Umstrukturierungsprozesse verlagert sich der Aufgabenbereich vieler gemeindepädagogischer Mitarbeiterinnen und Mitarbeiter von der Ebene der Ortsgemeinde in die Ebene der Region bzw. des Kirchenkreises, weil z.B. Anstellungen für den Bereich der Jugendarbeit teilweise nicht mehr im Rahmen einer Einzelgemeinde erfolgen, sondern für einen Verbund mehrerer Ortsgemeinden oder auf der Dekanatsebene. Dies bedeutet aber eine Veränderung hinsichtlich der Ziele und Formen der Arbeit, so dass sich das Anforderungsprofil von hauptamtlich Mitarbeitenden im Bereich der Gemeindpädagogik stärker in Richtung auf die Befähigung und Begleitung von Ehrenamtlichen in Ortsgemeinde und Region bzw. auf Kirchenkreisebene verändert.

Der Dienst der Ehrenamtlichen wie der Hauptamtlichen ist theologisch begründet im Priestertum aller Gläubigen/Getauften und im Verständnis der Kirche als einem Leib mit vielen Gliedern. Dabei sollen Ehrenamtliche die Hauptamtlichen nicht ersetzen, denn die gemeindlichen Basisaufgaben sind sinnvollerweise an Hauptamtlichkeit gebunden. Für Hauptamtliche und Ehrenamtliche gilt: »Die Zusammenarbeit ist ›partnerschaftlich‹, ›kooperativ‹, ›auf Augenhöhe‹. Gegenseitiges ›Vertrauen‹ bildet die Grundlage.«[4] Dies hat eine neue Kultur des Miteinanders zur Folge. Daraus ergeben sich für die Hauptamtlichen dann auch Veränderungen ihres Berufsprofils. Das betrifft primär Pfarrer und Pfarrerinnen[5] sowie die gemeindepädagogischen Mitarbeiterinnen und Mitarbeiter. Die Hauptamtlichen werden »›Begleiter‹, ›Dienstleister für Ehrenamtliche‹ und ›Multiplikatoren für und gegenüber den Ehrenamtlichen‹.«[6]

Die folgenden Überlegungen konzentrieren sich bewusst auf die grundsätzlichen Fragen des ehrenamtlichen Engagements, weil diese in den religionspädagogischen Handbüchern und Lexika bislang kaum bearbeitet worden sind. Dabei

---

[3] *K. Foitzik,* Die Mitarbeiter, 170–184, bes. 175–177 und 180.
[4] *Landessynodalausschuss der ELKB* (Hrsg.), Kirche vor Ort. Mit Gottes Auftrag nahe bei den Menschen, München 2007, 92 (Ergebnisse der Rückmeldungen).
[5] S. unten das Beispiel der Konfirmandenarbeit, Abschnitt 7.2.
[6] *Landessynodalausschuss der ELKB* (Hrsg.), Kirche vor Ort, 92.

wird insbesondere auch die Frage der Zusammenarbeit von Ehrenamtlichen und Hauptamtlichen zu thematisieren sein.[7]

2. Die Wiederentdeckung des Ehrenamtes

Das Ehrenamt feiert fröhliche Renaissance. Es galt bis vor kurzem als rückständig und schien nicht mehr recht in die moderne Zeit zu passen, in denen individuelle sowie gesellschaftliche Verantwortung gern und schnell an Expertenkommissionen, Agenturen, wahre und vermeintliche Fachleute delegiert wird. Noch 2002 erkannte die Enquete-Kommission »Zukunft des bürgerschaftlichen Engagements« zwar die Möglichkeiten ehrenamtlicher Tätigkeiten an, bewertete jedoch ihre Bedeutung als abnehmend: »Engagement ist zwar nicht gänzlich verschwunden, es ist jedoch keineswegs mehr prägend für das Gesicht und den Alltag von Gesundheits- und Pflegediensten, Kindertagesstätten etc.«[8]

Entgegen solchen Analysen wurde das Ehrenamt als überraschend zeitgemäß wiederentdeckt. Die Untersuchungen der Bundesregierung von 1999 und 2004 bieten einen breiten Überblick über den Stand des Ehrenamtes und des freiwilligen Engagements in Deutschland. Sie fördern beeindruckende Zahlen zutage: Der erste »Freiwilligensurvey«[9] 1999 fand heraus, dass sich ca. ein Drittel (34 %) der Bürgerinnen und Bürger in Deutschland ab 14 Jahren aktiv ehrenamtlich engagieren. Dazu kommen weitere 32 % der Befragten, die zwar kein Ehrenamt bekleiden, sich jedoch aktiv in den untersuchten Bereichen betätigen. Bei der zweiten Umfrage 2004[10] im Auftrag des Bundesministeriums für Familie, Senioren, Frauen und Jugend war der Anteil der Engagierten sogar um weitere vier Prozent gestiegen: 70 % der über 14-Jährigen bringen sich ehrenamtlich in Vereinen, Initiativen, Organisationen und öffentlichen Einrichtungen ein.

---

[7] Zu den weiteren Aspekten der Mitarbeiterfrage siehe K. *Foitzik,* Mitarbeit in Kirche und Gemeinde. Grundlagen, Didaktik, Arbeitsfelder, Stuttgart u.a. 1998. Zusätzlich sei für den Bereich der kirchlichen Arbeit mit Kindern auf M. *Spenn u.a.* (Hrsg.), Handbuch Arbeit mit Kindern. Evangelische Perspektiven, Gütersloh 2007, 378–385 (H. *Keßler,* Mitarbeit und Mitarbeiter/-innenschaft in der Arbeit mit Kindern), 386–394 (G. *Doyé,* Pädagogische Berufe bei der Arbeit mit Kindern) sowie für die Konfirmandenarbeit auf *Comenius-Institut* (Hrsg.), Handbuch für die Arbeit mit Konfirmandinnen und Konfirmanden, Münster 1978, 79–92 (H.-M. *Lübking/V. Elsenbast,* Pfarrer und Pfarrerinnen in der Konfirmandenarbeit), 93–98 (K. *Hahn,* Konfirmandenarbeit braucht anders ausgebildete Hauptamtliche) verwiesen.

[8] *Enquete-Kommission Zukunft des Bürgerschaftlichen Engagements* (Hrsg.), Bürgerschaftliches Engagement. Auf dem Weg in eine zukunftsfähige Bürgergesellschaft, Opladen 2002, 195.

[9] B. *Rosenbladt/S. Picot,* Freiwilligenarbeit, ehrenamtliche Tätigkeit und bürgerschaftliches Engagement. Überblick über die Ergebnisse, München 1999.

[10] BFSFJ (Hrsg.), Freiwilliges Engagement in Deutschland 1999–2004, München 2005 – daraus die folgenden Zahlen.

23,4 Millionen Jugendliche, Frauen und Männer sind in Deutschland nach wie vor bereit, Zeit, Energie und Kompetenzen für ehrenamtliche Aufgaben zur Verfügung zu stellen. Jugendliche und die so genannten »jüngeren Senioren« (insbesondere die 60- bis 69-Jährigen) engagieren sich immer mehr. Auch in den neuen Bundesländern und bei Menschen mit Migrationshintergrund hat die Bereitschaft zum Ehrenamt zugenommen. Man ist zunehmend geneigt, Zeit nicht ungenutzt verstreichen zu lassen, sondern sie sinnvoll zu füllen – indem man eigene Gaben dort, wo sie benötigt werden, einbringt und sie dabei zugleich weiter entfaltet.

Die Freiwilligensurveys der Bundesregierung haben das Potenzial an Engagement für das Gemeinwohl deutlich vor Augen geführt. Der Staat, der nicht mehr jede seiner Aufgaben finanzieren kann, greift begeistert zu: Das Ehrenamt soll gefördert werden mit Gesetzesinitiativen, die unter dem Motto »Hilfe für Helfer«[11] Steuervorteile bei nachgewiesenem ehrenamtlichen Engagement bringen. Ehrenamtliche werden bei Empfängen von Bundes- und Ministerpräsidenten hofiert und mit Verdienstorden ausgezeichnet. Es gibt einen nationalen (2. Dezember) und einen internationalen Tag des Ehrenamtes (5. Dezember), die die Verdienste Freiwilliger ins öffentliche Bewusstsein heben. Dies sind hervorragende Formen der Anerkennung für diejenigen, die sich für andere einsetzen. Ehrenamtliche sollten jedoch nicht zu willkommenen, weil kostenlosen Lückenbüßern für Defizite in Sozial- und Gesundheitssystemen gemacht werden.

Das Ehrenamt darf kein Kompensationsmodell sein: »Der Ausbau und die Investition in Freiwilliges Engagement darf nicht zum Verlust von Arbeitsplätzen im sozialen Bereich führen.«[12] Die hohe Bereitschaft zu ehrenamtlichen Aufgaben ist ein handgreiflicher Beweis für eine vitale Zivilgesellschaft – nicht als Ersatz für, sondern zusätzlich zu den Aufgaben, die der Staat entsprechend unserem Grundgesetz zu erledigen hat.

3. Ehrensache – geschichtliche, aktuelle und theologische Anstöße

Seit dem Mittelalter wurden Ämter im Gemeinwesen, die von angesehenen Bürgern »um der Ehre willen« ausgeübt wurden, als Ehrenämter bezeichnet – diese Bedeutung findet sich noch heute in ehrenamtlich übertragenen Funktionen wie dem Amt des Schöffen, bei gerichtlich bestellten Betreuern oder Wahlvorständen. Im 19. Jahrhundert gewann der Begriff soziale Bedeutung. Die miserablen Lebensverhältnisse der damaligen Arbeiterklasse riefen viele Helfer zur Bewältigung der »sozialen Frage« auf den Plan. Ein prominentes Beispiel für das solidarisch-tatkräftige Engagement ist die Gründung der Inneren Mission durch *Johann Hinrich Wichern* im Jahre 1848. Das Ehrenamt war nicht mehr nur ein

---

[11] So Bundesfinanzminister *Peer Steinbrück* in der Süddeutschen Zeitung vom 26. Juni 2007.

[12] *Diakonisches Werk der EKD* (Hrsg.), Freiwilliges Engagement in Kirche und Diakonie. Aktuelle Formen und Herausforderungen, Stuttgart 2006.

Amt im öffentlich-rechtlichen Raum, sondern entwickelte sich auch in freiwilligen sozialen Hilfstätigkeiten.

3.1 Ein Blick in die Etymologie

Das Wort »Ehre« stammt vom Althochdeutschen *era* und bedeutet ursprünglich »Gnade, Milde, Hilfe, Wohltat«[13]. »Achtung« und »Ehrfurcht« vom griechischen *aidós* klingen außerdem mit: Eine breite Palette an Konnotationen, ähnlich vielfältig wie die Gründe, die heute eine Rolle für die Motivation Ehrenamtlicher spielen. Laut dem Freiwilligensurvey 2004 erheben ehrenamtlich Engagierte den Anspruch, die Gesellschaft wenigstens im Kleinen durch ihre Hilfe mitzugestalten. Sie wollen in Gemeinschaft mit anderen etwas bewegen und stellen sich in ihrer freien Zeit hohen Anforderungen an soziale Kompetenz, Belastbarkeit, Einsatzbereitschaft und Organisationstalent. Ehrenamtlicher Einsatz ist eine Wohltat im doppelten Sinne des Wortes: mit hoher und vielfältiger Professionalität wohl getan, andern wohltuend.

Achtung und Anerkennung sind gefordert sowohl für die Sache oder Personen, denen das Engagement gilt, als auch für die Engagierten selber. Die befragten »volunteers« berichten, dass ihnen ihr Engagement einen hohen persönlichen Ertrag an positivem Lebensgefühl gewährt. Auch der Spaßfaktor darf für heutige Ehrenamtliche nicht zu kurz kommen. Die freiwillige Tätigkeit soll neue Erfahrungen ermöglichen, durch die vorhandene Kompetenzen erweitert, neue gewonnen und vielfältiger werden können. Qualifizierung und Persönlichkeitsentwicklung durch ehrenamtliche Arbeit finden zunehmend Beachtung. Übrigens auch bei Firmen, die bei Neueinstellungen junger Leute sich zunehmend erkundigen, wie viel ehrenamtliches Engagement die Bewerbenden bereits gezeigt und sich damit als vielseitige Persönlichkeiten erwiesen haben.

3.2 Augen auf für Spezialbegabungen

Die Erkenntnisse aus Etymologie und soziologischer Umfrage lassen sich gut evangelisch anwenden: Die Zeit der Generalisten ist vorüber. In einer ausdifferenzierten Gesellschaft braucht es ein nicht weniger differenziertes Angebot der Kirchen für ehrenamtliche Betätigungsmöglichkeiten. Das erfordert eine Begleitung für Ehrenamtliche, in der die Hauptamtlichen immer auch ein Auge für Spezialbegabungen haben. Schließlich ist es biblisches Gebot, die anvertrauten Talente nicht zu vergraben, sondern sie zu nutzen, mit ihnen zu wuchern (Mt 25; Lk 19) und sich über die Vielfalt der Charismen zu freuen (Röm 12; 1 Kor 12). Konzepte für ehrenamtliche Arbeit in der Gemeinde dürfen nicht nur von den vorhandenen Aufgaben her gedacht werden (»Aufgabe sucht Mensch«).

---

[13] F. *Kluge*, Etymologisches Wörterbuch der deutschen Sprache, bearbeitet von E. *Seebold*, 24., durchges. und erw. Aufl., Berlin/New York 2002, 228.

Gemeindemitglieder, die Motivation und Potenzial zur Mitarbeit mitbringen oder sich dafür gewinnen lassen, wollen und sollen mit ihren individuellen Vorstellungen und Fähigkeiten wahrgenommen werden. Nicht allein die Sache, sondern vor allem die Person bestimmt, ob und wie jemand in der Kirche den richtigen Ort für sein oder ihr Engagement findet (»Mensch sucht Aufgabe«). Das »Passungsverhältnis« muss stimmen, wie *Heiner Keupp*[14] es ausdrückt. Die Bedürfnisse und Ziele derer, die gerne mitarbeiten wollen, und die Möglichkeiten, sich in einer Gemeinde zu engagieren, sollen sich entsprechen. Hier herrscht Handlungsbedarf. »Die Bedürfnisse Ehrenamtlicher haben sich gewandelt, aber die Einsatzmöglichkeiten haben sich noch nicht entsprechend verändert, vor allem im kirchlichen Bereich.«[15]

Was in der Sprache der Wirtschaft »Headhunter« genannt wird, war immer schon Auftrag des Evangeliums: »Von nun an wirst du Menschen fangen«, sagt Jesus zu Simon Petrus (Lk 5). Hauptamtliche sind im Auftrag des Herrn Menschenfischer, Gottes »Talent-Scouts«, die Gespür dafür haben, was eine oder einer einbringen kann und will. Kreativ muss der Bereich gefunden werden, in dem das jeweilige Talent mit Gewinn zum Einsatz kommt. Das verlangt von Hauptamtlichen Kompetenz in der Wahrnehmung von Menschen. Vor allem kommt es auf die Persönlichkeit an – auf beiden Seiten. Wenn Menschen die jeweils gottgegebene Ausstrahlung kultivieren sowie christliche Inhalte und Werte glaubwürdig vertreten, dann besteht die Möglichkeit, dass sich andere damit identifizieren und sich für kirchliches Engagement begeistern lassen. Auch Ehrenamtliche gewinnen Ehrenamtliche.

3.3 Das Dürfen, das Gewinn in sich selber trägt

Der Begriff »*Amt*« leitet sich von dem mittelhochdeutschen *ambahte* für »Diener, Höriger, Gefolgsmann« ab. Aus dem lateinisch-keltischen *ambactos* entlehnt ist »Amt« mit dem französischen »Ambassadeur«, dem Botschafter, verwandt.[16] Diener oder gar Höriger sind Worte, die Assoziationen von Hierarchie, Befehl und Zwang hervorrufen – was wenig mit dem modernen Verständnis von freiwilligem, selbstbewusstem Engagement zu tun hat. Doch ist Dienst ein biblischer Schlüsselbegriff, der Freiheit und Verantwortung verbindet.[17] Er steht im Vordergrund der Existenz eines gläubigen Christenmenschen. *Martin Luther* setzt an den Anfang seiner Freiheitsschrift die prominente Doppelthese: »Ein Christenmensch ist ein

---

[14] *H. Keupp,* Mehr Amt als Ehre? Über den Sinn von freiwilliger Arbeit, in: Lernort Gemeinde 20/2002, H. 2, 7.

[15] *EFH Nürnberg* (Hrsg.), Evaluation des Kirchengesetzes über den Dienst, die Begleitung und die Fortbildung von Ehrenamtlichen in der Evangelisch-Lutherischen Kirche in Bayern, Nürnberg 2006, 15.

[16] *EFH Nürnberg* (Hrsg.), aaO., 40.

[17] In der Bibel kommt das Wort Dienst 203 mal vor, dienen 208 mal. Die Diener tauchen 96 mal auf; eine Dienerin drei- und Dienerinnen fünfmal.

116

freier Herr über alle Dinge und niemandem untertan. Ein Christenmensch ist ein dienstbarer Knechte aller Dinge und jedermann untertan.«

Die Freiheit, zu der Christus befreit (Gal 5,13), schenkt zuallererst die Freiheit von der Sorge um sich selber und damit die Freiheit, nach dem zu schauen, was für andere getan werden kann. Menschen, die sich engagieren, leben christliche Freiheit und folgen dem göttlichen Impuls, sich nicht mit dem Vorfindlichem abzugeben, sondern daran mitzuwirken, der Gesellschaft in Gottes Namen ein menschliches Antlitz zu geben. *Wilhelm Löhes* Wahlspruch »Mein Lohn ist, dass ich darf« wird vielfach als allzu protestantisch-pflichtversessen kritisiert; er beinhaltet aber ein großes Freiheitsmoment: Frei vom Müssen jeder Art zielt der Satz auf das Dürfen, das Gewinn in sich selber trägt. Das Motto ist eine Beschreibung von innerer Motivation. Es darf aber nicht dergestalt missverstanden werden, als bedürfe es keiner weiteren Anerkennung für ehrenamtlichen Einsatz. Wahrnehmung und Wertschätzung gehören zu den Qualitätsstandards für ein gelungenes Zusammenspiel zwischen Haupt- und Ehrenamtlichen.

3.4 Das Priestertum aller Getauften

»Es sind verschiedene Gaben; aber es ist ein Geist. Und es sind verschiedene Ämter; aber es ist ein Herr«, schreibt der Apostel Paulus seinen Gemeinden ins Kompendium (1 Kor 12,4f.). Ob Haupt- oder Ehrenamt, die Aufgaben, die Christenmenschen in der Gemeinde Christi erfüllen, sind nach evangelischem Verständnis gleichrangig. Keiner soll sich über den anderen erheben und dessen Leistung geringer als die eigene schätzen. Luther hat es auf den Begriff vom »Priestertum aller Getauften« gebracht. »Was aus der Taufe gekrochen ist«, hat geistlichen Stand und damit Vollmacht und Auftrag, nach den je eigenen Kräften in der Gemeinde mitzuwirken. Die Bezeichnung »Laie« ist von daher in der evangelischen Kirche fehl am Platz. Haupt- und Ehrenamtliche zusammen bilden demokratisch gewählt und berufen die Kirchenleitung – vom Kirchenvorstand bis hin zur Synode.

Die Ämter in der Gemeinde sind gleichrangig – aber nicht gleichartig. Unterschiede in den Zuständigkeiten und Kompetenzen müssen wahrgenommen und geachtet werden, alles andere wäre geistlose Gleichmacherei. Wenn sich im Gottesdienst ein jeder und eine jede berufen fühlte, nach eigenem Belieben drauf los zu reden, führte das Unternehmen in ein heilloses Tohuwabohu. Die Gemeinde würde von Außenstehenden für verrückt erklärt, wie schon Paulus nachdrücklich seinen überenthusiatischen Korinthern zu bedenken gab (1 Kor 14,23). In der evangelischen Kirche leiten auch Ehrenamtliche als Lektoren oder Prädikanten Gottesdienste, wenn sie eine entsprechende Ausbildung dafür gemacht haben und ordentlich berufen wurden.

Doch Lektoren und Prädikanten sind auf die kompetente Begleitung von Pfarrerinnen und Pfarrer weiter angewiesen. Das von manchen liebevoll so genannte »Beffchen-Fieber« lässt sich auf für alle angenehme Temperaturen senken, wenn jeder und jede weiß, was er oder sie kann und was nicht – und wozu man von der Kirche als der Gemeinschaft der Glaubenden beauftragt wurde. Im Englischen gibt es die Devise »I know my place«. Das heißt: »Ich kenne meinen Platz.« Eine Gemeinde lebt auf, wenn jedes Kind, jeder Jugendliche, jeder Mann und jede Frau mit den eigenen Begabungen und Bedürfnissen im Haus Gottes seinen Platz haben darf – diesen Platz kennt und nicht versucht, anderen den ihrigen streitig zu machen.

Der feine Unterschied »gleichrangig, aber nicht gleichartig« ist förderlich für die Zusammenarbeit von Haupt- und Ehrenamtlichen im Kirchenvorstand. Pfarrer/in und Kirchenvorstand wirken bei der Leitung der Kirchengemeinde zusammen.[18] Ein grundlegender Satz, der Kommunikationsfähigkeit und Respekt von allen Beteiligten verlangt. Geistliche Leitung auf Augenhöhe gemeinsam wahrzunehmen, schützt sowohl vor pfarrherrlicher »One-(Wo-)Man-Show« als auch vor der Versuchung einer Aufsichtsratmentalität, der ein Kirchenvorstand erliegen könnte. Kirchenvorstand, Pfarrer und Pfarrerinnen sollen zusammen die Gemeinde geistlich leiten – mit einem klaren, aber barmherzigen Blick für die jeweiligen Stärken und Schwächen. Gemeinsam sollen sie für Partnerschaftlichkeit untereinander Sorge tragen.

4. Das klassische und das neue Ehrenamt

Spätestens seit Ende der 1980iger Jahre wird in Deutschland von einem Strukturwandel des Ehrenamtes gesprochen.[19] Individualisierung und Pluralität von Lebensstilen in der Gesellschaft verändern auch die Formen und Motive ehrenamtlichen Engagements. In der sozialwissenschaftlichen Diskussion wurde die Unterscheidung vom klassischen bzw. traditionellen und vom neuen Ehrenamt geprägt. Das klassische Ehrenamt denkt von der Aufgabe her. Kirchen, Wohltätigkeitsorganisationen, Vereine und Parteien haben Aufgaben, Funktionen und Ämter zu vergeben, für die sie Menschen suchen. Freiwillige lassen sich ansprechen, weil sie helfen wollen. Sie sehen ihre Tätigkeit als notwendig für Gesellschaft oder Kirche an und fühlen sich dazu aus ihrem Glauben, ihrem sozialen Gewissen oder ihrer demokratischen Gesinnung heraus verpflichtet. Die innere Verbindlichkeit des Engagements ist hoch und meist langfristig angelegt.

Das *neue Ehrenamt* denkt von der Person her. Immer mehr suchen Jugendliche, Frauen und Männer Möglichkeiten, um etwas Sinnvolles für sich selber und andere zu tun, etwas, das ihnen Spaß macht und ihre beruflichen sowie andere Fähigkeiten weiterentwickelt. Gestaltungsspielräume, soziale Kontakte und Eigenverantwortlichkeit werden dabei zunehmend wichtig. »Projekt« ist ein Zauberwort, auf das hin sich der Zugang zum Engagement erschließt: Ein zeitlich geklärter

---

[18] So wörtlich im bayerischen Kirchengesetz beschrieben: § 19 Satz 1 Kirchengemeindeordnung der Evangelisch-Lutherischen Kirche in Bayern.

[19] *K. Beher/R. Liebig/T. Rauschenbach,* Strukturwandel des Ehrenamtes. Gemeinwohlorientierung im Modernisierungsprozess, Weinheim/München 2000.

Rahmen mit Anfang und Ende, Zweck und Ziel, die den eigenen Interessen und Möglichkeiten entsprechen. In vielen Kirchengemeinden existieren Formen und Motivstrukturen von klassischem und neuem Ehrenamt nebeneinander. Dies kann zu Konflikten unter den Ehrenamtlichen führen, wenn das Interesse der jeweils anderen nicht verstanden und als gleichberechtigt anerkannt wird. Kluge Gemeindepädagogik weiß um die unterschiedlichen Formen und Motivationen bei den Ehrenamtlichen in den verschiedenen Handlungsfeldern (Mutter-Kindgruppen, Kindergottesdienst, Konfirmandenarbeit, Jugendarbeit, Erwachsenenbildung usw.) und hat im Blick, welche Art der Begleitung die jeweils Engagierten brauchen (Fortbildung, Beratung, Supervision usw.).

Was die Bezeichnung der ehrenamtlichen Tätigkeit betrifft, so gibt es unterschiedliche Begriffe:[20]

- *»Ehrenamt«* ist der älteste, nach wie vor gebräuchliche Name. Nach dem Freiwilligensurvey 2004 identifizieren sich über 30 % der Befragten mit dieser Bezeichnung. Entsprechend seiner Begriffsgeschichte wird unter Ehrenamt eine freiwillige, unbezahlte, öffentliche Tätigkeit (motiviert durch eine solidarische und hilfsbereite Grundhaltung) verstanden, die im Bereich von Vereinen, Organisationen und Institutionen stattfindet und dem Allgemeinwohl dient.

- Seit den 1990er Jahren wird die Bezeichnung »Bürgerschaftliches Engagement« als Überbegriff für ehrenamtliche Tätigkeit vorgeschlagen. Der Name zeigt die Intention, die sich mit diesem Konzept verbindet: Bürgerinnen und Bürger ergreifen gemeinsam die Initiative und übernehmen Verantwortung für den unmittelbaren öffentlichen Lebensraum. Sie erkennen und schaffen sich ihr eigenes Einsatzfeld und bilden private Netzwerke zum allgemeinen Nutzen. Sechs Prozent der Befragten aus dem Freiwilligensurvey 2004 finden sich unter diesem Namen wieder.

- »Freiwilliges soziales Engagement« geht mehr von den individuellen Interessen und Anliegen der Engagierten aus. 48 % sehen darin »ihren« Begriff. Primär geht es um Handeln im sozialen Bereich, das mit dem Wunsch nach Lebenserfahrung, Kontaktmöglichkeiten, Anerkennung und Spaß verbunden wird.

- *Freiwilligendienste* schließlich sind institutionalisierte Angebote vornehmlich an junge Menschen, sich in einem bestimmten Zeitraum, gegen geringes Taschengeld für das Gemeinwohl zu engagieren. Persönlichkeitsentwicklung und Einsatz für ein sozialpolitisches oder ökologisches Thema sind hierfür die Motive.

Der Begriff »Ehrenamt« ist *im kirchlichen Bereich* am vertrautesten. Er wird als solcher in eigenen »Ehrenamtsgesetzen« der Landeskirchen verwendet.[21] In

---

[20] Zum Folgenden vgl. die Begriffsbestimmungen in: *Diakonisches Werk der EKD* (Hrsg.), Freiwilliges Engagement in Kirche und Diakonie, 9.

dieser Terminologie umfasst »Ehrenamt« alle Tätigkeiten in der Kirche, die freiwillig und unentgeltlich außerhalb der Familie und der Nachbarschaft durchgeführt werden. Die Überlegungen dieses Artikels beziehen sich insbesondere auf
das Verhältnis zwischen Haupt- und Ehrenamtlichen in der Kirchengemeinde. Die
Grenzziehung zwischen Teilnahme und Mitarbeit ist dabei nicht immer leicht.[22]
Doch es ist ganz klar, alle Ehrenamtlichen setzen Lebenszeit ein, um in der Gemeinde mitzuwirken. Jede ehrenamtliche Leistung muss voller Respekt und sensibel wahrgenommen werden.

5. Wer sind die kirchlichen Ehrenamtlichen?

Das Feld »Kirche und Religion« bildet nach »Sport und Bewegung« (11 %)
und »Schule und Kindergarten« (7 %) mit 6 % den drittgrößten Engagementbe-
reich in der Bundesrepublik.[23] In der EKD engagieren sich auf Basis einer Erhe-
bung aus dem Jahr 2005 insgesamt 1.084 986 Menschen. Dabei macht der Frauenanteil 70,1 % aus. Einen »Freiwilligensurvey« auf EKD-Ebene gibt es bislang
nicht. Die Evangelisch-Lutherische Kirche in Bayern beauftragte die Evangelische
Fachhochschule Nürnberg fünf Jahre nach Einführung des Ehrenamtlichengeset-
zes von 2000 mit einer Evaluation unter der Fragestellung, inwieweit das Gesetz
die Praxis zwischen Haupt- und Ehrenamtlichen in den Gemeinden verändert
hat.[24] Die Ergebnisse sind höchst aufschlussreich.

5.1 Alters- und Geschlechtsverteilung

Hinsichtlich des *Alters* zeigt sich, dass die Ehrenamtlichen in den Kirchengemeinden älter sind als die Altersverteilung in den Freiwilligensurveys Bayerns[25]
und der Bundesrepublik. Die Gruppe der über 45-Jährigen ist deutlich überreprä-
sentiert (62,9 %). Den geringsten Anteil an kirchlich Engagierten hat die Gruppe
der 21- bis 30-Jährigen (4,3 %). Die bis 20-Jährigen machen 8 % in der Altersverteilung aus – und das, obwohl junge Menschen zwischen 14 und 24 Jahren eine
der aktivsten Gruppen in der Bevölkerung mit stabiler bzw. steigender Engage-
mentquote sind (36 % sind bereits engagiert, weitere 43 % würden sich engagieren).[26] So hoch die Verbundenheit und das Verbundenheitsgefühl älterer Men-

---

[21] Z.B. »Kirchengesetz über den Dienst, die Begleitung und die Fortbildung von Ehrenamtlichen in der ELKB« (2000).

[22] Zum Aspekt der Verantwortungsübernahme als Merkmal ehrenamtlicher Tätigkeit s. *R.
Fischer*, Ehrenamtliche Arbeit. Zivilgesellschaft und Kirche, Stuttgart 2004, 33.

[23] *BFSFJ* (Hrsg.), Freiwilliges Engagement, aaO.

[24] *EFH Nürnberg* (Hrsg.), Evaluation des Kirchengesetzes über den Dienst, die Begleitung
und die Fortbildung von Ehrenamtlichen in der Evangelisch-Lutherischen Kirche in
Bayern, 2006.

[25] *Bayerisches Staatsministerium für Arbeit und Sozialordnung, Familie und Frauen*
(Hrsg.), Freiwilligensurvey Bayern 2004. Ergebnisse und Trends, München 2005.

[26] *BFSFJ* (Hrsg.), Freiwilliges Engagement, aaO.

schen mit der Kirche zu schätzen ist, so alarmierend ist der niedrige Anteil an Jugendlichen und jungen Menschen zwischen 14 und 30 Jahren.

Im Vergleich zu vorhergehenden Untersuchungen[27] hat die Zahl jüngerer Ehrenamtlicher sogar abgenommen. Dies ist ein Zeichen, dass das »neue« Ehrenamt in den Kirchengemeinden noch nicht eingezogen ist. Dabei wäre bei Jugendlichen die Bereitschaft zum Engagement vorhanden. Die Autoren der Evaluation stellen fest: »Die ehrenamtlichen Angebote sollten deshalb klarer auf die Bedürfnisse jüngerer Menschen zugeschnitten werden.«[28] Jugendliche in Kirchengemeinden wollen nicht nur zu einfachen Hilfstätigkeiten (wie z.B. Plakate-Aufhängen und Getränkeausschank beim Gemeindefest) eingeteilt werden. Sie erwarten zu Recht, als eigenverantwortliche, gleichberechtigte Gemeindemitglieder wahr- und ernst genommen zu werden. Sie beanspruchen ihren Raum in der Kirche – nicht nur den sprichwörtlichen Jugendkeller.

Engagement in der Kirche hat mitunter ein »Image-Problem« gegenüber anderen Freizeitaktivitäten von Jugendlichen: Soziale Kompetenzen und Auseinandersetzung mit Glaubensfragen haben nicht unbedingt den gleichen Stellenwert wie Kicken im Fußballverein oder ein Segelschein. Schon kleine Zeichen seitens der Hauptamtlichen und des Kirchenvorstandes können Veränderungen bewirken, damit Jugendliche Lust haben, sich am Gemeindeleben zu beteiligen: die »Extra-Einladung« für Jugendliche zum Jahresempfang der Gemeinde signalisiert, dass die Veranstaltung nicht als geschlossener Erwachsenen-Club gedacht ist. Aktionen der Jugendlichen auf dem Cover des Gemeindebriefes präsentieren, was Jugendliche auf die Beine stellen, und vermitteln Anerkennung – der Stoff, aus dem Selbstbewusstsein wächst. Im Bereich der Konfirmandenarbeit liegen überaus positive Erfahrungen mit den KonfiCamps vor. Die Mitarbeit ist für viele ehrenamtliche Mitarbeitende attraktiv. Sie können ihre Kompetenz einbringen und fahren oft über mehrere Jahre hinweg mit ins Camp. Dabei sind die jugendlichen Mitarbeiter für die Atmosphäre des Camps von ganz entscheidender Bedeutung. »Sie sind die Bindeglieder zwischen der Leitung und den Konfis. Sie sind aber auch die wichtigsten Vorbilder der Konfis. Diese Mitarbeiter fahren mit, weil sie sich auch selbst ein Erlebnis versprechen.«[29]

Was das *Geschlecht* betrifft, so sind nach wie vor zwei von drei kirchlichen Ehrenamtlichen weiblich (67,2 % in der Evangelisch-Lutherischen Kirche in Bayern, 70,1 % EKD-weit). Darin unterscheidet sich der kirchliche Bereich vom Rest der Republik (hier sind immer noch mit 39% etwas mehr Männer als Frauen mit 37 % freiwillig engagiert). Wenn sich Männer in der Kirche einsetzen, dann suchen sie sich weiterhin die öffentlichkeitswirksamen, auf Leitung ausgerichteten Felder (Kirchenvorstand, Lektoren, Prädikanten, Instrumentalgruppen) aus. Bei Tätig-

---

[27] *S. Reihs,* Im Schatten von Freiheit und Erfüllung. Ehrenamtliche Arbeit in Bayern, Bochum 1995.

[28] *EFH Nürnberg* (Hrsg.), Evaluation des Kirchengesetzes, 27.

[29] *F. Graßmann/Th. Zugehör,* Buon giorno, KonfiCamp!, München 2001, 34.

keitsfeldern mit überdurchschnittlicher Frauenbeteiligung ist im Vergleich zu den 1990er Jahren eine Veränderung zu verzeichnen: Die klassischen hauswirtschaftlichen Aufgaben vom Kuchenbacken bis zur Handarbeit sind zugunsten von pädagogischen Bereichen zurückgetreten. Frauen sind derzeit mit einem über 80-prozentigen Anteil in der Kindergottesdienst-, Senioren- sowie in der Mutter-Kind-Arbeit zu finden. Sie engagieren sich in Besuchsdiensten sowie bei der Telefonseelsorge, und sie sind in der Büchereiarbeit aktiv. Die Autoren der Evaluation interpretieren: »Deutlich ist aber immer noch die stärkere Beziehungsorientierung der Frauen.«[30]

5.2 Lebensverhältnisse und Motive für ehrenamtliches Engagement

Die große Mehrzahl kirchlicher Ehrenamtlicher lebt in einem Haushalt mit mindestens zwei oder mehr Personen – das ist überdurchschnittlich im Vergleich zur Gesamtbevölkerung. 64,3 % der kirchlichen Ehrenamtlichen haben zwei oder mehr Kinder. 22,4 % verfügen über ein abgeschlossenes Hochschulstudium und 64,8% über eine berufliche Ausbildung. Gut ein Drittel der Befragten ist erwerbstätig, mehr als ein Drittel befindet sich im Ruhestand und 11,2 % hat Eltern- bzw. Familienzeit angegeben. Die Statistik zeigt, dass kirchliches Ehrenamt in engem Zusammenhang mit der Eingebundenheit in familiäre Strukturen steht. Engagement in der Kirche und Erwerbstätigkeit schließen sich nicht aus. Die klassische Gruppe der Hausfrauen ist mit etwa einem Sechstel der befragten Ehrenamtlichen nur gering vertreten.

Mehr als zwei Drittel sind länger als fünf Jahre engagiert. Der Anteil derjenigen, die über 20 Jahre in der Kirchengemeinde aktiv sind, macht 22,2 % aus. Das ist beachtlich und ein großer Schatz an geschenkter Lebenszeit für die Kirche. Zugleich ist offensichtlich, dass die für das »neue« Ehrenamt charakteristische, zeitlich begrenzte Bindung im kirchlichen Bereich noch nicht nachhaltig zu erkennen ist. Es wird künftig notwendig sein, in Gemeinde und Kirche anzuerkennen, dass es zwar viele Menschen gibt, die die Ehre eines Amtes zu schätzen wissen – die aber so gerne, wie sie sich engagieren, auch wieder Zeit für sich und andere Projekte haben möchten.

Was die *Motive für ein kirchliches Ehrenamt* betrifft, so wurden so genannte »christliche Pflichtmotive« (»Ich denke, in der Kirche gebraucht zu werden« mit 48,6 %; »Ich fühle mich als Christ/in dazu berufen« mit 36,2 %) von allen Befragten am häufigsten angegeben. Die klassischen Gründe für engagiertes Christentum haben auch heute noch tragende Bedeutung. Auf die Frage, was den Anstoß zum kirchlichen Ehrenamt gab, geben 30,6 % an, von anderen Menschen angesprochen worden zu sein. In der Typologie des »neuen« Ehrenamtes erreichen nur zwei Angaben überdurchschnittlich hohe Zustimmung bei kirchlich Engagierten, nämlich »die freie Zeit sinnvoll ausfüllen« (39,3 %) und »mit anderen etwas tun« (35,6 %). Suche nach sozialer Anerkennung, nach Qualifikationsmöglichkeiten

---

[30] *F. Graßmann/Th. Zugehör*, aaO., 33.

oder einem/r Lebenspartner/in fallen weit dahinter zurück. Kirchliches Engagement scheint vor allem auf kommunikativen und sozialen Sinnzusammenhang hin ausgerichtet zu sein.

5.3 Ansprechpartner für Ehrenamtliche und Rollenwahrnehmung

Aufschlussreich ist, dass unter den Hauptamtlichen zwar die Pfarrer/innen als erste Adresse für Ehrenamtliche gelten, jedoch folgt als zweitstärkste Nennung die Gruppe der Pfarramtssekretärinnen. Da der kirchliche Kindergarten von den Ehrenamtlichen als ein selbstverständlicher Teil der Kirchengemeinde wahrgenommen wird, sind auch Erzieher/innen und Kinderpfleger/innen wichtige Ansprechpartner für Ehrenamtliche. Im Team der Hauptamtlichen sollte deshalb umfassend reflektiert und in das Gemeindekonzept einbezogen werden, wer in unterschiedlicher Funktion das Engagement der Ehrenamtlichen unterstützen und fördern kann. Fortbildungen im Umgang mit Ehrenamtlichen sind nicht nur für Pfarrer/innen wichtig.

Frappant ist die Differenz in der Rollenwahrnehmung zwischen Ehren- und Hauptamtlichen: Ehrenamtliche sehen sich zu einem überwältigenden Anteil von 83,6 % als Helfer wahrgenommen, weniger als Partner oder Experten. Hauptamtliche hingegen meinen zu 87 %, Ehrenamtliche als Partner zu sehen. Die Hauptamtlichen halten sich also für partnerschaftlicher, als sie von den Ehrenamtlichen erlebt werden. Was bräuchte es, damit sich Ehrenamtlicher partnerschaftlicher und professioneller wahrgenommen fühlen? Die folgenden Anregungen, wie das Zusammenwirken zwischen Haupt- und Ehrenamtlichen für beide Seiten erfüllend gestaltet werden kann, sind Anstöße zu einer reflektierten gemeindepädagogischen Praxis, keine Patentrezepte. Jedoch: Was in der Theorie selbstverständlich klingt, bleibt in der Praxis leicht auf der Strecke. Die Evaluation in der bayerischen Landeskirche hat gezeigt, dass sich Hauptamtliche oftmals optimistischer einschätzen, was Klarheit, Information oder Anerkennung gegenüber Ehrenamtlichen betrifft, als es auf der Seite der Engagierten ankommt.

6. Qualitätsstandards für die professionelle Zusammenarbeit

Hauptamtliche tragen eine erhebliche Verantwortung dafür, dass ehrenamtlich Engagierte mit Gewinn für sich selber und andere arbeiten können und nicht in überfordernde Situationen geraten. Viele Hauptamtliche waren früher selber Ehrenamtliche. Es lohnt sich, den *Rollenwechsel vom Haupt- zum Ehrenamtlichen zu reflektieren*: Was hat mir früher als Ehrenamtlicher geholfen, was habe ich vermisst oder was war sogar hinderlich? Wer sich des eigenen Werdegangs und der eigenen Prägung bewusst ist, kann flexibler und souveräner auf das eingehen, was andere brauchen. Zum Transfer der eigenen Erfahrungen ins Handeln als Hauptamtlicher gehört unbedingt die Vorsicht, anderen nicht Eigenes überzustülpen, sondern sorgsam zu beachten, dass der andere anders ist als ich und unter Umständen Anderes zur Unterstützung braucht. Hat die eine sich immer mehr Selbstständigkeit gewünscht, braucht der nächste möglicherweise eine intensivere Form der Begleitung und der Rückversicherung, dass richtig ist, was er tut.

6.1 Kommunizieren und leiten

Wer gut und kompetent leiten will, muss kommunizieren können, sonst wird seine Form der Leitung zu einem Law-and-Order-System, zu einem willkürlichen Anordnen, zu einem innovations- und motivationsfreien Kommando-Kontroll-Modell. Wer leitet und in der eigenen Leitungsaufgabe sowohl innerhalb als auch außerhalb der Kirche verstanden werden möchte, muss eine Reihe von geistlichen Qualifikationen haben. Diese geistlichen Qualifikationen sind eine kommunikative Persönlichkeit, Respekt vor den Gaben anderer, Fähigkeit zur Macht und ihrer Delegation, angemessene Sprache und Umgangston sowie Spiritualität.

(1) *Kommunikative Persönlichkeit.* Zu einer solchen gehören Ich-Stärke, Profil und eine Botschaft, die Fähigkeit, etwas zu sagen haben und sich im Prozess der Kommunikation als authentisch und als klar identifizierbar erweisen zu können. Eine kommunikative Persönlichkeit ist bewandert in Selbsterkenntnis, steht zu gemachten Lebenserfahrungen, kann eigene Gedanken und Gefühle bewusst wahrnehmen, weil nur so die der anderen wahrgenommen werden können. Sie kann zuhören, im Tillichschen Sinne auf Fragen antworten, die tatsächlich gestellt werden, und den anderen, die andere wirklich sein lassen. Das bedeutet Offenheit für andere Lebens- und Glaubensformen. Zur Kommunikationsfähigkeit gehört es ebenso, kritikfähig und selbstkritisch zu sein sowie Kritik ertragen zu lernen, wie auch, sorgfältig zwischen sachlicher und emotionaler Ebene zu unterscheiden, um nicht persönliche Animositäten und Kränkungen mit Fachfragen zu verquicken.

Wer wirklich kommuniziert, lässt sich bewusst darauf ein, den eigenen Standpunkt zu verändern, wenn die anderen Argumente besser sind. Wer echt kommuniziert, bleibt sich nicht gleich, der muss stets bereit sein, sich zu reformieren. Dies ist eine wesentliche Voraussetzung für die Zusammenarbeit mit Ehrenamtlichen. Wer etwas bewegen will, braucht intensive informelle Kommunikationsstrukturen. Ehrenamtliche erwarten zu Recht Beteiligung – nicht nur per Repräsentanz in Gremien, sondern auch in den alltäglichen Vollzügen der Zusammenarbeit. Wurde ein Plakat gemeinsam entworfen, löst es Verärgerung aus, wenn die ehrenamtlich Beteiligten es tags darauf in veränderter Form ausgehängt sehen, weil ihr Pfarrer über Nacht befunden hat, dass es anders doch besser wäre.

(2) *Respekt vor den Gaben anderer und Umgang mit Macht.* Evangelisch und biblisch ist es, die vielfältigen eigenen Charismen und die Gaben anderer als gleichrangig zu achten, sie adäquat einzusetzen und sich entfalten zu lassen. Wer weiß, dass seine Fähigkeiten gebraucht werden, muss sich weder krampfhaft profilieren noch andere »deckeln«: »Lass nicht außer acht die Gabe in dir, die dir gegeben ist durch Weissagung mit Handauflegung der Ältesten« (1 Tim 4,14). Dies ist ein ermutigender Zuspruch für Haupt- und für Ehrenamtliche, ihre Begabung und ihre Zuständigkeit beherzt wahrzunehmen. Für eine solche Beherztheit

braucht es auch Konfliktfähigkeit. Die alte Weisheit »Störungen haben Vorrang« (*Ruth Cohn*) hat bleibende Gültigkeit. »Störungen«, Konfliktanzeigen sind wichtige Hinweise für Kommunikationsbedarf. Sie rechtzeitig zu erkennen und zu bearbeiten, bereichert und vertieft Gemeinschaft. Sie zu ignorieren oder aussitzen zu wollen, rächt sich durch latente oder offene Blockaden.

Niemand in der Kirche redet gerne von *Macht* – aber sie wird ständig ausgeübt. Dadurch, dass Machtfragen in der Gemeinde oft nicht klar thematisiert werden, schleichen sich hierarchische Strukturen unangemessen in die Kommunikation ein. Macht wird oft auch über das Alter ausgeübt. In jungen Jahren kann und darf man nicht leiten, weil einem die Erfahrung fehlt. Selbst das ist unbiblisch, wie die Prophetenberufungen im AT zeigen. Im Neuen Testament heißt es: «Niemand verachte dich wegen deiner Jugend; du aber sei den Gläubigen ein Vorbild im Wort, im Wandel, in der Liebe, im Glauben, in der Reinheit« (1 Tim 4,12). Also: Auch jugendlichen Ehrenamtlichen getrost Leitung zutrauen! Dabei erweist sich wirkliche Autorität, die Möglichkeit, eine gesuchte und »gefragte« Ansprechperson für Ehrenamtliche zu sein, nicht durch Macht oder durch bloßes Wissen, sondern durch Ansehen – das Wissen und Macht dann impliziert. Autorität ist also das, was einem, auch einem noch sehr jungen Menschen, auf Grund des gewonnenen Ansehens zugebilligt wird. Ansehen gewinnen wiederum setzt Authentizität, Arbeit und Anteilnahme an anderen voraus – und die Fähigkeit, Zeit zu haben, sie sich zu nehmen.

(3) *Sprache und Umgangsstil.* Für die Kommunikation zwischen Haupt- und Ehrenamtlichen braucht es eine Sprache, die von beiden gesprochen werden kann. »Kirchliche Binnensprache« (von theologischen Fachausdrücken bis hin zu Abkürzungsgeheimcodes) wirkt ausschließend und verhindert Partizipation. Eine kommunikative Sprache verzichtet auf den Gestus pastoraler Besserwisserei, der für jede Form von Kommunikation tödlich ist. Sie verliert nichts von ihren unaufgebbaren Inhalten, im Gegenteil gilt die Aussage des Apostels Paulus: »Wenn ihr nicht mit deutlichen Worten redet, wie kann man wissen, was gemeint ist? Ihr werdet in den Wind reden.« (1 Kor 14,9). Zu einer kommunikativen Sprache gehört auch ein stilvoller Umgangston. Die Devise »Kein Tadel ist das größte Lob« motiviert nicht, sie kann vielmehr zur sarkastischen Replik verführen: »Nur kein Beifall – ich weiß, was ich leiste!«.

Wichtig ist es, dass man mit klaren Kommunikationszeiten und -wegen rechnen und auf Absprachen vertrauen kann. Das gilt auch für Teambesprechungen mit Ehrenamtlichen, die im Pfarramtsbüro genauso wie Vorbereitungskreise zu den abgesprochenen Terminen in der gewohnten Form stattfinden. Abweichungen bedürfen neuer Vereinbarungen oder einer plausiblen Erklärung. Wie kommt dabei der einzelne Mensch mit seiner Individualität, mit seinen Gaben und Wünschen vor? Nur eine differenzierte, eigens auf die jeweilige Situation und die jeweiligen Kommunikationspartner/innen hin ausgerichtete Kommunikation wirkt ansprechend. Ehrenamtliche, die sich mit ihrer Profession einbringen, dürfen zu Recht auch von den Hauptamtlichen deren Professionalität erwarten.

(4) *Spiritualität*. In einer Befragung gaben 66,7 % der befragten Ehrenamtlichen an, dass ihnen geistliche Begleitung wichtig ist.[31] Spiritualität wird als ein wichtiges Element in der Begleitungskultur von Ehrenamtlichen in der Kirche angesehen – und es gibt hier durchaus noch Entwicklungspotenzial. Die Ehrenamtlichen erwarten dabei von den Hauptamtlichen eine Anleitung wie Bibel, Glauben und Leben in eins zu bringen sind: Leben, was man/frau glaubt. Glauben, was man/frau lebt. In Freiheit lesen, glauben und leben.

Es geht darum, Verantwortung für Leben und Glauben zu übernehmen und im einfühlsamen und kontroversen Gespräch mit anderen zu bleiben. »Hab acht auf dich selbst und auf die Lehre; beharre in diesen Stücken! Denn wenn du das tust, wirst du dich selbst retten und die, die dich hören«, heißt es im Neuen Testament (1 Tim 4,16). Wer eine Gemeinde leitet und Ehrenamtliche begleitet, darf sich um keine theologisch-existentielle Aussage herumdrücken. Wer Ehrenamtlichen als Ansprechpartner zur Seite steht, muss in der Lage sein, die für ihn oder sie elementaren christlichen Werte und zentralen Glaubensthemen persönlich auszulegen, sie allgemein verständlich zu kommunizieren – von der Präexistenz des Logos über die Sünde wider den Heiligen Geist und den Sühnetod Christi bis hin zur Rechtfertigung.

7. The Big Five – Die fünf »B's«: Gelingende Begleitung von Ehrenamtlichen

Anhand von fünf »B's« lassen sich die zentralen Elemente zusammenfassen, die eine gelungene Begleitung von Ehrenamtlichen versprechen.[32]

(1) *Beginnen*: Am Anfang des Engagements sollen für beide Seiten die Rahmenbedingungen geklärt werden: Was ist das Interesse, die Motivation und Begabung? Wenn die für Ehrenamtliche passende Aufgabe in der Gemeinde gefunden ist, wird der Rahmen für die Arbeit besprochen – von der Zeitdauer über die Ressourcen, die der- oder diejenige dafür braucht (Räumlichkeiten, eventuell Schlüssel, Material, Finanzen, Zugang zu Kopierer und Telefon), über Ansprechpartner, Team und Kontaktpunkte, damit Ehrenamtliche Rückmeldung für ihren Einsatz bekommen können.

Zum rechten Beginn gehört die Information über Versicherungsfragen sowie Aufklärung über Erstattungswege bei entstandenen Unkosten. Generell, bei ehrenamtlicher Seelsorge im Besonderen müssen freiwillig Engagierte um Schweigepflicht und das Seelsorgegeheimnis wissen. Die Vereinbarung, die auf diese Weise zustande kommt, kann schriftlich festgehalten werden. Die Phase des Beratens,

---

[31] *EFH Nürnberg* (Hrsg.), Evaluation des Kirchengesetzes, 68.

[32] *E. Roßberg/B. Hofmann*, Die fünf B's der ehrenamtlichen Mitarbeit, in: Themenhefte Gemeindearbeit Nr. 72, 5. Ausgabe 2005, 30ff. Ähnlich *H. Lindner*, Die fünf B's der ehrenamtlichen Mitarbeit, in: Arbeitshilfe für Veranstaltungen/Gruppenabende/ Diskussionen »Ehrenamtliche in der Kirche«, hrsg. vom *Arbeitsbereich Frauen in der Kirche der ELKB*, Mai 1991, L 5, sowie: *B. Petry*, Führungsaufgabe Ehrenamt, in: *T. Röhr* (Hrsg.), Organisationshandbuch Kirche und Gemeinde, Aachen 2002, 126–130.

Einarbeitens, Aufklärens über Rechte und Pflichte kommt in der Praxis häufig sträflich zu kurz. Ehrenamtliche können im Gottesdienst, verbunden mit der Bitte um Gottes Segen für das, was in der Gemeinde getan wird, für ihre Tätigkeit beauftragt werden – wenn dies der- oder diejenige auch selber will!

(2) *Begleiten*: Dazu gehören regelmäßige Gespräche, Unterstützung in Konflikten, Informationen über Entwicklung und Ziele der Arbeit sowie das Angebot von Fortbildung. Hier zeigt die Evaluation deutliche Diskrepanzen zwischen Haupt- und Ehrenamtlichen: Fast 90 % der Hauptamtlichen geben an, Ehrenamtlichen die Teilnahme an Fortbildungen anzubieten – jedoch scheinen diese Angebote bei 53,2 % der Ehrenamtlichen nicht anzukommen. Ehrenamt ist anspruchsvoll. Auch bei einem scheinbar gewöhnlichen Plausch über Gott und die Welt braucht es feine Ohren und Gespür für die Befindlichkeiten des Gegenübers. So sind z.B. die Ansprüche in der Seniorenarbeit gestiegen und nicht allein mit Kaffee und Kuchen zu befriedigen. Wegbegleitung für ältere Menschen mit Pflegebedürftigkeit oder Demenz erfordert besondere Qualifikationen.

Zur Begleitung gehören Bedankung und Würdigung von Ehrenamtlichen. Es hat sich in der Evaluation herausgestellt, dass pauschale Geschenke wie Tassen, Kalender oder die berühmt-berüchtigten »frommen Heftchen« bei Ehrenamtlichen wenig erwünscht waren. Geschätzt werden dagegen der persönliche Dank und die Einladung zum Zusammensein mit anderen Ehrenamtlichen. Urkunden und Ehrennadeln werden nur von knapp 2 % der Befragten gewünscht. Viel wichtiger ist ein Bericht über die Tätigkeit im Gemeindebrief – eine publizistische, öffentliche Würdigung des Geleisteten.

(3) *Beteiligen*: Es gehört zu den Standards, dass Ehrenamtliche an Entscheidungsprozessen ihres Arbeitsfeldes beteiligt sind. Interessanterweise haben viele Ehrenamtliche weniger Interesse, in Kirchenvorstände oder andere Entscheidungsgremien eingebunden zu sein. Es geht vielmehr um ausreichende Information über die eigenen Belange, um partnerschaftliche Einbindung und Transparenz in der Zusammenarbeit zwischen Haupt- und Ehrenamtlichen.

(4) *Bezahlen*: Ehrenamt ist unentgeltlich, aber nicht umsonst – und schon gar nicht der stillschweigende Aufruf zum Draufzahlen. Ehrenamtliche müssen wissen, wie sie ihre Auslagen erstattet bekommen, selbstverständlich und nicht als Bittsteller. Sie genießen für ihre Tätigkeit Versicherungs- und Rechtsschutz über die Kirche.

(5) *Beenden.* Zeitlich begrenztes Ehrenamt muss mit gutem Gewissen beendet werden können. Dazu braucht es klare Regelungen, einen Nachweis über geleistetes Engagement und eine angemessene Verabschiedung und Bedankung.

*

Freiwilliges ehrenamtliches Engagement ist kennzeichnend für die protestantischen Kirchen. Es ist keine Hilfstätigkeit für den Dienst von Pfarrerinnen und Pfarrern, Gemeindepädagoginnen und Gemeindepädagogen usw., sondern eine eigenständige Größe, die viel zum Erfolg der Arbeit in den gemeindepädagogischen Handlungsfeldern beiträgt. Dabei ist als Basis eine Verständigung über das »Priestertum aller Getauften« wichtig.

Für die praktische Durchführung aber gilt: Am Anfang und am Ende: Kommunikation! Gott schafft die Welt durch sein Wort, so erzählt es das Alte Testament. Im Neuen Testament ist zu lesen, dass am Anfang das Wort war und dass das Wort bei Gott war. Die Kommunikation steht am Beginn allen Geschehens – auch zwischen Gott und Mensch, zwischen Mensch und Mensch. Gemeinde, Kirche, weil und sofern sie um Gottes willen den Menschen dienen wollen, sind ihrem Wesen nach Kommunikation. Kommunikation als Thema der Kirche meint, dass Menschen, Haupt- wie Ehrenamtliche, als Subjekte ihres Lebens befähigt werden, ihr Selbst- und Weltbewusstsein und ihre Gestaltungskompetenz, ihre Charismen weiterzuentwickeln und diese Kompetenz für sich selbst und für die Gemeinschaft zu nützen. Wenn auf diese Weise »*Communio*«, Gemeinschaft untereinander gepflegt wird, immer wieder bestärkt durch die gemeinsame Kommunion, die fröhliche Teilhabe am Heiligen Abendmahl, dann wird das Miteinander von Haupt- und Ehrenamtlichen zum Segen für die ganze Gesellschaft.

Literatur

Arbeitsgemeinschaft der Evangelischen Jugend in der Bundesrepublik Deutschland, Ehrenamt braucht Qualifizierung. Standards zur Qualifizierung Ehrenamtlicher in der Arbeit mit Kindern, Hannover 2001.

Beher, Karin/*Liebig*, Reinhard/*Rauschenbach,* Thomas, Strukturwandel des Ehrenamtes. Gemeinwohlorientierung im Modernisierungsprozess, Weinheim/München 2000.

Diakonisches Werk der EKD (Hrsg.), Freiwilliges Engagement in Kirche und Diakonie. Aktuelle Formen und Herausforderungen, Stuttgart 2006.

Foitzik, Karl, Mitarbeit in Kirche und Gemeinde. Grundlagen, Didaktik, Arbeitsfelder, Stuttgart u.a. 1998.

Hofmann, Beate/*Schneider-Grube,* Sigrid, Ehrenamt gewinnen, begleiten, gestalten (Themenhefte Gemeindearbeit 71), Aachen 2005.

6. Gottfried Adam/Rainer Lachmann
Gemeindepädagogische Didaktik und Planung

Wie es für die schulische Religionspädagogik in ihrem Kern die Religionsdidaktik bzw. die religionsunterrichtliche Fachdidaktik gibt, so macht auch für die Gemeindepädagogik die gemeindepädagogische Didaktik qua Gemeindedidaktik einen wichtigen Aufgabenbereich aus. Auch wenn die Gemeindedidaktik mit der Vielfalt ihrer Lernorte sich keinesfalls unterschiedslos an der schulischen Religionsdidaktik mit ihrem Bedingungsfeld Schule ausrichten darf, ist sie nicht davon suspendiert, sich mit den Ergebnissen und Theorien der Allgemeinen Didaktik auseinanderzusetzen.

Zwar sind in der gemeindepädagogischen Literatur gemeindedidaktisch eigenständige Ausführungen mit allgemeindidaktischen Bezügen, Anregungen und Anfragen ›Mangelware‹, doch kann das nicht heißen, dass man darauf verzichten könnte; denn dann würde gerade auf dem so wichtigen didaktischen Gebiet der genuin pädagogische Auftrag der Gemeindepädagogik nicht wahrgenommen und der Anspruch sabotiert, Integrationswissenschaft zwischen Praktischer Theologie und Pädagogik zu sein.

1. Gemeindedidaktik im Horizont allgemeindidaktischer Fragen und Anregungen

Da es nicht Aufgabe eines gemeindepädagogischen Kompendiums sein kann, die Entwicklung der Allgemeinen Didaktik von ihren Anfängen bin hin zu *Hilbert Meyers* »Spickzettel-Didaktik«[1] oder den derzeitigen Kompetenzkonzepten zu reproduzieren, konzentrieren wir uns an dieser Stelle exemplarisch auf allgemeindidaktische Elementaria, die auch und besonders für eine gemeindepädagogische Didaktik bleibend wichtig und nachhaltig aktuell sind. Hier versprechen uns vor allem – gleichsam als didaktische Leitbegriffe – Bildung, Kommunikation und Kompetenz gemeindedidaktisch kritischen Gewinn.

Mit der auch von unserem gemeindepädagogischen Konzept gerne mitvollzogenen Renaissance des Bildungsbegriffs, der zeitweilig hinter Sozialisationsforschung und Curriculumtheorie verloren gegangen zu sein schien, hat auch die Didaktik diesen »urpädagogischen« Begriff wieder gewonnen! Damit rückt didaktisch unweigerlich die bildungstheoretische Didaktik wieder ins Blickfeld und mit ihr *Wolfgang Klafki*, einer ihrer prominentesten Vertreter und, wenn überhaupt, meist zitierten Didaktiker im gemeindepädagogischen Bereich. Über seine Quali-

---

[1] Vgl. *H. Meyer*, Leitfaden zur Unterrichtsvorbereitung, Königstein/Ts. [3]1980, 58.

fizierung der Inhalte als Bildungsinhalte und -gehalte gelang ihm mit seiner sog. »kategorialen Bildung« die Vermittlung zwischen den beiden Polen Kindanspruch und Sachanspruch. Hauptaufgabe jeder Didaktik und jedes Didaktikers wurde dabei die Vermittlung, und *Wolfgang Klafkis* berühmte »didaktische Analyse« mit ihren fünf Fragen wollte dazu verhelfen. Mit dieser undispensierbaren *Bildungs-orientierung* aller Lehr- und Unterrichtsinhalte wurde die Didaktik zu einer eigenständigen Wissenschaft und ließ sich nicht mehr reduzieren auf Methodik als »abbilddidaktischer« Anwendung vorgegebener fachwissenschaftlicher Inhalte.

Diese wissenschaftstheoretische Positionierung gilt grundsätzlich für die Gemeindedidaktik genauso wie für die schulische Religionsdidaktik. Bezieht man die durch die lerntheoretische Didaktik und Curriculumtheorie mitbedingte Weiterentwicklung der Klafkischen Didaktik mit ein, durch die ihr Kerngeschäft bildungsgeleiteter Auswahl, Begründung und Vermittlung der Inhalte durch die verpflichtende Beachtung der anthropogenen und soziokulturellen Voraussetzungen und des »Primats der Zielentscheidungen im Verhältnis zu allen anderen Entscheidungsdimensionen des Unterrichts« modifiziert und neu tariert wurde[2], so kann auch hinsichtlich der didaktischen *»Planungsgrundschritte ...*: Bedingungsanalyse, Inhaltsanalyse, Didaktische Analyse, Methodische Analyse« von einer elementaren Übereinstimmung zwischen schulischer und gemeindlicher Didaktik ausgegangen werden.[3]

Diese gilt freilich nur so weit, wie es sich in den gemeindepädagogischen Handlungsfeldern gezielt und gewollt um Unterricht und die Vermittlung von Inhalten handelt, wie das etwa beim Konfirmandenunterricht der Fall ist. Aber schon bei diesem gemeindepädagogisch relativ unbestrittenen Praxisfeld kommt das ›klassische‹ Didaktikverständnis gemeindedidaktisch an seine Grenzen, wenn etwa statt von Konfirmandenunterricht von Konfirmandenarbeit gesprochen wird! Hier meldet sich nicht nur das gemeindepädagogische ›Differential‹ des Lernortes zu Wort, sondern zeigt auch die Fokussierung des didaktischen Geschäfts auf die Vermittlungsarbeit, dass das nicht ausreicht, um den besonderen Belangen und Anforderungen der Gemeindedidaktik gerecht zu werden.

Noch nicht im Unterschied zur schulischen Didaktik, aber deswegen nicht weniger weiterführend ist auch für die gemeindepädagogische Didaktik der Perspektivenwechsel, der sich in der Pädagogik mit der *Subjektorientierung* vollzogen hat. Von uns oben bereits angesprochen hat sie in den letzten Jahren auch Eingang in das »didaktische Gefüge praktisch-theologischer Bildungsprozesse« und didaktischer Modelle gefunden.[4] Ihr korrespondiert die Rede von der »Aneignung« als

---

[2] Vgl. *W. Klafki*, Zur Unterrichtsplanung im Sinne kritisch-konstruktiver Didaktik, in: *E. König/N. Schier/U. Vohland* (Hrsg.), Diskussion Unterrichtsvorbereitung, München 1980, 13–44, bes. 18.

[3] *R. Zitt u.a.*, Diakonie wahrnehmen und denken lernen, in: *M. Steinhäuser/W. Ratzmann* (Hrsg.), Didaktische Modelle Praktischer Theologie, Leipzig 2002, 499–554, bes. 520.

[4] *M. Steinhäuser*, Zum didaktischen Gefüge praktisch-theologischer Bildungsprozesse, in: *Ders./W. Ratzmann* (Hrsg.), Didaktische Modelle, 31–67, bes. 43f.

wesentlichem ›Akt‹ im didaktischen Prozess. Damit tritt die primär Lehrer und Leiter bestimmte Vermittlungsaufgabe zurück hinter der subjektorientierten Aneignung und gibt und lässt den ›Adressaten‹ oder ›Kunden‹ gemeindlichen Lernens Raum für selbstbestimmte Bildung und Entfaltung.

Es leuchtet ein, dass dieser subjektorientierte Wechsel der Sichtweise gerade der gemeindepädagogischen Didaktik besonders entgegenkommt, weil eben in einem Großteil ihrer Handlungsfelder nicht die didaktische Vermittlungsperspektive mit ihrer Inhaltsorientierung im Vordergrund steht, sondern der Teilnehmer, der je in seinem Lebenslauf und seiner Lebenswelt abgeholt und angesprochen werden will. Pädagogik und Didaktik reagieren damit auf den nicht zuletzt auch den Bereich der Religion betreffenden Trend zur Individualisierung und Pluralisierung in Gesellschaft und Kirche und erfassen dadurch wichtige Voraussetzungen und Bedingungen gelingender didaktischer Arbeit.

Zugleich aber handeln sie sich mit der Subjektorientierung auch eine Zielperspektive ein, denn Subjektorientierung impliziert Subjektwerdung und das heißt Beteiligung an der Persönlichkeitsbildung oder in neuerer pädagogischer und didaktischer Sprachregelung: Mitwirkung an der Identitätsbildung. Nun ist natürlich Identität wie Identitätsbildung ein äußerst komplexer Prozess, zu dem gleichsam als konstituierende Merkmale Individualität, Fragmentarität und Sozialität gehören.[5] Nicht nur, aber sehr wohl für jegliche didaktische Arbeit sind mit diesen Merkmalen wichtige »›notae‹ der Identität« angesprochen, die gerade auch im religions- und gemeindedidaktischen Bereich auf aufmerksame Resonanz stoßen müssen.

Antwortet die Subjektorientierung auf die Individualität, so erinnert die Fragmentarität alles Bildungshandeln einschließlich des didaktischen Aufgabenbereichs an seine Begrenztheit, an das Unvollendete, Noch-Ausstehende, das Scheitern und Misslingende und nicht zuletzt das Fremde, Schwer-Zugängliche, Andersseiende, das – unschwer empirisch zu verifizieren – unleugbar in den Prozess menschlicher Identitätsbildung hineingehört und als kritisches (religions-)pädagogisches Korrektiv gegenüber allen unangefochtenen Bildbarkeitsideologien und jedem didaktischen Machbarkeits- und Effektivitätswahn unbedingt beachtet werden will. Es liegt auf der Hand, dass ein solchermaßen pädagogisch ›buchstabiertes‹ Identitätsverständnis gerade im theologischen Kontext auf große konvergente Offenheit und Zustimmung stößt und deshalb der Anschluss an den identitätsorientierten Bildungsdiskurs auch der Religionsdidaktik wichtige Impulse vermittelt, um den Zielhorizont und die fundamentale Intentionalität ihrer Arbeit, neu belichtet, zu definieren und zu profilieren.

Man würde der Didaktik ein wesentliches Element der Identitätsbildung vorenthalten, würde man neben Fragmentarität und Individualität die wichtige »nota«

---

5 Vgl. *R. Lachmann*, Kirchlich-konfessionelle Identität oder ökumenische Identität als Ziel des Religionsunterrichts?, in: *M. Schreiner* (Hrsg.), Vielfalt und Profil. Zur evangelischen Identität heute, Neukirchen-Vluyn 1999, 168–188, bes. 173–186.

der Sozialität übergehen, auf die besonders die Vertreter der interaktionistischen und kommunikativen Identitätstheorien nicht müde werden hinzuweisen. Mit Recht, denn ohne Interaktion, Kommunikation und kommunikative Interpretation und Praxis bleibt alles Bildungsbemühen um Identität letztlich Makulatur, weil die ›Ich-Wir-Dialektik‹ unter Verabsolutierung der Subjektorientierung außer Acht gelassen würde. Dass damit nicht nur ein Grundproblem von Gemeindepädagogik und -didaktik angerührt ist, sondern von Christsein überhaupt, ist theologisch nichts Neues, bedarf freilich auch der didaktischen Umsetzung. Und hier gerät jetzt zusehends und zunehmend dringlicher die gemeindepädagogische Didaktik in den Blick, die in weiten Teilen ihres Denkens, Urteilens, Planens und Handelns eben nicht auf inhaltsorientierte Vermittlung oder bloße subjektorientierte Aneignung aus ist, sondern auf »kommunikative Gemeindepraxis« im Horizont der »Kommunikation des Evangeliums« mit der Verheißung, zur »Gemeinde des Befreiten« zu werden![6]

Das verweist, bodennah geortet, zurück in die scheinbaren Niederungen der Allgemeinen Didaktik und empfiehlt – nach Klafkis bildungstheoretischer und kritisch-konstruktiver Didaktik – das Augenmerk auf die sog. »kritisch-kommunikative Didaktik«, einem wichtigen didaktischen Konzept der jüngeren Zeit, zu richten. Nicht von Ungefähr wird diese als besonders adäquat und geeignet angesehen, um dem »seinem Wesen nach inter-subjektive(n) Inhalt ›Gemeinde‹« zu entsprechen.[7] Der diese Didaktik konstituierende Leitbegriff der Kommunikation konvergiert nicht nur offensichtlich mit dem gemeindepädagogischen Grundmaß der »Kommunikation des Evangeliums«, sondern bietet zugleich zwischen Vermittlung und Aneignung ein integrativ verbindendes und übergreifendes Element, das gerade für die vielfältigen Aktivitäten und Handlungsfelder der Gemeindepädagogik ein weites Feld substantiell und funktional passender Formen und Möglichkeiten bereit hält und eröffnet.

Schulisch »entkernt« profitiert die gemeindepädagogische Didaktik zunächst insofern von der kritisch-kommunikativen Didaktik, als sie für sich und ihre gemeindliche Kommunikation deren konstitutiv-kommunikativen Merkmale in Anschlag bringt und achtet: Das sind vor allem die »*Permanenz:* Man kann nicht nicht kommunizieren; die *Beziehung*: jeder kommunizierte Inhalt stellt eine Beziehung her« und »die *Störung*: alle menschliche Kommunikation ist prinzipiell störanfällig, bis hin zum kommunikativ krankhaften Verhalten.«[8] Gerade die der kritisch-kommunikativen Didaktik so wichtige Beziehungsdimension bedingt den grundsätzlich dialogischen Charakter jeglichen Kommunikationsgeschehens an

---

[6] *Chr. Bäumler/N. Mette,* Christliche Gemeindepraxis, in: *Dies.* (Hrsg.), Gemeindepraxis in Grundbegriffen, München/Düsseldorf 1987, 9–38, bes. 20ff. u. 15.

[7] *H. Steinkamp/J. Halbe,* »Gemeinde lernen«. Zur Didaktik Praktischer Theologie der Gemeinde, in: *M. Steinhäuser/W. Ratzmann* (Hrsg.), Didaktische Modelle, 135–178, bes. 172.

[8] *R. Winkel,* Die kritisch-kommunikative Didaktik, in: WPB 32/1980, 200–204, bes. 200.

und für alle Lernorte gemeindepädagogischen Handelns. Hier geht es primär nicht mehr um durch Lehrer und Leiter bestimmte Vermittlung oder subjektfixierte Aneignung, sondern um gleichgestellte und gleichberechtigte Kommunikation auf Augenhöhe im Prozess gemeindlichen Lebens und Lernens.

Inhaltlich qualifiziert und normiert ist solche »kommunikative Praxis« durch die religionspädagogisch fundamentale Maßgabe der »Kommunikation des Evangeliums« und des ihm inhärenten ethischen Kriteriums christlicher Liebe (Agape), die dem gemeindedidaktischen Kommunikationsinteresse Maß und Motivation gibt.[9] Das didaktische Vermittlungs- und Aneignungsgeschehen wird hier ergänzt und übergreifend integriert durch eine Kommunikation im Sinne agapegemäßer Verständigung. Zielhorizont gemeindepädagogischen Lebens, Lehrens und Lernens ist von daher die Verständigungsgemeinschaft, die sich im hermeneutischen Zirkel von Verstehen, Sich-Verstehen und (Sich-)Verständigen vollzieht. Anspruchsvoll lässt so das gemeindedidaktisch geleitete Interesse Gemeinde mehr sein und werden als eine bibelorientierte »Interpretationsgemeinschaft«; es entbirgt gleichsam das in jeder christlichen Theologie wesentlich angelegte didaktische Potential an Vermittlung, Aneignung und Verständigung.[10]

Haben sich so mit der kommunikativen Didaktik gleichsam Mittel und Wege eröffnet hin zum theologisch-religionspädagogischen Kernbereich und ›Herzstück‹ gemeindedidaktischer Theorie und Praxis, so enthält sie auch anschlussfähige Elemente in Richtung des derzeit in der Allgemeinen Didaktik engagiert geführten Kompetenzdiskurses. Mehr oder weniger »vordisponiert« durch die Lernzielorientierung der Curriculumtheorie werden auch für die Gemeindedidaktik – besonders im Blick auf gemeindepädagogische Aus- und Fortbildung – Kompetenzen bedacht und benannt. Didaktisch liegen sie natürlich im Umfeld von Vermittlungs-, Aneignungs-, Gestaltungs- und Handlungskompetenz, zu der sich begründetermaßen die zurzeit hochgehandelte und stark gewichtete »Wahrnehmungskompetenz« gesellt, die weit gefasst sowohl die »Fremdwahrnehmung der Gesellschaft (und Gemeinde *R.L.*) als soziales System« als auch »die eigene Wahrnehmung der handelnden Subjekte und ihres spezifischen Handlungskontextes« und Lernorts umfasst.[11]

Auch in dieser Kompetenz-orientierten Beziehung gerät die gemeindepädagogische Leitmaßgabe der Kommunikation ins didaktische Blickfeld: Einmal kritisch-begrenzend, indem sie einer vollständigen Funktionalisierung der Bildung durch Kompetenzfixierung wehrt, was theologisch konvergiert mit der letzten Unverfügbarkeit der »Kommunikation des Evangeliums«[12], und zum anderen –

---

[9] Vgl. *B. Mettler-von Meibom*, Die kommunikative Kraft der Liebe, Petersburg 2000.

[10] Vgl. *C. Grethlein*, Theologie und Didaktik. Einige grundsätzliche Verhältnisbestimmungen, in: ZThK 104/2007, 503–525, bes. 524.

[11] *R. Zitt u.a.*, aaO., 519 und *B. u. I. Bosold/F. Schweitzer*, Religion wahrnehmen – Identität finden – Unterricht gestalten, in: M. *Steinhäuser/W. Ratzmann* (Hrsg.), Didaktische Modelle, 281–322, bes. 292.

[12] Vgl. *C. Grethlein*, Theologie und Didaktik, 522.

scheinbar gegenläufig – konstruktiv-entgrenzend in methodischer Richtung kommunikativer Gestaltung und Planung. Gerade in letzterer Hinsicht hat die sog. performative Religionspädagogik für die Gemeindedidaktik – nicht unbedingt für die schulische Religionsdidaktik! – den kommunikativ-methodischen Gestaltungs- und Handlungsraum fruchtbar ausgeweitet, indem sie über die primär verbal bestimmte Kommunikation hinaus auf die symbolische Kommunikation aufmerksam macht. Hier geht es dann nicht allein um die hermeneutische Daueraufgabe jeder religiösen wie christlichen Kommunikation, mehrdimensionales Denken und Verstehen einzuüben, sondern darüber hinaus auch darum, es ›leibhaftig‹ zu inszenieren, darzustellen und aufzuführen.

Damit wird eine Vielfalt und Vielzahl an methodischen Möglichkeiten freigesetzt, die nicht »methodistisch« isoliert stehen, sondern didaktisch eingebunden und begründet sind in der kommunikativ vermittelten gemeindepädagogischen Praxis. Das liegt nicht nur im Trend der derzeit hoch im Schwange stehenden ästhetisch dominierten Didaktik, sondern erschließt den diversen gemeindepädagogischen Handlungsfeldern über das »Performanz-Phänomen«[13] auch den Bereich der Kultur mit ihren Welten des Theaters, der Kunst, der Musik, des Tanzes und anderen kulturellen Inszenierungsformen. Ohne Verleugnung des (religions)-pädagogischen Propriums eröffnen hier gerade die »neuen« gemeindepädagogischen Handlungsfelder wie Kirchenmusik, Kirchentag, Kirchenraumpädagogik und Gemeindepädagogik am Lernort Internet und Massenmedien ein reiches Repertoire an performativen Inszenierungsformen und -praktiken.

Das gilt freilich auch als durchaus innovatorische didaktische Perspektive für die herkömmlichen Handlungsfelder der Gemeindepädagogik. Andachtsformen, spirituelle Vollzüge und nicht zuletzt liturgisches Lernen ergeben sich hier als durchaus didaktisch und methodisch fruchtbare Anlässe und Gestaltungsmöglichkeiten für gemeindepädagogisches Inszenieren und Praktizieren. Hier tut sich gerade in methodischer Hinsicht über die ›alten‹ bewährten Methoden hinaus eine reiche Vielfalt an neu entdeckten und kreativ praktizierten Wegen, Formen und Verfahrensweisen auf den verschiedensten Feldern gemeindedidaktischer Kommunikation auf, die bis hin zu den Schleiermacherschen praktisch-theologischen »Kunstregeln« führen können, die gemeindedidaktisch gelernt und geübt werden wollen.

Verwurzelt im religionspädagogischen Auftrag der »Kommunikation des Evangeliums« erfährt hier die gemeindepädagogische Methodik eine eigene Würde und Gewichtigkeit, die mit der Auswahl und dem Einsatz der Methoden auch die Vorbereitungsaspekte und Planungsschritte und -prozesse einschließen.

---

[13] *Th. Klie/M. Meyer-Blanck*, Gemeinde als Lernort wahrnehmen, in: M. *Steinhäuser/W. Ratzmann* (Hrsg.), Didaktische Modelle, 325–364, bes. 351.

2. Vorbereitungsaspekte und Planungsschritte gemeindepädagogischer Didaktik

Dringlicher als anderswo legt es sich hier nahe, die gemeindedidaktische Reflexion mit einer gründlichen Bedingungsanalyse zu eröffnen.

2.1 Bedingungs- und Lernortanalyse

Mit ihr muss das jeweilige gemeindepädagogische Handlungsfeld in seinen je spezifischen Voraussetzungen, situativen Umständen und konkreten Vorbedingungen als didaktisches Bedingungsfeld in den Blick genommen und analysiert werden. Vorab muss dazu jeweils das entsprechende *Handlungsfeld nach seinen konzeptionellen Konturen* und Zielsetzungen bedacht werden. Hier gilt es vor allem nach dem Lernort zu fragen, der gleichsam das jeweilige Spezifikum der Gemeindedidaktik abgibt, weshalb die Forderung nach einer »religionspädagogischen Lernorttheorie« durchaus berechtigt ist.[14]

– Dabei rückt natürlich zuerst die *(Kirchen-)Gemeinde* in den Mittelpunkt gemeindepädagogischen Interesses; sie als Lernort wahrzunehmen und dafür gemeindepädagogische Kompetenzen zu ›bilden‹, ist genuines und legitimes Ziel gemeindedidaktischer (Aus-)Bildung. Sie bezieht sich auf konkret und direkt in der Kirchengemeinde vor Ort angesiedeltes gemeindedidaktisches Handeln wie etwa Kindergottesdienst oder Konfirmandenunterricht,
– weitet sich dann gleichsam in konzentrischen Kreisen aus auf *Lernorte in kirchlicher Trägerschaft* wie etwa Kindergärten oder Evangelische Schulen
– und dehnt schließlich ihre *Bildungsverantwortung* aus *auf Orte und Räume* in unserer Gesellschaft, die zwar von hoher Bildungsrelevanz sind, aber *keinen unmittelbaren Bezug zur Kirchengemeinde* und ihren eher binnenorientierten Aktivitäten haben. Hier ist insbesondere an die Familie zu denken, aber genauso auch an bildungsrelevante Orte in kommunaler Verantwortung ohne kirchliche Anbindung und Veranlassung bis hin zu den Massenmedien und zum Internet.

Dass gerade dieser letzte Bereich eine ganz eigene und relativ eigenständige Gemeindedidaktik verlangt, die – um einen Ausdruck *E. Wenigers* aus den 1950er Jahren zu neuen Ehren zu bringen – eher »deiktischen« Charakter haben müsste, liegt auf der Hand.

Um so dringlicher ist für jede gemeindedidaktische Vorbereitung die gründliche Analyse des jeweiligen Lernorts, und zwar sowohl in der Erfassung seiner grundsätzlichen Struktur wie seiner konkreten Lage und Ausgestaltung zu einer bestimmten Zeit und an einem bestimmten Ort. Das heißt dann auch ganz konkret danach zu fragen:

---

[14] *C. Grethlein*, Theologie und Didaktik, 516 u. *Ders.*, Lernorte religiöser Bildung, in: *R. Schmidt-Rost u.a.* (Hrsg.), Profilierte Bildung, Hannover 2006, 29 u. 45.

–   Findet die Veranstaltung in Räumen eines Gemeindezentrums, eines Jugend-
    heims, einer Akademie oder eines Altersheims statt?
–   Wie sind sie sitzmäßig und apparativ ausgestattet?
–   Welche methodischen und organisatorischen Spielräume bieten die Räumlich-
    keiten? Welche möglichen Störfaktoren sind in ihnen angelegt?
–   ...

2.2 Teilnehmer- und Inhaltsanalyse

Eng verbunden mit der Lernortanalyse ist die Frage nach dem ›Subjekt‹ der je-
weiligen gemeindedidaktischen Aktion, nach ihren ›Nutzern‹: Mit welchem *Teil-
nehmerkreis* ist zu rechnen? Wie ist seine Zusammensetzung nach Alter, Herkunft,
Bildung und kirchlich-religiösen Voraussetzungen und Einstellungen? Welche
Erwartungen bringen die Teilnehmer mit? Ist der Kreis der Teilnehmenden nach
Voraussetzungen und Erwartungen relativ homogen oder eher verschieden? Wie
sieht der *Leiter* seine Einstellung und Aufgabe gegenüber Teilnehmenden und
Thema? Welche *Veranstaltungsart* liegt vor?

Von der Veranstaltungsart und ihrer jeweiligen Intention hängt es wesentlich
ab, welche Bedeutung dem Aspekt der ›*Inhaltlichkeit*‹ für die gemeindedidaktische Reflexion zukommt. Hier bestimmen die Daten und Vorgegebenheiten der
Bedingungsanalyse die thematisch-inhaltliche Dimension in einem solchen Maße,
dass von einer ›vorpädagogischen Sachanalyse‹, wie sie in der religionsunterrichtlichen Fachdidaktik gerade theologischerseits immer wieder diskutiert wird, in der
Regel kein ›Gebrauch‹ gemacht werden dürfte. So gut wie ganz entfällt der In-
haltsaspekt für solche gemeindepädagogische Aktivitäten, die – wie etwa die offene Jugendarbeit – primär themenfrei und ohne inhaltliche Intention strukturiert
sind. Sie entziehen sich genuin gemeindedidaktischer Reflexion im engeren Sinne,
gewinnen aber gerade aus der Sicht kritisch-kommunikativer Didaktik insofern
wiederum didaktische Relevanz und Dignität, als hier statt eines bestimmten Inhalts eine bestimmte Beziehung zwischen Kommunikatoren die eigentliche ›Botschaft‹ sein kann.

Dass sich »Kommunikation des Evangeliums« in einem gemeindlichen Handlungsfeld auch so vollziehen, ja bewusst intendiert sein kann, das dürfte außer
Frage stehen und müsste deshalb auch für die themenfreien gemeindepädagogischen Veranstaltungen entsprechende gemeindedidaktische Reflexion auf den
Plan rufen: Was heißt hier »Kommunikation des Evangeliums«? Wie vollzieht sie
sich im nichtchristlich thematisierten oder themafreien Geschehen offener Jugendarbeit oder Altenarbeit, wie in den Massenmedien oder dem Internet? Hier gilt es,
sich christliche Motivation, Zielsetzung und normative Orientierung bewusst zu
machen und deren impliziten Verbund mit den je besonderen gemeindepädagogischen Aktionen oder Aktivitäten zu bedenken.

Wo eine gemeindepädagogische Veranstaltung unter einer bestimmten Thematik steht und angekündigt ist, dürfte im Normalfall bereits die Themenstellung

und -formulierung auf didaktische Überlegungen zurückgehen. Unter Bezug auf die Ergebnisse der gemeindedidaktischen Bedingungsanalyse müsste dazu das Thema begründet sein in bedachter Übereinkunft aus:

(1) den *Anforderungen, Aufgaben und Intentionen*, die mit dem jeweiligen Handlungsfeld in unserer heutigen Welt, Gesellschaft und volkskirchlichen Situation gegeben sind,

(2) den *Voraussetzungen, Bedürfnissen und Erfordernissen* der je angesprochenen Teilnehmergruppen,

(3) dem *theologischen Gehalt und kirchlichen Bezug* des Themas und

(4) *evangelischer Bildungsverantwortung* im gemeindlichen Binnenbereich wie in gesellschaftlicher Öffentlichkeit.

In solchem didaktisch abgezweckten Konventionsrahmen, der mit dem Thema anspruchsvoll‹ gesetzt ist, hat dann in Bezug auf den theologischen Gehalt auch die theologische Sachreflexion ihren Platz und ihre Berechtigung. Sie ist verlangt, einerlei ob es nun beim Elternseminar um das Thema »Beten mit Kindern«, im Kindergarten um »Ostern feiern«, im Konfirmandenunterricht um den »Heiligen Geist«, in der Gruppenstunde des CVP um das »Waldsterben«, in der Evangelischen Akademie um »Demokratie und Emanzipation« oder im Altenheim um das Thema »Krankheit« geht.

Hier ist man vor allem auf die Arbeit und die Veröffentlichungen der Systematischen Theologie verwiesen und angewiesen, in denen man das jeweilige Thema unter dem verschränkten Doppelanspruch von Schrift- und Zeitgemäßheit aufgearbeitet finden sollte. Das würde die exegetisch-hermeneutische Auseinandersetzung mit der einschlägigen biblischen Überlieferung ebenso einschließen wie die Einbeziehung thematisch relevanter Beiträge und Perspektiven aus Theologiegeschichte und dem weiten Feld gegenwärtiger humanwissenschaftlicher Forschung und müsste nicht zuletzt dem Anspruch genügen, verständlich und vermittelbar zu sein.

Differenziert nach theologischer und didaktischer Vorbildung der Nutzerinnen gibt es in dieser Hinsicht inzwischen für die wichtigsten Themen ein breit gefächertes Angebot und Repertoire an dogmatischer und ethischer Literatur, das von der theologisch-fachwissenschaftlichen Spezialreflexion über Handbucharktikel und didaktisch abgezweckte Zusammenstellungen repräsentativer systematisch-theologischer Positionen bis hin zu den neueren Katechismen und Auswahlsammlungen in Reader-Art reicht. Noch stärker als für die schulische Fachdidaktik gilt dabei für die sachanalytische Vorbereitung des Gemeindepädagogen, dass die Beschäftigung mit dem theologischen Sachgegenstand nur vermittelt über das Thema und in strikter Lernort-Spezifizierung erfolgt. Insofern als sich solchermaßen die Sachvorbereitung von allem Anfang an über den Auswahlfilter des vorgegebenen Themas und des jeweiligen Lernorts vollzieht, sind ihr die Ansprüche und Erfordernisse seiner potentiellen Interessenten bereits inhärent.

2.3 Gemeindedidaktische Reflexion

Die genuin *gemeindedidaktische Reflexion* nimmt sich dieser in der Themenstellung angelegten Implikationen ausdrücklich an und bedenkt die für das Thema elementaren und exemplarischen Inhalte hin auf ihre Bedeutung im gegenwärtigen und zukünftigen Leben und Handeln der Teilnehmer. Je nach der spezifischen Aufgabenorientierung des jeweiligen gemeindepädagogischen Handlungsfeldes, den individuellen Voraussetzungen, Bedürfnissen und Erwartungen der gemeindepädagogisch Beteiligten und den gesellschaftlichen und kirchlichen Vorgegebenheiten werden die Antworten auf diese didaktische Fragestellung ausfallen und in sach-, teilnehmer- und handlungsfeldgemäße *Lernziele* überführt sowie im Horizont der angestrebten Kompetenzen bedacht werden müssen. Unter den vorgenannten kommunikativen Maßgaben sollte das neben anderem Auskunft darüber erteilen:

– welche Informationen für das Thema mitteilenswert sind,
– welche Erfahrungen angerührt, erweitert und neu gemacht werden können,
– welche neuen Einsichten und Haltungen eröffnet und angebahnt werden sollen,
– welche Möglichkeiten, Anstöße und Ermutigungen für das eigene Leben wie das Leben in Gemeinde und Gesellschaft geweckt und entdeckt werden sollten,
– welche übergreifenden Kompetenzen angesprochen und angebahnt werden können.

2.4 Methodische Analyse

Solche gemeindepädagogisch spezifizierte Lernzielbestimmung und Kompetenzreflexion markieren das Feld für die *methodischen Überlegungen*, die unter den institutionell-strukturellen Bedingungen des jeweiligen Handlungsfeldes gemeindedidaktisch angemessene und erfolgreiche Lernwege zu erkunden haben. Im Grundsätzlichen müssen diese sich samt und sonders daran messen lassen, ob sie dem Thema in seiner Verschränkung mit dem angestrebten agapegemäßen Verständigungsgeschehen förderlich sein können oder ob sie ihm im Wege oder entgegenstehen und deshalb nicht beschritten und benutzt werden dürfen. In diesem Sinne kritisch-kommunikativ und -konstruktiv steht im Übrigen der konkreten gemeindedidaktischen Planung das reiche Angebot an methodischen Möglichkeiten und Arbeitsformen frei zur Verfügung, um in den Grenzen des vorgegebenen gemeindepädagogischen Bedingungsrahmens die thematisch gesetzten und begründeten Ziele zu realisieren.

Dazu muss über die strukturell möglichen und für das Thema und die Gruppe besonders geeigneten *Organisations-, Kommunikations- und Inszenierungsformen* – von unterrichtlichen und unterrichtsnahen Formen über freie Formen und komplexe Programme bis hin zu gottesdienstnahen oder gottesdienstlichen Formen – ebenso nachgedacht werden wie über den erforderlichen *Zeitbedarf* und die *Wahl der Sozial- und Aktionsformen* und deren Funktion für den einzelnen Teilnehmer und die Gruppe. Eine Planung nach Lernverlauf und Lernschritten mit Zeitangaben erlaubt schließlich die dementsprechende Zuordnung von Zielsetzungen, Inhalten, Medien und Methoden und kann zu guter Letzt zu einem *Planungsentwurf* als dem ausweisbaren Ergebnis gemeindedidaktischer Arbeit führen. Die bisherigen Ausführungen lassen sich in folgendem Planungsschema bündeln:

3. Vorbereitungs- und Planungsschema gemeindepädagogischer Arbeit

(1) *Lernortorientierte Analyse des didaktischen Bedingungsfeldes*

- Voraussetzungen des spezifischen Lernorts
- Gegebenheiten, zeitlicher Rahmen und Möglichkeiten seiner Vernetzung
- Räumlichkeiten, Ausstattung, Bestuhlung, Kommunikations- und Geselligkeitsmöglichkeiten
- organisatorische, methodische, mediendidaktische und finanzielle Spielräume
- Handikaps, Beschränkungen und Störfaktoren
- Erwarteter und angesprochener Teilnehmerkreis
- Zusammensetzung nach Alter, Herkunft, Bildung, kirchlich-religiöse Voraussetzungen und Einstellungen
- Erwartungen der Nutzer an das Angebot an diesem Lernort, in dieser Situation und unter diesen Bedingungen
- Veranstaltungsort und intentionaler Horizont
- Rolle und Funktion der Leiterin/des Leiters und ihrer Voreinstellungen gegenüber Teilnehmenden, Lernort, möglichem Thema und erwarteten Aktivitäten

(2) *Thematisch-inhaltliche Analyse*

- Inhaltliche Implikationen des Themas/der Veranstaltung/der Aktivität bzw. Aktion
- Theologische, (religions-)pädagogische, human-, sozial- oder naturwissenschaftliche Dimensionen des Themas/der Aktivität
- Fachwissenschaftliche Klärungen und Konkretionen
- Inhaltlich-intentionale Ansätze und Anhaltspunkte in themenfreien gemeindepädagogischen Veranstaltungen

(3) *Gemeindedidaktische Analyse*

- Gegenwartsbeziehung und Zukunftsbedeutung des Themas/der Veranstaltung für die Lernort-Nutzer
- Stellung und Stellenwert in der Gesellschaft vor Ort und der Welt
- Lernortbedingte und thematische Erfahrungsbezüge
- Mitteilenswerte Informationen und Inhalte für Thema und Veranstaltung
- Angestrebte Einsichten, Haltungen und Kompetenzen im lernortspezifizierten Horizont der Kommunikation des Evangeliums

(4) *Methodische Analyse*

- Methodische Möglichkeiten und Beschränkungen am jeweiligen Lernort
- Zugänge, Motivationsmöglichkeiten und themagemäße Lernwege
- Teilnehmerbedachte Auswahl und Begründung geeigneter Sozialformen und Methoden
- Inszenierungsmöglichkeiten symbolischer Kommunikation durch Liturgie, Meditation, Musik, Kunst, Tanz, Bewegung u.a.m.
- Planung des Ablaufs der Veranstaltung in zeitlicher, thematischer und operationeller Hinsicht
- Zuordnung der Methoden sowie Sozial- und Arbeitsformen zu den geplanten Lernschritten und -phasen
- Wahl und Einsatzort der Medien
- Bilanzierung mit der Aussicht auf Vernetzung und Weiterführung
- Werbende und informierende Präsentation und Organisation der Veranstaltung

4. Gemeindepädagogischer Bildungsplan

Die bisherigen Ausführungen hatten die Vorbereitung und Durchführung der jeweils einzelnen gemeindepädagogischen Aktion oder Veranstaltungsreihe im Blick. Darüber hinaus geht es aber

- *zum einen* um einen Gesamtplan und Gesamtprofil aller genuin gemeindepädagogischen Tätigkeiten der Kirchengemeinde (einschließlich der längerfristigen Planungsperspektiven),
- *zum anderen* um die Dimension des Zusammenspiels und der Vernetzung der unterschiedlichen Lernorte religiöser Bildung (Schule, Gemeinde, Familie, Region usw.),
- *zum Dritten* um den Zusammenhang aller Aktivitäten in der Kirchengemeinde (Gottesdienste, Seelsorge, Diakonie etc.) untereinander
- *und schließlich* um eventuelle langfristige Entwicklungsperspektiven der Kirchengemeinde und die Konsequenzen, die sich daraus für die gemeindepädagogische Arbeit ergeben (z.B. Kooperation mit Nachbargemeinden in der Konfirmandenarbeit, Regionalisierung der Jugendarbeit auf der Kirchenkreis- oder Kirchenverbandsebene, Profilbildung der einzelnen Gemeinde usw.).

All dies erfordert eine längerfristige Planungsperspektive. Darum geht es in den Überlegungen dieses Schlussteiles. Dabei soll versucht werden, die Komplexität der Materie zu reduzieren und in einem praktikablen Raster für die Gesamtplanung zu konkretisieren.

4.1 Zur Planung in der Kirchengemeinde

Die gemeindepädagogische Arbeit mit und für Kinder, Jugendliche und Erwachsene hat teil an der kirchlichen Grundaufgabe der »Kommunikation des

Evangeliums von der Liebe Gottes«. Sie geschieht einerseits in genuin (d.h. über-wiegend) pädagogisch akzentuierten Handlungsfeldern (z.B. Konfirmandenarbeit) und vollzieht sich andererseits in dimensionaler Hinsicht, indem sie ganz unter-schiedliche Verbindungen mit anderen kirchlichen Aktionsformen (z.B. Gottes-dienst) eingeht.[15] Formuliert man diese Doppelheit gemeindepädagogischer Voll-züge aus der Perspektive des aneignenden Subjekts, so ergibt sich für die Zielbe-stimmung der religiösen Bildung daraus die Dialektik von »Lernen, als Christ zu leben« und »Lernen, was es heißt, als Christ zu leben«. Bevor wir ein Raster für die Planung bereitstellen, sei zunächst noch auf die Frage der Qualität, der persön-lichen und sächlichen Voraussetzungen und möglicher Schritte einer Planung eingegangen.

(1) *Gesellschaftliche Veränderungen und Qualitätsstandards.* Damit die eben beschriebene Aufgabe wahrgenommen werden kann, ist ein gemeindliches/kirch-liches Angebot erforderlich, das der »Kommunikation des Evangeliums« vollin-haltlich gerecht wird und heutigen pädagogischen Qualitätsansprüchen Genüge tut. Das macht eben eine gute Planung für alle Prozesse religiöser Bildung erfor-derlich, die aber nicht nur jeweils aktuell, sondern auch mittel- und langfristig erfolgen muss. Die heutige Vielfalt der Lernorte und Lerngelegenheiten[16] macht eine Abstimmung und Koordination in jedem Falle erforderlich. Die im Folgenden kurz skizzierten gesellschaftlichen und lebensweltlichen Veränderungsprozesse werden darüber hinaus in Zukunft Umstrukturierungen in den gemeindepäd-agogischen Angeboten erforderlich machen[17], will man nicht im Abseits landen.

In der Vergangenheit war es so, dass die gemeindepädagogischen Aktivitäten in ihrem Kern geradezu »Selbstläufer« waren. Die kirchlich-institutionellen Vor-gegebenheiten und die volkskirchlichen Rahmenbedingungen sorgten mehr oder minder für die Konstanz und Kontinuität der einzelnen Handlungsfelder (z.B. Kindergottesdienst, Konfirmandenunterricht, Frauenkreis). Das ist heute durchaus nicht mehr der Fall. Die »Rekrutierung« der Kirchenmitglieder vollzieht sich nicht mehr primär über die institutionellen Angebote, sondern auf Grund von eigener Wahl und in starkem Maße auf dem Wege der Erfahrung von persönlicher Au-thentizität von Christen.

Dazu kommen der Prozess der Individualisierung und die Existenz einer größe-ren Zahl von konkurrierenden Angeboten zur Lebensorientierung und Sinngewin-nung durch andere religiöse Gruppierungen, Religionsgemeinschaften, Institutio-

---

[15] S. im Artikel von *G. Adam/R. Lachmann,* Was ist Gemeindepädagogik?, Teil 2.3 (Ge-meindepädagogik – dimensional bedacht)..

[16] S. o. Teil 2.1 (Bedingungs- und Lernortanalyse).

[17] Dies gilt selbst für ein so »stabiles« gemeindepädagogisches Handlungsfeld wie die Konfirmandenarbeit: s. dazu unten den Beitrag von *G. Adam,* Konfirmandenarbeit: Pro-fil und Perspektiven. Drei weitere Beispiele: Wie sieht die Zukunft des Kindergottes-dienstes aus? Wohin entwickelt sich die Frauenarbeit? Wo liegt die Zukunft der Jugend-arbeit?

nen, Verbände und Einrichtungen ganz unterschiedlicher Art und Qualität, die einstige Monopolstellung der Kirchen in Fragen religiöser Orientierung beendet haben.

Ebenso bleiben die tiefgreifenden Veränderungen der Lebenswelten (durch den Prozess der gesellschaftlichen Differenzierung und Modernisierung, die [weiterhin] wachsende Mobilität der Menschen sowie die Veränderung der Formen der Aneignung von Inhalten und des Lernens [der »visual turn«, der Eventcharakter von Veranstaltungen, die Veränderung der Motivationsstrukturen]) nicht ohne Folgen für Gestalt und Struktur gemeindepädagogischer Angebote.

Die genannten Zusammenhänge und Veränderungen sind für die gemeindepädagogische Planung unter den heutigen Bedingungen zu beachten. Ein attraktives gemeindepädagogisches Angebot stellt sich nicht mehr von allein ein, sondern es bedarf der gemeinsamen Beratung, der Planung und der Umsetzung in die bisher gewohnten, aber auch in reformierte oder gar neue Aktivitäten. Im Übrigen sollte die Aufgabe religiöser Bildung angesichts ihres Umfangs und ihrer Relevanz im Leitbild einer jeden Kirchengemeinde als eine Kernaufgabe verankert werden.

(2) *Personelle und sächliche Voraussetzungen*. Die Fragen solcher Gesamtplanung sind auch im Kirchenvorstand der Gemeinde zu beraten. Vor allem bei den Haushaltsberatungen ist zu bedenken und zu entscheiden, ob und wie viel Geld man für die gemeindepädagogische Arbeit bereitstellen kann und will. Da die finanziellen Mittel jeder Gemeinde in der Regel geringer sind als der gesamte Bedarf, sind Prioritäten zu setzen. In jedem Falle ist darüber Rechenschaft abzulegen, welche ehren- und hauptamtlichen Personen, welche räumlichen Möglichkeiten und welche finanziellen Mittel vorhanden sind und welche Ressourcen möglicherweise zusätzlich gebraucht werden. Dies alles ist nicht dem Zufall zu überlassen, vielmehr werden durch die zuständigen Personen und Gremien die relevanten Entscheidungen zu treffen sein. Dabei geht es vor allem um:

- das Zeitbudget der haupt- und ehrenamtlichen Mitarbeiter*innen* einer Gemeinde,
- die Frage der Räumlichkeiten und sächlichen Ausstattung (Geräte, Medien usw.),
- den Finanzhaushalt. Wofür und in welchem Umfang eine Gemeinde Mittel zur Verfügung stellt, das ist ja auch ein Indikator *dafür*, was man als wichtig ansieht.

Ein solches Bemühen um die gemeindepädagogische Arbeit ist ein Prozess, in dem jede Gemeinde den für ihre spezifischen Bedürfnisse geeigneten Weg nur selbst bedenken kann und finden muss. Denn es kann nicht darum gehen, ein Einheitskonzept für alle Kirchengemeinden auszuarbeiten und zu verordnen. Vielmehr gilt es, der Vielfalt der Kirchengemeinden gerecht zu werden und dieser Vielfalt konkrete Gestalt zu verleihen. Dabei ist es so, dass es eine Reihe von Fragen gibt, denen man sich im Zusammenhang einer solchen Gesamtplanung stellen muss, wenn man das eigene gemeindepädagogische Profil neu erarbeiten bzw. weiterentwickeln will.

(3) *Schritte der Planung.* Wo man eine solche gemeindepädagogische Gesamt-konzeption entwickeln will, gilt es zunächst einmal wahrzunehmen, was es alles an Aktivitäten in den unterschiedlichen Handlungsfeldern bereits gibt. Die Ver-bindung in einem gemeinsamen Rahmen ist auch in der Hinsicht hilfreich, dass man sich darüber klar werden kann, wo man die Kräfte bündeln möchte und wo die Schwerpunkte der gemeindlichen Aktivitäten in Zukunft liegen sollen. Gerade in einer Zeit knapper werdender Finanzen ist eine bewusste Planung wichtig. Dabei sind auch Fragen nach den Kooperationsmöglichkeiten mit Nachbarge-meinden und in Region und Kirchenkreis zu bedenken. Zum Teil wird die Koope-ration und Vernetzung der Kirchengemeinde von außen »auferlegt«, wenn z.B. der Diakon oder die Gemeindepädagogin nicht mehr auf Gemeinde-, sondern auf Kirchenkreis- oder Gemeindeverbands-, resp. Stadtkirchenverbandsebene ange-stellt und der eigenen Gemeinde mit einem Anteil des Stundendeputates zugewie-sen wird.

Ein Prozess für einen gemeindepädagogischen Gesamtplan kann sich etwa in folgenden Schritten vollziehen:[18]
– Zunächst wird erhoben, was es an Aktivitäten gibt. (Was gelingt? Wo liegen Schwerpunkte? Welche Aufgaben gibt es?)
– Anschließend wird überlegt, welche Ziele zur Weiterentwicklung des gegen-wärtigen Zustandes in den Blick »genommen werden sollen« (Was gelingt be-reits? Was gehört zum selbstverständlichen Grundbestand? Was soll verstärkt werden? Soll etwas verändert werden? Soll etwas reduziert werden? Sollen neue Initiativen gesetzt werden?)
– Sodann wird geprüft und entschieden, was umgesetzt werden soll und kann. (Was können wir verändern? Wie sind die Aussichten? Was ergibt sich als Folgen?)
– Es folgt die Phase der Realisierung:
Was? – inhaltlich
Wie? – methodisch
Wann? – zeitliche Abfolge
Wer? – personelle Schritte
Mit wem? – Kooperationen
Mit was? – Finanzen, Räume, Ressourcen ...,
– Schließlich werden die Ergebnisse reflektiert. (Wer? Wann? Nach welchen Kriterien?)

---

[18] Im Folgenden nehmen wir Anregungen auf aus: Visionen erden – Der Vielfalt Gestalt geben, hrsg. von der *Kirchenleitung der Evangelischen Kirche im Rheinland,* Düsseldorf 2001, Abschnitt Schritte M 2.

Für eine Gesamtplanung ist es wichtig, auch die Frage der Kooperation mit anderen Kirchengemeinden in der Region und im Kirchenkreis einzubeziehen. Ebenso wichtig ist es, die Vernetzung mit dem schulischen Religionsunterricht im Blick zu behalten. Die gemeindepädagogischen Arbeitsfelder und der schulische Religionsunterricht haben ihr je eigenes Profil. Beide sind Ausdruck der kirchlichen Bildungsverantwortung, ergänzen sich aber und brauchen sich gegenseitig.

4.2 Raster für die Gesamtplanung

Um die bisherigen Überlegungen zu konkretisieren sei im Folgenden in Form einer tabellarischen Übersicht ein Planungsraster für die gemeindepädagogische Arbeit dargeboten.[19] Dabei beschränken wir uns – aus Gründen des Umfangs – auf die pädagogischen Handlungsfelder im Kindes- und Jugendalter, beziehen aber Gottesdienstaktivitäten mit ein, um den dimensionalen Aspekt der Gemeindepädagogik zu verdeutlichen. Bei den Darlegungen ist keine Vollständigkeit aller möglichen Aktivitäten angestrebt. Hier sind eigene Ergänzungen durchaus erwünscht und notwendig.[20]

---

[19] Vgl. *G. Adam*, Arbeit mit Kindern planen, in: *Evangelischer Oberkirchenrat Wien* (Hrsg.), Kirche mit Kindern. Eine Arbeitshilfe, Wien 2002, 21–30; *Evangelische Landeskirche des Kantons Thurgau*, Kirche, Kind und Jugend. Konzept und Verordnung, Frauenfeld 1999.

[20] Zum Bereich Kinder bietet jetzt die grundlegende Veröffentlichung von *M. Spenn u.a.* (Hrsg.), Handbuch Arbeit mit Kindern. Evangelische Perspektiven, Gütersloh 2007 eine Übersicht zur Vielfalt evangelischer Kinderarbeit. Zur Erwachsenenbildung und Altenbildung siehe unten die entsprechenden Artikel.

Übersichtsschema: Kinder- und Jugendarbeit

Arbeitsfelder und Zielgruppen

Altersstufen/ Zielgruppen	Religiöse Bildung/ Unterricht	Kirchliche Feiern/ Gottesdienste	Arbeit mit Kindern und Jugendlichen
Elementarbereich	*(Lernort Gemeinde)* ▪ Taufgespräch, Vermittlung von Literatur ▪ Kurs über religiöse Kindererziehung	▪ Familiengottesdienste ▪ Einladung zum Kindergottesdienst (ab dem 4./5. Jahr) ▪ Tauferinnerungsgottesdienste ▪ Gottesdienst zum Abschluss der Kindergartenzeit	▪ Krabbelgruppen ▪ Eltern-Kind-Gruppen (evtl. gemeindeübergreifend)
Grundschule (1.-4. Klasse)	*(Lernort Schule)* ▪ 1 oder 2 Std. ▪ pro Woche ▪ Schulgottesdienste	▪ Kindergottesdienst ▪ Familiengottesdienst	▪ Jungschar ▪ Kinderbibelwoche ▪ Christenlehre ▪ Kinder- und Jugendchor ▪ Lager ▪ Projekte ▪ Ferienaktionen ▪ Kindernachmittage ▪ KU3/4 ▪ Kindergruppen 8–13 J. ▪ Mitarbeiterfortbildung
Gottesdienste zur Begrüßung/zum Abschluss			
Sekundarstufe I (5.–8./9. Klasse)	▪ 1 oder 2 Std. pro Woche ▪ Schulgottesdienste	▪ Familiengottesdienste und ähnliche Feiern, auch zus. Elementarbeit	▪ Teenagertreff ▪ Projekte: z.B. Musical, Theater ▪ Jugendchor ▪ Kinderbibelwoche ▪ Lager ▪ Projekt Krippen-

			spiel • Kirchentagsbe- such begleiten • Konfirmandenar- beit (s. folgende Querspalte)
Konfirmandenar- beit (7./8. Kl.)	• festges. Std.-zahl • Diakonieprakti- kum • Blockunterricht • Wochenendfrei- zeit • Konfi-Tag • KU-Lager	• Gemeindegottes- dienst (Mitgestal- tung) • Gottesdienste für junge Leute • Kurssystem • Präsentationen aus KA in der Kirche	• Jugendchor • Jugendgruppe • Eine-Welt-Projekt • KU-Fortbildung • Projekt Krippen- spiel
Konfirmation (Vorbereitung/Vorstellungsgottesdienst/Gottesdienst) **Gottesdienste zur Begrüßung/zum Abschluss**			
Oberstufe (10.–12. Klasse)	• 1 oder 2 Std. pro Woche (Kurs, Projekt)	• Familiengottes- dienste oder ähn- liche Feiern auch zusammen mit der Gemeinde • Jugendgottes- dienste • Gemeindegottes- dienst	• Mitarbeit in Jugendarbeit • Mitarbeit in KA • Lagerleitung • Jugendchor • Mitarbeit im KiGo • Mitarbeit im KU- Team • Projekte
Jugendliche		• Gottesdienste für junge Leute • Gemeindegottes- dienst	• Jugendgruppe • Führung • Leitertreff • Gemeindeprojekte • Gesprächskreise • Mitarbeit im KA • Mitarbeit in kirchl. Gruppen und Gremien

Bei diesem Raster ist noch Folgendes zu bedenken: es gibt Angebote, die je nach Situation und Größe der Gemeinde und nach den Gegebenheiten/Möglichkeiten der Zusammenarbeit lokal oder regional durchgeführt werden.

Daher ist das Raster um eine zusätzliche Spalte zu erweitern, auf die wir hier aus Raumgründen verzichtet haben. In dieser Spalte sind die außer- und übergemeindlichen Aktivitäten, an denen man partizipiert (Kirchentag, Jugendtage in der Region und auf der Landeskirchenebene, Teilnahme an Fahrten und Lagern des Landesjugendpfarramtes etc.), und Kooperationen (mit Nachbargemeinden [z.B. bei der gemeinsamen Durchführung der Konfirmandenarbeit], Kirchenkreis [z.B. Frauentreffen] etc.) aufzuführen.

Alle Aktivitäten, die im gemeindepädagogischen Gesamtplan aufgeführt sind, schlagen sich nieder im Zeitbudget der haupt- und ehrenamtlichen Mitarbeiter*innen* der Gemeinde, in der Nutzung von Räumlichkeiten und Geräten sowie in finanziellen Kosten. All dies ist wiederum in der folgenden Übersicht in einem »Schema der notwendigen Ressourcen« aufgelistet.

Schema der notwendigen Ressourcen

Mitarbeiterinnen und Mitarbeiter (haupt- und ehrenamtlich)
- Pfarrer*in*
- Gemeindepädagog*in*
- Jugendgottesdienstleiter*in*
- Kindergottdienstleiter*innen*
- Jungscharleiter*innen*
- KU-Team
- Projektbezogene freiwillige Mitarbeiter*innen* (z.B. Eltern, ältere Schüler*innen*)

Kirchenvorstand
- Ressort Kindergottesdienst: 1 Person
- Ressort Religionsunterricht/Kinder- und Jugendarbeit: 1 Person

Gebäude
- Kirche
- Gemeindehaus mit Räumen/Gemeinderaum für Eltern-Kind-Gruppen, Kindergottesdienst, Jungschar, Konfirmandenarbeit, Altenarbeit usw.

Finanzen
- Ausgaben für Material und Materialien (Moderationskoffer, Papier, Stifte, Bücher für die Mitarbeiter, Liederhefte etc.)
- Neuanschaffung, Reparatur, Ergänzung von Geräten (Projektor, Pinnwand etc.)
- Evtl. Personalkosten (Auslagenersatz, Aufwandsentschädigung)
- Aufwendungen und Beiträge für Kinderbibelwochen, Freizeitlager und Veranstaltungen
- Kosten für die Weiterbildung von ehren- und hauptamtlichen Mitarbeitenden
- Sonstiges

Die Kinder und Jugendlichen entfalten in jeder Altersstufe neue Fähigkeiten im Erkennen, Handeln und Gefühlsleben. Die Kirchengemeinde nimmt die Kinder und Jugendlichen auf jeder Entwicklungsstufe als eigene Persönlichkeiten ernst, bietet Raum zum »Lernen, als Christ zu leben« und zum »Lernen, was es heißt, als Christ zu leben.« Stärkung im Glauben, Lebensorientierung, seelsorgerliche Hilfe und Erfahrungen von Gemeinschaft fügen sich dabei zueinander. Kinder und Jugendliche sollen dabei die Kirchengemeinde als einen Ort erleben, wo Glaube gelebt wird, wo man ihre Anliegen ernst nimmt, wo man bereit ist für eine offene Beschäftigung mit Glaubens- und Lebensfragen und wo man ihnen Raum gibt für altersgemäße Aktivitäten.

Die religiöse Bildung von Kindern und Jugendlichen vollzieht sich in den Bereichen Religionsunterricht, kirchliche Freizeitangebote und kirchliche Feiern/ Gottesdienste. Diese Bereiche ergänzen sich gegenseitig, sind einander gleichgestellt und profitieren von einer Vernetzung.

Literatur

Adam, Gottfried, Arbeit mit Kindern planen, in: *Evangelischer Oberkirchenrat Wien* (Hrsg.), Kirche mit Kindern. Eine Arbeitshilfe, Wien 2002, 21–30.

Evangelische Landeskirche des Kantons Thurgau, Kirche, Kind und Jugend. Konzept und Verordnung, Frauenfeld 1999.

Grethlein, Christian, Theologie und Didaktik. Einige grundsätzliche Verhältnisbestimmungen, in: ZThK 104/2007, 503-525.

Kirchenrat der Evangelisch-reformierten Landeskirche des Kantons Zürich, aufwachsen – aufbrechen. Religionspädagogisches Gesamtkonzept, Zürich 2004.

Klafki, Wolfgang, Zur Unterrichtsplanung im Sinne kritisch-konstruktiver Didaktik, in: E. *König*/N. *Schier*/U. *Vohland* (Hrsg.), Diskussion Unterrichtsvorbereitung, München 1980, 13–44.

Zweiter Teil:
Gemeindepädagogische Handlungsfelder

7. Norbert Mette
Religiöse Erziehung in der Familie

Die erste soziale Umgebung für ein neu geborenes Kind ist die Familie, zunächst vor allem verkörpert durch die Mutter. Unter welchen familiären Bedingungen es aufwächst, ist grundlegend und prägend für seine ganze weitere Persönlichkeitsentwicklung.

1. Familie als Ort der Menschwerdung

Es hängt eben viel für die Menschwerdung eines Menschen davon ab, ob er beispielsweise als Kind elterliche Zuwendung zu spüren bekommt oder Ablehnung, ob es in seiner Entwicklung zu immer größerer Selbstständigkeit von den Eltern gefördert oder ob es in überfürsorglicher Abhängigkeit gehalten wird, ob es in einer seine Sinne und sein Denken anregenden Umgebung aufwachsen kann oder ob sein Ambiente es eher emotional und geistig abstumpfen lässt, ob über die Familie sich die sozialen Kontakte erweitern oder ob die Familie sich nach außen abkapselt u.a.m.

Es sind jedoch nicht nur die Kinder, für deren Persönlichkeitsentwicklung die Familie ein entscheidender Ort ist. Auch für die erwachsenen Partner verändert sich mit der Geburt eines Kindes ihre Weise der Beziehung zueinander und des Zusammenlebens nicht unerheblich. Sofern sie das Kind bzw. die Kinder wirklich an- und aufnehmen, erfahren sie es bzw. sie als Bereicherung auch für sich selbst, und zwar sowohl für ihre je individuelle als auch für ihre gemeinsame Weiterentwicklung. Aber auch der Umkreis derer, um die man sich sorgt, wird größer. Dass der Umgang mit Kindern nicht immer nur mit Freude verbunden ist, sondern sich auch schwierig gestalten und belastend werden kann, muss nüchtern gesehen werden. Familiäre Beziehungen können auch scheitern.

Nicht zuletzt spielt für die Bedingungen des familiären Zusammenlebens eine Rolle, ob den Eltern und Kindern die dafür notwendigen materiellen Ressourcen zur Verfügung stehen. Das Kind, das von früh an durch seine Arbeit mit dazu beitragen muss, dass seine Familie überlebt, hat erheblich andere Voraussetzungen für seinen Werdegang als das Kind, dessen Zimmer mit Spielsachen zuhauf ausgestattet ist. Ob dieses darum auch in seiner emotionalen Reifung begünstigt ist, ist allerdings nicht schon aufgrund des materiellen Wohlstands ausgemacht. Verwahrloste Kinder sind vermehrt auch in den reichen Bevölkerungsschichten anzutreffen. Darüber hinaus nimmt die Zahl der soziopathogenen Kinder und Jugendlichen, die völlig empfindungslos gegenüber der Brutalität sind, mit der sie gegen andere vorgehen, in erschreckendem Maße zu.

Häufig werden solche Phänomene kurzschlüssig auf einen vermeintlichen Ver- bzw. Zerfall der Familien zurückgeführt. Sozialwissenschaftliche Studien lassen gegen eine solche Krisendiagnose sprechen.[1] Schon immer war die Familie ein soziales Gebilde, das Veränderungen durchgemacht hat und deswegen auch im Laufe der Geschichte in unterschiedlichen Konstellationen begegnet.[2] Kennzeichnend für die heutige Situation ist das Nebeneinander heterogener Familienformen, die aufgrund von »unterschiedlichen Rollenzusammensetzungen (Elternfamilien mit bzw. ohne formale Eheschließung sowie Mutter- bzw. Vater-Familien) und Familienbildungsprozesse (durch Geburt, Adoption, Scheidung/Trennung, Verwitwung, Wiederheirat, Pflegeschaft)«[3] mehr oder weniger differieren. Hinzukommt die Möglichkeit, dass es zu einem Wechsel von einer Familienform zu einer anderen kommen kann, und die Tatsache, dass jede Familie schon allein aufgrund der biographischen Veränderungen ihrer Angehörigen ihrerseits einem Entwicklungsprozess unterliegt.

Wenn bei all dem etwas auszumachen ist, das allen Familienformen gemeinsam ist und darum als konstitutiv für die Familie angegeben werden kann, so ist es die Beziehung zwischen zwei Generationen in Gestalt eines mehr oder weniger eng aufeinander bezogenen Eltern-Kind-Verhältnisses, das durch besondere Formen der Kooperation der Angehörigen miteinander und der Solidarität untereinander charakterisiert ist.[4] Thematisch sind die Familien zu einem auf Kinder spezialisierten Lebenszusammenhang geworden.

Mit Blick auf diese ihre Kernleistung der Gestaltung von allen Mitgliedern zugute kommenden intergenerationellen Beziehungen kann der Mehrheit der heutigen Familien bescheinigt werden, dass sie in einer guten Verfassung sind. Diese Feststellung darf allerdings nicht übersehen lassen, dass die Veränderungen im partnerschaftlichen und familiären Zusammenleben[5] für die Sozialisation und

---

[1] Vgl. u.a. *R. Nave-Herz,* Familie heute. Wandel der Familienstrukturen und Folgen für die Erziehung heute, Darmstadt ²2002; *F. Busch/R. Nave-Herz* (Hrsg.), Familie und Gesellschaft. Beiträge zur Familienforschung, Oldenburg 2005; *K. Lüscher u.a.* (Hrsg.), Die »postmoderne« Familie, Konstanz 1988.

[2] Vgl. *R. Peuckert,* Familienformen im sozialen Wandel, Wiesbaden ⁵2004.

[3] *M. Domsgen,* »Familie ist, wo man nicht rausgeworfen wird«. Zur Bedeutung der Familie für die Theologie – Überlegungen aus religionspädagogischer Perspektive, in: ThLZ 131/2006, 468–486, hier: 468f.

[4] Vgl. ebd., 468.

[5] Vgl. dazu als instruktiven Überblick aaO., 470–474. M. Domsgen führt dort folgende sieben Entwicklungen im familiären Bereich an. 1. Der Verbindlichkeits- und Verpflichtungscharakter der Ehe nimmt deutlich ab. 2. Die Pluralisierung der familialen Lebensformen nimmt zu. 3. Die Familieneinheiten werden kleiner. 4. Die Eltern-Kind-Beziehung wird immer wichtiger. 5. Die innerfamiliale Arbeitsteilung ändert sich kaum. 6. Die Bedeutung der außerfamilialen Betreuung wächst. 7. Die strukturellen Schwierigkeiten werden nicht kleiner.

Erziehung der Kinder ambivalente Folgen zeitigen, die nicht nur pädagogisch, sondern auch religionspädagogisch bedeutsam sind:[6]

– Die Tatsache, dass Kinder heute in der Regel »Wunschkinder« sind – und im Übrigen das auch wissen -, bringt für sie vielfach etwas Zwiespältiges mit sich: Auf der einen Seite wird ihnen ein hohes Maß an ihnen bewusst geschenkter Aufmerksamkeit und Zuwendung seitens ihrer Eltern zuteil; auf der anderen Seite richten diese aber auch – nicht selten eigene Bedürfnisse kompensierende – Erwartungen und Ansprüche an sie, die sie leicht überfordern können.

– Auch wenn allen Befunden zufolge von einer partnerschaftlichen Arbeitsteilung zwischen Mann und Frau im Haushalt noch längst keine Rede sein kann, gibt es Tendenzen zur Veränderung der Vater- und Mutter-Rollen in der jeweiligen Beziehung zum Kind bzw. zu den Kindern. Mit dem Schlagwort der »neuen Väterlichkeit« wird ein Trend umschrieben, dass sich immer mehr Männer stärker an der Erziehung ihres Kindes bzw. ihrer Kinder beteiligen oder dies jedenfalls wünschen. Dass eine außerhäusliche Erwerbstätigkeit Auswirkungen für die Wahrnehmung der Mutterschaft hat, liegt auf der Hand. Nur bedeutet das keineswegs, dass damit eine qualitative Einbuße auf der Beziehungsebene zwischen Mutter und Kind einhergehen muss. Übrigens bringt die Berufstätigkeit beider Elternteile es für immer mehr Kinder mit sich, dass sie es mit einer dritten bis hin zu einer sechsten Bezugsperson zu tun bekommen – ein Phänomen, das vormals ein durchaus verbreitetes Privileg derjenigen gesellschaftlichen Schichten war, die sich das leisten konnten.

– Dass es einen Unterschied macht – wie auch immer -, ob ein Kind in einer Familie als »Einzelkind« aufwächst oder gemeinsam mit Geschwistern (wobei die Position in der Geschwisterfolge nochmals eigens eine Rolle spielt), sei zusätzlich vermerkt.

– Was auch die Kinder bereits zumindest spüren, wenn sie es nicht mehr oder weniger drastisch erleben, ist die Tatsache, dass ein gedeihliches partnerschaftliches und familiäres Zusammenleben alles andere als selbstverständlich, sondern dass es vielmehr höchst brüchig und vom Scheitern bedroht ist und dass es darum ständig neuer gemeinsamer Anstrengungen bedarf, soll es in einer für alle Beteiligten förderlichen Weise – und somit nicht bloß als eine aus je individuellen Interessen pragmatisch gebildete Wohn- und möglicherweise Essensgemeinschaft – aufrechterhalten und weitergeführt werden.

– Stärker als in früheren Generationen sind Kinder von früh an mit den heterogensten Sozialisationseinflüssen konfrontiert, die die im Elternhaus ge- und erlebten Werte und Weltsichten relativieren und es ihnen erschweren, allererst ein für sie verbindliches normatives Bezugssystem auszubilden, das sie in die Lage versetzt, sich auf den Pluralismus kritisch-konstruktiv einzulassen und nicht einem totalen Relativismus anheim zu fallen.

---

[6] Vgl. *F.-X. Kaufmann,* Zukunft der Familie im vereinten Deutschland, München 1995, 128–137.

Es zeigt sich, dass alle maßgeblich gewordenen gesellschaftlichen Entwick-
lungstrends sich gewissermaßen brennspiegelartig in der heutigen Familie bündeln: die Individualisierung von Lebenslagen, die Pluralisierung von Lebensstilen,
die Erweiterung des Spielraums für persönliche Optionen, die Abschwächung
institutioneller Verbindlichkeiten, die Zunahme von Kontingenzen und Risiken in
der Mit- und Umwelt u.a.m. Ein Punkt sei noch gesondert herausgegriffen, weil er
immer größeren Einfluss bis in das familiäre Zusammenleben hinein zeitigt und es
bedroht: die zunehmende Ökonomisierung aller Lebensbereiche. Wie sehr ein
vom ökonomischen Kalkül gesteuertes Denken und Handeln den Eigenerforder-
nissen eines erzieherischen Umgangs insbesondere mit Kleinkindern zuwiderläuft,
hat *Ursula Peukert* am Beispiel der unterschiedlichen Zeitrhythmen wie folgt
deutlich gemacht: »Aus der Perspektive eines ökonomischen Handelns, das allein
an Effizienzsteigerung durch Beschleunigung und damit an verkürzten Investiti-
onszyklen orientiert ist, muss gerade die Erziehungsarbeit mit kleinen Kindern als
unproduktiv, ja systemfremd erscheinen. Diese Arbeit braucht gemeinsam geteilte,
soziale Zeit und die geduldige Aufmerksamkeit auf Vorgänge, die sich weder
beliebig beschleunigen noch zeitlich aufschieben lassen, und kollidiert deswegen
am stärksten mit den Anforderungen an Beschleunigung und Effizienz, die den
Erwerbsbereich bestimmen.«[7]

Das Bemühen, mit dem Kind Verständigung über gemeinsam geteilte Bedeutungen auszuhandeln und so der alltäglichen Welt erst Sinn zu verleihen, folge
einer anderen Logik. Denn erst aus der Erfahrung von absichtslosem Wohlwollen
und einfühlender Fürsorge erwachse im Kind die Fähigkeit, andere Menschen als
andere wahrzunehmen, sie anzuerkennen und eine gemeinsam geteilte Welt aufzubauen. Dazu brauche es Zeit, und zwar Zeit, die man nie exakt vorausplanen
könne. Solche »sozialisatorischen Schneckentempi« würden, so die These von
Ursula Peukert, von den durchrationalisierten ökonomischen Zeitrhythmen zunehmend überholt und verdrängt.

Es ist diese von ökonomischen Interessen diktierte Verknappung von Zeit und
– ähnlich – von Raum, die sich nachhaltig auf die Beziehungsebene auswirkt: Ein
Umgang miteinander vor allem im Nahbereich, in Partnerschaft, Familie, Freundschaft u.ä., lebt davon, dass gegenseitig möglichst das Beste gewollt wird und die
Beteiligten es sich untereinander zukommen lassen, ja manchmal auch, dass die
Einen zugunsten des Anderen auf etwas verzichten. Beschenken und Beschenkt-
werden bilden die Grundvollzüge eines solchen Umgangs. Sobald ein berechnen-
des Moment dazwischenkommt – ich gebe dem Anderen nur so viel, wie er verdient oder wie ich meinerseits von ihm erwarten kann –, ist der Anfang vom Ende
dieser Beziehung gesetzt. Gerade für Familien ist es entscheidend, dass sie auf
solchen Beziehungen nach dem Muster des absichtslosen Gebens und Empfangens
gründen. Je stärker sie sich in einem Kontext vorfindet, in dem allein das ökono-

---

[7] *U. Peukert,* Der demokratische Gesellschaftsvertrag und das Verhältnis zur nächsten
Generation, in: Neue Sammlung 37/1997, 277–293, hier: 285; vgl. zum Folgenden ebd.

mische Kalküldenken herrscht, desto prekärer wird ihre Lage. Dabei müsste dem ökonomischen Sektor bewusst sein, dass, wenn seine Rationalität bis in die zwischenmenschlichen Beziehungen eindringt, er genau das zerstört, worauf er angewiesen ist: die Möglichkeit, dass sich das ausbilden kann, was in ökonomischer Diktion bezeichnenderweise »Humankapital« genannt wird und womit Tugenden wie Ehrlichkeit, Treue, Fleiß, Verantwortungsbereitschaft u.ä. gemeint sind – etwas, wofür bislang die Familie der primäre Ort der Vermittlung und Einübung war.

Wie noch zu zeigen sein wird, gelingt eine religiöse Familie in der Familie und durch sie umso besser, wie sie an den dort gemachten Erfahrungen eines beziehungsreichen Miteinanders anknüpfen kann. Gerade darum gehört es auch zur religionspädagogischen Verantwortung, sich darum zu kümmern, dass die entsprechenden strukturellen Bedingungen vorhanden sind bzw. herbeigeführt werden, und sich dagegen zur Wehr zu setzen, dass die Familien der Möglichkeit, ihren Eigensinn zur Geltung bringen und gestalten zu können, beraubt werden.

2. Familie als ein religionsgenerativer Ort

Weithin herrscht die Einschätzung vor, dass im Vergleich zu früher, als das Familienleben von morgens bis abends von religiösen Ritualen mitgeprägt und von religiösen Symbolen umgeben war, die heutige Familie säkular geworden sei. Das trifft jedoch nur bedingt die Realität. So hat etwa der Kinder-Survey von *Jürgen Zinnecker* und *Rainer K. Silbereisen* aus den frühen neunziger Jahren des vergangenen Jahrhunderts überraschend Belege für eine starke Wirksamkeit der religiösen Familienerziehung zu Tage gefördert. Friedrich Schweitzer gibt den Befund wie folgt wieder: »Anders als frühere Untersuchungen, die auf ein deutliches Nachlassen der religiösen Familienerziehung verweisen (…), wird hier zum einen ›eine, im Vergleich zur vorhergehenden Generation, fast unveränderte Intensität der Weitergabe religiöser Wertvorstellungen‹ beobachtet sowie zum anderen, dass die ›kulturelle Tradierung qua Familiensozialisation in diesem Bereich besonders hoch und direkt ist‹, also viel stärker als etwa die ›Weitergabe von Sportkultur, einer Kultur des sozialen Aufstiegs‹ und sogar deutlich ausgeprägter als der ›Transfer von Bildungsorientierung und Bildungserfolg‹.«[8] Ob allein deswegen die Behauptung von der Säkularisierung im Kinderzimmer als Mythos entlarvt werden kann, wie es *Friedrich Schweitzer* tut, sei dahingestellt. Auf jeden Fall bedarf die Erörterung des Zusammenhangs von Familie und Religion einer Differenzierung:[9]

(1) Zum einen ist dem Verhältnis von Familie und institutionalisierter Religion, als vornehmlich der Kirche nachzugehen.

---

[8] *F. Schweitzer,* Pädagogik und Religion. Eine Einführung, Stuttgart 2003, 96f.
[9] Die folgenden Ausführungen richten sich auf den christlich geprägten Bereich. Die Situation im muslimischen Raum hierzulande stellt sich völlig anders dar.

(2) Davon zu unterscheiden ist eine aus dem Familienleben selbst erwachsende Form von Religion, die sog. Familienreligiosität.

(3) Und schließlich ist der Frage nachzugehen, ob und wo im familiären Zusammenleben Vollzüge anzutreffen sind, die als religiös bzw. als religiös affin gekennzeichnet werden können.

(Zu 1) Was das *Verhältnis der Mehrheit der heutigen Familien zur Kirche* angeht, so ist zumindest für die beiden Großkirchen hierzulande der Befund eindeutig: Die Beziehung ist weitestgehend abgebrochen. Dass Familien sich in ihrer Erziehung der Kinder und Jugendlichen an kirchlichen Vorgaben und Erwartungen orientieren, ist nur ausnahmsweise der Fall. Das hängt mit der Lockerung der Bindung der Bevölkerung an die Kirchen insgesamt und der Individualisierung auch im religiösen Bereich zusammen. *Alfred Dubach* konstatiert: »Bis in die jüngste Zeit konnten sich die Kirchen in der Glaubensvermittlung auf die Vorleistungen der Familien abstützen. Funktioniert bis heute leidlich die Rekrutierung neuer Mitglieder über die Taufe, werden die Kinder zusehends weniger von ihren Eltern mit christlichen Wertvorstellungen vertraut gemacht. Der Verpflichtung bei der Taufe, die eigenen Kinder im Sinne der Kirchen zu erziehen, kommen die jungen Eltern mehrheitlich kaum mehr nach.«[10] In der Studie, auf die Alfred Dubach sich bezieht, konnte eine eminente Bedeutung der familiären Herkunft für die Verbundenheit mit den Kirchen festgestellt werden.[11] Je enger während des Aufwachsens im Elternhaus das Verhältnis zur Kirche erfahren worden ist, desto stärker gestaltet sich die eigene Beziehung zur Kirche. Daraus ergibt sich, dass aller Voraussicht nach die Chance, dass die heute groß werdenden Kinder später einen Kontakt zur Kirche aufrechterhalten, immer geringer wird.

Sicherlich hat das distanzierte Verhältnis vieler Eltern zur Kirche verschiedene Gründe. Sie können möglicherweise selbst schlechte Erfahrungen mit der religiösen Erziehung in ihrer Kindheit gemacht haben. Mit Religion können sie für ihr eigenes Leben nicht viel anfangen und fühlen sich darum auch unsicher, ihre Kinder religiös zu erziehen. Sie verfolgen als Maxime ihrer Erziehung, dass die Kinder sich selbst zu entscheiden haben.[12] Interessant ist ein Ergebnis, das eine Studie unter jungen Eltern in der Schweiz erbracht hat. Demnach gibt es Diskrepanzen in den Erziehungszielen, die den Eltern vorschweben, und denen, die ihrer Meinung nach die Kirche verfolgt. Verfolgen die Eltern bei der Erziehung ihrer Kinder »Werte wie Selbständigkeit, Offenheit, Konfliktfähigkeit, Toleranz, Kritischsein«, so vermuten sie bei der Kirche genau dazu gegenläufige Präferenzen, also einen

---

[10] *A. Dubach,* Religiosität in der Dynamik der entfalteten Moderne, in: *Ders./B. Fuchs,* Ein neues Modell von Religion. Zweite Schweizer Sonderfallstudie – Herausforderung für die Kirchen, Zürich 2005, 13–166, hier: 147f.

[11] Vgl. *A. Dubach,* aaO., 141–148.

[12] Vgl. *F. Schweitzer,* Das Recht des Kindes auf Religion, Gütersloh 2000, 59–75.

»Überhang an Gehorsams- und Gemeinschaftswerten«[13]. Der Kirche wird »ein Übersoll an Akzeptanzforderungen und ein Defizit an Selbstverantwortung«[14] zugeschrieben. Dass die Eltern sich lieber keine solche kognitive Dissonanz einhandeln wollen, ist erklärlich.

Nicht zuletzt ist es die Tatsache, dass nicht wenige Ehen oder Partnerschaften in konfessioneller oder religiöser Hinsicht nicht homogen zusammengesetzt sind (z.B. evangelisch-katholisch, christlich-muslimisch, christlich-konfessionslos), die es bedingt, dass die Eltern sich ihren Konfessionen oder Religionen gegenüber distanziert verhalten und teilweise Religion generell »als mögliches Streitthema aus der familiären Kommunikation«[15] aussparen. Es kann aber auch der Fall sein, dass die Verantwortung für die religiöse Erziehung einem Elternteil übertragen wird und der andere das toleriert.[16]

(Zu 2) Mit seiner Bemerkung, dass die *Rekrutierung neuer Mitglieder über die Taufe* bis heute leidlich funktioniere, hat Alfred Dubach auf die Tatsache aufmerksam gemacht, dass die Bereitschaft der Eltern, ihre Kinder taufen zu lassen, zwar nachgelassen hat, aber weiterhin bemerkenswert hoch ausfällt. Damit bekunden sie durchaus auch eine gewisse Offenheit für religiöse Erziehung. Aber aus Sicht der betroffenen Familien hat die Taufe einen ganz anderen Stellenwert als aus Sicht der Kirche. Auch wenn ein Bewusstsein davon vorhanden ist, dass es bei der Taufe um die Aufnahme in die Kirche geht, sind für einen Großteil der Eltern einerseits ihre Dankbarkeit für das Geschenk des neuen Lebens ihres Kindes und andererseits ihr aus der Sorge um seine unsichere Zukunft sich aufdrängende Wunsch, es dem Schutz einer mächtigeren als menschlichen Instanz anzuvertrauen, der motivationale Hintergrund, ihr Kind taufen zu lassen. Hinzukommt, dass es sich um einen Anlass handelt, der innerfamiliär gefeiert ist – wie es ähnlich bei anderen biographischen Übergängen und Wendepunkten geschieht.

Es sind also familiäre Anlässe, die nach Ritualen, Symbolen, Festen u.a. nachfragen lassen, um ihrer den Alltag transzendierenden Bedeutung Ausdruck zu verleihen. Diese sog. »Familienreligiosität« stellt eine eigenständige Größe dar und weist teilweise schon eine beachtliche Kontinuität in manchen Familiengeschichten auf.[17] Wie sie ihr Verhältnis zur institutionalisierten Religion gestaltet –

---

[13] A. *Dubach*, Wie denken junge Eltern über Religion und Kirche?, in: W. *Simon*/M. *Delgado* (Hrsg.), Lernorte des Glaubens, Berlin 1991, 69–96, hier: 87.

[14] A. *Dubach*, aaO., 88.

[15] F. *Schweitzer*, Religionspädagogik, Gütersloh 2006, 202.

[16] Vgl. R. *Froese*, Zwei Religionen – eine Familie. Das Gottesverständnis und die religiöse Praxis von Kindern in christlich-muslimischen Familien, Freiburg i.Br./Gütersloh 2005; H. *Liebold*, »In der Hinsicht lassen wir uns eigentlich ziemlich in Ruhe«. Religiöse Erziehung in christlich-konfessionslosen Familien. Ein Beitrag aus Ostdeutschland, in: WzM 57/2005, 239–253.

[17] Vgl. U. *Schwab*, Familienreligiosität. Religiöse Traditionen im Prozess der Generationen, Stuttgart 1995.

etwa in Form der Nachfrage zu den kirchlichen Kasualriten –, liegt ausschließlich
im Ermessen der Familie. Ihren alljährlichen Höhepunkt hat die Familienreligiosität im Weihnachtsfest als dem Familienfest schlechthin. *Michael N. Ebertz* interpretiert das wie folgt: »Einer großen Zahl weihnachtlicher Gottesdienstbesucher
geht es weniger um ein Bekenntnis zur Geburt des Gottessohnes, sondern um eine
Bestätigung und Überhöhung eines zentralen Teils ihrer sozialen Identität: der an
Weihnachten mitgefeierten Gründung einer Familie. Weihnachten ist eben das
Geburtsfest der Familie, was sich auch darin zeigt, dass es mehrheitlich Alleinste-
hende und kindeslose Paare sind, die an diesen Tagen auf Urlaubsreisen gehen.«[18]

Bei der Familienreligiosität handelt es sich um eine individualisierte und zum
Teil auch privatisierte Form von Religion. Ob und wie es gelingt, diese wirksam
zu tradieren, ist eine offene Frage. Dass die Familie auch heute noch – oder gerade
heute – dermaßen religiös aufgeladen ist, hängt wohl damit zusammen, dass sie in
der modernen Gesellschaft der einzige soziale Ort ist, wo Individuen sich als unverwechselbare Personen einbringen können und nicht auf austauschbare Funkti-
ons- oder Rollenträger reduziert werden. Darauf richten sich die Sehnsüchte vieler. Genau das wiederum lässt die Familie zu einem so prekären Gebilde werden,
wie sie es heute ist. Prekär ist sie nicht zuletzt deswegen, weil durch die Einzigartigkeit ihrer jeweiligen Angehörigen jede Familie ein einzigartiges Gebilde ist und
sich als solche immer wieder neu zusammenfinden muss. In dem Maße, wie die
Angehörigen sich gemeinsam als Mikrokosmos eigener Art erleben, kommt es zur
Ausbildung eines »Eigensinns« dieser spezifischen Familie – und umgekehrt.[19]
Dieser »Familiensinn« prägt wesentlich die Einstellung und das Verhalten der
Mitglieder weit über die eigenen Reihen hinaus – und zwar in der Regel mehr, als
es ihnen bewusst ist.

(Zu 3) Die These von der *Familie als einem Ort, an dem wesentlich Religion
generiert wird*, lässt sich noch durch weitere Hinweise erhärten. Wie kaum anderswo erleben in der Familie die Angehörigen das Leben in seinem ganzen Ausmaß, mit all den Höhen und Tiefen: Geburt und Tod, Gesundheit und Krankheit,
Eros und Sexualität, Alltag und Feier, Abschied und Wiedersehen, Gelingen und
Scheitern, Eintracht und Zwietracht, Freude und Trauer etc. Häufig ist damit verbunden, was *Hans Joas* im Anschluss an *William James* »Erfahrungen der Selbsttranszendenz« nennt. Er meint damit »Erfahrungen, in denen eine Person sich
selbst übersteigt, nicht aber, zumindest zunächst nicht, im Sinne einer moralischen
Überwindung ihrer selbst, sondern im Sinne eines Hinausgerissenwerdens über die
Grenzen des eigenen Selbst, eines Ergriffenwerdens von etwas, das jenseits meiner selbst liegt, einer Lockerung oder Befreiung von der Fixierung auf mich

---

[18] *M.N. Ebertz,* Heilige Familie? Die Herausbildung einer anderen Familienreligiosität, in:
Deutsches Jugendinstitut (Hrsg.), Wie geht's der Familie?, München 1988, 403–414,
hier: 410.
[19] Vgl. *F.-X. Kaufmann,* Zukunft der Familie, 31.

selbst«.[20] Es sind mithin Erfahrungen, die man im weiteren Sinne als religiös interpretieren kann und die auch für explizite religiöse Deutungen offen sind.

Wie früh bereits solche Erfahrungen gemacht werden, meint der Psychoanalytiker *Tilmann Moser* herausgefunden zu haben. Er sei, so schreibt er[21], im Umgang mit seinen Patienten auf ein Empfinden gestoßen, dessen Ursprünge bis in die Säuglingszeit und noch früher zurückzuverfolgen seien. Dieses Empfinden nennt er »Andacht« und bestimmt es als die menschliche Quelle für Religion bzw. Religiosität. Er führt dazu aus: »Wir wissen noch wenig über die entwicklungsgeschichtliche Entstehung und Bedeutung von Andacht, aber so viel scheint klar, dass bereits die ersten zwei Lebensjahre einen Höhepunkt der sichtbaren und spürbaren Ausformung bedeuten. Mütter, die stillen, sprechen ohne jeden Zweifel von ihrer Andacht bei diesem Vorgang, und sie wissen, dass der Säugling, wenn Gier und Hunger beseitigt sind, in diese Andacht einbezogen ist … Wie bei allen frühen Affekten handelt es sich bei der Andacht um Zustände, bei denen seelisches und leibliches Erleben eng verschlungen sind. Eine entfaltete Andacht ohne körperliche Signale scheint mir undenkbar. Man spricht von Schauer, vom Überrieselt-Werden, von einem herausgehobenen Gefühl, das Ganzheit erzeugt.«[22] Mit der Andacht bildet sich nach Moser im Kind gewissermaßen eine »seelische Schale«[23], die in der weiteren Entwicklung mit förderlichen, aber auch mit destruktiven Elementen gefüllt werden kann. Die entscheidende Frage ist darum, mit welchen Sichtweisen von Welt das Kind nach und nach in Berührung kommt. Hier liegt bei den Erziehenden eine große Verantwortung.

Es lassen sich noch weitere religiös bzw. theologisch bedeutsame Vollzüge im familiären Zusammenleben ausmachen, auch wenn sie von den Betroffenen nicht so interpretiert werden. So sind die meisten Eltern darum besorgt und bemüht, die Weichen für eine gesunde körperliche und psychosoziale Entwicklung ihrer Kinder zu stellen und ihnen deshalb grundlegende Erfahrungen zuteil werden zu lassen »wie Wärme und Schutz, Geborgenheit und Annahme, Streit und Versöhnung, Liebe und Hass, Teilen, Danken, Feiern, Staunen, Spielen, Pflege und Trost in Krankheit, Zusammengehörigkeit, geteilte Freude und Trauer, Mahl halten …«[24] Alle diese Erfahrungen und Vollzüge weisen eine große Nähe zu zentralen Inhalten vieler Religionen, so auch des christlichen Glaubens, auf. Es kommt darum nicht nur für die Persönlichkeitsbildung allgemein, sondern auch für ihre Disposi-

---

[20] *H. Joas,* Braucht der Mensch Religion? Über Erfahrungen der Selbsttranszendenz, Freiburg i.Br. 2004, 17.
[21] Vgl. *T. Moser*, Von der Gottesvergiftung zu einem erträglichen Gott. Psychoanalytische Überlegungen zur Religion, Stuttgart 2003.
[22] *T. Moser*, aaO., 27 u. 29.
[23] *Tilmann Moser* im Gespräch mit *Klaus Hofmeister*, in: Gepflanzt am Wasser des Lebens. Kinder brauchen Religion (Publik-Forum Extra), Oberursel 2004, 3f., hier: 3.
[24] *M. Blasberg-Kuhnke*, Religiöse Erziehung in der Familie, in: *K.J. Lesch/E. Spiegel* (Hrsg.), Religionspädagogische Perspektiven, Kevelaer 2004, 65–72, hier: 66.

tion zu einer religiösen Entwicklung entscheidend darauf an, dass es den Kindern möglich ist, solche grundlegenden Erfahrungen im engsten sozialen Miteinander zu machen.

Lothar Krappmann schreibt dazu: »Es sind Erfahrungen, die auf den ersten Blick gar nicht nach religiösen Erfahrungen aussehen, die aber dennoch dafür sorgen, dass die Wörter und Bilder unserer Kinder reich an Vorstellungen, Erinnerungen und Hoffnungen werden, die sie für die Verkündigung unseres Glaubens ansprechbar machen. Wenn Kinder nicht wenigstens Spuren von Glück und Lust, von Wahrhaftigkeit und Vertrauen, aber auch – in bewältigbarer Weise – Schmerz und Angst erfahren, wie soll in ihnen die Sehnsucht nach dem wachsen, was unser Glaube ihnen verheißt? Wenn Kinder nicht Wasser und Wind, Brot und Wein, Licht und Dunkel, Vater, Mutter, Bruder und Nachbar kennenlernen, wie sollen sie dann die Sprache des Glaubens verstehen, in der alle diese natürlichen Gegebenheiten und menschlichen Erlebnisse benutzt werden, um wenigstens in Symbol und Ritus zum Ausdruck zu bringen, was wir erst dereinst von Angesicht zu Angesicht sehen werden, jetzt aber nur wie in einem unklaren Spiegel?«[25]

Diese Hinweise dürften es verständlich werden lassen, dass familiäre Beziehungen und Vollzüge dazu herangezogen werden, religiöse Beziehungen und Vollzüge in eine symbolische Sprache zu fassen, wie etwa »Vater-, Mutter- und Kindschaft .. in vielen Religionen Metapher des Verhältnisses von Gott und Mensch«[26] ist. Auch die Familien in ihrer heutigen Verfasstheit weisen eine enge Affinität zur Religion auf. Nicht zufällig gilt, wie aufgezeigt, vielen Zeitgenossen die Familie als etwas, was ihnen heilig ist.

3. Wirkungen religiöser Erziehung in der Familie

Dass die vor allem in den Familien erfolgende Primärsozialisation der Heranwachsenden konstitutive Bedeutung für »die Vermittlung und Aneignung von Weltbildern, Weltanschauungen, Werten, letzten Sinngebungen und Gewissheiten« hat und »dass grundlegende Überzeugungen hinsichtlich einer verantwortlichen Lebensführung sowie die Unterscheidung zwischen Gut und Böse wichtige Wurzeln in den ersten Lebensjahren besitzen«[27], darin sind sich die einschlägigen Sozialisationstheorien weitestgehend einig. Doch wie das konkret erfolgt und welche nachvollziehbaren Wirkungen das zeitigt, ist bislang empirisch kaum erforscht worden. Erste Einsichten dazu hat ein an der Universität Tübingen inter-

---

[25] L. *Krappmann*, Symbole, Riten, Festlichkeit, in: *Caritasverband der Diözese Münster* (Hrsg.), Religiöse Erziehung und christliche Gemeinde. Dokumentation der religionspädagogischen Wochen im Bistum Münster, Münster 1981, 16–33, hier: 16f.

[26] D. *Becker*, Art. Familie. I. Religionswissenschaftlich, in: RGG 3, ⁴2000, 16.

[27] F. *Schweitzer*, Wirkungszusammenhänge religiöser Familienerziehung, in: A. *Biesinger* u.a. (Hrsg.), Brauchen Kinder Religion? Neue Erkenntnisse – Praktische Perspektiven, Weinheim/Basel 2005, 11–21, hier: 13.

disziplinär angelegtes Forschungsprojekt erbracht, von denen einige im Folgenden wiedergegeben seien.[28]

(1) Bestätigt wurde die These von der weiterhin *grundlegenden Bedeutung der Familie für die religiöse Erziehung* und die weitere religiöse Entwicklung der Heranwachsenden. Das heißt nicht unbedingt, dass die heutigen Familien mehrheitlich in Bezug auf die religiöse Erziehung besonders aktiv sind. Sondern auch der Ausfall von religiöser Erziehung bestätigt die These; denn sie zeitigt vielfach negative Auswirkungen auf die religiöse Entwicklung der Heranwachsenden. Dabei muss allerdings auch gefragt werden, nach welchen Kriterien Feststellungen über das Stattfinden oder Ausfallen von religiöser Erziehung getroffen werden. Es macht einen Unterschied, ob dies etwa aus Sicht der offiziellen Kirche oder aus der der Familien selbst beurteilt wird. Tatsache ist, dass bis heute, wenn sie erfolgt, religiöse Erziehung überwiegend Frauensache ist, was zur Folge hat, dass männliche Vorbilder im religiösen Bereich fehlen.

(2) Ob und wie in einer Familie religiös erzogen wird, hängt stark davon ab, *wie in dieser Hinsicht das Umfeld beschaffen ist,* in dem sie lebt, ob sie also »von außen her« Unterstützung findet oder allein gelassen wird. Viel kommt darauf an, ob im engeren Bezugskreis der Familie (Verwandtschaft, Freundeskreis u.ä.) Religion und Glaube eine Rolle spielen oder nicht, ob dadurch zu einer eigenen religiösen Praxis angeregt wird oder nicht. Großeltern nehmen häufig bei der religiösen Erziehung ihrer Enkelkinder eine wichtige Rolle ein. Weiterhin ist entscheidend, wie sich der Kontakt der Familie zur Kirchengemeinde gestaltet und ob sie dort eine Heimat zu finden vermag. Wenn, wie es bei der Tübinger Studie der Fall gewesen ist, Jugendliche rückblickend erklären, sie hätten kaum eine für sie einladende Kirche erlebt, ist es nicht verwunderlich, wenn in ihrem Leben die Kirche nur einen marginalen Stellenwert – wenn überhaupt – einnimmt.

(3) Die *Wirkung von religiöser Erziehung* ist, wie die von Religion überhaupt, *ambivalent.* Sie kann zur Förderung der Persönlichkeitsentwicklung beitragen; sie kann ihr aber auch im Wege stehen. Es kommt stark darauf an, wie sie in die allgemeine Familiendynamik eingebettet ist. *Friedrich Schweitzer* führt dazu aus: »Eine grundlegende Erkenntnis liegt dabei darin, dass religiöse Familienerziehung stets sowohl von ihrer Inhaltsdimension als auch von ihrer Beziehungsdimension her gesehen werden muss. Religiöse Erziehung ist in die weiteren Zusammenhänge sowohl der Familienerziehung überhaupt als auch der Familienkonstellation (Stellung eines Kindes in der Familie, Verhältnis zum jeweiligen Elternteil, Übertragungs- und Gegenübertragungseffekte, Projektionen und Identifikationen,

---

[28] Sie sind dokumentiert in dem gerade genannten Sammelband von *A. Biesinger u.a.* sowie in WzM 57/2005, H. 3: Wandel der religiösen Familienerziehung. Zum Folgenden vgl. vor allem *F. Schweitzer,* Wirkungszusammenhänge, 17–20, sowie *A. Biesinger u.a.,* Forschungsprojekt »Religiosität und Familie«. Wirkungen religiöser Erziehung in der Familie aus religionspädagogischer, kinder- und jugendpsychiatrischer und kriminologischer Sicht. Ergebnisse im Überblick, in: *A. Biesinger u.a.* (Hrsg.)*,* Brauchen Kinder Religion?, 154–159.

systemische Effekte usw.) eingebunden und wird, wiederum positiv oder negativ, davon mitbestimmt. Dies gilt auch für die in unseren Untersuchungsergebnissen immer wieder aufscheinenden Mehr-Generationen-Zusammenhänge zwischen Großeltern-, Eltern- und Kindergeneration. Auch hier gehen von der Familienkonstellation komplexe und manchmal ambivalente Wirkungen aus. Weitere Aspekte betreffen insbesondere konfessionsverschiedene bzw. -verbindende Elternhäuser oder andere konfessionelle und (nicht-)religiöse Konstellationen. Unterschiede gibt es dabei ebenso zwischen den (Ehe-)Partnern wie zwischen den Generationen (Eltern, Schwiegereltern/Großeltern). Familien sind hinsichtlich ihrer religiösen Orientierung nur noch selten homogen. Dabei scheint religiöse Pluralität in der Familie häufig zu Unsicherheiten bei der religiösen Erziehung zu führen, da es den Beteiligten an angemessenen Bearbeitungsstrategien fehlt oder über strittige oder Streit auslösende religiöse Fragen in der Familie lieber geschwiegen wird.«[29]

(4) Religiöse Erziehung in der Familie geht eng mit einer ausgeprägten, *religiös begründeten und nachhaltig prägenden Werteerziehung* einher. Selbst wenn die religiöse Begründung dafür später nicht mehr nachvollzogen wird, wird häufig eine Orientierung an den durch die Eltern vermittelten Werten beibehalten. Umgekehrt hat eine Untersuchung unter straffällig gewordenen Jugendlichen ergeben, dass sie in ihrer Kindheit kaum einmal eine religiöse Erziehung erfahren haben.

4. Familie in theologischer Sicht

Ein Problem im Umgang der Kirche, in diesem Fall insbesondere der römisch-katholischen Kirche, besteht darin, dass sie ein normatives Ideal von Familie vertritt, das spätestens heutzutage nur noch schwerlich mit deren Realität zur Deckung gebracht werden kann.[30] Was *Franz-Xaver Kaufmann* mit Blick auf einen möglichen zeitgemäßen theologischen Ansatz des Eheverständnisses vorschlägt, lässt sich von seinem Tenor her auf die Familie insgesamt ausweiten: Es käme darauf an, »das Sakramentale der Ehe als den Vollzug des partnerschaftlichen Zusammenlebens, das Ertragen der menschlichen Schwächen des anderen, die Überwindung der Hoffnungslosigkeit und die Möglichkeit gemeinsamen Wachsens und Reifens zu verstehen. Eine situationsangemessene christliche Ehelehre müsste Leitbilder und Wege aufzeigen, welche diejenigen nicht ausschließen, die Umwege einschlagen oder teilweise scheitern, welche die unbedingte Würde des Partners in der Ehe betonen und jede Form der wechselseitigen Ausbeutung verurteilen«[31].

---

[29] *F. Schweitzer*, Wirkungszusammenhänge, 19.

[30] Es ist prägnant zusammengefasst in: *N. Mette*, Ehe und Familie. Katholizismus, in: *M. Klöcker/U. Tworuschka* (Hrsg.), Ethik der Weltreligionen. Ein Handbuch, Darmstadt 2005, 67–70; zur protestantischen Sichtweise vgl. *M. Heesch*, Ehe und Familie. Protestantismus, in: ebd., 70–72.

[31] *F.-X. Kaufmann*, Zukunft der Familie, 167f.

Dazu ist es erforderlich, die Autonomie der Familie – auch in ihren unterschiedlichen Formen – unbedingt zu respektieren und die Sensibilität aufzubringen, die wahrnehmen lässt, was in den Familien nicht bloß alles an Verfall zu verzeichnen ist, sondern wie in ihnen jeweils konkret Umgangsweisen experimentiert und eingeübt werden, die den Interessen und Bedürfnissen der Beteiligten Rechnung tragen, ohne dass das dazu führen muss, dass sie auseinander gehen und nichts mehr miteinander zutun haben wollen. Hierbei kommt es zu Weisen der Konfliktaustragung, zum offenen Eingeständnis von Scheitern und Schuld, zu Gesten der Versöhnung, zur Entdeckung von einander verbindenden Symbolen, zu Formen selbstverständlich praktizierter Solidarität, zur Gestaltung von Festen und Feiern, die beachtlich sind und – theologisch interpretiert – an elementare Vollzüge miteinander gelebter christlicher Praxis heranreichen bzw. sie selbst bereits darstellen. Sich das klar zu machen und von der Vorstellung Abschied zu nehmen, dass das Christliche allererst in die Familien implantiert werden muss, damit es in ihnen vorkommt, das gilt es in Kirche und Theologie zu lernen.

Ein heute angemessenes christliches Verständnis von Familie kann nur beschränkt mit Hilfe eines Rückgriffs auf den biblischen Befund gewonnen werden.[32] Denn im Alten und im Neuen Testament ist die Familie im heutigen Verständnis unbekannt. Immerhin ist bemerkenswert, wie vielgestaltig sich die Familienformen sowie das Verhältnis von Familie und Religion bereits im Alten Testament darstellen. Auch spielt im Judentum die Familie für die religiöse Erziehung und Bildung der Kinder eine eminente Rolle.[33] Das Neue Testament weist eine Verabsolutierung der Familienloyalität zurück: Die Nachfolge Jesu beansprucht Priorität vor allen familiären Bindungen (vgl. Mk 3,31–15; Lk 9,57–62; 14,26). Der christliche Glaube knüpft nicht an (bluts-)verwandtschaftlichen Bindungen an, sondern nivelliert sie vor Gott, der Mutter und Vater aller Menschen ist und sie untereinander zu Schwestern und Brüdern werden lässt. Seinen Ausdruck findet das in einer eigenen Sozialordnung, der Gemeinde.

Doch auch wenn vom Neuen Testament her kein Anlass besteht, die Lebensform »Familie« als besonders heilsträchtig anzusehen, scheinen Familien von Anfang an selbstverständlicher Bestandteil der christlichen Gemeinden gewesen zu ein, und zwar in ihrer damaligen institutionell-rechtlichen Form. Allerdings werden, wie den sog. Haustafeln zu entnehmen ist (vgl. Kol 3,18–4,1; Eph 5,22–6,9; 1 Petr 2,13–3,7), ihre Angehörigen zu einem bestimmten Verhalten ermahnt, wie es der Glaubenshaltung des Wartens auf das Reich Gottes entspricht; es manifestiert sich vor allen in der Art der Beziehung zu den Schwächeren. Damit wurde

---

[32] Im Folgenden übernehme ich nahezu wörtlich Abschnitte aus meinem Beitrag »Familie«, in: *G. Bitter/G. Miller* (Hrsg.), Handbuch religionspädagogischer Grundbegriffe. Bd. 1, München 1986, 124–132; hier: 129f.

[33] Vgl. hierzu und zum Folgenden auch die Ausführungen zum biblischen Zugang zur Familie in Martin *F. Schomaker*, Die Bedeutung der Familie in katechetischen Lernprozessen von Kindern, Münster 1997, 127–218 sowie *M. Domsgen*, Familie und Religion. Grundlagen einer religionspädagogischen Theorie der Familie, Leipzig 2004, 263–277.

ein Umgang von Mann und Frau sowie von Eltern und Kindern eingeleitet, der im Ansatz als partnerschaftlich charakterisiert werden kann und der für die weitere Entwicklung des Familienverständnisses nicht folgenlos blieb.

Festzuhalten bleibt also, dass, so wenig es ein überzeitlich gültiges theologisches Familienmodell geben kann, damit keineswegs einer völligen Relativierung das Wort geredet ist. Ohne sie als Lebensform absolut zu setzen, kommt der christlichen Familie als einem »Ernstfall christlicher Liebe« (*Dietmar Mieth*) eine wichtige Aufgabe zu: »Nämlich die Aufgabe, in der unverstellten Dichte und Unmittelbarkeit der personalen Beziehungen zwischen Mann und Frau, zwischen Eltern und Kindern jene Liebe zu praktizieren und Wirklichkeit werden zu lassen, die sich in unbedingter gegenseitiger Annahme, Förderung, in Fürsorge, Treue, aber auch in Hilfe, partnerschaftlicher Konfliktbewältigung und vor allem auch in gemeinsamer Schuldverarbeitung und in Versöhnung bewährt. Indem Familie dies gerade im Bewusstsein der Zuwendung und des Wohlwollens Gottes und in der Annahme der befreienden Liebe Jesu Christi leistet, realisiert sie in schöpferischer Weise die Liebe Gottes konkret.«[34]

So sehr diese Realisierung auf das bewusste und verantwortliche gestalterische Handeln der Betroffenen angewiesen ist, so sehr lässt der christliche Glaube aber auch die Grenzen der verfügbaren Möglichkeiten bewusst werden. Er verschließt sich vor der menschlichen Endlichkeit und Unvollkommenheit sowie vor der Erfahrung des Aneinander-schuldig-werden-Könnens. Er verleiht aber auch den zu erbringenden Versöhnungsleistungen die sie ermöglichende Basis: Sie können einander zugemutet werden, weil sie »bei Gott« möglich sind. Familie ist so – und darin besteht ihr zeichenhafter Charakter – Ort erfahrener Vergebung und Solidarität, in der gelebten bedingungslosen Zuwendung zum anderen eine Form zwischenmenschlichen Zusammenlebens, die über sie hinausdrängt auf Verwirklichung auch in anderen Bereichen.

Ob diese Beziehungsdynamik mit dem auf *Johannes Chrysostomus* (in Genesim, Homilia 2,4) zurückgehenden Begriff der »Hauskirche« bzw. »Kirche im kleinen« treffend gefasst ist, wie es etwa Papst Johannes Paul II. in seiner Familienenzyklia (Familiaris consortio 21 u.ö.; vgl. LG 11) getan hat, muss offen bleiben. Einerseits wird damit der Familie eine besondere Teilhabe am Leben und an der Sendung der Kirche zuerkannt, Zeichen der Einheit für die Welt zu sein und sie zu heiligen. Andererseits besteht die Gefahr, dass die Familie ekklesial vereinnahmt, also verkirchlicht wird.

Die Bezeichnung »Hauskirche« könnte allerdings der Rede von der kirchenbildenden Funktion der Familie eine neue Blick- und Stoßrichtung geben: Anstelle des Reproduktionsaspektes rückt sie stärker das Moment der Kirchwerdung (Ekklesiogenese) in den Vordergrund. Das bedeutet, dass in der Familie nicht nur eine

---

[34] *V. Eid,* Elemente einer theologisch-ethischen Lehre über die Familie, in: *Ders./L. Vascovics* (Hrsg.), Wandel der Familie – Zukunft der Familie, Mainz 1982, 179–200, hier: 184.

Kopie von Kirche geschieht, sondern originäre Kirchbildung, und zwar in der Art des alltäglichen familiären Miteinanders. Das impliziert, dass Familien als Subjekte des kirchlichen Lebensvollzugs ernst genommen werden müssen.

5. Religionspädagogische Konsequenzen

So wie jede Familie ihre Interaktionsbeziehungen unterschiedlich gestaltet, so vielfältig gestaltet sich auch die religiöse Familienerziehung.[35] Von daher können im Folgenden nur einige allgemeine Hinweise und Anregungen gegeben werden, die jeweils auf die konkrete Situation hin spezifiziert werden müssen. Wichtig ist, dass die religiöse Erziehung von den Betroffenen nicht als zusätzliches Element empfunden wird, das mehr oder weniger beziehungslos neben dem abläuft, was sonst im familiären Alltag geschieht, sondern dass sie darin integriert ist. Für den christlichen Glauben grundlegend ist die Erfahrung, dass Gott die Menschen, und zwar jeden Menschen, unbedingt annimmt und liebt. Gläubige Praxis besteht demnach wesentlich darin, sich gegenseitig diese in Gott gründende unbedingte Annahme und Liebe zu schenken. Wo das in der Eltern-Kind-Interaktion geschieht, geschieht also bereits etwas, was christlicher Deutung gemäß zutiefst religiös ist. In der religiösen Erziehung geht es im Kern darum, diese so gelebte kommunikative Praxis von einem religiösen bzw. spezifischer von einem christlichen Horizont her zu deuten und in explizit religiösen Vollzügen (Gebet, Gottesdienst, Feier, Taten der Nächstenliebe etc.) zu gestalten.

5.1 Anknüpfen an den Entwicklungsaufgaben im Prozess des Heranwachsens

Der Religionspsychologe und Theologe *Bernhard Grom* weist auf, dass eine religiöse Erziehung in dem Maße sich lebensförderlich auswirkt, wie sie bestimmte Entwicklungsaufgaben aufgreift, die sich im Zuge des Heranwachsens stellen. Für das Kleinkindalter führt er vier solcher Entwicklungsaufgaben an:[36]

(1) Unter *Sammlung und Emotionsregulation* versteht Grom die Fähigkeit, die jedes Kind zu erwerben hat, »seine Gedanken und Gefühle mit gesammelter Aufmerksamkeit wahrzunehmen und so zu verarbeiten, dass es seine Stimmungen günstig beeinflussen kann, sich etwa bei Trauer etwas Tröstendes sagt oder sich durch die Pflege der Vor- und Nachfreude positive Gefühle verschaffen kann«[37]. Regelmäßige Abendrituale, an denen Eltern mit ihren Kindern über den abgelaufenen Tag noch einmal nachdenken und möglicherweise daraus ein Dank- und

---

[35] Vgl. *E. Groß*, »Plädoyer für Realismus in religiöser Erziehung« in: *Ders.*, Religiöse Erziehung in Zukunft. Religionspädagogik im Europäischen Haus, Münster 2003, 122–124.

[36] Vgl. zum Folgenden *B. Grom*, »Ich bin ich, und das ist gut so!« Religiöse Erziehung ist Lebenshilfe, in: Gepflanzt am Wasser des Lebens, 15–18; vgl. ausführlicher *Ders.*, Religionspädagogische Psychologie. Kleinkind, Schüler, Jugendlicher, Düsseldorf/Göttingen 1981, bes. 61–143.

[37] *B. Grom,* Ich bin ich, 16.

Bittgebet an Gott formulieren, sind eine Form, das Kind, aber auch den Erwachsenen darin einzuüben.

(2) Für sein ganzes weiteres Leben ist entscheidend, dass das Kind ein tragfähiges *Selbstwertgefühl und Selbstvertrauen* vermittelt bekommt. Das beginnt mit der Erfahrung der Wertschätzung, die das Kind von seinen Bezugspersonen mitgeteilt bekommt. Wo das ausbleibt, fühlt man sich schnell verlassen, gekränkt, unverstanden und verzagt. In diesem Zusammenhang kann Gott als der Grund eines wirklich tragfähigen Selbstwertgefühls, so wie es Menschen aufgrund ihrer Endlichkeit und Launenhaftigkeit nicht vermitteln können, erschlossen werden. Für Kinder ist es wichtig zu erleben, wie auch ihre Eltern ihre Lebenskraft aus dem Vertrauen, dass jemand Größeres sie trägt, gewinnen.

(3) Eine *positive Lebenseinstellung* kommt u.a. darin zum Ausdruck, dass man sich über das eigene Leben, über die Mitmenschen und über die Natur freuen kann, »statt ausschließlich zweckgerichtet, gefühlsarm oder blasiert zu reagieren«[38]. Staunen, danken, loben und fragen sind elementare Haltungen, die Kinder spontan an den Tag legen. Sie gilt es zu verstärken, wobei sie auf eine Ahnung für das Geheimnis, dem alles Leben und die ganze Schöpfung sich verdankt, hin geöffnet werden können.

(4) Eine weitere Entwicklungsaufgabe ist der Aufbau von *prosozialem Empfinden und Verhalten*. »Das Kind entwickelt diese Bereitschaft, wenn die Erziehung sie durch Einladen, Belohnen und Anerkennen unterstützt und nicht ein antisoziales Verhalten fördert.«[39] Doch kommt in diesem Zusammenhang – nicht nur beim Kind – leicht die Frage auf, ob es sich überhaupt lohnt, nicht nur an sich, sondern auch an andere zu denken. Geschichten von gläubigen Menschen können dazu ermutigen, trotz Rückschläge hilfsbereit und solidarisch zu sein.

Wo Religiosität bzw. Glaube dermaßen in enger Verbindung mit den Entwicklungsaufgaben grundgelegt worden ist, kann sie im Zuge der weiteren Entwicklung erweitert und vertieft werden. Dabei ist nicht davon auszugehen, dass dieses kontinuierlich verläuft. Vielmehr bekommt man schon im Zuge des Heranwachsens es immer wieder mit Erfahrungen zu tun, die Erschütterungen und Enttäuschungen mit sich bringen und Fragen und Zweifel an all dem aufkommen lassen, was man bisher für richtig gehalten hat. Ebenso wie die Identitätsfindung ist die religiöse Entwicklung ein lebenslanger Vorgang und kommt nie zur Vollendung, sondern bleibt fragmentarisch.

Wie sich das beispielsweise in der Phase der Pubertät gestaltet, hat *Gunther Klosinski* wie folgt ausgeführt: »Mehr noch als in der ersten Ablösungsphase, des Trotzalters, geht es in der zweiten Separationsphase, in der Pubertät, um die Einübung von Nähe und Distanz, um Zärtlichkeit, Sexualität und Aggression. Gottesbilder und religiöse Weltbilder müssen diese Eckpfeiler miteinbeziehen und inte-

---

[38] *B. Grom,* aaO., 17.
[39] AaO., 18.

grieren. Bleibt das Bild von Gott ein übermächtiges Außenbild, wird die Gottesvorstellung verwandelt in einen verfolgenden Gott, die die Entwicklung des Individuums zu einem eigenverantwortlichen Menschen verhindert. Kommt es aber zu einem Gewahrwerden und zu der Empfindung, dass in unserem Inneren, in unserer ›Seele‹, ein Gott gleichsam verankert ist, kann ein positives, Entwicklung ermöglichendes Bild zum Leitbild unseres Menschseins werden. In letzterem Falle würden wir Gott individuell in der Seelentiefe erfahren. In diesem Sinne kreist die Gottessuche auch um die Suche nach dem eigenen Selbst, das letztlich zwar immer Geheimnis bleiben wird, sich aber stets in neuen Aspekten und Symbolen zeigen und finden lassen möchte.«[40]

An späterer Stelle wird noch darauf zurückzukommen sein, dass auch die Eltern bei der religiösen Erziehung ihrer Kinder mit ihrer eigenen religiösen Entwicklung involviert sind.

5.2 Gestaltung von Religion im familiären Zusammenleben

Je stärker die religiöse Erziehung in die Gesamterziehung in der Familie eingebettet ist[41], desto mehr können von ihr auch Impulse für die Gestaltung des familiären Zusammenlebens ausgehen. Auf die Ritualisierung des Zu-Bett-Gehens ist bereits hingewiesen worden.[42] Beim Weihnachtsfest ist das am deutlichsten der Fall. Fulbert Steffensky betont die Bedeutung, die besonderen Orten und Zeiten sowie besonderen Personen im Rahmen der religiösen Erziehung zukommt.[43] Es sind, so führt er aus, äußere Gesten und Gegebenheiten, durch die etwas als außergewöhnlich erfahren wird und mehr und mehr verinnerlicht, gewissermaßen seelisch ausgeformt wird. »Kinder lernen Religion zunächst nicht als Lehre, sie lernen sie von außen nach innen. Sie lernen sie von den Außenwelten, die sie erleben, von den Ritualen, Rhythmen und erfahrenen Orten.«[44]

Dazu ist es notwendig, den familiären Alltag bewusst zu unterbrechen und Orte und Zeiten vorzusehen, an denen ausdrücklich etwas Religiöses praktiziert wird. Im Verlauf des Tages kann es außer dem Abendmahl das Tischgebet sein oder die gegenseitige morgendliche Segnung. Kinder lassen sich bekanntlich ausgesprochen gern Geschichten erzählen, auch religiöse Geschichten, und rahmen diese Momente nicht selten mit eigenen Ritualen ein, z.B. dass eine Kerze angezündet

---

[40] *G. Klosinksi*, Wann ist religiöse Erziehung gelungen? Anmerkungen des Kinder- und Jugendpsychiaters, in: WzM 57/2 (2005), 179–190, hier: 188.

[41] Vgl. *A. Biesinger/K. Kießling*, Was gewinnen Kinder durch religiöse Erziehung?, in: WzM 57/2005, 222–228.

[42] Vgl. dazu *Ch. Morgenthaler*, »… habe ich das halt für mich alleine gebetet« (Mirjam 6-jährig). Zur Ko-Konstruktion von Gebeten in Abendritualen, in: *A. Biesinger u.a.* (Hrsg.), Brauchen Kinder Religion?, 108–121.

[43] *F. Steffensky*, Bedeutsame Orte, bedeutsame Zeiten. Der Glaube wächst von außen nach innen, in: Gepflanzt am Wasser des Lebens (s. Anm. 23), 7–9.

[44] *F. Steffensky*, aaO., 19.

wird. Eine weitere wichtige Gelegenheit ist der Sonntag und sind die Feiertage. Es macht einen Unterschied, ob das Leben an diesen Tagen anders als an normalen Werktagen abläuft oder nicht. Nach *Fulbert Steffensky* kommt es nicht darauf an, »dass ein Kind versteht, was der Sonntag ist, sondern dass es ihn erfährt im anderen Geruch, im anderen Geschmack, im anderen Verhalten und am anderen Ort. Bewusstheit und Verstehen folgen später, und sie bleiben schwach, wenn sie nicht vorbereitet sind durch sinnliche Erfahrungen. Es gibt ein tiefes Verstehen, das sich nicht über den Weg des Nachdenkens, der Sprache und der Argumente ereignet. Es kommt zu Stande auf dem Weg der Inszenierung und der Figurierung. Wenn also ein Kind vor allen Inhalten Religion über den Weg der Aufführung lernt und wenn es über die Aufführung zu einem ersten wortlosen Verstehen der Religion kommt, dann ist es nötig, liturgische Welten für unsere Kinder zu bauen; Welten, die aus Zeiten, aus bezeichneten Orten und aus Ritualen bestehen.«[45] Sowohl im Lebens- als auch im Jahreszyklus gibt es immer wieder hervorgehobene Tage und Zeiten, die Anlass geben, die alltägliche Routine zu unterbrechen und in besonderer Weise über das eigene und gemeinsame Leben nachzudenken.

Ausdrücklich sei in diesem Zusammenhang auf die kirchlichen Feiern zu den verschiedenen Übergängen im Leben hingewiesen und zu denen die Familien in einen engeren Kontakt mit der Kirche kommen, als es bei vielen normalerweise der Fall ist, also Taufe, Erstkommunion und Firmung bzw. Konfirmation, Heirat und Beerdigung. Zugleich sind es vielfach Anlässe, zu denen über die engere Familie hinaus große Teile der Verwandtschaft zusammenkommen und gemeinsam miteinander feiern oder trauern. Soll in diesem Zusammenhang der kirchliche Ritus nicht gewissermaßen als notwendiges Übel in Kauf genommen werden, muss alles daran gesetzt werden, dass alle Beteiligten das Gefühl haben, mit ihren je eigenen Erwartungen und Bedürftigkeiten darin vorzukommen, und zwar so, dass sie durch den religiösen Vollzug eine neue Tiefendimension bekommen.[46] Dies gelingt umso eher, wie beispielsweise bei der Kommunion- oder Konfirmationsvorbereitung die betroffenen Eltern und Kinder bzw. Jugendliche als Subjekte ernst genommen werden und aktiv diese Phase mitgestalten können.

5.3 Begleitung und Unterstützung der Eltern

Wie bereits mehrfach angedeutet, ist es unzureichend, bei der religiösen Erziehung in der Familie den Blick nur auf die Kinder und Jugendlichen zu richten. Die Eltern sind in hohem Maße mitinvolviert. Konfrontiert sie doch unweigerlich die Frage, ob und wie sie ihre Kinder religiös erziehen wollen oder nicht, mit ihrer

---

[45] Ebd.; vgl. auch *J. Kunstmann*, Religionspädagogik, Tübingen/Basel 2004, 96–98.
[46] Den entscheidenden Anstoß zu einer solchen »integralen Amtshandlungspraxis« hat *Joachim Matthes* gegeben; vgl. *Ders.*, Volkskirchliche Amtshandlungen Lebenszyklus und Lebensgeschichte. Überlegungen zur Struktur volkskirchlichen Teilnahmeverhaltens, in: *Ders.* (Hrsg.), Erneuerung der Kirche – Stabilität als Chance?, Gelnhausen/Berlin 1975, 83–112.

eigenen Religiosität. Von großer Bedeutung für ihr Entscheiden und Handeln ist, wie sie die religiöse Sozialisation und Erziehung im Zuge ihres eigenen Aufwachsens erfahren haben. Wo sie als belastend empfunden worden ist, ist verständlicherweise der Wille groß, dies den eigenen Kindern ersparen zu wollen. Hinzukommt, dass viele Erwachsene der Meinung sind, in Theologie und Kirche habe sich soviel verändert, dass sie mit dem in ihrer religiösen Erziehung ihnen beigebrachten Wissen nicht mehr auf der Höhe der Zeit seien, und dass sie deswegen lieber die religiöse Erziehung ihrer Kinder an religionspädagogische Fachkräfte wie z.B. die Kindergärtnerin, die Religionslehrkraft oder insbesondere dem Pfarrer oder der Pfarrerin überlassen.

In diesem Zusammenhang stehen die Kirchengemeinden und neben ihnen die Kindergärten und Schulen vor der Aufgabe, den Eltern entgegenzukommen und ihnen Hilfen anzubieten, sei es, dass ihnen Kurse angeboten werden, in denen sie die Gelegenheit haben, mit anderen über die eigene Religiosität oder den eigenen Glauben ins Gespräch zu kommen und so einer möglicherweise bisher vernachlässigten Dimension ihres Lebens auf die Spur zu kommen. Dabei müssen natürlich auch Zweifel und Ängste vorkommen dürfen. Zusätzlich sollten Seminare angeboten werden, in denen Eltern es lernen, die religiöse Dimension in ihre Erziehung zu integrieren. In diesem Zusammenhang kann den Eltern auch ein Überblick über die religiöse Erziehung unterstützende Materialien und Medien gegeben werden, angefangen von theologisch angemessenen Kinderbibeln bis hin zur Kriterienfindung von Angeboten, wie sie mittlerweile zuhauf im Internet zu finden sind.

Neben solchen theologischen und religionspädagogischen Bildungsangeboten kommt von der Kirche eingerichteten Möglichkeiten zur psychologisch-pädagogischen Beratung (bis hin zur Familientherapie) und zur seelsorglichen Begleitung ein hoher Stellenwert zu, über die im Ehe- und Familienleben aufkommende Probleme und Krisen bearbeitet werden können.

In vielen Kirchengemeinden werden Veranstaltungen (Einkehrtage, Freizeiten etc.) durchgeführt, an denen Familien als Ganze teilnehmen können und bei denen sie andere Familien kennen lernen können. Zur Stabilisierung des familiären Zusammenlebens trägt erfahrungsgemäß bei, wenn Familien nicht isoliert leben, sondern sich mit anderen Familien vernetzen, sich gegenseitig helfen und so gut wie möglich Freude und Leid miteinander teilen. Solche Netzwerke (Familienkreise) können die engere Phase des Familienlebens, wenn die Kinder aus dem elterlichen Haushalt ausscheiden und sich selbstständig machen, überdauern und auch in der »nachelterlichen« Lebenssituation eine wichtige Bezugsgröße für die Mitglieder darstellen.

Auch Kindergärten und Schulen, zumal wenn sie in kirchlicher Trägerschaft liegen, sind Stätten, an denen die Eltern in die religiöse Bildungsarbeit einbezogen und aktiv in der einen oder anderen Weise daran beteiligt werden können.

Bei all dem kommt es darauf an, dass die Eltern zu spüren bekommen, dass es nicht Rekrutierungsinteressen der Kirche sind, die der Grund dafür sind, auf die

Eltern zuzugehen, sondern dass es ihr um der Eltern selbst willen zu tun ist und dass sie auch grundsätzlich den »Eigensinn« der Familie respektiert.

Literatur

Biesinger, Albert u.a. (Hrsg.), Brauchen Kinder Religion? Neue Erkenntnisse – Praktische Perspektiven, Weinheim/Basel 2005.

Biesinger, Albert/*Bendel*, Herbert, (Hrsg.), Gottesbeziehung in der Familie. Familienkatechetische Orientierungen von der Kindertaufe bis zum Jugendalter, Ostfildern 2000.

Domsgen, Michael, Familie und Religion. Grundlagen einer religionspädagogischen Theorie der Familie, Leipzig 2004.

Grom, Bernhard, Religionspädagogische Psychologie des Kleinkind-, Schul- und Jugendalters, Düsseldorf [5]2000.

Riess, Richard/*Fiedler*, Kirsten (Hrsg.), Die verletzlichen Jahre. Handbuch zur Beratung und Seelsorge an Kindern und Jugendlichen, Gütersloh 1993.

Schweitzer, Friedrich, Das Recht des Kindes auf Religion. Ermutigung für Eltern und Erzieher, Gütersloh [2]2005.

8. Matthias Spenn
Kirchliche Arbeit mit Kleinkindern

Im Titel des vorliegenden Beitrages wird nicht von der Arbeit mit Kindern, sondern von der Arbeit mit Kleinkindern gesprochen.[1]

1. Zur Begrifflichkeit

Begrifflich meint »Kleinkinder« allgemein Kinder im Vorschulalter. Seit Einführung der allgemeinen Schulpflicht unterteilt sich in pädagogischen Sinnzusammenhängen, aber auch im allgemeinen Sprachgebrauch, Kindheit vorrangig entsprechend ihrer institutionellen Zuordnung in Vorschul- und Schulkindheit. Mit »Kleinkinder« werden gemeinhin Kinder bezeichnet, die noch nicht in die Schule gehen. Allerdings gibt es innerhalb des Kleinkindalters weitere Differenzierungen, die sich wiederum an der institutionellen Zuordnung orientieren: So wird zwischen Kindern im Krippenalter (die Unter-3-Jährigen) und Kindern im Kindergartenalter, gemeinhin die 3- bis 6-Jährigen, unterschieden.

In der Erziehungswissenschaft wird statt von Kleinkindern eher von der »frühen Kindheit« gesprochen.[2] Die »Pädagogik der frühen Kindheit« erstreckt sich neben Kindergarten-, Kinderkrippen- und Kindertagesstättenpädagogik auch auf Familienpädagogik, Medienpädagogik, frühpädagogische Diagnostik und pädagogische Beratung.[3]

Beiden Begriffen ist gemeinsam, dass sie einen Lebensaltersabschnitt bezeichnen, der eine biografische Ausgangs-, Durch- bzw. Übergangsphase darstellt. Mit »Klein-« wird assoziiert, dass darauf etwas Größeres folgt; auf »früh« folgt ein »später«. Damit ist bereits ein wichtiges Charakteristikum benannt, das mit der behandelten Thematik zusammen hängt: Das Kleinkindalter ist nach allgemeinen Vorstellungen eine Phase, die in besonderer Weise auf Entwicklung und Veränderung angelegt ist. Gleichzeitig ist das Kleinkindalter bzw. die frühe Kindheit dadurch gekennzeichnet, dass die »Subjekte« sozial nur eingeschränkt allein lebensfähig sind: Sie leben in nahezu unmittelbarer Beziehung zu (erwachsenen) Bezugspersonen, die sie mit dem elementar zum Leben Notwendigen versorgen (Nahrung, Kleidung, Hygiene, emotionale Geborgenheit, soziale Einbindung,

---

[1] Zum Artikel insgesamt s. *M. Spenn/D. Beneke/F. Harz/F. Schweitzer* (Hrsg.), Handbuch Arbeit mit Kindern. Evangelische Perspektiven, Gütersloh 2007.

[2] S. *L. Fried u.a.*, Einführung in die Pädagogik der frühen Kindheit, Weinheim u.a. 2003; *L. Fried/S. Roux* (Hrsg.), Pädagogik der frühen Kindheit. Handbuch und Nachschlagewerk, Weinheim/Basel 2006.

[3] *L. Fried u.a.*, Einführung in die Pädagogik, 9.

Schutz vor lebensbedrohenden Einflüssen). Organisatorische Entscheidungen bezüglich der Lebensumstände werden stellvertretend für kleine Kinder von anderen, meist Erwachsenen, getroffen, ohne dass die von diesen Entscheidungen Betroffenen unmittelbar darauf Einfluss nehmen (können). Kleinkinder sind Schutzbefohlene und in besonderer Weise den sie schützenden und versorgenden Personen (meist Eltern, Familienmitglieder sowie andere Betreuungspersonen) ausgeliefert.

2. Kleinkinder – ein neues Thema der Gemeindepädagogik

Erstmalig enthält ein gemeindepädagogisches Grundlagen- und Übersichtswerk einen gesonderten Beitrag zur Arbeit mit Kleinkindern, die sich nicht nur auf die Arbeit von und in Kindertageseinrichtungen oder auf die Familie bezieht.[4] Diese Tatsache weist auf einen gesellschaftlichen Wandel hin. Kleinkinder sind in jüngerer Zeit stärker in das Interesse öffentlicher Wahrnehmungen, sozial- und bildungspolitischer Reformbemühungen und erziehungswissenschaftlicher Diskurse gerückt. Zu dem Wandel mit einer zunehmenden Anerkennung der Bedeutung der frühen Kindheit haben verschiedene Gründe beigetragen:

– Die demografische Entwicklung mit einer anhaltend niedrigen Geburtenrate führt zu einem Rückgang der absoluten Kinderzahlen in Deutschland. Zunehmend wird nicht nur nach den individuellen, sondern nach gesellschaftlichen Ursachen für die niedrigen Geburtenzahlen gefragt: Warum wollen junge Erwachsene keine Kinder bekommen bzw. schieben die Realisierung des Kinderwunsches zeitlich hinaus? Wo liegen die gesellschaftlichen Ursachen für den zahlenmäßigen Rückgang kinderreicher Familien? Welche Bedingungen muss die Gesellschaft für das Aufwachsen von Kindern schaffen, damit potenzielle Eltern Kinderwünsche realisieren?

– Die niedrigen Geburtenraten führen in Kombination mit der längeren Lebenserwartung älterer Menschen zu einer dramatischen Veränderung im zahlenmäßigen Verhältnis der Generationen. In der Folge verschieben sich sozial- und bildungspolitische Schwerpunktsetzungen, soziale Infrastrukturen werden umgebaut und die Bedingungen und Aufgaben für die sozialen Sicherungssysteme verändern sich. Bildungsakteure sowie gesellschaftliche Institutionen wie Jugendverbände und Kirchen sehen Nachwuchsprobleme auf sich zukommen.

– Internationale Vergleichsstudien über die Leistungsfähigkeit unseres Bildungssystems (PISA, TIMMS, IGLU) weisen auf den Zusammenhang zwischen familiären Herkunftsbedingungen und Bildungsverläufen bei Schülerinnen und Schülern hin. An den Bildungsverläufen von Kindern mit Migrationshintergrund wird in besonderer Weise deutlich, wie eng auch der Zusammenhang zwischen sozioökonomischen Bedingungen des Aufwachsens und der Sprach-

---

[4] Siehe *G. Adam/R. Lachmann* (Hrsg.), Gemeindepädagogisches Kompendium, Göttingen (1987) ²1994; *C. Grethlein*, Gemeindepädagogik. Berlin/New York 1994; *K. Wegenast/G. Lämmermann*, Gemeindepädagogik. Kirchliche Bildungsarbeit als Herausforderung, Stuttgart/Berlin/Köln 1994.

kompetenz ist. Beide Bedingungen sind eng auf die frühe Kindheit und das familiäre Umfeld bezogen.

– Die neurobiologische Forschung und die Entwicklungspsychologie haben die frühkindlichen Bildungspotenziale bei Kindern entdeckt. Kinder sind von Geburt an lernende Wesen, entscheidend sind vor allem die ersten Lebensjahre.

– Die Arbeitswelt hat sich grundlegend verändert. Waren in der westdeutschen Industriegesellschaft bis zum Ende der 1980er-Jahre die innerfamiliären Rollenverteilungen zwischen Beruf und Familie, die berufsbiografischen Verlaufserwartungen, das Einkommen und die Arbeitszeiten relativ verlässlich planbar, ist dies in der wissensbasierten Dienstleitungsgesellschaft kaum noch gegeben. Umso nachdrücklicher stellt sich die Frage nach Vereinbarkeit von Beruf und Familie für zusammenlebende Elternpaare wie für Alleinerziehende. Die Betreuung kleiner Kinder bedarf entsprechend der Arbeits-, Aus- und Weiterbildungszeiten von Müttern und Vätern flexibler Gestaltungsmöglichkeiten. Das hat Auswirkungen auf die Arbeit von Kindertageseinrichtungen, aber auch auf nichtinstitutionelle Betreuungssysteme.

– In regelmäßigen Abständen sorgen Meldungen über krasse Fälle von Kindesvernachlässigung und Kindesmissbrauch für Aufmerksamkeit in der Öffentlichkeit. Viele gesellschaftliche Akteure mahnen daraufhin reflexhaft mehr Aufmerksamkeit für Kinder und ein gesamtgesellschaftliches Verantwortungsgefühl für das Aufwachsen von Kindern an.

– Sowohl der Rückgang der Kinderzahlen als auch die Wandlungen der religiösen Lage in Deutschland (Individualität bei der Entscheidung über religiöse Orientierungen und Bindungen, religiöse Pluralität durch einen hohen Anteil von Menschen mit Migrationshintergrund, Rolle von Religion in der medialen Darstellung weltpolitischer Konflikte seit dem 11. September 2001) veranlassen auch die evangelische Kirche zu stärkerer Suche nach unverwechselbarem Profil. In der Religionspädagogik wird Religion als Dimension der Allgemeinbildung thematisiert und nach Möglichkeiten gesucht, Familien bei ihren Erziehungsaufgaben auch im Blick auf die religiöse Sozialisation von kleinen Kindern besser zu unterstützen.

In der gesellschaftlichen Wahrnehmung wurden Kleinkinder über lange Zeit kaum als pädagogische Subjekte, sondern eher unter dem Gesichtspunkt der Betreuung und Erziehung wahrgenommen. Erst in jüngerer Zeit sind der Betreuungs- und Erziehungsaspekt durch Bildung ergänzt worden. Inzwischen haben sich die Kultusminister der Länder in Deutschland auf einen gemeinsamen Rahmen für die frühe Bildung in Kindertageseinrichtungen verständigt, die Bundesländer haben für die Arbeit der Kindertageseinrichtungen Bildungspläne eingeführt (http://www.bildungsserver.de).

Auf dem Hintergrund dieser Entwicklungen wird im Folgenden zunächst nach Bedingungen für das Aufwachsen kleiner Kinder gefragt, anschließend werden einige pädagogisch-theologische Profilmerkmale evangelischer Arbeit mit Kindern vorgestellt, um davon ausgehend konzeptionelle Ansätze für die Arbeit mit kleinen Kindern aufzuzeigen.

3. Bedingungen für das Aufwachsen kleiner Kinder – unter dem Aspekt der Bildung betrachtet

Kinder in Deutschland wachsen in einer Gesellschaft mit wirtschaftlichem Wachstum, Wohlstand und sozialer Absicherung, äußerer und innerer Stabilität und ohne Krieg auf. Einen zentralen Stellenwert haben dabei die Betonung der Individualität der Lebensentwürfe und die Pluralität der Lebenslagen. Diese Bedingungen stellen sowohl historisch als auch im globalen Horizont eine Ausnahme dar.

Allerdings vollziehen sich auch gravierende Veränderungen in den Bedingungen des Aufwachsens. Exemplarisch ist dafür die Arbeitswelt, die sich von der Industrie zur wissensbasierten Dienstleistung wandelt. Traditionelle Berufe werden durch elektronische Kommunikationsmittel verändert, Berufsbiografien sind dynamisiert und Industriearbeit ist weitgehend automatisiert worden. Arbeitszeiten sind flexibel. Dabei ist – vor allem in Mitteleuropa – Bildung zur wichtigsten individuellen und gesellschaftlichen Ressource geworden, um individuelle Lebensperspektiven zu verwirklichen und an der Gesellschaft teilzuhaben.

Kinder wachsen selbstverständlich mit elektronischen Medien auf, deren technische Entwicklung rasant ist und deren Auswirkungen auf den Alltag, das Zusammenleben und die Herausbildung von Einstellungen und Haltungen noch nicht abzusehen sind. Die Bedingungen des Aufwachsens von Kindern in der Mediengesellschaft sind durchaus ambivalent – sie beinhalten eine Fülle von Anregungen, stärken die Eigenständigkeit und bieten Entwicklungsmöglichkeiten, wie sie noch keine Generation vor ihnen erleben konnte. Auf der anderen Seite sind damit auch immer Gefahren verbunden, Kinder werden zu Abhängigkeiten verleitet und in ihrer Entwicklung beeinträchtigt. Sie selbst sind ebenso wie ihre Eltern und andere erwachsene Bezugspersonen von der Multioptionalität überfordert und haben Schwierigkeiten, eine tragfähige Orientierung für ihr Leben zu finden. Außerdem sind die Bildungsmöglichkeiten und -chancen ungleich und ungerecht verteilt. Sie sind nicht allen Kindern in gleichem Maße zugänglich.

3.1 Vielfalt von Kindheiten

Bereits bei Kleinkindern trifft zu, was bisher vor allem für Lebensstile und Verhaltensmuster von Jugendlichen und Erwachsenen herausgehoben wurde: Es gibt nicht *die* Kindheit. Kindheiten unterscheiden sich je nach Herkunftsbedingungen, familiärer Prägung und sozialem Status, nach regionalen und alltagskulturellen Bedingungen und Gegebenheiten (Verhaltens- und Deutungsmuster, Bewältigungsstrategien), religiösen Einstellungen und Gewohnheiten. Für die Beschreibung und Erfassung von Kleinkindheit in pädagogischen Kontexten sind Kategorien wie Geschlecht, Region, soziale Herkunft, Ethnie und Religion, Bil-

174

dungsniveau, Milieu bzw. Lebensstil von großer Bedeutung. Insbesondere die Frage nach der Herkunft ist wichtig. So haben gegenwärtig bereits etwa ein Drittel der 0- bis 6-Jährigen einen Migrationshintergrund und der Anteil nimmt noch zu.

Ein Kohortenvergleich auf der Basis des Mikrozensus 2005 des Statistischen Bundesamtes weist in den älteren Bevölkerungsgruppen einen geringeren Anteil an Menschen mit Migrationshintergrund auf als in den jüngeren.

Tab. 1: Anteil der Bevölkerung mit Migrationshintergrund 2005 nach Altersgruppen und Herkunftsregionen:[5]

Alter von ... bis unter ... Jahren

Mit jeder Alterskohorte nimmt der Anteil der Menschen mit Migrationshintergrund etwa alle fünf Jahre um 2,5 % zu. Sind es in der Gruppe 45 Jahre und älter 11,9 % Menschen mit Migrationshintergrund, so sind es bei den 10- bis 16-Jährigen bereits 26,7 %, bei den 6- bis 10-Jährigen 29,2 % und bei den 0- bis 6-Jährigen 32,5 %. Dieser demografische Trend wird sich noch weiter verstärken, weil Menschen ohne Migrationshintergrund in Deutschland weniger Kinder bekommen als Menschen mit Migrationshintergrund. Im Blick auf zukünftige Entwicklungen beispielsweise für das Jahr 2026 ist mit einem Anteil von über 40 % Menschen mit Migrationshintergrund in unserem Bildungssystem zu rechnen.

Das ist eine Bedingung, auf die sich Kindertageseinrichtungen und Schulen, aber auch andere Bildungsakteure, die Kinder- und Jugendarbeit, Kirchen und Religionsgemeinschaften einstellen müssen. Was bedeutet es für die gemeindepädagogische Arbeit, dass in den nachwachsenden Generationen die kulturelle und religiöse Heterogenität zunimmt? Welche Konsequenzen ergeben sich daraus für die Religionspädagogik, für Kindertageseinrichtungen und Schulen in kirchlicher

---

[5]   Datenbasis: Statistisches Bundesamt, Mikrozensus 2005; Quelle: *Konsortium Bildungsberichterstattung,* Bildung in Deutschland, Bielefeld 2006, 143.

Trägerschaft, das soziale Engagement der Kirchen, für kirchlich-gemeindliche Arbeit mit Kindern, Familien und Jugendlichen, für Diakonie und Beratungsarbeit, Seelsorge und die Arbeit in Wohngebieten und Stadtteilen?

Die Individualität von Lebensverläufen und die Pluralität von Lebenslagen stellt an die kirchliche Arbeit die Frage, inwieweit Kinder in ihrer Einmaligkeit und Einzigartigkeit wahrgenommen und gefördert werden und inwieweit ihr familiales und häusliches Umfeld, ihre Einstellungen und Prägungen in die Arbeit mit einbezogen werden können.

2.2 Die Bedeutung der Familie

Von entscheidender Bedeutung für das Aufwachsen kleiner Kinder ist die Familie. Im familiären Kontext werden Lebenseinstellungen, Gewohnheiten, Handlungsmuster und Problemlösungsstrategien entscheidend geprägt.[6] Die Herkunftsfamilie spielt eine zentrale Rolle im Blick auf kulturelle Einstellungen und den Zugang zu sinnstiftenden Deutungs- und Bewältigungsmustern, für Werteeinstellungen und religiöse Prägungen. Insbesondere in Deutschland entscheidet die familiäre Herkunft auch über den Bildungsverlauf von Kindern. Darauf weisen alle jüngeren Bildungsstudien hin. Kinder aus bildungsambitionierten und sozioökonomisch gesicherten Familien haben wesentlich bessere Voraussetzungen für ihre Entwicklung als diejenigen aus sozioökonomisch schwächerer und bildungsferner Herkunft.

Allerdings wandeln sich die Familienstrukturen. Zwar ist die sogenannte Kernfamilie (verheiratete Eltern, ein oder zwei leibliche Kinder) noch immer das am stärksten vertretene Grundmodell, daneben nehmen jedoch Familienformen zu mit nur einem Elternteil oder in denen die Eltern nicht verheiratet sind, bei denen die Eltern geschieden sind und mit neuen Partnern zusammen leben, die jeweils selbst Kinder mit in die Partnerschaft einbringen.

Einen ungebrochen hohen Stellenwert hat die Familie in emotionaler Hinsicht. Sie ist zentraler Ort der Integration von im alltäglichen Leben auseinander driftenden, differenzierten Lebensbereichen. Für das Aufwachsen von Kleinkindern bereits bedeutsam ist, dass sich das Verhältnis der Familienmitglieder untereinander, besonders zwischen den Generationen, in den zurückliegenden Jahrzehnten grundlegend verändert hat: Kinder sind in vielen Situationen zu Partnerinnen und Partner für die Erwachsenen geworden, ohne dass das tendenziell partnerschaftliche Verhältnis die Asymmetrie zwischen Erwachsenen und Kindern einfach aufheben könnten. Wurden in früheren Zeiten den Kindern wichtige Verhaltensweisen durch unumstößliche Ge- und Verbote vorgegeben, werden heute die meisten Entscheidungen über Regelungen des Alltags zwischen Kindern und Erwachsenen ausgehandelt. Bereits bei kleinen Kindern wird viel stärker als früher nach den

---

6   M. *Petzold*, Zur Bedeutung der Familie, in: *L. Fried/S. Roux* (Hrsg.), Pädagogik der frühen Kindheit, 55–65; *C. Alt*, Kindheit und Familie, in: *M. Spenn u.a.* (Hrsg.), Handbuch, 53–62.

individuellen Eigenarten, Interessen, Neigungen und Gewohnheiten der Kinder entschieden, etwa bezüglich der Still-, Ess-, Ruhe- und Wachzeiten bei Säuglingen, der Auswahl des Ambientes im Kinderzimmer, des Spielzeugs, der Freizeitinteressen oder der frühkindlichen Förderangebote.

Eltern sind mit diesen Herausforderungen aber auch oft überfordert, was zur Vernachlässigung ihrer Erziehungsverantwortung führen kann. Ihre eigenen Beziehungs- und Persönlichkeitsstörungen übertragen sie mitunter auf ihre Kinder, die sich nicht wehren können und deren Leid oft nicht nach außen dringt.[7] In vielen prekären Alltagssituationen können Kinder gar nicht oder nur zu einem Teil wirklich Kinder sein, weil sie gegenüber überforderten Eltern faktisch die Erwachsenenrolle übernehmen müssen. Dies ist insbesondere in Krisensituationen der Fall, etwa bei der Trennung der Eltern, dem Tod eines nahen Angehörigen, der Dauerarbeitslosigkeit des Vaters oder beider Elternteile. Bei deren Bewältigung sind Kinder oft allein auf sich gestellt. Die Erwachsenen haben mit sich selbst zu tun, sie wollen Kinder in unzutreffender Weise schützen und aus Konflikten heraushalten oder wissen nicht, wie sie die Probleme und Schwierigkeiten gegenüber den Kindern angemessen zur Sprache bringen können.

Für die gemeindepädagogische Arbeit mit Kleinkindern ist noch ein anderer Gesichtspunkt zu berücksichtigen: Aufgrund der demografischen Entwicklung sind Kinder und Familien mit Kindern in vielen Kontexten zahlenmäßige Minderheiten. Neben den Auswirkungen auf die sozialen Infrastrukturen (Ausbau bzw. die Schließung von Kindertageseinrichtungen und sozialen Unterstützungssystemen, Gestaltung der öffentlichen Verkehrswege und -mittel usw.) bedeutet das auch, dass in vielen Familien kaum noch kleine Kinder sind.

Die Kehrseite ist ein hoher emotionaler Erwartungsdruck, der auf kleinen Kindern lastet: Viele Erwachsene mehrerer Generationen und in unterschiedlichen familiären Konstellationen stehen wenigen Kindern gegenüber. Die Hoffnungen auf Weiterführung der Familie, Erhaltung und Ausbau des Geschaffenen sowie die Tradierung von Familienkulturen und -werten ruhen auf einzelnen Kindern, die auch die Adressaten sind für das Bedürfnis vieler Erwachsener, Kindern Zuwendung und Liebe weiter zu geben. Trotz der zunehmenden Anzahl von Kindern, die von Armut betroffen sind, waren Kinder materiell noch nie so reich wie heute. Die aus statistischer Sicht wenigen Kinder werden einen in den letzten Generationen stark angehäuften familiären Wohlstand erben.

3.3 Kinder unter Gleichaltrigen (Peers)

Von großer Bedeutung für das Aufwachsen und die Entwicklung kleiner Kinder ist bereits vom ersten Lebensjahr an der Kontakt zu Geschwistern sowie zu Gleichaltrigen in, neben und außerhalb der Familie. Bereits in der zweiten Hälfte des ersten Lebensjahrs werden andere Kinder als soziale Interaktionspartner inte-

---

[7] C. *Sachs*, Kindesvernachlässigung und -misshandlung, in: *M. Spenn u.a.* (Hrsg.), Handbuch, 154–163.

ressant. Mit den Erfahrungen, die Kinder unter Ihresgleichen machen, sind eigenständige Entwicklungsprozesse verbunden. Kinder unter sich entwickeln spezifische »Kinderkulturen« mit immanenten Regeln und Bedeutungsstrukturen, die Erwachsenen – auch den eigenen Eltern – nicht unbedingt zugänglich sind. Charakteristisch für die Beziehungen und die daraus erwachsenden Anregungen ist, dass die Interaktionspartner in Bezug auf das wechselseitige Verfügen über Vorwissen, Status und Macht relativ gleichartig sind. Dabei machen die Kinder im sozialen Kontakt mit Peers qualitativ andere Erfahrungen als in der Interaktion mit Erwachsenen. Dies zeigt sich in ihrem Umgang untereinander, an den Themen, die für sie von Bedeutung sind sowie an den Maßstäben, nach denen sie ihr Verhalten beurteilen und die Einzelnen ihre Stellung in der Gruppe finden.[8]

Mit zunehmendem Alter gewinnt das gemeinsame Spiel an Bedeutung. Kontakte und Interaktionen zwischen Kindern ab dem dritten Lebensjahr gestalten sich primär im Rahmen sozialen Spiels. Die Rollen und Ausformungen sind dabei ganz unterschiedlich: vom Zuschauen über das Nachahmen, dem assoziativen bis hin zum kooperativen Spiel. Im Spiel werden die Kommunikationsfähigkeit, die Fähigkeit zur Perspektivenübernahme sowie die Sprachfähigkeit herausgebildet, aber auch grundlegende soziale Kompetenzen wie das Aushandeln von Regeln, das Vereinbaren von Aufgaben und Weiterentwickeln von Strategien, das Abwarten können sowie Frustrationen und Unklarheiten auszuhalten. Auch die Konstruktion der Geschlechteridentität und die Herausbildung von Geschlechterrollen erfolgen weitgehend in Peer-Kontexten.

3.4 Institutionen der Kinderbetreuung

Vorschulische Kindheit ereignet sich stärker als früher in Institutionen. Zwar bestehen hinsichtlich des Anteils der Kinder, die bereits als 3- bis 4-Jährige eine Kindertageseinrichtung besuchen, noch immer deutliche Unterschiede zwischen Ost- und Westdeutschland, aber auch im alten Bundesgebiet verbringen weitaus mehr Kinder im Vorschulalter als etwa noch 1995 einen großen Zeitraum ihres Lebens im Kindergarten und beanspruchen weitere Bildungsangebote; und auch bei den Unter-3-Jährigen nimmt der Anteil der Kinder in Kindereinrichtungen kontinuierlich zu.

So haben nach Berechnungen des Statistischen Bundesamtes im März 2007 die Eltern von rund 321.300 Kindern unter drei Jahren eine Betreuung in Kindertageseinrichtungen oder in öffentlich geförderter Kindertagespflege als Ergänzung zur eigenen Kindererziehung und Betreuung in Anspruch genommen. Dies entspricht einem Anstieg um knapp 34.400 Kinder oder 12 % gegenüber dem Vorjahr. Der Anteil der Kinder in Tagesbetreuung an allen Kindern dieser Altersgruppe (Betreuungsquote) belief sich damit bundesweit auf rund 15,5 % (2006: 13,6 %).[9]

---

[8] *S. Viernickel*, Zur Bedeutung der Peerkultur, in: *L. Fried/S. Roux* (Hrsg.), Einführung in die Pädagogik, 65–74, hier: 67.

[9] Statistisches Bundesamt, 2007.

Es ist erklärter politischer Wille, dass mittelfristig für 30 % der Unter-3-Jährigen öffentlich geförderte Betreuungsplätze zur Verfügung stehen sollen.

Für den gemeindepädagogischen Kontext ist neben dem Ausbau der institutionellen Betreuung der hohe Anteil informeller Unterstützungsstrukturen im Kontext von Familie, Freundschaft und Nachbarschaft von Bedeutung. Laut der Kinderbetreuungsstudie des Deutschen Jugendinstituts[10] spielen besonders bei den Unter-Drei-Jährigen neben der Mutter und dem Vater die Großeltern, aber auch Babysitter, Tagesmütter, Geschwister und Freunde eine zum Teil große Rolle.

Tab. 2: Betreuungspersonen, die in der letzten Woche an einem Werktag ein Kind betreut haben:[11]

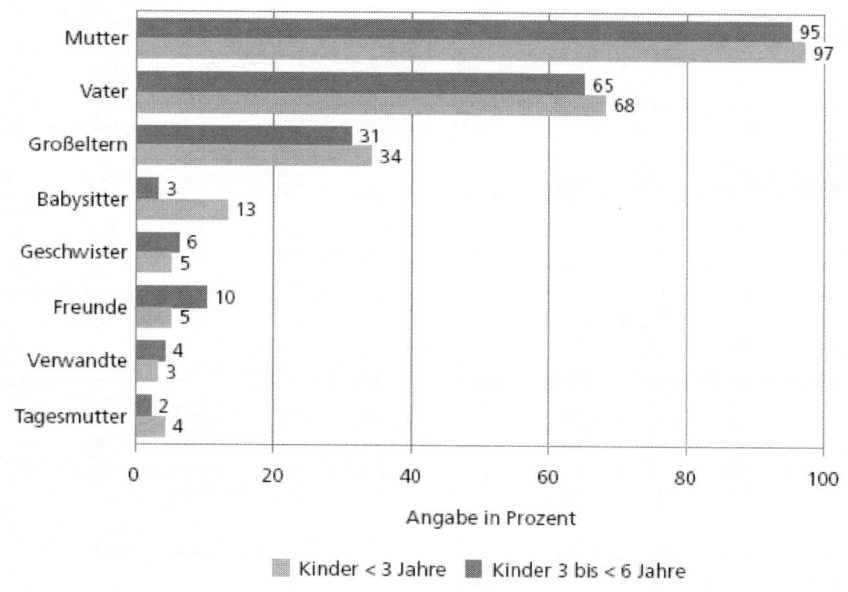

Dies ist besonders unter gemeindepädagogischem Blick hervorzuheben, da es zum einen um die Verbesserung der evangelischen Kindertageseinrichtungen geht, zum anderen darum, wie Kirchengemeinden Familien in ihren Betreuungserfordernissen unterstützen können und auch um die Aufgabe, Personen aus dem direkten Umfeld, die Kinder auch außerhalb der Einrichtungen und unabhängig davon betreuen (Babysitter, Geschwister, Großeltern, Nachbarn, andere Betreuungsper-

---

[10] *W. Bien/T. Rauschenbach/R. Riedel* (Hrsg.), Wer betreut Deutschlands Kinder? DJI-Kinderbetreuungsstudie, Berlin u.a. ²2007.

[11] Quelle: DJI-Kinderbetreuungsstudie 2005 (*W. Bien/T. Rauschenbach/R. Riedel* [Hrsg.], Wer betreut Deutschlands Kinder?, 166).

sonen), zu qualifizieren und darin zu begleiten mit dem Ziel, die Startchancen für Kinder zu verbessern.

Allerdings geht es dabei nicht nur um die Betreuung von Kleinkindern, sondern um den Gesamtzusammenhang von Betreuung, Erziehung und Bildung. So hat der Bildungsaspekt in der Arbeit der Kindertageseinrichtung mit den Über-3-Jährigen stark an Bedeutung gewonnen. Sämtliche Bundesländer haben inzwischen Bildungspläne für die Kindertageseinrichtungen eingeführt.

Dass Eltern einen großen Wert auf einen gelingenden Bildungslebenslauf legen, zeigt nicht zuletzt die Tatsache der immer früheren Einschulung von Kindern. Im Zeitvergleich zwischen den Jahren 1995 bis 2004 ist der Anteil derjenigen, die vorzeitig eingeschult wurden, von 2,5 % auf 9,1 %, also um 6,6 % angestiegen, während im gleichen Zeitraum der Anteil der verspäteten Einschulungen von 8,4 % auf 5,7 %, also um 3,4 % abgenommen hat.

Tab. 3: Vergleich der Entwicklung vorzeitig und verspätet eingeschulter Kinder 1995–2004 (in % von allen Einschulungen)[12]

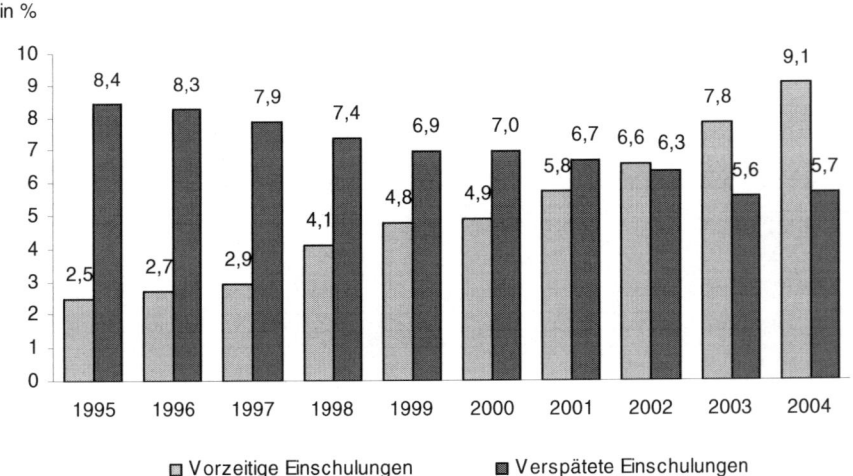

Diese Daten lassen unterschiedliche Deutungen zu: Die Kinder könnten eher schulreif sein, deshalb werden sie früher eingeschult. Mindestens ebenso wahrscheinlich ist aber, dass Eltern einen höheren Bildungsdruck spüren, den sie an ihre Kinder weiter geben. Sie wollen für ihre Kinder optimale Startbedingungen und geben dem allgemeinen gesellschaftlichen Trend zu verkürzten, komprimierten Bildungsverläufen nach.

---

[12] Datenbasis: Statistisches Bundesamt, Schulstatistik; Angaben der Statistischen Landesämter von Bayern und Baden-Württemberg; Quelle: *Konsortium Bildungsberichterstattung,* Bildung, 44.

Die eingetretene Dynamik im Übergang zur Schule ist für gemeindepädagogisches Handeln auch insofern bedeutsam, als sich daraus Erwartungen zur Begleitung der Passage »Einschulung« ergeben. So berichten etwa Praktiker*innen* von einer Zunahme des Stellenwertes von Einschulungsgottesdiensten in Kirchengemeinden. Ausschlaggebend dafür kann durchaus ein gestiegenes Vergewisserungsbedürfnis von Eltern und Familien am Übergang von der Kindergarten- zur Schulkindheit sein.[13]

4. Gemeindepädagogische Arbeit mit kleinen Kindern

Kinder spielen nach evangelischem Verständnis für die christliche Kirche und die evangelische Gemeinde eine zentrale Rolle.[14]

4.1 Begründungsargumente

Kinder sind ein Teil der christlichen Gemeinde, der für das Selbstverständnis von Kirche als Gemeinschaft der Glaubenden unverzichtbar ist. Das zeigt sich daran, dass in der evangelischen Kirche Kinder ab dem Säuglingsalter getauft werden. Die Taufe symbolisiert die voraussetzungslose Liebe Gottes, die jedem Menschen gilt. Mit der Taufe verpflichtet sich die Kirche zur Weitergabe der Glaubensüberlieferung zwischen den Generationen und unter Gleichaltrigen, aber auch zum Engagement für optimale Bedingungen des Aufwachsens und für die Rechte von Kindern. Aus der engen Beziehung kleiner Kinder zu den Bezugspersonen im Familienzusammenhang ergibt sich aus dem Engagement für und mit Kindern auch die Arbeit mit Familien.

Neben dem Auftrag zur Taufe und zur Weitergabe der Glaubensüberlieferung ist für das evangelische Engagement für Kinder und mit Kindern vor allem Jesu Umgang mit Kindern von herausgehobener Bedeutung. Für Jesus ist der Dienst an Kindern Gottesdienst (Mk 9,36ff.). Im sogenannten Kinderevangelium (Mk 10,13–16) stellt Jesus die Kinder heraus als Beispiele für Gottes Reich. »Wahrlich, ich sage euch: wer das Reich Gottes nicht empfängt wie ein Kind, der wird nicht hineinkommen« (Mk 10,15). Kinder glauben in einer Weise, die Älteren verdeutlichen kann, was Glauben heißt.

Darin liegen die Begründungen für die lange Tradition der Betreuung und Begleitung von Kindern in der evangelischen Kirche – in den gegen die Verwahrlosung von Kindern im Umfeld der Industrialisierung gerichteten Initiativen im 19. Jahrhundert oder in anderer Form etwa bei familienbegleitenden Maßnahmen, in vielfältigen Erziehungs- und Bildungsangeboten.

---

[13] Vgl. *Arbeitsstelle Gottesdienst*. Zeitschrift der Gemeinsamen Arbeitsstelle für gottesdienstliche Fragen der EKD 20/2006, Nr. 1: Themenheft »Einschulung als neue Kasualie?«.

[14] D. Beneke u.a., Warum kirchliche Arbeit mit Kindern?, in: *M. Spenn u.a.* (Hrsg.), Handbuch, 15–30.

Die hohe Wertschätzung der Kinder in biblischer Überlieferung begründet die Aufgabe der evangelischen Kirche, das Recht der Kinder auf ihre Kindheit zu achten. Von diakonisch-fürsorgender Betreuung sozial benachteiligter Kinder spannt sich der Bogen hin zur Mitverantwortung für ein Bildungsgeschehen, das alle relevanten Dimensionen und damit auch die religiöse mit einschließt. Zur kirchlich-theologischen Tradition gehören unverzichtbar auch Perspektiven, wie Kinder ihr Leben und ihren Glauben entfalten und wie sie dabei unterstützt werden können. Kinder sind nach evangelischem Verständnis Reichtum und Ressource, Gabe und Aufgabe von Gesellschaft und Kirche. Diese Einsicht schließt die Verantwortung für den angemessenen Umgang mit dieser Ressource ein durch die Partnerschaft mit Eltern und Familien sowie anderen gesellschaftlichen Partnern sowie durch das Engagement für eine die Entwicklung anregende und das Aufwachsen unterstützende Lebenswelt.

4.2 Profilmerkmale gemeindepädagogischer Arbeit

Für den gemeindepädagogischen Umgang mit Kindern sind folgende Profilmerkmale wichtig:[15]

- Kirchliche Arbeit mit Kindern orientiert sich an den Ressourcen, dem Können, den Fähigkeiten und Interessen von Kindern. Kinder werden als Akteure gesehen, deren Eigenaktivität zu fördern und deren Können einzubeziehen ist und denen eigene Zugänge zu sinnstiftenden Weltdeutungen ermöglicht werden sollen. Sie sollen dabei unterstützt, begleitet und angeregt werden, bei pädagogischen Herausforderungen, in aktuellen Lebenssituationen und angesichts gesellschaftlicher Problemlagen Verantwortungsbewusstsein für sich und ihre Mitmenschen zu übernehmen. Wichtige Antriebsmomente für diakonisches Handeln und kirchliches Engagement sind defizitäre und prekäre Bedingungen des Aufwachsens, fehlende Bildungsmöglichkeiten, unerträgliche Lebensbedingungen sowie Armut und Chancenungerechtigkeit.
- Kirchliche Arbeit mit Kindern orientiert sich am Lebenslauf. Sie entwickelt altersspezifische Herangehensweisen und berücksichtigt die individuellen Interessen und Fähigkeiten. Gleichzeitig nimmt sie die gesamten für den Lebenslauf wichtigen Entwicklungsbedingungen, Bildungs- und Erziehungsangebote in den Blick und versucht, sie in zusammenhängender Perspektive aufeinander zu beziehen.
- Kirchlicher Arbeit mit Kindern geht es auch immer um religiöse Erziehung und Bildung als Angebot sinnstiftender Weltdeutung – ein Anliegen, das da umso wichtiger wird, wo Religion und Glaube aus den alltäglichen persönlichen und gesellschaftlichen Lebenszusammenhängen verdrängt zu werden drohen. Wiederholt wird in einer weltanschaulich indifferenten und religiös pluralen gesellschaftlichen Situation das Recht des Kindes auf Religion eingefordert, weil Religion eine wichtige Funktion für die Persönlichkeitsentwick-

---

[15] *F. Harz,* Evangelische Profil, in: *M. Spenn u.a.* (Hrsg.), Handbuch, 412–424.

lung und -bildung hat.[16] Die Orientierung an Kindern als Akteure und Ko-konstrukteure ihrer Wirklichkeit bezieht ausdrücklich auch den Glaubenszu-sammenhang mit ein. Entwicklungen der Kindertheologie bzw. des Theologi-sierens mit Kindern sind dafür wichtige, anregende Beispiele.[17]

– Kirchliche Arbeit mit Kindern erfüllt nicht einfach nur das partikulare Interes-se der Institution Kirche, sondern geschieht im gesellschaftlichen und öffentli-chen Interesse. Mit ihrer gemeindepädagogischen Arbeit mit kleinen Kindern und Familien in Kirchengemeinden sowie dem religionspädagogischen Enga-gement in Kindertageseinrichtungen sowie dem gesellschaftspolitischen Enga-gement für optimale Bedingungen des Aufwachsens und eine bildungsanre-gende Umwelt übernimmt die evangelische Kirche auf vielfältige Weise ge-sellschaftliche Bildungsverantwortung.

Bei der Betonung des Bildungsaspekts ist allerdings auch einzuräumen, dass über die Aneignung sozialen Wissens von Kindern, aber auch über die Aneignung von Religion in der frühen Kindheit, bisher kaum empirische Forschungsergebnis-se vorliegen.[18] In der Pädagogik der frühen Kindheit werden zwar Bildungsdimen-sionen wie ästhetische Bildung, kognitive Förderung, naturwissenschaftliche und mathematische Bildung, Sozialerziehung, Bewegungs- und Musikerziehung sowie Sprachförderung thematisiert, die religiöse Bildung scheint jedoch noch nicht im Blick der Erziehungswissenschaft zu sein.[19]

5. Praxisbeispiele gemeindepädagogischer Arbeit mit Kleinkindern

Die gemeindepädagogische Praxis mit Kleinkindern hat sich in den zurücklie-genden Jahren vielfältig entwickelt. Dabei handelt es sich zum großen Teil, be-sonders bei der Arbeit mit Unter-3-Jährigen, um Arbeitsformen, die die Eltern bzw. Familien mit einbeziehen.[20] Mit zunehmendem Alter werden Arbeitsansätze mit der Gleichaltrigengruppe wichtig, die das soziale Spiel, musische, kreative Elemente sowie die entdeckerischen Fähigkeiten mit berücksichtigen.

---

[16] *F. Schweitzer,* Das Recht des Kindes auf Religion. Ermutigungen für Eltern und Erzie-her, Gütersloh [2]2005.

[17] *P. Freudenberger-Lötz,* Theologische Gespräche mit Kindern, in: *M. Spenn u.a.* (Hrsg.), Handbuch, 294–299; *A.A. Bucher u.a.* (Hrsg.), Jahrbuch Kindertheologie, Stuttgart 2002ff.

[18] *L. Fried/G. Büttner* (Hrsg.), Weltwissen von Kindern. Zum Forschungsstand über die Aneignung sozialen Wissens bei Krippen- und Kindergartenkindern, Weinheim/Mün-chen 2004; *A. Biesinger u.a.* (Hrsg.), Brauchen Kinder Religion? Neue Erkenntnisse – Praktische Perspektiven, Weinheim/Basel 2005.

[19] *L. Fried/S. Roux* (Hrsg.), Pädagogik der frühen Kindheit, aaO.

[20] *G. Hallwass-Moussalli/B. Wiesner-Ganz,* Angebote in der frühen Kindheit, in: *M. Spenn u.a.* (Hrsg.), Handbuch, 223–229.

5.1 Eltern-Kind-Arbeit

Einen zentralen Stellenwert haben Arbeitsansätze der Eltern-Kind-Arbeit. Dazu zählen alle Angebote, an denen Eltern, Mütter, Väter, Tagesmütter oder Großeltern mit ihren Kindern, Tageskindern oder Enkelkindern teilnehmen. Zur Eltern-Kind-Arbeit zählen Arbeitsformen wie:

• Krabbelangebote

Zu sogenannten Krabbelangeboten gehören Gruppenangebote mit Müttern/Vätern und ihren Kindern im ersten Lebensjahr sowie Krabbelgottesdienste (spirituelle, gottesdienstliche Angebote mit Müttern/Vätern und ihren Kindern im ersten Lebensjahr). In vielen Fällen handelt es sich bei den Krabbelgruppen und Krabbelgottesdiensten um Selbsthilfeinitiativen von Müttern (seltener von Vätern) mit Kindern im ersten Lebensjahr, die Möglichkeiten zur Begegnung, zum Austausch und Beratung sowie zur wechselseitigen Entlastung mit Müttern (oder Vätern) in vergleichbaren Situationen suchen. Sie gehen auf Kirchengemeinden zu, um einen Raum für ihr Anliegen nutzen zu können, oder Kirchengemeinden laden dazu ein. Der Anteil an Selbstorganisation ist dabei relativ hoch. Gemeindepädagogische Mitarbeiter*innen* oder Pfarrer*innen* erhalten durch diese Arbeit Möglichkeiten, Kontakt zu Eltern mit kleinen Kindern aufzunehmen. Eltern, insbesondere solche mit dem ersten Kind, haben das Bedürfnis, in ihren Erziehungsaufgaben, aber auch bei der organisatorischen Bewältigung des Alltags unterstützt und beraten zu werden.

Der gemeindepädagogische Beitrag kann dabei in der logistischen Unterstützung der selbstorganisatorischen Gruppenarbeit bestehen, aber auch darüber hinaus gehen, indem gezielte inhaltliche Angebote in Erziehungsfragen und der (religions-)pädagogischen Beratung und geistlichen Vergewisserung gemacht werden sowie die Akteure vernetzt und in andere Gemeindezusammenhänge eingebunden und Betreuungs- und Unterstützungsressourcen im Gemeindezusammenhang (Babysitter in der Konfirmanden- oder Jugendarbeit, Familienpaten in Erwachsenenkreisen, Kleider- und Materialbörsen, Bereitstellung von Erziehungsliteratur und religionspädagogischen Arbeitsmitteln usw.) erschlossen werden. Eine weitere gemeindepädagogische Herausforderung besteht darin, Anschlussangebote für die Zeit nach der Krabbelgruppe zu initiieren oder zu organisieren sowie das Engagement-Potenzial der engagierten Eltern weiter einzubeziehen, zu pflegen und zu begleiten.

• Kreative und Spiel-Angebote für Mütter/Väter mit kleinen Kindern

Aufbauend auf den Kontakten, die sich durch die Krabbelgruppenarbeit ergeben haben, lassen sich weitere Arbeitsformen entwickeln für die Lebensaltersstufen nach dem ersten Lebensjahr. Auch hierbei kommt es auf die beiden Aspekte gleichzeitig an: das Bedürfnis der Eltern nach Gemeinschaft, Austausch, Beratung und Entlastung sowie die Entwicklungsbedürfnisse der Kinder. Insofern muss die gemeindepädagogische Konzeption beide Ebenen berücksichtigen und einbeziehen. Hierfür bieten sich spezielle Spiel- und Betreuungsangebote für Kinder an, begleitet durch Treffmöglichkeiten für die erwachsenen Bezugspersonen. Dabei ist der Selbstorganisationsanteil möglichst zu unterstützen. Gleichzeitig gewinnen Anregungen und die Materialbereitstellung, aber auch gezielte Angebote für die Arbeit mit den kleinen Kindern in Gleichaltrigengruppen (Tanz-, Sing-, Bewegungsspiele, Angebote zur Entdeckung der Umwelt) an Bedeutung.

Bei Kindern ab drei bis vier Jahren können diese Arbeitsformen auch bereits ohne Beisein der Eltern durchgeführt werden. Insbesondere Tanzgruppen sind eine gute gemeindepädagogische Möglichkeit der Arbeit mit Kleinkindern. Kinder erhalten Angebote zur musikalischen, rhythmischen und ästhetischen Erziehung, lernen Regeln kennen und achten, haben die Möglichkeit zur Entfaltung ihrer Individualität in der Gruppe. Aus gemeindepädagogischer Sicht ergibt sich dabei auch die Möglichkeit, ältere Kinder und jüngere Jugendliche mit in die Arbeit einzubeziehen, sie in Mitarbeiterteams fortzubilden, um sie als Mitarbeiter*innen* an die Kinder- und Jugendarbeit heranzuführen und ihnen so Bildungsgelegenheiten zu bieten, bei denen sie sich pädagogisch angeleitet einbringen und ausprobieren können.

• Kindergottesdienst

Der Kindergottesdienst verlagert sich seit längerem zunehmend von der Altersgruppe der Schulkinder hin zu Vorschulkindern. Er findet dann parallel zum Erwachsenengottesdienst statt und wird in dieser Form oft selbst umschichtig von den Eltern kleiner Kinder gestaltet. In solchen Fällen bilden sie den Kern des Kindergottesdienstteams, unterstützt von Jugendlichen und anderen Erwachsenen und angeleitet von Gemeindepädagog*innen* und Pfarrer*innen*.[21]

• Eltern-Kind oder Großeltern-Enkel-Freizeiten

Mit zunehmendem Alter der Kinder wird es möglich, auch über einen längeren Zeitzusammenhang Angebote zu unterbreiten. Beispiele dafür sind Familientage oder Wochenendfreizeiten. Mütter und/oder Väter erhalten etwa durch eine Wochenendfreizeit für Eltern mit kleinen Kindern die Möglichkeit, zu verreisen und gleichzeitig Gemeinschaft und Austausch unter Gleichrangigen zu erleben. Sie werden dabei organisatorisch entlastet und inhaltlich angeregt. In jedem Fall erhalten Eltern die Möglichkeit zu einem Tapetenwechsel bei gleichzeitiger Möglichkeit, mit dem Kind zusammen zu sein, ihm die Möglichkeit der Gruppe zu bieten und selbst Gemeinschaft zu erleben.

---

[21] *E. Reschke-Rank,* Kindergottesdienst in der »Kirche mit Kindern«, in: *M. Spenn u.a.* (Hrsg.), Handbuch, 154–163.

Mitunter ist eine solche Wochenendfreizeit auch besonders geeignet für getrennt von dem Kind lebende Elternteile, um mit dem Kind gemeinsam etwas zu unternehmen. Gemeindepädagoginnen und Gemeindepädagogen sollten solche Möglichkeiten anbieten und mit den Teilnehmenden selbst konzipieren, planen und durchführen. Eine besondere Form sind Freizeiten für Großeltern und Enkel. Gerade der Dialog zwischen den Großeltern-Enkel-Generationen kann dadurch angeregt werden, was in höherem Alter der Kinder noch an Bedeutung gewinnt.

5.2 Sozialraumorientierte Arbeit mit kleinen Kindern und Familien

Kirchengemeinden stellen für sich genommen wichtige gesellschaftliche Ressourcen dar, weil sie Menschen unterschiedlicher Lebenssituationen und Generationen vernetzen. Insofern sind sie ein kaum zu unterschätzendes Potenzial für sozialraumorientierte Ansätze gemeindepädagogischer Arbeit mit kleinen Kindern.

Zunehmend an Bedeutung gewinnen Modelle von Familienpatenschaften oder Nachbarschaftshilfen. Kirchengemeinden oder andere Bildungsträger gewinnen und qualifizieren Erwachsene, um sie Familien mit kleinen Kindern als Nachbarschaftshelfer*innen*, Familienpaten oder Mentoren zu vermitteln. Dabei bietet sich die Zusammenarbeit mit Kindertageseinrichtungen, Familien- und Erziehungsberatungsstellen, aber auch Beratungsstellen für werdende Mütter und Sozialämter an. Hauptanliegen ist es, ein zivilgesellschaftliches Netzwerk aufzubauen, das Familien/Mütter/Väter bereits vor der Geburt der Kinder und mit Kindern im Kleinkindalter nutzen können, um die Startchancen für Kinder zu verbessern und Eltern in ihren Organisations- und Erziehungsaufgaben zu unterstützen.

Durch die Zusammenarbeit mit anderen Einrichtungen, Ämtern und Akteuren können die Angebote bekannt gemacht und Kontakte hergestellt werden. Die Aufgaben gemeindepädagogischer Mitarbeiter*innen* bestehen dabei in der Entwicklung von Konzeptionen zur Gewinnung, Qualifizierung und Begleitung der ehrenamtlichen Familienhelfer*innen*, -paten oder Nachbarschaftshelfer*innen*, im Aufbau von Kontakten zu entsprechenden Partnern in Kindertageseinrichtungen, Beratungsstellen und Ämtern sowie in der Bekanntmachung des Angebotes bei Familien und anderen potenziellen Interessierten. Außerdem ist eine intensive pädagogische und organisatorische Begleitung des Projekts erforderlich.

Ein weiterer gemeindepädagogischer Baustein können Elternbriefe sein, mit denen Familien mit kleinen Kindern begleitet und angeregt werden bei ihren Erziehungsaufgaben, aber auch speziell in der religiösen Erziehung. Diese können durch die gemeindepädagogischen Mitarbeiter*innen* vermittelt und zugleich zum Anlass für weitergehende Angebote genommen werden.

5.4 Zusammenarbeit mit Kinderkrippen und Kindertageseinrichtungen

Besonders in Gemeinden, die keine Kindertageseinrichtung in evangelischer Trägerschaft haben, ist die Zusammenarbeit mit Kindertageseinrichtungen anderer

Träger eine gemeindepädagogische Aufgabe. In Anbetracht der Tatsache, dass die Weitergabe elementarer religiöser Wissenszusammenhänge nicht mehr von sich aus im Generationenzusammenhang erfolgt, gleichzeitig aber religiöse Bildung eine Form der Allgemeinbildung ist, die für die Persönlichkeitsentwicklung wie auch für das Zusammenleben in einer pluralen Gesellschaft förderlich sein kann, kommt es darauf an, Kindern bereits von klein auf die Möglichkeiten dazu zu geben.

Ein weiterer Grund für das Engagement der evangelischen Kirche in Kindertageseinrichtungen im Ort bzw. Einzugsbereich der Kirchengemeinde unabhängig von ihrer Trägerschaft liegt darin, dass in den Bildungsplänen vieler Länder für die Kindertageseinrichtungen teils auf nachdrückliches Drängen der Kirchen zwar religiöse Themenstellungen aufgenommen wurden, nichtkirchliche Träger aber kaum religionspädagogische Fortbildungsangebote für die Erzieherinnen vorhalten. Zudem gehören viele Erzieherinnen, aber auch Kinder, die eine Kindertageseinrichtung egal welcher Trägerschaft am Ort besuchen, der Kirche an oder kommen aus einem Elternhaus mit wenigstens einem evangelischen Elternteil.

Gemeindepädagog*innen* sollten sowohl den Erzieher*innen* der örtlichen Kindertageseinrichtungen Unterstützung bei der Thematisierung religiöser Themen in ihrer pädagogischen Arbeit sowie bei der Gestaltung des Lebens in der Einrichtung anbieten[22] als auch selbst gezielt Angebote unterbreiten. So gehen manche Pfarrer*innen* oder Gemeindepädagog*innen* in der Passions-, Oster- oder Adventszeit regelmäßig in die kommunale Einrichtung, um die Kinder mit den christlichen Hintergründen der Kirchenjahreszeiten vertraut zu machen. Insbesondere vor Weihnachten bietet es sich an, die Weihnachtsgeschichte zu erzählen oder ein Krippenspiel mit den Kindergartenkindern einzuüben und es bei der Weihnachtsfeier den Eltern vorzuspielen.

Außerdem können die unterschiedlichen christlichen Konfessionen, aber auch andere Religionsgemeinschaften am Ort gemeinsame Aktionen oder Feste mit jeweiligen religiösen Anteilen in der Kindertageseinrichtung gestalten, gemeinsam Angebote für Erzieherinnen bzw. Eltern machen und damit ein Beispiel für praktizierten interreligiösen Dialog geben. Entscheidend dafür ist eine vertrauensvolle Zusammenarbeit der unterschiedlichen Akteure im Gemeinwesen. Gemeindepädagog*innen* können dabei eine Schlüsselstellung einnehmen mit dem Ziel, kleinen Kindern zu optimalen Bildungschancen zu verhelfen.

6. Entwicklungsperspektiven

Kirchliche Arbeit mit Kleinkindern richtet sich an den Situationen, Bedürfnissen und Interessen der Kinder und ihrer Familien aus. Insofern gibt es keine generalisierenden Praxismodelle, sondern eine Vielfalt unterschiedlicher, situativ entwickelter Praxis. Kirchliche Arbeit mit Kleinkindern richtet sich an alle Kinder mit dem Ziel, zu besseren Bildungschancen beizutragen. Dabei spielt der familiäre

---

[22] *F. Harz*, Kinder und Religion. Was Erwachsene wissen sollten, Seelze-Velber 2006.

Hintergrund eine entscheidende Rolle. Zugleich geht es evangelischer Arbeit mit kleinen Kindern um die Ermöglichung des Zugangs zu sinnstiftenden Deutungs- und Bewältigungsmustern im Horizont des christlichen Glaubens. Auch dabei kommt es darauf an, die eigenen Entwicklungs- und Deutungspotenziale von Kindern zu unterstützen und anzuregen, Familien zu unterstützen und Kindern Gemeinschaft unter Gleichaltrigen zu ermöglichen.

Von besonderer Bedeutung für die Gestaltung kirchlicher Arbeit mit kleinen Kindern sind die Bedürfnisse von Familien nach Unterstützung in den Erziehungsaufgaben und in der Alltagsorganisation, aber auch nach Begleitung in Schwellen-, in Krisen- und Entscheidungssituationen und bei anderen lebensgeschichtlich bedeutsamen Einschnitten. Familien haben eigene Logiken, insbesondere eigene Zeitstrukturen – an Wochentagen, an Abenden, an Wochenenden – die sich je nach Alter und Anzahl der Kinder unterscheiden und verändern. Familien nehmen gern Kontakt zu anderen Familien in vergleichbaren Situationen auf. Sie verbringen aber auch die wenige Zeit, die sie füreinander haben, besonders an Wochenenden, am liebsten gemeinsam. Besonders Eltern mit kleineren Kindern brauchen Unterstützung in der Alltagsorganisation, in praktischen Fragen der Erziehung, sie suchen Anregungen für Freizeitbeschäftigungen und Hilfe für den Umgang mit den Fragen von Kindern nach dem Sinn des Lebens, nach gelingendem Leben, Gott, Leben und Tod.

Für kirchliche Akteure in der Arbeit mit Kindern kann die Unterstützung von Selbsthilfeinitiativen der Mütter oder Väter etwa in Form von Krabbelgruppen ein guter Einstieg sein, mit Familien in Kontakt zu treten. Wenn sie dabei Ansprechpartner aus der Kirchengemeinde finden und Räume zur Verfügung gestellt bekommen, ergeben sich daraus oft nachhaltige Beziehungen. Dabei kommt es nicht darauf an, ob die Eltern Mitglied einer Kirche sind oder nicht. Krabbelgottesdienste, Tauffeiern, Segnungsgottesdienste beim Übergang etwa zur Schule oder an anderen besonderen biografischen Schnittstellen haben oft einen hohen Stellenwert im Bedürfnis von Familien nach Vergewisserung.[23]

Wichtig sind auch Veranstaltungen und Angebote für die ganze Familie und mit unterschiedlichen Generationen. Einen immer größeren Stellenwert werden zukünftig Unterstützungsangebote in der Nachbarschaft, im alltäglichen Erleben von Gemeinschaft und Solidarität einer Kommune und Kirchengemeinde gewinnen. Dabei kommt es darauf an, dass sich nicht die kirchlichen/gemeindepädagogischen Akteure allein auf ihr Angebot konzentrieren, sondern den Blick weiten und mit anderen Akteuren zusammenarbeiten. In Anlehnung an das bekannte afrikanische Sprichwort »Es braucht ein ganzes Dorf, um ein Kind zu erziehen« ist es eine gemeindepädagogische Aufgabe, bereits für kleine Kinder eine mög-

---

[23] *M. Domsgen*, Familie und Religion. Grundlagen einer religionspädagogischen Theorie der Familie, Leipzig 2004; *Ders.*, Eltern- und Familienarbeit, in: *M. Spenn u.a.* (Hrsg.), Handbuch, 245–252.

lichst große Vielfalt von Bildungs-, Erziehungs- und Betreuungsgelegenheiten bereit zu stellen.

Literatur

Bucher, Anton A./*Büttner*, Gerhard/*Freudenberger-Lötz*, Petra/*Schreiner*, Martin (Hrsg.), Jahrbuch Kindertheologie, Stuttgart 2002ff.

Domsgen, Michael, Familie und Religion. Grundlagen einer religionspädagogischen Theorie der Familie, Leipzig 2004.

Fried, Lilian/*Roux*, Susanna (Hrsg.), Pädagogik der frühen Kindheit. Handbuch und Nachschlagewerk, Weinheim/Basel 2006.

Harz, Frieder, Kinder und Religion. Was Erwachsene wissen sollten, Seelze-Velber 2006.

Spenn, Matthias/*Beneke*, Doris/*Harz*, Frieder/*Schweitzer*, Friedrich (Hrsg.), Handbuch Arbeit mit Kindern. Evangelische Perspektiven, Gütersloh 2007.

9. Frieder Harz
Evangelische Kindertagesstätten

Die evangelische Kirche ist einer der größten Träger von Kindertagesstätten in Deutschland. Für das Aufwachsen von Kindern kommt ihnen eine erhebliche Bedeutung zu.

1. Grundsätzliches

1.1 Zur Geschichte des Kindergartens

Seine Ursprünge hat der evangelische Kindergarten in der *diakonischen* Fürsorge für Kinder ohne Rückhalt in geordneten Familienverhältnissen.[1] »Kleinkinderbewahranstalten« und »Kleinkinderschulen« (seit etwa 1825) sollten diesen Kindern die unzureichenden familiären Bindungen ersetzen. *Friedrich Oberlin* und *Louise Scheppler* gründeten im elsässischen Steintal 1736 »Strickstuben« für kleine Kinder. Im 19. Jahrhundert gründete dann *Theodor Fliedner* mit *Henriette Frickenhausen* in Kaiserswerth bei Düsseldorf im Zusammenhang der Diakonissenanstalt auch Kleinkinderschulen samt einer Ausbildungsstätte für »Kleinkindschullehrerinnen«. Zu den Francke'schen Stiftungen in Halle gehörte auch die »Verwahrschule« für Kinder ab acht Monaten. Religiöse *Erziehung* wurde im diakonischen Zusammenhang als Maßnahme gegen die Verwahrlosung der Kinder verstanden.

Mit seinem philosophisch-pädagogischen *Bildungskonzept* war *Friedrich Fröbel* der Schöpfer des »Kindergartens« als Bildungseinrichtung. In ihm entwarf er auf dem Hintergrund romantischer Bildungsideale eine ganzheitlich die intellektuellen, emotionalen, körperlichen und sittlich-religiösen Kräfte fördernde Erziehung. Von den wohlhabenden bürgerlichen Kreisen wurde der »Kindergarten« mit seinem Bildungsangebot als Ergänzung familialer Erziehung verstanden und genutzt. Die Bildungsaufgabe des Kindergartens rückte damit ins Blickfeld. Mit den von Fröbel entwickelten »Spielgaben« bestimmte dieses Konzept auch die evangelischen Kindergärten.

Nach 1945 wurden die Kindergärten weithin als Hilfsmaßnahmen für elternlose bzw. vernachlässigte Kinder verstanden. Von dem auch in den Kirchen vertretenen Idealbild der »intakten« Familie her wurde dem ganztags betreuenden Kindergarten noch lange Zeit die Funktion einer kompensatorischen Erziehung zugewiesen. Er sollte Kindern das geben, was sie in ihren Familien entbehren mussten

---

[1] Vgl. *G. Erning/K. Neumann/J. Reyer* (Hrsg.), Zur Geschichte des Kindergartens, Freiburg i.Br. 1987.

– aber das eigentliche Ziel war doch die Erziehung in der »heilen« Familie, die solche Kompensation nicht nötig machte. Noch 1958 definierte die EKD-Synode die Kindergärten als Maßnahmen der Barmherzigkeit gegenüber besonders bedürftigen Kindern.

Heute hat sich das Verständnis der evangelischen Kindertagesstätte von dem Bild einer die Mängel unzureichender Familienerziehung kompensierenden Betreuung und Erziehung endgültig gelöst. Kindertagestätten haben eigenständige Betreuungs-, Erziehungs- und Bildungsaufgaben. Evangelische Einrichtungen sind in der Trägerschaft einzelner Kirchengemeinden oder zunehmend auch größerer Trägerverbünde, vor allem der örtlichen Diakonischen Werke organisiert. Fachliche Beratung und Begleitung geschieht durch Fachberater*innen*, die entweder bei den Dekanaten oder den Landesverbänden evangelischer Tageseinrichtungen für Kinder angesiedelt sind. Diese Landesverbände sind meist den Diakonischen Werken der Landeskirchen zugeordnet. Ihre Dachorganisation ist die Bundesvereinigung evangelischer Tageseinrichtungen für Kinder (BETA).

1.2 Staatliche Vorgaben

Schon 1848 wurde erstmalig ein Antrag formuliert, den Kindergarten als Vorstufe des Bildungswesens anzuerkennen. 1920 regelte die Reichsschulkonferenz die Bildungsinstitutionen grundlegend und bezog auch die Kindergärten ein. 1922 formulierte das Reichsgesetz für Jugendwohlfahrt erstmalig einen Anspruch des Kindes auf öffentliche Erziehung, verbunden mit Richtlinien für den Betrieb der entsprechenden Einrichtungen.

Nach der Teilung Deutschlands nach 1945 entwickelte sich die staatliche Zuordnung der Kindertagesstätten unterschiedlich. In der DDR wurde der Kindergarten als eigenständige Bildungs- und Erziehungseinrichtung dem Schul- und Bildungssystem zugeordnet, in der BRD dem System der Jugendhilfe und der familienergänzenden Erziehung. Seit den 1970er Jahren wurde in der BRD das Verständnis der Kindertagesstätte als Bildungseinrichtung vorangetrieben.

Verbindlich geregelt ist der Rechtsanspruch der drei- bis sechsjährigen Kinder auf einen Platz in einer Kindertagesstätte im Sozialgesetzbuch VIII (SGB VIII). Nach dem Kinder- und Jugendhilfegesetz haben Tageseinrichtungen für Kinder deren Entwicklung zu fördern, die Erziehung und Bildung in den Familien zu unterstützen und zu ergänzen, den Eltern dabei zu helfen, Erwerbstätigkeit und Kindererziehung besser miteinander zu verbinden. Die rechtliche Regelung schließt auch die Vermittlung orientierender Werte ein sowie die Berücksichtigung der Lebenssituation der Familien samt ihrer ethnischen Herkunft. Den Tageseinrichtungen wird die Zusammenarbeit im Gemeinwesen aufgetragen: mit Einrichtungen der Familienbildung und -beratung; mit den Schulen, um den Übergang in die Grundschule zu erleichtern. Zusätzlich zum Rechtsanspruch für die 3- bis 6-Jährigen wird auch ein bedarfsgerechtes Angebot für Kinder unter drei Jahren und für Schulkinder in den Blick genommen. Künftig ist zu erwarten, dass die

Finanzierung durch die öffentlichen Hände abhängig gemacht wird von der Erfüllung festgelegter Bildungsstandards sowie von der Durchführung von Maßnahmen der Qualitätsentwicklung und -sicherung.

1.3 Kirchliche Sicht

Aus der Sicht der Kirchengemeinden erscheint die evangelische Kindertagesstätte mit ihrer Abhängigkeit von staatlichen Vorgaben und den damit verbundenen Finanzierungsregelungen oft als Fremdkörper. Kein Bereich der Gemeindearbeit ist solch differenzierten rechtlichen und finanziellen Regelungen unterworfen wie die Kindertagesstätte. Als selbstständige Bildungsinstitution führt sie in der Kirchengemeinde weithin ihr eigenes Leben. Sie löst einen staatlichen Erziehungs- und Bildungsauftrag ein, den die Kommune sonst durch andere Träger abzudecken verpflichtet wäre. Konsequent ist deshalb das Drängen der kirchlichen Träger auf – abgesehen von den Elternbeiträgen – umfassende Finanzierung durch die öffentliche Hand, einschließlich der Elternbeiträge. Was spricht noch dafür, dass sich die evangelischen Kirchen weiterhin in dem bisherigen großen Ausmaß von etwa 9000 Kindertagesstätten mit 540.000 Plätzen (2006)[2] für eine Bildungsinstitution engagieren, die zunehmend – und aus gutem Grund – in das öffentliche Bildungsgeschehen integriert wird? Die Frage nach dem besonderen Profil evangelischer Kindertagesstätten innerhalb der Gemeinden und in Zusammenhang mit deren Aufgaben stellt sich dringend.

Besondere Probleme werfen die komplexer gewordenen Finanzierungsfragen auf: Verlagerungen von Finanzentscheidungen auf die kommunale Ebene machen oft mühsame Verhandlungen vor Ort nötig. Für manche Gemeindehaushalte droht die Kindertagesstätte zum Risikounternehmen zu werden. Lösungen werden in gemeindeübergreifenden Trägerverbünden (z.B. Diakonischen Werken) gesucht, die die gemeindlichen Träger von Verwaltungsaufgaben entlasten – aber um den Preis einer sich lockernden Beziehung der evangelischen Kindertagesstätte zur Kirchengemeinde.

Wie lässt sich das Besondere einer Kindertagesstätte in evangelischer Trägerschaft bestimmen, die einen staatlich und gesellschaftlich bestimmten Bildungsauftrag einlöst? Welche Gründe sprechen dafür, dass sich Kirche in dieser Weise für öffentliches Bildungsgeschehen engagiert? Wie sieht unter diesen Bedingungen ein tragfähiges religionspädagogisches Konzept aus? Das sind Schlüsselfragen, deren Beantwortung für die Zukunft der evangelischen Kindertagesstätten maßgeblich ist. Die EKD hat in diesem Sinne deutlich Stellung bezogen.

– Die Erklärung des Rates der EKD zu den Kindertagesstätten »Wo Glaube wächst und Leben sich entfaltet. Der Auftrag evangelischer Kindertageseinrichtungen« (2004) spannt einen Bogen vom biblisch-christlichen Verständnis des Menschen als »Wesen in Beziehung« zu Konsequenzen für das Bildungs-

---

[2] D. Beneke, Tageseinrichtungen für Kinder und Tagespflege, in: M. Spenn u.a. (Hrsg.), Handbuch Arbeit mit Kindern. Evangelische Perspektiven, Gütersloh 2007, 82.

verständnis, begründet daraus Bildung als Selbstbildung und formuliert religionspädagogische Konsequenzen. Fragen der Ausbildung, Fort- und Weiterbildung, Qualifizierung der Fachkräfte und damit verbundene Veränderungen des Berufsprofils, Fragen der interkulturellen und -religiösen Bildung, der Integration von Kindern mit Behinderungen werden bedacht. Mit dem Blick auf familienunterstützende Angebote wird die Veränderung der Kindertagesstätte hin zum Familienzentrum thematisiert. Die Kindertagesstätten sollen sich als »Markenzeichen evangelischer Gemeinden« erweisen, sich dem Gesamtauftrag der christlichen Gemeinde verpflichtet fühlen und Verbindungen zu anderen Personen, Gruppen, Einrichtungen in den Gemeinden nutzen.

– Im Jahr 2007 hat der Rat der EKD mit 10 Thesen zum Auftrag der religiösen Bildung in allen Kindertagesstätten Stellung genommen.[3] Betont wird das Recht jedes Kindes auf religiöse Bildung: Sie fördert die Entwicklung zentraler Kompetenzen, Identitätsbildung und Pluralitätsfähigkeit. Analog zum Religionsunterricht braucht der weltanschaulich neutrale Staat die Zusammenarbeit mit den Religionsgemeinschaften in Trägerschaften und Kooperation, in der von den Bildungsplänen her geforderten Klärung der Zusammenhänge von Religion, Werten und religiöser Bildung, in der Aus- und Fortbildung der Mitarbeitenden in den Kindertagesstätten.

– Die Landeskirchen bzw. Landesverbände evangelischer Tageseinrichtungen für Kinder samt der BETA als deren Dachorganisation entwickeln differenzierte Profilbestimmungen auf der Basis der für sie relevanten Bildungspläne und -empfehlungen.

– Dekanate bzw. Kirchenbezirke formulieren solche Orientierungen mit dem Blick auf regionale Gegebenheiten und Herausforderungen.

– Einrichtungen entwickeln in diesem Sinne ihre oft schon vor Jahren erstellten Konzeptionen weiter.

1.4 Bildungspläne und »Religion für alle«

In allen Bundesländern sind Bildungsempfehlungen und -pläne mit unterschiedlicher Verbindlichkeit entstanden. Die religiöse Thematik allerdings ist dort weitgehend ausgeblendet. Manchmal findet sich eine Notiz, dass trägerspezifischen Profilierungen nichts im Wege steht. Dahinter verbirgt sich wohl die Vorstellung, dass religiöse Erziehung und Bildung ausschließlich Angelegenheit der kirchlichen Träger sei. Offensichtlich wird da kein Anlass gesehen, aus der verfassungsmäßigen Verankerung des Religionsunterrichts im öffentlichen Bildungswesen auch Konsequenzen für Konzeptionen der Elementarbildung zu ziehen. Nur wenige Bildungspläne thematisieren ausführlich die religiöse Dimension, das

---

[3] *Kirchenamt der EKD* (Hrsg.), Religion, Werte und religiöse Bildung im Elementarbereich. 10 Thesen des Rates der EKD, Gütersloh 2007.

»Recht des Kindes auf Religion«[4], Religion als unverzichtbaren Bestandteil des Bildungsgeschehens in Kindertagesstätten. Einrichtungen in kirchlicher Trägerschaft schließen in ihren eigenen Konzeptionen die Lücken mit Ausführungen zur religiösen Bildung, indem sie, von der religiösen Bildung als unverzichtbarem Teil des Bildungsgeschehens ausgehend, die trägerspezifische Einlösung dieses Bildungsauftrags entfalten.

Mit den Inhalten und Vollzügen religiöser Bildung muss auch das Recht auf negative Religionsfreiheit berücksichtigt werden. Das gestaltet sich in der Kindertagesstätte differenzierter als im Religionsunterricht der öffentlichen Schule mit der Möglichkeit der Abmeldung. Schutz der Religionsfreiheit geschieht hier durch Klärungen und Absprachen mit den Eltern. Sie reichen von vereinbarter Nichtbeteiligung der Kinder bei bestimmten religiösen Aktivitäten bis zu einem Modus der Teilnahme, der die Zugehörigkeit zu unterschiedlichen religiösen Orientierungen bewusst thematisiert.[5] Engagement für religiöse Bezüge im Elementarbereich heißt, die Aufgabe religiöser Bildung für alle Kinder nachdrücklich zu vertreten und auch praktische Zugänge zu erschließen, die in Einrichtungen ohne Kirchenbindung umzusetzen sind.

2. Das Bildungsgeschehen und die Sicht des Kindes in der Bibel

In den Konzeptionen der evangelischen Kindertagesstätten findet sich immer wieder der Bezug auf Mk 10,13ff., das sog. »Kinderevangelium«. Damit wird angemahnt, dass die Gemeinde Entfaltungsraum für Kinder, »kinderfreundliche Gemeinde« sein soll, und auch das Engagement für Kinder in den Kindertagesstätten begründet. Sie sollen dort Wertschätzung erfahren, wie sie auch Jesus den Kindern entgegengebracht hat. Im evangelischen Kindergarten gilt es Kinder als Ebenbilder Gottes, als eigenständige Persönlichkeiten mit ihren je besonderen Gaben und Fähigkeiten zu achten. Für solche Grundorientierung ist auch die Perikope Mk 9 vom »Kind in der Mitte« wichtig. Sie begründet den diakonischen Auftrag der Gemeinde gegenüber den Kindern: »Wer ein solches Kind in meinem Namen aufnimmt, der nimmt mich auf« (Mk 9,37). Jesu Worte machen Kinder auch zu Vorbildern im Glauben: »Wer das Reich Gottes nicht empfängt wie ein Kind, der wird nicht hineinkommen« (Mk 10,15).

Auf der EKD-Synode in Halle 1995 wurde ein grundlegender Perspektivenwechsel in der Arbeit mit Kindern gefordert.[6] Kinder sollen nicht länger als Objekte pädagogischer Arbeit »behandelt«, sondern als Subjekte ihres Lernens und auch ihres Glaubens ernst genommen werden. Statt (religions-)pädagogischer Programme und Aktivitäten *für* die Kinder gilt es sorgfältig wahrzunehmen, wer

---

[4]   *F. Schweitzer,* Das Recht des Kindes auf Religion. Ermutigungen für Eltern und Erzieher, Gütersloh 2000.

[5]   S.u. Teil 4 und 6.

[6]   *Kirchenamt der EKD* (Hrsg.), Aufwachsen in schwieriger Zeit. Kinder in Kirche und Gesellschaft, Gütersloh 1995.

die Kinder wirklich sind, wie sie ihrem Glauben Ausdruck geben, Begegnungen mit christlichen Überlieferungen eigenständig verarbeiten. Aufmerksam wahrnehmen, wie Kinder glauben, das ist dann der Ausgangspunkt für Anregungen. Mit ihnen sollen die Erwachsenen den Kindern Anregungen und Impulse zur Weiterentwicklung ihres eigenen Glaubens geben. Damit verbunden ist die Orientierung an einer ressourcenorientierten statt defizitorientierten Pädagogik. Erzieherische Maßnahmen setzen nicht bei dem an, was den Kindern fehlt, was sie an Fähigkeiten zu erwerben haben, an Leistungen zu erbringen haben, sondern was ihre Entdecker- und Lernfreude anregt, was ihre Fähigkeit zur Erschließung ihrer Wirklichkeit herausfordert und erprobt.

Aus solchen Korrespondenzen zwischen theologischen Perspektiven, pädagogischer Arbeit mit Kindern und Aspekten der aktuellen Bildungsdiskussion erwächst eine wesentliche Motivation für die Kirchen und Gemeinden, sich auch weiterhin in den evangelischen Kindertagesstätten zu engagieren: Orientierung an der biblisch-christlichen Sicht des Menschen und der Kinder bleibt nicht in bloßen Postulaten stecken, sondern kann sich in der evangelischen Kindertagesstätte bewähren. Gesellschaftliche Mitverantwortung der Kirchen für Kinder und ihre Bildung wird so konkret in evangelischen Kindertageseinrichtungen mit einem theologisch begründeten klaren pädagogischen Profil.

— *Eltern* lassen sich ansprechen von der positiven Gesamtatmosphäre, dem angenehmen Klima in der evangelischen Kindertagesstätte. Indem ihnen deutlich wird, wie sehr dies mit der biblischen Sicht des Kindes zusammenhängt, gewinnen sie einen neuen Blick auf die Bedeutung des Glaubens für das Zusammenleben und auch das Lernen ihrer Kinder.

— *Erzieherinnen und Erziehern* wird bewusst, dass das Spezifische der evangelischen Kindertagesstätte nicht erst bei den religionspädagogischen Angeboten – von den biblischen Geschichten bis zum Feiern der christlichen Feste – beginnt, sondern schon im alltäglichen Miteinander. Biblische Grundbotschaften und die Vollzüge des pädagogischen Alltags sollen zusammenpassen. Glaubwürdigkeit wird zum entscheidenden Kriterium.

— *Träger* nehmen ihre gesellschaftliche Verantwortung wahr, indem sie aus theologischen Gründen dem Team den Rücken stärken, am entwickelten pädagogischen Profil festzuhalten, auch gegen mancherlei Forderungen nach einem eher »verschulten« Lernen, das hinter den oben beschriebenen Perspektivenwechsel zurückfallen würde.

Der in einem religionspädagogischen Projekt entwickelte sog. »dimensionale Ansatz«[7] geht von den »Dimensionen« des täglichen Geschehens aus und gewinnt aus biblisch-christlicher Perspektive Ziele für die pädagogische Arbeit. Umgang mit Zeit und Raum, Beziehungen, Körper und Sinne lenken den Blick auf das, was

---

[7]   *Ch.T. Scheilke/F. Schweitzer* (Hrsg.), Kinder brauchen Hoffnung. Religion im Alltag des Kindergartens, Münster 2006.

die »Atmosphäre« der Einrichtung besser fassbar macht. Überlegungen zu Spiel, Erzählen, Kunst und Kinderkultur, Ritualen, Fest und Feier beginnen nicht erst mit den christlichen Inhalten, sondern schon weit davor. Traditionelle religionspädagogische Aktivitäten werden so in umfassendere Erziehungs- und Bildungsaufgaben eingebunden.[8]

Die biblische Sicht des Menschen und der Kinder setzt Maßstäbe für die pädagogische Arbeit in der Kindertagesstätte. Sie unterstützt gezielt Bildungsintentionen und setzt dabei ihre eigenen Akzente. Sie nutzt Gelegenheiten, Kindern und Eltern immer wieder zu zeigen, worin solche pädagogische Arbeit ihre Wurzeln hat, was sie letztlich trägt. Evangelische Kindertagesstätten bestimmen ihr Profil in einem umfassenden Bildungskonzept, das nicht erst bei den spezifisch religionspädagogischen Aktivitäten beginnt, sondern mit einer an der biblischen Sicht des Menschen profilierten Pädagogik. Dabei sind v.a. folgende Aspekte wichtig:

(1) *In Beziehungen leben*: Erzieher*innen* sehen eine Hauptaufgabe darin, den Kindern Erfahrungen des Geborgenseins und des Angenommenseins zu ermöglichen, sie als selbstständige Individuen zu achten, ihren Leistungen mit Anerkennung und Wertschätzung zu begegnen.[9] Die Verfügbarkeit einer Bindungsperson erschließt dem Kind Sinneserfahrungen, die ihm dann ermöglichen, sich auf die umgebende Welt einzulassen. In verlässlichen, vertrauensvollen Beziehungen werden sich die Kinder ihrer Eigenständigkeit bewusst, gestalten sie ihre Zugänge zur Welt, werden sie als die selbstständigen Konstrukteure ihrer Welt aktiv. Das gilt uneingeschränkt auch für den Glauben.[10] Tragende Beziehungen haben für das kleine Kind religiöse Bedeutung. Die frühen Bezugspersonen repräsentieren für das Kind Gott. Vertrauensvolle Beziehungserfahrungen werden zur »Sprache des Glaubens«, in der Kinder dann auch ihre Bilder und Vorstellungen von Gottes Wirken, Begleitung und Segen entwickeln.

(2) *Zusammenleben gestalten*: In den Bildungskonzeptionen der 1970er Jahre wurde in den Kindertagesstätten der sog. »situationsorientierte Ansatz« bestimmend. Kinder sollten lernen, alltägliche Herausforderungen im Zusammenleben mit eigenständigen Lösungsstrategien zu beantworten. Der Ansatz wurde weiterentwickelt, bis hin zu Verfahren der Streitschlichtung, die sich schon in der Kin-

---

[8] In »Hoffnung leben« hat der *Landesverband der Rheinischen Kirche* eine theologische Grundlegung im Sinne des sog. christlichen Menschenbilds mit Anregungen des »dimensionalen Ansatzes« verbunden und eine Fülle an Qualitätsmerkmalen der alltäglichen pädagogischen Arbeit in der evangelischen Kindertagesstätte entwickelt.

[9] *K. Gebauer/G. Hüther*, Kinder brauchen Wurzeln, Düsseldorf 2001; *C. Wustmann*, Resilienz. Widerstandsfähigkeit von Kindern in Tageseinrichtungen fördern, Weinheim/ Basel 2004.

[10] Was *Hans-Jürgen Fraas* in den 1970er Jahren für die Religionspädagogik im Elementarbereich erarbeitet hat, hat seine Bedeutung auch für heute nicht verloren. *H.-J. Fraas*, Religiöse Erziehung und Sozialisation im Kindesalter, Göttingen 1973; *H.-J.Fraas*, Glaube und Identität. Grundlegung einer Didaktik religiöser Lernprozesse, Göttingen 1983.

dertagesstätte anwenden lassen. Arbeit an Konflikten findet auch Rückhalt daran, wie die Bibel Menschen in ihrer Unvollkommenheit und Fehlerhaftigkeit vorstellt, von Konflikten erzählt – und auch davon, wie Gott Vergebung und Neuanfang ermöglicht und die Verantwortung der Menschen neu begründet. Die Gebote des Dekalogs können als »Wegweiser« in der je eigenen Verantwortung wirksam werden. Christliche Freiheit soll sich in der Gestaltung des Miteinanders bewähren können.

(3) *Welt entdecken*: Gemäß dem Prinzip des entdeckenden Lernens sollen Kinder selbst Fragen aufwerfen und nach Lösungen suchen. Aufgabe der Erwachsenen ist es, im Sinne Maria Montessoris »vorbereitete Umgebungen«, d.h. die nötigen Voraussetzungen, zu schaffen und motivierende Impulse zu geben, damit Kinder als Konstrukteure ihres Weltverständnisses tätig sein können. Solches eigentätige Erforschen ist nicht auf die sichtbare Welt beschränkt. Kinder fragen in endlos erscheinenden Fragenketten der »Warum-Fragen« nach den Ursprüngen. Sie wollen wissen, was hinter den Dingen steckt, sie fragen nach Gott und den Zusammenhängen der unsichtbaren Welt. Sie können so von Anfang an den Zusammenhang von Denken und Glauben praktizieren. Suche nach Gesetzmäßigkeiten in unserer Welt führt weiter zu Fragen nach deren letztem Ursprung, Neugierde der Kinder dringt vom Offenkundigen vor bis zu dem Geheimnisvollen, das sich dem erklärenden Zugriff entzieht.

(4) *Bilder von der Welt entwerfen*: Was Kinder mit ihren Sinnen wahrnehmen, drängt zum Ausdruck in ihrem tätigen Hervorbringen. Sie antworten auf Wahrgenommenes mit eigener kreativer Darstellung. In ihrem phantasievollen Gestalten zeigen sie, wie sie die Welt sehen, samt ihren Wünschen, Ideen, Emotionen. Sie zeigen, was sie sich von der Welt erwarten.[11] Darin haben Kinder viel mit den Künstlern gemeinsam. Künstlerische Kreativität entwirft Bilder, wie die Welt sein soll und klagt an, wo sie dahinter zurückbleibt. Darin hat sie enge Beziehungen zum Glauben mit seinen Mutmachgeschichten, Bildern der Hoffnung und Träumen von einer neuen Welt. Dazu passt es auch, wenn sich Kinder eigenständig im kreativen Gestalten mit den Geschichten der Bibel und den Vorstellungen von Gott und vom Glauben auseinandersetzen.

3. Ziele und Inhalte religionspädagogischer Arbeit in evangelischen Kindertagesstätten

Es genügt nicht, das Besondere religiöser Erziehung und Bildung in kirchlichen Einrichtungen mit den gewachsenen religionspädagogischen Traditionen in den Gemeinden zu begründen. Aufgabe der evangelischen Einrichtungen muss es vielmehr sein, ihr eigenes religionspädagogisches Profil von elementarpädagogischen Einsichten her transparent zu machen. Religionspädagogische Praxis in evangelischen Kindertagesstätten braucht sorgfältige didaktische Reflexion und in

---

[11] *G. Schäfer*, Bildungsprozesse im Kindesalter. Selbstbildung, Erfahrung und Lernen in der frühen Kindheit, Weinheim 2005.

diesem Zusammenhang das Fragen nach dem Elementaren des christlichen Glaubens.[12] Elementarisieren heißt, von den Bedingungen des Miteinanders in der Kindertagesstätte aus und im Blick auf das eigenständige Lernen der Kinder christliche Überlieferungen so einzubringen, dass sich Kindern Glaubenserfahrungen eröffnen, mit orientierender Kraft für ihre Lebensvollzüge und ihr Selbstverständnis.

Mit dieser Aufgabenstellung gilt es, die traditionellen religionspädagogischen Aktivitäten zu bedenken und zu bewerten. Religionspädagogische Ansätze der Erfahrungsorientierung, Korrelationsdidaktik, Symboldidaktik u.a. sind auf ihre Tragfähigkeit für die Arbeit in der Kindertagesstätte zu überprüfen, und es gilt neuere entwicklungs- und religionspsychologische Erkenntnisse zu berücksichtigen. Narrative Theologie wird sich da als anregend erweisen wie die neueren Impulse der Kindertheologie, der Kirchenpädagogik, genauso wie die Akzentuierung der Spiritualität in ästhetischen Lernprozessen.[13]

3.1 Feste

Für das Selbstverständnis der evangelischen Kindertagesstätte sind die Feste des Kirchenjahres von großer Bedeutung. Beim genaueren Hinsehen ergeben sich mancherlei Problemanzeigen, die einrichtungsbezogene Lösungen erfordern. Welche Anregungen ergeben sich da von den Kriterien religiöser Bildung her?

Eine Erzieherin berichtet von der Gestaltung der Adventszeit: »Jeden Morgen finden wir uns im noch dunklen Raum ein. Dann wird ein Teelicht angezündet. Aufmerksam nehmen die Kinder wahr, wie das kleine Licht den ganzen Raum erfüllt. Viele Teelichter sind in einem Kreis in der Mitte angeordnet, mit Tannenreisig geschmückt. Jeden Tag wird ein Licht mehr angezündet. Die Ideen haben wir von Wichern und seiner Erfindung des Adventskranzes übernommen. Dazu singen wir jeden Tag: ›Seht die gute Zeit ist nah‹ und hören ein kleines Erzählelement von Maria und Josef und auch anderen Menschen auf dem Weg nach Bethlehem, von ihren Herausforderungen und Not und zugleich dem Ahnen und Wissen, dass dort Großes geschehen wird. Die Krippe ist schon aufgebaut, aber noch ohne Personen. Die werden dann zum Schluss jeden Tag von den Kindern ein bisschen näher gerückt. Auch Eltern bleiben oft da und genießen die Ruhe

---

[12] Grundlegend zur Aufgabe des Elementarisierens immer noch: *K.E. Nipkow,* Grundfragen der Religionspädagogik, Bd. 3: Gemeinsam leben und glauben lernen, Gütersloh 1982, 185ff.; *F. Schweitzer,* mit weiteren Beiträgen von *K.E. Nipkow u.a.,* Elementarisierung im Religionsunterricht. Erfahrungen, Perspektiven, Beispiele, Neukirchen-Vluyn 2003.

[13] Vgl. dazu die neueren Gesamtdarstellungen zur Religionspädagogik, v.a. *Ch. Grethlein,* Religionspädagogik, Berlin 1998; *J. Kunstmann,* Religionspädagogik. Eine Einführung, Tübingen/Basel 2004; *F. Schweitzer,* Religionspädagogik, Gütersloh 2006; auch die entsprechenden Artikel in: *G. Bitter/R. Englert /G. Miller/K.E. Nipkow,* Neues Handbuch religionspädagogischer Grundbegriffe, München 2002.

dieses Advents-Rituals. Dafür haben wir uns von dem Basteln des Weihnachts-schmucks verabschiedet und somit mehr Zeit, mit den Kindern über diese Ge-schichten, über das Warten und über ihre dazu entstandenen Bilder zu sprechen.«

Kinder erleben die Kraft eines Rituals, das in ihrem Zusammensein in der mor-gendlichen Runde Gestalt gewinnt. Mit den Personen der Erzählungen erleben sie das immer wieder herausgeforderte Hoffen auf einen guten Ausgang mit, verarbei-ten diese Erfahrungen in eigenen Bildern, Spielen, Gesprächen. In den einzelnen Erzählsequenzen erfahren sie manches über die Zeit, in der Jesus lebte, über die drückende Not, die römische Besatzung, die Hoffnungen der Menschen auf den kommenden Erlöser. Aus der Intensität des morgendlichen Rituals heraus entwi-ckeln sie ihre Ideen, sei es die kreative Auseinandersetzung mit Engelsbildern, etwa zur Verkündigung an Maria, sei es die Planung und Durchführung von Pro-jekten wie z.B. Besuche im Altenheim.

Entsprechend legt es sich nahe, in der Osterzeit im Sinne eines elementaren Zugangs zum Leben und Wirken Jesu mit den Kindern den Weg der Jünger und Jüngerinnen mit Jesus mitzuverfolgen, in der Identifikation mit den Männern und Frauen um Jesus sich mit Abschied, Verlust, Trauer auseinanderzusetzen. Inhalte der Passionsgeschichte werden von der Innenseite der Gefühle und Empfindungen derer erschlossen, die mit dem Geschehen für sich zurechtkommen müssen. Kin-der können den Fragen nachgehen, was in solcher Verlusterfahrung weiterträgt; sie lernen die Kreuzesdarstellung als Teil einer umfassenderen Geschichte einzu-ordnen und zu verstehen. Auch beim Pfingstfest können die Gefühle der beteilig-ten Personen der Schlüssel zu einem kindgemäßen Zugang sein, von Mutlosigkeit und Ängstlichkeit zu Begeisterung und Mut, vom Alleinsein zu großer Gemein-schaft, von der Aussichtslosigkeit zu einem großartigen Ergebnis.

Gerade weil der Festzyklus in vielen evangelischen Kindertagesstätten das Markenzeichen religionspädagogischer Arbeit ist, gilt es hier sorgfältig zu fragen, mit welchen Erfahrungen sich Kinder dabei konstruktiv auseinandersetzen kön-nen, welche Entdeckungsräume in die Welt der christlichen Tradition hinein sich ihnen öffnen, wie sie zum eigentätigen kreativen Schaffen angeregt werden.

3.2 Erzählen

Begegnung mit der Welt der Bibel hat in evangelischen Kindertagesstätten ei-nen hohen Stellenwert. Im Zuge des situationsorientierten Arbeitens wurden be-reits in den 1980er Jahren Korrespondenzen zwischen Lebenssituationen der Kin-der und biblischen Perikopen erschlossen, um damit Erzieherinnen die Auswahl geeigneter biblischer Geschichten zu erleichtern. Das hilft Herausforderungen der Kinder zu thematisieren und den Kindern durch das Erzählen weiterführende Impulse zu geben. Im Sinne der von Nipkow beschriebenen elementaren Erfah-rungen[14], dem Zirkel von Alltags-, Grund- und Glaubenserfahrungen, lassen sich

---

[14] *K.E. Nipkow*, vgl. o. Anm. 12.

Situationen der Kinder auf sich in ihnen zeigende Grundbedürfnisse hin bedenken, um sie sodann wiederkehrenden biblischer Grundaussagen zuordnen.[15]

Die Suche nach geeigneten biblischen Geschichten zwingt zunächst zum genaueren Wahrnehmen, was denn hinter dem bei den Kindern beobachteten Verhalten steckt. Genau wahrzunehmen und entsprechend zu deuten ist die Voraussetzung dafür, in biblischen Geschichten auch die ermutigenden Botschaften des Glaubens ansprechend zum Ausdruck zu bringen. Die Erzählung kann Kindern so zum Angebot werden, sich selbst in ihr wiederzufinden. Die Person, die zur Identifikation einlädt, kann ihnen zum Spiegel ihrer eigenen Gefühle, Empfindungen, Erfahrungen werden. Als Geschichte aus einer fernen Welt wird sie zugleich zur aktuellen Geschichte von heute. Diese Erfahrungen fließen mit Hilfe der Erzählfantasie[16] ein in Szenen, Dialoge und Monologe – das Erzählgeschehen wird lebendig. Die oft gestellte Frage nach der Texttreue wandelt sich dann zur Frage nach der Stimmigkeit des Zusammenhangs von Alltags-, Grund- und Glaubenserfahrungen.

3.3 Gespräche mit Kindern

Der Perspektivenwechsel von den Kindern als Objekten der Unterweisung zu ihnen als Subjekten ihres Glaubens[17] wird besonders deutlich im Wahrnehmen der Ernsthaftigkeit und Tiefgründigkeit, in der Kinder ihre Fragen nach Gott und den Ursprüngen der Welt stellen, in der sie selbst nach plausiblen Antworten suchen. Haben sich die Veröffentlichungen zur Kindertheologie zunächst auf das theologische Denken von Schulkindern bezogen, so werden in den Untersuchungen zunehmend auch Kinder im Kindergartenalter in den Blick genommen.[18] Erzieher*innen* fühlen sich von den religiösen Fragen der Kinder in besonderer Weise herausgefordert. In der vermeintlichen Verpflichtung, den Kindern Antworten geben zu müssen, werden fehlende eigene Antworten oft als Mangel empfunden. Das führt häufig dazu, solche Fragen lieber auszublenden, als sich ihnen zu stellen. Mit dem thematisierten Perspektivenwechsel ergeben sich auch wichtige Anregungen zum Umgang mit religiösen Fragen der Kinder.

Die erwachsenen Gesprächspartner werden von der Pflicht zur richtigen Antwort entlastet. Die Wende von einer Theologie *für* Kinder zur Theologie *von* Kin-

---

[15] In diesem Sinne hat *Frieder Harz* schon 1990 im Anschluss an Erikson und ergänzende psychologische Ansätze Lebenssituationen der Kinder beschrieben und ihnen biblische Vertrauens-, Anerkennungs-, Vergebungs-, Hoffnungs-, Aufgabengeschichten gegenübergestellt: *F. Harz,* Biblische Geschichten. Eine Anleitung zum Erzählen, Nürnberg 1990.

[16] *W. Neidhart/H. Eggenberger* (Hrsg.), Erzählbuch zur Bibel, Bd.1, Zürich u.a. 1975, 37ff.

[17] *Kirchenamt der EKD* (Hrsg.), Aufwachsen in schwieriger Zeit. aaO.

[18] *A. Bucher/G. Büttner/P. Freudenberger-Lötz/M. Schreiner* (Hrsg.), Jahrbücher für Kindertheologie, Stuttgart 2002ff.

dern[19] befreit vom zwanghaften Nachdenken über mögliche Antworten und zum aufmerksamen Wahrnehmen der Beiträge der Kinder. Gerade weil in der Kindertagesstätte im Unterschied zum Religionsunterricht religiöse Fragestellungen oft sehr unvermittelt und überraschend mitten im alltäglichen Geschehen gestellt werden, sind Gesprächstechniken wichtig, die Zeit zum eigenen Mit- und Nachdenken geben. Kinder können die Erfahrung machen, dass sich ihre Fragen durch oft unerwartete Tiefgründigkeit auszeichnen. Das Echo erwachsener Gesprächspartner zeigt ihnen, dass das Fragen und Nachdenken über das Sichtbare hinaus seinen besonderen Wert hat. Sie erleben dabei auch, dass der Wissensvorsprung der Erwachsenen schwindet und stattdessen ihr eigener Ideenreichtum zum Tragen kommt.

Kinder denken biblische Geschichten in ihrer Identifikation mit den handelnden Personen weiter; sie suchen in ihren Vorstellungen vom Unsichtbaren, d.h. vor allem von Gott, nach Analogien im Sichtbaren, formen so ihre anthropomorphen Vorstellungen von Gott.[20] Sie denken über Zusammenhänge zwischen der sichtbaren und der unsichtbaren Welt nach, lokalisieren Gott im Himmel und müssen immer wieder mit zunehmenden naturwissenschaftlichen Einsichten ihre Himmelsvorstellungen revidieren. Biblische Impulse können helfen, die Vorstellungen von Gottes Wirken in unserer Welt immer differenzierter zu gestalten. Kinder machen sich Gedanken über die Zukunft von Verstorbenen und erarbeiten sich Vorstellungen von der Unterscheidung zwischen dem Toten, das begraben wird, und einem neuen Leben bei Gott. Sie fragen nach den Anfängen der Welt – in oft langen Frageketten, die bis an die Grenzen unseres Vorstellungsvermögens führen. Sie suchen auch Antworten auf das Erschreckende, auf Unglück und Katastrophen. Offene Fragen wenden sich zur Klage gegenüber Gott, und Erziehende sollten Kinder auch darin bestärken. Biblische Geschichten enthalten symbolkräftige Bilder von einem neuen Anfang, die nicht erklären, aber dennoch neue Wege ins Leben zeigen.

In der Kindertagesstätte finden Kinder auch reichlich Gelegenheit, sich untereinander mit ihren Ideen anzuregen. Es ist zu wünschen, dass sich religionspädagogische Forschung gerade der Kindertheologie im Elementarbereich noch intensiver als bisher zuwendet und Mitarbeitende in Kindertagesstätten in entsprechenden Fortbildungsaktivitäten ihre Kompetenz als anregende Gesprächspartnerinnen optimieren können.

3.4 Gebete, Symbole, Rituale

Neben dem Feiern der christlichen Feste und dem Erzählen biblischer Geschichten gehört das Beten mit Kindern zu den traditionellen Merkmalen religiö-

---

[19] *F. Schweitzer*, Was ist und wozu Kindertheologie?, in: Jahrbuch für Kindertheologie, Bd.2: »Im Himmelreich ist keiner sauer«. Kinder als Exegeten, Stuttgart 2003, 9ff.

[20] *F. Schweitzer*, Elternbilder – Gottesbilder. Wandel der Elternrollen und Entwicklung des Gottesbildes im Kindesalter, in: KatBl 119/1994, 91ff.

ser Erziehung in evangelischen Kindertagesstätten. Das gilt in besonderer Weise für das Tischgebet zu den gemeinsamen Mahlzeiten. Neuere Ansätze betten die Gebetserziehung in einen weiteren Rahmen ein, in die bewusste und auch reichhaltige Gestaltung von Ritualen, die das Erleben der Kinder mit allen Sinnen ermöglichen und Erfahrungen von Ruhe als auch Expressivität eröffnen. Stilleübungen helfen Kindern zur Ruhe zu kommen, Kinderandachten regen dazu an, in ganzheitlich erlebten Symbolen den Botschaften des Glaubens Raum zu geben. In Segens- und Tauferinnerungsfeiern rückt die eigene Biographie in die Beziehung zu Gott.

Besondere Orte laden ein, zur Ruhe zu kommen, oft sind es eigens ausgestattete Räume in ruhigen Farben mit Teppichen, angenehmer Musik; oder es ist die gestaltete Mitte, um die herum sich die Kinder zur biblischen Geschichte einfinden, mit einer Bibel, einer angezündeten Kerze. In manchen Einrichtungen sind Segensfeiern zur Tradition geworden, in denen die angehenden Schulkinder mit einem persönlichen Segenswort aus dem Kindergarten verabschiedet werden. Zu den Ritualen der Geburtstagsfeier für jedes Kind kann auch der die guten Wünsche verdichtende persönliche Segenswunsch kommen. Zu Gesprächen, etwa im Morgenkreis, kann dazu gehören, dass sie in ein gemeinsam gestaltetes Gebet einmünden, in dem Wesentliches für die Kinder in deren eigenen Worten zu Gott hin adressiert wird. Zu Erkundungen im Kirchenraum kann ein Schlussritual mit Lied, Gebet und Segenswort passen, das allen Beteiligten den eigentlichen Sinn der Kirche eindrücklich vor Augen stellt.

Rituale sorgen dafür, dass Religion im Alltag der Kindertagesstätte nicht zufällig und beliebig wird. Rituale entstehen und vergehen – sie werden mit Leben gefüllt durch den Ideenreichtum aller Beteiligten. Das macht die religiöse Erziehung in der Kindertagesstätte reich und bunt. Sie schaffen verlässliche Orientierung, ordnen das Zusammenleben der Gruppe. Das Vertraute gibt Rückhalt beim Betreten von Neuland. Die Freude am Wiedererkennbaren spricht bei den Gebeten für den vertrauten Klang der Reimgebete. Bei ihrer Auswahl ist sorgfältig zu bedenken, welche Gebete als geeignet erscheinen, Kinder über einen längeren Zeitraum zu begleiten.

3.5 Mitarbeitende in der evangelischen Kindertagesstätte

Ob und mit welchem Engagement in evangelischen Kindertagesstätten christliche Erziehung und Bildung in den hier beschriebenen Facetten geschieht, ist je nach Einrichtung verschieden. Es fehlen dazu aussagekräftige Untersuchungen. Besondere Beachtung verdient auch die Frage der Mitarbeitergewinnung. Welche Erwartungen als Mitarbeiterin in der Gemeinde werden an die sich neu bewerbenden Erzieherinnen gestellt? Wie wird von Seiten des Trägers dafür gesorgt, dass die neuen Mitarbeiterinnen sich noch fehlende religionspädagogische Kompetenz aneignen können? In den einzelnen Landesverbänden evangelischer Tageseinrichtungen für Kinder wurden dazu unterschiedliche Fördermöglichkeiten entwickelt:

Neben den seit langem üblichen Fortbildungsangeboten auf der Ebene der Landesverbände oder Dekanate bzw. Kirchenkreise, den Beratungs- und Fortbildungsangeboten der Fachberater*innen* haben sich Teamfortbildungen am Ort bis zu religionspädagogischen Langzeitkursen mit Fortbildungstagen in Plenum und Regionalgruppen mit durchzuführenden und zu dokumentierenden Projekten und einem abschließenden Prüfungsgespräch etabliert.

Wünschenswert ist eine religionspädagogische Qualifizierung aller Mitarbeitenden auf diesem Niveau, vor allem dort, wo die Ausbildung wenig oder keine religionspädagogischen Bezüge aufwies. Bei der Entwicklung elementarpädagogischer Studiengänge an evangelischen Fachhochschulen werden auch Fragen des evangelischen Profils und der religionspädagogischen Kompetenz mitzubedenken sein. Weil in den Instrumentarien der Qualitätsentwicklung und -sicherung religionspädagogische Bezüge fehlen[21], haben evangelische Verbände eigene Kriterienkataloge entwickelt.[22] Dabei ist die Selbstevaluation des Teams intendiert.

4. Umgang mit religiöser Vielfalt in der evangelischen Kindertagesstätte[23]

Der Anteil von Kindern anderer Religionen ist in den Einrichtungen unterschiedlich groß. In manchen ländlichen Gebieten sind muslimische Kinder (noch) die große Ausnahme, in manchen städtischen Regionen stellen sie eine große Mehrheit. Besonders bei hohen Anteilen nichtchristlicher Kinder sind Erzieherinnen oft unsicher, wie sie es mit der religiösen Erziehung halten sollen. Ist der nichtchristlichen Mehrheit eine christlich geprägte religiöse Erziehung zumutbar? Gibt es eine gemeinsame religiöse Basis, die genutzt werden könnte und sollte, sei es in ethischen Verpflichtungen oder in biblischen Gestalten, die Juden, Christen und Muslime aus ihrer Tradition kennen? Gelingt es, unter Beachtung des Toleranzgebots, die Kinder mit den verschiedenen religiösen Traditionen, Festen, Symbolen bekannt zu machen?

---

[21] *W. Tietze u.a.*, Kindergarten-Einschätz-Skala (KES), Neuwied 1997; *Kronberger Kreis für Qualitätsentwicklung in Kindertageseinrichtungen*, Qualität im Dialog entwickeln. Wie Kindertageseinrichtungen besser werden, Seelze 1998.

[22] *Bundesvereinigung Evangelischer Tageseinrichtungen für Kinder/Diakonisches Institut für Qualitätsentwicklung und Forschung* (Hrsg.), Bundes-Rahmenhandbuch Evangelischer Tageseinrichtungen für Kinder. Ein Leitfaden zur Qualitätsentwicklung, Stuttgart 2002; *Rheinischer Verband evang. Tageseinrichtungen für Kinder (Hrsg)*, Hoffnung leben. Evangelische Anstöße zur Qualitätsentwicklung, Seelze 2002; *F. Harz*, Bildung in evangelischer Verantwortung. Profilentwicklung in Kindertageseinrichtungen, Nürnberg 2007.

[23] Vgl. *F. Harz*, Ist Allah auch der liebe Gott? Interreligiöse Erziehung in der Kindertagesstätte, München 2001; *Bundesvereinigung Evangelischer Tageseinrichtungen für Kinder* (Hrsg.), Vielfalt leben – Profil gewinnen. Interkulturelle und interreligiöse Erziehung und Bildung in evangelischen Tageseinrichtungen für Kinder, Stuttgart 2002.

Trägervertreter pochen oft darauf, dass bei den Christenkindern vor einer Begegnung mit anderen Religionen die eigene christliche Identität gefestigt sein müsse. Aber wann ist das erreicht? In traditionell geprägten evangelischen Einrichtungen wird oft mit der Anmeldung das Einverständnis verbunden, dass die Kinder an der christlichen Erziehung beteiligt werden. Wird das den Bedürfnissen vor allem muslimischer Eltern gerecht?

Erzieherinnen und Erzieher empfinden oft die Sprachbarriere zu den Eltern mit Migrationshintergrund als gravierendes Hemmnis. Sie bedauern es, wenn Eltern mit anderer religiöser Orientierung ihre Kinder z.B. an der Vorbereitung des Krippenspiels, nicht aber an der Aufführung selbst in der Kirche teilnehmen lassen, und auch sonst Berührungsängste zur Kirche zeigen. Andererseits gibt es auch viele positive Signale: Etliche muslimische Eltern schicken ihre Kinder bewusst in eine kirchliche Kindertagesstätte, weil sie deren Sensibilität für Religion schätzen. Der Umgang mit den Essensregeln ist weithin geklärt. Anlässlich ihrer Feste laden muslimische Eltern zum Feiern ein und lassen die anderen an ihren Festtraditionen teilhaben.

(1) *Religiöse Vielfalt wahrnehmen*: Bei der interreligiösen Erziehung und Bildung geht es nicht nur darum, wie nichtchristliche Kinder angemessen und mit dem gebotenen Respekt vor ihrer eigenen religiösen Orientierung in die religionspädagogischen Vollzüge der evangelischen Kindertagesstätte einbezogen werden können. Es geht vielmehr um religiöses Lernen aller Beteiligten, um das Sich-Bewusstmachen, dass Religion in unserer Gesellschaft in der Unterschiedlichkeit verschiedener Religionen begegnet. Kinder sollen mit den Erfahrungen umzugehen lernen, dass andere Menschen anders glauben als sie selbst und ihrer Neugierde Raum geben können, was denn bei deren religiösen Traditionen anders ist.

(2) *Meine Religion – deine Religion*: Konvivenz als das Zusammenleben der religiös Verschiedenen ist eine wichtige Vorstufe zur aktiven, praktizierten Toleranz, die dann in späteren Jahren zur durchdachten und begründeten Haltung werden soll.

Da wird etwa mit muslimischen Kindern vereinbart, dass sie bei christlichen Gebeten zu dem einen Gott ihre eigene Gebetshaltung praktizieren, die Hände erheben und so zeigen, dass sie dies Gebet in einer anderen Rolle miterleben als die Christen. Sie sind mit beteiligt, aber an etwas für sie nicht Eigenem, und das bringen sie durch ihre eigene Gebetsgeste zum Ausdruck. So wird gerade im Sichtbarmachen solcher Unterschiede ein respektvolles Miteinander möglich.

Muslimische Kinder erleben im evangelischen Kindergarten christliche Traditionen als etwas, das ihnen von ihrer eigenen religiösen Sozialisation her fremd ist. Wichtig ist, dass sie das in einem bestimmten Verhalten zu zeigen vermögen, mit dem sie sich mit ihrer anderen religiösen Verwurzelung akzeptiert fühlen können. Christliche Erzieherinnen und Erzieher können alle Kinder in einer Wahrnehmung von Unterschieden bestärken, die dem Bewusstsein der Zugehörigkeit zu dem in der eigenen Familie Praktizierten keinen Abbruch tut.

Es tut den muslimischen Kindern gut, wenn sie auch den Rollentausch erleben können: wenn sie beim Besuch der Moschee den Christen ihr religiöses Zuhause zeigen und die anderen hier die Gäste sind; wenn sie in Personen oder auch Gegenständen etwas von ihrer Religion sichtbar machen. Religiöse Unterschiedlichkeit wird dann nicht zum Durcheinander in den Kinderköpfen, wenn sie Menschen zugeordnet werden kann, die das eine oder das andere praktizieren und darin ihre Zugehörigkeit zeigen. Die Unterscheidung »meine Religion – deine Religion« wird so zur ordnenden Wahrnehmungsstruktur. Kinder sollten somit unterschiedliche Möglichkeiten und Rollen der Teilnahme kennenlernen, die des Praktizierens des Eigenen, und die des Teilnehmens am Anderen, Fremden, mit Neugierde und Interesse. Achtung religiösen Andersseins muss deshalb die Praxis der christlichen Erziehung keineswegs einschränken. Sie kann sogar Motivation für nichtchristliche Eltern sein, ihr Kind in einer evangelischen Kindertagesstätte anzumelden. Von der christlichen Erzieherin wird allerdings viel Sensibilität und Aufmerksamkeit für religiöses Anderssein gefordert. So geht es etwa in den Anmeldegesprächen darum, in einer Atmosphäre des Vertrauens und der Akzeptanz religiöse Unterschiede zur Sprache bringen zu können und abzuklären, ob Eltern bestimmte religiöse Vollzüge ihrer Kinder, z.B. Teilnahme an Gottesdiensten, ablehnen, ob und wie sich eine gewünschte Nichtteilnahme ihrer Kinder in einer für alle erträglichen Weise regeln lässt.

Mit ihrer interkulturellen und -religiösen Erziehung und Bildung leisten evangelische Kindertagesstätten einen nicht zu überschätzenden Beitrag zum Zusammenleben der Menschen mit unterschiedlichen kulturellen und religiösen Traditionen in unserer Gesellschaft. Nichtchristliche Kinder in der Einrichtung sind Anlässe für unverzichtbare interreligiöse Lernprozesse. Eine zuweilen geforderte Beschränkung auf Mitglieder der eigenen Religion oder gar Konfession würde diese Lernchance zunichte machen.

*Nichtchristliche Erzieher*innen *in der evangelischen Kindertagesstätte*: Diskutiert wird, ob und inwiefern die multireligiöse Situation eine Einstellung muslimischer Mitarbeiterinnen rechtfertigt oder gar nötig macht. Mit Ausnahmen von der in den Landeskirchen praktizierten Regelung, die für Mitarbeitende in der kirchlichen Kindertagesstätte die Zugehörigkeit zu einer Religionsgemeinschaft innerhalb der AcK verpflichtend vorsieht, werden besondere Situationen berücksichtigt – meist mit der Einschränkung zeitlicher Befristung oder einer Beschränkung auf Zweitkraft-Stellen. Zu wünschen ist in jedem Fall, dass solche Entscheidungen mit einem klaren interreligiösen Konzept begründet werden, das vom Träger und allen Mitarbeitenden in der Kindertagesstätte unterstützt wird.

5. Die Kindertagesstätte als Teil der Kirchengemeinde

Was erwarten sich die evangelischen Träger von ihren Einrichtungen? In der Vergangenheit standen unterschiedliche Zielsetzungen einander gegenüber.

Die Orientierung am *diakonischen Auftrag* führte die Gründungsmotive fort: In ihren Kindertagesstätten nimmt Kirche – ganz im Sinne des Wirkens Jesu – Verantwortung für Menschen wahr, deren Recht auf Leben und auf Entfaltung ihrer Person in der gesellschaftlichen Öffentlichkeit zu wenig beachtet wird. Verkündigung geschieht so – eher implizit – durch die Praxis tätiger Nächstenliebe. In diesem Sinne sind Kindertagesstätten oft in der Trägerschaft Diakonischer Werke und die Landesverbände in die Diakonischen Werke der Landeskirchen integriert. Das Eigenleben der Kindertagesstätte passt dann gut zu dem entsprechenden Auftrag, mit der gebotenen sozialpädagogischen Professionalität auf aktuelle Herausforderungen zu reagieren, sei es z.B. in der Integration von Kindern mit Behinderungen, in Konzepten der Gewaltprävention, in pädagogischen Antworten auf konstatierte Bildungsbedürfnisse von Kindern mit Migrationshintergrund.

Dem stehen Erwartungen gegenüber, der Kindergarten möge doch seinen *Beitrag zum Gemeindeaufbau* leisten: mit Kindern, die dann auch dem Kindergottesdienst Auftrieb geben, und mit Eltern, die aktiv am Gemeindeleben teilnehmen, mit Mitarbeitenden, die sich durch viel ehrenamtliches Engagement als Mitarbeiter*innen* der Gemeinde zu erkennen geben.

Im Sinne eines tragfähigen Konzepts gilt es die berechtigten Anliegen der verschiedenen Begründungsansätze miteinander zu verbinden, und zwar unter einer Sichtweise, welche die Kindertagesstätte weder als einen verselbstständigten oder gar isolierten Ort am Rand des »kerngemeindlichen« Geschehens noch als »Zulieferfunktion« zur Kerngemeinde hin versteht. Sie soll Teil der Gemeinde sein, zur Erfüllung von deren Kernaufgaben beitragen und dabei in einem möglichst lebendigen und produktiven Austausch mit anderen Bereichen des Gemeindelebens stehen. Wesentlich ist, dass es zu einem wechselseitigen Geben und Nehmen zwischen der Kindertagesstätte und dem Gesamtzusammenhang der Gemeinde, ihrer Leitung und verschiedenen Gruppen und Personen kommt. Dies lässt sich anhand der vier Grundaufgaben einer christlichen Gemeinde verdeutlichen.

(1) *Martyria:* Sofern in der Kindertagesstätte religiöse Erziehung praktiziert wird, die das Evangelium in den alltäglichen Beziehungen der Kinder zur Sprache bringt und den Kindern hilft, ihr eigenes Verständnis der christlichen Tradition zu gewinnen, leistet sie einen wesentlichen Beitrag zum Verkündigungsauftrag der Gemeinde. Es gibt wohl kaum ein Arbeitsfeld in der Gemeinde, in der das Einzeichnen des Evangeliums in die alltäglichen Lebenssituationen von Kindern so eindrücklich geschehen kann wie in der Kindertagesstätte. Kirche gewinnt durch sie ein Erprobungsfeld lebensnaher Verkündigung und Einübung in einen selbstverantworteten Glauben, das auch anderen Felder der Gemeindearbeit zugute kommen kann. Und Erzieherinnen und Erzieher brauchen Unterstützung, v.a. die Ermutigung, zu ihrer eigenen Sprache des Glaubens zu finden.

(2) *Diakonia:* Tätige Nächstenliebe ist von Anfang an unverzichtbares Merkmal der christlichen Gemeinde. In ihren Kindertagesstätten engagiert sich Gemeinde für eine Bevölkerungsgruppe, die immer noch unter »institutioneller Rücksichtslosigkeit« (*F.X. Kaufmann*) zu leiden hat. Kirche gewinnt durch dieses Engagement

viel Glaubwürdigkeit. Für die Gemeinde kann die Kindertagesstätte ein Seismograf für soziale Veränderungen im lokalen Umfeld sein, für Auswirkungen von Arbeitslosigkeit wie für die Notwendigkeit neuer Angebote. Kindertagesstätten sind wichtige Impulsgeber für das Knüpfen unterstützender Netzwerke zwischen den Familien, für Begegnungsmöglichkeiten, für die Vermittlung professioneller Beratung. Die Kindertagesstätte braucht im Sinne gemeindenaher Diakonie für Projekte, die sie alleine nicht schultern kann, Unterstützung durch haupt- wie ehrenamtliche Mitarbeitende.

(3) *Koinonia*: Religiöse Vielfalt prägt nicht nur unsere Gesellschaft, sondern ist auch Merkmal des Glaubens innerhalb der Kirche. In der Vielfalt der Stimmen wurzelt die Lebendigkeit der Gemeinde. Die Kindertagesstätte ist ein Ort, an dem solche Vielfalt in besonderer Weise zum Ausdruck kommen kann. Hier treffen sich Eltern mit verschiedener Nähe und Distanz zu den kirchlichen Traditionen. Viele, die sonst im Gemeindeleben nicht in Erscheinung treten, machen neue Erfahrungen mit Kirche. Durch Zusammenarbeit in der Gemeinde, etwa bei der Gestaltung von Familiengottesdiensten oder Projekten in der Arbeit mit Kindern, ist in vielen Gemeinden die Elternschaft der Kindertagesstätte zu einem Reservoir ehrenamtlicher Mitarbeit in der Gemeinde geworden. Kirche gewinnt dabei auch durch die kritischen Stimmen der Eltern, durch eine Außensicht, die zum Überdenken eingeschliffener Gewohnheiten auffordert. In der Gemeinde sollte es einen ›runden Tisch‹ aller in der Arbeit mit Kindern und Familien Beteiligten geben, an dem Projekte abgestimmt und auf den Weg gebracht werden und mit »Prüfsteinen« die Möglichkeit der Beteiligung und auch Mitbestimmung von Kindern und Eltern ausgelotet wird.[24]

(4) *Leiturgia*: Christliche Gemeinde ist feiernde Gemeinde. Mitwirkung von Kindern der Kindertagesstätte hat in vielen Gemeinden dem gottesdienstlichen Leben neue Impulse gegeben. Dass das Erntedankfest weithin zu einem der bestbesuchten Gottesdienste wurde, ist vielfach der zur Tradition gewordenen Mitgestaltung durch die Kindertagesstätte zu danken. Das strenge Gegenüber von Liturg und Gemeinde wird durch die Mitwirkung der Kinder und damit oft verbundenen Aktivierung der Gemeinde aufgebrochen. Die Kirchengemeinde kann so für die Kinder auch ein Forum sein, auf dem sie sich einer größeren Öffentlichkeit zeigen und die Erfahrung machen, in ihrem Mitwirken von den Erwachsenen ernst genommen zu werden.

Die Kindertagesstätte sollte noch mehr in Konzepte der Gemeindeentwicklung einbezogen werden. Ist von den Berufen in der Kirche die Rede, so ist die größte Mitarbeitergruppe, die der Erzieherinnen und Erzieher, oft überhaupt nicht im Blick. Die Kommunikation mit der Kindertagesstätte lässt sich z.B. durch angemessene Beteiligung von Erzieher*innen* an Dienstbesprechungen, Kirchenvorstands- bzw. Presbyteriumssitzungen verbessern. Es gilt die wechselseitige Berei-

---

[24] *J. Blohm* (Hrsg.), Kinder herzlich willkommen. Kirche und Gemeinde kinder- und familienfreundlich gestalten. Ideen und Beispiele, München 1996, 45ff.

cherung von Kindertagesstätte und der gesamten Gemeinde in klare Absprachen und verbindliche Regelungen zu fassen.

6. Elternarbeit

Mit der Entwicklung der evangelischen Kindertagesstätte zum »Nachbarschaftszentrum in der Gemeinde«[25] gewinnt auch die Frage der Elternarbeit und Elternbildung im Rahmen der Erziehungspartnerschaft mit Eltern größeres Gewicht als bisher. Die Kindertagesstätte wird zum Treffpunkt für Eltern: Im »Elterncafé« können Beziehungen geknüpft werden. Erzieher*innen* vermitteln Kontakte zu den unterschiedlichen Beratungsstellen. In den Bildungsplänen ist das Mitspracherecht der Eltern verankert. Im Blick auf die Begleitung der Eltern in der religiösen Erziehung ihrer Kinder besteht aber viel Unsicherheit.[26] Viele Eltern signalisieren einerseits großes Interesse an der religiösen Erziehung ihrer Kinder, halten sich aber selbst für zu wenig kundig und delegieren diese Aufgabe an die Kindertagesstätte. Die von Erzieherinnen und Erziehern empfundenen Defizite in ihrer religionspädagogischen Kompetenz verstärken sich im Blick auf Gespräche und Veranstaltungen mit Eltern. Fragen der Zuständigkeit für religiöse Elternarbeit werden vielfach zwischen Kindergartenteam und Träger hin- und hergeschoben. Bei religionspädagogischen Angeboten für Eltern gilt es von ihren Interessen und Kompetenzen her zu denken und jeweils nach Verknüpfungsmöglichkeiten mit der Familienreligiosität Ausschau zu halten.[27]

Familien sind reich an Ritualen, vom Beginn des Tages bis zur Gute-Nacht-Situation, von der Geburtstagsfeier bis zum weihnachtlichen Brauchtum, vom ausgedehnten Sonntagsfrühstück bis zur Urlaubsgestaltung. Durch eigenes Dabeisein und Mitmachen in der Kindertagesstätte lernen Eltern Rituale und Symbole kennen, die sie als Bereicherung ihrer eigenen Familientraditionen empfinden können. Dabei kommen auch die mit den Ritualen und Symbolen verbundenen christlichen Deutungen ins Spiel. Unsicher fühlen sich Eltern besonders angesichts der Fragen der Kinder zu biblischen Inhalten, der Fragen nach Gott und vor allem im Umkreis von Tod und Sterben und was danach kommt. Entlastend kann es da

---

[25] *F. Schmidt/A. Götzelmann,* Der evangelische Kindergarten als Nachbarschaftszentrum in der Gemeinde, Heidelberg 1997.

[26] *A. Biesinger/H. Brendel* (Hrsg.), Gottesbeziehung in der Familie. Familienkatechetische Orientierungen von der Kindertaufe bis ins Jugendalter, Ostfildern 2000; *A. Gilles-Bacciu,* Im Blick auf Erziehung und Religion – Aufgaben für die kirchliche Elternbildung, in: Forum Erwachsenenbildung 2005, H. 5, 6ff.

[27] *U. Schwab,* Familienreligiosität. Religiöse Traditionen im Prozess der Generationen, Stuttgart/Berlin/Köln 1994; *F. Harz,* Vertrauen von Anfang an. Elternbriefe zur religiösen Erziehung – Anregungen für die Bildungsarbeit, in: Forum Erwachsenenbildung 2005, H. 3, 39ff.; *M. Domsgen,* Familie und Religion. Grundlagen einer religionspädagogischen Theorie der Familie, Leipzig 2004, 284ff.

für sie sein, auch für sich selbst den o.a. Perspektivenwechsel[28] zu vollziehen, auch eigene Unwissenheit und Ratlosigkeit einzugestehen und mit dem Kind gemeinsam nach neuen Antworten zu suchen. Zu solchem Perspektivenwechsel anzuregen ist eine grundlegende Aufgabe religiöser Elternbildung in der Kindertagesstätte.

Während im Umgang mit den Kindern das Integrieren religiöser Bezüge in den Alltag der Kindertagesstätte weithin praktiziert oder zumindest angestrebt wird, sind die Angebote für Eltern oft noch spezielle religionspädagogische Themenabende. Deshalb ist zu bedenken, wie christliche Traditionen in die Begleitung der Eltern integriert werden können, etwa
- in Einladungen zum Miterleben und Mitmachen mit den Kindern,
- in spirituellen Elementen bei festlichen Anlässen, vom gemeinsamen Essen bis zum Abend am Lagerfeuer,
- in Einzelgesprächen zur Lerngeschichte des Kindes,
- in Elternabenden zu allgemeinpädagogischen Themen, in denen sich Fragen zum Erziehungsalltag mit Impulsen des christlichen Glaubens und seinen Überlieferungen verbinden können.[29]

7. Die 0- bis 3-Jährigen in der Kinderkrippe und der Übergang in die Grundschule

Mit der Zunahme der Kinderkrippenplätze in evangelischen Kindertagesstätten ist auch die Frage nach religionspädagogischen Angeboten in den ersten Lebensjahren gestellt.[30] Weil es in diesem Alter noch nicht primär um die Inhalte des christlichen Glaubens, Vorstellungen von Gott, Geschichten der Bibel geht, ist bei

---

28 Vgl. oben Teil 2.
29 Als Beispiele für solche Themen, in denen die religiöse Dimension eine Facette unter anderen ist, seien genannt:
- *Wenn Kinder trauern*: Umgang mit Trennungserfahrungen – Wo sind die Toten? Warum lässt Gott Kinder sterben?
- *Gute Geschichten für Kinder*: Märchen, Kinderbücher – biblische Geschichten für Kinder.
- *Die Weihnachtszeit / Osterzeit in der Familie gestalten*: Brauchtum und sein Ursprung in der christlichen Überlieferung.
- *Kinder fragen nach Gott und der Welt*: Kinder als Philosophen und Theologen und die Rolle der Erwachsenen.
- *Rituale im Familienleben*: Was die Familie zusammenhält – und der Beitrag christlicher Rituale und Symbole.
- *Beziehungen, die Kindern gut tun*: Elternbilder und Gottesbild.
- *Wie sich Kinder bilden*: Worauf es bei der Bildung ankommt – und der Beitrag religiöser Bildung.
30 Zur Position der evangelischen Kirche vgl. *C. Seiferth*, Das Interesse der Evangelischen Kirche(n) an der institutionellen Betreuung von Kindern unter drei Jahren, Diplomarbeit Bamberg 2005.

einem weiten, impliziten Verständnis von Religion anzusetzen, bei der religiösen Bedeutung der frühen Beziehungen.[31] In ihnen machen die Kinder grundlegende religiöse Erfahrungen, nämlich uneingeschränktes Angenommensein, das auch biblisch-christlicher Tradition entspricht. Religionspädagogische Kompetenz der Erziehenden zeigt sich darin, dass sie sich der religiösen Bedeutung ihrer Beziehung zu den Kleinen bewusst sind.

Das Leben mit Symbolen und Ritualen geht dem Verstehen der religiösen Inhalte voraus. Deswegen sind sie für die religiöse Früherziehung so wichtig. Da ist Sensibilität gefragt für das, was im Übergang von der Familie zur Kindertagesstätte weitergeführt werden kann, und auch für das, was die Kleinen als das Besondere der Kindertagesstätte mögen.

Wie gestalten die Kinder selbst den Übergang von einer Bezugsperson zur anderen, was hilft ihnen? Welche Bedeutung haben da Gegenstände? Wie nehmen die Kleinen Räume in Besitz, wie nehmen sie Kontakt zu anderen Kindern auf? Wie begrüßen sie bekannte Personen und Gegenstände? Wo nehmen sie angebotene Gesten gerne auf und fordern deren Wiederholung ein? Manche frühen Symbole und Rituale können später zu Haftpunkten werden, an die sich Inhalte des christlichen Glaubens anlagern. Lieder und Gebete wirken zunächst durch den Klang der Melodie und den Sprachklang der Reime samt den damit verbundenen Gesten. Später gewinnen dann auch die Texte an Bedeutung. Beim Erzählen biblischer Geschichten sind zunächst begleitende Rituale wichtig, das Sitzen auf dem Erzählteppich, die Erzählkerze, die aufgebauten Figuren, eindrucksvolle, einladende Bilder in ersten Kinderbibeln.

Unverzichtbar sind klärende Absprachen mit den Eltern und das Gestalten von »Brücken«, auf denen Symbole und Rituale mit und auch noch ohne explizite christliche Inhalte wiedererkennbar zwischen Elternhaus und Kinderkrippe hin und her wandern können. Religionspädagogik in den ersten Lebensjahren ist deshalb wesentlich auch Elternarbeit, in der Eltern den altersspezifischen Umgang mit Religion selbst unmittelbar erleben und dessen Bedeutung für das Leben ihres Kindes bedenken können.

Mit Krabbelgottesdiensten und Kontakten zu Eltern-Kind-Gruppen bieten sich Beziehungen innerhalb der Kirchengemeinde an. Besondere Chancen für die religiöse Erziehung der Kleinen sind in den altersgemischten Gruppen gegeben, in denen es für die Kleinen wichtig ist, bei den Großen mit dabei zu sein – auch wenn sie bei biblischen Geschichten eher den Emotionen folgen, die sie an den Älteren ablesen.

Der Öffnung des klassischen Kindergartens hin zur Krippenerziehung entspricht auf der anderen Seite die Gestaltung des Übergangs in die Grundschule. Manche Bildungspläne nehmen den gesamten Zeitraum von 0 bis 10/12 Jahren in den Blick. Weithin noch Wunsch ist ein Austausch zwischen den pädagogischen Berufsgruppen auf gleicher Augenhöhe.

---

[31] Vgl. oben Teil 3.

Die Religionspädagogik der Grundschule hat viele Anregungen aus der Elementarpädagogik aufgegriffen, vom Erzählkreis bis zum Spielen und Feiern der biblischen Geschichten im Klassenzimmer. Aber die Schule setzt einen anderen Rahmen: Religion begegnet jetzt als Fachunterricht, nach Konfessionen und Religionen getrennt. Das Aufgreifen alltäglichen Geschehens in religionspädagogischen Angeboten, wie es für die Kindertagesstätte kennzeichnend war, unterliegt jetzt viel stärker didaktischer Planung, in der motivierende Unterrichtsphasen das Interesse der Kinder zu wecken, die Beziehung zu ihrer Lebenswelt herzustellen versuchen.

Chancen, die Potenziale beider Institutionen, Kindertagesstätte und Religionsunterricht, zu nutzen, bieten sich in der religionspädagogischen Arbeit mit Schulkindern im Hort der Kindertagesstätte. In den nichtformellen Beziehungen können manche Fragen aufgenommen und weitergeführt werden, die im Religionsunterricht geweckt wurden. Gefragt ist weniger der/die »Religionslehrer/in auch in der Kindertagesstätte«, sondern das Angebot von Beziehung, in der sich die Kinder in ihrem Nachdenken über religiöse Fragen und Inhalte respektiert und akzeptiert fühlen. Schulischer Lernstoff kann so zum »Gesprächsstoff« werden und zu einer Bereicherung, die der Religionsunterricht selbst in größeren Schulklassen oft viel zu wenig selbst leisten kann. In Projekten können die Großen den jüngeren Kindern Hilfestellung im Schreiben, Lesen, Recherchieren geben. Das im Religionsunterricht z.B. über den Islam Erarbeitete kann in der multireligiös besetzten Kindertagesstätte Anlass zum ganz unmittelbaren Erproben und Weiterführen geben. Schulkinder bringen evtl. auch neue Rituale aus dem Religionsunterricht mit, neue Arbeitstechniken, die sich mit dem in der Kindertagesstätte Praktizierten verbinden lassen.

So unterschiedlich das religiöse und religionspädagogische Profil der evangelischen Kindertagesstätten auch sein mag, so reichhaltig sind die Angebote an Ideen und Impulsen, mit denen die einzelnen Einrichtungen in Zusammenarbeit mit Träger und Team konzeptionelle Klärungen vorantreiben, jeweils aktualisieren und in den je nach den örtlichen Gegebenheiten, Traditionen und Kompetenzen der Mitarbeitenden in der religionspädagogischen Praxis bewähren können.

Literatur

Harz, Frieder, Bildung in evangelischer Verantwortung. Profilentwicklung in Kindertageseinrichtungen, Nürnberg 2007.

Kirchenamt der EKD (Hrsg.), Wo Glaube wächst und Leben sich entfaltet. Der Auftrag evangelischer Kindertageseinrichtungen. Eine Erklärung des Rates der Evangelischen Kirche in Deutschland, Gütersloh [2]2004.

Möller, Rainer/*Tschirch*, Reinmar, Arbeitsbuch Religionspädagogik für ErzieherInnen, Stuttgart [3]2006.

Scheilke, Christoph T./*Schweitzer*, Friedrich (Hrsg.), Kinder brauchen Hoffnung. Religion im Alltag des Kindergartens, Comenius-Institut Münster 2006.

Schweitzer, Friedrich, Das Recht des Kindes auf Religion. Ermutigungen für Eltern und Erzieher, Gütersloh 2000.

Walter, Ulrich, Religion im Kindergartenalltag. Impulse und Ideen für die Praxis, Neukirchen-Vluyn 2007.

10. Christian Grethlein
Kindergottesdienst

1. Einführung

Eine 2005 in der Evangelischen Kirche von Westfalen veröffentlichte Handreichung zum Kindergottesdienst beginnt mit einer Skizze, in der mehrere Kinder und deren Partizipation an Kirche und Gottesdienst vorgestellt werden. Die ersten drei Beispiele seien zitiert, weil sie anschaulich in verschiedene Ebenen des Themas einführen:

»Pit E. ist gut zwei Jahre alt – wenn er gefragt wird (denn kleine Kinder werden oft nach ihrem Alter gefragt), hält er auch manchmal drei Finger hoch. Wichtiger ist für ihn das Spielen mit anderen Kindern. Gut, gut, es ist mehr ein Nebeneinanderherspielen, und es gibt auch mal Streit, wenn einem etwas weggenommen wird – trotzdem, so in Gemeinschaft ist es schön.

Deshalb geht Pits Mutter, Frau E., jede Woche mit ihm zur Krabbelgruppe im Gemeindehaus. Gestern sind sie alle in die Kirche gegangen und Pastor Meier hat ihnen ganz viel erzählt und gezeigt. Die leuchtenden Kerzen waren schön, doch besonders hatte alle das Taufbecken fasziniert und Pastor Meier hat ihnen gezeigt, was beim Taufen geschieht. Zurück in der Krabbelgruppe haben Pit und die anderen alle Puppen und Kuscheltiere getauft.

Das war eine richtig feucht-fröhliche Angelegenheit, bis die Mütter mit Handtüchern und Wischlappen anrückten. Letzten Herbst war Pit mit seiner Mutter auf Familienfreizeit. Papa wollte nicht mit. ›Guck mal, ob da nur fromme Lieder gesungen werden‹, hatte er gegrinst. ›Ich tapeziere die Küche.‹ Es waren ganz tolle Tage in einer Jugendherberge, und im nächsten Jahr fährt die ganze Familie E. mit.

Pia G. ist sechs geworden und kommt im Sommer zur Schule. Noch geht sie in den Kindergarten der Gemeinde. Weihnachten hat sie im Familiengottesdienst mitspielen dürfen, das war das Größte. Pia hatte da eine ganz wichtige Rolle. Sie war eines der sechs Schafe, die beim Erscheinen der Engel weglaufen. Zum Glück hatte die Küsterin sie am Ausgang aufgehalten, obwohl diese gar nicht zu den Hirten gehörte. Seit den Sommerferien geht Pia zum Kindergottesdienst, der von Pastorin Lutz, Frau Frank, Franzi und Tim geleitet wird. Franzi spielt Gitarre, und viele Lieder sind ganz anders als im Kindergarten. Pia gefällt es, auch wenn sie nicht alle Lieder mitsingen kann. Wenn es an die Gruppenaufteilung geht, hat sie nur einen Wunsch: ›Hoffentlich komme ich in Tims Gruppe.‹ Vor zwei Monaten war Pias Vater ausgezogen, es hatte viel Streit gegeben. Mama weinte und Oma hatte dauernd gemurmelt: ›Das arme Kind; das arme Kind.‹ An dem Sonntag hatte

Tim die Geschichte vom verlorenen Schaf erzählt und wie bei Gott alles gut wird. Als er dann noch zum Schluss sagte: Einen schönen Gruß an eure Mama und euren Papa, da hatte Pia nur noch weinen können. Sie hatte auf Tims Schoß gesessen, geheult und erzählt. Tim hatte ihr vorsichtig über den Rücken gestreichelt und zugehört. Dass Tim völlig ratlos zu Franzi guckte, die auch nur betreten mit den Schultern zuckte und dabei dachte: ›Warum sind ausgerechnet heute die beiden Frauen nicht da?‹, das hatte Pia nicht mitbekommen.

Peter A. besucht die dritte Klasse in der Grundschule am Ort. Gestern gab es etwas Neues, nämlich eine Kontaktstunde oder so ähnlich. Peter Kaiser, der Vikar, hatte sie abgeholt und mit ihnen eine Kirchenführung für Detektive gemacht. Wie echte Agenten waren sie mit Lupe und Notizblock durch die Kirche geschlichen und hatten Spuren gesucht. Manche Fragen waren für Peter leicht gewesen, denn an den Kinderbibelwochen hatte er schon vier Mal teilgenommen und dadurch auch die Kirche etwas kennen gelernt. Zum Schluss hatte Peter Kaiser ihnen vom Jugendheim erzählt und zu verschiedenen Gruppen eingeladen.

Eigentlich ist Peters Terminkalender mit Fußballtraining und Musikschule genug gefüllt, doch die Computerwerkstatt und die Gruppe der ›Wilden Kerle‹ klingen ganz verlockend. Mal sehen, ob sich da noch was machen lässt. Eins ist jedoch klar: Geht er nur noch ein Mal pro Woche zum Training, fliegt er aus der Startelf und ist Ersatzspieler. Und die Musikschule aufgeben, ›die ja so viel Geld kostet‹, kommt überhaupt nicht in Frage.«[1]

Diese drei Bespiele führen in komplexe Problemlagen ein, denen im Folgenden jedenfalls teilweise nachgegangen werden soll. Grundsätzlich sind alle drei Schilderungen typisch »deutsch« (präziser wahrscheinlich sogar: »westdeutsch«), was im folgenden Kapitel meiner Ausführungen, dem geschichtlichen Rückblick, in historischer Tiefenschärfe zu Tage tritt (2.).

Hinsichtlich der dann zu entfaltenden heutigen Situation (3.) tritt mehrfach Wichtiges zu Tage:
- die Pluralität der Partizipationsformen von Kindern an Kirche und Gottesdienst;
- die Bedeutung der jeweiligen Lebenslage von Kindern;
- die unterschiedlichen Zeit- und Organisationsformen liturgischer Feiern mit Kindern;
- die Bedeutung der erwachsenen bzw. jugendlichen Begleiter*innen*.

Auf diesem Hintergrund kann dann der Kindergottesdienst bzw. können die Gottesdienste mit Kindern als gemeindepädagogische Aufgabe bestimmt werden (4.).

---

[1] Handreichung Kindergottesdienst. Ein Grundangebot der Gemeinde, hrsg. v. *K. Othmer-Haake* im Auftrag des Westfälischen Verbandes für Kindergottesdienst, Villigst 2005, 4f.

Bei diesen Zugängen ist zweierlei zu beachten:

Zum Ersten ist die Situation des Kindergottesdienstes bzw. der liturgischen Feiern mit Kindern regional und lokal sehr unterschiedlich. Wegen der Pluralität der verschiedenen Feier- und Versammlungsformen tritt in der Liturgik begrifflich zunehmend »Gottesdienst mit Kindern« an die Stelle des früher üblichen »Kindergottesdienst«.[2]

Zum Zweiten steht diese christliche Kommunikationsform nach wie vor im Abseits praktisch-theologischer Reflexion, und zwar sowohl hinsichtlich ihrer liturgischen als auch ihrer gemeindepädagogischen Seite. Auch die in den letzten Jahren zu beobachtende verstärkte Hinwendung Systematischer Theologen zum Thema Gottesdienst[3] hat die Kinder als liturgische Personen und deren Feiern noch nicht entdeckt.

2. Zur Geschichte des Kindergottesdienstes

Ökumenisch gesehen ist der »Kindergottesdienst« eine so nur in den evangelischen Gemeinden Deutschlands verbreitete liturgische Feierform.

Entgegen der hierbei charakteristischen Trennung der Gemeinde im Gottesdienst nach Altersgruppen war es lange Zeit offensichtlich eine Selbstverständlichkeit familiärer Lebens- und Glaubenspraxis, dass Christen gemeinsam mit ihren Kindern auch rituell mit Gott kommunizieren. Erzieherische Intentionen waren damit wohl ursprünglich nicht verbunden. Erst nach etlichen Jahrhunderten bildeten sich mancherorts – vor allem durch das humanistische Interesse an Erziehung und Bildung verstärkt – eigene liturgische Feierformen für Kinder heraus, ohne dass diese aber allgemein üblich wurden.[4] Erst die Industrialisierung und die mit ihr verbundenen Probleme für Kinder führten in England zur Einrichtung der »Sunday School«. In Deutschland begann sich daraus, vermittelt durch eine US-amerikanische Transformation, in der zweiten Hälfte des 19. Jahrhunderts eine eigenständige Feierform zu entwickeln. Dafür bürgerte sich im Lauf der Zeit die Bezeichnung »Kindergottesdienst« ein. Im 20. Jahrhundert erlebte diese Einrichtung Höhen und Tiefen, bis sich schließlich am Ende dieses Jahrhunderts in vielen Gemeinden tief greifende Transformationen abzuzeichnen beginnen.

Im Folgenden werden aus dieser im Einzelnen nur regional genauer rekonstruierbaren Geschichte einige Etappen skizziert, die entweder bis heute innovati-

---

[2] S. z.B. *F.-W. Bargheer*, Kinder und Gottesdienst, in: *Ch. Grethlein/G. Ruddat* (Hrsg.), Liturgisches Kompendium, Göttingen 2003, 153–175.

[3] S. z.B. *J. Arnold*, Theologie des Gottesdienstes. Eine Verhältnisbestimmung von Liturgie und Dogmatik, Göttingen 2004.

[4] Zur Geschichte der »Kinderpredigt« s. den knappen Überblick bei *S. Welz*, Die Kinderpredigt. Zur Predigtlehre und Praxis eines Verkündigungsmodells, Hooksiel 2001, 9–16.

ves Potenzial enthalten bzw. die heutige Situation in ihren Spannungen und Chancen besser verstehen lassen.[5]

2.1 Kinder im Gottesdienst

Schon im Neuen Testament begegnet eine besondere Hervorhebung der Kinder. Jesus rückt sie im sog. Kinderevangelium (Mk 10,13–16) als einzige Personengruppe in eine besondere Nähe zum Reich Gottes.[6] Von daher erstaunt es nicht, dass schon bald Kinder nicht nur selbstverständlich bei Gemeindezusammenkünften dabei sind, sondern auch bei deren ritueller Gestaltung eine besondere Rolle spielen. So übernehmen sie in den altkirchlichen Gottesdiensten teilweise das Lektorenamt oder singen Psalmen. Dabei werden ihre reinen Stimmen als förderlich für die Kommunikation des Evangeliums empfunden. In ihnen nehmen die erwachsenen Feiernden die Klarheit des Evangeliums wahr. Auch die sich im Mittelalter entwickelnden szenischen Darstellungen wichtiger Ereignisse der Heilsgeschichte wie die Passion oder die Geburt Christi können von Kindern – wie auch von den mehrheitlich formal ungebildeten Erwachsenen – gut nachvollzogen werden. Auf Grund des geringen Alphabetisierungsgrades der Bevölkerung gibt es nur geringe Differenzen in der Rezeptionsmöglichkeit zwischen den Generationen.

2.2 Katechetische Prägung

Die weitere Entwicklung wird durch die zunehmende Separierung der Kinder von der Erwachsenenwelt geprägt, wie sie der Institution Schule eigen ist. Begründet in ihren Anfängen in den Klosterschulen sind bis ins 19. Jahrhundert zu-

---

[5]   Einen knappen ersten Überblick gibt *Ch. Grethlein*, Kindergottesdienst, in: RGG 4, ⁴2001, 979–981; ausführlicher *G. Adam*, Kindergottesdienst, in: *Ders./R. Lachmann* (Hrsg.), Gemeindepädagogisches Kompendium, Göttingen 1987, 279–313. Vor allem für die altkirchliche und mittelalterliche Entwicklung ist nach wie vor lesenswert: *M.-R. Bottermann*, Die Beteiligung des Kindes an der Liturgie von den Anfängen der Kirche bis heute, Frankfurt 1982; die Entwicklung der Sonntagsschulbewegung in den USA stellt detailliert dar: *J. Th. Hörnig*, Mission und Einheit. Geschichte und Theologie der amerikanischen Sonntagsschulbewegung im neunzehnten Jahrhundert unter besonderer Berücksichtigung ihrer ökumenischen Relevanz und ihres Verhältnisses zur Erweckungsbewegung, Maulbronn 1991; das Entstehen des deutschen Kindergottesdienstes skizziert *C. Berg*, Gottesdienst mit Kindern. Von der Sonntagsschule zum Kindergottesdienst, Gütersloh 1987. Im Folgenden nehme ich immer wieder auf diese Publikationen Bezug, ohne dies im Einzelnen zu markieren.

[6]   S. *H. Ulonska*, Die Kinder und das Reich Gottes (Mk 10,13–16; Mt 19,13–15; Lk 18,15–17), in: *Kirchenamt der EKD* (Hrsg.), Aufwachsen in schwieriger Zeit – Kinder in Gemeinde und Gesellschaft, Gütersloh 1995, 91–96.

mindest die Elementarschulen eng mit liturgischer Praxis verknüpft.[7] Selbstverständlich beginnt z.B. der Schultag über Jahrhunderte hinweg mit einer in der Kirche gehaltenen Andacht. Kinderlehre und liturgische Feier gehen lange Zeit ineinander über.

Besonders die Humanisten und dann die Reformatoren geben im Zuge ihrer Bemühungen um das allgemeine Schulwesen wichtige katechetische Impulse. Je stärker die Schulen aber als staatliche und dann pädagogisch zu verantwortende Aufgabe definiert werden – im Westfälischen Frieden (1648) gelten sie noch als »annexum religionis«, im preußischen Allgemeinen Landrecht (1792) bereits als staatliche Einrichtung –, desto größer wird der Abstand zum kirchlichen Leben. Es bilden sich eigene Formen der Schulandacht heraus, bei denen jedoch das katechetische Element im Vordergrund steht.

In pädagogischen Reformkreisen wie bei den Philanthropen rückt dabei das Kind in den Mittelpunkt des Geschehens. Demgegenüber treten traditionelle dogmatische Differenzen, wie sie die verschiedenen Konfessionen begründen, zurück. So wird z.B. im Dessauer Philanthropinum die »Gottesverehrung« konfessionsübergreifend im Sinne »des mit keiner Kirche streitigen Evangelisch-apostolischen Christenthums«[8] gefeiert.

Durchaus präsent ist dabei die Überzeugung, dass Kinder durch liturgische Feiern einen guten Zugang zum umfassenden, also nicht nur kognitiven Verstehen des Evangeliums und damit der christlichen Religion erhalten. Die Selbstverständlichkeit liturgischer Praxis im Rahmen von Schule geht erst in weiten Kreisen der deutschen Schul- und Religionspädagogik seit dem Ende der sechziger Jahre des 20. Jahrhunderts verloren.

2.3 Sunday School als Impuls

Eine besondere Entwicklung bahnt sich im 19. Jahrhundert in England an. Im Zuge der durchgreifenden Industrialisierung in diesem Land und der damit verbundenen Kinderarbeit in England bilden sich – in Anknüpfung an das philanthropische Armenschulwesen – sonntägliche »Charity Schools«. Hier sind diakonische, elementar- und sozialpädagogische sowie katechetische Impulse eng miteinander verbunden; durch den Sonntag bekommen die Treffen eine (leichte) liturgische Note. Allerdings findet der Unterricht erst nach dem Gottesdienst statt. Die Einteilung in verschiedene, jeweils von einer erwachsenen Lehrperson geleitete Gruppen ist konstitutiv, wobei die Lehrertätigkeit zuerst honoriert wird.

---

[7] S. auch unter diesem Gesichtspunkt die Zusammenstellung der verfügbaren Kenntnisse zur Entwicklung des evangelischen Religionsunterrichts in: *R. Lachmann/B. Schröder* (Hrsg.), Geschichte des evangelischen Religionsunterrichts in Deutschland. Ein Studienbuch, Neukirchen-Vluyn 2007.

[8] S. hierzu anschaulich auch *R. Lachmann*, Christian Gotthilf Salzmann als ›Liturg‹ in Dessau, in: PR 48/1994, 327–342.

Stärker religiös akzentuiert wird dieses Sonntagsschulwesen in den USA. Auch hier werden die Kinder in Gruppen unterrichtet; ehrenamtliche Laien leiten sie.

Vor allem ist der ökumenische Charakter deutlich ausgeprägt. Orientiert an einer Theologie des Reiches Gottes treten konfessionsdifferenzierende dogmatische Unterschiede zurück. Insgesamt wird die Sonntagsschule stärker religiös und liturgisch ausgerichtet. Erst dies ermöglicht ihren Eingang nach Deutschland, wo ja durch den schulischen Religionsunterricht die katechetische Aufgabe bereits einen institutionalisierten, kirchlich verankerten Ort hatte.

2.4 »Kindergottesdienst« als deutsches evangelisches Projekt

Erste Versuche zu Beginn des 19. Jahrhunderts, die englische »Sonntagsschule« in Deutschland einzuführen, scheitern aus mehreren Gründen: Der freikirchliche Hintergrund, die Beteiligung von Laien, vor allem Frauen, als Sonntagsschullehrer*innen* am Verkündigungsdienst sowie die mangelnde Abstimmung des Konzepts auf den schulischen Religionsunterrichts erweisen sich als wichtigste allgemeine Hindernisse.

Erst das Bemühen des amerikanischen Kaufmanns *Albert Woodruff*, der (ab 1863) in *Wilhelm Bröckelmann* nicht nur einen sprachlichen Übersetzer, sondern auch einen geschickten, mit den deutschen kirchlichen Verhältnissen vertrauten Kommunikator findet, führt zu einer Etablierung der Sonntagsschule – in ihrer US-amerikanischen Transformation – nach Deutschland. Hierfür ist wichtig, dass zunehmend evangelische Pfarrer für die neue Institution gewonnen werden.

Allerdings wird so die »Sonntagsschule« in zwei wichtigen Hinsichten transformiert: Zum ersten wird die Laien-Bewegung dadurch verkirchlicht, dass Pfarrer an die Spitze dieser Veranstaltung treten; die bisherigen Sonntagsschullehrer*innen* werden zu dessen »Helfer*innen*«. Die damit gegebene stärkere Integration in die bisherige kirchliche Arbeit kommt gut in der sich am Ende des 19. Jahrhunderts vollziehenden Umbenennung von der »Sonntagsschule« zum »Kindergottesdienst« (bzw. dann auch »Kinderkirche«) zum Ausdruck. Zum zweiten sind damit eine Konfessionalisierung des Kindergottesdienstes und ein Verlust von dessen (freikirchlicher) ökumenischer Offenheit gegeben. Beibehalten wird dagegen die bewährte Organisationsform in Gruppen.

Insgesamt treten dadurch die ursprünglich diakonische und sozialpädagogische Ausrichtung – in England angesichts der Verwahrlosung von Kindern, als Impuls von Wichern im Rahmen der »Inneren Mission« aufgenommen – sowie der katechetische Impuls zurück (in der US-amerikanischen Sonntagsschulbewegung ausgeprägt). Der Kindergottesdienst wird jetzt als »die unwidersprechliche Pflicht der Kirche an ihrer Jugend zum Zweck der Gewöhnung an kirchliche Gemeinschaft und der Heiligung des Sonntags« verstanden.[9] Der liturgische Aspekt tritt in den Vordergrund. Konzeptionell wird die Gestaltung aber entsprechend der dama-

---

[9] So formuliert von *E. Ch. Achelis*, Lehrbuch der Praktischen Theologie, Bd. 2, Leipzig [3]1911, 342.

ligen liberalen Ausrichtung der meisten Praktischen Theologen durchaus pädagogisch reflektiert.

In den ersten Jahrzehnten des 20. Jahrhunderts ist zahlenmäßig ein Höhepunkt des Kindergottesdienstes zu konstatieren[10] – um 1925 feiern sonntäglich etwa 1,2 Millionen Kinder in 16.100 Kindergottesdiensten, betreut von etwa 80.000 Helfer*innen*, ihren Gottesdienst.[11] Nicht selten nehmen Hunderte von Kindern an ihm teil.[12] Allerdings sind damals auch Probleme, besonders die ungelöste lernorttheoretische Frage nach der Abstimmung mit dem schulischen Religionsunterricht, unübersehbar.[13] Versuche, kinderpsychologische (und arbeitsschulpädagogische) Gesichtspunkte für die Gestaltung des Kindergottesdienstes fruchtbar zu machen[14], setzen sich nicht durch.

Die Verkirchlichung der Kindergottesdienstarbeit in Deutschland wird organisatorisch durch die nationalsozialistische Kirchenpolitik abgeschlossen. 1934 werden per Gesetz alle nicht kirchengemeindlichen Aktivitäten der Kinder- und Jugendarbeit in die nazistischen Jugendorganisationen eingegliedert. Der Kindergottesdienst kann nur als Teil der kirchengemeindlichen Arbeit überleben. Dadurch wandelt er sich zu einer regulären Veranstaltung der evangelischen Kirchengemeinden. Zumindest konzeptionell – über die tatsächlich gefeierten Kindergottesdienste erscheinen allgemeine Aussagen auf Grund der Quellenlage nicht möglich – wird er so zu einem Bestandteil des Gemeindegottesdienstes, sein liturgischer Charakter dominiert jetzt. Insgesamt geht an den meisten Orten während des sog. Dritten Reichs die Zahl der Kinder im Kindergottesdienst zurück, aus verständlichen Gründen besonders seit Kriegsbeginn.

2.5 Reformversuche

Nach dem Zusammenbruch am Ende des Zweiten Weltkriegs knüpft man auch im Bereich des Kindergottesdienstes an Ansätze aus den dreißiger Jahren an, hier konkret an das liturgische, auf den sog. Gemeindegottesdienst der Erwachsenen fixierte Kindergottesdienst-Konzept. So formuliert z.B. der Liturgiker *Bruno Jordahn* als Grundsätze:

---

[10] S. die entsprechenden Statistiken bei *C. Berg*, Gottesdienst 204, Anm. 71.

[11] So *J. Schoell*, Kindergottesdienst, in: RGG 3, ²1929, 765–768, hier 766.

[12] S. z.B. *P. Conrad/P. Zaulack* (Hrsg.), Die kleinen Majestäten. Festschrift zum 50-jährigen Jubiläum des deutschen Kindergottesdienstes, Berlin 1913.

[13] S. z.B. *F. Niebergall*, Praktische Theologie. Lehre von der kirchlichen Gemeindeerziehung auf religionswissenschaftlicher Grundlage, Bd. 2, Tübingen 1919, 326f.

[14] So vor allem – inzwischen weithin vergessen – *Dietrich Vorwerk* (s. hierzu den Exkurs bei *C. Berg*, Gottesdienst, 92–96).

- »Die Liturgie des KGD (sc. Kindergottesdienstes, C.G.) darf sich grund-sätzlich nicht von der Form eines Gemeindegottesdienstes unterscheiden.«[15]
- »Die Eliminierung des Pädagogischen aus der Liturgie des KGD schließt die grundsätzliche Verwendung der Katechese, Gruppenbesprechung oder wie man es nennen will, aus und verlangt stattdessen die grundsätzliche Hineinnahme der ›Kinderpredigt‹ in diesen Gottesdienst.« (233)
- »Das Unterrichten und Einüben sollen in nächster Nähe zum KGD selbst stehen und dennoch von ihm geschieden sein. Was die Kinder in der Predigt nicht verstehen, das muß vor der Predigt und vor dem KGD ihnen verständ-lich gemacht werden. Was die Kinder noch nicht singen können, das muß ihnen vor der Liturgie und vor dem KGD eingeübt werden.« (236)

Diese von dem Anliegen der Hinführung der Kinder zum agendarischen Er-wachsenengottesdienst, dem sog. Hauptgottesdienst, geprägte Ausrichtung kommt aber spätestens in den sechziger Jahren an ihre Grenzen. Der unübersehbare Rückgang bei den Besucherzahlen erzwingt eine Reform, in der die – vermuteten – Probleme und Anliegen der Kinder bestimmend werden. Die noch 1964 – im Geiste der Agende 1, also unter bewusstem Absehen von erfahrungswissenschaft-lichen Einsichten – für die Kirchen der VELKD herausgegebene Agende für den Kindergottesdienst kann sich nicht durchsetzen. Die ihr u.a. zu Grunde liegende Intention, durch eine Orientierung an der Liturgie der Stundengebete zum einen den Zusammenhang mit dem Gemeindegottesdienst zu wahren, zum anderen aber der besonderen Herausforderung, die Kinder zu beteiligen, zu entsprechen, über-zeugt nur innerhalb einer binnenliturgischen Logik. Die Bedürfnisse der Kinder werden dadurch nicht erreicht. Demgegenüber setzen jetzt primär (bisweilen sogar exklusiv) elementar- bzw. sozialpädagogisch argumentierende Reformversuche ein.

Besondere Wirkung entfaltet dabei das unter der Leitung von Wolfgang Lon-gardt ausgearbeitete Modelle der Rissener Kindergottesdienstarbeit. Programma-tisch formuliert Longardt 1973 vor allem im Gegenüber zu »traditionellen Kinder-gottesdienst« »Vierzehn Thesen zur Charakteristik der Rissener-Kindergot-tesdienst-Modelle«, die noch heute Beachtung verdienen:

»(1) Die Kinder sollen im Kindergottesdienst das Ja Gottes zu ihrer Existenz erah-nen und zum verantwortlichen Weltentdecken ermutigt und angeleitet werden …

(2) Unser Ziel kann nur dann erreicht werden, wenn ein Kindergottesdienst die-ser Konzeption eingebettet ist in die gesamte Gemeindearbeit, einschließlich Kin-dergarten-, Kinderstuben-, Jungschar- und Elternarbeit …

---

[15] *B. Jordahn*, Zur liturgischen Gestaltung des Kindergottesdienstes, in: MPTh 39/1950, 220–236; 228. Die beiden folgenden in Klammern gesetzten Seitenzahlen beziehen sich auf diesen Aufsatz.

(3) In Überwindung eines traditionellen Kindergottesdienstes, der in der Hauptsache theologische Allgemeinwahrheiten tradierte, versuchen wir, dem Kind vom Evangelium her Hilfe zur Selbstverwirklichung zu geben …

(4) In Überwindung eines traditionellen Kindergottesdienstes, der Vorbereitung und Einführung auf den agendarischen Erwachsenen-Gottesdienst darstellte, versuchen wir, andere vielgestaltige Weisen des Feierns vor dem Altar zu erproben …

(5) In Überwindung eines traditionellen Kindergottesdienstes, der in Anlehnung an den Erwachsenen-Gottesdienst das rezeptive Verhalten der Kinder betonte, versuchen wir, ein ausgewogenes Verhältnis von Produktivität und Rezeptivität im KGD zu verwirklichen …

(6) In Überwindung eines traditionellen Kindergottesdienstes, dessen Geschehen sich hauptsächlich im akustisch-verbalen Bereich abspielte, versuchen wir, mit allen Sinnen zu feiern …

(7) In Überwindung eines traditionellen Kindergottesdienstes, der pädagogische Aspekte allzu oft in den Hintergrund drängte, versuchen wir – da im KGD auch im weitesten Sinne des Wortes gelernt werden soll –, lerntheoretische Erkenntnisse ins Spiel zu bringen …

(8) In Überwindung eines traditionellen Kindergottesdienstes, der jeden Sonntag inhaltlich und thematisch verplant hatte, versuchen wir, auf den Verstehens- und Erlebensrhythmus der Kinder zu achten …

(9) In Überwindung eines traditionellen Kindergottesdienstes, der eine Quantität von 52 biblischen Texten pro Jahr anbot, versuchen wir, thematische Blöcke zu schaffen. – Die Zahl der biblischen Geschichten reduziert sich …

(10) In Überwindung eines traditionellen Kindergottesdienstes, der seine meist jugendlichen Helfer jeden Sonntag vor neue theologische Probleme stellte, die an einem Vorbereitungsabend nicht ausdiskutiert werden können, versuchen wir, Kindern und Helfern durch längeres Verbleiben an einer Thematik mehr Zeit zur Klärung eigener Fragen zu geben …

(11) In Überwindung eines traditionellen Kindergottesdienstes, der seine Hauptaufgabe im Vermitteln der biblischen Geschichte sah, versuchen wir, Alltagssituationen der Kinder mit biblischer Aussage konkret zu verbinden …«[16]

Der religionspädagogische Kontext dieses Programms ist – angeregt durch die Schülerorientierung des thematisch-problemorientierten Religionsunterrichts – die Ausrichtung auf das Kind und dessen Probleme und Fähigkeiten. Es ist vor allem an kreativen Gestaltungsformen interessiert; im Zuge dessen wird teilweise der Sonntagvormittag verlassen; sog. Kinderbibelwochen kommen in den Blick.

---

[16] W. Longardt, Neue Kindergottesdienstformen. Rissener Modelle in Planung und Praxis, Gütersloh ²1974, 32–37. Ein ausgeführtes Reform-Konzept, das von der Lebenssituation der Kinder ausgeht, findet sich in der zehnbändigen Reihe: Comenius Institut (Hrsg.), Kindergottesdienst heute, Bd. 1–10, Münster 1972–1978.

Konkret für den Kindergottesdienst bemüht man sich seit der Mitte der siebziger Jahre vermehrt darum, pädagogische und liturgische Dimension zusammenzuführen. Deutlich tritt dies in den seit 1979 erscheinenden Text-Themenplänen als inhaltlicher Grundlage des Kindergottesdienstes auf EKD-Ebene hervor.[17]

Inzwischen zeigt sich, dass ein Ernstnehmen der Kinder eine stärkere Betonung der rituellen Dimension erfordert. Denn das Wiederkehren symbolischer Kommunikationsformen gewährt den Kindern Sicherheit, die sie umgekehrt in einer zunehmend mobileren und flexibleren Umgebung nur schwer finden. Die liturgische Dimension kommt jetzt also in einer psychologischen, nicht auf die Hinführung zum Erwachsenengottesdienst gerichteten Perspektive in den Blick. Thematisch treten zu biblischen Texten und Themen noch Symbole als Inhalte des Kindergottesdienstes hinzu.

Allerdings gelingt es durch solche Innovationen nicht, die Besucherzahlen auch nur wenigstens zu stabilisieren. Während 1963 durchschnittlich 780.000 Kinder sonntags an einem evangelischen Kindergottesdienst teilnehmen, vermindert sich diese Zahl bis 1989 rapide auf 199.000.[18] Dafür ist nicht nur der demographische Wandel verantwortlich. Vielmehr reduziert sich grundsätzlich der Anteil der Kinder, die den Kindergottesdienst mitfeiern. Finden 1963 noch 32 % aller 5- bis 10-Jährigen den Weg in die Kinderkirche, sind dies 25 Jahre später nur noch 18 % – und wiederum 15 Jahren später etwa 10 %. Damit übertreffen die Kinder zwar immer noch die Erwachsenen bei weitem, doch ist die Reduktion unübersehbar.

Dazu trägt vermutlich ein ganzes Bündel von Ursachen bei: »Wochenendmobilität der Familien in der modernen Freizeitgesellschaft; Alternativen in Medien, Vereinen u.ä.; wachsende Distanz zur Kirche in der Altersstufe junger Eltern ...; liberalerer Erziehungsstil in Familien, der einem Zum-Kindergottesdienst-Schicken entgegensteht; mancherorts größere Distanz zu religiösen Inhalten bei den Erzieherinnen im Kindergarten; abnehmende Attraktivität der Kindergottesdienste auf Grund der geringeren Zahlen bei gleichzeitiger Zunahme von Familiengottesdiensten, die statistisch nicht als Kindergottesdienste gerechnet werden.«[19]

2.6 Grundsätzliche Anfrage

Neben dieser zahlenmäßigen Krise macht *Christian Möller* 1979 noch auf ein grundsätzliches theologisches Problem des Kindergottesdienstes aufmerksam: »War der Gottesdienst ursprünglich als derjenige Ort gedacht, an dem die Gemeinschaft der Generationen vor Gott sich ereignen kann und wo es zu einer Bekehrung der Väter zu den Kindern und der Kinder zu den Vätern kommt, so ist

---

[17] S. hierzu *S. Manow*, Textpläne für Kindergottesdienste in entwicklungspsychologischer und soziologischer Hinsicht, Münster 1997.

[18] *Ch. Grethlein*, Gemeindepädagogik, Berlin 1994, 117.

[19] *Ch. Grethlein*, aaO., 118.

dieser Sinn geradezu ins Gegenteil verkehrt, wenn die gottesdienstliche Versammlung altersspezifisch zerteilt wird ...«[20]

Aus gemeindepädagogischer Sicht bestätigt *Christa Gäbler* diese Kritik: »Dies Nebeneinander verschiedener Generationen mit ihren jeweils ihnen passenden und liebenswert gewordenen Gottesdiensten halte ich für ein Problem. So eine Gemeinde kann keine Lerngemeinschaft sein und der sonntägliche Gottesdienst kann sich als Mitte der Gemeinde nicht erneuern. Die in der Gesellschaft zu beobachtende Trennung von Alt und Jung wird damit in der Gemeinde fortgesetzt und besiegelt.«[21]

Jetzt wird die Einrichtung des Kindergottesdiensts also als ein grundsätzlich theologisches bzw. gemeindepädagogisches Problem verstanden. In ihr spiegelt sich ein gravierender Schaden des sonntäglichen »Gemeindegottesdienstes«, insofern eben ein Teil der Gemeinde, die Kinder, separiert wird.

Zwar führt diese grundsätzliche Anfrage, soweit ich sehen kann, nicht zu einem direkten Wandel der Praxis. Sie ist aber ein wichtiger Hinweis, um gegenwärtige Veränderungen im Kindergottesdienst sowie in seinem Umfeld theologisch und gemeindepädagogisch begreifen zu können. Denn in der Tat werden aus verschiedenen, im Folgenden genannten Gründen z.B. die Grenzen zwischen Kinder- und Familiengottesdienst vielerorts fließend. Kinder und Erwachsene, vor allem ihre Mütter, feiern gemeinsam.

3. Heutige Situation – plurale Ausdifferenzierung und mannigfaltige Herausforderungen

Die heutige Situation ist nur noch ungenau mit dem Begriff »Kindergottesdienst«, geschweige denn mit einem eindeutigen Konzept von diesem zu erfassen. Schon traditionell sind zwei verschiedene Organisationsformen des Kindergottesdienstes zu beobachten: entweder parallel zum Erwachsenengottesdienst oder im Anschluss an diesen. Mittlerweile ist die Situation aber erheblich pluriformer geworden. Der Kindesgottesdienst findet nicht mehr überall am Sonntag statt; auch nicht immer im Wochen-Rhythmus. Mancherorts ist er durch seltenere, aber zeitlich intensivere Formen wie Kinderbibeltage oder -wochen ergänzt bzw. ersetzt worden.

Dazu treten vermehrt Angebote, die noch einmal die »Kinder« differenzieren: etwa in den Kindergottesdienst für Kindergarten-, Vor- und Grundschulkinder sowie andere Feierformen wie die sog. Krabbelgottesdienste für die ganz Kleinen und »Kids-go«, für die älteren »Kids«. In Nordrhein-Westfalen entwickelt sich die vor kurzem eingerichtete sog. »Kontaktstunde«, der Ersatz der bisher üblichen

---

[20] *Ch. Möller*, Bekehrung der Väter zu den Kindern, in: EK 1979, Nr. 12, 34 (vgl. *H.-Ch. Schmidt-Lauber*, Der Kindergottesdienst im Spannungsfeld zwischen Gottesdienst und Pädagogik, in: *Ders.*, Die Zukunft des Gottesdienstes, Stuttgart 1990, 390–394).

[21] *Ch. Gäbler*, Kinder im Gottesdienst. Theorie und Praxis generationenübergreifenden Feierns, Stuttgart 2001, 18.

dritten Religionsstunde in den beiden letzten Klassen der Grundschule, nach dem »Paradigma« des Kindergottesdienstes.[22]

Im Folgenden werden diese Veränderungen genauer in drei Hinsichten analysiert: Grundlegend für den Wandel im Kindergottesdienst bzw. besser im Gottesdienst mit Kindern sind Veränderungen in der Kindheit, die unhintergehbare Herausforderungen an gemeindepädagogisches (und liturgisches) Handeln darstellen. Sodann verdienen die genannten neuen Zeiten besondere Beachtung, weil hierdurch ein grundlegendes liturgisches und zugleich gesamtkulturelles Problemfeld berührt wird. Schließlich ist es wichtig, die Veränderungen im Alter der Teilnehmenden und – hiermit eng zusammenhängend – der Mitarbeiter*innen* näher zu betrachten.

3.1 Grundsätzliche Veränderungen in der Kindheit

Es kann hier nur exemplarisch auf besonders Wichtiges hingewiesen werden; allerdings ergibt sich schon daraus, dass der Kindergottesdienst dadurch vor beträchtlichen Herausforderungen steht, dass er sich primär auf Kinder bezieht.

Grundsätzlich ist zu beachten, dass das Empfangen von Kindern heute nicht mehr selbstverständlich zum Erwachsen-Sein dazugehört. Die Zahl der Menschen in Deutschland nimmt zu, die im Laufe ihres Lebens nicht Eltern werden; gleichzeitig geht die Zahl der Kinder deutlich zurück, nicht zuletzt auch deshalb, weil Paare, wenn überhaupt, weniger Kinder bekommen als noch vor einigen Jahrzehnten. Pointiert formuliert: Kinder »wachsen in einer Gesellschaft auf, in der sich viele gegen Kinder entscheiden, eine Gesellschaft, die überaltert ist ...«[23] Gottesdienst mit Kindern impliziert so eine kontrakulturelle Tendenz, indem eben Kindern bewusst ein Platz eingeräumt wird.

Der eben skizzierten Situation entspricht, dass kleine Kinder bekanntlich die Bevölkerungsgruppe bilden, die am häufigsten finanziell von öffentlicher Fürsorge abhängig ist. Verarmung ist in Deutschland eher das Schicksal von Kindern als etwa von alten Menschen. Von daher steht der Kindergottesdienst zunehmend vor einer diakonischen Aufgabe.

Auch die Bedingungen des Aufwachsens haben sich geändert – wie bereits die eingangs skizzierten Fallbeispiele zeigen. *Friedrich Schweitzer* fasst entsprechende Befunde zusammen: »Die Kindheit ist nicht mehr die vergleichsweise ruhige Zeit der Stabilität, die im Rahmen einer verlässlichen, auf Dauer angelegten Familie zu erfahren und zu genießen wäre. Die Veränderungen der Familie haben die Kindheit statt dessen zu einer Zeit mit zahlreichen Übergängen und neuen Belas-

---

[22] So *B. Schröder*, Evangelische Kontaktstunde an Grundschulen. Modell gelingender Nachbarschaft von Schule und Gemeinde, Neukirchen-Vluyn 2003, 111; ausführlich werden die empirischen Befunde dargestellt auf den S. 101–109.

[23] Handreichung Kindergottesdienst, 6.

tungen, die schon früh und immer neu eintreten, werden lassen.«[24] In vielfältiger Weise machen Kinder Erfahrungen, die letztlich darauf hinauslaufen, dass Nichts wirklich gewiss ist: etwa die Trennung der eigenen Eltern (oder der der besten Freundin usw.); heterogene Umgangsformen an verschiedenen Orten, an denen sich Kinder aufhalten (Stichwort: Verinselung der Kindheit).

Dies trifft auch für Religion und ihre Praxis zu. Nicht selten haben die Eltern divergente Anschauungen; religiös homogene Milieus sind kaum mehr anzutreffen. Verfrühte Pluralismuserfahrung kann Kinder verunsichern. Angesichts dessen kommt dem Kindergottesdienst verstärkt auch eine sozialpsychologische Aufgabe zu, die zugleich theologisch grundlegend ist: das Gewähren von Gewissheits-Erfahrungen. Wiederkehrende ritualisierte Abläufe im Gottesdienste sind hier ebenso wichtig wie die Konstanz der betreuenden Bezugspersonen.

Die technische Umgebung, in denen Kinder heute aufwachsen, erleichtert ihnen zum einen Vieles, zum anderen erschwert sie eigene Erkundungen und Entdeckungen, da sie sich in ihrer elektronischen Komplexität für Kinder einsehbarem Hantieren entzieht. Umgekehrt sind eigene Erfahrungen und sinnlich vermittelte Erschließungen grundlegend für die Entwicklung von Produktivität und Kreativität. Insofern es in christlicher Religion wesentlich auch um Horizonterweiterung und kreativen Umgang mit Wirklichkeit geht, ergeben sich neue Herausforderungen für christliche Bildung. Die in der Bibel zusammengefassten Ursprungsgeschichten verdanken sich vor allem personalen Begegnungen in einer agrarisch dominierten Kultur. Dadurch setzen sie Erfahrungen im Umgang mit Welt voraus – etwa den Zusammenhang von Säen und Ernten –, die unter den heutigen Lebensbedingungen der meisten Kinder der besonderen Inszenierung bedürfen. Kreative Methoden im Sinne der Ermöglichung von Selbst-Tätig-Sein und daraus sich ergebenden Entdeckungen sind also im Kindergottesdienst nicht nur fakultative Verzierungen, sondern pädagogisch wichtige Beiträge zum Aufwachsen von kreativen und produktiven Kindern und später Erwachsenen. Gemeindepädagogisch eröffnen sie einen wichtigen Horizont für das Verstehen des Evangeliums.

3.2 Zeit

Zwar findet die Mehrheit der heutigen Kindergottesdienste am Sonntagvormittag statt. Doch wächst die Zahl der Gottesdienste mit Kindern zu anderen Zeiten.[25] Dabei gibt offenkundig nicht mehr der Sonntag, sondern die seit etwa vierzig Jahren den gesellschaftlichen Rhythmus prägende Zeiteinheit des Wochenendes

---

[24] *F. Schweitzer*, Postmoderner Lebenszyklus und Religion. Eine Herausforderung für Kirche und Theologie, Gütersloh 2003, 167.

[25] Die Entwicklung verläuft regional unterschiedlich und ist noch nicht zusammenhängend dokumentiert. Einige diesbezügliche Umfrageergebnisse wertet aus: *Ch. Grethlein*, Grundfragen der Liturgik. Ein Studienbuch zur zeitgemäßen Gottesdienstgestaltung, Gütersloh 2001, 289, Anm. 86.

den Rahmen ab. Vor allem am Samstagvormittag, aber auch am Freitagnachmittag treffen sich Kinder zu ihrer liturgischen Feier. Eltern schätzen den Samstagvormittag, vor allem wenn dann – etwa im Monats-Rhythmus – das Treffen auch zwei oder mehr Stunden umfasst. Dann können sie die Wochenendbesorgungen erledigen und wissen ihre Kinder gut aufgehoben.

Soweit ich sehen kann, sind der terminliche Wechsel weg vom Sonntag und auch die Verlängerung der Intervalle über den Wochen-Rhythmus hinaus immer eine Konzession an das Teilnahmeverhalten der Kinder. Sie stehen im Widerspruch zur in den letzten Jahren nachdrücklich von den beiden großen Kirchen geforderten Sonntagsheiligung. Doch sind die Freizeitgewohnheiten auch junger Familien zunehmend am »Wochenende« und nicht am »Sonntag« orientiert. Der Sonntagvormittag dient mittlerweile vor allem der Erholung (»Ausschlafen«).[26] In Familien ist er oft die wichtigste Zeit für ein gemütliches Zusammensein ohne anderweitige Verpflichtungen; verschärft tritt dies zu Tage, wenn einer der Eltern Wochenpendler ist. So stehen zunehmend Kirchengemeinden vor der Alternative, entweder bei Beibehalten des Sonntagstermins im wöchentlichen Rhythmus ganz auf einen Kindergottesdienst zu verzichten oder sich zeitlich neu zu orientieren.

Die Abkehr vom wöchentlichen Rhythmus entspricht der auch anderweitig zu beobachtenden Zurückhaltung gegenüber Regelmäßigkeiten in einem engen Zeittakt. Konkret haben die Kinder mittlerweile das schon länger bei den Erwachsenen zu beobachtende Verhalten des unregelmäßigen Kirchgangs angenommen. Je nach eigenen Bedürfnissen und eigener Logik wird nicht selten spontan entschieden, was gemacht wird. Das wirft grundlegende Probleme auf, insofern die für heutige Kinder – wie gezeigt – wichtige Verlässlichkeit der rituellen Kommunikation eine gewisse Vertrautheit erfordert und damit Übung voraussetzt. Umgekehrt ist zu beobachten, dass Zusammenkünfte in größeren Zeitintervallen oft zeitlich und erlebnismäßig intensiver sind.

In der Evangelischen Kirche im Rheinland, einer traditionell stark für den Kindergottesdienst engagierten Landeskirche, werden z.B. gegenwärtig etwa 25% der Kindergottesdienste im Monats-Rhythmus gefeiert. *Rüdiger Maschwitz* beobachtet hier: »Der monatlich stattfindende Kindergottesdienst hat seinen eigenen Charakter und dauert oft zwei bis zweieinhalb Stunden. Die längere Zeit ermöglicht eine intensive Eingangsphase durch ein gemeinsames Frühstück und liturgische Besonderheiten. Hinzu kommt eine wesentlich längere Gruppenphase, in der sowohl religionspädagogisch als auch im Feiern ein biblischer Text entwickelt werden kann. So ist ein Bezug des Textes und seiner Inhalte auf die Erfahrungswelt der Kinder leichter darzustellen.« Insgesamt gilt: »Der monatliche Kindergottesdienst hat einen wesentlich höheren Eventcharakter als der wöchentliche.«[27]

---

[26] S. die Zusammenstellung diesbezüglicher empirischer Daten, aaO., 272f.

[27] *R. Maschwitz*, Niemals nebenher. Kindergottesdienst im Wandel: Wo Hauptamtliche fehlen, fehlen bald auch Ehrenamtliche, in: Zeitzeichen 2006, H. 5, 47–49, 47.

Dabei ist dann der Übergang zu anderen Veranstaltungsformen wie Kinderbibeltagen fließend. Nicht selten wurde in Gemeinden, in denen der sonntägliche Kindergottesdienst im Wochen-Rhythmus wegen mangelnder Beteiligung nicht mehr aufrecht erhalten werden konnte, festgestellt, dass seltenere, aber zeitlich längere Veranstaltungen erheblich stärker nachgefragt werden.

Wichtig ist in diesem Zusammenhang das Problem der kleinen Zahl im Kindergottesdienst. 2003 ergab eine Zählung an Invokavit: 166.655 Kinder feierten in 9.232 Gottesdiensten. Daraus ergibt sich eine durchschnittliche Frequenz von 18 Kindern pro Kindergottesdienst. Damit ist vielerorts eine kritische Grenze erreicht. Maschwitz empfiehlt aus Erfahrung[28], dass ein wöchentlicher Kindergottesdienst in Gemeinden, die unter 200 Kinder in dem entsprechenden Alter haben, nicht sinnvoll ist. Potenziell sind nämlich etwa zehn Prozent an der Feier des Kindergottesdienstes so interessiert, dass sie in die Kinderkirche kommen. Da dies aber meist nicht im Wochen-Rhythmus geschieht, kann bei der genannten Zahl mit fünf bis fünfzehn Kindern gerechnet werden. Bei geringeren Kinderzahlen kommt es dagegen zu Enttäuschungen, und zwar sowohl bei den Mitarbeitenden wie bei den Kindern.

3.3 Teilnehmende

Schließlich sind erhebliche Veränderungen bei den Kindern zu beobachten, die zum Kindergottesdienst kommen. Generell gilt: Sie werden jünger. Zunehmend wollen Vorschulkinder mitfeiern. Ältere Kinder, die nicht mehr die Grundschule besuchen, sind die große Ausnahme.

Dem entspricht die Veränderung bei den Mitarbeitenden. Bis in die achtziger Jahre hinein gilt die Arbeit mit den Mitarbeiter*innen* im Kindergottesdienst als eine besondere Form der Jugendarbeit. *Friedrich-Wilhelm Bargheer* spricht sogar für die fünfziger und sechziger Jahre von einer »Art kirchengemeindlicher ›Elite‹, mit Ausstrahlung auf die übrige Gemeindepraxis … sowie auf die Berufswahl im pädagogischen oder kirchlichen Feld.«[29] Mittlerweile sind die Mütter, also erwachsene Frauen, in der Mehrzahl. Im Rheinland z.B. sind gegenwärtig »75 Prozent der Mitarbeitenden Erwachsene, nur noch ein Viertel sind Jugendliche«.[30] Bei den Erwachsenen sind dann 97 % weiblich, bei den Jugendlichen »nur« etwa 75 %.

Diese Entwicklung dürfte mit dem Jünger-Werden der Kindergottesdienst-Kinder zusammenhängen. Kinder im Vorschulalter sind noch enger an ihre Mütter gebunden. Wie das eingangs genannte Fallbeispiel der Pia G. zeigt, muss nicht selten getröstet werden, was Jugendliche schnell überfordert. Dadurch ergibt sich dann für die konkrete Feier eine neue Konstellation. Die Mütter feiern mit ihren Kindern Gottesdienst – der Übergang zum Familiengottesdienst ist fließend.

---

[28] *R. Maschwitz*, aaO., 48.
[29] *F.-W. Bargheer*, Kinder, 158.
[30] *F.-W. Bargheer*, aaO., 49.

Außerdem weist Maschwitz darauf hin, dass in manchen Gemeinden sich zunehmend die Pfarrer/innen aus dem Kindergottesdienst zurückziehen. Er resümiert: »Fast immer ist dieser Rückzug persönlich motiviert, oft nicht oder oberflächlich begründet ...«[31] Der in der EKD-Synode 1994 geforderte Perspektivenwechsel[32], nämlich Gemeindearbeit in der Perspektive von Kindern wahrzunehmen, hat sich insgesamt nicht durchsetzen können.

Schließlich beginnt manchenorts ein Prozess organisatorischer Ausdifferenzierung:

Auf der einen Seite entstehen kurze liturgische Feiern mit Kindern bis etwa vier Jahren, teilweise »Krabbelgottesdienste« genannt.[33] Hier liegt ein großer Teil der Verantwortung bei den Eltern, die ihre Kinder am besten kennen.[34] Es ist wichtig, den Kleinen Bewegungsfreiheit zu lassen. Dazu besteht ein enger Konnex mit der Familie. Es wird deshalb empfohlen, in jeder Feier – etwa in Form eines Liedes oder Gebets oder Bildes – etwas für den Alltag in der Familie mitzugeben. In der Begründung solcher Gottesdienste wird oft auf die Verantwortung verwiesen, die die Kirche mit der Taufe kleiner Kinder auf sich nimmt. Entsprechend dem Prozesscharakter der Taufe geht es hier um eine Taufbegleitung. Dazu wird das Stichwort der Lerngemeinschaft im Sinne der ökumenischen Bewegung aufgenommen.[35]

Auf der anderen Seite werden liturgische Formen für etwa ältere Kinder, also ab etwa zehn Jahren entworfen, sog. Kids-Go.[36] Hier spielen rhythmische Lieder, gemischt mit Discotanz, eine wichtige Rolle. Auch kommt dem Event-Charakter für diese Altersgruppe größere Bedeutung zu. Als attraktiv werden z.B. Ortsveränderungen erlebt.

4. Gottesdienste mit Kindern als gemeindepädagogische Aufgabe

»Gottesdienst-Feiern« und »Lernen« stehen für unterschiedliche Kommunikationsformen, die immer wieder – auch in der Geschichte des Kindergottesdienstes – einander entgegengesetzt werden. Dabei werden aber regelmäßig sowohl ein wenig biblisches kultisches Gottesdienstverständnis sowie ein mit den Einsichten

---

[31] Ebd.

[32] Die Ergebnisse der Synode sind publiziert in: *Kirchenamt der EKD* (Hrsg.), Aufwachsen in schwieriger Zeit. Kinder in Gemeinde und Gesellschaft, Gütersloh 1995.

[33] S. auch zum Folgenden *G. Martin*, Die Kinder bringen es an den Tag, in: *A. Grüßhaber/G. Martin* (Hrsg.), Willkommen in unserer Kirche. Handbuch für Gottesdienste mit Kleinkindern von 0–4 Jahren, Stuttgart 1995, 12–23, 22.

[34] S. z.B. *W. Reinbold*, Krabbelgottesdienst. Erfahrungen, Probleme, Perspektiven, in: PTh 91/2002, 12–25.

[35] *G. Martin*, Gottesdienst mit Kleinkindern – Einübung in »Lerngemeinschaft«, in: *A. Grüßhaber/G. Martin* (Hrsg.), Willkommen in unserer Kirche, 39–53.

[36] S. z.B. *E. Ehmann*, Vom Ki-Go zum Kids-Go, in: *J. Blohm/U. Walter* (Hrsg.), Ich will mitten unter euch wohnen, Stuttgart 1998, 132–134.

der Pädagogik nicht vereinbares direktives Lernverständnis vorausgesetzt. Vielmehr ist der Kindergottesdienst bzw. besser: der Gottesdienst mit Kindern eine Sozialform, zu der beide Zugänge gehören, der liturgische und der pädagogische.

Nach dieser Klärung ist es gemeindepädagogisch unerlässlich – und in den konzeptionellen Überlegungen zum Kindergottesdienst von Anfang an gefordert – lernorttheoretisch diese Feierform genauer zu bestimmen. Denn Kinder begegnen christlicher Praxis an unterschiedlichen Orten, teils intentional religionspädagogisch inszeniert, teils lebensweltlich gleichsam im Vorübergehen.

Eine solche lernorttheoretische Bestimmung verstärkt konzeptionell die sich vielerorts abzeichnende und auch – wie der Einwurf C. Möllers zeigt – theologisch begründbare Entwicklung vom Kindergottesdienst zum Gottesdienst mit Kindern. Sie birgt grundsätzliche Chancen für die notwendige Reform von Gottesdienst und Gemeinde.

Abschließend soll dann vom gemeindepädagogischen Konzept des generationenübergreifenden Lernens her auf didaktisch-methodische Anforderungen für solche Gottesdienste mit Kindern aufmerksam gemacht werden.

4.1 Gottesdienst – Feiern und Lernen

Gottesdienst und Erziehung gehören gemeinsam konstitutiv zum Verständnis des Christseins. Christen treten in konzentrierter, also gottesdienstlicher Form in Kontakt zu Gott; sie sind entsprechend dem besonderen christlichen, in seinem geschichtlichen Handeln begründeten Verständnis von Gott auf Lernprozesse angewiesen.

Dabei ist es wichtig, sich zu vergewissern, dass anfangs die Christen sich kritisch von einem kultischen Verständnis der Gottesverehrung abgrenzten, wie es in der Antike weithin üblich war.[37] Schon die Tatsache, dass sie für ihre Zusammenkunft nichtkultische Begriffe wie »Zusammenkunft« oder »Liturgie« (ursprünglich eine Abgabe im Sinne des Gemeinwohles) heranzogen und kultische wie »Priester« vermieden, macht darauf aufmerksam. Die von alttestamentlichen Propheten überlieferte, sozial begründete Kultkritik wird von Jesus direkt aufgenommen (Mt 9,13; 12,7 zitiert z.B. Hos 6,6). Paulus fasst dann im Begriff des »vernünftigen Gottesdienstes« (Röm 12,1f.: logike latreia) diesen untrennbaren Zusammenhang von Ritual und Ethos zusammen.

Dazu ist – wie der Begriff »Jünger« (wörtlich: Schüler) zeigt – das Christsein von Anfang an nur in erzieherischer Begrifflichkeit angemessen zu formulieren. Allerdings handelt es sich beim »Jünger-« bzw. »Schüler-Sein« nicht um segmentierte kognitive Operationen, sondern um ein das ganze Leben umfassendes Verhältnis zu Christus als dem Lebenslehrer. Von daher sind die mittlerweile bildungstheoretisch ausgearbeiteten Konzeptionen lebenslangen Lernens gut anschlussfähig an ein personenbezogenes Verständnis von christlichem Glauben.

---

[37] S. zum Folgenden ausführlicher *Ch. Grethlein*, Grundfragen, 57f.

Wahrscheinlich am eindrücklichsten tritt dieser unauflösbare Zusammenhang von Gottesdienst und Lernen im altkirchlichen Taufkatechumenat zu Tage. Hier wird deutlich, dass zum Christwerden ein Lernen gehört, das sich am günstigsten im Rahmen liturgischer Feiern vollzieht. Dass damit keine im Stundentakt absolvierten Veranstaltungen, sondern den Menschen in seinen unterschiedlichen Rezeptions- und Ausdrucksformen umfassende Kommunikationsformen gemeint sind, zeigt schon ein flüchtiger Blick in Dokumente wie den Bericht zu Taufkatechumenat und -ritual in der Hippolyt zugeschriebenen Traditio Apostolica.[38] Menschen werden hier durch vielfältige Formen der symbolischen und alle Sinne integrierenden Kommunikation in das Christsein und damit die christliche Gemeinde initiiert. Das Hören des Wortes gehört dazu ebenso wie gemeinsames Wachen und Fasten.

Eine Gemeindepädagogik, die sich gleichermaßen der biblisch begründeten christlichen Tradition und den Einsichten der heutigen Pädagogik und Didaktik verpflichtet weiß, ist vordringlich an biografiebezogenen Aneignungsprozessen und an der die menschlichen Sinne und Ausdrucksformen umfassenden Kommunikation des Evangeliums interessiert. Von daher kommt dem Gottesdienst als einer sich wesentlich symbolisch vollziehenden Form der Kommunikation gemeindepädagogisch große Bedeutung zu – im Hinblick auf Kinder eben dem Gottesdienst mit Kindern.

Die ursprünglich auf die gemeinsame Bildung von Menschen mit und ohne besonderem Förderungsbedarf gerichtete, mittlerweile auf den erzieherischen Umgang mit Differenzen erweiterte Integrationspädagogik stellt einen auch für Gottesdienste mit Kindern brauchbaren konzeptionellen Rahmen bereit. Denn hier begegnen sich Menschen mit unterschiedlichen Fähigkeiten und Bedürftigkeiten, deren Lernprozesse sich gewinnbringend gemeinsam, eventuell in bestimmten Phasen auch binnendifferenziert vollziehen.

4.2 Lernorttheoretische Bestimmung des Gottesdienstes mit Kindern

Schon der kurze Blick in die Geschichte zeigt, dass die spezifischen schulischen und kirchlichen Verhältnissen eine Transformation der Impulse durch die Sunday School notwendig machten. Die sozialdiakonische Ausrichtung in England reagierte auf Missstände im Umfeld der Industrialisierung (Kinderarbeit), in den USA trat bei fehlendem schulischen Religionsunterricht die Notwendigkeit des Lernens im kognitiven Sinn in den Vordergrund.

In Deutschland dagegen ist von Anfang an der Kindergottesdienst gegenüber dem Religionsunterricht zu profilieren und sein Verhältnis zum sonstigen Gemeindegottesdienst und auch zur Familie zu bestimmen. Eine solche lernorttheoretische Reflexion eröffnet den Blick für die besonderen Stärken des Gottesdienstes mit Kindern und ist damit zugleich handlungsorientierend.

---

[38] Eine gute Einführung aus zeichentheoretischer Perspektive gibt *R. Roosen*, Taufe lebendig, Taufsymbolik neu verstehen, Hannover 1990.

Durch die kreativen Methoden in der Grundschuldidaktik und die offenkundig wieder zunehmende Praxis von liturgischen Feiern im Sozialraum der Schule (vor allem bei Einschulung und Entlassung) sind früher übliche Distinktionen zumindest zu relativieren. Immer noch gilt aber, dass der schulische Unterricht und damit auch der Religionsunterricht besondere Möglichkeiten durch die Regelmäßigkeit und das qualifizierte Lehrpersonal haben. Besonders sequentielle Lernprozesse, wie der Aufbau bestimmter Begriffe, können hier gut durchgeführt werden.[39]

Zugleich ist Schule ein Sozialraum, der durch seine verschiedenen Funktionen wie Allokation und Selektion für manche Kinder belastet ist. Auch ist die Zuordnung von weitgehend gleichaltrigen Kindern und einer/m Erwachsenen eine ungewöhnliche, asymmetrische Kommunikationssituation. Eine Klasse ist – distanziert formuliert – eine Zwangsgemeinschaft; es besteht Schulpflicht. Auch die Klassenzimmer und Schulgebäude spiegeln nicht selten etwas davon wider.

Demgegenüber ist der Gottesdienst mit Kindern – nachdem früher in manchen Gegenden Formen der Sozialkontrolle fehlen – eine freiwillige Zusammenkunft. Durch den Kirchenraum, wenn dort gefeiert wird, eröffnet er attraktive Wahrnehmungs- und Bewegungsmöglichkeiten. Nicht von ungefähr hat der Kindergottesdienst schnell Impulse der Kirchraum-Pädagogik aufgenommen. Die Betreuung der Kinder durch eben nicht professionelles pädagogisches Personal eröffnet Möglichkeiten zu symmetrischer Kommunikation. Wenn Kinder mit der Mitarbeiterin ihrer Gruppe z.B. gemeinsam zum Gottesdienst und danach wieder nach Hause gehen, ergibt sich eine ganze andere Beziehung als zu einer Klassenlehrerin. Sozialpsychologisch begegnet in einer solchen Kommunikationsstruktur eine »culture of embeddedness«[40], ein pädagogisch hohes Gut.

Allerdings erleben die Kinder in ihren Herkunftsfamilien – meistens – eine größere emotionale Geborgenheit. Doch wird diese in der Regel für sie in ihrem religiös-christlichen Gehalt nicht kommunikativ erschlossen. Gerade bei kleineren Kindern ist es deshalb zu begrüßen, wenn ihre Mütter (und – was leider selten der Fall ist – Väter) den Gottesdienst mitfeiern. Ein Lied oder eine Geste in der Feier können wichtige Impulse für die Familie geben, die deren Alltag bereichern.

Zugleich ist an die Kinder zu denken, denen die Familie keinen oder kaum Rückhalt gibt – weil die Eltern sich gerade trennen, ein Alkoholproblem besteht, finanzielle Sorgen alles überlagern usw. Hier bekommt die am Beginn der englischen Sunday School stehende, sozialdiakonische Ausrichtung neue Bedeutung. Von daher ist es wichtig, dass die erwachsenen (bzw. jugendlichen) Mitarbeiter*innen* zuverlässig agieren, bis hin zu möglichst regelmäßiger Anwesenheit in jedem

---

[39] S. exemplarisch *H. Hanisch/S. Hoppe-Graff*, »Ganz normal und trotzdem König«. Jesus Christus im Religions- und Ethikunterricht, Stuttgart 2002.

[40] *F.-W. Bargheer*, Was Menschen-Leben hält und trägt. Kirchliche Gemeindepraxis (und andere Lebens-Praxen) im Licht von Robert Kegans Konzept der Haltenden Kultur, Hamburg 1997.

Gottesdienst. Die ästhetisch ansprechende Ausgestaltung des liturgischen Raums bekommt noch eine besondere Bedeutung. Er kann ein Schutzraum für vernachlässigte Kinder werden.

Lernorttheoretisch ist die Entwicklung des Kindergottesdienstes zum Gottesdienst mit Kindern nachdrücklich zu begrüßen. Alles, was schulförmig erscheint – vom 45-Minuten-Takt über einen kaum als liturgischen Raum identifizierbaren Gruppenraum im Gemeindehaus bis hin zur Altershomogenität der (heute meist kleinen) Gruppen – ist gemeindepädagogisch kritisch zu hinterfragen. Dagegen steht die Chance der besonderen Atmosphäre eines Kirchenraums und der gemeinsamen generationenübergreifenden Feier. Die längere Zeitdauer von nicht mehr im Wochen-Rhythmus stattfindenden Zusammenkünften verstärkt diese gemeindepädagogische Profilierung.

4.3 Gottesdienste mit Kindern in ihrem gemeindepädagogischen Innovationspotenzial

Die Tatsache, dass sich die Gottesdienste mit Kindern zunehmend von der Ausrichtung auf den Erwachsenengottesdienst lösen und im Hinblick auf Zeit und Feierform Eigenständigkeit zeigen, ist nicht nur als problematischer Tribut an veränderte Lebensgewohnheiten zu verstehen. Vielmehr bergen diese Veränderungen grundlegendes Innovationspotenzial für die Gemeinden. So sind z.B. beim Studium der – in wichtigen Passagen zitierten – 14 Thesen zur Rissener Kindergottesdienstarbeit unschwer Impulse zu finden, die dann später im Evangelischen Gottesdienstbuch für den evangelischen Gottesdienst überhaupt aufgenommen werden: die Bedeutung der Teilnahme, des Zusammenhangs von Gottesdienst mit sonstigen Formen der Gemeindearbeit und die Forderung der Feier mit allen Sinnen.

Dazu kommt, dass sich die für den Gottesdienst mit Kindern Verantwortlichen sehr viel direkter mit den Veränderungen im Zeittakt gegenwärtiger Gesellschaft auseinandersetzen müssen. Neue Gottesdienst-Termine auch außerhalb des Sonntags eröffnen neue zeitliche Möglichkeiten. Es wird interessant sein zu verfolgen, wie sich die liturgische Partizipation bei Menschen entwickelt, die als Kinder vornehmlich im Rahmen von mehreren Stunden umfassenden Zusammenkünften gefeiert haben. Vielleicht wird bei ihnen tatsächlich Gottesdienst zum Mittelpunkt ihres Christseins – aber eben nicht die einstündige Versammlung vorwiegend älterer Menschen am Sonntagmorgen. Veränderungen im Bereich der Konfirmandenzeit, am deutlichsten im Projekt der Konfi-Camps sichtbar[41], weisen in eine ähnliche Richtung.

Allerdings können solche Impulse nur aufgenommen werden, wenn in den Ortsgemeinden und Kirchenkreisen wieder die von Anfang an bestehende Pluralität der liturgischen Feierformen ins Bewusstsein kommt und von daher entspre-

---

[41] S. z.B. *G. Graßmann/Th. Zugehör,* Buon giorno, KonfiCamp! Glaubenswerkstatt unter freiem Himmel. Erfahrungen und Anleitungen, Augsburg 2001.

chend der unübersehbaren Veränderungen in liturgischer Partizipation bei den Kindern bisherige Gottesdienstformen transformiert werden. Dabei dürfte der veränderte Zeittakt und die kreativen Kommunikationsformen eine wichtige Rolle spielen.

Das gemeindepädagogische Prinzip des generationenübergreifenden Lernens könnte einen guten Rahmen für solche Veränderungen abgeben. Die altkirchliche Erfahrung mit der besonderen Nähe von Kindern zum Evangelium enthält in einer zunehmend ästhetisch bewussten Kultur neue Relevanz. Kleinere Kinder nehmen in einer Intensität wahr und drücken sich in einer alle Sinne umfassenden Weise unverstellt aus, die den meisten Erwachsenen verschlossen ist. Vielleicht könnte man sogar – in Anlehnung an die paulinische Charismenlehre – von einem besonderen Charisma sprechen. Die Steifheit und Erstarrtheit nicht weniger sog. Erwachsenengottesdienste zeigt deutlich den Verlust, wenn Kinder grundsätzlich vom Gottesdienst separiert werden.

Von daher verdient also die Öffnung des Kindergottesdienstes zu einem Gottesdienst mit Kindern Unterstützung – sei es, dass konkret der Mangel an Kindern, theologische Überlegungen oder die Mitfeier von Müttern bzw. Eltern Anlass dafür sind. Dadurch kommen auch neue gemeindepädagogische Aufgaben in den Blick. War bisher der Kindergottesdienst ein Ort, an dem Kinder getauft werden, so stellt sich bei Gottesdiensten mit Kindern die Frage nach der Feier des Abendmahls. Dabei hat weniger die kognitive Belehrung als die atmosphärische und klare symbolische Gestaltung Bedeutung. Nehmen kleinere Kinder an der Mahlfeier teil, so kann diese nicht in kultischer Verkrustung etwa mit Oblaten als Symbolen von Symbolen gefeiert werden. Vielmehr gilt es den Anschluss an die Mahlpraxis in den Familien zu gewinnen bzw. für diese Impulse zu geben.

Schließlich enthält das für die Gottesdienste mit Kindern charakteristische Ineinander von Feiern und Lernen einen Impuls für die Erwachsenenbildung. In Seminarform, Vorträgen u.Ä. hat sich vielerorts eine Lernform etabliert, deren christliches Spezifikum oft nur für theoretisch Interessierte zu entdecken ist. Lernen im christlichen Sinn ist aber – wie am Kindergottesdienst studiert werden kann – untrennbar mit der rituellen Kommunikation mit Gott verbunden.

Literatur

Adam, Gottfried, Kindergottesdienst, in: *Adam*. Gottfried/*Lachmann*, Rainer (Hrsg.), Gemeindepädagogisches Kompendium, Göttingen 1987, 279–313.

Bargheer, Friedrich-Wilhelm, Kinder und Gottesdienst, in: *Grethlein*, Christian/*Ruddat*, Günter (Hrsg.), Liturgisches Kompendium, Göttingen 2003, 153–175.

Berg, Carsten, Gottesdienst mit Kindern. Von der Sonntagsschule zum Kindergottesdienst, Gütersloh 1987.

Brügge-Lauterjung, Birgit/*Maschwitz*, Rüdiger/*Schoch*, Martin (Hrsg.), Handbuch Kirche mit Kindern, Leinenfeld-Echterdingen 2005.

Grethlein, Christian, Gemeindepädagogik, Berlin 1994, 109–136.

Maschwitz, Rüdiger, Niemals nebenher. Kindergottesdienst im Wandel: Wo Hauptamtliche fehlen, fehlen bald auch Ehrenamtliche, in: Zeitzeichen 2006, H. 5, 47–49.

Walter, Ulrich, Kinder erleben Kirche. Werkbuch Kindergottesdienst, Gütersloh 1999.

11. Martin Steinhäuser
Christenlehre in gemeindepädagogischer Perspektive

Kirchliche Arbeit mit Kindern zwischen sechs und zwölf Jahren steht zu gemeindepädagogischer Theorie und Praxis in einem *wechselseitigen Verhältnis*. In der einen Richtung lässt sich dieses Verhältnis im Sinne der *sektoralen Differenzierung* fassen. Arbeit mit Kindern erscheint dann als eine Konkretion gemeindepädagogischer Prinzipien[1], die in bestimmten Veranstaltungen an bestimmten Orten didaktische Gestalt gewinnt. In der anderen Richtung wird deutlich, dass die kirchliche Arbeit in diesem »Sektor« maßgeblich zur Konstitution der Gemeindepädagogik als Handlungsfeld- und Berufstheorie sowie als wissenschaftlicher Disziplin beigetragen hat und bis heute beiträgt.[2]

Dieses wechselseitige Verhältnis gilt prinzipiell, lässt sich aber aufgrund der historischen Entwicklung besonders deutlich in den *ostdeutschen* evangelischen Landeskirchen studieren. Dort sorgten die gesellschaftlich-politischen Rahmenbedingungen in der Zeit zwischen 1945 und 1990 für die Ausformung einer flächendeckenden Praxis und Theorie von Arbeit mit Kindern im Vorkonfirmandenalter, die den älteren Namen »Christenlehre« aufgriff und die – in veränderten Formen – bis heute Bestand hat. Aus dieser Tradition kamen in der damaligen DDR maßgebliche Impulse für die Entstehung und Verbreitung des Begriffes »Gemeindepädagogik« in den 1970er Jahren. In den Gemeinden der westdeutschen Landeskirchen ist diese spezifische Form kontinuierlicher inhaltlicher Arbeit mit Kindern kaum vorhanden, ja sogar weithin unbekannt. Gegenwärtig, und wohl auch in der absehbaren Zukunft, hat man es also hinsichtlich des eingangs benannten wechselseitigen Verhältnisses von Arbeit mit Kindern und Gemeindepädagogik in Deutschland mit zwei unterschiedlichen Realitäten zu tun.

In einem allgemeineren Sinne muss freilich auch betont werden, dass die traditionelle Kopplung von Arbeit mit Kindern (und Jugendlichen) und Gemeindepädagogik ebenso in der gemeindlichen und beruflichen Praxis der westdeutschen Landeskirchen virulent ist. Dies wird zum Beispiel an der Unermüdlichkeit deutlich, mit der sich gemeindepädagogische Theoretiker und Praktiker in Ost wie West gegen ein reduktives Verständnis von Gemeindepädagogik auf die Arbeit

---

[1] Vgl. z.B. *E. Schwerin,* Gemeindepädagogische Konkretionen und Perspektiven kirchlicher Arbeit mit Kindern, in: *Comenius-Institut* (Hrsg.), Christenlehre in veränderter Situation. Arbeit mit Kindern in den Kirchen Ostdeutschlands. Materialien und Berichte, Münster 1992, 13–20 (mit speziellem Blick auf die Umbruchssituation in der Christenlehre nach 1990).

[2] S. oben *G. Adam/R. Lachmann,* Was ist Religionspädagogik?, Teil 2.2 und 2.3.

mit Kindern und Jugendlichen zur Wehr setzen müssen, und demgegenüber die Berücksichtigung der Vielfalt von Altersgruppen, Milieus und dimensionalen Perspektiven der Gemeindepädagogik einfordern.

Der folgende Beitrag stellt das Beispiel »Christenlehre« in den Zusammenhang des eingangs genannten wechselseitigen Verhältnisses. Dazu skizzieren wir zunächst die aktuelle Situation (1.) und führen anschließend in ihre pädagogisch-theologischen Begründungszusammenhänge ein (2.). Abschließend fragen wir nach weiterführenden gemeindepädagogischen Perspektiven für die Arbeit mit Kindern zwischen sechs und zwölf Jahren (3.).[3]

In erkenntnistheoretischer Hinsicht spiegelt unsere Darstellung ein zentrales Problem der Gemeindepädagogik insgesamt wider: In der Literatur wird oft die theoretisch-programmatische und die empirische Ebene der Argumentation nicht in der Balance gehalten. Auf ersterer droht eine Überforderung der realen Verhältnisse in den Gemeinden, auf der zweiten Ebene eine Abwertung.[4] Exakte statistische Erfassungen fehlen weithin. Auch das, was tatsächlich geschieht, wenn sich Kinder zur Christenlehre treffen, wird höchstens indirekt ansichtig, in subjektiven Wahrnehmungsberichten von beruflich beteiligten Erwachsenen.[5] Diese Diskussionslage zwingt auch die folgende Darstellung über weite Strecken, auf der Ebene von *Intentionen für gemeindliche Praxis* zu argumentieren. Daten mit empirischer Gültigkeit können dem nur fallweise zugeordnet werden.

1. Gesamtüberblick zur gegenwärtigen Situation der Christenlehre

Die Statistik der EKD weist aus, dass in den ostdeutschen Landeskirchen 2006 durchschnittlich 30 Kinder und Jugendliche je 1.000 Kirchenmitglieder an gemeindlichen »Kinder- Jugendkreisen und Christenlehregruppen« teilnahmen. Das sind zwar deutlich weniger als noch 1996 (46 auf 1.000), aber immer noch fast

---

[3] Für eine umfassende, differenzierte Darstellung vgl. jetzt *M. Spenn u.a.* (Hrsg.), Handbuch Arbeit mit Kindern. Evangelische Perspektiven, Gütersloh 2007.

[4] Schon in der ersten Auflage dieses Kompendiums hatte *J. Henkys* dieses Problem im praktisch-theologischen Kontext identifiziert: »Ein Dilemma gemeindetheologischer Darstellung liegt darin, dass man die konkrete Gemeinde theologisch argumentierend leicht überfordert, empirisch konstatierend leicht abwertet.« (*Ders.*, Gemeindepädagogik in der DDR, in: *G. Adam/R. Lachmann* (Hrsg.), Gemeindepädagogisches Kompendium, Göttingen 1987, 55–86, Zitat: 85).

[5] Vgl. z.B. *B. Gruebner/I. Kleen* (Hrsg.),Wurzeln und Flügel. Praxismodelle und Ansätze in der gemeindlichen Arbeit mit Kindern, Hamburg 2000; *Evangelische Jugend Sachsen*, Arbeit mit Kindern in Kirchgemeinden. Praxisbeispiele – Reflexionen – Tipps, Dresden 2000; *Kinder wahrnehmen – Wahrnehmungen der Kinder*. Themenhefte CRP 55/2002, H. 1 und 2, für eine frühere Darstellung vgl. *G. Doyé*, Gespräch zur Gesamtsituation der Arbeit mit Kindern im Bereich des Bundes der Evangelischen Kirchen, in: ChL 39/1986, 4–21.

doppelt so viele wie in den westdeutschen Kirchgemeinden (2006: 15 auf 1.000, 1996: 18 aus 1.000).[6]

Der Rückgang ist seit Anfang des neuen Jahrtausends – d.h. mit dem Ende der altersspezifischen Folgewirkung des Geburtenknickes 1990 bis 1994 um über 50 % in Ostdeutschland – zum Stillstand gekommen. Generell haben wir es in den ostdeutschen Gliedkirchen mit signifikant kleineren Gruppengrößen (2006: im Westen durchschnittlich: 18, im Osten durchschnittlich: 12), aber höheren Beteiligungsquoten zu tun (im Westen durchschnittlich: 31 Teilnehmende auf 1.000 Kirchenmitglieder, im Osten durchschnittlich 48 Teilnehmende auf 1.000 Kirchenmitglieder, wobei die Kinderbibelwochen eingeschlossen sind).

Diese Statistik muss dahingehend kritisch gelesen werden, dass sie die oben genannten unterschiedlichen Realitäten in Ost und West nicht differenziert abbildet, mithin eine direkte Vergleichbarkeit nicht gegeben ist. Dennoch drücken die Zahlen aus, dass die damit zusammengefassten Veranstaltungsformen einen der teilnahmeintensivsten Bereiche im Leben der Kirchgemeinden darstellen.

Die Mehrzahl der ostdeutschen Kirchgemeinden beschäftigt gemeindepädagogische Mitarbeiter*innen* mit dem traditionellen Tätigkeitsschwerpunkt Kinder-, Familien- und Jugendarbeit. Mancherorts werden sie noch Katecheten oder Katechetinnen genannt – auch darin deutet sich die spezifische pädagogisch-theologische Tradition an. Die *Qualifikation* für diese Arbeit erfolgt systematisch, auf differenzierten Niveaus und inzwischen durchweg in gemeindepädagogischer Intention: Pädagogisch-Theologische Institute bieten so genannte »C-Kurse« an, mit dem Schwerpunkt einer Teilanstellung in der Arbeit mit Kindern und Familien in der Parochie. Im Sinne einer »B-Qualifikation« bilden manche Institute berufsbegleitend oder grundständig auf Fachschulniveau aus, hier sind bereits alle Altersgruppen in der Gemeinde sowie ein regionaler Tätigkeitshorizont im Blick. Die früher für Hochschulabsolventen gebräuchliche Bezeichnung »A-Katechet« ist inzwischen von den Abschlüssen der *Fachhochschulen* aufgesogen, deren Diplom-Graduierung im Zuge der europaweiten Modularisierung der Studiengänge derzeit durch Bachelor-Master-Abschlüsse abgelöst wird. Hier erwerben die Studierenden insbesondere konzeptionsbildende und multiplikatorische Kompetenzen, zumeist im Zusammenspiel mit sozial- und/oder schulpädagogischen Qualifikationen.

Die *Anstellungsverhältnisse* sind auch im Bereich der gemeindepädagogischen Mitarbeiter*innen* vom erheblichen Stellenabbau im Zuge der jüngsten kirchlichen Strukturreformen betroffen. Dennoch bilden sie nach wie vor einen Berufsstand von beachtlicher Größe, mit eigenen Konventen, regionaler Fachaufsicht und differenzierter Fortbildungsstruktur.

Zum Beispiel beschäftigt die Evangelisch-Lutherische Landeskirche Sachsens im Frühjahr 2008 in ihren 23 Kirchenkreisen mehr als 750 Mitarbeiterinnen und

---

[6] Quelle: Kirchenamt der EKD, Abteilung für Statistik (ohne Krabbelkreise, Kinderbibelwochen und Konfirmandenunterricht).

Mitarbeiter mit gemeindepädagogischem Tätigkeitsprofil. Die Landeskirche hält dafür ca. 220 sogenannte Vollzeitäquivalente (VZÄ) für einen Beschäftigungsumfang von 50–100 % und ca. 90 VZÄ für einen Beschäftigungsumfang von 20–50 % vor. Diese VZÄ teilen sich in ca. 240 Stellen (50–100 %) und ca. 220 Stellen (20–50 %) auf. Manchmal teilen sich mehrere Mitarbeitende eine Stelle. Hinzu kommen 10 bis 15 VZÄ mit gemeindepädagogischem Profil, die durch Spenden oder auf andere Weise finanziert werden.[7] Andere ostdeutsche Landeskirchen, wie etwa die bisherige Evangelische Kirche der Kirchenprovinz Sachsen (jetzt: Föderation Evangelischer Kirchen in Mitteldeutschland), unterscheiden ihre Stellenbesetzungen nach »gemeindepädagogischen Mitarbeitern« und »Gemeindepädagogen«, wobei die letztere Bezeichnung für ordinable Fachhochschulabsolventen in der Tradition der Potsdamer Gemeindepädagogischen Ausbildungsstätte vorbehalten ist.[8]

Ein zentraler Teil der Praxis, auf die hin angestellt und fortgebildet wird, besteht in der Arbeit mit Kindern in der »Christenlehre«-Tradition. Der Blick auf angestellte Gemeindepädagoginnen und Gemeindepädagogen darf aber nicht übersehen, welch erheblicher Teil dieser Arbeit – besonders in ländlichen Regionen mit dünner Mitarbeiterstruktur – auch von Pfarrer*innen*, teilweise von Kirchenmusikerinnen (Berufsbild »Kantorkatechet«[9]) sowie von ehrenamtlich Mitarbeitenden geleistet wird. Es wäre demnach nicht realitätsgerecht, die Spezifik des gemeindepädagogischen Sektors »Christenlehre« ausschließlich an den Berufsstand der gemeindepädagogisch Mitarbeitenden zu binden.

Die *Formen* der gemeindlichen Arbeit mit Kindern, die mit dem Begriff »Christenlehre« überschrieben werden, weisen eine große Vielfalt auf. Den stärksten Traditionsbezug zeigen wöchentliche altersspezifische Gruppenstunden, die in verbindlicher Teilnahmestruktur Inhalte und Praxen des christlichen Glaubens zu erschließen suchen. Doch es gibt auch offenere Formen eines altersübergreifenden gelegentlichen Kindertreffs am Samstagvormittag, der Raum und Zeit für längere Phasen des Spielens und Essens, des religionsdidaktischen Erkundens, sozialen und ökologischen Engagements wie auch liturgische Elemente enthält. Dazwischen liegen viele weitere Formen je nach lokalen und regionalen Traditionen. Neue Ansätze werden erprobt, wie die Verbindung von Montessori-Pädagogik mit biblisch-theologischen Inhalten im Konzept von »Godly Play«.[10] Gesicherte Angaben darüber, wie hoch der Anteil ungetaufter oder/und nicht von den Herkunftsfamilien christlich sozialisierter Kinder ist, fehlen; man darf vielleicht mit einem

---

7   Quelle: Bildungsreferat des Landeskirchenamtes der Evangelisch-Lutherischen Landeskirche Sachsens, Statistik Januar 2008.

8   Vgl. *G. Doyé*, Gemeindepädagogik – fachwissenschaftliche und berufspraktische Perspektiven, in: *Ders./H. Keßler* (Hrsg.), Konfessionslos und religiös. Gemeindepädagogische Perspektiven, Leipzig 2002, 93–114.

9   Vgl. *R. Degen*, Kantorkatechet. Ein Berufsbild gibt zu denken, in: PGP 59/2006, H. 4, 15–17.

10   *J. Berryman*, Godly Play, Bd. 1–5, hrsg. v. *M. Steinhäuser*, Leipzig 2006–08.

durchschnittlichen Anteil von 30% rechnen. Dieser Sachverhalt spiegelt sich in der gesamten konzeptionellen Literatur zur Christenlehre, vor allem hinsichtlich der Säkularisationsproblematik und der Suche nach einer angemessenen Interpretation des Missionsbegriffes.[11]

Insgesamt gesehen, steht die Bezeichnung »Christenlehre« für Formen der systematischen, kontinuierlichen, gruppenbezogenen, verbindlichen, ganzheitlichen pädagogisch-theologischen Arbeit mit Heranwachsenden in evangelischen Kirchgemeinden. Natürlich gibt es neben der »Christenlehre« weitere Formen der kirchengemeindlichen Arbeit mit Kindern, die auch in den westdeutschen Landeskirchen bekannt sind, wie die Kindergottesdienstarbeit, Kinderbibelwochen und Rüst- bzw. Freizeitarbeit sowie in wachsendem Maß schulkooperative Formen. An vielen Orten ist auch die verbandliche Arbeit mit Kindern (Pfadfinder, Jung- und Mädchenschar etc.) eng mit der Kirchgemeinde verknüpft. Dennoch bildet in vielen ostdeutschen Kirchgemeinden die wöchentliche »Christenlehre« das Herzstück ihrer Arbeit mit Kindern.

Die faktische Vielfalt, in der sich »Christenlehre« ereignet, ist so groß, dass sich die Frage nahe legt, weshalb der einheitliche und religionsdidaktisch altertümliche Begriff »Christenlehre« nicht längst verschwunden ist. In der Tat gibt es eine beachtliche Zahl von Gemeinden, die zum Begriff »Kinderkirche« oder ähnlichen, offeneren Bezeichnungen gewechselt haben. In vielen Fällen geschieht dies auf Betreiben der gemeindepädagogischen Mitarbeitenden. Die dabei aber regelmäßig auftretenden Widerstände seitens der Gemeindeleitungen und von Eltern lassen sich nur so erklären, dass »Christenlehre« als eine Art »Markenzeichen« aufgefasst wird.

Die Stabilität dieses Markenzeichens ist keineswegs nur historisch, in den Kindheitserfahrungen der Elterngeneration begründet, sondern deutet auf ein voraus liegendes, prinzipielles Einverständnis zwischen Landeskirchen, Gemeinden, Eltern und Kindern hin, dass ein verbindliches wechselseitiges pädagogisch-theologisches Verhältnis am Lernort Gemeinde sinnvoll sei. Interpretiert man diese Situation normativ, nämlich als Ausdruck der »originären und unvertretbaren Aufgabe der Gemeinden ihren Kindern gegenüber«[12], erhebt sich die Frage, wie diese Aufgabe zu begründen sei.

2. Pädagogisch-theologische Begründungen

Die skizzierte Situation der Christenlehre ist vielschichtig begründet, vor allem im Zusammenhang bestimmter historischer Traditionen in der Katechetik/Gemeindepädagogik. Plastisch wird dies am leichtesten anhand didaktischer Elemen-

---

[11] Für einen Überblick aus westdeutscher Perspektive vgl. *H. Aldebert,* Christenlehre in der DDR. Evangelische Arbeit mit Kindern in einer säkularen Gesellschaft, Hamburg 1990.

[12] *R. Degen,* »Lebenssituationen verstehen und bestehen lernen«. Das Kind in der Gemeinde, in: CRP 51/1998, H. 4, 19–25, Zitat: 20.

te (2.1–2.3). Zusammenfassend kann gesagt werden, dass das »Konzept Christenlehre« katechumenatstheologisch verwurzelt ist, allerdings in gemeindepädagogischer »Beerbung«. Das heißt: *Christenlehre soll Kindern von der Taufe her oder auf die Taufe hin einen systematisch geordneten Umgang mit den Gegenständen des Glaubens und eine gestaltende Teilhabe an Gemeinde als einer sozialen Praxis von Glauben ermöglichen, so dass sie die Botschaft vom Heilshandeln Gottes selbstständig mit ihren Alltagserfahrungen verbinden lernen.* Das geschieht unter steter pädagogischer Bezugnahme: sowohl hinsichtlich der gemeindlichen Intergenerationalität im Perspektivenwechsel als auch hinsichtlich des Gemeinwesens im engeren und des gesellschaftlichen Kontextes im weiteren Sinn. Dadurch kann es nicht zu einer binnenkirchlichen Kinder-Sonderwelt kommen.

Auf diese Weise kann Christenlehre bildungswirksam werden für Lebensbewältigung und Beteiligungschancen der Kinder.[13] Dieser Intention ist eine institutionssichernde Perspektive (»Kinder als Zukunft der Kirche«) *nach*zuordnen, denn Kinder sind als »Kirche von heute« anzusehen.[14]

2.1 Katechisation

Wir setzen mit einer Begründung ein, die für eine heutige Standortbestimmung von Christenlehre auf den ersten Blick obsolet scheinen mag, ist doch das ganze Wortfeld »Katechetik« im Zuge der wissenschaftlichen Entfaltung der Religionspädagogik in den Verdacht methodischer Veraltung und binnenkirchlicher Verengung geraten.[15] In der Tat scheint das Aufkommen des Begriffs »Christenlehre« im Spätmittelalter (seit 1425) im Kontext des kirchlichen Bedürfnisses gestanden zu haben, die »Lehre« des Glaubens durch katechetische Unterweisung für das ganze Christen-Volk zugänglich zu machen. Neben den gemeindlichen Organisationsformen (sonntägliche Katechisationen bzw. Katechismuspredigten im Zusammenspiel mit dem Hauskatechumenat), die sich vor allem im Zuge und nach der Reformation verbreiteten, finden wir im 16. und 17. Jahrhundert auch Gesellschaften, Bruderschaften sowie Wanderlehrer im Dienst von Christenlehre, regional und zeitlich unterschiedlich ausgeprägt und vorrangig im Kontext der katholischen Kirche (Mailand 1560: Christenlehrbruderschaft, durch Ablässe gestützt, 1607 zur Erzbruderschaft erhoben).[16]

---

[13] Vgl. jetzt hierzu *M. Spenn u.a.,* Lernwelten und Bildungsorte der Gemeindepädagogik, Münster 2008.

[14] Vgl. den zu Unrecht oft übersehenen Text der *ALPIKA-AG* »Arbeit mit Kindern«, Kinder wahrnehmen – Leitlinien für gemeindliche Arbeit mit Kindern, in: CRP 52/1999, H. 3, 23–29: »Kinder in der Gemeinde sind nicht gemeindlich zu vereinnahmen. Sie dürfen nicht als ›Zukunft der Gemeinde‹ instrumentalisiert werden.« (aaO., 24)

[15] Dazu s. oben *R. Lachmann,* Problemorientierte Geschichte der Gemeindepädagogik, Teil 1.3.

[16] Vgl. zusammenfassend *W. Nastainczyk,* Art. Christenlehrbruderschaften, in: LThK 2, ³1954, 1103f; *R. Degen,* Art. Christenlehre, in: LexRP 1, 2001, 263f.

Eine pädagogische Begründung im heutigen wissenschaftlichen Sinn kann dabei höchstens über das *erzieherische* Anliegen gefasst werden: In der Abfolge der Generationen entsteht die Notwendigkeit, die soziale Tradierung des christlichen Glaubens material und formal zu ordnen. Dies kann, wie in der Alten Kirche, im Zusammenhang des Tauferlebens geschehen, oder – wie in Luthers Katechismen – dem Hausvater auferlegt werden oder institutionell als »Lehre« organisiert werden. In allen Fällen aber ist der *Bezug auf die Kirche* konstitutiv im Sinne einer nötigen Klärung des Verhältnisses von individueller und verfasster Religion. Dies ist der Punkt, an dem die erwähnte Kritik an der Katechetik ins Leere läuft, insofern die Gestaltwerdungen von Kirche in der Christenlehre keineswegs vorgegeben, sondern der Reflexion aufgegeben sind; *Jürgen Henkys* benennt die katechetischen Zielkategorien mit »Integration, Emanzipation und Partizipation« unter der fundamentaltheologischen Leitfrage: »Was ist das eigentlich – heute an Gott glauben?«[17]

Der Vorwurf der methodischen Veraltung trifft »Christenlehre« insofern, als sie sich über mehrere Jahrhunderte wesentlich als »katechisieren« ereignete. Darunter ist zunächst das memorierende Einprägen elementarer theologischer Kenntnisse zu verstehen, unterstützt durch zusammenfassende Texte (im 16. Jahrhundert vgl. die Katechismen von *Martin Luther* oder *Petrus Canisius*). In der Pädagogik der Aufklärung trat diese examinierende Charakteristik zurück zugunsten eines fragend-entwickelnden Gesprächs (sokratische Methodik, 18. Jahrhundert), das insbesondere an die natürliche Religion des Kindes anknüpft (*Chr. G. Salzmann*, 1744–1811), später dann sich als kunstvolle Entfaltung bestimmter Gegenstände im Dialog vollzieht.[18]

2.2 Schulförmiger Unterricht

Galt »Christenlehre« anfangs noch der *ganzen* Gemeinde (»Volksbelehrung«), wurde sie später immer mehr auf Kinder und Jugendliche begrenzt. Mit der Verbreitung des Schulwesens und schließlich der Einführung der allgemeinen Schulpflicht wanderten auch die Aufgaben der Christenlehre in die Schule ein. Genauer gesagt: Mit der schulisch-institutionellen Aufnahme des Religionsunterrichts bei gleichzeitig zunehmender Lösung der Schule von der Kirche ergab sich die bis heute währende, fortgesetzte Notwendigkeit zur politischen und pädagogischen Verhältnisbestimmung der religionsdidaktischen Aufgaben an den beiden »Lernorten«.

In beiden Konfessionen gab es immer wieder auch kuriale und parochiale Bemühungen um gemeindliche Unterweisung mit dem Namen »Christenlehre« ne-

---

[17] *J. Henkys,* Die pädagogischen Dienste der Kirche im Rahmen ihres Gesamtauftrages, in: *H. Ammer u.a.*, Handbuch der Praktischen Theologie, Bd. III, Berlin 1978, 12–65, bes. 24f. u. 31.

[18] Dazu s. oben *R. Lachmann,* Problemorientierte Geschichte der Gemeindepädagogik, Teil 1.3.1. Vgl. auch *M. Meyer-Blanck,* Art. Katechetisieren, in: LexRP 1, 2001, 969f.

ben der Schule. Beispiele hierfür sind der Erlass Pius X. zur Einführung der Christenlehre in allen Pfarreien aus dem Jahre 1905 oder die als »Christenlehre« bezeichnete mehrjährige evangelische Jugendunterweisung nach der Konfirmation, die in manchen Regionen Süddeutschlands, aber auch in Hessen bis in die zweite Hälfte des 20. Jahrhunderts zu finden war. Doch auch hier ergab sich der didaktische Charakter letztlich aus jener *Unterrichtsförmigkeit*, die schon aus der Katechisation bekannt war – einem stoffgliedernden, curricularen Vertrautmachen mit kirchlich relevanten Lehrstücken – gegenüber der »Institution Schule« in Spannung stehend durch den Leitbegriff der Verkündigung.

In der Zeit der nationalsozialistischen Diktatur wurde der Begriff »Christenlehre« auf neue Weise wichtig und darin zugleich prägend für die Nachkriegsentwicklung in den ostdeutschen Landeskirchen. Die Bekennende Kirche verwendete ihn als Programmwort gegen jede »völkische Religion« und für eine katechetische Selbstbesinnung der Kirche: So bezeichnete »Christenlehre« nach *Martin Albertz* und *Bernhard Heinrich Forck* (1938) »die lehrmäßige Verkündigung Jesu Christi nach den Schriften des AT und NT und Unterweisung über das Bekenntnis der Zeugen Jesu Christi.« *Oskar Hammelsbeck* (1939) betonte außerdem den unabdingbaren Gemeindebezug von »Christenlehre« und ihren Verpflichtungscharakter für alle Altersstufen.[19]

In dieser didaktischen Tradition sowie in Aufnahme noch weiter zurückreichender Katechetik[20], avancierte »Christenlehre« nach 1945 zum Leitbegriff, um die unterrichtsähnliche, an Wort und Sakrament ausgerichtete, nach Altersstufen gegliederte Verkündigung für Heranwachsende zu bezeichnen. Maßgebliche Lehrpläne wurden von *Oskar Ziegner* und *Otto Güldenberg* erarbeitet und fortentwickelt.[21] Das kerygmatische Verständnis von Christenlehre (Unterweisung als Weisung unter das Wort) wurde in der sowjetischen Besatzungszone besonders verstärkt durch die zunehmende Ausgrenzung des Religionsunterrichts aus den Schulen, die rigorose Beanspruchung des Bildungsmonopols durch den atheistischen Staat und die Verweigerung jeglichen Dialogs zu pädagogischen Fragen seitens der DDR-Regierung. Im Laufe der DDR-Zeit entwickelte sich »Christen-

---

[19] *M. Albertz/B.H. Forck,* Evangelische Christenlehre. Ein Altersstufen-Lehrplan, Wuppertal 1938. *O. Hammelsbeck,* Der kirchliche Unterricht. Aufgabe – Umfang – Einheit, München 1939. Bei Hammelsbeck findet sich vorgedacht, was später zum »dimensionalen Ansatz« der Gemeindepädagogik weiterentwickelt wurde: »Die Gemeinde unterrichtet!« (aaO., 20f.)

[20] Zu den Wurzeln im 19. Jahrhundert vgl. *J. Henkys/F. Schweitzer,* Eine Geschichte, die weiter zurückreicht, in: *Comenius-Institut* (Hrsg.), Christenlehre und Religionsunterricht. Interpretationen zu ihrer Entwicklung 1945–1990, Weinheim 1998, 185–198.

[21] *O. Ziegner,* Die neuen Lehrplan-Grundgedanken, in: ChL 5/1952, H. 7, 175ff.; *O. Güldenberg,* Lehrplan-Entwurf für die Christenlehre, Berlin 1952 (rev. 1959). Zur Lehrplanentwicklung in den ostdeutschen evangelischen Landeskirchen der Nachkriegszeit vgl. insgesamt *P. Lethiö,* Religionsunterricht ohne Schule. Münster 1983, 57ff. und 130ff.

lehre« nachgerade zum Symbolbegriff für die Unabhängigkeit kirchlichen Lehrbemühens und für die entschiedene Verantwortungsübernahme für die gemeindlich organisierte Unterweisung der Kinder. Damit einher ging der Aufbau einer mehrstufig qualifizierten katechetischen Mitarbeiterschaft. Oft unter schwierigsten Bedingungen arbeitend, haben Katechetinnen und Katecheten jahrzehntelang die Grundanliegen von Christenlehre in den Gemeinden verkörpert.[22]

In den westdeutschen Landeskirchen hingegen übernahm der schulische Religionsunterricht das Mandat zur systematischen (Erst)Begegnung mit christlicher Religion und entwickelte dafür unterschiedliche Konzepte, für die wissenschaftliche Leitbegriffe wie »Katechetik« zunehmend ungebräuchlich wurden. Diese Konzepte sind hier nicht darzustellen – obwohl zu würdigen ist, dass die fachdidaktischen Innovationen der Christenlehre in der DDR seit Ende der 1960er Jahre von einer intensiven Auseinandersetzung mit westdeutschen religionspädagogischen Entwicklungen, wie etwa der Wendung zum thematisch-problemorientierten Religionsunterricht profitieren konnten.[23]

2.3 Begleitung

Im Zuge dieser Innovationen ist ein dritter pädagogisch-theologischer Begründungszusammenhang für »Christenlehre« konzeptionell wirksam geworden. Er wertete die »Situation« als didaktisch konstitutiven Faktor auf und konnte dadurch stärker von den Bedürfnissen der Kinder in ihrem kirchlichen und gesellschaftlichen Kontext ausgehen. »Begleitung« wurde – neben »Orientierung« – zur Leitkategorie der gemeindlichen Arbeit mit Kindern. Diese Entwicklung lässt sich teilweise als Reaktion auf den krisenhaften Rückgang in der Beteiligung an der Christenlehre[24] sowie auf die wachsende Oppression christlicher Kinder und ihrer Eltern durch das sozialistische Bildungswesen verstehen. Wie bereits erwähnt, wurden neue (religions-)pädagogische Ideen im deutsch-deutschen und ökumenischen Austausch rezipiert (*Wolfgang Klafki, Paolo Freire, Ernst Lange, Karl*

---

[22] Zu den Anfängen der Christenlehre in den ostdeutschen Landeskirchen 1945–1959 vgl. *P. Lethiö*, Religionsunterricht sowie *R. Degen*, Die Entdeckung der pädagogischen Dimension kirchlichen Handelns. Zu Entwicklungen und Aufgaben in den evangelischen Kirchen Ostdeutschlands, in: *Ders.*, im leben glauben lernen. Beiträge zur Gemeinde- und Religionspädagogik, Münster 2000, 351–365.

[23] Für eine exemplarische Studie solcher innerdeutschen religionsdidaktischen Gespräche vgl. jetzt *R. Degen/M. Steinhäuser*, Gemeindepädagogische Intentionen als Wirkungs- und Rezeptionsfeld eines Religionspädagogen, in: *F. Schweitzer u.a.* (Hrsg.), Religionspädagogik und Zeitgeschichte – im Spiegel der Rezeption von Karl Ernst Nipkow (2008, i.E.)

[24] *D. Pollack* errechnete einen Rückgang von 67,9 % Anteil der Christenlehrekinder an der Gesamtzahl der Kinder des betreffenden Jahrgangs im Jahr 1955 auf 21,5 % 1970 und 13,5 % 1980 in Ostdeutschland. (*Ders.*, Kirche in der Organisationsgesellschaft. Zum Wandel der gesellschaftlichen Lage der evangelischen Kirchen in der DDR, Stuttgart 1994, 412f.)

Ernst Nipkow, Ingo Baldermann und weitere). Katechetisch-theologische Kollegs und kirchliche Erziehungsausschüsse diskutierten Neuansätze für die Christenlehre in der DDR in den 1970er Jahren. Dies geschah aber nicht isoliert, sondern im Kontext einer weiter gefassten pädagogischen Neuorientierung der evangelischen Kirchen insgesamt.

Dies ist die eingangs benannte Nahtstelle, an der die katechetische Idee, die als Christenlehre, Konfirmandenunterricht und in Erwachsenenseminaren didaktisch existierte, im Begriff »Gemeindepädagogik« weiterentwickelt wurde. Wesentliche Impulse hierfür kamen von *Eva Hessler*, Dozentin am Katechetischen Oberseminar Naumburg, 1974, und *Jürgen Henkys*, Dozent für Praktische Theologie am Ostberliner Sprachenkonvikt.[25] Die Folgen der Ausgründung des Bundes der Evangelischen Kirchen in der DDR aus der EKD (1969) nötigten die ostdeutschen Kirchen, sich selbst als »Lerngemeinschaft« zu begreifen und damit pädagogische Elemente in ihrer Ekklesiologie zu würdigen. Das Konzept des »konfirmierenden Handelns« forderte die Beteiligung der ganzen Gemeinde an der pädagogischen Verantwortung ein.[26] Ein neuer »Rahmenplan für die kirchliche Arbeit mit Kindern und Jugendlichen (Konfirmanden)«[27] berücksichtigte stärker das korrelative Wechselverhältnis von Situation und Tradition.

Für die Konstitution dieses dritten Begründungszusammenhangs für die »Christenlehre« ist hierbei entscheidend, dass die Kategorie der »Begleitung im gesellschaftlichen Bezug« die der »schulähnlichen innerkirchlichen Unterweisung« an pädagogisch zentraler Stelle ersetzt. Der »Rahmenplan« konnte zwar viele der Schwierigkeiten und Begrenzungen, unter denen die Veranstaltung »Christenlehre« in den Kirchgemeinden in der DDR litt, nicht überwinden. Aber seine pädagogisch-theologische Gesamtintention erwies sich auch noch tragfähig, als nach der »Wende« 1989/90 eine Überarbeitung nötig wurde: »In der Begleitung der Gemeinde sollen Kinder das Evangelium als befreiendes und damit orientierendes Angebot erfahren. Damit soll ihnen geholfen werden, die Welt zu ver-

---

[25] Der Ansatz *Eva Hesslers* findet sich ausführlich dargestellt und kritisch gewürdigt bei *K. Foitzik*, Gemeindepädagogik. Problemgeschichte eines umstrittenen Begriffs. Gütersloh 1992, 277–300. Die Entwicklung von *Jürgen Henkys* von einem katechumenatstheologischen Grundansatz zu einem integrativen Verständnis von Gemeindepädagogik lässt sich studieren in: *Ders.*, Die pädagogischen Dienste der Kirche im Rahmen ihres Gesamtauftrages, bes. 27, sodann *Ders.*, Über Gemeindepädagogik und Ausbildungsreform, in: *E. Schwerin* (Hrsg.), Christliche Unterweisung und Gemeinde, Berlin 1978, 33–47, ferner *Ders.*, Was ist Gemeindepädagogik?, in: ChL 33/1980, 285–293 sowie in seinem Beitrag »Gemeindepädagogik in der DDR«, in: *G. Adam/R. Lachmann* (Hrsg.), Gemeindepädagogisches Kompendium, Göttingen 1987, 55–86.

[26] Vgl. die dazu versammelten Dokumente in: *Sekretariat des Bundes der Evangelischen Kirchen in der DDR* (Hrsg.), Kirche als Lerngemeinschaft. Dokumente aus der Arbeit des Bundes der Evangelischen Kirchen in der DDR, Berlin 1981.

[27] Erstdruck in: ChL 30/1977, 5–93. Eine Ausgabe ist auch beim Comenius-Institut, Münster 1978, erschienen.

stehen, Lebenssituationen zu bestehen und mit der Gemeinde zu leben. So sollen sie erfahren, wie Christen in der pluralistischen Gesellschaft verantwortlich vor Gott leben können.«[28]

3. Der Rahmenplan »Kirchliche Arbeit mit Kindern« (1998)

Der »Rahmenplan« ist – wie »Christenlehre« insgesamt – in den westdeutschen Landeskirchen nahezu unbekannt und soll deshalb vorgestellt werden. Wie der Name schon sagt, will der Plan gerade kein verbindlicher »Lehrplan«, sondern ein flexibles *Planungsangebot* sein, das dazu anleitet, »die konkrete Situation immer wieder neu zu erheben, den eigenen situationsgerechten und gruppenbezogenen Plan zu erstellen und so zu helfen, Kinder und Jugendliche in ihrer Situation zu begleiten.« Als Gesamt*situation* formuliert der Plan, »dass Kinder verlässliche Erwachsene und die Kindergruppe brauchen, um unter den verschiedensten Erfahrungen ihre Welt und sich selbst zu entdecken. Dabei sind sie auf Zuwendung und Orientierung angewiesen.«

Die *theologische Begründung* der oben zitierten Gesamtintention stützt sich auf 1 Kor 8,5–6, setzt also eine weltanschauliche »Konkurrenz- und Streitsituation« voraus, in der die christliche Gemeinde ihr Zeugnis »des einen Gottes, der durch Jesus Christus rettet, Leben bewahrt und Zukunft eröffnet«, bewähren muss. Kinder haben selbst an dieser pluralistischen Situation teil und sollen in der Begegnung mit dem Evangelium und im Leben der Gemeinde erfahren:
- Wir sind nicht allein (Kurs I, für 5- bis 7-Jährige);
- Wir leben in Gottes Welt (Kurs II, für 7- bis 10-Jährige);
- Miteinander können wir Neues entdecken (Kurs III, für 10- bis 13-Jährige).
- Hinzu kommt ein Kurs IV für altersgemischte Gruppen, der Anlässe im Jahreskreis aufgreift.

Der Plan teilt die Kurse *vertikal* in Abschnitte ein, der jeweils eine Orientierungshilfe und »Fragestellungen zur Lebenswelt der Kinder« vorangestellt sind. *Horizontal* ist der Plan in 4 Spalten gegliedert:
- Die erste Spalte formuliert »*Intentionen*« (im Sinne von Lernfeldern, bewusst nicht als »Ziele« aufgefasst). Diese Lernfelder haben »unterschiedliche Funktionen: Sie sind anfangs oft einladender Art, andere haben konzentrierende oder abschließende Funktion.«

---

[28] Rahmenplan Kirchliche Arbeit mit Kindern in der Gemeinde, Leipzig 1998, 3. In der Vorgängerfassung des Plans (1978) war der gesellschaftliche Standort mit »sozialistisch« – statt »pluralistisch« – bestimmt worden. Alle Zitate im folgenden Abschnitt entstammen der »Einleitung« (aaO., 3f.). Die Überarbeitung nahm den »Kurs V: Zwölf- bis Fünfzehnjährige (Konfirmandengruppe)« aus der Fassung von 1978 nicht wieder mit auf, weil die Arbeit mit Konfirmanden einer eigenständigen Reflexion »zwischen Kindern und Jugendlichen« unterzogen werden sollte. Der Rahmenplan ist derzeit in der 4., korr. Auflage über die website www.praxis-gemeindepaedagogik.de als download erhältlich.

- Die zweite Spalte nennt »*Themenbereiche*«, die in Einzelthemen aufgeschlüsselt werden und »die Ängste und das Vertrauen, die Klage und die Hoffnung, den Zweifel und den Glauben der Kinder« zur Sprache bringen.
- Die dritte Spalte ordnet diesen Themen *Lerngegenstände aus der christlichen Überlieferung* zu, vor allem Bibeltexte, aber auch Symbole, Katechismustexte, Lieder, Lebensbilder etc., durch die die Themen eine spezifische Zuspitzung erhalten.
- Die vierte Spalte schließlich enthält *Gestaltungshinweise,* mit dem besonderen Anliegen, die Chancen des Lernortes Gemeinde zur Geltung zu bringen (Kinderkultur, Begegnung mit anderen Generationen und Lernorten, diakonische Aktionen).

Das sei an einem Beispiel verdeutlicht: Im Kurs II (für 7- bis 10-Jährige) heißt die Orientierungshilfe 3: »Gott bringt Menschen auf den Weg«. Dieser Abschnitt nimmt auf, dass »Kinder versuchen, die Wirklichkeit zu ordnen; sie beurteilen sie vorrangig nach äußeren Abläufen und stellen Fragen. Sie erproben nicht nur im Spiel verschiedene Rollen und gestalten ihre Spielräume. An biblischen Weggeschichten können die Kinder entdecken, dass Gott in den Ereignissen des Lebens handelt und Jesus Menschen in Bewegung bringt.« Es folgen »Fragen zur Lebenswelt der Kinder«, z.B. »Gelingt es ihnen, unterschiedliche Deutungen eines Ereignisses aufzunehmen? Welche Hilfen sind nötig, um nicht nur nach äußeren ›Tatsachen‹ zu urteilen? usw.«

- Unter diesen Maßgaben wird als erste Intention genannt: »(1) Erkennen, Ereignisse werden verschieden gedeutet.«
- Diesem Lernfeld werden in der zweiten Spalte folgende Themen zugeordnet: »Ein Erlebnis wird verschieden erzählt. Unterwegs mit Gott – Gott ist verborgen. Kirchenraum als Weg.«
- Die dritte Spalte nennt mögliche Lerngegenstände: »Gen 12,1–9; 15,1–6; 21,1–3. Unterwegs ohne Ziel? Weg-Lieder; Symbol Weg.«
- Die Spalte »Gestaltung« schlägt dann vor, »verschiedenen Reportagen zu einem Erlebnis zu sammeln; Wege gehen und erleben, mit und ohne Gepäck; Labyrinth anlegen.«[29]

4. Zwischenbilanz

Katechisation – schulförmiger Unterricht – Begleitung – Mit diesen drei Akzenten haben wir versucht, die pädagogisch-theologischen Begründungszusammenhänge von Christenlehre darzustellen. In welchem Verhältnis stehen nun diese drei zueinander in der *heutigen* Praxis? Wir schlagen vor, von einem *epigenetischen* Verhältnis sprechen: Aufeinander folgend in der historischen Entwicklung mit zunehmender Komplexität, aber doch so, dass jede frühere Stufe in der nächs-

---

[29] Rahmenplan Kirchliche Arbeit, 11.

ten erhalten bleibt und in dieser je und je auch aufleuchten und nach erneuter Bearbeitung verlangen kann.

So muss selbst die im »Katechisieren« enthaltene methodische Struktur keineswegs auf kritikwürdige Wissensabfragerei oder das Memorieren von Bibelsprüchen beschränkt bleiben, sondern sie kann Impulse aus dem »sokratischen Gespräch« und der zeitgemäßen, bildungstheoretisch begründeten Subjektorientierung aufgreifen und in den gegenwärtigen Bemühungen um ein »Theologisieren mit Kindern« weiterentwickelt werden.

Dabei wird die klassische »Lehrerzentrierung« in der Gesprächsleitung abgelöst durch eine Anleitung zum dialogischen und praktischen Erkunden innerhalb der Kindergruppe. Voraussetzungen dafür sind freilich ein pädagogisch weites Verständnis von Gemeinde und eine an der Wertschätzung Jesu orientierte theologische Sichtweise von Kindsein. In diesem Sinn kann Gemeindepädagogik die katechetische Tradition wertschätzend »beerben«, und zwar *ihrer Sache* nach, ohne sich in binnengemeindlichen Verengungen einerseits und polemischen Abgrenzungen gegen ihre Kirchlichkeit andererseits zu verfangen.

Die »Christenlehre« wurde seit 1948 von der gleichnamigen Fachzeitschrift dokumentiert und fachdidaktisch begleitet.[30] Von 1996 bis 2004 erschien sie unter dem Namen »Christenlehre, Religionsunterricht, Praxis«. Darin finden sich, neben einer großen Zahl von pädagogisch-theologischen Aufsätzen, Unterrichtshilfen zu den Planwerken und vielfältige Praxisberichte. Insofern dieses Organ als einzige in der DDR zugelassene pädagogisch-theologische Fachzeitschrift eine unfreiwillige Monopolstellung innehatte, lassen sich in ihr die Diskussionen um Ziele und Wege der Christenlehre systematisch nachvollziehen. Unter dem neuen Titel »Praxis Gemeindepädagogik«[31] verkörpert sie selbst die »Beerbung« der Katechetik durch die Gemeindepädagogik und stellt heute die EKD-weit einzige Fachzeitschrift in diesem Bereich dar.

5. Perspektiven der Entwicklung

In fünf Perspektiven skizzieren wir abschließend zukünftige Herausforderungen der kirchlichen Arbeit mit Kindern zwischen sechs und zwölf Jahren im Horizont von Gemeindepädagogik. Dabei treten die ostdeutschen Spezifika wieder in den Hintergrund: Welche organisatorische Form sie finden werden, und ob der Name »Christenlehre« dann auch noch als Markenzeichen taugt, wird sich zeigen.

Für die folgenden Perspektiven setzen wir eine formale Systematik voraus, die konzentrisch vorzustellen ist: Ein äußerer Ring besteht aus den drei grundsätzlichen Reflexionsebenen von Gemeindepädagogik:

(1) der wissenschaftlichen,

(2) der berufstheoretischen und -praktischen sowie

(3) der Ebene des Handlungsfeldes.

---

[30] Evangelische Verlagsanstalt Berlin 1948ff.

[31] Leipzig 2005ff.

Diese drei Ebenen umschließen gleichsam einen inneren Ring, der aus vier Kategorien besteht, denen gegenüber die konkrete Praxis analysiert werden kann: (a) gemeinsam (b) im Leben (c) Glauben (d) Lernen.[32] In der Mitte dieser konzentrischen Struktur steht die »Kommunikation des Evangeliums«, als Fokus jedweden gemeindepädagogischen Bemühens. Diese formale Systematik wird im Folgenden nicht detailliert ausgeführt, bildet aber eine Folie zur Entfaltung der inhaltlichen Perspektiven.[33]

5.1 Das Forschungsdesiderat

Wie eingangs erwähnt, liegt ein zentrales Problem für die Weiterentwicklung der gemeindlichen Arbeit mit Kindern im Vorkonfirmandenalter unter gemeindepädagogischen Vorzeichen darin, dass uns weitgehend fundierte empirische Untersuchungen auf diesem Feld fehlen.[34]

Die Diskussionslage wird stattdessen dominiert von programmatischen oder fachlich-konzeptionellen Darstellungen, in denen die Sichtweisen von Kindern eingefordert, aber selten wirklich erhoben werden. Dieses Desiderat mündet in die Forderung nach einer »empirischen Rekonzeptionalisierung der Gemeindepädagogik«, d.h., normative Zuschreibungen zu überprüfen an der Perspektive der kleinen und großen Menschen, um derentwillen das Ganze geschieht.[35] Die schulpädagogische und Kindheits-Forschung sowie speziell die im Programm der »Kindertheologie« bevorzugten empirischen Methoden[36] stellen beachtenswerte, anpassungsfähige Instrumente dafür bereit.

---

[32] Diese vier Kategorien erweitern den gemeindepädagogischen Zugriff der Bildungskammer der EKD (Zusammenhang von Leben, Glauben und Lernen. Empfehlungen zur Gemeindepädagogik, Gütersloh 1982) um die ausdrückliche Frage nach dem Verhältnis von Individuation und Sozialisation, also um die Art von »Gemeinschaft«.

[33] Vgl. *M. Steinhäuser*, Gemeindedidaktik heute. Zum didaktischen Selbstverständnis der Gemeindepädagogik, in: CRP 57/2004, H. 3, 4–7.

[34] Für ein Beispiel aus Mecklenburg-Vorpommern vgl. *M. Steinhäuser*, Traditionsbruch und Vagabundierende Religiosität. Gemeindepädagogische Herausforderungen für die Arbeit mit Kindern und Familien, in: *H. Keßler/G. Doyé,* Konfessionslos und religiös, 115–144. Für Beispiele bezüglich der Unterstützungsstrukturen in Thüringen und der Kirchenprovinz Sachsen vgl. *Ders.,* Gemeindliche Arbeit mit Kindern begleiten. Empirische Studien zur Entwicklung der Aufgaben und Strukturen gemeindepädagogischer Fachaufsicht, Münster 2002.

[35] Vgl. *M. Steinhäuser*, Welche Forschung braucht die Gemeindepädagogik?, in: *V. Elsenbast u.a.* (Hrsg.), Wissen klären – Bildung stärken. 50 Jahre Comenius-Institut, Münster 2004, 398–403.

[36] Vgl. z.B. die Beiträge im Jahrbuch für Kindertheologie, hrsg. von *A.A. Bucher u.a.,* Stuttgart, Bd. 1/2002 bis Bd. 6/2007, dazu Sonderbände.

5.2 Inhalte in freizeitpädagogischer Perspektive

Eines der zentralen Kennzeichen gemeindepädagogischer Praxis ist ihre freizeitpädagogische Einbettung. Die Tatsache, dass viele Kinder von ihren Eltern zu bestimmten Veranstaltungen »geschickt werden«, man also nur von einer eingeschränkten Freiwilligkeit im Beteiligungsverhalten sprechen kann, spricht nicht prinzipiell gegen die freizeitpädagogische Grundcharakteristik, sondern benennt vielmehr eine spezifische didaktische Herausforderung, welche besonders von der Frage nach den »Inhalten« konturiert wird. Als »Inhalt« ist aus gemeindepädagogischer Sicht dasjenige Thema zu fassen, das von den Kindern als Inhalt *errichtet werden kann.* Planähnliche Vorgaben oder vorbereitete Lerngegenstände bilden kein *regens* der Eigentätigkeit der Kinder, sondern haben sich in diese einzuordnen.

Daraus folgt, dass den je aktuellen Bedürfnissen der Kinder breite Aufmerksamkeit in Wahrnehmung und Gestaltung einzuräumen sind. Sorgfältige gesellschaftliche Situationserhebungen und -beschreibungen[37] gehören ebenso dazu wie dezidiert *nicht leistungsbezogene* Gestaltungen sowie eine ausgeformte *Kontraktarbeit* mit den konkret beteiligten Kindern (und Eltern sowie Gemeindeleitungen). Die Zukunft der gemeindlichen Arbeit mit Kindern und ihrer Bildungshaltigkeit wird in entscheidendem Maße davon abhängen, ob es gelingt, Elemente von Mitbestimmung und Eigeninitiative zu stärken. Dies erfordert eine Kombination von *ergebnis-* und *prozessorientiertem* Denken und Leiten seitens der Erwachsenen. Das lässt sich gut im Rahmen von Projektarbeit realisieren. Zur Verdeutlichung sei auf das Beispiel von »Kinderkirchenführern« hingewiesen, wo Kinder einer Gemeinde für andere Kinder Materialien zum selbstständigen Erkunden ihres lokalen Kirchenraums erstellen.[38]

5.3 Herausforderung zum Perspektivenwechsel

Unter dem Programmwort »Perspektivenwechsel« hat die EKD-Synode 1994 in Halle/S. eine Herausforderung für die kirchliche Arbeit mit Kindern formuliert, die vielfältige, unabgeschlossene Umsetzungen in der Praxis findet.[39] Der pädagogische Ertrag dieser Praxis wird an ihrer Funktionalität für Kinder zu messen sein: Inwiefern unterstützt sie die eigene Sicht von Kindern auf die Welt, auf Kirche und Gemeinde, auf den Prozess des Glaubens – letztlich deren eigene Begegnung mit Gott? Besonders zu beachten ist hier die Verbindung mit der Diskussion um die »Rechte von Kindern«: Die institutionellen Interessen von Gemeinde und

---

[37] Dazu *M. Spenn u.a.* (Hrsg.), Handbuch, 31–195.

[38] *I. Garbe,* Gott liest auf krummen Linien gerade. Die Qualität des Imperfekten. Beobachtungen an sieben Kirchenführerheften für Kinder, in: CRP 56/2003, H. 2, 22–27.

[39] Vgl. *Comenius-Institut* (Hrsg.), Die Perspektive wechseln. Kirchliche Arbeit mit Kindern – Beiträge zu einer Kultur des Aufwachsens, Münster 2001; *M. Spenn u.a.* (Hrsg.), Evangelische Kinder- und Jugendarbeit im Perspektivenwechsel. Entwicklungen seit der EKD-Synode 1994, Münster 2005.

Kirche haben sich zu bewähren gegenüber dem Recht der Kinder, Religion in Gestalt einer Praxis gelebten christlichen Glaubens im sozialen Nahbereich zu erleben und kritisch prüfen zu können.

Die Rolle der Gemeinde ist also durchaus ambivalent zu sehen: Einerseits realisiert sie eine je und je bestimmte soziale Praxis des Glaubens in Raum, Zeit und Beziehung. Sie stellt der Arbeit mit Kindern Ressourcen und Traditionen zur Verfügung und spricht im Namen Jesu eine konkrete Einladung zur verbindlichen Teilhabe aus (Mt 28,19f.). »Begleiten« und »orientieren« – in dieser Reihenfolge – werden auch zukünftig wichtige Leitverben sein. Andererseits ist Gemeinde darin selbst *lernend*, personal wie organisationell.[40] Die Arbeit mit Kindern im Vorkonfirmandenalter ist eine hervorragende Strukturvorgabe zur Entwicklung einer *retroaktiven Lernkultur in der Gemeinde*, also dafür, dass Erwachsene von und mit Kindern lernen können (Mk 9,33–37 und 10,13–16). »Begleiten« und »orientieren« beschreiben also keine Ein-Weg-Kommunikation, sondern einen didaktischen Prozess wechselseitiger Erschließung. Deshalb kann auch »Beheimatung« – um eine weit verbreitete Zielformulierung aufzugreifen – nur innerhalb des pädagogischen Rahmens von »Mündigkeit«, also im subjektiv-kritischen Sinn ein Handlungsziel von Arbeit mit Kindern sein.

5.4 Arbeit mit Kindern im dimensionalen Zusammenhang

Eines der Grundanliegen von Gemeindepädagogik besteht darin, sog. »Versäulungen« zwischen den »Sektoren« gemeindlicher Handlungsfelder und den Strukturen von Mitarbeit aufzubrechen.[41] Wie bereits ausgeführt, stellt die Arbeit mit Kindern einen der prominentesten und zahlenstärksten Sektoren im Gemeindeleben dar. Das zum »Perspektivenwechsel« Gesagte lässt ausweiten zu *dimensionalen Lernchancen* im Zusammenspiel von Generationen, Mitarbeitenden und Handlungsfeldern. Besondere Beachtung verdienen, wo es um »glauben lernen« geht, informelle und non-formale Lernprozesse. Es wäre Aufgabe einer »Gemeindedidaktik«, die Vielfältigkeit und Komplexität von Lehr-Lernprozessen von »kirchgemeindlichen Gesellungsformen« zu analysieren und zu planen. Hierbei darf für die Arbeit mit Kindern – präziser gesagt: die Kinder selbst – eine Schlüsselstellung reklamiert werden. An den Räumen, Zeiten und Finanzen, die eine Gemeinde für die Arbeit mit Kindern bereit stellt, lernen Kinder etwas über die Chancen und Grenzen einer je vorfindlichen Gemeinde.

Dies lässt sich nur zum Teil unter den Bedingungen von Selbstorganisation und ehrenamtlichem Engagement realisieren. Deshalb wird auch in Zukunft der Beruf der Gemeindepädagoginnen und Gemeindepädagogen eine hervorgehobene Rolle für die Arbeit mit Kindern spielen. Unter den Bedingungen der dauernden Ressourcenverknappung könnte es aber sein, dass sich das Tätigkeitsprofil zunehmend verschiebt hin zu einer qualifizierenden und regional multiplikatorischen

---

[40] S. unten Teil 5.4 »Gemeindebildung«.

[41] S. oben *G. Adam/R. Lachmann*, Gemeindepädagogische Didaktik und Planung, Teil 4.

Beruflichkeit. Ein wesentliches Ziel ist, Kindern eine »Kirche der kurzen Beine« zu ermöglichen.

5.5 Gemeindebildung

Aus solchen gemeindedidaktischen und beruflichen Überlegungen heraus ist schließlich eine Perspektive weiterzuführen, die die Arbeit mit Kindern in ein Konzept von »Gemeindebildung« einzeichnet. Während »sektorale Gemeindepädagogik« konkrete (formale) Veranstaltungen und »dimensionale Gemeindepädagogik« die Vielfalt informeller und non-formaler Bildungsprozesse reflektiert, nimmt eine »systemische Gemeindepädagogik« jene Prozesse in den Blick, in denen sich Gemeinde bildet im Sinne von »konstituiert« bzw. »entwickelt«. Der Bildungsbegriff wird hier also bewusst in seiner Mehrdeutigkeit aufgenommen, um einen fachwissenschaftlichen Zusammenhang zum Gemeindeaufbau markieren zu können.

Dies ist in Ansätzen vorgedacht etwa bei *Roland Degen* und *Michael Meyer-Blanck*[42] und wird in der jüngsten Diskussion neu aufgenommen.[43] Zugleich wird damit – neben der Modernisierung des formalen Bildungshandelns in der Gemeinde und der (Wieder-)Entdeckung der Bildung als Querschnittsdimension kirchlichen Handelns – der dritte maßgebliche Traditionsstrang in der Entstehung von Gemeindepädagogik als eigener Disziplin in der ersten Hälfte der 1970er Jahre aufgenommen und weiterführend operationalisiert: Gemeindepädagogik als Instrument von Kirchenreform.[44]

Für die Arbeit mit Kindern wird dieser Zusammenhang in mehrfacher Hinsicht thematisch. Zum einen beziehen sich einige neuere Konzepte, wie etwa das aus der Willow Creek Community Church herstammende »Promiseland«[45], ausdrücklich auf Ideen von »Gemeindewachstum«. Dies kann die statistisch erwiesene Beteiligungsintensität von Kindern konstruktiv aufnehmen und verstärken. Freilich bedürfen die bei solchen wachstumsorientierten Konzepten ebenfalls impli-

---

[42] *R. Degen,* Gemeindepädagogik und Gemeindeaufbau, in: *Ders.,* Gemeindeerneuerung als gemeindepädagogische Aufgabe. Entwicklungen in den evangelischen Kirchen Ostdeutschlands, Münster: Comenius-Institut 1992, 108–116; *M. Meyer-Blanck,* Gemeinde und Bildung. Die künftige Arbeit einer »qualifizierten Kirche« zwischen Gemeindepädagogik und Gemeindeaufbau, in: GluL 10/1995, 156–169.

[43] *Projektgruppe »Lernende Organisation Kirche«* (Hrsg.), Lernende Organisation Kirche. Erkundungen zu Kirchenkreis-Reformen, Leipzig 2004; *H. Rupp/Ch.T. Scheilke* (Hrsg.), Bildung und Gemeindeentwicklung. Jahrbuch für kirchliche Bildungsarbeit 2007, Stuttgart 2007; Themenheft der PGP 61/2008, H. 1, 6–33: »Gemeinde – eine lernende Organisation?«

[44] Vgl. z.B. die Beiträge im Sammelband »Unvollendete Reformation. Wege zur Gemeindepädagogik«, hrsg. v. *F. Barth,* Darmstadt 1995.

[45] *M. Hilkert,* Promiseland. Einführung in ein wachstumsorientiertes Konzept von Arbeit mit Kindern, in: PGP 58/2005, H. 2, 43–46.

zierten Intentionen gemeindlicher Sozialisation und Mission der vertieften katechetischen und bildungstheoretischen Reflexionen.

Zum anderen lohnt es sich, weiterführend nach der Arbeit mit Kindern unter dem Gesichtspunkt von »Gemeindebildung« zu fragen, insofern Kindergruppen bzw. ihre Stellung im Gefüge des Gemeindelebens als Katalysatoren der Gemeinde insgesamt angesehen werden können. Hier sind sowohl jene konzeptionellen Schritte zu nennen, in denen *Erwachsene* advokatorisch für Kinder tätig werden: An den durch Kindergruppen ausgelösten Rückfragen an das Gemeindeverständnis lernt die Gemeinde über sich selbst, ihr Leitbild und ihre Strukturen in der Kommunikation des Evangeliums im Gemeinwesen. Intensive Wahrnehmung verdienen aber auch die *selbstorganisatorischen* Aktivitäten von Kindern in ihren *peer-groups:* Kinder bilden Gemeinde.

Literatur

Comenius-Institut (Hrsg.), Christenlehre und Religionsunterricht. Interpretationen zu ihrer Entwicklung 1945–1990, Weinheim 1998.

Degen, Roland, im leben glauben lernen. Beiträge zur Gemeinde- und Religionspädagogik, Münster 2000.

Henkys, Jürgen, Die pädagogischen Dienste der Kirche im Rahmen ihres Gesamtauftrages, in: HPTh(B), III, Berlin 1978, 12–65.

Rahmenplan Kirchliche Arbeit mit Kindern in der Gemeinde, Leipzig (1998) [4]2008.

Reiher, Dieter (Hrsg.), Kirchlicher Unterricht in der DDR 1949–1990. Dokumentation eines Weges, Göttingen 1992.

Steinhäuser, Martin, Christenlehre, in: *Spenn*, Matthias u.a. (Hrsg.), Handbuch Arbeit mit Kindern. Evangelische Perspektiven, Gütersloh 2007.

12. Gottfried Adam
Konfirmandenarbeit: Profil und Perspektiven

Konfirmation und Konfirmandenunterricht (=KU) bzw. Konfirmandenarbeit (=KA) sind ein wichtiger Bestandteil evangelischen Gemeindelebens.[1]

1. Zur Einführung

Befragt man Protestanten in Deutschland nach den Gründen der Kirchenmitgliedschaft, so gehört unbedingt zum Evangelisch-Sein, dass man getauft (93 %), konfirmiert (87 %) und Mitglied der Evangelischen Kirche (74 %) ist.[2]

1.1 Zur gegenwärtigen Situation in Deutschland

Dieser Einschätzung entspricht es, dass sich in Westdeutschland nach wie vor Jugendliche in großen Umfang konfirmieren lassen.[3] Laut Statistik werden jedes Jahr ungefähr gleich viele, ja etwas mehr Jugendliche konfirmiert, als 14 Jahre zuvor getauft worden sind. Dabei handelt es sich nicht um eine total identische Personengruppe. Es findet ein gewisser Austausch statt. Während ein Teil der getauften Kinder nicht zum KU kommt, stoßen andere durch Migration, Übertritt

---

[1] Zum Artikel insgesamt siehe *Comenius-Institut* (Hrsg.), Handbuch für die Arbeit mit Konfirmandinnen und Konfirmanden, Gütersloh 1998; *K. Wegenast,* KU und Konfirmation, in: *G. Adam/R. Lachmann* (Hrsg.), Gemeindepädagogisches Kompendium, Göttingen (1987) ²1994, 314–354; *G. Adam,* Religiöse Bildung und Lebensgeschichte. Beiträge zur Religionspädagogik II (STh 10), Würzburg ²1999, 87–112 und 113–134; *T. Böhme-Lischewski/H.-M. Lübking* (Hrsg.), Engagement und Ratlosigkeit. Konfirmandenunterricht heute, Bielefeld 1995; *B. Dressler u.a.* (Hrsg.), Konfirmandenunterricht. Didaktik und Inszenierung, Hannover 2001; *G. Adam,* Der Pfarrer im Arbeitsfeld KU, in: AuG 56/2005, 161–170; ZPT 58/2006, H. 4: Themaheft »KU im Wandel«; Nordelbische Stimmen 2006, H. 4: Themaheft »KU im Wandel«; *Th. Klie,* Art. Konfirmation, in: *W. Gräb/B. Weyel* (Hrsg.), Handbuch Praktische Theologie, Gütersloh 2007, 591–601.

[2] Vgl. Weltsichten, Kirchenbindung, Lebensstile. Vierte EKD-Erhebung über Kirchenmitgliedschaft, Hannover 2003.

[3] Auch aus anderen europäischen Ländern (Dänemark, Norwegen, Österreich, Schweiz) wissen wir, dass durch die Konfirmation ein sehr großer Teil der Jugendlichen angesprochen wird. Diese kann sogar ein fester Bestandteil der Jugendkultur werden (Finnland). Weiteres bei *R. Starck/V. Elsenbast,* Konfirmandenarbeit in Kirchen anderer Länder in: *Comenius-Institut* (Hrsg.), Handbuch, 473–490; Lutherischer Weltbund (Hrsg.), Studie über Konfirmandenarbeit (LWB-Dokumentation 28), Genf 1995.

oder Spät-Taufe dazu. Die Zahl der Jugendlichen, die sich im Zusammenhang mit der Konfirmandenzeit taufen lassen, hat sich etwa bei 7 % eingependelt.[4]

Die Pfarrer*innen* sowie die haupt- und ehrenamtlichen kirchlichen Mitarbeite-*rinnen* investieren viel Zeit und Kraft in diese Arbeit. In Westdeutschland gibt es gegenwärtig keinen Zweig kirchlicher Arbeit, der so umfassend die Getauften erreicht und anspricht wie die Konfirmation. Die ostdeutsche Situation ist anders gelagert, weil der volkskirchliche Zusammenhang nicht mehr gegeben ist und Kirchenleitungen und Pfarrerschaft in der DDR-Zeit auf kritische Distanz zur volkskirchlich verantworteten Konfirmation gegangen sind.[5]

Die Konfirmation ist kein Sakrament, gleichwohl kommt ihr für evangelisches Selbstbewusstsein und Selbstverständnis ein sehr hoher Stellenwert zu. Eine Begebenheit aus dem Religionsunterricht mag dies illustrieren: Es ist um den Reformationstag herum. Die Klasse hat sich einen Luther-Film angesehen. Die Lehrerin versucht im Gespräch über den Film herauszuarbeiten, was die Bedeutung des Reformationstages ist. Ein Schüler bringt offensichtlich Reformation und Konfirmation durcheinander und stellt fest: »Das ist so. Wir werden katholisch getauft. Und durch die Konfirmation werden wir evangelisch gemacht.«

Der Blick in die *Ökumene* zeigt, dass es in der Frage von Konfirmation und KU in den anglikanischen, methodistischen, presbyterianischen, reformierten und lutherischen Kirchen in aller Welt seit den 1970er Jahren zu differenzierten Entwicklungen und Veränderungen gekommen ist. Dazu zählen die wachsende Abkopplung der Abendmahlszulassung von der Konfirmation, die zunehmende Differenzierung hinsichtlich der Altersfrage (z.B. KU mit 9- bis 10-Jährigen) und eine Ausdifferenzierung der Formen und Zeiten des Unterrichtens (Praktika, KonfiCamps, Projektlernen, Sommerlager, Eltern als Unterrichtende, Erwachsene als Konfi-Mentoren). Damit wachsen freilich auch die Anforderungen hinsichtlich der unterrichtlichen Standards.

In empirischen Befragungen äußern sich junge Erwachsene ausgesprochen positiv über ihre Konfirmandenzeit. Diese Aussagen beziehen sich freilich nicht auf das Lernpensum der Konfirmandenzeit, sondern auf die Erinnerung an die persönlichen Begegnungen in dieser Zeit. Darin spiegelt sich, dass es nicht mehr so sehr die herkömmlichen Strukturen und Traditionen, sondern eher die prägenden Erfahrungen mit Personen sind, die zu Nähe oder Distanz zur Kirche führen.

1.2 Zusammenhang von Taufe und Konfirmandenarbeit

In theologischer Hinsicht, aber auch im Verständnis der Gemeindeglieder besteht weitgehend Konsens darüber, dass Konfirmation und KU auf die Taufe bezogen sind,
– sei es, dass es sich um nachgeholten Taufunterricht handelt,
– sei es, dass es ein auf die Taufe hinführender Unterricht ist,

---

[4] *C. Grethlein*, Grundinformation Kasualien (UTB 2919), Göttingen 2007, 174.
[5] S. dazu unten Teil 3.2.

– sei es, dass die Konfirmation als persönliche Bestätigung des Taufgeschehens verstanden wird.

Mit dem Verweis auf die Taufe ist also nicht ein zufälliger, sondern der sachgemäße Zusammenhang namhaft gemacht: alles Unterrichten, Erziehen und Bilden gründet im Auftrag zur Kommunikation des Evangeliums, wie er in klassischer Weise im Taufbefehl formuliert ist.

So heißt es in den geltenden kirchlichen Ordnungen, Rahmenrichtlinien oder Leitlinien für die KA oft, dass die KA ihre biblische Grundlage im Tauf- und Missionsbefehl Jesu Christi (Mt 28,18–20) hat oder im Auftrag und der Zusage Jesu Christi von Mt 28,18–20 gründet. Zwei Beispiele mögen das belegen:

– Die »Ordnung für die Arbeit mit Konfirmandinnen und Konfirmanden in der Nordelbischen Evangelisch-Lutherischen Kirche« von 2005 wird mit dem Satz eröffnet: »Die Arbeit mit Konfirmandinnen und Konfirmanden gründet im Auftrag und der Zusage Jesu Christi: ›Mir ist gegeben alle Gewalt … ‹ (Mt 28,18–20)«.

– Im »Confirmation Training Plan« der Finnischen Lutherischen Kirche von 2001 wird herausgestellt, es gehe darum »den jungen Menschen zu helfen, den Glauben zu leben und zu verstehen, an dem sie durch das Sakrament der Heiligen Taufe Anteil bekommen haben.«

2. Ursprung – Motive – Entwicklung

In der Alten Kirche hat sich das »sacramentum confirmationis« (=Firmung) aus dem Sakrament der Taufe entwickelt. Ursprünglich gehörte die Firmung zur Taufe. Der zur Taufe berechtigte Presbyter oder Bischof verlieh nach dem Taufakt durch Handauflegung und Salbung die Gabe des Hl. Geistes. Im dritten Jahrhundert hat sich dieser Akt zu einer eigenen sakramentalen Handlung verselbstständigt. Die Taufe wurde mehr und mehr als Reinigungssakrament verstanden, während die Salbung als Geistmitteilung, ja als Vervollkommnung der Taufe begriffen wurde. Bei *Thomas von Aquin* (1225/26–1274) schenkt die Taufe das neue Leben, dies bedarf aber der Stärkung durch die Konfirmation. Das Konzil zu Florenz erklärte im Jahre 1439 eindeutig: »Das zweite Sakrament ist die Firmung.«

In der Kritik am römisch-katholischen Verständnis des heilsnotwendigen Sakramentscharakters der Firmung bildeten sich in der Reformationszeit in den evangelischen Kirchen KU und Konfirmation heraus und gewannen ihre spezifische Funktion im katechetischen Handeln der evangelischen Kirchen. *Martin Luther* (1483–1546) sah die Firmung als eine Entwertung der Taufe an, die bereits alle Heilsgaben voll vermittelt. Er wandte ein, dass die Firmung kein heilsnotwendiges Sakrament sei, weil sich in der Bibel dafür keine Begründung finden lasse, denn es fehlt das Wort der göttlichen Verheißung, das für Luther für die Einsetzung eines Sakraments grundlegend ist.

Im Zusammenhang der Visitationspraxis in der Reformationszeit wurden die katechetischen Defizite deutlich. So kam es zur Entwicklung der Katechismus-Praxis, bei der es um den nachgeholten Taufunterricht und den Erwerb des nötigen Wissens für die verständige Teilnahme am Abendmahl geht. Das theologische Verständnis der Konfirmation bestimmt sich aus ihrer Zuordnung zu Taufe und Abendmahl. Luther legte keinen großen Wert auf die rituelle Konfirmation, er schloss aber einen besonderen Ritus nicht aus, sofern die rituelle Handlung als Segenshandlung verstanden wird und ein Fürbittgebet enthalten ist.

Martin Bucer (1491–1551) hat entscheidend dazu beigetragen, dass die Konfirmation in großem Umfang im Protestantismus eingeführt wurde. Er orientierte sich dabei an der Kirchenzucht. Er wollte die Kindertaufe – in der Auseinandersetzung mit den Wiedertäufern – stärken. Er interpretiert die Konfirmation als Erneuerung des Taufbekenntnisses und verbindet damit die Handauflegung, die Fürbitte um den Hl. Geist sowie die Aufforderung zur Teilnahme am Abendmahl. Bucer ist als der »Vater der evangelischen Konfirmation« anzusehen. In der Ziegenhainer Zuchtordnung von 1538 wird erstmals in einer evangelischen Gemeindeordnung eine Konfirmation vorgesehen. Sie umfasst: Katechismusunterricht, Prüfung mit Bekenntnis/Gelübde, Fürbittengebet für die Kinder, Handauflegung und Teilnahme am Abendmahl. Dabei ist nicht der Rechtsakt der Abendmahlszulassung wichtig, sondern die Einladung und das Geleit zum Abendmahl sind das wesentliche Anliegen. Nach der Kasseler Kirchenordnung von 1539 (erweiterte Neuausgabe) soll bei der Handauflegung gesprochen werden: »Nimm hin den heiligen geist, schutz und schirm vor allem argen, sterck und hülf zu allem guten, von der gnedigen Hand Gottes des Vaters, Sohns und heiligen Geistes. Amen.«

Der Genfer Reformator *Johannes Calvin* teilte mit Luther das katechetische Interesse. Er schlug jährlich vier Prüfungstermine vor, an denen die für den Abendmahlsgang nötigen Kenntnisse abgefragt werden. Katechetischer und kirchenzuchtlicher Typus der Konfirmation haben sich rasch verbreitet und sich auch außerhalb Deutschlands durchgesetzt. – Für die Reformation lässt sich eine Reihe von Gemeinsamkeiten im Verständnis von Konfirmation festhalten:

(1) Ein sakramentales Verständnis der Konfirmation wird durchgängig abgelehnt.

(2) Die Taufe soll nicht abgewertet, sondern im Gegenteil hochgehalten werden.

(3) Es herrscht ein katechetisches Interesse, auch im Blick auf das Abendmahl, vor.

(4) Es geht um eine Fürbitte- und Segenshandlung.

Pietismus und Aufklärung haben stärker die persönliche Anrede, die Entscheidung und das Bekenntnis der einzelnen Konfirmanden, d.h. ihre Mündigkeit, in den Mittelpunkt gestellt. Für den Pietismus ist die Konfirmation eine nützliche Zeremonie. Hauptziele sind dabei Buße und Bekehrung. In der Aufklärung wird die Konfirmation zum gesellschaftlichen Ritual, zum Abschluss der Schulzeit und zum Zeichen des Übergangs von der Kindheit in das Erwachsenenalter. Die Bestätigung und Erneuerung der Taufe wurde betont. Pietismus und Aufklärung haben dazu beigetragen, dass die Konfirmation als Institution sich weiter ausbreitete. Im 19. Jahrhundert ist sie in Deutschland flächendeckend eingeführt.

Im 19. Jahrhundert kam es allerdings auch zu deutlicher Kritik. Man plädierte für eine Reform durch Aufteilung der Konfirmation in zwei Akte: einen ersten Akt für alle, der eine Erneuerung des Taufbundes darstellen sollte, und einen zweiten Akt der Aufnahme in die volle Kirchenmitgliedschaft für diejenigen, die zur engagierten Beteiligung am Gemeindeleben bereit sind. Dies Motiv der Aufteilung auf zwei Akte findet sich auch in der Folgezeit immer wieder in Reformvorschlägen. Aber weder damals noch später wurde es umgesetzt. Die Reformvorschläge vermochten an der volkskirchlichen Praxis nichts grundlegend zu verändern.[6]

3. Entwicklungen im 20. Jahrhundert

Auch das 20. Jahrhundert ist durch eine bewegte Geschichte von KU und Konfirmation gekennzeichnet.[7] In der *Zeit des Dritten Reiches* (1933–1945) wird von der Bekennenden Kirche das Katechumenat »wiederentdeckt«. Als Reaktion auf die staatliche Erschwerung bzw. Umfunktionierung des Religionsunterrichts in der Schule wird der KU auf zwei Jahre verlängert und deutlich aufgewertet. Nach dem politischen Zusammenbruch des Jahres 1945 wird diese Linie weiter verfolgt und der reformatorische Katechismusansatz bleibt weiterhin wichtig. Man arbeitet an Ordnung und Theologie der Konfirmation und versucht von daher dem Unterricht Richtung und Ziel zu geben. Man wollte eine für Ost und West verbindliche Regelung der Konfirmationsfrage durch eine EKD-Synode verabschieden lassen. Diese Bemühungen sind mit dem Jahre 1961 als endgültig gescheitert anzusehen. Die EKD-Synode setzte zur weiteren Bearbeitung der anstehenden Fragen einen neuen Ausschuss ein, doch dieser kam niemals zu einer Sitzung zusammen.

3.1 Konfirmandenarbeit – Der westdeutsche Weg

Eine neue Phase der Diskussion läutete *Walter Neidhart* mit seinen Analysen zum »KU in der Volkskirche« (1964) ein. Nicht mehr die Suche nach einer Ordnung der Konfirmation, sondern der Weg einer religionspädagogischen Reform stand jetzt im Mittelpunkt. Neidhart wollte eine realistische Praxistheorie des KU

---

[6] Für die Geschichte sind informativ: *K. Frör* (Hrsg.), Confirmatio. Forschungen zur Geschichte und Praxis der Konfirmation, München 1959; *Ders.* (Hrsg.), Zur Geschichte und Ordnung der Konfirmation in lutherischen Kirchen, München 1962; *B. Hareide*, Die Konfirmation in der Reformationszeit, Göttingen 1971.

[7] Näheres bei *G. Adam*, Der Unterricht der Kirche. Studien zur Konfirmandenarbeit (GTA 15), Göttingen (1980) ³1984, 28–48 (Das Katechetische Konzept der Bekennenden Kirche), 49–69 (Die Diskussion um Ordnung und Theologie der Konfirmation nach 1945), 70–84 (KU als Institution der Volkskirche), 107–130 (Vom Katechismus zum orientierenden Rahmenplan).

entwickeln. Er macht dazu auf die nichttheologischen Faktoren bei der Konfirmation aufmerksam, fragt nach der Motivation der Jugendlichen und arbeitet die Konturen des KU als einer Institution der Volkskirche heraus. Ab Mitte der 1960er Jahre kommt es zu einer breiten, pädagogisch motivierten Reformbewegung. Vielfältige Reformen werden durchgeführt, die von verschiedenen Seiten her einsetzen:

(1) Man ändert das Organisationsmodell und arbeitet mit Epochen- und Kursunterricht, Freizeiten, Wochenendblöcken etc.

(2) Man nimmt eine Revision der Inhalte dadurch vor, dass man mit Hilfe des thematisch-problemorientierten Ansatzes die Inhalte neu strukturiert.

(3) Man bemüht sich um eine Neubestimmung des didaktischen Ortes der Konfirmandenarbeit, indem man das besondere Profil des Lernortes Gemeinde bedenkt.

(4) Und schließlich werden die Erkenntnisse von humanwissenschaftlichen Disziplinen, vornehmlich Sozialisationsforschung, Sozialpsychologie und Gruppendynamik aufgenommen und für die Analyse des Lernfeldes und die Gestaltung der Lernprozesse fruchtbar gemacht.[8]

Glaube und Lernen und ihr Zusammenhang sind entscheidende Stichworte in dieser Phase. Es vollzieht sich ein terminologischer Wandel, statt vom KU spricht man jetzt von Konfirmandenarbeit.

Allen Reformversuchen ist das Bemühen gemeinsam, die Erfahrungen der Jugendlichen einzubeziehen und ein erfahrungsnahes Lernangebot zu machen. Glaube und Lernen sollen einander konstruktiv zugeordnet werden. Lernen wird als ein Prozess verstanden, in dem die Jugendlichen durch Erfahrung und deren Verarbeitung Einstellungen, Wissen und Fähigkeiten erwerben, die sie in die Lage versetzen, elementare Zugänge zum christlichen Glauben zu gewinnen in einer Zeit ihres Lebens, in der sie bewusster zu leben beginnen. Darum ist Lernen nicht mit Auswendiglernen gleichzusetzen, sondern vollzieht sich sowohl als soziales Lernen im Bezug auf die zwischenmenschlichen Beziehungen und den sozialen Kontext als auch als affektives Lernen im Blick auf Wollen und Fühlen und als kognitives, gedankliches Lernen hinsichtlich der Erkenntnis.

Auf diese Weise werden die spezifischen Möglichkeiten der KA bewusst. Kirche wird so zu einer *Lerngemeinschaft,* bei der die alten Rollenzuteilungen an den Erwachsenen, der lehrt, und an den Jugendlichen, der lernt, pädagogisch wie theologisch keine hinreichende Beschreibung mehr darstellen, sondern wo von den Kategorien der Begegnung und Erfahrung her (ohne dass dadurch das Lernen

---

[8] Ausführlich dazu *K. Dienst,* Moderne Formen des Konfirmandenunterrichts, Gütersloh 1973. – Im gleichen Jahr erscheint das erste Heft der überregionalen Schriftenreihe »KU-Praxis« (Gütersloh 1973), der es laut Vorwort um die »Profilierung des KU durch Veränderung der Konfirmationspraxis im Sinne einer evangelischen Erneuerung« geht.

durch Unterricht abgewertet wird) sich unter anderem als spezifische Lernformen der KA herauskristallisiert haben:

- Direktbegegnungen mit anderen Menschen (Lernen am Vorbild),
- Vorbereitung und Mitgestaltung von Gottesdiensten (liturgisches Lernen),
- Erproben von Lebensformen des christlichen Glaubens (Erfahrungslernen),
- Teilnahme an diakonischen Praktika (diakonisch-soziales Lernen, Lernen in einer community of practice).

Es geht mithin um ein Lernen mit Kopf, Herz und Hand. In diesem veränderten Lernverständnis konkretisiert sich die Wendung zur Gemeindepädagogik, welche die spezifischen Möglichkeiten des Lernortes Gemeinde wahrnimmt und realisieren will. Damit ist die frühere Orientierung des KU am Lernen des Katechismus und die damit einhergehende Konzentration auf die kognitive Seite des Lernens verändert und erweitert worden in Richtung auf einen ganzheitlichen Bildungsprozess. Wichtig für alle weiteren Überlegungen sind einerseits der Bezug der KA auf die Jugendlichen und ihre Situation und andererseits die Entdeckung und das Bedenken der Gemeinde als Lebens- und Lernort. Gegenwärtig stehen – angesichts der Entwicklung der öffentlichen Schulen zu Ganztagsschulen – vor allem die Fragen der künftigen Organisation im Blickpunkt der Überlegungen und der Reformbemühungen.

3.2 Konfirmierendes Handeln – Der ostdeutsche Weg[9]

In der *ehemaligen DDR* wollte der kommunistische SED-Staat die Kirchen in ihrem Einfluss, zumal auf die Kinder und Jugendlichen, zurückdrängen und letztlich marginalisieren. Dabei spielte die Jugendweihe[10], die auf das 19. Jahrhundert zurückgeht und in freireligiösen Kreisen als Ersatz für die Konfirmation entstanden ist, eine wichtige Rolle. Der SED-Staat stand der Jugendweihe zunächst ablehnend gegenüber. Im Jahre 1954 machte er diese aber seinen Zielen dienstbar und setzte sie als Mittel gegen die Konfirmation ein. Es gelingt mit Hilfe staatlicher Repressionen relativ rasch dieses Ritual als Initiation in der sozialistischen Gesellschaft flächendeckend durchzusetzen. Freilich wurde damit auch einem offensichtlichen Ritualbedürfnis bei den Jugendlichen am Ende der Kindheit Rechnung getragen. Sonst wäre die Jugendweihe-Praxis unmittelbar nach dem Ende des SED-Staates und der politischen Wende 1989/90 zusammengebrochen. Dies war aber nicht der Fall, auch gegenwärtig nimmt noch immer ein beachtlicher Teil der Jugendlichen in Ostdeutschland an Jugendweihe-Feiern teil.

Die Landeskirchen kamen seinerzeit nicht zu einem gemeinsamen Verständnis der Konfirmation und ihrer Praxis. Auf diesem Feld zeigte sich sehr schnell die

---

[9] Eine gute Gesamtübersicht bietet *R. Hoenen*, KU und Konfirmation in den ostdeutschen Landeskirchen, in: *Comenius-Institut* (Hrsg.), Handbuch, 429–445.

[10] Dazu s. *C. Grethlein*, Grundinformation Kasualien, 203–211 (§ 21 Anhang Jugendweihe).

innere Brüchigkeit der Volkskirche. Dies führte zu Klein- und Kleinstgruppen von Konfirmandinnen und Konfirmanden. In den 1960er Jahren bemühte man sich zunächst um eine Verbesserung der Arbeit mit den Jugendlichen. In den 1970er Jahren wurde dann ein neues Konzept entwickelt, in dem der KU völlig in die katechetische Arbeit der Kirche eingeordnet wurde.[11] Die Formel vom »konfirmierenden Handeln in der Gemeinde« drückt diese Intention aus.

Das konfirmierende Handeln der Gemeinde mit Jugendlichen im Konfirmandenalter wird im Zusammenhang mit der umfassenden Zuwendung der Gemeinde zu allen Kindern und Jugendlichen verortet. Die KA ist nur eine Phase und der Konfirmationsgottesdienst nur ein Moment im Gesamtprozesses konfirmierenden Handelns. Mit dem »Rahmenplan für die kirchliche Arbeit mit Kindern und Jugendlichen (Konfirmanden)«[12] des Bundes der Evangelischen Kirchen in der DDR wurde im Jahre 1977 ein Konzept vorgelegt, in dem die »Isolierung« der KA aufgehoben und diese mit der Christenlehre voll koordiniert wurde. Dabei soll es um ein ganzheitliches Lernen gehen, in dem die Situation der Jugendlichen und die biblische Überlieferung miteinander verschränkt werden. Die Suche der Jugendlichen nach der eigenen Position, nach Möglichkeiten für die eigene Lebenspraxis und nach der eigenen Zukunft werden als die besonderen Akzentsetzungen des Konfirmandenalters herausgestellt. Dabei soll das Evangelium von Jesus Christus als befreiendes und orientierendes Angebot erfahren werden.

In der Einleitung wird folgendes Gesamtziel für die Arbeit mit Konfirmanden und Konfirmandinnen formuliert: »In der Begleitung der Gemeinde sollen Kinder und Jugendliche das Evangelium als befreiendes und damit orientierendes Angebot erfahren. Damit soll ihnen geholfen werden, die Welt zu verstehen, Lebenssituationen zu bestehen und mit der Gemeinde zu leben. So sollen sie erfahren, wie Christen in der sozialistischen Gesellschaft verantwortlich vor Gott leben können.«[13]

Das Konzept wollte die kognitive Entlastung der KA und empfahl ganzheitliches Lernen. Es war offen für ungetaufte Jugendliche, intendierte die Teilnahme an der Feier des Abendmahls vor der Konfirmation und entflocht die Konfirmation, so dass vor allem der Einsegnungsaspekt blieb. Allerdings spielte die Konfirmation im Prozess des konfirmierenden Handelns weder als Ziel noch als Inhalt keine wichtige Rolle mehr. Es gibt dementsprechend auch keinerlei Überlegungen zum rituellen Aspekt des Konfirmationsgottesdienstes. Wieweit das Konzept des konfirmierenden Handelns freilich in der kirchlichen Praxis letztlich rezipiert wurde, ist eine offene Frage. Bei der Überarbeitung des Rahmenplanes 1998 wurde der »Kurs V: Zwölf- bis Fünfzehnjährige (Konfirmandengruppe)« heraus ge-

---

[11] Vgl. *E. Schwerin*, Evangelische Kinder- und Konfirmandenarbeit (STh 3), Würzburg 1989. Dort sind auch die einschlägigen Dokumente abgedruckt.

[12] Erstveröffentlichung in: ChL 30/1977, H. 1.

[13] In: ChL 30/1977, 5f. = *Comenius-Institut* (Hrsg.), Rahmenplan für die kirchliche Arbeit mit Kindern und Konfirmanden, Münster 1978, 3.

nommen, weil die Arbeit mit Konfirmanden einer eigenständigen Reflexion »zwischen Kindern und Jugendlichen« unterzogen werden sollte.

Die KA ist auch in den ostdeutschen Landeskirchen in Bewegung geraten[14], wobei der Kontext der Christenlehre[15] und die unterschiedliche religiösen Situation, die durch ein überwiegend konfessionsloses Umfeld gekennzeichnet ist, zu bedenken sind.[16] Ein besonderes Problem stellt dabei die kleiner gewordene Zahl von Konfirmandinnen und Konfirmanden in der einzelnen Ortsgemeinde dar. *Carsten Haeske*[17] stellt heraus, dass das Gewohnte nicht mehr trägt: Die KA gehe zwischen vielen Terminen in der Gemeinde unter, der Schulunterricht breite sich in den Nachmittag hinein aus und die Konfirmandenzahlen würden sinken. Von daher legen sich flexiblere, offene Organsiationsformen (z.B. Blocktage, Projekte, Freizeiten, Camps, Organisation der KA auf Stadtebene, KonfiCamps auf Kirchenkreisebene nahe. »Ich denke, der Trend zur Verzahnung von lokalen und überregionalen Elementen wird künftig noch viel stärker in den Blick kommen ... Bei kleinen Zahlen in den örtlichen Gemeinden schient dies künftig der einzig begehbare Weg zu sein.«[18] Bei einem solchen Trend in Richtung Regionalisierung der KA stehen auf der Positivseite die Erfahrung von Gemeinschaft für die Konfis, der Gewinn aus der Zusammenarbeit für die kirchlichen Mitarbeiter*innen* und der Mehrwert der ehrenamtlichen Teamer*innen*, vor allem bei gemeindeübergreifenden KonfiCamps. Eine offene Frage ist dabei die Gestaltung des Bezugs zur Ortsgemeinde.

Die Entwicklung in Ostdeutschland hat im Übrigen in organisatorischer und methodischer Hinsicht viele Gemeinsamkeiten mit derjenigen in Westdeutschland aufzuweisen. Ein Blick in die Veröffentlichung »Vom Unterricht zum Projekt« aus der Mecklenburgischen Landeskirche macht das deutlich.

4. Die Lebenswelt der Jugendlichen – Einige Blitzlichter

Ausgangspunkt der KA sollen die Jugendlichen sein: ihre Lebenssituation, ihr Verstehenshorizont, ihre Fragen. Das steht in nahezu jeder Veröffentlichung zur KA seit Jahrzehnten. Freilich: das bedeutet nicht völlige Beliebigkeit und den Verzicht auf Inhalte oder die Gleichsetzung der KA mit Erlebnisorientierung. Es bedeutet allerdings Wahrnehmung der Jugendlichen und ihrer Lebenswelt und In-

---

[14] Dazu s. *E.U. Wachter*, Umfrage bei Pfarrerinnen und Pfarrern zum Thema Konfirmandenarbeit, in: Aufbrüche 9/2002, H. 2, 39–45: hier 41ff. sowie *H. Keßler/A. Döhnert*, KA zwischen Tradition und Herausforderung, in: *G. Doyé/H. Keßler* (Hrsg.), Konfessionslos und religiös, Leipzig 2002, 29–56.

[15] S. den Artikel 11. *M. Steinhäuser*, Christenlehre in gemeindepädagogischer Perspektive.

[16] Vgl. z.B. für Mecklenburg: *Theologisch-Pädagogisches Institut Ludwigslust* (Hrsg.), Vom Unterricht zum Projekt. KU in Mecklenburg, Ludwigslust 2003.

[17] »Wie steht es eigentlich um die KA?« Interview mit Pfr. Carsten Haeske, in: Aufbrüche 14/ 2007, H. 1, 8–10, hier: 11.

[18] Ebd.

Beziehung-setzen mit dem Inhalt der KA: dem Evangelium von der Menschen-freundlichkeit Gottes.

4.1 Aufwachsen – Zeit der Entwicklung

Allerdings ist das, was Jugend ausmacht, zunehmend undeutlicher geworden, die Pubertät verlagert sich nach vorne, die Kindheit wird kürzer, während Schulzeit und ökonomische Abhängigkeit von den Eltern sich deutlich verlängern. Die Lebensformen werden vielfältiger, ebenso die Rollen, die die einzelne Person spielt. Der Sozialpädagoge *Richard Münchmeier* macht darauf aufmerksam, dass die jungen Menschen länger im Bildungssystem verbleiben und dass deshalb ihre Lebensläufe sich anders entwickeln als bei ihren Eltern.

– Das Verständnis von Jugend als Statuspassage ist ins Schwimmen geraten.
– Die Verhaltensformen der traditionellen Adoleszenzphase (15- bis 19-Jährige) von demonstrativer Ablösung, Selbstsuche, experimenteller und expressiver Selbstinszenierung usw. scheinen sich in das Alter von 12 bis 14 Jahren hinein zu verschieben.
– Der Abschluss der Jugendphase hat sich andererseits aufgrund der Bildungs-explosion und der Arbeitsmarktsituation verkompliziert.
– Die Bedeutung des Schulerfolgs für den weiteren Lebensweg hat sich gesteigert.
– Den gewachsenen Wahlmöglichkeiten korrespondieren andererseits gestiegene Orientierungsprobleme. Darum suchen die Jugendlichen Modelle für Lebensmuster, mit denen sie sich auseinandersetzen, die sie prüfen, erproben oder auch verwerfen können.
– Neue Widersprüche ergeben sich daraus, dass sie »gleichzeitig eine stabile Ich-Identität und eine »modale Persönlichkeitsstruktur« (die sich je nach dem Modus der Situationsanforderungen ändern und umstellen kann) ausbilden« sollen.[19]

Die Pädagogin *Luise Winterhager-Schmid* hat in ihrem Beitrag »Das Jugendalter – Zeit der Entwicklung«[20] darauf hingewiesen, dass Züge, die uns an Jugendlichen schwierig erscheinen können, Zeichen für ein höchst komplexes Geflecht von Selbstzuständen und Empfindungen darstellen und Ausdruck des komplizierten Prozesses der jugendlichen Identitätssuche sind. Sie formuliert für das Jugendalter folgende notwendigen Entwicklungsprozesse:
– »Das Akzeptieren des eigenen, veränderten Körpers, das Finden der eigenen Geschlechtsidentität und Akzeptieren der geschlechtlichen Dimension der menschlichen Existenz (Geschlechtsidentität).

---

[19] *R. Münchmeier,* Aufwachsen unter veränderten Bedingungen – Die Lebenswelt der Konfirmandinnen und Konfirmanden, in: *Comenius-Institut* (Hrsg.), Handbuch, 29ff., Zitat: 40.
[20] In: *Comenius-Institut* (Hrsg.), Handbuch, 41–57.

- Ein kontinuierliches Gefühl für und ein Bekanntsein mit sich selbst als einer leiblich, seelisch und sozial unverwechselbaren und für andere identifizierbaren Person (Soziale und personale Identität).
- Die emotionale Lösung von den Eltern so weit, dass auch Menschen außerhalb des engsten Verwandtenkreises geliebt werden können (Aufgeben von Kindheitsidentifikationen).
- Die Fähigkeit zu guten Kontakten mit den Gleichaltrigen und zum Eingehen von Freundschaften (Soziales und emotionales Verstehen).
- Die Vorbereitung auf eine spätere Erwachsenenexistenz (Ausbildung) und die Ausweitung der persönlichen Zielperspektive über die unmittelbare Gegenwart hinaus als Vorstellung eines eigenen Lebenslaufs (Strukturierung der Lebenslaufperspektive).
- Der Aufbau verinnerlichter Regeln und moralischer Prinzipien mit der Fähigkeit und Bereitschaft, sich diesen Werten zu verpflichten. Der Aufbau persönlicher Ich-Ideale, d.h. solcher Vorstellungen von der eigenen Person, die sie – in ihren Augen – wertvoll machen (Fähigkeit zur moralischen Perspektive auf eigenes und fremdes Handeln).
- Die Fähigkeit, die eigene Person wertzuschätzen, sie der Wertschätzung anderer für würdig zu erachten und auf dieser Basis die Fähigkeit zu wertschätzender Anteilnahme an anderen Menschen, die mir nicht gleich sind, zu entwickeln (Selbstwertgefühl und Einfühlungsfähigkeit).
- Die Fähigkeit zur zärtlichen und liebevoll-verantwortlichen Zuwendung zu einem/r Lebenspartner/in (Fähigkeit zur Intimität).«[21]

Zur Frage der Religiosität Jugendlicher arbeiten *Friedrich Schweitzer* und *Andreas Fincke* in ihrem Beitrag »Wie religiös sind die Konfirmandinnen und Konfirmanden?«[22] im Blick auf die KA heraus, dass angesichts von Pluralisierung und Individualisierung zunächst einmal die Vielfalt der unterschiedlichen Voraussetzungen wahrzunehmen ist. Das Einlassen auf den Lebenszusammenhang der Jugendlichen könnte für die KA praktisch bedeuten:
- Lebensbezug und Subjektorientierung sind die Bedingung der Möglichkeit, heutige Jugendliche zu erreichen. Sie entsprechen zugleich dem Bedürfnis der Jugendlichen, als Individuen wahrgenommen und als selbstständige Partner anerkannt zu werden. Lebensbezug und Subjektorientierung stellen daher grundlegende Kriterien der KA dar.
- Komplementär steht dem das Bedürfnis nach erfahrbarer Gemeinschaft gegenüber. »Pädagogische Arbeit mit Jugendlichen muß dementsprechend darauf zielen, Gemeinschaft zu ermöglichen, d.h. die Zusammengehörigkeitserfahrung in der Gruppe zu stärken oder allererst anzubahnen.«

---

[21] In: *Comenius-Institut* (Hrsg.), aaO., 42.
[22] In: *Comenius-Institut* (Hrsg.), aaO., 58–76, bes. 74–76.

- Die Bedürfnisse Jugendlicher richten sich besonders auf den »Bereich des Ästhetischen und allgemeiner: des sinnlichen, praktischen sowie überhaupt persönlichen Erlebens. Liturgische und meditative Angebote, Erfahrungen der Stille usw. ... sollten in der KA einen festen Platz haben.«
- Es besteht durchaus auch ein kognitiver Klärungsbedarf (Frage nach Gott, Glaubwürdigkeit von Kirche, Glaube und Naturwissenschaft, Zukunft der Welt und die eigene Zukunft). Dies ist mit der Erfahrungs- und emotionalen Dimension zu verzahnen.
- Schließlich ist der Bereich der Ethik, insbesondere die Frage nach Gerechtigkeit in der eigenen Gemeinschaft, in der Gesellschaft und in der Welt zu nennen.[23]

Diese Schlaglichter auf die Lebenswelt der Jugendlichen lassen erkennen, dass sich die Rahmenbedingungen des Aufwachsens gegenüber früher deutlich verändert haben und dass die Jugendlichen vor der schweren Aufgabe stehen, die eigene Identität zu entwickeln.

5. Ziele und Inhalte der Konfirmandenarbeit

Mit der Frage nach den Zielen und Inhalten kommen wir zum Kernbereich der Planung der KA. Die Ziele der KA stehen in einem engen Zusammenhang mit den Inhalten. Zugleich sind sie, wollen sie didaktisch verantwortet sein, auch nur unter Einbeziehung der Jugendlichen und ihrer Lebenswelt zu formulieren. Darum sind sowohl die Überlieferung wie die Jugendlichen wichtiges Kriterium für die Gewinnung von Zielen und Inhalten.[24]

5.1 Ziele der Konfirmandenarbeit

Die Ziele der KA sind jeweils zwar im Blick auf die »Kirche vor Ort« konkret zu formulieren. Aber sie unterliegen nicht der Beliebigkeit, insofern sie dem Grundauftrag der Kirche zur »Kommunikation des Evangeliums« gerecht werden müssen. Es ist hilfreich, die Ziele der KA in einem Bündel von mehreren Zielbestimmungen auszudifferenzieren. Als Bestimmung des Globalziels der KA hat seit Jahrzehnten die Formulierung von *Weert Flemmig* breite Zustimmung gefunden:

---

[23] *T. Gerstner*, Wie religiös sind die Konfirmanden?, Norderstedt 2006, geht der Einstellung der Jugendlichen zu Glaube und Kirche, ihren Lebensträumen, ihren Gottesvorstellungen und spirituellen Erfahrungen empirisch nach und formuliert daraus Entwicklungsaufgaben für das Konfirmandenalter.

[24] Zu den didaktischen Kriterien s. oben den Art. 6. *G. Adam/R. Lachmann*, Gemeindepädagogische Didaktik und Planung.

»Lernen, was es heißt, als Christ in unserer Zeit zu leben.«[25] Etwas anders formuliert: »Erfahren und erkennen, was es heißt, als Christ in unserer Zeit zu leben.«[26]

Die Synode der Evangelischen Kirche von Kurhessen-Waldeck hat als Gesamtziel formuliert: »In der KA will die Evangelische Kirche ihrer nachwachsenden Generation im Übergang von der Kindheit zur Jugend Möglichkeiten erschließen, zum Glauben an Jesus Christus zu finden, in die Gemeinschaft der Kirche hineinzuwachsen und in Verantwortung vor Gott zu leben.«[27]

Diese bewusst breit angelegte Zielformulierung soll die folgenden vier Dimensionen umschließen: (1) Wesentliche Überlieferungselemente des christlichen Glaubens kennen- und verstehen lernen. (2) In ihrer Kirchengemeinde Gemeinschaft der Kirche Jesu Christi erleben. (3) Orientierungshilfen im christlichen Glauben finden. (4) Hilfe bei der Selbstfindung und Sozialisation erfahren. Diese Dimensionen werden als notwendige Elemente jeder Konzeption von KA angesehen, aber diese können je nach Situation ganz unterschiedlich akzentuiert werden. Sie eröffnen auf der Grundlage des Gesamtziels Spielräume, um der jeweiligen KA »vor Ort« ihr eigenes Profil geben zu können und Schwerpunktsetzungen zu ermöglichen.

Die Evangelische Kirche in Württemberg hat in ihrer »Rahmenordnung für die Konfirmandenarbeit« (2001) folgende Zielbestimmungen herausgestellt:

- »Kinder und Jugendliche lernen wesentliche Inhalte der biblischen Botschaft verstehen und auf ihr Leben beziehen;
- Kinder und Jugendliche werden auf dem Weg des christlichen Glaubens begleitet und zu eigenen Ausdrucksformen des Glaubens ermutigt;
- Kinder und Jugendliche erfahren und erleben, dass sie als Gemeindeglieder willkommen und anerkannt sind;
- Kinder und Jugendliche entwickeln einen eigenen Standpunkt und lernen Verantwortung in ihren Lebenswelten wahrzunehmen.«

Diese Zielvorstellungen lassen gegenüber einem klassischen Katechismus-Konzept von KU ein verändertes Lernverständnis erkennen. In den Zielformulierungen begegnet der Begriff des »Begleitens«. Die leitende Perspektive ist nicht erziehen, sondern begleiten.[28] In dieser Wortwahl drückt sich ein deutlicher Paradigmenwechsel aus. Zudem taucht hier zum ersten Male in einer Zielbestimmung programmatisch die Aussage auf, dass die Jugendlichen als Gemeindeglieder willkommen sind.

---

[25] Im Aufsatz gleichen Titels in: KU-Praxis o.J., 1973, H. 1, 29.

[26] *W. Flemmig*, Zur Aufgabe des KU – Ziele und Inhalte, in: *Comenius-Institut* (Hrsg.), Handbuch, 270–286, hier: 272.

[27] *Rat der Ev. Kirche von Kurhessen-Waldeck* (Hrsg.), KA und Konfirmation. Beschluß der Landessynode und Arbeitshilfe (Didaskalia 35), Kassel 1990, 26ff.

[28] Es ist interessant, dass in der Konzeption des konfirmierenden Handelns der ostdeutschen Kirchen dieser Begriff bereits im Jahre 1977 eine wichtige Rolle spielte (s. o. Art. 11, Christenlehre in gemeindepädagogischer Perspektive, Teil 2.3).

Eine letzte Überlegung sei noch angefügt. Angesichts der Heterogenität der Jugendlichen ist es für die Unterrichtenden hilfreich, sich für die KA einen doppelten Zielhorizont in Form eines Minimal- und eines Maximalzieles zu setzen. Das *Minimalziel* könnte sein: Durch die KA sollen den Jugendlichen Bibel, Kirche und christlicher Glaube nicht verleidet werden, sondern sie sollen ermutigt werden, über ihr Leben nachzudenken und einen anfangsweisen Eindruck zu gewinnen, dass der christliche Glaube ein Orientierungsangebot für das eigene Leben darstellt. Ein *Maximalziel* könnte sein: Die KA will ermöglichen, dass die Jugendlichen für die Fragen von Glaube und Religion aufgeschlossen werden, dass das Verstehen dessen, was Christsein meint, vertieft wird und ein Leben im Glauben seinen Anfang findet bzw. bestärkt wird.

5.2 Themen und Inhalte des Unterrichts

Hans-Bernhard Kaufmann hatte seinerzeit die didaktische Fragestellung für die KA pointiert so formuliert: a) »Welche Inhalte, Aspekte, Funktionen usw. des Feldes ›Leben der Kirche‹ sind für die Kirche bzw. für die Gemeinde und ihren Auftrag in der Welt konstitutiv, so dass sie repräsentiert sein müssen?« und b) »Welche Erfahrungen und Fragestellungen der jungen Menschen müssen aufgenommen bzw. eröffnet werden, damit sie innerhalb ihrer eigenen Lebenswelt den Anspruch des Evangeliums vernehmen und ihm entsprechen können.«[29] In den Lehrplänen/Rahmenrichtlinien für die KA finden sich dementsprechend auch Themen/Inhalte einerseits aus der Sicht der Heranwachsenden und andererseits vom »Leben der Kirche« her.

In einer großen Zahl von Lehrplänen sind die Inhalte von Luthers Kleinem Katechismus für die Themenauswahl maßgebend, auch da, wo er nicht explizit genannt wird. Das ist insofern nicht verwunderlich, weil dieser Katechismus – auch wenn er heute aus mancherlei Gründen nicht mehr einfach das Arbeitsbuch für die KA sein kann – in inhaltlicher Hinsicht ein Meisterstück an theologischer Elementarisierung darstellt. Von daher kommen als Themen in den Blick: Taufe, Abendmahl, Gebet, Gottesdienst, Zehn Gebote, Gottesfrage, Jesus Christus, Heiliger Geist. Vom »Leben der Kirche« her kommen als mögliche weitere Themen in den Blick: Feste des Kirchenjahres, Mission, Diakonie.

Als wesentliche Fragen/Themen aus der Sicht der Jugendlichen führt z.B. die Orientierungshilfe der Evangelischen Kirche in Berlin-Brandenburg auf: Ich bin jung / Liebe, Freundschaft und Abschied / Wenn eine Freundin oder ein Freund stirbt / Schöpfung, Natur / Drogen, Alkohol, Sucht / Ausländer und Fremde – andere Menschen kennen lernen / Umgang mit Gewalt, Friedensfragen / Feste feiern.[30]

---

[29] *H.-B. Kaufmann*, Didaktische Überlegungen zur Theorie des KU, in: *K. Wegenast* (Hrsg.), Theologie und Unterricht. Festschrift für H. Stock, Gütersloh 1969, 241.

[30] *Evangelische Kirche in Berlin-Brandenburg* (Hrsg.), KA und Konfirmation. Eine Orientierungshilfe, Berlin o.J. (2003), 39.

In der Ordnung der Nordelbischen Kirche werden aufgeführt: Arbeit, Beruf,/ Arm und Reich / Familie, Schule / Freundschaft, Liebe, Sexualität / Identität als Mädchen und Jungen / Angst, Vertrauen, Fragen der Lebensperspektiven / Sehnsucht, Sucht / Frieden, Umwelt, Verantwortung für die Schöpfung / Gewalt, Zivilcourage.[31]

Dass das Thema der Konfirmation nicht fehlen darf, ist wohl einleuchtend. Für die Gestaltung des Lehrplans der Konfirmandenzeit gilt der Grundsatz: Weniger ist oft mehr. Die zuvor genannten Themen können gar nicht alle in der zur Verfügung stehenden Zeit wirklich intensiv bearbeitet werden. Es ist darum zu entscheiden, was im Sinne orientierenden Lernens, bei dem man eine ungefähre Übersicht bekommt und das weniger zeitaufwändig ist, und was im Sinne exemplarischen Lernens vertieft behandelt werden soll (z.B. ein Wochenende mit der Thematik Abendmahl) und was aus Mangel an Zeit gar nicht auf die Tagesordnung kommen kann bzw. soll. Didaktische Reflexion heißt immer auch, eine Auswahl zu treffen.

6. Innovationen: Organisationsformen – Aufgabe der Inklusion – Reformkonzepte

Neben den Zielen und Inhalten bedarf gegenwärtig die Frage der Organisationsformen eines besonderen Augenmerks. Angesichts der gesamtgesellschaftlichen Veränderungen, insbesondere aber auf Grund der Entwicklungen im Schulbereich (achtjähriges Gymnasium, Entwicklung zur Gesamtschule) wird die bisherige Struktur der KA in Form des wöchentlichen Unterrichtens in Einzelstunden sich auf Dauer nicht mehr aufrechterhalten lassen. Dies gilt sowohl für die alten wie die neuen Bundesländer. Auch von der Frage einer effektiven Gestaltung der Lernprozesse her legen sich organisatorische Umstrukturierungen nahe.

Deshalb ist zunächst auf die Frage der Organisationsformen einzugehen (6.1). Darüber hinaus bedarf die Frage der Inklusion von Jugendlichen mit einer Behinderung in die KA weiterhin der Beachtung (6.2). Das Konzept eines vorgezogenen ersten Abschnitts der KA begann als sog. Hoyaer Modell. Es wird gegenwärtig in besonderem Maße in Württemberg und in Dänemark weiterentwickelt (6.3). Schließlich ist auf die Einbeziehung von KonfiCamps in die KA einzugehen (6.4), weil hier ein beachtliches Zukunftspotenzial vorhanden ist.

Auf Fragen der Methodik in der KA und auf die verschiedenen Möglichkeiten von Gesamtplanungen für die Konfirmandenzeit können wir aus Raumgründen hier nicht näher eingehen. Wir beschränken uns daher auf die Nennung von einschlägiger Literatur.[32]

---

[31] *Nordelbisches Kirchenamt* (Hrsg.), Ordnung für die Arbeit mit Konfirmandinnen und Konfirmanden in der Nordelbischen Evangelisch-Lutherischen Kirche, Kiel o.J. (2006), 13.

[32] Für die Fragen der *Methodik* sei auf die entsprechenden Ausführungen in *Comenius-Institut* (Hrsg.), Handbuch, 227–250, (*K. Hahn,* Methoden in der KA) verwiesen. Hin-

6.1 Organisationsformen

Auch wenn sich in den letzten Umfragen gezeigt hat, dass der wöchentliche einstündige KU noch immer mehrheitlich die Praxis bestimmt, ist deutlich, dass wir einer Phase entgegengehen, wo das nicht mehr als Regelform durchhaltbar sein wird. Daher verdient die Frage der Organisationsformen von KA in den nächsten Jahren besondere Aufmerksamkeit.[33]

- Einzelstunden (45–60 Min.), in der Regel wöchentlich durchgeführt,
- Blockstunden (90–120 Min.), 14-tägig am Sonnabend z.B. 10–14 Uhr,
- Konfirmandennachmittage, z.B. Freitag 17–21 Uhr,
- Konfirmandentage, z.B. Sonnabend 9–14 oder 9–18 Uhr,
- Wochenendseminare,
- Seminarwoche, z.B. in den Herbstferien
- Konfirmandenpraktikum in Gemeindeeinrichtungen oder -gruppen,
- Exkursionen, z.B. in diakonische Einrichtungen,
- Kurssystem (Pflicht- und Wahlkurse),
- Ferienseminare von 7–10 Tagen Dauer, z.B. in den Sommerferien,
- Tagung in einer kirchlichen Einrichtung (Haus der Stille, Ökumenische Werkstatt),
- Übergemeindliche Konfirmandentage.

Darüber hinaus gibt es noch weitere Formen: Konfirmandenarbeit in Hausgruppen, geteilter Unterricht, Stationen lernen usw. Die einzelnen Formen haben ihre jeweiligen Vorzüge und gegebenenfalls auch Nachteile. Manche Formen eignen sich besonders gut für bestimmte Themen (ein Wochenende z.B. für die Behandlung der Abendmahlsthematik). Im Blick auf die Motivation der Jugendlichen und die Abwechslung empfiehlt sich ein Wechsel der Organisationsformen.[34]

---

sichtlich der *Gesamtplanung* s. *Comenius-Institut* (Hrsg.), Handbuch, 183–209 (*G. Adam/K. Hahn*, Planungsentscheidungen in der KA) sowie oben Art. 6. *G. Adam/R. Lachmann*, Gemeindepädagogische Didaktik und Planung.

[33] Eine Besprechung der Organisationsformen bieten *D. Gerts/K. Hahn/R. Starck*, Organisationsformen der KA, in: *Comenius-Institut* (Hrsg.), Handbuch, 210–226. Ebenso finden sich ausführliche Darstellungen mit Abwägen der Vor- und Nachteile der einzelnen Organisationsformen in: *Nordelbisches Kirchenamt* (Hrsg.), Ordnung für die Arbeit mit Konfirmandinnen, Kiel 2006, Anhang (27–39); *Theologisch-Pädagogisches Institut Ludwigslust* (Hrsg.), Vom Unterricht zum Projekt. KU in Mecklenburg, Ludwigslust 2003, 9–14; *Ev. Kirche von Westfalen-Landeskirchenamt* (Hrsg.), Konfirmandenarbeit. Entdeckungsreise im Land des Glaubens. Eine Orientierungshilfe für Presbyterien und Mitarbeitende in der KA, Bielefeld 2006, 18–21.

[34] Ein gutes Beispiel einer Gesamtplanung im Wechsel der Organisationsformen bietet: *Ev. Kirche von Westfalen-Landeskirchenamt* (Hrsg.), Konfirmandenarbeit, 22f.

6.2 Inklusion von Jugendlichen mit Behinderungen

Die Teilnahme von Jugendlichen mit Behinderungen an der KA erfordert ebenfalls ein besonderes Augenmerk. Es ist noch gar nicht so lange her, dass Jugendliche mit einer geistigen Behinderung von der Konfirmation ausgeschlossen wurden.[35] Die Arbeitshilfe zu »Konfirmandenarbeit und Konfirmation« der Evangelischen Kirche von Kurhessen-Waldeck[36] geht explizit auf diese Frage ein. Es wird betont, dass sich die pädagogische Situation der KA grundsätzlich von derjenigen in der Schule dadurch unterscheide, dass »Schüler aller Schularten, also auch Lernbehinderte und Praktisch Bildbare [=geistig Behinderte], dazu gehören. Verhaltensgestörte oder behinderte Konfirmanden sollen in der Regel zusammen mit ihrem Jahrgang unterrichtet und eingesegnet werden. Dabei ist der Rat von Fachkräften einzuholen.«

Aufgrund ihres Auftrages zur Kommunikation des Evangeliums hat die Kirche die Aufgabe, in der KA die Jugendlichen der Gemeinde »ohne jede wertende Unterscheidung in ihren Konfirmandengruppen zusammenzufassen. Im Zusammensein, -arbeiten und -leben, auch mit Lernschwachen, Verhaltensgestörten und Behinderten, ist ein exemplarisches Lernfeld für christliche Gemeinschaft gegeben.« Hinsichtlich der Gestaltung der KA ist es von daher notwendig, sowohl in der Wahl der Arbeitsformen für die Vermittlung der christlichen Inhalte wie im Blick auf die Zielsetzung die Differenzierung der schulischen Bildung und die besondere gruppendynamische Situation zu beachten.

Durch vielfältige ganzheitliche Arbeitsformen solle den Jugendlichen mit ihren unterschiedlichen Begabungen die Möglichkeit gegeben werden, die Inhalte aufzunehmen, sich zu äußern und sich einzubringen. Das könne geschehen durch sichtbare und erlebbare Zeichen in Spiel und Bewegung, in kreativen und kommunikativen Gestaltungen, im Gespräch, das Empfindungen und Erfahrungen behutsam aufnehme, bis hin zum verstandesmäßigen Begreifen von Inhalten und Zusammenhangen. »Dabei sollte deutlich werden, dass dies in der ganzen Breite zwar unterschiedliche, aber gleichwertige Zugänge zu den Inhalten des Evangeliums sind.«

Für besonders schwierige Situationen wird auf die Möglichkeit verwiesen, verhaltensauffällige, lernschwache und geistig behinderte Jugendliche neben den Konfirmandengruppen gesondert in Kleingruppen oder einzeln zu unterrichten. Aber das sollte möglichst nur zeitweise geschehen und auf neue Versuche der Integration hin angelegt sein. In besonderen Situationen kann es sinnvoll sein, die KA an Schulen für Jugendliche mit einer geistigen Behinderung und in entsprechenden Einrichtungen von speziell ausgebildeten Lehrkräften und Heilpädagogen

---

[35] S. dazu *G. Adam*, Zur Konfirmation Jugendlicher mit einer geistigen Behinderung, in: *Ders.* (Hrsg.), Religiöse Begleitung und Erziehung von Menschen mit geistiger Behinderung, Würzburg ³2000, 73–80.

[36] *Rat der Evangelischen Kirche von Kurhessen-Waldeck* (Hrsg.), KA und Konfirmation, 41–43. Daraus die folgenden Zitate.

durchführen zu lassen. Das sollte allerdings möglichst in Zusammenarbeit und in Absprache mit dem jeweils zuständigen Pfarramt geschehen, damit die Arbeit mit den behinderten Konfirmandinnen und Konfirmanden stärker ins Bewusstsein der Ortsgemeinde und der Herkunftsgemeinden gerückt wird. Die Konfirmation sollte dabei möglichst in einem Gottesdienst der Gemeinde gefeiert werden. Hier ist viel Kreativität und Einfallsreichtum erforderlich. Welcher Weg im Einzelnen begangen wird, hängt von den jeweiligen Gegebenheiten und Möglichkeiten ab.[37]

6.3 Konfirmandenarbeit mit 9- bis 10-Jährigen – KU 3 oder KU 4

Bei diesem Konzept geht es um einen teilweise vorgezogenen KU. Entstanden ist es einst in Hoya/Niedersachsen als Reaktion auf den Ausfall des Religionsunterrichts in der Schule.[38] Inzwischen wurde es weiter entwickelt und wird gegenwärtig in der Württembergischen Landeskirche erprobt.[39] Auch in Dänemark gibt es eine entsprechende Praxis, die bereits in der Hälfte der Gemeinden Fuß gefasst hat, die aber nicht durch Ehrenamtliche durchgeführt wird, sondern durch bezahlte Katecheten.[40]

Bei diesem Modell geht es darum, dass die Eltern (primär die Mütter) eine ganz besondere Rolle spielen: Sie unterrichten ihre Kinder. Dabei wird der KU in zwei Phasen aufgeteilt. Eine erste Phase, die der Beschäftigung mit biblischen Geschichten oder der Behandlung von Taufe, Abendmahl und Kirchenjahr dient, wird im Alter von 8/9 Jahren (d.h. zurzeit des 3. und 4. Schuljahres) durchgeführt. Hier unterrichten die Eltern oder Ehrenamtliche die Kinder in kleinen Gruppen. Die Vorbereitung der Unterricht Erteilenden wird jede Woche durch den Pfarrer vorgenommen. Aber die Eltern werden ganz bewusst einbezogen, weil sie für die religiöse Sozialisation von zentraler Bedeutung sind. Sie sollen in ihrer Aufgabe der religiösen Bildung unterstützt werden. Während das Hoyer Modell auf einen Zeitraum von einem Jahr angelegt ist, ist das Württembergische Konzept kompakter konzipiert. Es geht um einen Zeitraum von 3 bis 4 Monaten.[41]

---

[37] Weiteres bei *R. Schwarz* (Hrsg.), KU – weil wir verschieden sind. Ideen – Konzeptionen – Modelle für einen integrativen KU, Gütersloh 2001; *A. Pithan/G. Adam/R. Kollmann* (Hrsg.), Handbuch Integrative Religionspädagogik, Gütersloh 2002, 454–553 (weitere Lit.); *Ev. Landeskirche in Baden/Bayern/Pfalz/Württemberg* (Hrsg.), INKA: Inklusive Konfirmandenarbeit, o.O. 2005 (Lit.); *W. Schweiker*, Auf dem Weg zu einer inklusiven Konfirmandenarbeit, in: ZPT 58/2006, 362–376.

[38] Darstellung bei *C. Grethlein*, Grundinformation Kasualien, 199–202.

[39] Darstellung bei *M. Hinderer*, KU in zwei Phasen. KU 3/8 (bzw. 4/8) – ein Zukunftsmodell?, in: ZPT 58/2006, 385–393.

[40] S. *G. Adam/E. Harbsmeier*, Konfirmandenarbeit in der Dänischen Volkskirche, in: AuG 58/2007, 150f: »Einleitender Konfirmandenunterricht«.

[41] *M. Meyer-Blanck/L. Kuhl*, KU mit 9/10-Jährigen: Planung und praktische Gestaltung, Göttingen 1994; *PTZ* (Hrsg.), Konfi 3. Unterrichtshilfen für Gruppenbegleiterinnen und Gruppenbegleiter, München 2001; *H.-U. Kessler* (Hrsg.), KU 3. Organisationshilfen und Praxisbausteine für einen KU im 3. Schuljahr, Gütersloh 2002.

Die zweite Phase der KA hat dann ihren Ort im 8. Schuljahr, im Alter von ca. 13/14 Jahren zur üblichen Zeit des KU. Zweifellos handelt sich bei diesem Konzept um einen neuen Ansatz im Blick auf die KA.

6.4 Konfirmandenfreizeiten – KonfiCamps

Freizeiten waren schon immer eine Organisationsform, die in der KA eine Rolle gespielt hat. Aus Schweden und dem Baltikum war die sog. Internatskonfirmation schon aus früheren Zeiten bekannt. Aus Schweden kennen wir auch die Praxis der Integration von Jugendlichen mit besonderem Förderbedarf in die KA. Der größte Teil der Konfirmandenzeit wird in einem Lager in den Sommerferien absolviert.[42] In der Schweiz ist in aller Regel eine Freizeit ebenfalls Bestandteil eines Konfirmandenkurses. Doch gibt es seit einiger Zeit auch eine Reihe von Freizeiten in Deutschland, die im kooperativen Verbund von Gemeinden oder auf Dekanats- bzw. landeskirchlicher Ebene durchgeführt werden.

Dabei handelt es sich teilweise um Gruppengrößen von mehreren hundert Jugendlichen und über einhundert Mitarbeitern (wie z.B. beim »Buon giorno Konfi-Camp« des bayrischen Dekanats Augsburg[43]). Bei diesen Camps geht es gewiss auch um erlebnisorientierten Jugendtourismus, aber es wird auch inhaltlich intensiv gearbeitet. *M. Saß* hat in seiner Untersuchung »Frei-Zeiten mit Konfirmandinnen und Konfirmanden. Praktisch-theologische Perspektiven«[44] eine interessante Untersuchung vorgelegt, worin er die Leistungsfähigkeit dieser KonfiCamps darstellt. Bemerkenswert ist dabei, dass hierbei neue Partizipationsformen an Kirche erkennbar werden, die eine Antwort auf die Prozesse von Individualisierung, Pluralisierung und weiter zunehmender Mobilität darstellen. Ich bin überzeugt, dass diese KonfiCamps sich weiter durchsetzen werden und auch eine deutliche Bereicherung der KA in Zukunft darstellen werden. Sie bieten auch in der Frage der künftigen Organisationsform von KA einen wesentlichen Lösungsbaustein.[45]

Dazu kommt noch als ein weiterer Punkt eine Art Doppeleffekt hinzu. Für solche Art von KA braucht man konfirmierte Jugendliche als Teamer*innen*. Diese lernen durch die Mitarbeit im KonfiCamp auch für sich vieles und profitieren dadurch.[46] Zugleich ist dies eine Form von gemeindlicher Jugendarbeit, meiner Einschätzung nach die Jugendarbeit mit der besten Perspektive hinsichtlich Dauer

---

[42] *T. Wallin,* Integrierte KA in Schweden. Das Modell von Skagagarden, in: *G. Adam/A. Pithan* (Hrsg.), Wege religiöser Kommunikation. Dokumentationsband des 2. Würzburger Religionspädagogischen Symposiums, Münster 1990, 151–159.

[43] *F. Graßmann/Th. Zugehör,* Buon giorno, KonfiCamp, München 2001.

[44] (APrTh 27), Leipzig 2005.

[45] S. auch KU-Praxis 2008, H. 52: Themaheft »Abgefahren. Wochenenden und Freizeiten«, Gütersloh 2008, bes. 58–62: *M. Saß,* Zeit, Gemeinschaft und Gottesdienst. Ein Blick auf Wochenenden, Freizeiten, Camps & Co. Aus praktisch-theologischer Perspektive.

[46] Dazu s. *H. Adler/H. Feußner/K. Schlenker-Gutbrod,* Teamer in der KA, Gütersloh 2007.

und Kontinuität. Hier wird in Zukunft auch noch etwas von den entsprechenden Erfahrungen mit Sommercamps für Konfirmanden in Finnland zu lernen sein. Zweifellos ist dies gegenwärtig eines der zukunftsträchtigsten Konzepte für die KA.

7. Konfirmation: Vom Passageritus zum Familienritual

War noch Anfang des 20. Jahrhunderts die Konfirmation ein offizieller und sozial bedeutsamer Übergangsritus in das Jugendalter (bürgerliche Mündigkeitserklärung, Ende der Schulzeit, Eintritt ins Erwerbsleben), so haben wir es heute infolge der Verlängerung der Schul- und Ausbildungszeiten mit *einer,* freilich bedeutsamen Station auf dem Lebensweg (»lebenszyklisches Fest auf dem Wege«) zu tun. Auch volkskundliche Untersuchungen bestätigen, dass die institutionelle Einbindung der Konfirmation sich im Laufe des 20. Jahrhunderts deutlich verändert hat; geblieben sind die Familie/Verwandtschaft und ihre Bedeutung für das Fest und ein Bedeutungszuwachs für die Konfirmand*innen* als Einzelne, so dass die Konfirmation vor allem als Familienfest Bedeutung behält.[47] Diese Tendenz wird auch von den neueren Untersuchungen zur Kirchenmitgliedschaft bestätigt. War in früheren Zeiten die Konfirmation der Zeitpunkt des Erwachsenwerdens, also ein herausgehobener Passageritus, so haben wir es heute – angesichts der Verlängerung der Schul- und Ausbildungszeiten – mit einer Station auf dem Lebensweg zu tun, freilich einer wichtigen, in der gerade auch die eigene Identität und die Wertebildung der Jugendlichen eine starke Rolle spielen.

Das theologische Verständnis der Konfirmation bestimmt sich zunächst von der Zuordnung zu Taufe und Abendmahl. Nach evangelischer Auffassung ergänzt die Konfirmation die Taufe nicht und vermittelt keine neue, weiterführende Gnade. Konfirmation ist vielmehr Taufgedächtnis, eine Fürbitte- und Segenshandlung in einem bestimmten Lebensabschnitt unter dem Zuspruch des Evangeliums.

Die Frage des Konfirmandengelübdes bleibt nach wie vor schwierig. *Kurt Frör* hatte seinerzeit den Ertrag der Diskussion um diese Frage in folgendem Satz zusammengefasst: »Es widerspricht dem reformatorischen Verständnis des christlichen Lebens, wenn von den Konfirmanden ein ›Gelübde‹ verlangt wird, in dem sie über ihr künftiges Leben vorausgreifend und vorwegnehmend verfügen.«[48] Dass Konfirmanden und Konfirmandinnen nach Maßgabe ihrer Einsicht in das Bekenntnis der Gemeinde mit einstimmen (können), ist eine legitime Sache und bleibt davon unberührt. Im Verständnis der Konfirmation verbinden sich jedenfalls verschiedene Motive:

---

47 Höchst aufschlussreich für den lebensweltlichen Gesamtkontext der Konfirmation: *B. Schlegel,* Konfirmation im 20. Jahrhundert am Beispiel der südniedersächsischen Kirchengemeinde Katlenburg, Mannheim 1992.

48 *K. Frör,* Confirmatio, 197. – Zur Problematik des Gelübdes bei der Konfirmation siehe auch *G. Adam,* Der Unterricht der Kirche, 64–68.

- das sakramentale: Abendmahlszulassung, erster Abendmahlsgang, Taufbestätigung, Tauferinnerung,
- das ekklesiologisch-konfessorische: Einstimmen in das Bekenntnis der Gemeinde,
- das parochiale: Glauben lernen durch Partizipation,
- das katechetisch-unterrichtliche: denkerische Aneignung,
- das seelsorgerlich-erweckliche: Interesse für religiöse Fragen wecken,
- das kasuelle: Abschlussgottesdienst der KA, Kasualhandlung an einer Station des Lebensweges,
- das kirchenrechtliche: Abendmahlsrecht, Patenrecht,
- das identitätsstiftende: Gottebenbildlichkeit,
- das lebensbegleitende: Segenshandlung.

Dabei ist bei keiner anderen Kasualie der gotttesdienstlich-liturgische Aspekt so sehr mit dem religionspädagogischen verbunden wie bei der Konfirmation. Der liturgische Aspekt des Konfirmationsritus und die liturgiedidaktische Dimension waren seit der Reform der 1970er Jahre weitgehend aus dem Blick geraten. *Christian Grethlein* mahnt daher mit Recht an, diese Dimension in Zukunft stärker zu bedenken.[49]

Wir können in den letzten 30 Jahren eine deutliche Veränderung in der *Abendmahlsfrage* beobachten. Es gab Positionen, wo der rechtliche Akt der Abendmahlszulassung als ausgesprochen zentral angesehen wurde. Doch dann wurde ein aus pädagogischen Gründen in die Konfirmandenzeit vorgezogenes Abendmahl diskutiert und praktiziert. Ende der 1970er und Anfang der1980er Jahre wurde die Möglichkeit eines Kinderabendmahls diskutiert und in vielen Kirchen beschlossen. Theologisch gesehen ist die Taufe voll gültig und von daher bedarf es keines zweiten Aktes, um am Abendmahl teilnehmen zu können. Die Diskussion um die Konfirmationshandlung hat sich in den letzten Jahren immer stärker auf den Vollzug des Segnens und dessen Bedeutung konzentriert. Es ist theologisch durchaus legitim, das Kinderabendmahl einzuführen und den Rechtsakt der Abendmahlszulassung von der Konfirmationshandlung zu entkoppeln. Freilich ist dabei darauf zu achten und dafür zu sorgen, dass die Kinder vor dem ersten Abendmahlsgang einen ihrem Verstehenshorizont entsprechenden Unterricht über das Abendmahl erhalten.

Der *Konfirmationsgottesdienst* will das Angebot der Verheißung für die Jugendlichen in persönlicher Zueignung erfahrbar machen (Nennung des Namens, Segenshandlung[50], Handauflegung, Konfirmationsspruch, Konfirmationsschein) und will durch die Fürbitte den weiteren Lebensweg unter Gottes Schutz und Geleit stellen. Segnungsakte gibt es auch in anderen Gottesdiensten und bei ande-

---

[49] Grundinformation Kasualien, 193ff.
[50] Zur Segensfrage: *G. Adam,* Der Segen – praktisch-theologisch bedacht, in: KU-Praxis, H. 42, Gütersloh 2001, 68–71.

ren Anlässen, bei der Konfirmation liegt aber eine lebenszyklisch-biografische »Komprimierung« vor.[51] Dabei spricht viel dafür, Fest und Feier zu betonen. »Konfirmation ist ein Fest und eine Feier, in der die Konfirmandinnen und Konfirmanden selbst Subjekt sind, im Blick auf die Wahrnehmung des Vertrauens in die Zukunft. Also wird jeder selbst als ein Subjekt gewürdigt, das Gott vertrauen kann, weil Jesus Christus der ist, der in der Kraft des Geistes der ist, dem wir Gott glauben können. Christus ›als Gemeinde existierend‹ (*Dietrich Bonhoeffer*), das bedeutet, Gemeinde ist Heimat auf Hoffnung, Wohngemeinschaft mit dem Wort, Friedensbewegung Gottes. Konfirmandenarbeit ist ›Probewohnen‹ zu weiterer Neueinrichtung. Konfirmation ist Bejahung der Reformation durch Gott. Einübung in Gemeinde als ›Kultur des Vertrauens‹ (*Reiner Strunk*) kann gelingen. Die Gemeinde ist nicht Schlusspunkt, sondern Doppelpunkt … Ich halte den Vergleich mit dem Führerscheinerwerb durchaus für geeignet. Es muss aber auch Gelegenheit zum Fahren, zu neuen Erfahrungen geben.«[52]

Ich stimme *Henning Schröer* zu, dass die Symbolik des Festes mit Phantasie stärker entwickelt werden sollte. Er denkt an die Verknüpfung der Predigt mit der Jahreslosung, die Übergabe eines Bildes mit zentraler biblischer Bedeutung, Prozessionselemente, einen Tanz in die Freiheit der Verantwortlichkeit, Gebetszettel, die nicht verlesen, aber dargebracht werden, die Überreichung einer Gabe, die den neuen Status als Chance symbolisiert.[53]

8. Der Pfarrer und das Konfi-Team

Konfirmation und KA gehören zum Pflichtenkatalog des Pfarrers. In den älteren Dienstanweisungen war dieser Aufgabenbereich allein dem Pfarrer zugeordnet. Hier hat sich aber in den letzten Jahrzehnten eine Änderung dahingehend vollzogen, dass die KA bewusst für andere Mitarbeitende geöffnet wurde. Das geschah aus zwei gewichtigen Gründen. Das eine Argument betrifft die fachlichen Kompetenzen. Der Pfarrer kann unmöglich alle Aufgaben in der KA selbst kompetent durchführen. So legt sich die Mitarbeit anderer nahe. Das andere Argument ist das Glaubwürdigkeits-Argument (Bürge-Sein). Die Pfarrerin ist ein Modell für Christsein, an dem man etwas lernen kann (am Vorbild lernen). Hier ist es hilfreich, wenn es mehrere Modelle gibt, die einem etwas zum Lernen aufgeben.

---

[51] In der Agende »Konfirmation. Agende für evangelisch-lutherische Kirchen und Gemeinden und für die Evangelische Kirche der Union. Bd. 3, hrsg. v. der *Kirchenleitung der VELKD* und von der *Kirchenkanzlei der EKU*. Neu bearbeitete Ausgabe 2001, sind die Entwicklungen der 1980er und 1990er Jahre voll eingearbeitet worden.
[52] *H. Schröer*, Konfirmation – was ist das?, in: *Comenius-Institut* (Hrsg.), Handbuch, 452.
[53] Ebd.

8.1 Die Mitarbeiterinnen und Mitarbeiter

Der Pfarrer kann unmöglich alle Aufgaben, die sich im Zusammenhang der KA stellen, selbst auf die bestmögliche Art durchführen. So legt es sich nahe, die fachliche Kompetenz durch die Beteiligung von anderen Personen zu erweitern. Wenn es zum Beispiel um die Musik im Gottesdienst und um liturgische Fragen geht ist der Kantor einzubeziehen. Bei Fragen der Diakonie kann die Gemeindediakonin oder eine Mitarbeiterin aus einer diakonischen Einrichtung beteiligt werden. In bestimmten Zusammenhängen (z.B. bei Exkursionen) können Eltern aktiv mitarbeiten. Bei der Durchführung von Konfirmandentagen, Wochenendblöcken oder Freizeiten geht es überhaupt nicht ohne die Beteiligung weiterer Mitarbeiterinnen.

Nun gibt es ehren- und hauptamtliche Mitarbeitende. Hauptamtliche Mitarbeiter können sein: Gemeindehelferinnen, Religionspädagogen, Diakone und Kirchenmusiker. Vor allem die Gruppe der Religions- und Gemeindpädagogen ist häufig in der KA tätig, z.B. dort, wo es große Gruppen von Konfirmanden gibt, die der Pfarrer gar nicht alleine bewältigen könnte. Ehrenamtliche Mitarbeiterinnen rekrutieren sich einmal aus der Gruppe der konfirmierten Jugendlichen. Es gibt inzwischen in vielen Gemeinden die sog. Teamerinnen. Diese sind voll am Unterricht beteiligt. Sie beleben und lockern das Unterrichtsgeschehen auf. »Sie bewahren die Pfarrerin/den Pfarrer vor theologischen Höhenflügen, können theologische Standardthemen konfirmandengemäß zuspitzen und/oder auf die Ausgewogenheit mit anderen Themenbereichen achten. Singen, Kleingruppenarbeit, eröffnendes und auswertendes Gruppengespräch, Anspiele zum Thema oder Ermunterung zum darstellenden Spiel klappen mit ihrer Mitwirkung besser.«[54] Auch gibt es viele erwachsene Gemeindeglieder (Lehrerinnen, Studierende, Kirchenälteste, Hausfrauen), die sich an der KA auf ganz unterschiedliche Weise beteiligen können.

Durch die Mitarbeit von Ehrenamtlichen kommt in aller Regel eine neue Dynamik in die Gemeinde und bewirkt Veränderungen. Es entstehen oft neue Aktivitäten. So kann Konfirmandenarbeit mit ehrenamtlichen Mitarbeitenden ein Ansatzpunkt für den Gemeindeaufbau werden. Oft kommt von daher ein Impuls in Richtung auf eine »Beteiligungsgemeinde«, d.h. eine aktivere Beteiligung der Gemeindeglieder und ein Mittragen der Gemeindearbeit.

In den Konfirmationsordnungen vieler Landeskirchen (z.B. Ev.-Luth. Landeskirche Hannovers, Nordelbische Ev.-Luth. Kirche) sind seit langem weitere Mitarbeiterinnen in der Konfirmandenarbeit vorgesehen. Am Entschiedensten hat die Evangelische Landeskirche in Württemberg diesen Gesichtspunkt in ihr neues Konzept aufgenommen. Im Zusammenhang des bereits oben zitierten Zieles, dass die Jugendlichen »auf dem Weg des christlichen Glaubens begleitet und zu eigenen Ausdrucksformen ermutigt« werden sollen, wird den Jugendlichen angeboten,

---

[54] *C. Witting,* Ehrenamtliche Mitarbeiterinnen und Mitarbeiter in der KA, in: *Comenius-Institut* (Hrsg.), Handbuch, 99–126, hier: 113.

dass unterschiedliche Wegbegleiter*innen* sie ein Stück des Weges begleiten, um unterschiedliche Formen der Gestaltung des Glaubens und der Spiritualität erfahren zu können, um auf diese Weise bei der Ausgestaltung eigener Formen Unterstützung zu finden.

Lernen ist immer auch Lernen am Modell und am Vorbild. Pfarrer und Pfarrerin stellen in diesem Sinne eine anschauliche, befragbare und überprüfbare Identifikationsfigur dar. Wenn man allein agiert, kann dies zu einer Überforderung werden; es kann aber auch verdecken, dass es unterschiedliche Zugänge zum Christsein gibt und dass vielfältige Gestaltungsformen des christlichen Glaubens möglich sind. Wenn nun weitere Personen in der Konfirmandenarbeit beteiligt werden, stehen für die Jugendlichen zusätzliche Bezugspersonen und Identifikationsmöglichkeiten und damit Modelle für das Lernen bereit, an denen sie sich orientieren, mit denen sie sich auseinandersetzen, von denen sie etwas lernen können. Auf diese Weise wird auch sichergestellt, dass die Jugendlichen unterschiedlichen Zugängen zum Glauben begegnen. Die Jugendlichen lernen an den Erwachsenen Glaubwürdigkeit, Authentizität oder auch Unglaubwürdigkeit. Solches Bedeutungslernen ist immer ein personenbezogenes Lernen. Die Jugendlichen lernen also durch Personen ganz bestimmte Inhalte kennen (z.B. die Rede von Gott). Sie lernen zugleich, wie die Person selbst zu diesem Inhalt steht. So gibt die Person zugleich ein Modell ab – ein Modell, das die eine oder die andere Botschaft sendet. »Je mehr das Verhältnis zur verfassten Kirche den Charakter einer selbstverständlichen Beziehung verliert, umso entscheidender wird es, ob diejenigen, die Glaube und Religion repräsentieren, glaubwürdig wirken.«[55]

Natürlich bildet sich ein KA-Team nicht einfach von selber. Personen müssen angesprochen werden. Ein Team muss kontinuierlich »gepflegt« werden. Dabei ist aber auch zu beachten, dass sich für die ehrenamtlich Mitarbeitenden ein deutlicher persönlicher »Gewinn« ergeben muss. Zum Beispiel: Jemand arbeitet gern mit Jugendlichen; jemand möchte sich vertieft mit Fragen des Glaubens beschäftigen; es gibt die Möglichkeit, an einem Camp teilzunehmen usw. Die Entdeckung des pädagogischen Potenzials jüngerer und älterer Gemeindeglieder gehört zu den erfreulichsten Entdeckungen und Entwicklungen in der KA der letzten 25 Jahre. Freilich darf nicht verschwiegen werden, aufs Ganze gesehen ist es noch eine Minderheit von Gemeinden, in denen diese Mitarbeit Realität ist.

8.2 Der Pfarrer bzw. die Pfarrerin

Die empirischen Untersuchungen zur Kirchenmitgliedschaft zeigen, dass die KA in der Beurteilung der konfirmierten Jugendlichen und Erwachsenen erstaunlich gut wegkommt.[56] Die Persönlichkeit und der Umgangsstil mit den Jugendli-

---

[55] *H.-M. Lübking/V. Elsenbast,* Pfarrer und Pfarrerinnen in der KA, in: *Comenius-Institut* (Hrsg.)*,* Handbuch, 85.

[56] Zum Folgenden *T. Böhme-Lischewski/H.-M. Lübking* (Hrsg.)*,* Engagement und Ratlosigkeit, 149ff. sowie *H.-M. Lübking/V. Elsenbast,* Pfarrer und Pfarrerinnen, 84ff.

chen sind offensichtlich von außerordentlicher Bedeutung, wenn man danach fragt, wie positive Einstellungen und mögliche Ansatzpunkte zu Christentum und Kirche geschaffen werden können. Wer die Jugendlichen mit persönlichem Interesse, mit echter Zuneigung und als Personen von eigener Würde sieht, schafft dadurch positive Voraussetzungen für die KA und die Bildung von Gemeinschaft in der Konfirmandengruppe. Die überraschend hohe positive Personwahrnehmung der Pfarrer basiert offensichtlich nicht auf einem Amtsbonus o.ä., sondern macht sich an der Qualität und der Art der KA fest. Diese positive Wahrnehmung ist, wie die empirischen Untersuchungen zeigen, in den letzten 20 Jahren deutlich gestiegen. Sagten im Jahre 1972 38 % der befragten Personen, dass sie im Konfirmandenunterricht manches heute noch Wichtige gelernt hätten, so waren es im Jahre 1992 sogar 61 %. Im Jahre 1972 hatten 68 % der befragten Personen den Pfarrer bzw. die Pfarrerin in guter Erinnerung, 1992 waren es 77 %.

Es stellt sich die Frage, warum das so ist. Haben die Jugendlichen so wenig Ansprechpartner, mit denen sie in einen Dialog über Fragen der Religion und des Lebenssinnes eintreten können, so dass jemand, der sich ernsthaft mit ihnen auseinandersetzt, soviel positive Zustimmung auf sich zieht? Die »Abnabelung« von der Herkunftsfamilie ist eine wichtige Bedingung dafür, dass Jugendliche auf dem Weg zu ihrer eigenen Identität vorankommen. Dabei kann die Pfarrerin ein Stück Weggemeinschaft bieten. Es ist interessant, dass empirischen Erhebungen zufolge die meisten Pfarrer*innen* sich in erster Linie als »Helfer/in« und »Begleiter/in« empfinden. Als weitere Rollen folgen: »Sachverständige für Glaubensfragen« und »Seelsorger für Jugendliche«.

Offensichtlich wollen viele der Unterrichtenden den Jugendlichen nahe sein und Lebenshilfe in der schwierigen Lebensphase der Pubertät geben. Aber man muss fragen, ob dies den realen Möglichkeiten der Unterrichtenden im Rahmen der KA entspricht. Prinzipiell ist jedenfalls damit zu rechnen, dass Konfirmanden in ihren Pfarrer*innen* Erwachsene sehen, mit denen sie sich identifizieren können. Dabei bietet das Amt bzw. die Rolle des Pfarrers einen gewissen Schutz, weil sie Versachlichung und Distanz bedeutet. Dies ist für beide Seiten wichtig. Aber vielleicht ist die Rolle des Pfarrers besser beschrieben als »signifikant Anderer« oder »exemplarischer erwachsener Christ«. Die Pfarrerin behandelt mit den Jugendlichen aktuelle Fragen, »überprüft christliche Einsichten, steht selber Rede und Antwort und gibt dabei Auskunft über die Herkunft eigener Überzeugungen. Gerade so wird den Jugendlichen geholfen, zu selbständigen Auffassungen und zu einem ›eigenen‹ Glauben zu kommen.«[57] Dies ist die Rolle des Pfarrers im Blick auf die Jugendlichen.

Durch die Beteiligung von Mitarbeiter*innen* an der KA verändern sich in anderer Hinsicht Rolle und Aufgabe des Pfarrers bzw. der Pfarrerin deutlich gegenüber dem Ein-Personen-Betrieb. Er bzw. sie kann sich wieder stärker auf die Aufgabe des Theologen bzw. der Theologin konzentrieren, weil manche Arbeit durch ande-

---

[57] *H.-M. Lübking/V. Elsenbast*, aaO., 87.

re Personen wahrgenommen wird. Ein Diakon bzw. eine Diakonin kann z.B. pädagogische Aufgaben sowie die Pflege des Gruppenklimas übernehmen. Dadurch wird aus dem Generalisten, der für alles zuständig ist, jemand, der sich auf bestimmte Dinge konzentrieren kann. Seine/ihre Rolle ist im Team vor allem durch folgende Merkmale gekennzeichnet: Der Pfarrer bzw. die Pfarrerin

– ist hinsichtlich der Kommunikationsfähigkeit gefordert durch die kontinuierliche Vorbereitungs- und Planungsarbeit sowie den Erfahrungsaustausch und die Auswertung mit den Beteiligten. Er bzw. sie übernimmt in den Teambesprechungen die Rolle des Moderators bzw. der Moderatorin.

– verantwortet in Zusammenarbeit mit den haupt- und ehrenamtlich Mitarbeitenden das gemeindepädagogische Handeln der Gemeinde.

– hält die Verbindung zum Kirchenvorstand und zu anderen Arbeitsfeldern und sorgt in der Gemeinde für die Vernetzung und Transparenz der KA.

– ist Ansprechpartner*in* für die Eltern.

– ist als Theologe bzw. Theologin gefragt: die Teambesprechungen führen oft zu intensiver Bearbeitung und Klärung theologischer Fragen. Er/sie leistet die theologische Weiterbildung des Teams.

– ist als Unterrichtende*r* gefragt, um theologische und ethische Bildung zu vermitteln.

– ist für die Jugendlichen persönliche*r* Lebensbegleiter*in* in einer bestimmten Lebensphase und als Konfirmator*in* wird er/sie zum spirituellen Begleiter*in*.

9. Zukunft einer realen Utopie

Die gegenwärtige Chance und Problematik von KA und Konfirmation liegen in den alten und neuen Bundesländern in der Praxis der Kindertaufe begründet. In der KA gilt es, die Jugendlichen als Heranwachsende und in ihrer Situation als Pubertierende ernst zu nehmen und ihnen das Angebot zu machen, christliche Gemeinde erfahren und darüber nachdenken zu können, welches Angebot christlicher Glaube für das eigene Leben darstellt.

In der volkskirchlichen wie in der durch das weitgehend konfessionslose Umfeld bestimmten Situation kann dies nur im Rahmen eines doppelten Zielhorizontes geschehen, weil Glaube durch Menschen nicht hergestellt werden kann – mit dem Minimalziel, den Jugendlichen Glaube und Kirche nicht zu verleiden und mit dem Maximalziel, dem Einzelnen und der Einzelnen eine möglichst tiefe Erfahrung des christlichen Glaubens zu vermitteln.

Die KA dient dem Grundauftrag der Kirche, der Kommunikation zwischen dem Evangelium als Angebot jener Freiheit, die Christsein meint, und den Konfirmandinnen und Konfirmanden in ihrer jeweiligen Lebenswelt.

Gegenwärtig sieht sich die KA neben dem enormen Traditionsabbruch auch in besonderem Maße durch die Veränderungen im gesellschaftlichen und schulischen Umfeld herausgefordert, so dass sich eine grundlegende Strukturveränderung hinsichtlich der organisatorischen Formen des KA abzeichnet. Dabei werden zukünftig Studientage, Wochenendveranstaltungen und KonfiCamps sozusagen mit zum »Normalfall« der KA gehören. Es ist zu hoffen, dass nicht alle Kräfte durch die Bemühungen um neue Organisationsformen »aufgebraucht« werden, sondern dass auch Zeit bleibt für die didaktischen Bemühungen um den Inhalt der KA, die Botschaft von der Menschenfreundlichkeit Gottes, dass sie immer wieder neu zum Leuchten kommt – entsprechend jener Hoffnungs-Bilanz von *Henning Schröer*: »Insgesamt gilt: Konfirmation als Feier, nach einer Kundschafterfahrt ins Land der Kirche, nach einer Exkursion in die Zeit des Glaubens, statt der des Gesetzes, als symbolische Landnahme im Reich einer neuen Altersstufe, dafür sollten sich Konfirmandenarbeit und Konfirmationsfeier einsetzen, so dass wirklich Stärkung des Glaubens, des ›Sich-Fest-Machen in Gott‹« (v. Rad) bedeutet, Ziel und Mitte unserer Bemühungen bleibt.«[58]

Literatur

Adam, Gottfried, Der Unterricht der Kirche. Studien zur Konfirmandenarbeit (GTA 15), Göttingen (1981) ³1984.

Comenius-Institut (Hrsg.), Handbuch für die Arbeit mit Konfirmandinnen und Konfirmanden, Gütersloh 1998 (Lit.).

Ev. Kirche von Westfalen-Landeskirchenamt (Hrsg.), Konfirmandenarbeit. Entdeckungsreise im Land des Glaubens. Eine Orientierungshilfe für Presbyterien und Mitarbeitende in der KA, Bielefeld 2006.

Nordelbische Stimmen 2006, H. 4: Themaheft »KU im Wandel.«

Saß, Marcell, Frei-Zeiten mit Konfirmandinnen und Konfirmanden. Praktisch-theologische Perspektiven (APrTh 27), Leipzig 2005.

ZPT 58/2006, H. 4: Themaheft »KU im Wandel.«

---

[58] *H. Schröer*, Konfirmation – Was ist das?, in: *Comenius-Institut* (Hrsg.), Handbuch, 453.

13. Ulrich Schwab
Kirchliche Jugendarbeit in Deutlichkeit und Offenheit

Kirchliche Jugendarbeit ist ein vielfältiges Handlungsfeld christlicher Praxis. Wir finden sie im Rahmen herkömmlicher Gemeindearbeit, im Rahmen spezieller Arbeitszentralen (Jugendbildungshäuser) sowie im Rahmen verbandlicher Angebote.

1. Einführung

All diese Formen konkurrieren heute mit einer unüberschaubaren Zahl von weiteren Angeboten, die im Kontext jugendkultureller Szenen speziell für Jugendliche auf den Markt kommen. Darunter befinden sich rein kommerzielle Unternehmen, die Jugendliche in ihrer finanzstarken Rolle als Konsumenten ansprechen, ebenso wie gemeinnützige Organisationen, die in der Regel im kulturellen oder sozialen Bereich angesiedelt sind. Für Letztere hat der Gesetzgeber in Deutschland den Begriff »Jugendhilfe« im Sozialgesetzbuch VIII, dem *Kinder- und Jugendhilfegesetz*, definiert. Dort werden in § 2 Abs. 2 vorrangig folgende Leistungen der Jugendhilfe zugeordnet:

(1) Angebote der Jugendarbeit, der Jugendsozialarbeit und des erzieherischen Kinder- und Jugendschutzes,

(2) Angebote zur Förderung der Erziehung in der Familie,

(3) Angebote zur Förderung von Kindern in Tageseinrichtungen und in Tagespflege,

(4) Hilfe zur Erziehung und ergänzende Leistungen,

(5) Hilfe für seelisch behinderte Kinder und Jugendliche und ergänzende Leistungen,

(6) Hilfe für junge Volljährige und Nachbetreuung.

Es wird unterschieden zwischen freier und öffentlicher Jugendhilfe. Kirchliche Angebote gehören mit zur freien Jugendhilfe, während kommunale Angebote die öffentliche Form der Jugendhilfe darstellen. Ausdrücklich legt das Gesetz fest, dass Kinder und Jugendliche an allen sie betreffenden Entscheidungen im Rahmen der Jugendhilfe zu beteiligen sind (§ 8).

In unserem Zusammenhang interessieren insbesondere Angebote der Jugendarbeit und der Jugendsozialarbeit. Jugendarbeit wird in diesem Gesetz in § 11 wie folgt umschrieben:

(1) »Jungen Menschen sind die zur Förderung ihrer Entwicklung erforderlichen Angebote der Jugendarbeit zur Verfügung zu stellen. Sie sollen an den Interessen junger Menschen anknüpfen und von ihnen mitbestimmt und mitgestaltet werden, sie zur Selbstbestimmung befähigen und zu gesellschaftlicher Mitverantwortung und zu sozialem Engagement anregen und hinführen.

(2) Jugendarbeit wird angeboten von Verbänden, Gruppen und Initiativen der Jugend, von anderen Trägern der Jugendarbeit und den Trägern der öffentlichen Jugendhilfe. Sie umfasst für Mitglieder bestimmte Angebote, die offene Jugendarbeit und gemeinwesensorientierte Angebote.

(3) Zu den Schwerpunkten der Jugendarbeit gehören:
1. außerschulische Jugendbildung mit allgemeiner, politischer, sozialer, gesundheitlicher, kultureller, naturkundlicher und technischer Bildung,
2. Jugendarbeit in Sport, Spiel und Geselligkeit,
3. arbeitswelt-, schul- und familienbezogene Jugendarbeit,
4. internationale Jugendarbeit,
5. Kinder- und Jugenderholung,
6. Jugendberatung.«

Und die dazu gehörige Definition von Jugendsozialarbeit findet sich in § 13 und sie lautet: »(1) Jungen Menschen, die zum Ausgleich sozialer Benachteiligungen oder zur Überwindung individueller Beeinträchtigungen in erhöhtem Maße auf Unterstützung angewiesen sind, sollen im Rahmen der Jugendhilfe sozialpädagogische Hilfen angeboten werden, die ihre schulische und berufliche Ausbildung, Eingliederung in die Arbeitswelt und ihre soziale Integration fördern.«

Die Angebote für Kinder und Jugendliche, die die Kirchen und die ihnen nahe stehenden Verbände als freie Träger bereitstellen, gehören in diesen gesetzlichen Rahmen mit hinein. Sie umfassen sowohl den Bereich der Kinder- und Jugendarbeit als auch den der Jugendsozialarbeit. Die beiden großen Dachorganisationen kirchlicher Jugendarbeit, der Bund der Deutschen Katholischen Jugend (BDKJ) sowie die Arbeitsgemeinschaft Evangelische Jugend (AEJ), vertreten heute nach eigenen Angaben miteinander etwa 1,5 Millionen Kinder und Jugendliche in Kirchen und Verbänden. Die 2006 erstellte Berliner Studie zu den Evangelischen Jugendverbänden hat ergeben, dass 10,1 % *aller* Jugendlichen mindestens einmal Kontakt zu einem Angebot der Evangelischen Jugendarbeit hatte.[1]

Im Folgenden soll im Hinblick auf die Kirchliche Jugendarbeit erstens ihre geschichtliche Entwicklung nachgezeichnet werden, zweitens Theorien und Konzep-

---

[1] *K. Fauser/A. Fischer/R. Münchmeier*, Realität und Reichweite von Jugendverbandsarbeit. Vorläufiger Abschlussbericht, o.O. 2006.

te kirchlicher Jugendarbeit dargestellt werden, drittens ein Überblick über die dazu gehörigen Strukturen in Kirchen und Verbänden gegeben werden und viertens abschließend einige weiterführende Perspektiven dieses Arbeitsfeldes entwickelt werden.

2. Geschichtliche Entwicklung

Jugendarbeit im heutigen Verständnis ist erst Ende des 18., Anfang des 19. Jahrhunderts entstanden. Gleichwohl gehören die Kinder schon von Anfang an in den christlichen Kirchen mit dazu.

2.1 Ein Blick zurück

Nach dem Neuen Testament (Mk 10,13) gilt Frauen und Kindern in besonderer Weise Jesu Zuwendung.[2] Schon die ersten christlichen Gruppen kannten neben der Erwachsenentaufe auch die Kindertaufe. Dabei gilt bis in die Neuzeit hinein, dass es vor allem Fragen der Taufe und des Unterrichts sind, innerhalb derer Kinder in den Kirchen thematisiert werden. Kirchliche Einrichtungen werden für viele Jahrhunderte die zentralen Bildungsinstitutionen im Abendland. Allerdings gibt es neben den Kloster- und Domschulen noch eine Vielfalt von pädagogischen Bemühungen, zu denen Reliquien, Schauspiele, Prozessionen u.a.m. hinzuzurechen sind.[3]

Im 16. Jahrhundert wird die Reform des Schulwesens zu einem wichtigen kirchlichen Anliegen sowohl für die Reformatoren als auch für die Jesuiten, die die Reformbemühungen der Katholischen Kirche im 16./17. Jahrhundert tragen. Der Unterricht für Konfirmandinnen und Konfirmanden wird auf evangelischer Seite neu konzipiert, findet jedoch erst im 18. und 19. Jahrhundert eine flächendeckende Verbreitung.[4]

Durch den Pietismus rücken im 17. und 18. Jahrhundert die sozialen Problemlagen von Kindern stärker in den Blick. Hervorragendes Beispiel sind etwa die Franckeschen Stiftungen in Halle, die *August Hermann Francke* ab 1695 dort aufbaut. Ein Waisenhaus, verschiedene Schulformen, ein Seminar zur Ausbildung von Lehrkräften und diverse wirtschaftliche Einrichtungen zur Finanzierung der Stiftungen werden hier im Rahmen eines pädagogischen Gesamtkonzepts aufeinander bezogen. Religiöse und soziale Zielsetzungen sind dabei eng miteinander verknüpft.

---

[2] *P. Müller*, In der Mitte der Gemeinde. Kinder im Neuen Testament, Neukirchen-Vluyn 1992.

[3] *K. Leder*, Kirche und Jugend in Nürnberg und seinem Landgebiet 1400 bis 1800, Neustadt a.d.Aisch 1973.

[4] *G. Adam*, Der Unterricht der Kirche. Studien zur Konfirmandenarbeit (GTA 15) Göttingen (1980) ³1984.

2.2 Vielfalt im 19. Jahrhundert

In der zweiten Hälfte des 18. Jahrhunderts wächst ein neues Bewusstsein von der Eigenständigkeit der Kindheit[5] und damit verbunden von der Jugend als Übergangsstadium ins Erwachsenenalter. Es entstehen nun im pädagogischen und sozialen Bereich vermehrt Einrichtungen, die den speziellen Bedürfnissen von Kindern und Jugendlichen gerecht werden wollen. Federführend auf diesem Gebiet ist in Deutschland um 1800 *Johann Heinrich Pestalozzi* (1746–1827) mit seinem Prinzip der Familienerziehung. Hierzu gehören aber auch schon die *Versammlung der ledigen Brüder* in Basel, gegründet 1768 von Pfarrer *Jakob Friedrich Meyenrock* (1733–1799), sowie die Anfang des 19. Jahrhunderts entstehenden *Rettungsanstalten*, deren erste 1813 von *Johannes Falk* (1768–1826) in Weimar eröffnet wird. In den Rettungsanstalten werden verwaiste Kinder aufgenommen und einer Berufsausbildung zugeführt. Auch die Vorläufer der Kindergärten, die Kleinkinderbewahranstalten, entstehen in den Jahren ab 1830 häufig im Rahmen kirchlicher Arbeit und sollen solche Familien unterstützen, in denen beide Eltern berufstätig sind.[6] Die genannten Einrichtungen bilden den Grundstock für die weitere Entwicklung einer Jugend- und Jugendsozialarbeit in Deutschland.

Die ersten evangelischen Jünglings- und Jungfrauenvereine werden in den 20er Jahren des 19. Jahrhunderts im weiteren Kontext der Erweckungsbewegung[7] in Elberfeld und Stuttgart und bald auch an anderen Orten gegründet. Sie sind, ähnlich wie die Baseler Versammlung der ledigen Brüder, an gemeinsamer religiöser Erbauung, aber auch an Geselligkeit und gegenseitiger Hilfe orientiert. Bei diesen neuen Projekten, die zunächst vorrangig in Städten angesiedelt sind, liegen die Gründe für ihre Entstehung aber auch in sozialen Problemlagen.[8] Dies ist besonders gut an den sog. *Sonntagssälen* abzulesen, die ab 1830 in mehreren Städten eingerichtet werden.

Den Anfang macht der evangelische Pfarrer *Theophil Passavant* (1785–1864) in Basel, der zusammen mit einem Kreis von Handwerkern aus der Stadt für diejenigen Gesellen und Lehrlinge, die sich nur eine Schlafstelle, aber keinen Wohnraum leisten konnten, an den Sonntag-Nachmittagen im Winter beheizte Räumlichkeiten zur Verfügung stellt. Hier konnten sich diese Gesellen und Lehrlinge treffen, waren so nicht auf das Wirtshaus angewiesen. Solche Einrichtungen gibt es bald auch z.B. in Stuttgart, Straßburg, Bremen und Nürnberg. Offene Angebote

---

[5] *J.-J. Rousseau*, Emil oder über die Erziehung (1762), Paderborn u.a. 1983.

[6] *G. Erning/K. Neumann/J. Reyer* (Hrsg.), Geschichte des Kindergartens. Bd. 1: Entstehung und Entwicklung der öffentlichen Kleinkinderziehung in Deutschland von den Anfängen bis zur Gegenwart, Freiburg i.B. 1987.

[7] *U. Schwab*, Evangelische Jugendarbeit in Bayern 1800–1933, München 1992.

[8] *U. Schwab*, »Der Jugend Noth und Hülfe«. Die Anfänge evangelischer Jugendarbeit im 19. Jahrhundert, in: *Bundesarbeitsgemeinschaft Evangelische Jugendsozialarbeit* (Hrsg.), Evangelische Jugendsozialarbeit im Wandel der Zeit, Münster 1999, 50–61.

und Gruppenangebote gehören also von Anfang an zur Struktur dieses neu entstehenden Arbeitsfeldes mit hinzu.

Ab 1848 kommt es zum Zusammenschluss der christlichen Jünglingsvereine zu einzelnen Landesverbänden. Sie werden auf evangelischer Seite nicht in die kirchlichen Strukturen integriert, sondern figurieren zunächst – nicht unumstritten – als bürgerliche Vereine. Viele evangelische Pfarrer stehen dieser Neuentwicklung sehr skeptisch gegenüber und sehen darin eher eine Konkurrenz als eine sinnvolle Ergänzung zur herkömmlichen Gemeindearbeit. Auf der ersten internationalen Konferenz christlicher Jünglingsvereine in Paris im Jahre 1855 will man eine gemeinsame Plattform dieser Arbeit schaffen. Zwar wird mit der »Pariser Basis« ein gemeinsames Konzept formuliert, es zeigt sich aber, dass die weitere Entwicklung in den verschiedenen Ländern dann doch unterschiedliche Wege geht. Die deutschen Jünglingsvereine lehnen das Ansinnen ab, eine Mitgliedschaft in den Vereinen nur bekehrten Personen anzubieten.

Die katholischen Gesellen- und Jünglingsvereine, die von dem Kölner Kaplan und Schustergesellen *Adolf Kolping* ab 1849 gegründet werden (Kolpingvereine), sind dagegen von Anfang an in die Diözesanstrukturen fest eingebunden, was ihrer Verbreitung in der zweiten Hälfte des 19. Jahrhunderts sehr förderlich ist.[9] In Norditalien gründet der Priester *Don Bosco* 1859 die Salesianer (anerkannt 1874), die sich um Jugendliche in sozialen Notlagen kümmern wollen. Jede Kirche, die die Salesianer bauen, wird mit einer Schule und einem Sportplatz versehen. Dieses Konzept verbindet bis heute Geselligkeit, Bildung und Religiosität auf eine sehr hilfreiche Art und Weise.[10] Für die katholischen Vereine wird 1895 das Zentralkomitee der Präsides der katholischen Jünglingsvereine Deutschlands begründet.

Auf evangelischer Seite wird 1883 der erste deutsche CVJM (Christlicher Verein junger Männer) in Berlin gegründet, der zu den bestehenden evangelischen Jünglingsvereinen bald in ein Konkurrenzverhältnis tritt. Mit dem Verband der evangelischen Jungfrauenvereine wird 1890 durch den Berliner Pfarrer *Johannes Burckhardt* auch für die Mädchenarbeit ein eigener Dachverband begründet. In den Jahren bis 1914 entstehen noch eine ganze Reihe weiterer kleinerer Verbände für Jungen und Mädchen, die dann auch eigene Kinderabteilungen haben. Einer davon sind die sog. Schülerbibelkränzchen an den Oberschulen, die erstmals einen autonomen Leitungsstil pflegen, der sie deutlich von der Jugendpflege dieser Zeit abhebt. Der jeweilige Leiter wird hier demokratisch gewählt, nicht bestimmt.[11] Ab 1911 gibt es auch in Deutschland die in Großbritannien entstandenen Pfadfinder-

---

[9] *P. Hastenteufel*, Katholische Jugend in ihrer Zeit, Bd. 1 u 2, Bamberg 1988 u. 1989.

[10] *A. Birklbauer*, Don Bosco. Lebensbild eines ungewöhnlichen Heiligen, München 1998.

[11] *H.-C. Brandenburg*, Die Anfänge evangelischer Jugendbewegung. Der Weg der Schülerbibelkränzchen 1883 bis 1919, Köln 1993; *T. Eysholdt*, Evangelische Jugendarbeit zwischen »Jugendpflege« und »Jugendbewegung«. Die deutschen Schülerbibelkreise (BK) 1919 bis 1934, Köln 1997.

gruppen, zunächst als Unterabteilungen des CVJM, später als eigenständigen Verband.

In den zwanziger Jahren bemühen sich alle Verbände, stärker Anschluss an die »Jugendbewegung« zu finden. Auch die evangelischen Kirchen sind nun um einen guten Kontakt zu den auf Vereinsebene organisierten Verbänden bemüht. Es werden nun an verschiedenen Stellen Jugendpfarrämter eingerichtet, wie es das in Stuttgart schon seit 1863 gibt. Mit dem Verbot der freien Jugendarbeit nach 1933 müssen sich die evangelischen Verbände 1934 in die Hitler-Jugend eingliedern lassen.[12] Die meisten Verbände ziehen es jedoch vor, ihre Jugendabteilungen aufzulösen. An ihre Stelle treten dann Gemeindejugendgruppen, die keine eigene Mitgliedschaft über die Zugehörigkeit zur Kirchengemeinde hinaus kennen. Auch die *katholischen Jugendverbände* werden in dieser Zeit bedrängt. Die bis 1933 existierenden *jüdischen Jugendverbände* werden verboten und ihre Mitglieder im Zuge des Holocaust brutal diskriminiert und verfolgt.

2.3 Entwicklungen nach 1945

(1) *Im Westen* kommt es nach 1945 schnell zur Wiedergründung einer Vielzahl von Verbänden, die sich nun als freie Träger in der Jugendarbeit engagieren.[13] Das führt hier zu einer Doppelstruktur der kirchlichen Jugendarbeit, die nun in verschiedenen Modellen organisiert sein kann: a) von einer Kirchengemeinde, b) von einem Verband oder c) von einem Verband im Auftrag einer Kirchengemeinde. Im Westen entwickeln sich neue Ansätze einer internationalen Begegnungsarbeit, zunächst innerhalb Europas und in Kontakt mit den USA, dann aber auch mit den Ländern Südamerikas, Afrikas und Asiens. Besonders wirkt hier in den nächsten Jahrzehnten die schon 1940 in Südburgund von *Roger Schütz* gegründete ökumenische Gemeinschaft von Taizé. Von ihr geht bis heute eine große spirituelle Wirkung auf die Jugend aus. Besonders für die nun auch wachsenden ökumenischen Kontakte in der Jugendarbeit ist Taizé bedeutsam geworden.[14]

(2) *In der ehemaligen DDR* entwickelt sich in der Nachkriegszeit mit der »Jungen Gemeinde« eine vom Westen deutlich unterschiedene Jugendarbeit.[15] Die weithin bestimmende Rahmenbedingung besteht hier in einem sozialistischen Staatswesen, das über Jahrzehnte durchaus kirchenfeindlich agiert. Die Jugendweihe gilt als staatlich protegierte Alternative zur Konfirmation und nicht selten werden Jugendliche, die sich für die Konfirmation entscheiden, massiv unter Druck gesetzt. So entsteht mit der »Jungen Gemeinde« ein Ort, der sich bewusst

---

[12] *J. Jürgensen*, Die bittere Lektion. Evangelische Jugend 1933, Stuttgart 1984.

[13] *U. Schwab* (Hrsg.), Vom Wiederaufbau zur Wiedervereinigung. Geschichte der Evangelischen Jugend in Westdeutschland 1945–1990, Hannover 2002.

[14] *M. Lechner/U. Schwab*, »Kreuzverbunden!?« Jugend und Ökumene heute, in: ÖR 54/2005, H. 2, 162–173.

[15] *F. Dorgerloh*, Geschichte evangelischer Jugendarbeit. Teil 1: Junge Gemeinde in der DDR, Hannover 1999.

als Alternative zum bestehenden Staatswesen und seiner Staatsjugend, der FDJ (Freie Deutsche Jugend) begreift. Völlig anders als im Westen wird so in der DDR die Zugehörigkeit zur »Jungen Gemeinde« ein bewusster Bekenntnisakt. Mit Verweis auf die FDJ sind den christlichen Jugendverbänden Aktivitäten auf dem Staatsgebiet der DDR untersagt. Offiziell gibt es also die »Junge Gemeinde« nur als Gemeindejugend. In der Organisation der landeskirchlichen Jugendwerke kann aber zumindest ansatzweise auch die Verbandsarbeit weiter wirken.

In den 1970er Jahren ist die Kirchenleitung in der DDR bemüht, sich als Teil der sozialistischen Gesellschaft zu verstehen. Hierzu gehört auch ein Bekenntnis zur Friedensarbeit, wie sie reformsozialistische Kräfte in der CSSR (Tschechoslowakische Sozialistische Republik) und in Ungarn entwickeln. Dies führt allerdings in den 1980er Jahren zu neuen Konflikten mit dem Staat, allzumal als durch die »Friedensdekade« im November 1980 in Anlehnung an Jes 2,4 der Leitspruch »Schwerter zu Pflugscharen« geprägt wird, der bald in ganz Deutschland Karriere in der Friedensbewegung machen sollte. 1981 kommt es in der DDR zu Polizeiaktionen gegen diesen Slogan, als sich viele Jugendliche aus der Jungen Gemeinde das mit einer aus der Sowjetunion stammenden Skulptur versehene Symbol mit dem Leitspruch auf ihre Kleidung nähen.

Ende der 1980er Jahre ist die Kirche und mit ihr die Junge Gemeinde aktiv an der Wendezeit beteiligt. Vielerorts werden Kirchen zum Treffpunkt der Protestbewegungen. Allerdings zeigt sich nach 1990, dass die Kirchen in den Folgejahren nicht an diese Mittelpunktstellung anknüpfen können. Die Gemeinden werden eher kleiner, vielerorts lassen sich aus drückenden finanziellen Problemen die kirchlichen Mitarbeiter in der Jugendarbeit nicht halten und müssen entlassen werden.[16]

(3) *Weitere Entwicklungen.* Im Bereich der katholischen Kirche entsteht 1947 der Bund der Deutschen Katholischen Jugend *(BDKJ),* der als Dachverband die Interessen der katholischen Einzelverbände und ihrer Mitglieder vertritt. Auf evangelischer Seite wird 1949 die Arbeitsgemeinschaft Evangelische Jugend (AEJ) gegründet, die zum Ansprechpartner der EKD für die Evangelische Jugend und ihre Jugendverbände wird. Erst nach der Wiedervereinigung 1990 entstehen auch im Osten wieder eigenständige Verbandsstrukturen neben der kirchlichen Jugendarbeit, die heute ebenfalls in der AEJ vertreten sind.

Die Sternsingeraktion, die 1959 vom Kindermissionswerk gegründet und seit 1961 gemeinsam mit dem BDKJ in der Zeit zwischen Weihnachten und Heilige-Drei-Könige veranstaltet wird, gehört heute zu den größten Aktionen der Arbeit mit Kindern und Jugendlichen in Kirchen und Verbänden. Jährlich nehmen an dieser Aktion etwa 500.000 Kinder und 100.000 Ehrenamtliche teil. Die evangelischen und katholischen Kirchentage, die im Zwei-Jahres-Rhythmus abgehalten werden, werden jeweils von etwa 100.000 Jugendlichen besucht. Das letzte Welt-

---

[16] Momentaufnahmen zur Situation der evangelischen Jugendarbeit in den neuen Bundesländern (AEJ-Materialien), Hannover 1999.

jugendtreffen der katholischen Kirche, das 2005 in Köln stattfand, besuchten ca. 450.000 Jugendliche aus 188 Ländern.

3. Konzepte kirchlicher Jugendarbeit

Konzeptionell wird nach 1945 zunächst versucht, an den Formen der Jugend-bewegung vor 1933 wieder anzuknüpfen. Das erweist sich aber bald als nicht durchführbar. Zunehmend zeigt sich, dass die Arbeit im Stile einer bündischen Jugendbewegung mit einer festen Bindung bei den Jugendlichen der Nachkriegs-zeit keinen allzu großen Anklang mehr findet. Nach den Jahren der gesetzlich verordneten Staatsjugend im Dritten Reich gilt alles, was nach fester Bindung aussieht, als obsolet.

In einem damals viel beachteten Aufsatz mit dem Titel »Warten auf Bewe-gung«[17] nimmt *Peter Krusche* 1959 diese Kritik auf. Das Unbehagen in und an den Jugendverbänden resultiert für Krusche aus gesellschaftlichen Strukturver-schiebungen, die zu einer neuen Manipulierung der Freiheit der Jugend führen könnten. Krusche fordert stattdessen, die Jugendarbeit als ein »Einübungsfeld für eine fruchtbare Begegnung der Generationen«[18] zu verstehen, in dem Verantwor-tung und sachlich fundierte Autorität vorzuleben wären. Das schließt auch eine Auseinandersetzung mit dem dunkelsten Kapitel der Deutschen Geschichte, der Massenvernichtung der europäischen Juden und anderer verfolgten Gruppierun-gen, mit ein. Krusche sieht es als wichtigste Aufgabe für die politische Bildung der Jugend an, gegen die »Verstockung gegenüber der Geschichte«[19], die sich in der deutschen Nachkriegsgesellschaft insgesamt breit machte, vorzugehen. Er hat damit für den Bereich der politischen Bildung in der Jugendarbeit angedacht, was 1967 *Alexander* und *Margarete Mitscherlich* mit ihrem Buch »Die Unfähigkeit zu trauern«[20] wegweisend zur Frage nach dem deutschen Umgang mit dem Holocaust formuliert haben.

Während *Hans-Otto Wölber* die distanzierte Einstellung der Jugendlichen zu Institutionen, die ja in der gesamten Jugend vorzufinden sind, für den Bereich der Evangelischen Jugend 1959 als »Religion ohne Entscheidung«[21] brandmarkt, ver-suchten andere, daraus ein neues Selbstverständnis verbandlicher Jugendarbeit zu formulieren. Dies gelingt dann im Rahmen eines Grundsatzgesprächs des Bundes-jugendrings 1962 in St. Martin zu »Selbstverständnis und Wirklichkeit der heuti-

---

[17] *P. Krusche*, Warten auf Bewegung (1959). Abgedruckt in *M. Faltermaier* (Hrsg.), Nachdenken über Jugendarbeit, München 1983, 87–93.

[18] *P. Krusche*, Warten auf Bewegung (1959), aaO., 91.

[19] Ebd.

[20] *A.* und *M. Mitscherlich*, Die Unfähigkeit zu trauern, München 1967.

[21] *H.O. Wölber*, Religion ohne Entscheidung. Volkskirche am Beispiel der jungen Genera-tion, Göttingen 1959

gen Jugendverbandsarbeit«[22]. Hier wird Abschied genommen von der Vorstellung, die Jugendarbeit eröffne ein »autonomes Jugendreich« unabhängig von der sie umgebenden Gesellschaft. Vielmehr begreifen sich die Verbände nun als Teil einer demokratischen Gesellschaft und sehen ihre Aufgabe darin, einen Beitrag dafür zu leisten, dass die Jugendlichen in diese Gesellschaft hinein finden. Insofern wächst nun das Bewusstsein für die politische Dimension der Bildung. Dies geschieht methodisch durch Gruppenarbeit und offene Angebote im Bereich der – damals so genannten – Jugendpflege wie im Bereich der Jugendsozialarbeit.

Die Jugendverbände wollen an der Gestaltung der Lebensverhältnisse der jungen Generation mitwirken. *Heinz-Georg Binder*, seit 1962 Referent für die politische Bildungsarbeit in der AEJ und zugleich Vorsitzender des Bundesjugendrings, hat diesen neuen Ansatz maßgeblich mit geprägt. Jugendarbeit wird zur außerschulischen Pädagogik und damit neben Familie und Schule zum dritten Erziehungsfeld in der Gesellschaft. Er schreibt: »Hauptthese bleibt: Unsere Jugendverbandsarbeit ist vergesellschaftete Jugendarbeit. Sie vollzieht sich weithin im Auftrag und im Interesse der großen Verbände und Institutionen unserer Gesellschaft. Darin liegt ihre Chance, dass der junge Mensch auch in der Jugendarbeit den Strukturen unserer modernen Verbandsgesellschaft begegnet und er gerade in dieser für ihn so schwierigen Situation pädagogisch begleitet wird.«[23]

Diese Verknüpfung zwischen Jugendarbeit und gesellschaftlicher Praxis bestimmt Mitte der 1960er Jahre federführend auch die Entwicklung theoretischer Konzepte für die Jugendarbeit. In dem 1964 herausgegebenen Band »Was ist Jugendarbeit?« wird von den vier jungen Erziehungswissenschaftlern *C. Wolfgang Müller, Helmut Kentler, Klaus Mollenhauer* und *Hermann Giesecke* eine bei den Jugendlichen selbst ansetzende und auf Mündigkeit zielende Theorie der Jugendarbeit formuliert.[24] Jugendarbeit hat hier den Auftrag, Jugendliche in der Industriewelt so zu begleiten, dass sie lernen, ein menschenwürdiges Dasein zu führen. Da in Anlehnung an die Kritische Theorie Mündigkeit durch Bildung so lange nicht zu erreichen sei, wie dem die gesellschaftlichen Verhältnisse im Wege stehen, arbeitet die Jugendarbeit selbst an einer kritischen Vermittlung von freiheitlicher Utopie und gesellschaftlicher Wirklichkeit.

Damit Bildung zur Freiheit Realität werden kann, muss das Team in der Jugendarbeit selber exemplarisch in freiheitlicher Weise miteinander umgehen darstellen und so Lernprozesse anregen. So werden also auch Konflikte in der Gruppe zum vorzüglichen Lernort einer Bildung in Freiheit. Die Organisationen der Jugendarbeit gelten als Schonraum für Jugendliche, in dem sie Mündigkeit durch

---

[22] Abgedruckt in *M. Faltermaier* (Hrsg.), Nachdenken über Jugendarbeit, München 1983, 119–122.

[23] *H.-G. Binder*, Der Strukturwandel in der Jugendarbeit (1962). Abgedruckt in: *M. Faltermaier* (Hrsg.), Nachdenken über Jugendarbeit, München 1983, 101–106, hier: 106.

[24] *C.W. Müller/H. Kentler/K. Mollenhauer/H. Giesecke*, Was ist Jugendarbeit? Vier Versuche zu einer Theorie, München 1964.

Experimentieren erlernen können. Dabei sei darauf zu achten, dass neben den intimen Sozialformen der Gruppe auch solche distanzierteren Sozialbeziehungen eingeübt werden, die in gesellschaftlichen Institutionen üblich sind. Alle vier Ansätze in diesem Buch betonen die Ausrichtung auf die Jugendlichen selbst, die kritische Bezugnahme auf den gesellschaftlichen Kontext, das Prinzip der Freiwilligkeit, welches das Lernfeld der Jugendarbeit von anderen Lernfeldern in der Gesellschaft grundlegend unterscheidet, und Mündigkeit als zu erwerbendes Bildungsziel.

1965 gibt *Christof Bäumler* (1927–1996), Studienleiter des Studienzentrums für evangelische Jugendarbeit in Josefstal, den Band »Treffpunkt Gemeinde« heraus. Die pädagogische Verantwortung der Gemeinde will er darin im Kontext einer solchen emanzipatorischen Theorie der Jugendarbeit begründen. Dazu bezieht sich Bäumler theologisch auf *Jürgen Moltmann* und *Dietrich Bonhoeffer*. Eine Gemeinde, die in der Nachfolge Jesu Christi steht und die demzufolge den Menschen menschlich begegnet, hat die Fragen der Menschen in der modernen Industriegesellschaft ernst zu nehmen und rechnet mit ihrer eigenen stetigen Veränderung: »Erwartet die Christenheit in der Zukunft noch etwas von ihrem Herrn oder hält sie sich selbst für das Ende der Wege Gottes, für eine Schutz- und Trutzburg inmitten einer ihrem Verfall preisgegebenen Massengesellschaft?«[25]

Im Sinne einer kritischen Vermittlung von Utopie und Wirklichkeit kritisiert Bäumler an der Praxis des Umgangs der Kirchengemeinden mit den Jugendlichen den einlinigen Verkehr von den Erwachsenen zu den Jugendlichen, ein beziehungsloses Nebeneinander verschiedener pädagogischer Arbeitsfelder und eine fehlende Verknüpfung der Verbindung mit dem Alltag in der Verkündigung. Ein partnerschaftlicher Umgang im Gespräch der Generationen ist so nicht möglich. Erbauung der Gemeinde als »Gemeinde für andere« heißt dagegen: die Gemeinde Gottes ist nicht für sich selbst, sondern zur Ehre Gottes für die Menschen da, die ihrer bedürfen. So entwickelt Bäumler ein Konzept für die Jugendarbeit, nach dem die erwachsenen Gemeindeglieder die heranwachsenden so in Freiheit begleiten sollen, dass diese den sachgemäßen Gottesdienst im Alltag einüben und so ihren Glauben in ihrer alltäglichen Wirklichkeit als mündige Christen leben können. Erwachsene sind in diesem Dialogprozess nicht allwissende, fehlerfreie Führer, sondern selbst experimentierende, um Aufrichtigkeit bemühte Berater in einem Bildungsprozess, der auf Mündigkeit zielt.

Für die Strukturen einer Kirchengemeinde selbst hat dies zur Folge, dass sie sich fragen lassen muss, ob sie partizipatorische Teilnahmeformen für die Jugendlichen anbietet. Zum sichtbaren Zeichen für den Aufbau neuer demokratischer Strukturen in den Kirchengemeinden wird die Einrichtung von Jugendausschüssen, die von Bäumler in diesem Buch angeregt werden und heute in praktisch allen

---

[25] *C. Bäumler* (Hrsg.), Treffpunkt Gemeinde. Jugend im Gemeindeaufbau, München 1965, 8.

Kirchengemeinden zum festen Bestandteil einer partizipatorischen Gemeindestruktur geworden sind.

Wie wenig aber bis dahin solche partizipatorischen Strukturen entwickelt waren, zeigt eine Studie von *Klaus Mollenhauer*[26] aus dem Jahr 1969, die als Voruntersuchung für eine größere Studie geplant war. Durch qualitative Analysen wird hier herausgearbeitet, dass auch in der Evangelischen Jugendarbeit trotz anderslautender Lippenbekenntnisse von autoritär gesetzten Vorgaben der Erwachsenen auszugehen ist. Theologische Begründungen erweisen sich als nachträgliche Rechtfertigungen vorgegebener pädagogischer Handlungsmuster. Religiös bezogene Inhalte dominieren bei weitem. Das Fazit der Studie lautet: Evangelische Jugendarbeit hält pädagogisch nicht, was sie theologisch verspricht.

Die Diskussion, die sich an diesem Ergebnis entzündet, wird intensiv und heftig geführt. *Heinrich C. Rohrbach,* Direktor des Burckhardthauses in Gelnhausen, einer Fortbildungseinrichtung kirchlicher Jugendarbeit, formuliert 1970 aus der Motivation heraus, kirchliche Jugendarbeit demokratischer zu gestalten, ein provokantes Thesenpapier.[27] Hier benennt er die »Liebe Jesu« ihrer Intention nach als Richtschnur für die Evangelische Jugendarbeit und fordert eine verstärkte Zusammenarbeit mit den Sozialwissenschaften. Jugendarbeit im Namen des Evangeliums habe freiwillig und repressionsarm zu sein, die Interessen benachteiligter Jugendlicher aufzunehmen, die sexuellen Bedürfnisse Jugendlicher anzuerkennen und an der Veränderung gesellschaftlicher Strukturen mitzuwirken.

Diese Thesen locken zum Widerspruch und rufen in den folgenden Monaten eine Flut von weiteren Papieren hervor. Während auf der einen Seite die emanzipatorische Dimension evangelischer Jugendarbeit betont wird, sieht die andere Seite vor allem die missionarische Dimension der Jugendarbeit als wesentlich an: es entwickelt sich die so genannte »Polarisierungsdebatte«. *Wolfhart Schlichting,* seit 1970 CVJM-Generalsekretär, erklärt in scharfer Abgrenzung zu Rohrbach, das Hauptziel evangelischer Jugendarbeit bestehe darin, »junge Menschen mit Jesus bekannt zu machen.« Evangelischer Glaube schließe sich nicht nur einer Intention Jesu, sondern ihm persönlich an.[28]

Eine Verständigung auf der Theorie-Ebene bleibt über viele Jahre unmöglich. Erst durch das Entstehen neuer Themen in der Jugendarbeit werden Brücken geschlagen. Hierzu gehören die Umweltproblematik seit Mitte der 70er Jahre und die Friedensarbeit der frühen 80er Jahre. Auch der Einfluss der Erlebnispädagogik, wie dies etwa *Dieter Fischer* 1985 proklamiert, wirkt in die Evangelische Jugendarbeit hinein.[29] Im Zuge einer Alltagsorientierung und mithilfe von Beziehungsar-

---

[26] *K. Mollenhauer/G. Kasakos/H. Ortmann/U. Bathke*, Evangelische Jugendarbeit in Deutschland. Materialien und Analysen, München 1969.

[27] *M. Affolderbach*, Grundsatztexte zur Evangelischen Jugendarbeit, Gelnhausen/Stuttgart ²1982, 121ff.

[28] *M. Affolderbach*, Grundsatztexte zur Evangelischen Jugendarbeit, aaO., 134.

[29] *D. Fischer u.a.* (Hrsg.), (Er-)Leben statt Reden. Erlebnispädagogik in der offenen Jugendarbeit, Weinheim/München 1985.

beit soll den Jugendlichen neue Räume geboten werden, in denen sie sich selbst ausprobieren können. Dabei ist besonders auf ganzheitliche Erfahrungen zu achten, die zunehmend von medialen Reizen verdrängt zu werden drohen. Die Erlebnispädagogik will somit die Chance bieten für ein selbstorganisiertes Zusammenleben in ungewohnter Umwelt, damit eine Reflexion eingeschliffener Rollen und Verhaltensweisen möglich wird.

Zu den neuen Themen der 1970er und 1980er Jahre gehört auch das Konzept des *Ökumenischen Lernens*, wie es von dem evangelischen Theologen *Ernst Lange* vorgegeben wird. Ernst Lange hat die weltweite Dimension des Christentums im Blick und fordert, dass die Kirchen sich für eine weltweite Gerechtigkeit sowohl im politischen als auch im wirtschaftlichen Sinne einsetzen. In einem seiner letzten Texte schreibt er im Jahre 1974: »Der Horizont, in dem dieses Für-andere-Dasein der Kirche sich für uns darstellte, war der ökumenische Horizont, die Welt der schreienden Disparitäten und der wachsenden Interdependenzen, eine Welt unter dem Zwang zum Frieden und daher auch unter dem Zwang, Antworten auf die Frage nach der Gerechtigkeit und der Freiheit, vor allem in der Nord-Südachse, zu finden, denn Frieden geht nicht ohne Gerechtigkeit und Freiheit, ohne Selbstbestimmung und Umverteilung von Macht und Besitz.«[30] Eine Kirche, die somit wieder zur eigenen Einheit findet, kann nur dann zu Recht Kirche genannt werden, wenn sie nicht bei sich selbst bleibt (*Dietrich Bonhoeffer*). Es muss deutlich werden, wie diese Einheit etwas austrägt für das Dasein der Kirche für die Welt. In vielfältigen Projekten, so z.B. in Zentralamerika oder in Afrika, ist die Evangelische Jugendarbeit diesem Ansatz gefolgt unter dem Leitbegriff »Christ sein im Horizont der einen Welt«.

Seit den 1980er Jahren ist die »*Spurensicherung*« zu einem wichtigen Bereich der Jugendarbeit geworden ist. Sie ist nicht zuletzt aus dem Bemühen heraus entstanden, die Geschichte des Holocaust in Deutschland konkret vor Ort fassbar werden zu lassen.[31] In Auschwitz entsteht 1987 unter Beteiligung verschiedener Organisationen eine Internationale Jugendbegegnungsstätte, in Dachau werden im Sommer Jugendbegegnungszeltlager veranstaltet. Aber es geht hier nicht nur um die »großen« Gedenkstätten. Auch lokal bedeutsame Orte jüdischer Geschichte in Deutschland werden wiederentdeckt. Es geht in der Jugendarbeit nicht darum, die Geschichte des Holocausts zu »bewältigen«, sondern es geht darum, sich von der eigenen Geschichte anrühren zu lassen, damit Trauer allererst möglich wird.[32] Bis in die Gegenwart hinein gehören Projekte zur weltweiten Gerechtigkeit sowie zur »Spurensicherung« zu den wichtigen Anliegen Evangelischer Jugendarbeit.

Der neue Theorie-Ansatz einer *Pädagogik des Jugendraums*[33] versteht Jugendarbeit demgegenüber weniger als pädagogische Veranstaltung, sondern in ihrer

---

[30] *E. Lange*, Sprachschule für die Freiheit, München 1980, 159.
[31] *R. Hanusch*, Es wird Zeit, dass wir leben, Leipzig 2005.
[32] *A. u. M. Mitscherlich*, Die Unfähigkeit zu trauern, Neuausgabe Zürich/München 1977.
[33] *L. Böhnisch/R. Münchmeier*, Pädagogik des Jugendraums, Weinheim/München 1990.

Funktion als Sozialisationsfeld. Die Jugendarbeit wird als Teil der Gesamtumwelt Jugendlicher gesehen. Wie Angebote der Jugendarbeit angenommen werden und was daraus wird, entscheiden die Jugendlichen selbst. Was sie brauchen, sind Räume zur Selbstinszenierung, damit sie sich zu anderen in Beziehung setzen können und so erkennbar werden. Dabei spielen jugendkulturelle Angebote, in denen die eigene Expressivität ausgelebt werden kann, in den 90er Jahren eine besonders wichtige Rolle. Das gilt für musikalische Angebote genauso wie für selbst einstudierte Theater- oder Tanzaufführungen.

Während die Pädagogik des Jugendraums den Hauptberuflichen in der Jugendarbeit dabei vor allem als Moderator der von den Jugendlichen ausgehenden Prozesse begreift, ohne inhaltlich selbst zu stark einzugreifen, entwickelt sich in der Folgezeit wieder verstärkt ein Interesse an dem jeweiligen inhaltlichen Profil der Jugendarbeit. Der pädagogische Anspruch kehrt also zurück.[34] *Albert Scherr* fordert in seinem Ansatz einer subjektorientierten Jugendarbeit die Wieder-Anknüpfung an die Theorie einer emanzipatorischen Praxis.[35] Jugendliche sollen Möglichkeiten zu einer selbstbestimmten Lebenspraxis eröffnet werden. Dies gilt auch im Hinblick auf die Veränderung gesellschaftlicher Strukturen.

Nach der deutschen Wiedervereinigung wird in West wie Ost das Thema Armut von Kindern und Jugendlichen in neuer Weise virulent. Es zeigt sich, dass Jugendarbeit und Jugendsozialarbeit hier wieder enger aufeinander verwiesen werden, freilich ohne einfach zu verschmelzen.[36] Soziale Problemlagen finden sich nicht nur in jugendlichen Randgruppen. Der Ansatz einer subjektorientierten Jugendarbeit, der konsequent von den Jugendlichen selbst und ihren Lebenslagen ausgeht, könnte hier ebenso Wege weisen, wie der in den letzten Jahren wiederentdeckte Bildungsbegriff, wenn er in evangelischer Tradition kritisch bezogen bleibt auf das biblische Bild vom Menschen.[37]

4. Strukturen evangelischer Jugendarbeit in Kirchen und Verbänden

Evangelische Jugendarbeit gibt es in gemeindlicher oder verbandlicher Form. In der Kirchengemeinde gilt Jugendarbeit heute als unverzichtbarer Bestandteil der Gemeindearbeit.

4.1 Jugendarbeit in der Gemeinde

Kinder- und Jugendgruppen werden hier von Ehrenamtlichen geleitet. Die Ehrenamtlichen, die häufig selber noch Jugendliche sind, werden dabei von Hauptbe-

---

[34] *G. Brenner/B.Hafeneger* (Hrsg.), Pädagogik mit Jugendlichen, Weinheim/München 1996.

[35] *A. Scherr*, Subjektorientierte Jugendarbeit, Weinheim/München 1997.

[36] *M. Bangert/M. Freitag/K. Schmucker* (Hrsg.), Muss evangelische Jugendarbeit notwendiger werden? (AEJ-Studien 2), Hannover 1998.

[37] *U. Schwab*, Bildung in evangelischer Perspektive, in: PTh 94/2005, 44–60.

ruflichen in ihrer Arbeit durch Beratung und Fortbildung unterstützt. Jugendliche Ehrenamtliche geben als Motivation für ihr Engagement gerne an, etwas Sinnvolles für sich selbst und andere tun zu wollen. Dass dies dann in der Kirche oder im Jugendverband geschieht, ist häufig eher zufällig. Aus dem Engagement heraus kann es aber zu einer festen Bindung kommen, die oft auch dann noch anhält, wenn das eigentliche Engagement schon lange beendet ist. Jugendliche wollen das Gefühl haben, gebraucht zu werden, wollen ernstgenommen werden als Person mit ihrer Tätigkeit, die nicht beliebig austauschbar ist.[38]

Hier spielen die Hauptberuflichen eine wichtige Rolle, die als Ansprechpartner und Berater/innen gelten. Die Arbeit der Hauptberuflichen ist somit vor allem Beziehungsarbeit gegenüber den Ehrenamtlichen. Deren Tätigkeit koordinieren und unterstützen sie. Zusammen mit den Jugendlichen vertreten sie die Belange der Jugendarbeit dann auch in Gremien. Die Gremienarbeit darf aber nicht so überhand nehmen, dass sie die primäre Aufgabe, die Unterstützung der jugendlichen Ehrenamtlichen, verdrängt.

In vielen Gemeinden gibt es einen Jugendausschuss, in dem Erwachsene und Jugendliche organisatorische und finanzielle Fragen zur Jugendarbeit klären. Auf Dekanatsebene werden Belange der Jugendarbeit in der Dekanatsjugendkammer verhandelt, in der Hauptberufliche und Ehrenamtliche zusammenarbeiten und im Dekanatsjugendkonvent, der aus jugendlichen Delegierten der einzelnen Kirchengemeinden besteht. Ansprechpartner für Fragen der Jugendarbeit im Dekanat sind der/die Dekanatsjugendpfarrer*in, der/die in der Regel diese Aufgabe zusätzlich zu einem Gemeindepfarramt übernimmt und der/die Dekanatsjugendreferent/in.

Auf Landesebene wird diese Struktur wiederholt: Hier gibt es eine Landesjugendkammer, einen Landesjugendkonvent, eine/n Landesjugendpfarrer*in, der/die dieses Aufgabe hauptberuflich versieht und dem Amt für Jugendarbeit bzw. der jeweiligen Abteilung zur Kinder- und Jugendarbeit leitend voransteht. Die Aufgaben einer Landesjugendkammer werden z.B. in Bayern wie folgt umschrieben: »In der Landesjugendkammer ist die Evangelische Jugend in Bayern zur Wahrnehmung ihrer gesamtkirchlichen Verantwortung zusammengeschlossen. Die Landesjugendkammer berät die kirchenleitenden Organe in Grundsatzfragen der Jugendarbeit, wie sie sich insbesondere im Blick auf Gemeinde und Gesellschaft, Gottesdienst und Diakonie, Ökumene und Weltmission stellen. Sie vertritt die gemeinsamen Belange der evangelischen Jugendarbeit gegenüber der Öffentlichkeit.«

Die Gemeindejugendarbeit strukturiert sich heute in Gruppenangebote, offene Angebote und Projektarbeit. *Gruppenarbeit* bedeutet in der Regel wöchentliche Treffen zu einer bestimmten Uhrzeit, ein fester Teilnehmerkreis mit einer hohen

---

[38] *M. Bangert*, Zum Selbstverständnis von Ehrenamtlichen, in: *C. Bäumler/M.Bangert/U. Schwab*, Kirche – Clique – Religion. Fallstudien zur kirchlichen Jugendarbeit in der Großstadt, Weinheim/München 1994, 83–95.

Kohäsion und einem Bezug zur Ortsgemeinde. *Offene Angebote* sind dagegen nicht auf einen festen Teilnehmerkreis ausgerichtet, sondern auf interessierte Besucher*innen*. Klassisches Angebot hierfür ist etwa ein Jugendcafè, das von Ehrenamtlichen angeboten wird. Es gibt feste Öffnungszeiten, die meistens an mehreren Tagen in der Woche angesetzt sind. Die Teilnehmer*innen* zeichnen sich durch eine niedrige Kohäsion mit eher regionalem Bezug aus. Angestrebt ist ein niederschwelliges Angebot, zu dem möglichst unterschiedliche Leute kommen können. *Projektangebote* werden nur für einen bestimmten Zeitraum angeboten und zielen auf thematisch Interessierte. Das kann eine Stadtteilaktion, eine Photogruppe oder ein thematisches Wochenendseminar sein. Wichtig ist die zeitliche Befristung, die für manche Jugendliche eine hohe Attraktivität hat. Bei Projektangeboten entsteht häufig eine thematisch bestimmte, punktuelle Kohäsion, die, solange das Projekt andauert, durchaus hoch sein kann.

4.2 Evangelische Jugendverbände

Neben der Gemeindejugendarbeit gibt es eine Vielzahl von evangelischen *Jugendverbänden*, die entweder bundesweit oder bezogen auf einzelne Landeskirchen aktiv sind. Zu ihnen gehören:
– der Christliche Verein junger Menschen (CVJM),
– der Jugendverband »Entschieden für Christus« (EC),
– die Evangelische Landjugend,
– der Verband Christlicher Pfadfinderinnen und Pfadfinder (VCP),
– der Christliche Jugendbund (CJB),
– die Evangelische Jugendsozialarbeit (EJSA).

Der in Deutschland seit 1883 existierende CVJM entwickelt nach 1945, nicht zuletzt durch internationale Aufbauhilfe, eine rege Kinder- und Jugendarbeit, die von Sport, Spiel, diakonischer Arbeit und missionarischer Verkündigung geprägt ist. Kern der Arbeit ist die wöchentliche Gruppenstunde. Hinzu kommen Pfingsttreffen und Zeltlager. Auch neue stadtteilbezogene Formen der Jugendsozialarbeit werden entwickelt. So entsteht z.B. beim CVJM-München in den 70er Jahren das »John-Mott-Haus«, das sich vor allem an Jugendliche mit einem Migrationshintergrund wendet.

In den 80er Jahren kommt die Ten-Sing-Arbeit aus Norwegen als Projektansatz hinzu. Hier üben Jugendliche ein musikalisches Programm ein, das dann im Rahmen eines missionarischen Einsatzes aufgeführt wird. In den letzten zehn Jahren sind die »MissioPoints« entwickelt worden, die sich vor allem auf solche Gegenden konzentrieren, in denen es bisher keine oder nur wenig CVJM-Arbeit gab. Ein Hauptberuflicher leitet hier über einen Zeitraum von drei Jahren Ehrenamtliche für den Aufbau einer neuen Jugendarbeit vor Ort an und bietet in dieser Zeit auch selbst missionarische Aktivitäten für Jugendliche an. Dem CVJM gehören heute in Deutschland ca. 260.000 junge Menschen in über 2.000 Vereinen an.

Ein Beispiel für die *Evangelische Jugendsozialarbeit* ist die EJSA, die 1947 in Bayern entstanden ist. Anders als in klassischen Jugendverbänden sind in der EJSA keine Jugendlichen, sondern unterschiedliche Arbeitsfelder mit einer gemeinsamen Verwaltung zusammengeschlossen. Berufsbezogene Jugendhilfe, das Freiwillige Soziale Jahr und die Offene Behindertenarbeit sind ebenso Bestandteil dieses Arbeitsfeldes wie die Gesellschaftspolitische Jugendbildung, die Seminare und Projekte für solche Jugendliche anbietet, die entweder gesellschaftlich benachteiligt oder individuell beeinträchtigt sind. Hinzu kommt noch die schulbezogene Jugendsozialarbeit, der es um die Förderung und Entwicklung einer gemeinschaftsfähigen Persönlichkeit im Übergang von Schule und Beruf geht. Zu ihr gehören eine sozialpädagogische Diagnostik, Einzelfallhilfe und Krisenintervention, Förderung der Entwicklung und Integration, Elternarbeit, die Zusammenarbeit mit den Lehrkräften und Angebote zur Konfliktbewältigung. Diese Arbeit wird weitgehend von sozial- und heilpädagogisch geschulten Fachkräften angeboten. Die Zusammenarbeit mit der Schule im Blick auf individuelle oder soziale Schwierigkeiten wird die Evangelische Jugendsozialarbeit in Zukunft sicherlich wesentlich prägen.

Eine subjektorientierte Jugendarbeit wird bei der Programmauswahl zu überlegen haben, ob hier für die Jugendlichen, mit den Jugendlichen oder von den Jugendlichen ein Programm entworfen wird. Für alle drei Formen gibt es gute Gründe, die es aber bewusst zu machen gilt.

4.3 Jugendkirchen und Jugendgemeinden als Neuentwicklungen in der Region

Zwischen Gemeindejugend und Jugendverband entsteht nun in den letzten Jahren mit dem Konzept der Jugendkirchen eine neue Struktur von Jugendarbeit, die stärker regional als parochial ausgerichtet ist.[39] Jugendkirchen gehen davon aus, dass die Vielfalt an Lebensstilen in herkömmlichen Gemeinde- und Verbandsmodellen nicht mehr aufgefangen werden kann. Jugendkirchen sollen deshalb ein Raum sein, in dem sich vor allem diejenigen Jugendlichen treffen können, die von traditionellen kirchlichen Angeboten nicht erreicht werden. Im Zentrum steht dabei ein spirituelles Angebot in Form eines Jugendgottesdienstes, der regelmäßig gefeiert wird. Insofern stellen die Jugendkirchen das neu belebte Interesse vieler Jugendlicher an spirituellen Angeboten in den Mittelpunkt ihrer Arbeit. Andere Veranstaltungsformen kommen freilich hinzu. Jugendkirchen setzen dabei ganz bewusst nur auf eine bestimmte Altersgruppe. Sie sind somit ein Alternativmodell zu allen generationsverbindenden Programmen. Dabei können die Jugendkirchen sich stärker als Jugendkulturkirche begreifen und vor allem ein Kulturprogramm anbieten, oder sie können sich bewusst auch einem sozialdiakonischen Auftrag verschreiben.

Während solche Modelle in der Regel keine eigene Gemeindestruktur entwickeln, sondern als zusätzliches regionales Angebot gelten, ist bei Jugendge-

---

[39] *M. Freitag/C. Scharnberg* (Hrsg.), Innovation Jugendkirche, Hannover 2006.

meinden eine eigenständige Gemeindebildung sehr wohl im Blick.[40] Jugendgemeinden verstehen sich als verbindliche Glaubens- und Lebensgemeinschaft und damit als Alternative zu herkömmlichen volkskirchlichen Gemeindestrukturen. Neben dem regelmäßigen Jugendgottesdienst kommen hier verdichtende Arbeitsformen wie Hauskreise und Seminarangebote hinzu. Ob dabei Kasualien wie Trauungen und Taufen in der Jugendgemeinde möglich sind, bedarf einer theologischen Klärung. Jugendkirchen verändern unter Umständen die traditionell eingewöhnte Sicht darüber, was eine ordentliche Gemeinde ist. Sie sind eine andere Sozialform gelebten Glaubens. Ähnlich den klassischen Formen einer Vereinskirche, heben sie sich von parochialen Grenzen ab. Ihr konstitutives Prinzip ist die Ausrichtung eines spirituellen Angebotes ausschließlich auf Jugendliche. Dieser Ansatz lässt sich am ehesten mit Gemeindestrukturen wie z.B. den Studierendengemeinden an Hochschulen und Universitäten (ESG) vergleichen.

Hinter dem Anspruch der Jugendgemeinden, selbstständig Gemeinde zu sein, steckt mehr als jugendliches Autonomiestreben. Die Kirchen werden in Zukunft nicht mehr allein auf das Parochialprinzip setzen können. Sie werden es aber auch nicht einfach abschaffen. Für einen Teil der Bevölkerung wird die Parochie zentral von Bedeutung bleiben, für andere nicht. Alle Modelle, die nur darauf sinnen, die »Abtrünnigen« wieder in die Parochie einzugliedern, greifen zu kurz. Alle Modelle, die auf feste Gemeindeformen insgesamt verzichten wollen, greifen zu weit. Es wird in Zukunft Mischformen geben und hier sind die Jugendkirchen und -gemeinden ein interessantes und lehrreiches Beispiel. So entwickelt sich hier eine Vielfalt kirchlicher Orte, die im landeskirchlichen Bereich in dieser Art und Weise bisher nicht im Blick war.[41]

4.4 Jugendarbeit auf Bundesebene und Fragen von Aus- und Fortbildung

Gemeinde- und Verbandsjugendarbeit sind gemeinsam zusammengeschlossen in der Arbeitsgemeinschaft Evangelische Jugend (AEJ) mit Sitz in Hannover. Die AEJ vertritt die Belange der *Evangelischen Jugend auf Bundesebene*. Hier wird die Unterscheidung zwischen Gemeinde- und Verbandsjugendarbeit dann auch etwas unscharf: Denn auf der Ebene der AEJ gilt auch die jeweilige landeskirchliche Gemeindejugend als Verbandsjugend. Während also innerhalb der Evangelischen Jugend die Unterscheidung zwischen Gemeindejugend und Jugendverband durchaus Sinn macht, gilt die Evangelische Jugend von außen gesehen doch auch insgesamt als Verbandsjugendarbeit, die ihre Dachorganisation in der AEJ hat. Die Mitgliederversammlung der AEJ wählt einen Generalsekretär, der die Geschäftsstelle leitet und bundesweit Ansprechpartner der Evangelischen Jugend ist.

---

[40] *Projekt Jugendkirche im Evangelischen Jugendwerk Württemberg* (Hrsg.), ein starkes stück kirche. Das Projekt Jugendkirche in Württemberg. Zwischenbericht, Stuttgart 2005.

[41] *U. Pohl-Patalong*, Von der Ortskirche zu den kirchlichen Orten, Göttingen 2004.

Die *Ausbildung zum Hauptberuflichen* in der Jugendarbeit geschieht heute in der Regel durch ein sozialpädagogisches oder religionspädagogisches Studium an einer Fachhochschule oder einer spezifischen Fachschule wie dem CVJM-Kolleg in Kassel oder dem Johanneum in Wuppertal. Vielfach sind auch Diakoninnen und Diakone im gemeindepädagogischen Dienst. Die Fortbildungsmöglichkeiten für Hauptberufliche in der Jugendarbeit sind in den letzten zehn Jahren sehr zurückgegangen. Das Studienzentrum für evangelische Jugendarbeit in Josefstal, die Evangelische Landjugendakademie in Altenkirchen und das Burkhardthaus in Gelnhausen bieten Fort- und Weiterbildungskurse speziell für Jugendarbeit an.

In Österreich bietet auch die Kirchliche Pädagogische Hochschule in Wien für Kinder- und Jugendarbeit interessante Fortbildungsangebote an. Von besonderer Bedeutung sind für alle Fortbildungseinrichtungen in den letzten Jahren die Qualifizierung des Angebots und die Möglichkeit der Ausstellung von Zertifikaten für Teilnehmende geworden. Eine Einbindung in die Bachelor- und Master-Studienstruktur wird angestrebt.

5. Perspektiven

Evangelische Jugendarbeit ist der Ort, an dem die Kirche ihren auf die Welt bezogenen Sendungsauftrag gegenüber den Jugendlichen zu erfüllen versucht.

5.1 Jugendliche und soziales Umfeld

So wie der Verkündigungsauftrag sowohl innerhalb der Kirche als auch außerhalb der Kirche gilt, so sind damit sowohl getaufte evangelische als auch alle anderen Jugendlichen gemeint. Evangelische Jugendarbeit umfasst damit alle Jugendlichen und macht nicht an der konfessionellen Grenze einer Kirchengemeinde halt. Jugendarbeit ist notwendig für die Kirche, weil es Jugendliche gibt.[42] Somit stellt Evangelische Jugendarbeit im Namen des Evangeliums die Jugendlichen selbst in den Mittelpunkt ihrer Arbeit und orientiert sich deshalb auch an den Veränderungen der jugendkulturellen Szenen. Freilich tut sie dies nicht nur bedürfnisorientiert, sondern im Kontext eines eigenen kritischen Konzepts. Maßstab dafür bleibt das Menschenbild des Evangeliums. Nicht alles, was »mainstream« ist, kann im Sinne Evangelischer Jugendarbeit sein. Jugendliche stehen heute inmitten vielfältiger gesellschaftlicher Veränderungen, was ihnen neue Chancen, aber auch neue Problemlagen bringt. Hier braucht es eine klare Perspektive für situationsbezogene Konzepte in der Jugendarbeit.[43]

Entscheidend für die Art und Weise, wie Jungsein in Ost und West erlebt wird, ist das konkrete soziale Umfeld. Religiöse Sozialisation geschieht in diesem Umfeld auf vielfältige Weise; ihre Orientierung an kirchlichen Kontexten ist inzwi-

---

[42] *U. Schwab*, Evangelische Jugendarbeit als Teil der Kirche heute. Begründungen und Perspektiven, in: deutsche jugend 47/1999, 322–329.

[43] *U. Deinet/B. Sturzenhecker* (Hrsg.), Konzepte entwickeln, Weinheim/München 1996.

schen der Sonderfall. In den Familien und im Freundeskreis entstehen religiöse Stile, die dann mehr oder weniger anschlussfähig an kirchliche Kontexte sind. Die Motivation für die Teilnahme an der evangelischen Jugendarbeit ist vielfältig, aber nicht beliebig. Sie ist fokussiert auf ein soziales Beziehungsnetz. Wer zur evangelischen Jugendverbandsarbeit kommt, hat dies in der Regel nicht in langen Reflexionen allein für sich entschieden, sondern wächst in diesen Sozialraum mit und durch andere hinein. Dabei stehen weniger inhaltliche Profilierungen wie religiöse Angebote oder gesellschaftspolitische Engagementformen im Vordergrund, sondern vielmehr die Wegweisung durch eine relevante soziale Gruppe.

Evangelische Jugendverbandsarbeit rekrutiert sich also in hohem Maße durch soziale Attraktivität. Es sind einerseits Freunde, die andere einladen mitzukommen, und es ist – eigentlich wenig überraschend – auch der Einfluss der Familie, der zu einer gelungenen Kontaktaufnahme mit evangelischer Jugendarbeit führt. So hat die Berliner Studie zur Jugendverbandsarbeit von 2006 herausgearbeitet, dass eine wichtige Determinante für den Kontakt zur kirchlichen Jugendarbeit die Beziehung der eigenen Familie zur Kirchengemeinde ist.[44] Daraus ergeben sich zweierlei Konsequenzen für kirchliche Jugendarbeit: Das beste »Werbemittel« evangelischer Jugendarbeit sind die daran beteiligten *Jugendlichen* selbst. Kirchengemeinden sollten also sehr wohl überlegen, wie sie die Jugendarbeit vor Ort unterstützen könnten, damit sich diese werbende Eigendynamik entfalten kann. Es sind aber, wie gesagt, nicht nur die Freunde allein. Eine wichtige Rolle spielt auch das Zugehörigkeitsgefühl der eigenen Familie zur Kirchengemeinde. Daraus ergibt sich, dass eine wesentliche Voraussetzung für eine gelungene Gemeinde- oder Verbandsjugendarbeit in einer *familienfreundlichen Gemeindearbeit* zu suchen ist. Wenn es gelingt, schon zu den jungen Familien einen guten Kontakt in der Gemeindearbeit aufzubauen, dann kann sich dies auch später auf das Interesse an Angeboten der Jugendarbeit auswirken. Hier wäre in den Gemeindeaufbaukonzepten noch viel mehr in Vernetzungsmustern zu denken, als dies bisher geschieht.

5.2 Klares inhaltliches Profil und großherzige Offenheit

Die vielfältigen Angebote, die sich hinter dem Markennamen Evangelische Jugend verbergen, sollten sinnvollerweise sowohl ein klares inhaltliches Profil als auch eine großherzige Offenheit haben. Evangelische Jugendarbeit sollte darauf achten, weder durch ein enges Profil zu viele Jugendliche auszugrenzen noch durch zu große Offenheit ein bloß beliebiges und austauschbares Programm anbieten zu können. Es ist dies die Grundaufgabe, die der evangelischen Jugendarbeit gestellt ist: deutlich evangelisch und darum offen für die gesellschaftliche Wirklichkeit der Jugendlichen zu sein. Das schließt Konflikte ganz bewusst nicht aus. Konflikte gehören zum Zusammenleben dazu, sind also immer auch ein wichtiges gesellschaftspolitisches Lernfeld. Eine gelungene Jugendarbeit wird deshalb dazu

---

[44] *K. Fauser/A. Fischer/R. Münchmeier*, Realität und Reichweite von Jugendverbandsarbeit. Vorläufiger Abschlussbericht, o.O. 2006.

anhalten, Konflikte deutlicher wahrzunehmen und offener auszutragen, statt einer falsch verstandenen Kuschelpädagogik das Wort zu reden. Wenn Jugendliche Möglichkeiten zur Auseinandersetzung suchen, dann geschieht dies gerade im Bemühen, klärende Prozesse der Orientierungssuche in die Wege leiten zu können. Dies ist in einer pluralen Gesellschaft mit all ihren Chancen, aber auch mit all ihren Unübersichtlichkeiten von großer Bedeutung. Wenn Evangelische Jugendarbeit hier Jugendliche hilfreich begleiten kann, dann erweist sie sich auch in Zukunft mit Sicherheit als relevant.

5.3 Gesucht: eine sensible – flexible – solidarische Kirche

Perspektivisch wäre nun abschließend danach zu fragen, welche Kirche für Jugendliche und ihre Arbeit in der Kirche hilfreich ist, wenn denn gilt, dass die Jugendarbeit ein notwendiger Bestandteil der Bildungsverantwortung der Kirchen ist.

Für die Jugendarbeit notwendig ist eine *sensible* Kirche, die ihr Zeugnis ausrichtet an den Lebensfragen junger Menschen. Wenn Jugendliche einen Zugang zur Religion gefunden haben, so sind sie stark darum bemüht, ihre Religiosität im Sinne einer eigenen Erlebniswelt zu formulieren. Vorgefertigte Traditionsmuster müssen von daher immer schon als gegenüber dem eigenen Erlebnis defizitär betrachtet werden. Sie reichen nicht hin, gelten vielmehr als schablonenhaft, unwirklich und aufgesetzt. Andererseits fällt es Jugendlichen aber auch schwer, ihr eigenes Erleben tatsächlich in Worte zu fassen. Ein behutsames Heranführen an sprachliche Tradition kann hier dann eine Hilfe sein, wenn die geprägten Sprachformeln als Anregung und Anschauung dienlich sind und nicht im Sinne einer dogmatisch feststehenden Wahrheit von oben herab gelehrt werden.

Eine sensible Kirche wird sich darum bemühen, das Evangelium so zu bezeugen, dass es den Jugendlichen in ihren Lebenskulturen eine Hilfe sein kann; dies wird sie z.B. auch musikalisch in vielfältigen Formen und Gestalten zum Ausdruck bringen müssen; dies wird sie aber auch im Hinblick auf die persönlichen Werte der Jugendlichen – etwa Freiheit, Toleranz, Unabhängigkeit – kritisch formulieren lernen müssen. Freiheit wird oft genug nur als Freiheit des Marktes verstanden. Die Botschaft von der Rechtfertigung und der damit zusammenhängenden Vorstellung von der notwendigen Befreiung des Menschen von allem, was das Menschsein korrumpiert, könnte sich gerade hier als aktueller denn je erweisen.[45]

Für eine gelingende Jugendarbeit ist weiter eine *flexible* Kirche notwendig, die ihren Gemeinsinn nicht in erstarrten Lebensformen einsperrt, sondern sich immer wieder neu auf die Veränderungen des Lebens einlässt und geradezu eine Lust daran verspürt, sich aufzumachen zu neuen Ufern. Wenn es gelingen könnte, Kirchengemeinden in diesem Sinne als einen sozialen Raum erfahrbar werden zu lassen, in dem Jugendliche die Möglichkeit haben, sich eigenständig mit ihrer Sprache, ihren Gestaltungsideen sowie ihrem eigenständigen Glauben in den Pro-

---

[45] *G. Kruhöfer*, Der Mensch – Das Bild Gottes, Göttingen 1999.

zess Gemeinde einzuklinken, dann wären gute Voraussetzungen dafür geschaffen, dass Kirchengemeinden ein bedeutsamer Teil in der Lebenswelt vieler Jugendlicher werden.

Und schließlich wäre drittens für die Jugendarbeit eine *solidarische* Kirche notwendig, die sich den Problemlagen der Jugendlichen nicht verschließt, sondern sich im Rahmen ihrer diakonischen Funktion um hilfreiches Handeln bemüht. Im Bereich der Kirchengemeinden sind nach wie vor eher die unauffälligen, familienorientierten Jugendlichen im Blick. Die soziale Lage der Jugendlichen hat sich aber wesentlich verschärft. Wer heute Angebote im Freizeitbereich für Jugendliche macht, wird auch mit sozialen Notlagen konfrontiert, weil diese für viele Jugendliche zu ihrem Alltag dazu gehören. Jugendarbeit kann von daher auf die Kooperation mit der Jugendsozialarbeit nicht verzichten. Das fordert Kirchliche Jugendarbeit zu neuen konzeptionellen Überlegungen heraus.

*

Damit wird deutlich: Mit der Jugendarbeit muss sich auch die Kirche einem permanenten Wandel unterziehen. Als bloße Nachwuchspflege für bestehende kirchliche Strukturen wäre die Kinder- und Jugendarbeit völlig missverstanden. Die Jugendarbeit hat im Laufe ihrer Geschichte immer wieder bewiesen, dass sie auf vielfältige Weise zu einem Ort innovativer Veränderungen auch für die gesamte Kirche geworden ist. Neue Formen der Gemeindearbeit, neue musikalische Impulse, aber auch neue Strukturüberlegungen für kirchliche Reformen hatten ihren Ausgang oft in der Jugendarbeit. Insofern gilt auch von dieser Seite aus, dass die Kirche auf ihre Jugendarbeit angewiesen bleibt: die »*ecclesia semper reformanda*« ist ohne eine gut funktionierende Kinder- und Jugendarbeit nicht möglich.

Literatur

Affolderbach, Martin, Grundsatztexte zur Evangelischen Jugendarbeit, Gelnhausen/ Stuttgart ²1982.

Bäumler, Christof/*Bangert*, Mechthild/*Schwab*, Ulrich, Kirche – Clique – Religion. Fallstudien zur kirchlichen Jugendarbeit in der Großstadt, Weinheim/München 1994.

Brenner, Gerd/*Hafeneger*, Benno (Hrsg.), Pädagogik mit Jugendlichen, Weinheim/München 1996.

Dorgerloh, Fritz, Geschichte evangelischer Jugendarbeit. Teil 1: Junge Gemeinde in der DDR, Hannover 1999.

Freitag, Michael/*Scharnberg*, Christian (Hrsg.), Innovation Jugendkirche, Hannover 2006.

Schwab, Ulrich (Hrsg.), Vom Wiederaufbau zur Wiedervereinigung. Geschichte der Evangelischen Jugend in Westdeutschland 1945–1990, Hannover 2002.

14. Robert Schelander
Kirchenpädagogik: Lernen im und am Lernort Kirche

Kirchenpädagogik ist ein junges Aufgabenfeld der Praktischen Theologie[1], welches gleichermaßen für den schulischen Religionsunterricht als auch für gemeindepädagogische Handlungsfelder interessant ist.

1. Was ist Kirchenpädagogik?

Ihr Gegenstand ist primär die (einzelne) Kirche in ihrer räumlichen Gestalt. Der Begriff der Kirchenpädagogik ist aufgrund der Mehrdeutigkeit des Begriffs Kirche missverständlich. Versuche, »kirchenpädagogisches Handeln« unter präziseren Begriffen zusammen zu fassen (wie Kirchenraumpädagogik, Pädagogik des Kirchenraums, Lernort Kirchenraum) haben sich bisher nicht durchgesetzt.[2]

Kirchenpädagogik entstand als eigenständiges kirchliches Praxisfeld anfangsweise in den 80er und dann vor allem in den 90er Jahren des 20. Jahrhunderts durch gemeindepädagogische Impulse im Rahmen der kirchlichen Fortbildung und Gemeindeentwicklung und durch Versuche, kirchenfernen Personengruppen unkonventionelle Zugänge zu kirchlichen Gebäuden und ihrem Sinngehalt zu vermitteln.[3] Der Begriff der Kirchenpädagogik ist jung, sein Inhalt ist es nicht. Wenn gegenwärtig eine überraschende Fülle von praxisnahen Veröffentlichungen zu verzeichnen ist, so ist das Anliegen doch alt, und dementsprechend fließen in gegenwärtige kirchenpädagogische Konzepte auch ältere theologische und didaktische Ansätze mit ein (Liturgiedidaktik, Kirche und Kunst, Kirchenführung ...). Es ist daher immer wieder auch überraschend, was als Beitrag zur Kirchenpädagogik veröffentlicht wird (vom katholischen Kirchenknigge bis hin zur Erlebnispädagogik).

Was tut Kirchenpädagogik? Ihr Anliegen lässt sich gut unter Absetzung von einer klischeehaft überzeichneten Kirchenführung aufzeigen: Eine Gruppe von erwachsenen Personen wird anhand eines »monologischen« Vortrages, welcher hauptsächlich in der Aufzählung von Jahreszahlen, Größenangaben, Stil- und

---

[1] S. G. Adam, Kirchenpädagogik. Zu Ansatz und Perspektive eines gemeindepädagogischen Neuaufbruchs, in: Bibel und Liturgie 74/2001, S. 91–101.

[2] Vgl. R. Degen/I. Hansen (Hrsg.), Lernort Kirchenraum. Erfahrungen – Einsichten – Anregungen, Münster 1998.

[3] Vgl. Zwanzig Jahre Kirchenpädagogik im Überblick in: B. Neumann/A. Rösener, Kirchenpädagogik. Kirchen öffnen, entdecken und verstehen. Ein Arbeitsbuch, Gütersloh ²2003, 41–47. – Zum Thema insgesamt vgl. auch Th. Klie (Hrsg.), Der Religion Raum geben. Kirchenpädagogik und religiöses Lernen, Münster 1998.

Baukundemerkmalen besteht, durch das Kirchengebäude geführt. An einzelnen Stellen bleibt die Gruppe stehen, ein architektonisches oder kunstgeschichtliches Detail dient als Anlass für einen weiteren Exkurs. Als Zuhörer*in* kann man die Fülle der Details kaum behalten und ist daher dankbar für jene Höhepunkte des Vortrages, welche die architektonischen Besonderheiten oder kunstgeschichtlichen und sonstigen Alleinstellungsmerkmale (höchster, längster, einzigartigster) präsentieren. Kirchenpädagogik will demgegenüber die Teilnehmer*innen* beteiligen und ihnen einen persönlichen Zugang zum Kirchengebäude ermöglichen. Statt Beschreibungen gibt es persönliche Erfahrungen, statt Zuhören ein aktives mit-allen-Sinnen-angesprochen-Werden, statt Passivität aktives Selbsttun usw.

Ein Beispiel: Kirchenräume haben oft eine beeindruckende Höhe. Statt eine nüchterne Zahl zu hören und die Höhe mit bloßem Auge wahrzunehmen, lässt das kirchenpädagogische Lernarrangement an einer günstigen Stelle einen Gasluftballon steigen. Langsam wird die Schnur nachgelassen und der Ballon steigt Meter für Meter in die Höhe. Die zurückgelegte Höhe kann an der Schnur abgelesen werden und auch die Stationen, welche der Ballon bei seinem Aufstieg passiert (Schalldeckel der Kanzel, Galerie, Fenster ...), können wahrgenommen werden. Die Gruppe hört nicht nur zu, sondern erfährt die Höhe des Raumes, die Länge der Schnur kann »begriffen« werden.

Kirchenpädagogik darf keineswegs als Gegensatz zu kunstgeschichtlichen Vermittlungsabsichten verstanden werden. In dem Beispiel wird das »Mehr« der Kirchenpädagogik gegenüber einer klassischen Kirchenführung in didaktischer und methodischer Hinsicht deutlich (»mit allen Sinnen«). Umgekehrt haben gute Kirchenführungen auch bisher schon zielgruppengemäße methodische Ansätze entwickelt.[4]

Ebenso vielfältig wie die fachlichen Bezüge der Kirchenpädagogik sind die Ursachen für ihre Entstehung. Die rasch wachsende Literatur zeigt, dass hier offenbar einem Bedürfnis der Zeit und Gesellschaft entsprochen wird. Touristische Freizeitinteressen, esoterische Suche nach Kraftplätzen, pädagogische Vermittlungsinteressen von religiöser Tradition, Kirchenvorstände auf der Suche nach möglichen Nutzungskonzepten für ihre Kirchengebäude – all dies sind mögliche Motivationen, sich auf Kirchenpädagogik einzulassen. M.E. macht zweierlei die didaktische Attraktivität von Kirchengebäuden aus:

— Sie ragen erstens, anders als andere Traditionsstücke christlichen Glaubens und seiner Praxis, trotz des Traditionsabbruchs in die Gegenwart hinein,
— und sie haben zweitens häufig einen unübersehbaren Platz im öffentlichen Raum. Viele kirchenpädagogische Aktivitäten nehmen hier ihren Ausgangspunkt: bei der Erfahrung, dass diese Mauern Menschen unterschiedlicher Her-

---

[4] Vgl. die Gegenüberstellung von »Kirchenerschließung« und »Kirchenführung« im Handbuch der Kirchenpädagogik. Kirchenräume wahrnehmen, deuten und erschließen, hrsg. v. *Hartmut Rupp*, Stuttgart 2006, 232.

kunft und religiöser Einstellung auf eine besondere und unmittelbare Weise herausfordern und ansprechen.

Dieser erste Eindruck lässt sich didaktisch fruchtbar machen: als Motivation, als Fragehaltung oder als Vorbereitung für weitere pädagogische Vermittlungsanliegen. Gleichzeitig liegt die Beschäftigung mit Kirchengebäuden im Trend gegenwärtiger Religionsdidaktik und Gemeindepädagogik: der Kritik an einem einseitigen theologischen und didaktischen Verbalismus und der Forderung nach ganzheitlichen Lernprozessen (Kopf, Herz und Hand) sowie der Hinwendung zur gelebten Religion und zu religiösen Gegenständen. Wenn die Aufgabe von Kirchenpädagogik als »originale Begegnung« umschrieben wird, bei der es »um das ganzheitliche Erleben des Kirchenraumes«[5] geht, so belegt das eben diesen Zusammenhang.

2. Der Kirchenraum als pädagogischer und theologischer Gegenstand

Kirchenpädagogik hat den Kirchenraum als pädagogischen Lerngegenstand neu entdeckt. Mit der Kirchenpädagogik verbindet sich bei manchen die Hoffnung, dass in Zeiten schwindender Relevanz klassischer, religiöser und kirchlicher Sozialisation sich ein Gegentrend anbietet, wo Menschen »von selbst« in die Kirche kommen (vgl. Kirchenbesichtigungen im Rahmen des Städtetourismus) und dass kirchliche Räume »von selbst« vom Glauben erzählen würden. Auch wenn solche naiven Erwartungen einer komplexen Didaktik des Kirchengebäudes nicht gerecht werden, liegen in der Kirchenpädagogik doch gute Chancen für ein gemeindepädagogisches Handeln.

2.1 Der Trend zur gegenständlichen Religion

Entdecken (wahrnehmen), verstehen und gestalten, diese Verben werden gegenwärtig gerne für eine Didaktik von Religion benutzt. Sie bezeichnen auch die didaktischen Erschließungsmöglichkeiten des Kirchenraumes. Auch in gemeindepädagogischen Handlungsfeldern stoßen wir auf Personen, die wenig bis keine Kenntnisse und Erfahrungen mit religiösem und kirchlichem Leben haben. Eine zunehmend wichtigere Aufgabe ist daher die Vermittlung der Fähigkeit, religiöse Phänomene überhaupt erst wahrzunehmen.

Deutlich wird dabei eine Schwerpunktverlagerung von Religion als einem sprachlich reflektierten Bewusstseinsphänomen, welches seinen primären Gegenstand in Texten hat, hin zu gelebter Religion mit didaktischen Formen der Erkundung und Wahrnehmung von religiöser Praxis und Gegenständen. Allerdings ist Vorsicht geboten gegenüber einer naiven didaktischen Vorrangstellung von religiösen Erfahrungen und Objekten. Der Vorzug von »gegenständlicher« Religion gegenüber jener in Texten ist ambivalent. Die Begegnung, das Miterleben und das

---

[5] Handbuch der Kirchenpädagogik, aaO., 14.

handgreifliche Berühren vermögen zumeist einen intensiven Eindruck zu hinterlassen, ein tieferes Verständnis bleibt dennoch – oder manchmal gerade deshalb – verschlossen.

Im Protestantismus mit seiner besonderen Wertschätzung des »Wortes« bzw. in seiner schriftlichen Form, dem Text, haben sich vielfältige und differenzierte didaktische Formen zur »gedachten, begriffenen und gesprochenen« Religion ausgebildet. Gelebte Religion steht und stand dem gegenüber – vor allem im 20. Jahrhundert – im Abseits. Zum Teil galten Rituale, Räume und Gegenstände als »Äußerlichkeiten« des Glaubens und wurden diesem auch in der didaktischen Vermittlung als nicht angemessen angesehen. Nicht zuletzt durch Anstöße aus dem gemeindepädagogischen Handlungsfeld und der religiösen Erziehung von Kindern gewannen jedoch gelebte, gestaltete und gefeierte Religion, Riten und Symbole, Gegenstände und Räume vermehrt Bedeutung in einer Didaktik der Religion.

Das Lernen mit dem Kopf wurde ergänzt durch das Lernen mit der Hand und dem Herzen, dem Tun, dem Spüren und dem Erleben. Handlungs- und erlebnisorientierte Ansätze hielten in eine erfahrungsorientierte Religionspädagogik Einzug. Trotz vereinzelter Einseitigkeiten einer reinen Erlebnisdidaktik ist es für eine evangelische Religionspädagogik bleibend wichtig, dass das reflexive Element, das Verstehen zum Wahrnehmen hinzukommt. Erfahrung und ihre Deutung sind aufeinander angewiesen. Gedeutete Erfahrung in Texten der Tradition bleibt in einem intellektualistischen Unterricht allzu leicht »leeres Geschwätz«.

Die Mauern des Kirchengebäudes sprechen nicht nur mit dem, was sie zu verstehen geben, sondern offenbar auch darüber hinaus Menschen an. Dies ist für protestantische Theologie ungewohnt und vielleicht auch etwas unheimlich. Uns begegnen in der Kirchenpädagogik didaktische Spannungen, wie wir sie in den Debatten um die Symboldidaktik vernommen und geführt haben. Die protestantische Seite fand sich gerne unter *Peter Biehls* Formel »Symbole geben zu lernen« wieder. Peter Biehl hat damit auf die hermeneutische Tätigkeit und den verstehenden Aspekt in der Auseinandersetzung mit Symbolen abgezielt.

Auf der anderen Seite (und dies war nicht nur die katholische!) betonte Hubertus Halbfas den darüber hinausgehenden Mehrwert von Symbolen, welche sie vor und neben einem analytischen und synthetischen Verstehen haben. Jenseits didaktischer Zwecke können auch Kirchengebäude unmittelbare Erfahrungen ermöglichen: Erfahrungen von Größe, von »Raum«. Kirchenräume ermöglichen z.B. Jugendlichen »extensive und intensive« Erlebnisse, dazu sollen didaktische Erschließungshilfen beitragen: »Kirchenpädagogik will Erlebnisse in und mit dem Kirchenraum inszenieren.«[6]

---

[6] Handbuch der Kirchenpädagogik, aaO., 232.

2.2 Zur theologischen Bedeutung des kirchlichen Raumes

Immer wieder wird darauf hingewiesen, dass die Reflexion des Umgangs mit dem religiösen Raum im Protestantismus zu kurz komme. Tatsächlich hält evangelische Theologie daran fest, dass dem kirchlichen Raum keine Vorrangstellung zukommt, dass der gottesdienstliche Versammlungsraum eben kein besonderer, heiliger Raum sei, sondern ein Raum wie jeder andere auch. Typisch für das protestantische Kirchenverständnis ist der Umstand, dass die vorreformatorischen mittelalterlichen Kirchen häufig ohne Umbauten übernommen wurden. Dies zeigt, wie wenig Bedeutung man dem gottesdienstlichen Raum als solchem beigemessen hat.

Kirche ist in der deutschen Sprache ein mehrdeutiger Begriff. Einerseits hat er eine räumliche und besitzanzeigende Bedeutung (und bezieht sich dabei auf das griechische Wort kyriakon) »das zum Herrn gehörende Gebäude«. Andererseits bezeichnet der Begriff Menschen, die versammelte Gemeinde. Im Neuen Testament wird die Hausgemeinde (und auch die darüber hinausgehende Ortsgemeinde etc.) als Kirche bezeichnet, hier steht das griechische Wort ecclesia im Hintergrund. Die Reformation hat bei diesem zweiten Aspekt, der »Versammlung der Gläubigen und Heiligen« als dem theologischem Verständnis des Kirchenbegriffs, angesetzt und von daher die Funktion des Gebäudes, die gottesdienstliche Feier, unterstrichen.

Wenn man mit einer Gruppe von evangelischen Christen[7] einen hochbarocken Kirchenraum besucht und auf die unmittelbaren Eindrücke und Empfindungen achtet, erkennt man sofort, dass gestaltete Kirchenräume wichtige Botschaften auch in religiöser Hinsicht vermitteln. Das theologische Urteil, dass die Kirche (Kirchengebäude) für das Bestehen von Kirche (versammelte Gemeinde) keine essenzielle Voraussetzung sei und »selbst wenn jedes Kirchengebäude beschlagnahmt oder zerstört würde, würden Christen nichts Grundsätzliches für ihren Glauben verlieren«[8], bedeutet keineswegs, dass das Kirchengebäude für religiöse Erfahrung irrelevant ist.

Dieser komplexe theologische Sachverhalt, der es einerseits erlaubt, kirchliche Räume als heilige Orte und andererseits wieder entsakralisiert zu betrachten, ist typisch für ein protestantisches Verständnis. Wenn es auch keine »heiligen Orte« im Sinne eines sakramentalen Verständnisses für den Protestantismus gibt, so gibt es doch Orte, die spirituelle Aufmerksamkeit erfordern und eine spirituelle Aussagekraft haben.

---

[7] Ich schreibe dies aus österreichischer Perspektive. Dies ist natürlich anders, wenn man selbst in einer evangelischen Barockkirche sozialisiert wurde.

[8] *S.J. White*, Art. Kirchenbau III. Theologisch und praktisch-theologisch, in: RGG, Bd. 4, ⁴2001, 1145–1147, hier: 1145. Sie betont aber auch die andere Seite, dass Christen »zugleich … in einem gehaltvollen Sinn über ihre Kirchengebäude als ›heilige Orte‹« sprechen können (ebd.).

»Der schönste Schmuck einer reformierten Kirche ist ihre lebendige Gemeinde.«[9] Es gibt eine Haltung im Protestantismus, die diese Spannung als falsch verstandenen Gegensatz einseitig auflöst, so dass gerade alles Antisakrale als Ausdruck wahrer evangelischer Gemeindefrömmigkeit gilt. Hier wird der Kirchenraum mit seiner Botschaft übersehen und werden ihm seine didaktischen Möglichkeiten abgesprochen. Dass er dies dennoch immer auch ist (ein Raum mit Botschaft), kann so nicht wahrgenommen werden.

2.3 Didaktik des religiösen Gegenstandes

Kirche ist für die Kirchenpädagogik nicht nur Lernort, sondern auch Lerngegenstand. Damit bekommt der Kirchenraum eine für das traditionelle protestantische Verständnis neue Funktion. Die Besonderheit des Kirchenraumes (z.B. seine Nichtalltäglichkeit) wird sowohl als Chance wie auch als Anlass für eine fruchtbare Begegnung und Auseinandersetzung gesehen.[10]

Es stellt sich jedoch die Frage nach dem theologisch und pädagogisch angemessenen Umgang mit dem Kirchenraum. Gibt es Grenzen des pädagogischen Handelns? An erster Stelle ist das Selbstverständnis der jeweiligen Konfession (bzw. Religion) zu berücksichtigen. Das beginnt bei der scheinbar harmlosen Situation beim Betreten einer katholischen Kirche mit einer gemischtkonfessionellen Gruppe, wenn einzelne Teilnehmer sich am Eingang mit Weihwasser bekreuzigen und die Knie vor dem Allerheiligsten beugen. Es stellen sich konkrete Fragen der folgenden Art: Dürfen oder sollen diese Gesten auch von anderen Kindern ausprobiert und nachempfunden werden? Darf man Gottesdienst spielen? Spielt es hierfür eine Rolle, welche Konfession und religiöse/kirchliche Funktion jene Personen haben, welche die kirchenpädagogische Übung leiten? Hier öffnet sich ein weiter interkonfessioneller und auch interreligiöser Raum, in welchem noch viele Fragen zu klären sind.

Es gehört jedoch zur religiösen Grundkompetenz, sich in eigenen und fremden religiösen Räumen angemessen bewegen zu können. Dies schließt das eigene religiöse Selbstverständnis und dasjenige, welches durch den fremden religiösen Raum repräsentiert wird, sowie den jeweiligen Anlass mit ein. Darf es ein spielerisches Ausprobieren einer Gebetshaltung geben?

Hier wird es immer wieder Konfliktbereiche geben – wie wir sie ja auch in der klassischen Kirchenführung vorfinden. Spannungen gibt es beispielsweise zwischen einer religiösen und einer kunstgeschichtlichen Betrachtungsweise. In den

9 H.-M. Barth, Römische Barockarchitektur als Ausdruck katholischen Selbstverständnisses. Memento für Protestanten, in: Materialdienst des Konfessionskundlichen Instituts Bensheim 57/2006, 103–108, hier: 106.
10 »In der Kirchenpädagogik wird die Fremdheit gegenüber dem Raum ... als Kapital begriffen, das die Chance des Staunens, des Erkenntnisgewinns und der Begeisterungsfähigkeit birgt.« (Materialien zur Kirchenerkundung in Nordhorn, hrsg. v. der Grafschafter Arbeitsstelle Religionspädagogik, Nordhorn o.J. [2002], 4).

traditionellen Handlungsfeldern im Kirchenraum haben wir über lange Zeiträume gelernt, mit diesen Spannungen umzugehen (Kirchenführungen im Spannungsfeld zwischen religiöser und kunstgeschichtlicher Betrachtung; das Fotografieren während religiöser Handlungen etc.). Im kirchenpädagogischen Handlungsfeld muss hier erst noch einiges ausgelotet und dann auch geregelt werden.

2.4 Didaktische Ansätze in der Kirchenpädagogik

Die Botschaft des Kirchenraumes kann auf vielfältige Art ausgelegt werden. *Hartmut Rupp* unterscheidet neun verschiedene »Auslegungsansätze«: die stadtgeschichtliche, kunstgeschichtliche, semiotische, liturgische, verkündigende, biografische, frömmigkeitsgeschichtliche, phänomenologische und die mystagogische Auslegung.[11] Die Reihe macht deutlich, dass wir hier keine abgeschlossene, sondern eine je nach Situation, Örtlichkeit, Personengruppe und fachlich-thematischen Gesichtspunkten erweiterbare Liste haben. Deutlich wird die Vielfalt hermeneutischer Zugänge, welche bei praktischem kirchenpädagogischen Handeln leicht zu dilettantischer Beliebigkeit führen kann. Jeder Ansatz erfordert intensive Vorbereitung und Klärung der eigenen fachlichen und methodischen Kompetenzen. Kirchenpädagogik will aber nicht nur zu »verstehen geben«, genauso wichtig sind daher didaktische Ansätze der Wahrnehmung und des Gestaltens. Idealtypisch verschränken sich diese drei Dimensionen:

– Das Wahrnehmen, die Begehung, Erkundung von Räumen; sie mit allen Sinnen erleben, Einzelheiten beobachten und Eindrücke sammeln.
– Das Analysieren, Verstehen und Interpretieren von Gegebenheiten; Unterschiede und Zusammengehörendes erkennen; Funktionen benennen; geschichtliche Entwicklungen nachvollziehen.
– Das Gestalten, die kreative, persönliche Auseinandersetzung mit den Gegebenheiten des kirchlichen Raumes.

Wie jede Schulstunde einen bestimmten Aufbau hat, so folgt auch eine kirchenpädagogische Übung bei aller Vielfalt der Voraussetzungen und Zielsetzungen einem idealtypischen Aufbau:[12]

(1) Annähern und aufmerksam werden,
(2) Erkunden und vertiefen,

---

[11] Handbuch der Kirchenpädagogik, aaO., 17.
[12] Vgl. zum Folgendem *R. Schelander*, Wozu ist die Kirche da? Kirchenpädagogik als gemeindepädagogische Chance, in: WJTh 5/2004, Wien 2005, 217–233. In ähnlicher Weise formuliert *A. Rösener* eine »Dramaturgie einer Führung« in vier Phasen: sich sammeln und annähern, sich einlassen und entdecken, vertiefen, ablösen und beenden. Vgl. *A. Rösener*, 10. Didaktische und methodische Leitlinien kirchenpädagogischen Arbeitens, in: *B. Neumann/A. Rösener*, Kirchenpädagogik, aaO., 60–71. Das Handbuch der Kirchenpädagogik, aaO., geht von einem didaktischen Vierschritt von Wahrnehmen, Erklären, Deuten und Erschließen aus.

(3) Anwenden und gestalten,
(4) Abschließen und auf den Weg mitnehmen.

Zu (1) Annähern und aufmerksam werden. Es beginnt mit einer Annäherung an den Raum und an das Gebäude. Dies kann über den Stadtplan passieren, mit einer Wanderung hin zur Kirche, mit einer Umschreitung der Kirche etc. Ein praktischer Vorschlag: Alte Postkarten von Dörfern zeigen häufig den Kirchturm als Mitte eines Dorfes, als markante zentrale architektonische Gegebenheit. In einer ersten Phase kann den Teilnehmenden ein verfremdetes Bild gezeigt werden, bei welchem der Kirchturm wegretuschiert worden ist. Dies lenkt die Aufmerksamkeit auf die Bedeutung der Kirche für einen Besiedlungsraum.

Zu (2) Erkunden und vertiefen. Einen Hauptteil der kirchenpädagogischen Übung macht das Erkunden aus: Man misst, erforscht, zählt und beobachtet. Häufig werden hierfür Rätselrallyes und Aufgabenblätter benutzt. Meist sind einzelne Highlights eingeplant (z.B. der Besuch der Orgel oder die Besteigung des Glockenturms).

Kirchenpädagogik kann hier von der Museumspädagogik lernen, aber sie ist mehr: In ihr wird auch die Funktion (Liturgie) der Räume mitbedacht. Den verschiedenen Nutzungsarten kann nachgegangen werden. Dies beginnt bei einem Gottesdienst, den man miterlebt, bei einem Besuch an der Orgel, wo der Organist seine Tätigkeit erklärt usw. Damit kommt Bewegung in die Kirchenpädagogik. Es wird nicht eine Ausstellung besichtigt, sondern die Funktion und Dimension von Räumen wird erwandert, erfahren, erforscht.

Die klassische Kirchenführung setzt auf das Sehen und Hören, auf Zahlen, Daten und Fakten. Demgegenüber bezieht die Kirchenpädagogik auch Riechen (Kerzen, Weihrauch), Tasten (Wände, Fußböden, Säulen, glatte Flächen, raue Flächen …), Hören (das Echo, den eigenen Schritt, die Stimme im Raum … und die Stille!), Eindrücke mit dem ganzen Körper aufnehmen (am Boden liegen, gehen, umschreiten …) und verschiedene neue Formen des Sehens (Farben, Licht etc.) mit ein.

Zu (3) Anwenden und gestalten. Wichtig ist das eigene Ausprobieren in der Gestaltungsphase für die Teilnehmer/innen. Das Erfahrene und Erlebte soll auch verarbeitet werden; hierfür steht eine Fülle von kreativen Methoden zur Verfügung. In eine ähnliche Richtung zielt der Vorschlag einer liturgischen Begehung. In einer Prozession wandern die Teilnehmer unter dem Hören und Sprechen von Texten durch die Kirche. In einer anderen Weise lernen Teilnehmer/innen bei Stilleübungen, meditativen, aber auch musikalischen Veranstaltungen den Kirchenraum kennen.

Zu (4) Abschließen und auf den Weg mitnehmen. Nicht immer ist ein abschließender Fragebogen oder Test das geeignete Mittel. So wie die Kirche in den Alltag hineinragt, will Kirchenpädagogik auch etwas für den Alltag mitgeben. Häufig werden dazu liturgisch geprägte Stücke verwendet.

Diese vier Phasen einer kirchenpädagogischen Übung, die je nach Anlass sehr unterschiedlich gewichtet sein können, verschränken sich mit den drei oben genannten didaktischen Dimensionen (Wahrnehmen, Verstehen und Gestalten). In der kirchenpädagogischen Literatur werden häufig ein liturgischer Ansatz und ein pädagogisch-didaktischer Ansatz unterschieden. Während der eine den Schwerpunkt auf die Funktion des Raumes legt und damit auf das Erleben des Raumes gemäß seinem liturgischen Gebrauch, erschließt der andere Aussagegehalte des Raumes, der Architektur und der Gegenstände des Kirchenraumes. Neben dem Gebrauch und der Semiotik des Raumes ist jedoch auch mit unmittelbaren anthropologischen Wirkungen von Räumen zu rechnen. Kirchenpädagogische Zielreflexion findet daher im didaktischen Dreieck von Funktion des Gebäudes, der Botschaft der Architektur und den Erfahrungen der Teilnehmer statt.

3. Kirchenpädagogik für Kinder, Jugendliche und Erwachsene

Im Folgenden soll der Beitrag der Kirchenpädagogik für drei gemeindepädagogische Handlungsfelder bzw. Zielgruppen entfaltet werden.

3.1 Mit Kindern die »eigene« Kirche erschließen

Vorausgesetzt wird eine Gemeindesituation, bei welcher die Gemeinde einen eigenen Kindergarten betreibt und ein größerer Teil der Kindergartenkinder auch aus dem gemeindlichen Umfeld kommen.

Man begegnet immer wieder der Einstellung, dass Kirche und das kindliche Wesen nicht zusammenpassen. Kinder seien zu mobil und in ihrer kognitiven Entwicklung noch nicht weit genug fortgeschritten, um sich ruhig und konzentriert auf die Inhalte des Kirchenraumes einzulassen. Im Blick auf eine traditionelle Kirchenführung sind diese Bedenken verständlich. Nun sind für Kinder im vorschulischen Alter und für den (kirchlichen) Kindergarten in den vergangenen Jahren viele Modelle entwickelt worden. Dabei ging die Tendenz oft dahin, die Angebote der Kinderarbeit einschließlich des Kindergottesdienstes nicht im, sondern außerhalb des Kirchenraumes zu machen. Das führt dazu, dass der Kirchenraum tendenziell zu einem nur für Erwachsene reservierten Raum wird. Erst mit der Konfirmation, wenn auch ein Stück Liturgie verstanden werden kann, meint man bei dieser Position, ist dieser Kirchenraum auch für die junge Gemeinde zugänglich. Dies hängt mit der im Protestantismus vorhandenen funktionalen Betrachtung des Kirchenraums (verkürzt: Versammlungsort zum Hören der Predigt und zum Feiern des Sakraments) zusammen, hier sind Kinder vielfach ausgeschlossen. Der Ort, an welchem Glauben gefeiert wird, blieb Kindern damit verschlossen. Die vielfältige Botschaft des Kirchenraumes wurde nicht genutzt.

Die Kirchenpädagogik eröffnet hier neue Chancen, auch Kindern die Kirchen zu öffnen und die Kirchenräume als Sprache des Glaubens zu nutzen. Kinder erkunden in ganzheitlicher Weise den Kirchenraum, wenn sie entdecken, überlegen, betrachten, suchen, betasten, erzählen, singen.[13] Der Kirchenraum als Lerngegenstand eignet sich in elementarer Weise, um Zugänge zum und das Selbstverständnis des christlichen Glaubens zu erlernen. Wenn man beispielsweise der Frage nachgeht: Wo wohnt Gott? Gerade kleine Kinder vermuten oft, dass Gott im Kirchengebäude wohne. Hier kann die Kirchenpädagogik anknüpfen, indem sie sowohl auf die feiernde Gemeinde verweist, auf das, was Menschen in diesem Gebäude tun und wie sie es tun, aber auch, wie Gegenstände und Architektur von Gott und dem Glauben der Menschen sprechen. Wer Kindern kirchliche Räume öffnen will, muss dies auch konkret tun und dies schließt den gottesdienstlichen Versammlungsraum mit ein.

Kinder des Gemeindekindergartens haben zum Teil eigene Erfahrungen mit dem Kirchengebäude. In der Regel rühren sie von den gottesdienstlichen Feiern her. Kinder haben aber auch ein Interesse am Gebäude als solchem. Sie fragen »nach der Architektur und den baulichen Auffälligkeiten der Kirche. Sie entdecken die bunten Fenster und wollen wissen, wer sie angemalt hat. Sie bestaunen die dicken Mauern und groben Steine, welche im Mauerwerk vielleicht noch sichtbar sind. Sie interessieren sich für die Orgel und wollen alles darüber wissen, sie betrachten das große Kreuz mit Jesus und fragen bestürzt nach, sie entdecken den Altar und lassen sich die Bedeutung der Gegenstände erklären, sie erklimmen den Glockenturm und bestaunen andächtig die riesigen Glocken ...«[14]

Hier kann kirchenpädagogische Planung im Kindergarten ansetzen. Wichtig ist die ausführliche Vorbereitung (und auch der eigene Besuch der Erzieher/innen im Gebäude) sowie die Einbeziehung von Menschen, die in diesem Kirchenraum tätig sind (Pfarrer, Messner, Organist ...). Manche Unsicherheit in der Frage der Freiheit und des eigenständigen Entdeckens von Kindern und dessen Grenzen kann damit aufgegriffen und gelöst werden und erlaubt umgekehrt auch manchen Pfarrer/innen einen neuen Blick auf »ihre« Kirche.

Es ist wichtig, die Voraussetzungen der Kinder zu beachten, nicht als Einschränkung der didaktischen Möglichkeiten (eine »verkleinerte« kirchenpädagogische Übung für Jugendliche und Erwachsene), sondern als besondere Möglichkeiten, die der Kirchenraum eben Kinderaugen bietet. Kirchenpädagogische Übungen, die nur allgemein abfragen, welche Plätze oder Gegenstände Kinder »schön oder spannend« finden und diese Orte dann der Freundin zeigen lässt, überfordern und unterfordern die gegebene didaktische Situation.

So sehr die Möglichkeit für persönliche Freiräume und Begegnungen offen gehalten werden soll, muss doch die geplante Begegnung auch Anregung und

---

[13] Vielfältige praktische Übungen werden im Handbuch der Kirchenpädagogik, aaO., 245–249 (Kirchenerschließung mit Kindern) beschrieben.
[14] G. *Knisel-Scheuring,* Wir besuchen unsere Kirche, Lahr 2002, 4.

Hilfestellung enthalten, Spuren des Glaubens von Menschen und der Gemeinde in diesem Gebäude zu entdecken. Insbesondere über Gegenstände und Symbole kann den Kindern ein Zugang zur religiösen Bedeutung des Gottesdienstraumes und seiner Funktion vermittelt werden. Was hat ein Kreuz, ein Krug, eine Wasserschale mit der Taufe zu tun? Das gemeinsame Gespräch rund um den Taufstein lässt den Vorgang und den Sinn der Taufe deutlich werden und verbindet sich mit persönlichen Eindrücken, Erinnerungen und aktuellen Erfahrungen.

3.2 Mit Konfirmanden Kirche entdecken

Zum Kerncurriculum jedes Konfirmandenkurses zählen die Einführung in die eigene Gemeinde und damit auch in ihren Versammlungs- und Feierraum sowie die Einführung in das gottesdienstliche Feiern. Die Funktion der Kirche als Gottesdienstraum steht im Vordergrund. Kirchenpädagogik kann hier zu einer Erweiterung und Vertiefung führen, in dem sie die Wechselwirkung von Raum und Gottesdienstfeier bewusst macht. »Die Kirche ist nicht nur ein Raum, in welchem gepredigt wird, die Kirche predigt auch selbst.«[15]

Konfirmanden sollen eine Sensibilität entwickeln für den Raum, in welchem (zumeist auch von ihnen selbst mitgestaltete) gottesdienstliche Feiern stattfinden, und wahrnehmen, inwiefern dieser Raum ein wichtiges und bedingendes Element in der Vorbereitung eines Gottesdienstes ist. Kirchenpädagogik kann hier eine fundamentale theologische Frage einbringen und in erfahrungsorientierter Weise bearbeiten helfen: eine Theologie des gottesdienstlichen Raumes.

Hier wird es wichtig sein, dass Konfirmanden beide für den Protestantismus wichtige und in Spannung zueinander stehende Prinzipien nachvollziehen können: den entscheidenden Einspruch gegen jede seinshafte Heiligkeit von Räumen, aber auch von Riten, Bildern, Zeiten usw. Erst der Gebrauch (die Predigt, das Gebet, der Gesang) verleiht dem Versammlungsraum seine theologische Würde. Andererseits sind auch evangelische Christen Menschen mit räumlicher Erfahrung, zu denen Gebäude, Räume und Mauern mit ihren jeweiligen kulturellen geprägten Botschaften sprechen. Diese Spannung ist im Protestantismus konstitutiv und produktiv. Gerade im Konfirmandenalter lässt sich die Spannung gut aufgreifen und mit der Erfahrung von Spannungen zwischen Nähe und Distanz, Vertrautheit und Fremdheit des Kirchenraumes verbinden.

Es ist eine wichtige Aufgabe der Kirchenpädagogik, den Kirchenraum mit seinen Botschaften jungen Menschen zu erschließen und sie im Hinblick auf die aktive Rolle bei gottesdienstlichen Feiern zu ermächtigen, diesen Raum und seine Möglichkeiten zu nutzen. Dazu ist ihnen aber zuallererst Raum in diesem kirchlichen Raum zu geben. Hierfür sind die Übernahme bestimmter Funktionen und

---

[15] *M. Meyer-Blanck,* Die Predigt von Christus im Raum und die Christuspredigt des Raumes. Vortrag vom 21. September 2006, http://freenet-homepage.de/meyer-blanck/vortraege.htm (Zugriff: 7.3.2007).

»Kirchen-Dienste« (Ausübung bestimmter Rollen) und damit der eigenständige Gebrauch des Raumes sehr nützlich.

3.3 Öffnung der Kirche: Ansätze aus der Arbeit mit Erwachsenen

Schließlich ist die Kirchenpädagogik eine Chance für die Arbeit mit Erwachsenen in der Gemeinde. Der Gottesdienstraum ist häufig allein der gottesdienstlichen Gemeinde vorbehalten, womit bisweilen die knappen Öffnungszeiten und damit Zutrittsmöglichkeiten begründet werden. In manchen Landeskirchen hat man unter dem Motto »der Seele Raum geben« eine Öffnung von Kirchengebäuden durchgeführt. Kirchen sollen auch über die Gottesdienstzeit hinaus für Menschen als »Orte der Besinnung und Ermutigung« offen stehen.[16] Dabei sollen bewusst nicht nur Menschen »innerhalb« der Gemeinde, sondern auch darüber hinaus angesprochen werden. Eine offene Kirche vermittelt Menschen, die vorbeikommen, das Gefühl »eingeladen zu sein«.

Solche Konzepte der offenen Kirche enthalten nicht nur Lernmöglichkeiten für die Besucher/innen, sondern auch für die Gastgeber. Die Gemeinde als Gastgeberin kann, wenn sie sich auf diese vielfach neue Situation einlässt, Neues über sich und ihre Kirche erfahren und in der Begegnung mit den Besuchern und deren Umgang mit dem Kirchenraum neue Möglichkeiten des Gemeindeseins entdecken.

Kirchenraum zu öffnen bedeutet, das Eigene herzuzeigen. Dies schließt wichtige Vorbereitungsmaßnahmen und nicht nur jene der Sicherheit mit ein: Wenn im Vorraum Informationen zur Gemeinde und dem Kirchengebäude aufliegen und die für diesen Zweck neu gestaltet werden, so lernen auch Insider ihre Kirche und Gemeinde – im Sinne eines »wissen, was man weiß« – besser kennen.

Gastfreundlichkeit äußert sich vor allem darin, dass man die Bedürfnisse des Gastes kennt und ernst nimmt. Dies bedeutet in didaktischer Hinsicht zuallererst: Kirchenpädagogik ist ein »Angebot«. Während bei den beiden zuvor behandelten Beispielen einer Kirchenpädagogik (Kindergarten und Konfirmandenarbeit) direktive Beiträge und Arbeitsaufgaben zweckmäßig sein können, sind didaktische Impulse für die persönliche Begegnung mit dem Kirchenraum für Besucher/innen zurückhaltender zu setzen und zu formulieren.

Impulse wie »Schauen sie sich das Altarbild an. Welche Thematik erkennen sie?« klingen m.E. mehr nach Aufforderung als nach Angebot. Ebenso sind Fragen zur persönlichen Auseinandersetzung (»Empfinden sie diese Farbe, Form etc. passend?«) – wenn es keine Möglichkeit des Austausches gibt – nicht angebracht. Ein informierender Sachtext kann hier mehr bewirken. Dagegen können »Personen, die unaufdringlich zur Seite stehen, die Liebe zu ›ihrer‹ Kirche zum Ausdruck bringen und vielleicht sogar in der Lage sind, Gespräche, Beratung oder

---

[16] »Der Seele Raum zum Atmen geben – Kirchen als Orte der Besinnung und Ermutigung« so lautete das Schwerpunktthema der ersten Tagung der 10. Synode der Evangelischen Kirche in Deutschland 2003.

eine Kirchenführung anzubieten und mit einer Segensgeste den Besuch abzuschließen«[17] hilfreich sein.

Die Gemeinde stellt sich in und durch diese Räume selbst dar. Dies beginnt bei Ordnung und Sauberkeit, reicht aber bis hin zu Spuren des Glaubens und Lebens ihrer Glieder in Bildern, Gegenständen und sonstigen Medien. Dieses eigene Selbst zu präsentieren kann unter gemeindepädagogischer Perspektive zu einem wichtigen Selbstreflexionsprozess der Gemeinde genutzt werden.

Literatur

Degen, Roland/*Hansen*, Inge (Hrsg.), Lernort Kirchenraum. Erfahrungen – Einsichten – Anregungen, Münster 1998.

Glockzin-Bever, Sigrid/*Schwebel*, Horst, Kirchen – Raum – Pädagogik, Münster 2002.

Knisel-Scheuring, Gerlinde, Wir besuchen unsere Kirche, Lahr 2002.

Neumann, Birgit/*Rösener*, Antje, Kirchenpädagogik. Kirchen öffnen, entdecken und verstehen. Ein Arbeitsbuch, Gütersloh [2]2003.

Rupp, Hartmut (Hrsg.), Handbuch der Kirchenpädagogik. Kirchenräume wahrnehmen, deuten und erschließen, Stuttgart 2006.

---

[17] Handbuch der Kirchenpädagogik, aaO., 265f.

15. Peter Bubmann
Kirchenmusik als Bildungschance

Bildung zielt auf die Kunst, das eigene Leben zu gestalten, ihm eine vor Gott, den Mitmenschen, sich selbst und der Umwelt verantwortete Form zu geben. Für diese Lebenskunst sind ästhetische Prozesse zentral: sinnliche Wahrnehmung, Sinn-Imaginationen, das Andenken und Ausprobieren von noch nicht realisierten Möglichkeiten, spielerische Kreativität, rituelle, festliche und liturgische Verdichtungen des Lebens. Musikalische Vollzüge spielen in einer solchen ganzheitlichen religiösen Bildung eine besondere Rolle. Die gemeindepädagogische Praxis ist ohne Musik kaum denkbar. Deren Bildungspotential ist daher auch in der gemeindepädagogischen Theorie eigens zu bedenken.[1]

1. Religiöse Bildung im Medium von Musik

Nach *Wolfgang Klafki* verfolgt ästhetische Bildung folgende Ziele: »Bildung der ›Empfindsamkeit‹ (i.S. der Verfeinerung des Empfindungsvermögens) gegenüber Naturphänomenen und menschlichem Ausdruck, Entwicklung der Einbildungskraft oder Phantasie, des Geschmacks, der Genussfähigkeit und der ästhetischen Urteilskraft, Befähigung zum Spiel und zur Geselligkeit.«[2] Es geht keineswegs allein um hohe Kunst, sondern um die ganze Breite der Alltagskultur und der Stilisierung des eigenen Lebens. Dabei darf die ästhetische Bildung nicht nur als Vorhof und Vorbereitung der ›eigentlichen‹ ethischen oder dogmatisch-religiösen Bildung gelten. Vielmehr handelt es sich um eine »qualitativ spezifische, eigenwertige menschliche Möglichkeit: Erfahrung des Glücks, menschlicher Erfüllung, erfüllter Gegenwart, in der doch zugleich immer eine über den gegenwärtigen Moment in die Zukunft reichende Erwartung, eine Hoffnung, eine zukünftige Möglichkeit des noch nicht realisierten ›guten Lebens‹, humaner Existenz aufscheint.«[3]

Die theologische bzw. gemeindepädagogische Bildungstheorie kann unmittelbar an diese Hinweise anschließen. Die Kommunikation des Evangeliums ereignet

---

[1] Hier besteht allerdings ein deutliches Missverhältnis zwischen Theorie und Praxis. *R. Degen* beklagt zu Recht, dass die Gemeindepädagogik ›in ihrer 30jährigen Profilierungsgeschichte die ästhetisch-musikalische Gestaltungskompetenz des Christlichen aus ihren Reflexionen oftmals ausgeblendet hat« (*R.D.*, Kantorkatechet. Ein Berufsbild gibt zu denken, in: PGP 59/2006, H. 4, 15–17, hier: 17).

[2] *W. Klafki,* Neue Studien zur Bildungstheorie und Didaktik. Zeitgemäße Allgemeinbildung und kritisch-konstruktive Didaktik (Reihe Pädagogik), Weinheim/Basel ⁵1996, 33.

[3] *W. Klafki,* Neue Studien, aaO., 34f.

sich im Medium ästhetischer, nämlich rhetorischer, musisch- oder bildend-künstlerischer, architektonischer und bewegt-tänzerischer Vollzüge. Sie bedarf daher der ästhetischen Bildung. Musik begleitet die religiösen Sozialisations- und Bildungsprozesse: Religiosität wird geweckt und gestaltet durch das Gute-Nacht-Lied, durch gemeinsames Singen und Sing-Spiele in Kindergarten und Kindergottesdienst. Jugendliche werden durch Taizé-Gesänge oder christliche Popmusik in ihrer Frömmigkeit geprägt. Erwachsene bilden und entwickeln sich im Glauben durch Kirchenmusik in unterschiedlichsten Stilrichtungen.

2. Musik und Gesang als Mittel der Katechese

Über Jahrhunderte galt das Gesangbuch als dritte Säule des Kirchlichen Unterrichts neben Bibel und Katechismus. In den didaktischen Schriften ertönten Hohelieder des Lobs auf den Gesang.[4]

– Schon *Martin Luther* hat seine eigenen Kirchenlieder auch als Beitrag zur religiösen Erziehung verstanden.
– In der Aufklärungszeit gerät die Musik als Mittel der gemütsbewegenden und sittlichen Erziehung in den Blick. Sie soll zur Glückseligkeit führen und der natürlich-moralischen Religion als versinnlichendes Medium dienen.
– In der Romantik wird Musik immer mehr zur Sprache des Herzens und erscheint bestens zur Gemütsbildung geeignet (etwa bei Herder).
– In der ersten Hälfte des 20. Jahrhunderts überhöhen die Konzeptionen der *Reformpädagogik* die Musik anthropologisch-religiös. Ihr werden erlösende, Heil bringende Qualitäten (*Edmund Joseph Müller*) und ein überpersonaler Machtcharakter wahren Lebens (*Fritz Jöde*) zugeschrieben. Im Programm der *Musischen Bildung* erhält das Musische bei *Georg Götsch* (1895–1956) gleichsam religiöse Weihen. Es soll die Herzen für die Wahrnehmung der höheren Offenbarung vorbereiten.
– Die Konzeptionen der *Evangelischen Unterweisung* reduzieren hingegen das Lied primär auf seine Bekenntnis- und Gebetsfunktion und blenden dessen allgemeinbildende Dimension aus.
– In der Phase der *hermeneutischen* und *problemorientierten* religionspädagogischen Konzeptionen bis in die 1980er Jahre werden die musischen Elemente im schulischen Religionsunterricht (wie in der religionspädagogischen Theorie) immer mehr an den Rand gedrängt.
– Die *symboldidaktischen* Ansätze konzentrieren sich meist auf den Augensinn und die Bild-Künste und vernachlässigen den Klang.
– Demgegenüber konnte sich die *musische Bildung* in der kommunalen wie kirchlichen Kinder- und Jugendarbeit sowie der Gemeindekatechese weithin halten und entwickelte sich seit den 1970er Jahren zur soziokulturellen und äs-

---

4 Vgl. zum Folgenden: *M.L. Pirner*, Musik und Religion in der Schule. Historisch-systematische Studien in religions- und musikpädagogischer Perspektive (ARP 16), Göttingen 1999.

thetisch-kulturellen Bildungsarbeit weiter. Heute gibt es in den meisten landeskirchlichen Ämtern für Jugendarbeit und in manchen regionalen Jugendwerken Referent*innen* für musisch-kulturelle Bildung oder Jugendarbeit. Neben der Theater- und Spielpädagogik ist hierbei die musikalische Arbeit von zentraler Bedeutung.

3. (Kirchen-)Musik, Identität und Bildung

Musik ist allgegenwärtig geworden und hat insbesondere in jüngeren Milieus eine kulturelle Leitfunktion inne. Die Moden der Popularmusik prägen in Verbindung mit der Video-Clip-Kultur die kulturelle Lebenswelt breiter Bevölkerungskreise. Dabei ist Musik zu einem wichtigen Code der Milieu-Zugehörigkeit geworden. Musik hilft, die eigene Identität zu modellieren und ihr Ausdruck zu verschaffen. Sie dient damit zugleich der »Eingemeindung« in *peer-groups* und kulturelle Szenen. In alledem wirkt sie als starkes Medium der informellen Bildung – verstanden als Persönlichkeitsbildung und Ausprägung einer kulturellen Identität.

Musik ist die Kunst des Hörsinns. Hören ist auch ein religiöser Grundvollzug. Die von Gott in ihrer ganzen Identität ergriffene Person besitzt ein »hörendes Herz« (1 Kön 3,9). Der Glaube entsteht vorrangig aus dem Hören des Wortes der Verkündigung (Röm 10,14). Gehorsam übt, wer auf Gottes Stimme hört (Gen 26,5; Jos 24,24). Jesus-Nachfolge und Hören fallen zusammen (Joh 10,3.27). Dabei bleibt es Gottes Tat (im Heiligen Geist), die Ohren für seinen Ruf zu wecken (Ps 40,7f.; Jes 50,4f.).

Die Ohren sind daher für *Martin Luther* die eigentlichen Sinneswerkzeuge eines Christenmenschen. Und die Musik kommt gleich nach der Theologie, nicht zuerst weil sie Texte zu tragen vermag, sondern weil sie eine wirkkräftige Hörkunst ist. Sie hat teil am geschichtlichen Offenbarungshandeln Gottes, indem sie je neu den Menschen ergreift und verändert.[5]

Im musikalischen Hören kann das religiöse Ohr gebildet werden. Die Wahrnehmung wird geschärft. Natürlich ist nicht jede Form des Hörens und Klang-Erleben schon religiös wünschenswert. Ein Hören, das die Hörenden einlullt und etwa unempfindlich gegenüber gesellschaftlichen Ungerechtigkeiten macht, zählt nicht dazu.

Musik kann religiöse Erfahrung *stimulieren*. Sie hilft dazu, *elementare religiöse Gefühle wahrnehmen und empfinden* zu können: Grundvertrauen und Furcht, Staunen und Erschrecken, Ekstase und Höllensturz, Dank und Sehnsucht ... Musik weckt heilige Gefühle. Sie kann entzücken und entrücken, ihr Genuss entführt in himmlische Regionen, sie verändert das Bewusstsein. Sie hat darin gleichsam sakramentale Qualität.

---

[5] Vgl. *P. Bubmann*, Hören, in: *G. Fermor/H. Schroeter-Wittke* (Hrsg.), Kirchenmusik als religiöse Praxis. Praktisch-theologisches Handbuch zur Kirchenmusik, Leipzig 2005, 9–14.

Das *Verstehen* und *Deuten* von Musik (insbesondere von Kunstmusik) hilft dazu, schöpferische Prozesse nachzuvollziehen und damit auch Anschluss an göttlich-schöpferische Kreativität zu gewinnen oder sich von fremden bzw. neuen ästhetischen Erfahrungen herausfordern zu lassen und so sein eigenes Ich zu transzendieren. Und zugleich werden wertvolle religiöse Traditionen erschlossen.

Dabei gehört auch das nüchterne *Prüfen* und *Würdigen* von Musik zu ihrer religiösen Dimension. Denn nicht alle Musik hilft zum gelingenden Leben. Die Nationalsozialisten haben sich geschickt der gleichschaltenden Wirkung populärer Musik bedient. Es gibt verlogene, »unwahre« Musik auch in der Kunst-Musik. Und die Musikindustrie versorgt die Menschen nicht nur mit der Musik, die sie sich wünschen, sondern manipuliert sie auch zum Zwecke der Gewinnmaximierung. Deshalb gehört zum Einsatz von Musik in religiösen Kontexten auch dazu, die musikalische Praxis ethisch und ästhetisch zu prüfen.

Musik kann die Fähigkeit zur religiösen *Artikulation* verbessern helfen. Denn Musik ist ein hervorragendes Medium, um religiöse Erfahrungen auszudrücken und ihnen Gestalt zu verleihen. Das gilt primär, aber keineswegs ausschließlich für das eigene Singen. In allen christlichen Konfessionen und in der jüdischen Mutterreligion hat das gemeinsame *Singen* eine besondere Dignität. »Singen ist ein Verhalten mit transzendenter Tendenz.«[6] Verbinden sich viele Stimmen, entsteht Neues: Aus der Vielfalt der Einzelstimmen wird tönende Gemeinde. Insbesondere die lobend-liebende (aber auch die klagende!) Zuwendung zu Gott erfordert das Singen. Singen hat *Ritualcharakter* und bietet eine klingende Heimat für die Singenden. Es entfaltet stabilisierende und identitätsbildende Kräfte.[7]

Auch jenseits des gemeinsamen Singens hat das aktive musikalische Gestalten religiös bildende Bedeutung: Die Begabung und die Freiheit zur Weltgestaltung zeigen sich hier *spielerisch-ästhetisch*. Im instrumentalen oder vokalen Improvisieren etwa erspielen sich die Musizierenden neue Klangwelten, bleiben einerseits innerhalb bestehender rhythmischer oder melodischer Grundmuster und transzendieren gleichzeitig das Bekannte auf Unbekanntes hin, und wenn es gut geht, kommen sie in eine Art »Fluss- bzw. Flow-Erfahrung«, in der sie gefühlsmäßig abheben von dieser Erde – alles Vorgänge, die Teil der Begegnung mit dem Heiligen werden können.

Die musisch-religiöse Bildung lässt sich nicht allein auf das Repertoire geistlicher Musik oder auf Werke der Kirchenmusik beschränken. Die religiöse Bildungskraft der Musik ist gerade auch in so genannter »säkularer«, absoluter, also nicht funktional auf kirchliche Handlungsfelder festgelegter Musik zu erwarten.

---

[6] *M. Josuttis,* Der Weg in das Leben. Eine Einführung in den Gottesdienst auf verhaltenswissenschaftlicher Grundlage, München 1991, 178. Josuttis konzentriert diese transzendierende Funktion dabei einseitig auf die Erfahrung fundamentaler archaischer Lebensordnungen. Dass solches Transzendieren auch die Überschreitung oder Zerstörung überkommener Ordnungsstrukturen implizieren kann, wäre hinzuzufügen.

[7] Vgl. *K. Adamek,* Singen als Lebenshilfe. Zur Empirie und Theorie von Alltagsbewältigung. Plädoyer für eine »Erneuerte Kultur des Singens«, Münster/New York ³2003.

Wer sich etwa in die komplexen motivischen Zeit-Architekturen der Bruckner-Symphonien einzuhören gelernt hat, kann ein neues Verhältnis zur Zeit gewinnen, das dem der christlichen Hoffnung als ein Harren auf die Aufhebung der Zeiten in Gottes Ewigkeit zumindest ähnlich ist.

In musikalischen Prozessen lassen sich Bewegungen und Strukturen wahrnehmen, die analog zu religiösen Erfahrungen verlaufen. Musikalische Vollzüge, etwa Unterbrechungen, motivische und dynamische Steigerungen, oder die gegenseitige kontrastierende Interpretation von Stimmen können zum Gleichnis *religiöser Erfahrungen* werden und diese erschließen helfen. Die musikalische Einstimmung in eine höhere Ordnung, die Unterbrechung und Transzendierung des Gewohnten und Vorhersehbaren, oder auch die emotionale Umstimmung durch Klänge werden zum Symbol und Medium analoger religiöser Erfahrungen: Einstimmung in Gottes Willen und in seine gute Schöpfung, Verstimmung als Herausgerissenwerden aus den falschen Bindungen dieser Welt, Umstimmung zum guten Leben, Hochstimmung im Fest der vorweg genommenen endzeitlichen Freude.

Religiöse Bildung ereignet sich, wo man sich derartiger religiöser Erfahrungen reflexiv vergewissert und sie ins Verhältnis setzt zu den tradierten Beschreibungen christlichen Glaubens.[8] So kann absolute Musik in derartigen Lernprozessen zum *Propädeutikum der Theo-Logik* werden, sie bereitet auf die Logik religiöser Erfahrung vor, bildet sie ab oder induziert diese.

Allerdings kann eine Beschreibung der religiösen Bildungsmacht der Musik aus christlich-theologischer Perspektive nicht bei einer allgemeinen Religionsphänomenologie stehen bleiben. Es ist daher auch ausdrücklich zu bedenken, wie sich religiös-musikalische Bildung in der Begegnung mit explizit christlicher *Kirchenmusik* oder geistlicher Musik aus dem jüdisch-christlichen Traditionszusammenhang ereignet.

Aus praktisch-theologischer Sicht liegt es nicht nahe, Begriff und Sache der Kirchenmusik allein von der formalen kirchlichen Trägerschaft der Musizierenden, vom Aufführungsort oder von einem spezifischen Repertoire geistlicher Musik her zu bestimmen.[9] Von ›Kirchen‹-Musik ist vielmehr in theologisch verant-

---

[8] Der katholische Religionspädagoge *Klaus König* wie die evangelische Religionspädagogin *Heike Lindner* plädieren zu Recht dafür, in der religionspädagogischen Praxis mit absoluter Musik zu arbeiten und in deren Phänomenen Ähnlichkeiten zur Logik oder Dynamik theologischer Glaubensaussagen zu finden. So können etwa Lernende Musikausschnitte mitbringen, in denen sich für sie der (religiös verstandene) Himmel ausdrückt. Im hörenden Vergleich werden dann verschiedene Himmelsvorstellungen deutlich: von der regressiven Harmonie bis hin zur ungezügelten Ekstase. Vgl. *K. König*, Religiöses Lernen durch Musikhören. Absolute Musik im Religionsunterricht, in: KatBl 121/1996, 306–310; *H. Lindner*, Musik im Religionsunterricht. Mit didaktischen Entfaltungen und Beispielen für die Schulpraxis (Symbol – Mythos – Medien 9), Münster u.a. 2003.

[9] Vgl. zum Folgenden: *P. Bubmann*, Kirchenmusik, in: *W. Gräb/B. Weyel* (Hrsg.), Handbuch Praktische Theologie, Gütersloh 2007, 578–590, hier: 581.

worteter Weise dann die Rede, wenn (mit Confessio Augustana Art. 7) vom Ereignis der Evangeliumskommunikation ausgegangen wird, Kirche also primär als Kommunikations-Geschehen begriffen wird, dessen Medium auch die Musik sein kann. Dann reicht Kirchenmusik weit über die Angebote der haupt- oder nebenamtlichen Kirchenmusiker*innen* hinaus. *Kirchenmusik* liegt also dort vor, wo *musikalisch Handelnde und Hörende ihre Wahrnehmungen und ihr musikalisches Agieren als Teil der (auch) durch die Institution Kirche tradierten Kommunikation des Evangeliums erfahren.* Sie ist daher zunächst ein *Geschehen* und *Ereignis,* eine *religiöse Praxis,* der sekundär ein institutionalisiertes kulturelles System mit seinen Zeichen, Werken und Strukturen dient.

Kirchenmusik stiftet eine zweite Ebene des Verstehens und der Interpretation: Durch das Hören von Motetten, Kantaten und Oratorien werden biblische und andere religiöse Texte in einzigartiger Weise erschlossen. Vielfach sind die auf diese Weise wahrgenommenen biblischen Texte überhaupt die einzigen christlichen Traditionsbestandteile, die im Gedächtnis haften bleiben. Neben diesem mnemotechnischen Argument ist jedoch vor allem wichtig, dass jede Vertonung von religiösen Texten eine zweite musikalische »Sprach«-Ebene hinzufügt. Die Worte erhalten einen bestimmten Klangleib, sind durch die Töne und Klänge gedeutet. Begibt man sich auf die Spur dieser Deutungen, vertieft sich insgesamt das Verstehen: Die Musik beginnt einen Interpretationsteppich zu knüpfen, den die Hörenden weiterentwickeln. So entsteht ein musikalischer »Midrasch« (= eine die Bibel auslegende Interpretation), der den Text vielfältig für heute erschließt. Die Hörbegegnung mit geistlicher Musik ist also bildend, weil sie das theologisch-geistliche *Verstehen fördert* und anregt.[10]

Durch die Vertonung und Aufführung werden religiöse Texte zu einem aktuellen Geschehen. Sie treffen die Hörenden als akustische Performance, die eine existentielle Stellungnahme verlangt. Damit repräsentieren die Klänge die performative religiöse Logik des christlichen Glaubens: Es geht nicht um objektiv-dogmatisches Verfügungswissen über Gott, sondern um Empfänglichkeit gegenüber dem Wirken des Heiligen Geistes, der zum Neuen Sein bewegt. In Zustimmung oder Ablehnung werden die Hörenden zum eigenen Urteil und zur eigenen Lebensgestaltung herausgefordert. Hörbegegnungen mit geistlicher Musik ermöglichen somit *existentielle spirituelle Erfahrungen und daraus resultierende Bildungsprozesse der Lebenskunst.*

Kirchenmusik erschließt die Logik der Liturgie: Die liturgische Bildung liegt insbesondere im Protestantismus im Argen. Die Beschäftigung mit liturgischer Musik kann diesem Mangel aufhelfen. Wer etwa in der Chorarbeit oder auch im Konfirmandenunterricht eine der großen Mess-Vertonungen intensiv wahrge-

---

[10] Vgl. *D. Block*, Verstehen durch Musik: Das gesungene Wort in der Theologie, Tübingen/Basel 2002.

nommen hat, kann danach auch die Liturgie besser mit vollziehen. In der h-moll-Messe Bachs, in der Missa solemnis Beethovens oder der c-moll-Messe Mozarts wird hörbar, dass die Liturgie einen Weg der Begegnung mit dem heiligen Gott darstellt und sich in ihr das Leben insgesamt verdichtet.[11]

Die Begegnungen mit geistlichen und kirchenmusikalischen Werken der Musikgeschichte bieten die Chance einer kritischen *Auseinandersetzung mit wesentlichen religiösen Traditionen unserer Gesellschaft und fremder Kulturen sowie der Ökumene.* Mit der Musik von *Heinrich Schütz* oder *Johann Sebastian Bach* werden zugleich wesentliche Formen reformatorischer Frömmigkeit, etwa auch einer verloren gegangenen Kunst des Sterbens erschlossen. Hörbegegnungen mit der »Neo-Gotik« *Arvo Pärts* oder mit den Werken von *Sofia Gubaidulina* eröffnen Zugangswege zu aktuellen Formen christlicher Mystik und damit zu osteuropäisch und orthodox geprägten Formen von Spiritualität. Im Dialog mit verschiedenen musikalischen Deutungen des christlichen Glaubens werden Toleranz und Gelassenheit im Umgang mit bleibenden Glaubensdifferenzen und unterschiedlichen kulturellen Frömmigkeitsstilen eingeübt. Die Relativierung (verstanden als »In-Beziehung-Setzen«) eigener religiös-kultureller Prägungen in der Begegnung mit dem Fremden ist Teil der dringlich notwendigen Prozesse ökumenischen Lernens.

Kirchenmusik bildet Gemeinde und stiftet Gemeinschaft: Gemeinsames Singen und Musizieren verbinden und werden zu Recht als wichtige Vollzüge des Gemeindeaufbaus betrachtet.[12] Die musikalische Gemeinschaftsbildung ist allerdings mit Risiken behaftet, die der gemeindepädagogischen Reflexion bedürfen. Der Musikgeschmack ist ja zwischenzeitlich zum wichtigsten Kennzeichen von Milieu- und Szenenzugehörigkeit geworden. Das führt zu der Schwierigkeit, dass bestimmte Musikstile in der Gemeindearbeit und im Gottesdienst sofort milieubedingt Abwehr oder Zustimmung auslösen. Auch die christliche Gemeinde zerfällt wie die Gesellschaft insgesamt in Milieus, die sich untereinander kaum mehr verstehen können.[13] Die Musik in der Gemeinde kann sich jedoch nicht lediglich

---

[11] Methodische Bausteine zur Erschließung der Messe durch Musik (wie zu vielen anderen Themen) finden sich in: *P. Bubmann/M. Landgraf* (Hrsg.), Musik in Schule und Gemeinde. Grundlagen – Methoden – Ideen. Ein Handbuch für die religionspädagogische Praxis, Stuttgart 2006, 76–263.
[12] Vgl. *U. Lieberknecht,* Gemeindelieder. Probleme und Chancen einer kirchlichen Lebensäußerung (Veröffentlichungen zur Liturgik, Hymnologie und theologischen Kirchenmusikforschung 28), Göttingen 1994, 280–285.
[13] Zu den Milieutheorien vgl. *G. Schulze,* Die Erlebnisgesellschaft. Kultursoziologie der Gegenwart, Frankfurt a.M./New York 1992 u.ö.; *W. Vögele/H. Bremer/M. Vester* (Hrsg.), Soziale Milieus und Kirche, Würzburg 2002. Diese Studie weist nach, dass sich die Milieus auch heute noch in einem hierarchisch geordneten Raum befinden. Die obersten Milieus der Intellektuellen und Leistungseliten neigen dazu, sich für kulturell

an den ästhetischen Vorstellungen eines Milieus (etwa des hochkulturell-bildungs-bürgerlichen der Pfarrer*innen* und Kirchenmusiker*innen*) orientieren.

Einerseits kann darauf mit zielgruppenorientierten kirchenmusikalischen An-geboten reagiert werden. Andererseits sollte sich die Einheit der christlichen Ge-meinde immer wieder auch sichtbar-hörbar dokumentieren, wenigstens beim jähr-lichen Gemeindefest und an den Hochfesten des Kirchenjahres. Die dabei entste-henden »interkulturellen« Milieu-Begegnungen bedürfen der gemeindepädagogi-schen Begleitung: Es geht um geschickte Inszenierungen des eigentlich Inkom-patiblen, um einladende Begegnungen mit der Vielfalt des Möglichen und um Lernprozesse im Dialog mit dem Fremden. Zur Verständigung zwischen unter-schiedlichen Stil-Gemeinden (die Pop-Fans, die Bach-Gemeinde und die Avant-garde-Anhänger) bedarf es dabei auch der moderierenden Kompetenz gemeinde-pädagogischer Fachkräfte (etwa in Vorbereitungsgruppen zu solchen Festen). Die Frage, welche Lieder alle Christinnen und Christen noch gemeinsam singen kön-nen (sollten), wird dabei zu einer zentralen, die Einheit der Kirche betreffenden Grundsatzfrage. Die Einigung über einen verbindlichen Grundkanon an gemein-samen Liedern gehört mit zu den Aufgaben der Gemeindepädagogik!

Kirchenmusik leitet an zu eigenem religiösen Ausdruck: Die Praxis kirchenmu-sikalischen Musizierens wie auch das Hören von Werken der Kirchenmusik eröff-nen Räume religiöser Artikulation und können zur »Sprachschule des Glaubens« (*Ernst Lange*) werden.

4. Kontexte und Lernorte musikalisch-religiöser Bildung

Voraussetzung für eine fruchtbare musikalisch-gemeindepädagogische Arbeit ist, dass im Kreis der Mitarbeitenden die prinzipielle Bereitschaft besteht, sich auf Musik oder auf das gemeinsame Singen bzw. auf die Auseinandersetzung mit verschiedenen Formen der Musikkultur einzulassen. Wichtig ist die Kontaktpflege zwischen gemeindepädagogischen Fachkräften und Kirchenmusikerinnen und -musikern in der Gemeinde. Deren Unterstützung oder Blockade kann für den Erfolg musikalischer Arbeit in der kirchlichen Bildungsarbeit entscheidend sein. Gegenseitige Absprachen und Teamwork erhöhen die Chancen der musikalisch-religiösen Bildungsarbeit. Außerdem können Eltern von Kindergartenkindern oder Konfirmand*innen* zur Mitarbeit bei musikalischen Projekten (oder zu deren Finan-zierung) gewonnen werden. Mancherorts lassen sich Fördervereine zur Stützung der musisch-ästhetischen Arbeit gründen. Das macht auch aufwändigere Projekte (wie z.B. religiöse Musicals) realisierbar.

Von Bedeutung sind die Raum- und Medienfragen. So macht es Sinn, bei der Ausstattung von Räumen für Jugend- und Konfirmandenarbeit einen Koffer mit Percussionsinstrumenten und einen Satz Liederbücher bereit zu halten. Der Raum

---

höher entwickelt zu halten, für gebildeter, feiner, kultivierter und grenzen sich daher vom Rohen der unteren Milieus ab.

sollte so gestaltet sein, dass das gemeinsame Musizieren und ggf. auch Band-Arbeit möglich sind. Oder – dies ist natürlich die beste Lösung – man stattet das Gemeindezentrum mit einem eigenen Musikraum mit Instrumenten und einer guten Musikanlage aus.

Britta Martini differenziert zwischen »primären und sekundären Lernorten«[14] der gemeindepädagogischen Arbeit mit Musik. Zu den primären gehören die regelmäßig stattfindenden dezidiert kirchenmusikalischen Gemeindeveranstaltungen (also Chor-, Band-, Bläserchor- und Orchesterproben usw.). Unter sekundären musikalischen Lernorten sind »alle weiteren regelmäßig stattfindenden Veranstaltungen sowie unregelmäßige und Einzelveranstaltungen, in denen musikalisches Lernen potentiell geschehen kann, aber nicht geschehen muss«[15], zu verstehen.

Der *Gottesdienst* darf nicht pädagogisiert werden. Dennoch ist er »per se ein musikalischer Lernort«[16]. Für viele Menschen, die nur selten in den Gottesdienst gehen, stellt er gar eine besondere Herausforderung interkulturellen Lernens dar: Da begegnen ungewohnte musikalische Rufe und Wendungen, von der musikalischen Lebenswelt weit entfernte Klangwelten von der Orgel oder ein unbegleitet singender Liturg im sonderbaren Sprechgesang. Das fordert das Hören heraus, und führt nicht selten auch zu Blockaden. Für die gut sozialisierte »Kerngemeinde« hingegen weckt gerade diese musikalische Sonderwelt Heimatgefühle. Aber auch die kerngemeindlichen Milieus wären zum musikalischen Lernen im Gottesdienst herauszufordern: durch neue ungewohnte Klänge, die prophetisch aufschrecken und aufmerken lassen, oder durch alte Musik, die sich wiederzuentdecken lohnt.

Unter gemeindepädagogischer Perspektive ist die *musikalische Arbeit mit Kindern* von besonderer Bedeutung. Hier erfolgt die prägende Sozialisation in kirchliche Klänge und gemeindliches Liedgut und ereignet sich die elementare musikalische Hör- und Stimmbildung, die für das ganze Leben prägen kann. Daher ist es von entscheidender Bedeutung, dass ein integrales musisches Gemeindekultur-Konzept erarbeitet wird. Hier sind die Angebote des Singens mit Kleinkindern in den Eltern-Kind-Kreisen und in den Kindertagesstätten mit den speziellen kirchenmusikalischen Angeboten für Kinder (Spatzen-Chor, Sing-Stunden, Familien-Sing-Wochenenden oder -wochen) aufeinander abzustimmen.

In der *Konfirmand/innenarbeit* wird man eine behutsame Doppelstrategie wählen: Einerseits geht es nicht ohne Bezüge zur musikalischen Lebenswelt der Jugendlichen. Die aktuellen Stile der Popmusik (etwa deutscher Hip-Hop) müssen

---

[14] *B. Martini,* Musikalische Lernorte in der Gemeinde – anhand der Arbeit mit Kirchenliedern, in: PGP 59/2006, H. 4, 11–14, hier: 14.

[15] Ebd.

[16] *B. Martini,* aaO., 12.

daher Raum erhalten, die Jugendlichen dürfen damit auch klanglich ihr eigenes Revier besetzen. Andererseits bedarf es klanglicher Erfahrungen des Heiligen gegen die (Über-)Macht kommerzialisierter Musikindustrie. Taizé-Musik kann etwa mit ihrer sakralen Aura auch Jugendliche erreichen, die sonst nur härtere Töne gewohnt sind. Gospel-Klänge liegen näher am Pop-Sound der Gegenwart und bauen so eine Hör-Brücke. Doch ist amerikanische Gospel-Musik auch kein Allheil-Mittel, eine einseitige Fixierung auf diese Sounds verengt die Rezeptionshaltung unnötig. Deshalb sollten auch Hör-Begegnungen mit aktueller Avantgardemusik in der Konfirmandenarbeit gewagt werden, etwa die meditativ-mystischen Chorwerke von *Arvo Pärt*. Gut wäre es, die traditionelle Distanz jugendlicher Milieus zur Kirchenorgel durch eine spannende Orgelführung abzubauen und dabei zu zeigen, dass die Kirchenorgel keineswegs nur für »langweilige« Barock-Fugen taugt.

Vor allem in der ehemaligen DDR waren die *(Kinder-)Chöre* Orte, an denen zugleich eine Begegnung mit christlicher Glaubenslehre stattfand. Im Westen (und heute in Gesamtdeutschland) sind vergröbert zwei Typen von Chören zu unterscheiden: Auf dem Land und in kleineren Gemeinden ist der Kirchenchor vor allem ein Zentrum gemeindlicher Geselligkeit und milieuübergreifender Begegnung. Hier steht die Beziehungsarbeit neben der künstlerischen Arbeit im Zentrum, die Leitungsperson ist vor allem als Kommunikator*in* gefragt. In den Städten und in Projektchören trifft sich hingegen ein kulturprotestantisch interessiertes Milieu, das von verbindlicher Einbindung in gemeindliche Strukturen wenig wissen will und einen ästhetisch-kulturellen Zugang zur Religiosität bevorzugt. Hier sind anspruchsvolle Werkeinführungen denkbar. Neben den zentralen künstlerischen Kompetenzen benötigt die Leitungsperson daher auch erwachsenenbildnerische Fähigkeiten. Teils sind kirchenmusikalisch-pädagogische Veranstaltungsformen innerhalb von Stadtakademien institutionalisiert (z.B. durch Werkeinführungen am Vorabend einer Oratoriumsaufführung).

Was für die Chorarbeit ausgeführt wurde, gilt analog für *Bläser- und Bandarbeit*. Immer spielen die Gruppenprozesse eine enorme Rolle. Die Mitwirkung in solchen Ensembles ermöglicht nicht nur die Teilnahme an liturgischen Feiern und Festen und erschließt somit gottesdienstliches Handeln. Hier ereignet sich religiöse Bildung auch im informellen Gespräch. Gemeinsame Konzertfahrten (etwa zum Kirchentag) stellen Höhepunkte der religiösen Identitätsbildung dar und stehen damit in Analogie zu Pilger- und Wallfahrten. Solche Gruppenarbeit kann auch eine ausdrücklich sozialpädagogische Note erhalten: Schwer integrierbare Jugendliche oder Erwachsene finden eine Heimat, Kommunikation wird zunächst nonverbal, dann auch verbal neu aufgenommen und stabilisiert. Mancherorts dienen Rockgruppen präventiv als Form von Anti-Gewalt-Prävention und also als friedenspädagogische Methode.

Nicht unterschätzt werden darf die gemeindepädagogische Bedeutung kirchen-musikalischer *Konzertarbeit*. Das Kirchenkonzert hat gegenüber dem Gottesdienst und auch gegenüber explizit gemeindepädagogischen Bildungsveranstaltungen einen eigenen Öffentlichkeitscharakter und damit eine besondere Chance: Der Zugang ist niederschwelliger, man darf ja auch aus rein ästhetischen Interessen kommen. Niemand wird auf ein kirchliches Bekenntnis oder ein bestimmtes religiöses Bildungsziel hin festgelegt. Kirchenkonzerte sind daher (wie Museen) bevorzugte Orte subjektbestimmter religiöser Deutungskultur.

Eine platte Pädagogisierung wird wenig goutiert. Doch lässt man sich gerne ästhetisch erfreuen und dabei am Rande diskret »belehren«, wie es die antike Rhetorik auch schon empfahl: etwa durch professionell gemachte Einführungstexte im Programmheft oder Vorankündigungen im Gemeindebrief oder durch (wirklich kurze) meditative Texte zwischen den Stücken. Es empfiehlt sich eine intensive Zusammenarbeit zwischen kirchlichen Erwachsenenbildungseinrichtungen und den Vertreter*innen* der Kirchenmusikarbeit. Ausgearbeitete Konzeptionen solcher gemeindepädagogisch durchdachter Musikarbeit sind in den eigens eingerichteten City-Kultur-Kirchen möglich. Sie erfordern die intensive Zusammenarbeit von Experten der Künste, Theologie, Pädagogik und Öffentlichkeitsarbeit.

Die Musik in der Kirche wird zunächst von den vielen musikalisch begabten Gemeindegliedern getragen, die ihre vokalen oder instrumentalen Fähigkeiten als ihr Charisma in die Gemeinde einbringen. Die Aufgabe ehren-, neben- oder hauptamtlicher kirchlicher Mitarbeitenden liegt dann primär darin, die musisch-kulturellen Gaben der Gemeinde zu fördern, zu bündeln und ihre Entfaltung zu organisieren. Dieser Auftrag lässt sich nicht auf kirchenmusikalisch ausgebildete Fachkräfte beschränken: Erzieherinnen integrieren Methoden musikalischer Früherziehung in die Kindergartenarbeit, Sozialpädagoginnen und Diakone setzten Methoden ästhetisch-musikalischer Sozialarbeit ein, Religionspädagoginnen gestalten ihre gemeindepädagogische Arbeit auch mit musikalischen Mitteln und Pfarrer sind in Liturgie und Seelsorge ohnehin mit musikalischer Praxis befasst. Aus gemeindepädagogischer Sicht liegt es nahe, die ästhetisch-musische Aus- und Fortbildung dieser Berufsgruppen besser aufeinander abzustimmen.

Literatur

Bubmann, Peter/*Landgraf*, Michael (Hrsg.), Musik in Schule und Gemeinde. Grundlagen – Methoden – Ideen. Ein Handbuch für die religionspädagogische Praxis, Stuttgart 2006.

Schweizer, Rolf, Ritual und Aufbruch. Kirchenmusik zwischen pädagogischem Auftrag und künstlerischem Anspruch, hrsg. von *Peter Bubmann*, München 1996.

Themenhefte »Musik und Gemeindepädagogik«, Teil 1 und 2, in: PGP 59/2006, H. 4 und 60/2007, H. 1.

16. Martin Schreiner
Evangelische Schulen und Schularbeit

> »Um der Kirche willen muss man christliche Schulen haben und erhalten;
> denn Gott erhält die Kirche durch Schulen, Schulen erhalten die Kirche.«
> *(Martin Luther)*[1]

1. Einführung und Überblick: »Schulmodell: Christlich«

Schulen in christlicher Trägerschaft haben großen Zulauf. Angesichts der Ver-unsicherungen im Bildungsbereich werden sie nachgefragt als eine Alternative zu staatlichen Schulen einerseits und anderen Schulen in freier Trägerschaft anderer-seits. Die Verunsicherungen betreffen Kernfragen aller Eltern: Was ist eine gute Schule überhaupt? Und: was ist gut für unser Kind? Neben anderen Aspekten sind es vielleicht vor allem drei Aspekte, zu denen Schulen in christlicher Trägerschaft einen spezifischen Beitrag beisteuern können: *Leistungskultur, Werte-Erziehung* und *Lernen im systemischen Zusammenhang.* Angesichts der PISA-Debatten mit ihren heterogenen Antworten darauf, was die Leistungsfähigkeit und Leistungs-kultur einer Schule auszeichnen kann bzw. soll, müssen sich auch Schulen in der Trägerschaft christlicher Kirchen und Gemeinschaften der Frage nach Art, Mög-lichkeiten und Grenzen einer Orientierung am Leistungsaspekt stellen. Sie tun dies in ihren durchaus verschiedenen Schulmodellen unter dem ebenso interpretations-bedürftigen wie unverzichtbaren Vorzeichen »christlich«.

Es ist genau dieses Vorzeichen, das auch den zweiten Aspekt der Werte-Erziehung in bestimmter Weise mit in den Blick nehmen hilft. Auch wenn »christ-lich« – um Himmels willen – nicht auf Moralität reduziert und eingeschränkt werden darf, ist im »Schulmodell: Christlich« die kritische Auseinandersetzung mit gesellschaftlichen Wertvorstellungen und die konstruktive Bezugnahme des Evangeliums auf das Leben der Schülerinnen und Schüler, der Lehrerinnen und Lehrer sowie nicht zuletzt der Eltern unausweichlich. Was dies programmatisch und ganz praktisch heißen mag, wird letztlich in einem »Modell« von Schule seinen Ausdruck finden. Dieser dritte Aspekt des systemischen Lernens verweist darauf, dass diesen Schulen in vielleicht besonderer Weise die systemische Ge-bundenheit aller Lernvorgänge bewusst ist. Kinder, Jugendliche und auch die Lehrenden lernen in einem Gesamtkontext, in dem das Schulleben mit der Gestal-tung von allgemein-schulischen Spielregeln und außerunterrichtlichen Sonder-

---

[1] *M. Luther*, Tischreden 1531–1546, WATr V, Nr. 5557.

Angeboten in seiner lehrenden Prägekraft ins Bewusstsein tritt. Es ist dieser umfassende Modellcharakter und Modellauftrag von Schule als Lernort unter dem Vorzeichen »christlich«, der bei aller Wertschätzung von Unterricht und messbarer Leistung die Eigenheit, den Reiz und Charme von Schulen in christlicher Trägerschaft ausmacht.[2]

Evangelische Schulen und Internate befinden sich deutlich in einer Aufbruchsphase. Sie werden besonders wegen ihres Bildungsangebotes, ihres sozialen Klimas und ihrer geistlichen Kultur von Eltern als Schule für ihre Kinder ausgewählt.[3] In der Trägerschaft von Einrichtungen der verfassten Kirche oder der Diakonie, von Schulstiftungen, Schulwerken oder Schulvereinen mit mehr oder weniger deutlich ausgeprägter kirchlicher Bindung werden deutschlandweit in über 1000 evangelischen Schulen als Lebens-, Lern- und Erfahrungsräumen für die Kommunikation des Evangeliums im Rahmen einer guten Schule annähernd 150.000 Schüler*innen* unterrichtet. Unter ihnen sind 330 allgemeinbildende Schulen, 484 berufsbezogene Schulen und 215 sonderpädagogische Schulen. Damit besuchen derzeit etwa 1,1 Prozent aller Schüler*innen* in Deutschland eine Schule in evangelischer Trägerschaft. Etwas mehr als zwei Prozent aller Schulen befinden sich in evangelischer Trägerschaft. Die Zahl wächst kontinuierlich, vor allem in Ostdeutschland, wo seit der Wende über 250 Schulen in evangelischer Trägerschaft entstanden sind.[4] Viele evangelische Schulen finden sich auch in Bayern, Baden-Württemberg und Nordrhein-Westfalen. Es gibt 35 Internate in evangelischer Trägerschaft mit etwa 3.700 Plätzen für 58 angeschlossene Schulen. Auf der überregionalen Ebene werden evangelischen Schule unterstützt:

- durch den Arbeitskreis Evangelische Schule (=AKES). Dieser vereinigt die kirchlichen und diakonischen Träger der evangelischen Schulen und Internate und die verschiedenen Schulverbände).
- durch die Evangelische Schulstiftung in der EKD. Diese fördert seit 1996 durch Unterstützung im Genehmigungsverfahren, in der Qualitätssicherung und in der Anschubfinanzierung insbesondere den nach 1990 begonnenen Aufbau eines evangelischen Schulwesens in den östlichen Bundesländern.
- durch die Wissenschaftliche Arbeitsstelle (=WAES). Diese fördert seit 2003 evangelische Schulen durch Forschung, Schulentwicklung und Beratung.
- und durch die Barbara-Schadeberg-Stiftung. Diese verfolgt seit 1994 unter dem Motto »Keiner für sich allein« das Ziel, im Evangelium begründete Bildung und Erziehung zu fördern).

---

[2] *F. Büchner/R. Koerrenz*, Editorial zum Themenheft »Schulmodell: Christlich«, in: ZPT 58/2006, H. 1, 1.

[3] Vgl. *Ch.T. Scheilke/M. Schreiner* (Hrsg.), Handbuch Evangelische Schulen, Gütersloh 1999, 60–79.

[4] Vgl. *J. Bohne* (Hrsg.), Evangelische Schulen im Neuaufbruch. Schulgründungen in Bayern, Sachsen und Thüringen 1989–1994, Göttingen 1996 und *J. Bohne/A. Stoltenberg*, (Hrsg.), Zukunft gewinnen. Evangelische Schulneugründungen in den östlichen Bundesländern in den Jahren 1996–2001, Göttingen 2001.

Im Internetportal Evangelische Schule (www.evangelische-schulen-in-deutschland.de) sind alle evangelischen Schulen, ihre Träger und die spezifischen Schulkonzeptionen aufgeführt; das Magazin »klasse, die evangelische Schule« und der gleichnamige Newsletter (www.klasse-magazin.de) bieten aktuelle Informationen über das evangelische Schulwesen.

2. Schule und Predigtamt – Reformatorische Grundlegungen

»Die Sache bedarf eigentlich keiner Beweisführung!« Dieser Ansicht ist zumindest *Philipp Melanchthon* in seiner für die erste evangelische Promotionsfeier der Theologischen Fakultät Leipzig am 10. Oktober 1543 verfassten »Rede über das unentbehrliche Band zwischen den Schulen und dem Predigtamt«. Die Kirche ist darin aufgerufen, mit dazu beizutragen, dass »die Erkenntnis Gottes und die Lehre von den guten Dingen« nicht erlöschen.[5] Dies gelingt insbesondere in den Schulen: »Die Schulen sind unverzichtbar für die Bewahrung von Frömmigkeit, Religion und der bürgerlichen, häuslichen wie öffentlichen Ordnung.«[6]

Für die Reformatoren gehören Bildung und Glaube als Gaben Gottes zusammen. Religiöse Bildung ist selbstverständlicher Bestandteil allgemeiner Bildung. *Martin Luther* stellt in seiner »Predigt, dass man Kinder zur Schule halten solle« aus dem Jahre 1530 noch abwägend die Priorität des Predigtamtes vor dem Schulamt in Frage: »Wenn ich vom Predigtamt und andern Sachen ablassen könnte oder müßte, so wollte ich kein Amt lieber haben denn Schulmeister oder Knabenlehrer sein. Denn ich weiß, daß dies Werk nach dem Predigtamt das allernützlichste, größte und beste ist, und weiß dazu noch nicht, welches unter beiden das beste ist.«[7] Dagegen gebührt nach *Melanchthon* den Schulen eindeutig »der Vorrang vor Kirchen und Fürstenhöfen«. Hier könne am besten ein Gott wohlgefälliges Leben geführt werden: »Wem es auf eine gottgefällige Lebensweise ankommt, der ziehe sich nicht in die Einsamkeit zurück, der halte keine andere Lebensform für heiliger, sondern er bleibe in der Gemeinschaft der Lernenden, er suche sich hier um die Menschheit verdient zu machen ..., er unterweise zweifelnde Gewissen ..., er erforsche das Wesen der Dinge.«[8]

---

[5] *Ph. Melanchthon*, Oratio de necessaria coniunctione scholarum cum ministerio evangelii, CR 11, 606–618 = Melanchthon Deutsch, hrsg. v. *M. Beyer/S. Rhein/G. Wartenberg,* Bd. 2: Theologie und Kirchenpolitik, Leipzig 1997, 17–33, hier: 20.

[6] *Ph. Melanchthon,* aaO., 32.

[7] *M. Luther,* Eine Predigt, daß man Kinder zur Schule halten solle, in: Luther Deutsch, hrsg. v. *K. Aland,* Bd. 7: Der Christ in der Welt, Göttingen 1991, 230–262, hier: 257. Sein Programm einer christlichen Schule entwickelt Luther 1524 in seiner Schrift »An die Ratsherren aller Städte deutschen Landes, dass sie christliche Schulen aufrichten und halten sollen« (WA 15, 27–53).

[8] *Ph. Melanchthon,* De laude vitae scholasticae oratio (1536), zitiert nach *H.-R. Schwab,* Philipp Melanchthon. Der Lehrer Deutschlands. Ein biographisches Lesebuch, München 1997, 177.

Die Geschichte der evangelischen Bildungs- und Erziehungsverantwortung ist bis heute davon geprägt, dass die Sache der kirchlichen Bildungsverantwortung eben doch immer wieder der Beweisführung bedarf, insbesondere die Sache der Bildungsarbeit auf Grundlage des christlichen Menschenbildes in evangelischen Schulen. Keineswegs ungeteilte Zustimmung finden beispielsweise Äußerungen von *Wolfgang Huber* in seinem Buch »Kirche in der Zeitenwende. Gesellschaftlicher Wandel und Erneuerung der Kirche«: »Die Bildungsverantwortung der Kirche hat – nach den Gemeinden (M.S.) – einen *zweiten Ort* in den Bildungseinrichtungen in kirchlicher Trägerschaft. In exemplarischer Weise zeigt sie, in welchem Sinn die religiöse und ethische Dimension als tragendes Element für alle Bildungseinrichtungen fruchtbar werden kann. Kirchliche Bildungseinrichtungen ... sind ein wichtiger und gerade heute unverzichtbarer Beitrag der Kirche zur kulturellen Diakonie. Kirchliche Schulen beispielsweise bieten besondere Möglichkeiten dazu, dass im schulischen Bildungsprozess die Vermittlung von Lebensorientierung in ein ausgewogenes Verhältnis zur Vermittlung von Wissen und Fertigkeiten tritt.«[9] Inwiefern dies in der Geschichte des evangelischen Schulwesens gelungen ist und inwiefern evangelische Schulen den protestantischen Bildungsauftrag umsetzen konnten, Schüler*innen* zu sprachfähigen, erfahrungsfähigen und handlungsfähigen Bürger*innen* und Christ*innen* auszubilden, ist an anderer Stelle belegt.[10] Hier sei nur kurz an die reformatorischen Anfänge erinnert:

Die Grundlegung des evangelischen Schulwesens geschieht in den Anfängen der Schulreform durch *Luther* und *Melanchthon*. Auf dem Hintergrund des mittelalterlichen und humanistischen Bildungswesens erneuern die lutherischen Reformatoren das christliche Bildungssystem an der Schwelle zur Neuzeit. *Luther* fordert 1524 in einem Sendschreiben die Ratsherren aller Städte deutschen Landes auf, aus Gründen der Ordnung in der Welt und im Interesse des neuen Glaubens christliche Schulen zu errichten und zu halten. Die Kirche habe ihre Funktion als Bildungsträgerin gänzlich verloren und deshalb sollten nun die Ratsherren sowohl um der Kinder und Jugendlichen willen, als auch um der Erhaltung des weltlichen und geistlichen Standes willen Schulen gründen. Auch die Eltern sollten sich nach bestem Vermögen um Erziehung und den Unterricht ihrer Kinder kümmern, denn die Freiheit des Christenmenschen benötige ein gewisses Maß an Bildung, wie *Luther* auch 1519 im »Sermon vom ehelichen Stande« und in der schon erwähnten »Predigt, dass man Kinder zur Schule halten solle« betont. Die christliche Schule stehe wie die Kirche unter Gottes Wort und diene zur Erziehung christlicher Kinder, die dann später im geistlichen wie im weltlichen Beruf ihre jeweiligen Aufga-

---

[9] W. *Huber*, Kirche in der Zeitenwende. Gesellschaftlicher Wandel und Erneuerung der Kirche, Gütersloh 1999, 295.

[10] Vgl. die historisch-systematische Studie von M. *Schreiner*, Im Spielraum der Freiheit. Evangelische Schulen als Lernorte christlicher Weltverantwortung (ARP 13), Göttingen 1996 bzw. den Überblick in: Ch.T. Scheilke/M. *Schreiner* (Hrsg.), Handbuch Evangelische Schulen, Gütersloh 1999, 25–35.

ben als »Gottesdienst« bewältigen könnten. Zentrum und geistige Mitte der Schule ist für *Luther* die Unterweisung im Wort Gottes.

Auch *Philipp Melanchthon* setzt sich für die Gründung christlicher Schulen ein, diesem »der allerheiligsten Werke eines auf Erden«, wie er 1543 in einem Brief an den Rat der Stadt Soest schreibt. Eine christliche Versammlung müsse stets darauf bedacht sein, dass sie als »der höchsten Gottesdienst einer« christliche Schulen für ihre Kinder und Nachkommen zur Erkenntnis Gottes und der göttlichen Lehre errichte. Er selbst gibt als gerade fünfundzwanzigjähriger Professor mit seiner 1521 beginnenden Aufnahme von Studierenden in seine häusliche Gemeinschaft ein leuchtendes praktisches Beispiel für die reformatorische Förderung von Frömmigkeit und Bildung. Seine in der Tradition des Bursenwesens der mittelalterlichen Universität stehende *schola privata* ist eine über zehn Jahre existierende echte pädagogische Lebensgemeinschaft. Für deren Unterricht verfasst er 1521/1522 die Schrift »Unterschied zwischen weltlicher und christlicher Frömmigkeit«, 1524 das »Handbüchlein des Einführungs- und Grundlagenwissens für Jungen« und 1525 den »Unterricht in griechischer Sprache für Jungen«, in denen er die formale und die inhaltliche Seite des Unterrichts miteinander verschränkt: Den Schülern wird beispielsweise durch Gebete und Bibeltexte in griechischer Sprache gleichzeitig christliche Glaubenslehre und Ethik vermittelt. *Melanchthon* gilt die »eruditio« als von Gott befohlen. Er achtet darauf, seinen Schülern einen Lebensraum zu schaffen, der dem Lernen förderlich ist, der die Selbsttätigkeit der Schüler anregt und die Schüler zu weiteren Leistungen motiviert. Er sorgt für eine facettenreiche Gestaltung des Schullebens, indem er beispielsweise die Schüler lateinische Komödien aufführen lässt, zu denen er selbst die Prologe beisteuert. Er stellt sich als Lehrer selbst den Studienanforderungen und bemüht sich, die Schüler an der Verantwortung für das gemeinsame Leben zu beteiligen, den Lernprozess von kirchlichen oder politischen Zwecken freizuhalten und darauf zu achten, die Schüler für die künftigen Aufgaben in Studium oder Beruf zu befähigen – didaktisch-methodische Elemente, die auch heute noch zu den Merkmalen guter evangelischer Schulen zählen.

Die in seiner »Privatschule« gewonnenen praktischen allgemeinpädagogischen und religionspädagogischen Erfahrungen finden erkennbar Eingang in die zusammen mit *Luther* und *Bugenhagen* verfasste, 1528 erscheinende Schrift »Unterricht der Visitatoren an die Pfarrherren im Kurfürstentum zu Sachsen« und prägen entscheidend die gesamte spätere Organisation des Schulwesens in den protestantischen Städten und Landesteilen. Die ersten evangelischen lateinischen Stadtschulen werden mit maßgeblicher Mitwirkung *Melanchthons* unter dem Doppelaspekt einer geistlichen und weltlichen Elitebildung 1524 in Magdeburg, 1525 in Eisleben und 1526 in Nürnberg gegründet und bilden den Grundstock für ein geschlossenes Schulnetz in protestantischen deutschen Landen.

In der Folgezeit nimmt die evangelische Kirche stets in doppelter Weise ihre Bildungsverantwortung wahr, indem sie sich sowohl für die Verwirklichung des Bildungsauftrags in den staatlichen Schulen einsetzt als auch Verantwortung für

Schulen in eigener Trägerschaft übernimmt, um exemplarisch zum Ausdruck zu bringen, wie der Protestantismus den schulischen Bildungsauftrag interpretiert und gestaltet wissen möchte. Im Laufe der Jahrhunderte entstanden an vielen Orten des Landes evangelische Schulen und Internate, die ihre Existenz allerdings nicht dem Handeln weltlicher oder kirchlicher Obrigkeit verdankten. Die entscheidenden Impulse kamen im allgemeinen von einzelnen Personen, die aus eigenem Antrieb, in christlicher Verantwortung und diakonischem Geist, sich an ihrem jeweiligen Ort der geistigen, seelischen und leiblichen Bedürfnisse der Menschen ihrer Zeit annahmen. Idealtypisch kann man vier verschiedene Beweggründe oder zentrale Anliegen für die Schulgründungen zuschreiben:[11]

(1) Christliche Bildung soll allen Menschen zugute kommen (Zielgruppe: Protestanten in der Diaspora, Mädchen, Waisen, junge Menschen in Orten ohne höhere Bildungsangebote).

(2) Christliche Liebestätigkeit braucht qualifizierte Mitarbeiterinnen und Mitarbeiter (Zielgruppe: Mitarbeitende für diakonische Einrichtungen, Anwärterinnen und Anwärter für pflegerische, soziale und pädagogische Berufe).

(3) Christen sorgen besonders für Benachteiligte und Schwache (Zielgruppe: Kranke, junge Menschen mit körperlichen oder geistigen Behinderungen oder mit besonderem Erziehungsbedarf).

(4) Bedürfnis nach eindeutig evangelisch geprägten Schulen (Zielgruppe: Kinder aus bewusst christlichen Elternhäusern).

3. Gemeinsames Selbstverständnis

Trotz aller Vielfalt evangelischer Schulprofile, die bedingt ist durch die Unterschiede der Gründungsgeschichten, die unterschiedlichen Schularten, die verschiedenen Träger und die jeweilige regionale Besonderheit, lässt sich als gemeinsames Selbstverständnis aller evangelischer Schulen der selbstverständliche, Freiheit eröffnende Bezug auf das Evangelium als Grundlage des Glaubens und Lebens bestimmen.[12] Die EKD-Synode in Berlin-Weißensee betonte bereits 1958, dass »über Schule und Lehrer keinerlei kirchliche Bevormundung ausgeübt werden darf« und dass »Freiheit, Wissenschaftlichkeit und Weltoffenheit« in »beson-

---

[11] Vgl. *W. Storim* (Hrsg.), Lernorte und Lebensräume. Evangelische Schulen in Bayern, Nürnberg 2006.

[12] Vgl. u.a. *E. Marggraf*, Profile und Aufgaben evangelischer Schulen in Europa. Initiativen und Positionen aus der Sicht des Internationalen Verbandes Evangelischer Erzieher (IV), in: *P. Schreiner/V. Elsenbast/F. Schweitzer* (Hrsg.), Europa – Bildung – Religion. Demokratische Bildungsverantwortung und die Religionen, Münster u.a. 2006, 135–154, hier: 150: »Entscheidend für eine evangelische Schule ist die Orientierung ihres pädagogischen Konzeptes am christlichen Menschenbild. Die Umsetzung dieses Menschenbildes nimmt in besonderen Ausprägungen einer evangelischen Schule Gestalt an, die sich aus ihrem Selbstverständnis in der Wechselwirkung zur jeweiligen gesellschaftlichen Situation ergeben.«

derem Maße« für evangelische Schulen zu gelten haben. Die EKD-Synode 1978 in Bethel hält fest: »In den evangelischen Schulen und Ausbildungsstätten stehen Erziehung und Bildung in einem jeweils wechselnd akzentuierten Zusammenhang von Lehre, Erziehung, pädagogischer Einzel- und Gruppenhilfe, Seelsorge, Diakonie, Verkündigung und christlicher Gemeinschaft, der im pädagogischen Feld so sonst nicht gegeben ist«. Evangelische Schulen versuchen, gerade darin ihr Profil zu zeigen, »dass sie aus der Freiheit des Evangeliums Lehren und Lernen gestalten, für alle, auch die gesellschaftlich Schwachen, offen sind und in Unterricht und Schulleben der »Kommunikation des Evangeliums« Raum geben«.[13] Die herausragende Chance der evangelischen Schulen als Institutionen der Gewissheitsbildung und des Traditionsaufbruchs wird darin gesehen, »im Horizont des offengelegten christlichen Wirklichkeitsverständnisses sich auf den Zusammenhang aller Bildungsinhalte und seine Einheit zu besinnen.«[14]

Susanne Drewniok fasst ihre langjährigen Erfahrungen aus Konzeptionsentwicklung und Fortbildungsveranstaltungen mit vierzehn evangelischen Grund-

---

[13] *J. Ochel* (Hrsg.), Bildung in evangelischer Verantwortung auf dem Hintergrund des Bildungsverständnisses von F.D.E. Schleiermacher. Eine Studie des Theologischen Ausschusses der Evangelischen Kirche der Union, Göttingen 2001, 51. Vgl. *C. Standfest/A. Scheunpflug/O. Köller*, Das Profil von Schulen in evangelischer Trägerschaft – empirisch überprüft, in: ZPT 58/2006, H. 1, 21–28, hier: 21: »... so ist im Selbstverständnis von Schulen in evangelischer Trägerschaft doch unstrittig, dass – evangelische Schulen sich um eine besonders intensive fachliche Förderung und Qualifikation der Schülerinnen und Schüler bemühen, – es dabei darum geht, jeden Schüler nach seinen besonderen Fähigkeiten zu fördern sowie sich besonders der schwachen Schüler anzunehmen, – es ein besonderes Anliegen ist, Schülerinnen und Schüler im Sinne eines diakonischen Bildungsverständnisses zu einfühlsamem Sozialverhalten, Empathie, und einem Blick für den Anderen (und vor allem den Schwächeren und Hilfsbedürftigen) zu erziehen. – Zudem stellen das gelebte Evangelium und die Hinführung zum Glauben ein besonderes Anliegen dieser Schulen dar.« Als exemplarische Konkretionen seien angeführt: die Öffnung der Evangelischen Gesamtschule Gelsenkirchen-Bismarck gegenüber dem Problemstadtteil samt Angebot islamischen Religionsunterrichts für das Fünftel muslimischer Schüler*innen*; das Konzept getrennten Unterrichts für Mädchen und Jungen in Naturwissenschaften und Französisch am Dietrich-Bonhoeffer-Gymnasium in Schweich bei Trier; der gemeinsame Unterricht mit körperlich wie geistig behinderten Jugendlichen bis zur zehnten Klasse an der Matthias-Claudius-Gesamtschule in Bochum; die Förderung von Hochbegabten an der Melanchthonschule im hessischen Steinatal oder am Gymnasium des Christlichen Jugenddorfwerks in Braunschweig; die Einführung von Ökonomie als Schulfach an der Haupt- und Realschule im mecklenburgischen Dettmannsdorf von der fünften Klasse an usw. (vgl. *Th. Bastar*, Weil keiner verloren gehen soll, in: chrismon 12/2006, H. 12, 67–72).

[14] *D. Wendebourg,/R. Brandt* (Hrsg.), Die Bedeutung der Pflege christlicher Institutionen für Gewißheit, Freiheit und Orientierung in der pluralistischen Gesellschaft, Hannover 2001, 181.

schulen, die seit 1998 in Sachsen-Anhalt gegründet worden sind, unter der Überschrift »Identitätsfindung zwischen Zugehörigkeit und Differenz« zusammen:

»Es gibt sie, die evangelische Identität der evangelischen Schulen. Die Tatsache, dass die Schulen existieren, dass Lehrerinnen, Eltern und andere Interessierte sich auf diese Projekte eingelassen haben und daran mitarbeiten, ist der Beweis. Aber es gibt keine Norm, die genau definiert, was eine evangelische Schule zu sein hat, kein festes Programm, das sie zu erfüllen hat und an dem sie gemessen wird. Jede evangelische Schule entwickelt ihr eigenes, unverwechselbares Profil. Wie eine evangelische Schule evangelisch ist – in welchem Maße sie evangelisch ist und auf welche Weise sie evangelisch ist – wird immer wieder neu inszeniert von den beteiligten Menschen, von den Schülerinnen und Schülern, ihren Eltern und Erziehungsberechtigten und den Mitarbeiterinnen und Mitarbeitern der Schule. Die Frage nach der evangelischen Identität der Schule ist darum auch eine Frage nach den Überzeugungen und Zweifeln der an ihr Beteiligten. Sie ist die Frage nach dem Eigentlichen der Schule, dem spezifisch Christlichen, woran sie erkennbar ist und sich von anderen Schulen unterscheidet.«[15]

Exemplarisch seien die sechs Thesen des Profils genannt, die als Ergebnis einer schulinternen Lehrerfortbildung der evangelischen Grundschule Köthen formuliert worden sind:[16]

»1. Das evangelische Profil zeigt sich in den Kontakten zur Ortsgemeinde und zur Kirche überhaupt.

2. Das evangelische Profil wird deutlich an den vielfältigen Elementen christlicher Tradition (Orten und Zeiten) im Schulgebäude und in der Gestaltung des Schulalltags.

3. Ein Zeichen des evangelischen Profils sind die Unterrichtsinhalte mit christlichem Bezug.

4. Zum evangelischen Profil gehört das christliche Menschenbild, das seinen Ausdruck findet in der Wahl didaktischer Konzepte und in der methodischen Gestaltung des Unterrichts.

5. Indirekt wird das evangelische Profil deutlich, indem sich die christliche Einstellung der Lehrerinnen und eventuell auch der Eltern in ihrem Verhalten ausdrückt.

6. Indirekt zeigt sich das evangelische Profil der Schule darin, wie im Lehrerzimmer über Unterrichtsziele, -inhalte und -methoden reflektiert wird und wie die Lehrerinnen und Lehrer miteinander umgehen.«

Evangelische Schulen können ihre Legitimation zukunftsweisend nur aus der Verbindung von theologisch und pädagogisch verantworteten Argumentationslinien erfahren. Besonders stichhaltig erscheint dabei die These, dass evange-

---

[15] *S. Drewniok*, »Das Evangelische« im Profil evangelischer Grundschulen, in: ZPT 58/2006, H. 1, 59–65, hier: 60.

[16] *S. Drewniok*, aaO., 62ff.

lische Schulen exemplarische kirchliche Praxisräume zum Sammeln unmittelbarer Erfahrung im Erziehungs- und Bildungsbereich sowie zur Erprobung von theoretischen Überlegungen, unter anderem zum Verhältnis von Glaube und Bildung oder von Glaube und Lernen sein können.

Als spezifisch evangelisches Moment wird dabei die Suchbewegung im Spielraum der Freiheit im Sinne eines ständigen »Auf-dem-Weg-zum-Evangelium-Seins« aller an diesen Schulen Lehrenden und Lernenden betrachtet im Sinne des Votums von *Karl Ernst Nipkow*: »Die gemeinte Auslegungs- und Suchbewegung ist ein Prozeß. Es ist der im einzelnen unvorgreifliche, weil einem Lehrerkollegium, einem Schulkuratorium, einer Elternversammlung, erst recht dem täglichen Unterrichtsgeschehen nicht vorzugreifende und vorzuschreibende Prozeß, sich auf diese oder jene Weise immer wieder auf die anstößige Behauptung und ihre Implikationen einzulassen, daß das Heil der Welt in einem Gekreuzigten eröffnet sein soll«.[17]

4. Konkretionen von Schularbeit aus evangelischer Perspektive

Exemplarisch für evangelische Schulen berichtet *Ulrich Göbeler*, Direktor des Dietrich-Bonhoeffer-Gymnasiums in Hilden, wie das evangelische Selbstverständnis an seiner Schule gelebt wird:[18]

»Denken wir uns den Menschen, dieses einzigartige Geschöpf göttlicher Liebe, vereinfacht in drei Dimensionen, der rationalen, der emotionalen und der spirituellen in einem ganzheitlichen Modell.

Eine evangelische Schule, ebenso wie ein evangelischer Kindergarten, gestaltet dieses Modell in ihrem Alltag, in ihrer schulischen Arbeit, und reflektiert dieses immer wieder neu und passt es den notwendigen Veränderungen an.

Da ist der Grundschüler, der schon ein Musikinstrument spielt und unbedingt in die Musikklasse unserer Schule aufgenommen werden möchte, um mit anderen zusammen sein Talent zu entwickeln. Er lernt nicht nur Musiktheorie und -praxis und nimmt zusätzlichen Unterricht in Kauf. Er lernt auch in den anderen, ganz normalen Fächern und eignet sich Wissen und Methoden an. Er lernt zusammen mit anderen sich zu konzertieren, sich zurück zu nehmen, die Musik ganz in den Mittelpunkt zu stellen. Er lernt, dass andere besser oder vielleicht auch schlechter spielen als er. Er erfährt, dass Musik in ihm und bei anderen ganz tiefe Erfahrungen ermöglicht und sich ihm spirituelle Dimensionen eröffnen. Bei Aufführungen und Veranstaltungen trägt er wesentlich zur Gestaltung eines Schulgottesdienstes oder eines anspruchsvollen Konzertes bei, hilft das Schulleben prägend zu gestalten.

---

[17] *K.E. Nipkow,* Evangelische Schulen als öffentlicher Handlungs- und Verantwortungsbereich der Kirche, in: *Ch.T. Scheilke/M. Schreiner* (Hrsg.), Handbuch, 13–23, hier: 20f.

[18] *U. Göbeler,* Brauchen wir evangelische Schulen? Ein Nachdenken aus dem Dietrich-Bonhoeffer-Gymnasium in Hilden, in: schule und kirche. Mitteilungen und Informationen aus der EKiR, 2006, Nr. 1, 28–29, hier: 28.

Da ist die Oberstufenschülerin, gerade aus der Jugendpsychiatrie entlassen, die nicht mehr Zuhause wohnen darf. Sie ist nicht nur auf die Unterbringung im Internat angewiesen, sondern auch auf eine eigens für sie zugeschnittene Betreuung und therapeutische Beratung. Sie erfährt diese Zuwendung und spürt, dass sie Probleme haben darf und dass die Lehrerinnen und Lehrer dies in ihrer Gesamtentwicklung berücksichtigen. Sie lernt sich selbst anzunehmen, sie lernt ihr Leben selbstverantwortlich zu gestalten und kann so ihre Abiturprüfung absolvieren.

Da sind die beiden Geschwister, die in ländlicher Umgebung keine Nachbarskinder haben. Die Eltern sind beide berufstätig. Sie freuen sich darauf im Internat zu leben, um dort mit anderen zusammen die Woche über Schule und Freizeit sinnvoll zu gestalten, mit und von anderen zu lernen und zu spielen, und in einer offenen Atmosphäre Fragen nach Gott und der Welt stellen zu können.

So lassen sich vielfältige Lebensläufe und Schicksale auflisten und ein jedes ist Wert im Einzelnen betrachtet zu werden. Hierfür haben wir an der Schule viele Module entwickelt:

für das fachliche und methodische Lernen:
Lernmodule, Methodenmodule, das Belegen von zwei Fremdsprachen gleichzeitig, Fachspringen, Klassenspringen, Teilnahme an Wettbewerben, Schülerstudent, Lernberatung und -diagnostik, Versetzung auf Probe, Hausaufgabenbetreuung im Internat und Tagesinternat, etc.;

für das soziale Lernen:
Streitschlichtung, Coaching von Schülern für Schüler, Nachhilfemodule, Schulsanitätsdienst, Sozialdiakonisches Praktikum, Schülervertretung, etc.;

für die spirituellen Erfahrungen:
Religionsunterricht als Pflichtfach, regelmäßige Gottesdienste und Andachten, religiöse Freizeiten, Taizé-Fahrt, Kirchentagsbesuche, Pausenandachten von Schülern für Schüler, Schulseelsorge, Schulpfarrer, schulpsychologischer Dienst, gemeinsame Projekte mit der Kirchengemeinde vor Ort.«

5. Leistungsfähigkeit evangelischer Schulen

Die erste größere empirische Untersuchung über die Leistungsfähigkeit von Schulen in evangelischer Trägerschaft zeigt auf der Grundlage einer Analyse historischer und systematischer Selbstzeugnisse von Schulen in evangelischer Trägerschaft sowie neuer empirischer Erhebungen, die mit den neu analysierten Daten der PISA-E-Stichprobe aus dem Jahr 2000 verglichen wurden, dass die Qualität evangelischer Schulen in Deutschland oft besser ist als die staatlicher Schulen. Unter anderem gelingt die Vermittlung von Lesekompetenz und die Vermittlung von Grundbildung auch in sozial schwierigen Gruppen, vor allem unter Jugendlichen mit Migrationserfahrung, in evangelischen Schulen besser als an staatlichen Schulen.

Auch das Schulklima weist günstigere Werte im Vergleich zu staatlichen Schulen auf und wird von den Jugendlichen angenehmer als an staatlichen Schulen empfunden. Das Lehrer-Schüler-Verhältnis wird durchgängig als positiv beschrieben. Auch die allgemeine Schulzufriedenheit liegt über den Werten der staatlichen Schulen. Zudem gelingt die religiöse Milieubindung an den untersuchten evangelischen Schulen der Fallstudien besser als über den Religionsunterricht an staatlichen Schulen.

Beachtenswert sind die gegenüber Jugendlichen an staatlichen Schulen erhöhten Werte religiöser Erfahrung. Die Autoren schließen daraus, dass es den untersuchten Schulen offensichtlich durchgängig gelänge, ein Klima zu schaffen, in dem Jugendliche eigene religiöse Erfahrungen machen können und damit Glauben im Lebensvollzug konkret erfahren.[19]

Zusammenfassend hält die Studie fest, dass der Befund erkennen lasse, »dass Schulen in evangelischer Trägerschaft den Vergleich bzw. eine Qualitätsdebatte nicht scheuen müssen. Er macht jedoch auch deutlich, dass die Qualitätsanstrengungen, die zurzeit im staatlichen Bildungswesen unternommen werden, auch für das private Schulwesen in evangelischer Trägerschaft ein Ansporn sein sollten. Auch wenn die Qualität von Schulen in evangelischer Trägerschaft an vielen Stellen erkennbar besser ist als die im staatlichen Bildungswesen, bedeutet dieses noch nicht unbedingt, dass die Qualität im internationalen Vergleich zufrieden stellend ist.«[20]

6. Theologischer und pädagogischer Anspruch evangelischer Schulen[21]

– Als Schulen in freier Trägerschaft sind evangelische Schulen Ausdruck einer demokratischen Gesellschaft und einer pluralen Schullandschaft. Sie tragen zur Innovation und Weiterentwicklung des allgemeinen Schulwesens bei. Als staatlich anerkannte Schulen erteilen sie gleichwertige Zeugnisse und Berechtigungen. Zugleich haben sie als Schulen in freier Trägerschaft einen besonderen Freiraum zur Ausgestaltung von Schulleben und Unterricht.

---

[19] Vgl. u.a. *Ch. Geyer,* Das implizite evangelische Proprium. Was unsere Schulen zu evangelischen macht, muss sie gar nicht von anderen unterscheiden, in: klasse. die Evangelische Schule 2005, H. 3, 27: »Vielmehr ist es die Aufgabe evangelischer Schulen, einen Kontext zu schaffen, der die Möglichkeit eröffnet, Gott zu begegnen.«

[20] *C. Standfest/C. Köller/A. Scheunpflug* (Hrsg.), leben – lernen – glauben. Zur Qualität evangelischer Schulen. Eine empirische Untersuchung über die Leistungsfähigkeit von Schulen in evangelischer Trägerschaft, Münster 2005, 182. Vgl. *C. Standfest,* Schulen auf dem Prüfstand, in: klasse. die Evangelische Schule 2005, H. 2, 22–24, hier: 24: »Festhalten läßt sich, dass sich kein Merkmal finden ließ, bei dem Schulen in evangelischer Trägerschaft schlechter abschneiden als staatliche Schulen. Vielmehr zeigt die Untersuchung an vielen Stellen die Qualität evangelischer Schulen auf.«

[21] Vgl. *Arbeitskreis Evangelische Schule* (Hrsg.), Evangelische Schulen in Deutschland – lebendiger Ausdruck von Kirche, Hannover 2005.

– Evangelische Schulen setzen das Grundrecht zur Errichtung privater Schulen um. Sie benötigen dafür aber auch angemessene staatliche Zuschüsse und die Garantie zur Gestaltung ihres pädagogischen Freiraums.

– Evangelische Schulen sind lebendiger Ausdruck einer Kirche, für die der enge Bezug von Glaube und Bildung konstitutiv ist. Evangelische Schulen verkörpern die Bereitschaft der evangelischen Kirche, die Bildungslandschaft verantwortlich mitzugestalten und exemplarisch sichtbar zu machen, was mit Bildung im protestantischen Sinne gemeint ist. Sie dokumentieren das Engagement einer der Zukunft zugewandten Kirche, die ihre besondere Verantwortung für Kinder und Jugendliche ernst nimmt und sie mit eigenen Schulen ganzheitlich fördern und ihnen eine lebensbegleitende Orientierung ermöglichen will.

– Evangelische Schulen sind Ausdruck eines Bildungsverständnisses, das sich am ganzen Menschen orientiert. Evangelische Schulen legen Wert
  - auf ein Leben und Lernen, das konzeptionell und in der Alltagspraxis das Evangelium und die Annahme jedes Einzelnen erfahrbar und sichtbar macht;
  - auf die Verbindung von Verfügungs- und Orientierungswissen; auf einen Unterricht, der zu Leistung motivieren, aber den Menschen nicht darauf reduzieren will;
  - auf die Erfahrbarkeit christlicher Gemeinschaft in ökumenischer Offenheit; auf den diakonischen Auftrag einer christlich verantworteten Bildung und Erziehung;
  - auf die Zusammenarbeit mit den Eltern und die Kooperation mit Kirchengemeinden und anderen außerschulischen Partner.

– Lernen an evangelischen Schulen dient der Persönlichkeitsentwicklung, dem Hineinwachsen in die Verantwortung für Gesellschaft und Umwelt und der Entwicklung von Orientierungsmaßstäben auf der Grundlage eines christlichen Menschenbildes. Evangelische Schulen verstehen Lernen als Prozess,
  - der in jedem Kind und Jugendlichen dessen Stärken suchen und ihn in all seinen Anlagen fördern will;
  - der zur Verantwortungsübernahme bereit und fähig machen will, vor allem auch durch Formen des diakonisch-sozialen Lernens[22];
  - der den ganzen Menschen in den Blick nimmt und dies auch didaktisch und methodisch umsetzen will;
  - der die Perspektive eines globalen und interkulturellen Lernens berücksichtigt; der nicht nur in der Schule, sondern auch an außerschulischen Orten stattfindet;

---

[22] Vgl. exemplarisch *U. Hallwirth* (Hrsg.), Modelle diakonisch-sozialen Lernens an evangelischen Schulen. Ein Reader zum Wettbewerb der Barbara-Schadeberg-Stiftung 2003, Hannover 2006.

- der nicht nur den Unterricht umfasst, sondern das gesamte schulische Leben.

Evangelische Schulen versuchen, diesem Anspruch in der Vielfalt ihrer unterschiedlichsten Formen zu entsprechen:

- als *allgemeinbildende Schulen*, d.h. als Grundschulen, Hauptschulen, Realschulen, Gymnasien und Fachoberschulen;
- als *Gesamtschulen* oder Schulzentren;
- als *berufliche Schulen und Ausbildungsstätten*, die mit ihren Einrichtungen für soziale und pflegerische Berufe aus dem breiten Sektor der diakonisch-sozialen Arbeitsfelder die wachsende Nachfrage nach geeigneten Fachkräften sicherstellen und einen wesentlichen Beitrag dafür leisten, dass fachliche Professionalität mit der Kompetenz in existenziellen Fragen verbunden wird;
- als *Sonderformen allgemeinbildender und beruflicher Schulen*, die sich der gezielten Förderung von Kindern und Jugendlichen mit Behinderungen und Verhaltensauffälligkeiten verpflichtet wissen und ihre Kompetenzen in vielfältiger Form in die allgemeine schulische Bildung einbringen (Sonderschulen, Förderschulen, Schulen für Behinderte);
- als offene oder gebundene *Ganztagsschulen* bzw. als Schulen mit Ganztagsbetreuung;
- als Schulen in Verbindung mit Horten, Tageseinrichtungen, Wohngruppen und Internaten; als *integrative Schulen*;
- als Schulen mit besonderen *Förderschwerpunkten* für Hochbegabte oder für Kinder und Jugendliche mit Migrationshintergrund;
- als Schulen mit besonderen *Profilschwerpunkten* wie einem ausgewiesenen diakonischen Profil oder einem Schwerpunkt im globalen oder ökologischen Lernen;
- als Grundschulen mit Schwerpunkten im Bereich der *Reformpädagogik*;
- als Schulen mit einem hohen Bewusstsein für *Schul- und Qualitätsentwicklung*.

7. Bedeutung, Entwicklungsaufgaben und Zukunftsperspektiven – 10 Thesen[23]

(1) Schulen in evangelischer Trägerschaft sind ein wichtiger Beitrag zur Pluralität des öffentlichen Bildungswesens und zu einem vielfältigen Bildungsangebot.

Schulen in evangelischer Trägerschaft verstehen sich als konfessionelle Schulen sowie in dem Sinne als öffentliche Schulen, dass sie sich an der gesellschaftlichen Gesamtverantwortung für Kinder und Jugendliche beteiligen. Durch ihre

---

[23] Wiedergabe nach: *Kirchenamt der EKD* (Hrsg.), Schulen in evangelischer Trägerschaft. Selbstverständnis, Leistungsfähigkeit und Perspektiven. Eine Handreichung, Gütersloh 2008, 12ff.

Form der Trägerschaft, ihr besonderes Profil sowie durch ihr Bildungsangebot tragen sie bei zu einer pluralen Ausgestaltung des Bildungswesens. Profilierte Schulen in evangelischer Trägerschaft sind lebendiger Ausdruck eines demokratischen Bildungswesens. Sie helfen mit, Kindern und Jugendlichen vielfältige Bildungsmöglichkeiten zu erschließen. Dabei stehen diese Schulen im Kontext eines staatlichen Schulwesens, dessen Normen und Werte sich ebenfalls vielfach auf die Grundlagen des Christentums beziehen.

Der gemeinsame Horizont der Tradition verbindet Schulen in staatlicher Trägerschaft und Schulen in evangelischer Trägerschaft, auch wenn dies vor allem in Ostdeutschland, aber zum Teil auch in Westdeutschland wenig oder gar nicht mehr bewusst ist. Evangelische Schulen unterscheiden sich von Schulen in staatlicher Trägerschaft dadurch, dass sie die christliche Tradition nicht nur in allgemeiner oder kultureller Hinsicht, sondern den christlichen Glauben in der gesamten Arbeit der Schule ausdrücklich als Bekenntnis voraussetzen und im schulischen Alltag ein christliches bzw. evangelisches Profil in besonderer Weise sichtbar werden lassen können. Dieses Profil äußert sich in der speziellen Zuwendung zum einzelnen Kind oder Jugendlichen, einer Erziehung in der Hinwendung zum Nächsten – auch zum fernen Nächsten –, in der Erfahrung von Gemeinschaft sowie in der sichtbaren Präsenz christlichen Glaubens im Alltag der Schule. Dieses Profil soll durch jedes Mitglied im Kollegium mitgetragen und verantwortet sein. Zudem wird vom Elternhaus Zustimmung zu einem evangelisch ausgerichteten Erziehungsverständnis erwartet.

(2) Evangelische Schulen sollen Schulen von hoher Qualität sein.

Auch wenn Schulen in evangelischer Trägerschaft sich bei Schulleistungsvergleichen nicht zu verstecken brauchen, bleibt die Sicherung und der weitere Ausbau der Schulqualität eine bleibende Herausforderung. So wichtig der Unterricht auch an Schulen in evangelischer Trägerschaft ist und bleibt, muss dabei bewusst sein, dass sich die Schulqualität nicht auf den Unterricht beschränken darf und dass auch die besten Bildungsstandards nur einen Teil der für Kinder und Jugendliche wichtigen Lernerfahrungen und Beziehungsqualitäten erfassen.

(3) Evangelische Schulen sollen sich in besonderem Maße um Bildungsgerechtigkeit bemühen.

Das evangelische Bildungsverständnis ist von einer Perspektive gesamtgesellschaftlicher Verantwortung geprägt. Die Herausforderungen für das deutsche Bildungswesen im Hinblick auf Qualitätssicherung und Chancengerechtigkeit stellen auch Herausforderungen für das evangelische Schulwesen dar. Aus einer christlichen Sicht muss es um eine Bildungs- und »Befähigungsgerechtigkeit« (*Wolfgang Huber*) gehen, die den vielfältigen Lern- und Entwicklungsbedürfnisses von Kindern und Jugendlichen angemessen ist. Auch hier gilt, dass niemand verloren gehen darf. Die Förderung der Persönlichkeitsentwicklung und die Teilhabe am gesellschaftlichen Leben sind dabei ebenso wichtig wie der Bezug auf das berufliche Leben. Evangelische Schulen sollten dazu einen besonderen Beitrag leisten.

(4) Evangelische Schulen bieten vielfältige Lernmöglichkeiten in der Vernetzung unterschiedlicher Lernorte und sollten diese auch kultivieren.

Die Vernetzung unterschiedlicher Lernorte, von der alle profitieren, ist ein weiteres Qualitätsmerkmal von Schulen in evangelischer Trägerschaft. Das gilt sowohl im Blick auf evangelische Jugendarbeit sowie andere evangelische Vereine oder Einrichtungen wie etwa die Erwachsenenbildung als auch im Blick auf die Gemeinde und deren Zusammenhang mit der Schule. In der Verknüpfung mit der Gemeinde entstehen für kirchliche Schulen besondere Arbeitsmöglichkeiten, die noch stärker genutzt werden könnten, auch um in dieser Hinsicht die Schulen in staatlicher Trägerschaft anzuregen. Darüber hinaus bedürfen in Zukunft die Übergänge zwischen Kindergarten und Grundschule sowie zwischen Grundschule und Sekundarstufe vermehrter Aufmerksamkeit.

(5) Evangelische Schulen sollen Schulen gelebten Glaubens sein.

Evangelische Schulen sollten sich wie bisher als Orte des Glaubens verstehen und über den Religionsunterricht hinaus in ihrem gesamten Bildungsangebot die religiöse Dimension aufnehmen sowie Erfahrungen mit dem Glauben ermöglichen. Wissen über die evangelische Tradition, das Christentum und nichtchristliche Religionen oder Weltanschauungen sollte zum selbstverständlichen Bildungsanliegen evangelischer Schulen gehören und in allen Fächern gefördert werden. Dabei sind an Schulen in evangelischer Trägerschaft auch Schülerinnen und Schüler willkommen, die nicht der evangelischen Kirche angehören. Das Angebot dieser Schulen richtet sich zwar zunächst an evangelische Kinder und ihre Eltern, aber es ist kein Angebot allein für Mitglieder. Evangelische Schulen sind aus dem evangelischen Glauben heraus offen für andere – als Dienst am Menschen. Evangelische Schulen stehen damit vor der Herausforderung, aus einem christlichen Bildungsverständnis heraus Angebote auch für Schülerinnen und Schüler anderer Konfessionszugehörigkeit, nichtchristlichen Glaubens oder ohne Konfessions- und Religionszugehörigkeit zu entwickeln.

(6) Das Profil des Religionsunterrichts an evangelischen Schulen ist weiterzuentwickeln.

Obwohl der Religionsunterricht häufig als besonderes Profilmerkmal von Schulen in evangelischer Trägerschaft verstanden wird, ist seinen besonderen Aufgaben und Funktionen an solchen Schulen bislang zu wenig Aufmerksamkeit geschenkt worden. Dabei ist ebenso an das allgemeine, ähnlich auch in Schulen in staatlicher Trägerschaft bestehende Verhältnis zu anderen Fächern und zum

Schulleben zu denken wie an das besondere Verhältnis zwischen Religionsunterricht und Schulprofil. Darüber hinaus stellt sich die Frage, wie der Religionsunterricht auch an Schulen in evangelischer Trägerschaft verstärkt die für die evangelische Kirche leitende Perspektive von »Identität und Verständigung« aufnehmen und die damit verbundenen Lernaufgaben wahrnehmen kann. Nicht zuletzt muss auch der Religionsunterricht an Schulen in evangelischer Trägerschaft dem Wandel von Religion und Kirche in der Gesellschaft Rechnung tragen.

(7) Evangelische Schulen sollen ihre Lehrerinnen bewusst unterstützen.

Ein wichtiger Faktor in der Sicherung schulischer Qualität sowie für das Profil evangelischer Schulen sind die Schulleiterinnen und Schulleiter sowie die Lehrer*innen*. Diese Personen präsentieren die Schule täglich im Unterricht und formen mit ihrer Arbeit das unverwechselbare Profil. Viele Lehrerinnen und Lehrer an evangelischen Schulen arbeiten hoch motiviert und professionell, trotz teilweise geringerem Gehalt als im staatlichen Schulwesen und weniger gesichertem Status, etwa ohne Verbeamtung oder langfristige Verträge. Es gehört zu den Aufgaben der Qualitätssicherung, hier ausgeglichenere Verhältnisse zu erreichen.

Zudem sollten Schulträger und Kirchenleitungen Modelle entwickeln, die eine Unterstützung von Lehrkräften in ihrer täglichen Arbeit ermöglichen, zum Beispiel durch individuelle Förderung oder durch allgemeine Angebote der Personalförderung. Geachtet werden sollte auch darauf, durch besondere Bindung von Studierenden und Lehramtskandidaten an kirchliche Einrichtungen auch dann junge Lehrerinnen und Lehrer für den kirchlichen Schuldienst zu interessieren, wenn im staatlichen Bereich alle ausgebildeten Lehrer*innen* und Lehrer übernommen werden.

(8) Evangelische Schulen haben ein Recht auf angemessene finanzielle Unterstützung durch den Staat.

Solange öffentliche und kirchliche Kassen gefüllt waren, erfolgte die Finanzierung evangelischer Schulen nach dem einfachen Muster, dass der von den staatlichen Zuschüssen nicht abgedeckte Finanzierungsbedarf von den Landeskirchen übernommen wurde. Nachdem die Finanzhilfe der Länder nun zurückgeschraubt wird und sich zeitgleich die Mittel der Kirchen verringern, werden Finanzierungskonzepte fraglich. Die Erschließung weiterer Finanzquellen ist zwar wünschenswert, aber derzeit lässt sich kaum abschätzen, wie realistisch entsprechende Erwartungen tatsächlich sind. Daher ist eine neue Verständigung mit den Ländern über die Mindesthöhe der staatlichen Finanzhilfe notwendig. Nachdem Schulen in evangelischer Trägerschaft an der Erfüllung des gesellschaftlichen Erziehungs- und Bildungsauftrags teilhaben und das staatliche Schulwesen entlasten, wäre es nur recht und billig, wenn ihnen die gleiche Grundfinanzierung gewährt würde, wie sie Schulen in staatlicher Trägerschaft erhalten.

(9) Für die Kirche sind Schulen in evangelischer Trägerschaft eine wichtige Investition in ihre Zukunft.

Schulen in evangelischer Trägerschaft stellen in Zeiten einer veränderten Tradierung von Glauben und abnehmender Bindungen an Kirche in ihrer herkömmlichen Gestalt eine wichtige Zukunftsinvestition dar – sowohl im Blick auf die Kirche selbst als auch im Blick etwa auf die Berufsgruppe der Lehrerinnen und Lehrer als Repräsentanten von Kirche und Christentum in der Gesellschaft. In Schulen in evangelischer Trägerschaft kommen Heranwachsende mit dem christlichen Glauben in Berührung, was in Zeiten rückläufiger kirchlicher Sozialisation im Elternhaus von hoher Bedeutung ist. Darüber hinaus können hier auch Jugendliche, die nicht evangelisch sind, den evangelischen Glauben kennen lernen. Evangelische Schulen wenden sich daher an alle Kinder und Jugendlichen in der Gesellschaft. Zugleich erreichen sie Eltern, die sonst kaum oder keinen Kontakt zu Kirche haben. Schulen in evangelischer Trägerschaft haben eine ausgeprägte Multiplikatorenfunktion für die Tradierung christlichen Glaubens und christlicher Werte.

(10) Auch in Zukunft soll das Angebot von Schulen in evangelischer Trägerschaft in vollem Umfang aufrecht erhalten werden.

Wenn das Angebot von Schulen in evangelischer Trägerschaft auch in Zukunft in vollen Umfang aufrecht erhalten werden soll, bedeutet dies einen Ausbau ihres Anteils im Blick auf die insgesamt rückläufigen Schülerzahlen. Dies schließt die Gründung neuer Schulen ein. Für einen Ausbau des Angebots sprechen nicht nur kirchliche Motive, sondern auch die Bedeutung dieser Schulen für das Bildungswesen insgesamt sowie der entsprechende Wunsch von Eltern. Ein plurales Bildungsangebot und ein schulischer Trägerpluralismus sind allerdings mit dem bislang beschränkten, im Vergleich zu den Schulen in staatlicher Trägerschaft geringen Anteil von Schulen in freier Trägerschaft in Deutschland nicht hinreichend garantiert. Befürchtungen, dass weitere Schulgründungen bloß zu einer verstärkten, tendenziell elitären Auswahl führen würden, ist entgegenzuhalten, dass die Gefahr elitärer Tendenzen auch durch den derzeit für Schulen in evangelischer Trägerschaft wachsenden Zwang verstärkt wird, Kinder und Jugendliche zurückzuweisen. Allerdings ist darauf zu achten, alle Schularten gleichermaßen zu bedienen. Darüber hinaus müssen lokale und regionale Gegebenheiten sorgfältig berücksichtigt werden. Auch den Schulen in evangelischer Trägerschaft muss an einer ausgewogenen regionalen Schulplanung gelegen sein.

Literatur

Frank, Jürgen/*Gohde*, Jürgen (Hrsg.), Gemeinsam Profil zeigen. Evangelische Schulen in der Bildungsdiskussion, Münster 2004.

Kirchenamt der EKD (Hrsg.), Schulen in evangelischer Trägerschaft. Selbstverständnis, Leistungsfähigkeit und Perspektiven, Hannover 2008.

Scheilke, Christoph T./*Schreiner*, Martin (Hrsg.), Handbuch Evangelische Schulen, Gütersloh 1999.

Schreiner, Martin, Im Spielraum der Freiheit. Evangelische Schulen als Lernorte christlicher Weltverantwortung, Göttingen 1996.

17. Dietrich Rusam
Studierendengemeinde

Studierendengemeinden sind im deutschsprachigen Raum eine besondere Form kirchlicher Präsenz an Universitäten und Hochschulen.

1. Die Rahmenbedingungen

Zum Zeitpunkt ihrer Gründung bestanden in der Bundesrepublik Deutschland 16 Universitäten und neun Technische Hochschulen. Im Jahr 1960 waren es bereits 71 Universitäten und Hochschulen, und bis 1992 wurden weitere 101 Fachhochschulen gegründet.

1.1 Universität bzw. Hochschule

Die Zahl der Studierenden stieg an den deutschen Universitäten und Hochschulen von etwas mehr als 580.000 im Jahr 1972 über 1.650.000 im Sommersemester 1991[1] auf rund 1.980.000 im Sommersemester 2007. Entsprechend entwickelten sich die Studienanfängerzahlen. Waren es im Jahr der Wiedervereinigung (1990) 240.000, so stieg deren Zahl bis 2007 auf knapp 344.000.[2] Die Hochschulrektorenkonferenz rechnet darüber hinaus mit einem weiteren deutlichen Anstieg der Studierendenzahlen – auch aufgrund der Tatsache, dass im Jahr 2011 in vielen Bundesländern zwei Abiturjahrgänge in die Universitäten und Hochschulen drängen.

Die konfessionelle Zugehörigkeit der Studierenden wird in den staatlichen Statistiken nicht erfasst. Eine EKD-Studie ermittelte für das Wintersemester 1988/89 43,5 % evangelische, 43 % katholische, 3,2 % anders konfessionelle sowie 10,3 % konfessionslose Studierende.[3] Diese Zahlen wird man – schon allein aufgrund der Wiedervereinigung im Jahr 1990 – nicht so ohne weiteres hochrechnen dürfen. Und doch wird deutlich, dass mit einem der allgemeinen Konfessionsverteilung in

---

[1] Die Zahl 580.000 bezieht sich auf die alte Bundesrepublik, die Zahl von 1.650.000 im Jahr 1991 auf Gesamtdeutschland. Die entsprechende Vergleichszahl für das frühere Bundesgebiet liegt bei 1.516.000 Studierenden.

[2] Quelle: *Bundesministerium für Bildung und Forschung*, Die wirtschaftliche und soziale Lage der Studierenden in der Bundesrepublik Deutschland 2006, sowie Faltblatt der Hochschulrektorenkonferenz 2007.

[3] Vgl. *H. Hallermann*, Präsenz der Kirche an der Hochschule. Eine kirchenrechtliche Untersuchung zur Verfassung und zum pastoralen Auftrag der katholischen Hochschulgemeinden in Geschichte und Gegenwart, München 1996, 101.

Deutschland vergleichbaren Prozentsatz zu rechnen ist. M.a.W.: Wenn gut 30 % der im Jahr 2007 Studierenden evangelisch war, entspräche das einer Zahl von knapp 600.000 deutschlandweit.[4]

Rund 40 % der Studierenden haben derzeit eine Wohnung angemietet, um diese allein oder mit dem Partner bzw. der Partnerin zu bewohnen. Knapp ein Viertel lebt in einer Wohngemeinschaft und ein nicht wesentlich geringerer Anteil wohnt bei den Eltern (rund 23 %). In einem Studentenwohnheim leben 11 %[5] und weniger als 2 % wohnen zur Untermiete.[6]

Was den Studienaufwand anlangt, lassen sich teilweise erhebliche Unterschiede feststellen. Den größten zeitlichen Studienaufwand haben Studierende der Fächergruppe Medizin (durchschnittlich 43 Stunden pro Woche). Einen überdurchschnittlichen Gesamtaufwand weisen Studierende der Fachrichtungen Elektrotechnik/Elektronik, Geowissenschaften/Physik, Kunst/Kunstwissenschaften und Maschinenbau auf. Studierende der Fachrichtungen wie Psychologie, Sprach- und Kulturwissenschaften, Pädagogik und Sozialwissenschaften betreiben mit rund 30 Wochenstunden Arbeitszeit den zeitlich geringsten Aufwand. Diese Unterschiede sind überwiegend fachkultureller Art und bestehen über alle Studienphasen hinweg.

1. 2 Die Situation der Studierenden

Mit dem Beginn des Studiums werden den Studierenden vielfältige Orientierungs- und Integrationsleistungen abverlangt – dies umso mehr, wenn sie nicht mehr bei den Eltern wohnen (können). Tagesabläufe und Lebensformen ändern sich, frühere Bindungen werden gelockert, neue müssen geknüpft werden. Der Wechsel in die neue Lebensphase vollzieht sich bei den meisten jungen Menschen abrupt und auf mehreren Ebenen gleichzeitig: Das fängt an mit der Wohnungs- bzw. Zimmersuche, mit Finanzierungsproblemen (Wohnung, Ernährung, Studienmittel, Studiengebühren ...), geht weiter über soziale Faktoren (neue Wohnsituation, neue Bekannte) bis hin zur Ausbildung mit ihren Problemen (Beratungsbedarf, volle Hörsäle, Verschulung auch der geisteswissenschaftlichen Studiengänge im Rahmen des Bologna-Prozesses mit der Einführung einer gestuften Studienstruktur, Verschärfung von Prüfungen, unpersönliches Arbeitsklima, Regelstudienzeit ...). Nicht zuletzt blickt man auch mit einem Auge auf das Ende des Studiums und die damit verbundenen Sorgen der Unsicherheit des Arbeitsplatzes.

---

[4]   Die Shell-Jugendstudie 2006 weist aus, dass insgesamt 39 % aller jugendlichen Deutschen zwischen 12 und 25 Jahren evangelisch waren (37 % katholisch). Vgl. *Th. Gensicke*, Jugend und Religiosität, in: 15. Shell Jugendstudie: Jugend 2006, hrsg. v. *K. Hurrelmann/M. Albert*, Frankfurt/M. 2006, 203–239, hier: 204.

[5]   Bei den Studienanfängern liegt die Wohnheimquote allerdings noch bei 25 % (so der Jahresbericht 2004 des *Deutschen Studentenwerkes*, Berlin 2005, 107).

[6]   Quelle: *Bundesministerium für Bildung und Forschung*, Die wirtschaftliche und soziale Lage der Studierenden, 35.

In der Tat lässt sich nachweisen, dass gerade der Studienbeginn eine sensible und gesundheitsgefährdende Transitionsphase ist. Sie erfordert die Anpassung an eine völlig neue Situation »mit neuartigen und unterschiedlichen Anforderungen ... Misslingt einem Studierenden die Bewältigung dieser Übergangsphase, so können als Folge der nicht gelungenen Anpassung Beschwerden, psychische Störungen und körperliche Erkrankungen auftreten.«[7]

Wie stark sich die hier angesprochenen Probleme auf die einzelnen Studierenden auswirken, hängt sowohl vom Geschlecht, aber auch stark von der jeweiligen psychischen Disposition ab. In der Regel verschlechtert sich sogar im Verlauf des ersten Studienjahres die Vitalität und Ausgeglichenheit der Studierenden. Depressive Symptome nehmen bei Studentinnen signifikant zu, während sie bei den männlichen Studierenden konstant bleiben. Zeitgleich verbessert sich bei den Studentinnen im Lauf des ersten Studienjahres ihre physische Gesundheit.

Im Hinblick auf die Studienfächer werden als besonders belastend die Anforderungen an der Medizinischen ebenso wie an der Naturwissenschaftlichen Fakultät empfunden. Generell lässt sich feststellen, dass sämtliche gesundheitsrelevante Persönlichkeitseigenschaften (Selbstwert, Optimismus, Autonomie, Empathie, Humor) während des ersten Studienjahres eine statistisch erfassbare Abnahme aufweisen. Zusammenfassend kann konstatiert werden, dass vor allem der Studienbeginn sich negativ auf die personalen Ressourcen der Studierenden auswirkt. »Einem Zuwachs an fachlichem Wissen steht eine Abnahme von Ressourcen im Persönlichkeitsbereich gegenüber.«[8]

Unklarheit und Unstrukturiertheit einerseits sowie hohe Strukturierung und hoher Zeitaufwand andererseits sind dann im Lauf des Studiums – je nach Studienfach – die Hauptquellen der Belastung. Auch die wahrgenommenen Defizite bezüglich des eigenen Arbeitsstils sind häufiger Grund für Niedergeschlagenheit der Studierenden. Als belastend wird von Studierenden – quer durch alle Studienfächer – schließlich die Wahrnehmung bezeichnet, dass der Inhalt des Studiums sich nicht mit ihrem Berufsziel deckt oder nicht mit ihren Interessen konform geht.

2. Hochschulgemeinden als Gemeinden und Teil der Kirche

2.1 Selbstverständnis und Anspruch der Evangelischen Hochschul- bzw. Studierendengemeinden

Prinzipiell hat die Evangelische Kirche an Hochschule bzw. Universität sowohl Studierende als auch Lehrende im Blick. Von daher ist wohl der Begriff »Evangelische Hochschul- bzw. Universitätsgemeinde« passender. Doch zunächst weiß sich die Kirche an die in der Regel schwächere der Hilfe eher bedürftige Gruppe, die Studierenden, gewiesen. Vielfach hat sich von daher das Kürzel ESG einge-

---

[7] *N. Bachmann/D. Berta/P. Eggli/R. Hornung*, Macht Studieren krank? Die Bedeutung von Belastung und Ressourcen für die Gesundheit der Studierenden, Bern u.a. 1999, 189.

[8] *N. Bachmann/D. Berta/P. Eggli/R. Hornung*, aaO, 190.

bürgert. Als Gemeinde (Jesu Christi) versteht sich die ESG anders als jede andere studentische Vereinigung. Es liegt ihr der Gedanke einer Gemeinschaft zugrunde, deren Glieder durch bestimmte, der überwiegenden Mehrheit gemeinsame Merkmale miteinander verbunden sind. Im Gegensatz zu einer Interessengruppe versteht sich Gemeinde als grundsätzlich offen und für alle da, was nicht ausschließt, dass die Gemeinde als solche im Namen und Auftrag Jesu Christi bestimmte Interessen vertritt. Die Gemeinde hat das allgemeine Wohl, nicht jedoch ein Eigeninteresse im Auge, richtet sich an jeden einzelnen und vermeidet Absonderung, Exklusivität und Lebensferne.

Das Attribut »evangelisch« macht die Konfessionsgebundenheit der Gemeinde deutlich, was nicht heißt, dass nicht auch Menschen, die nicht evangelisch sind, sich einbringen dürften. Bei aller gebotenen ökumenischen und interreligiösen Offenheit wird sich die ESG jedoch immer wieder fragen müssen, wie ein »evangelisches Profil« aussieht, was es heißt, evangelisch zu sein und welche Folgen daraus zu ziehen sind. Dieses Profil wird in den einzelnen ESGn ganz unterschiedlich interpretiert. So bezeichnet sich die ESG Marburg als »evangelisch, ökumenisch, international« und beschreibt ihr evangelisches Profil folgendermaßen: »Evangelisch zu sein, heißt für uns: Wir haben ein an der Bibel orientiertes Profil, ohne ›bibelgläubig‹ zu sein. Wir verstehen den Glauben als eine individuelle Herzensangelegenheit, die zur Sprache gebracht werden muss. Wir suchen Gemeinschaft untereinander und mit anderen Menschen guten Willens und spüren darin das Wirken von Gottes Geist. Wir üben uns als Studierende auch in kritischer Reflexion.«[9] Offenbar möchte man hier die Orientierung an der Bibel zwar betonen, grenzt sich aber gleichzeitig gegen Biblizismus ab. Ähnlich wird in der ESG Berlin formuliert: »Offen und immer in Bewegung wollen wir das protestantische Profil christlichen Lebens in unserer Zeit und an unseren Orten schärfen. Selbstverständlich gehört die Ökumene dazu und daher haben wir gute Kontakte zur Katholischen Studierendengemeinde.«[10] Offen bleibt hier, worin »das protestantische Profil« besteht.

Die unterschiedlichen Semesterprogramme machen dann deutlich, dass »evangelisch« in der Regel nicht als an Bekenntnisschriften gebunden verstanden wird. Vielmehr wird meist das vom Christentum her motivierte und am Evangelium orientierte, soziale (und mitunter auch politische) Engagement der ESGn als »evangelisch« verstanden.

Das Logo der ESG, der (rote) Hahn, wird auf der Homepage der ESG Bremen genauer beschrieben und nahezu erschöpfend interpretiert: »Zunächst einmal ist der Hahn grundsätzlich ein Symbol der Wachsamkeit, denn mit seinem Schrei am Morgen kündet der Hahn die Veränderung von Nacht zu Tag, Dunkelheit zu Licht an. Das heißt zwar nicht, dass in der ESG nur Frühaufsteher zu finden sind, aber das Selbstverständnis der ESGn basiert auf einem kritischen Ansatz – kritisch

---

[9]   Zitiert nach www.esg-marburg.de (5.2.2008).
[10] Zitiert nach www.esg-berlin.de (5.2.2008).

gegenüber Entwicklungen in der Gesellschaft, der Politik und auch der Kirche. Denn nur mit kritischer Wachsamkeit, die auch vor dem wachrüttelnden Schrei nicht scheut, lassen sich Veränderungen bewirken und eine Erstarrung in unzeitgemäßen Konventionen vermeiden. Daher rührt auch die symbolische Ähnlichkeit zum Wetterhahn: Der dreht sich immer so, dass er mit dem Kopf gegen den Wind kräht. So will der Hahn ermutigen, wo es nötig ist in Gesellschaft und Kirche, auch gegen den Wind der Zeit zu stehen und auf notwendige Veränderungen hinzuweisen. Der rote Hahn erinnert aber auch an Petrus, den das dreimalige Krähen des Hahnes an Jesu Worte erinnerte: ›Bevor der Hahn heute kräht, wirst du mich dreimal verleugnen.‹ (Lukas-Evangelium 22,61).«[11] Interessanterweise wird genau diese Schriftstelle nicht interpretiert. Denn durch das Krähen des Hahns wird Petrus seine Schuld bewusst. Genau dies kann und soll auch in den Studierendengemeinden praktiziert werden: der Ruf zu Einsicht und Umkehr.

2.2 Der (landes-)kirchliche Kontext

Die Studierendengemeinden sind von ihrer Landeskirche geprägt: Ihr Mitarbeitenden sind zum größten Teil Glieder einer evangelischen Landeskirche, evangelische Studierendenpfarrer/innen versehen in der ESG Dienst, und auch das weitere Personal, die Räume, das benötigte Material, ja generell die Finanzen werden landeskirchlich zur Verfügung gestellt. Dies ist auch deshalb der Fall, weil sich die Landeskirche durch die ESGn und die in ihr Arbeitenden eine Repräsentanz und Präsenz der evangelischen Kirche an der Hochschule verspricht. Zugleich soll auch an der Hochschule eine Teilhabe am Leben der evangelischen Kirche möglich sein. Es ist für die Kirche wichtig, das der christliche Glaube im Rahmen der Universität zur Sprache gebracht wird.[12] Von daher sollte sich von seinem kirchlichen Auftrag her ein Hochschulpfarrer bzw. eine Hochschulpfarrerin nicht nur für die Studierendenarbeit zuständig fühlen, sondern auch die Lehrenden und andere Hochschulmitarbeiter*innen* gezielt in den Blick nehmen.

Die Hochschulgemeinden sind darüber hinaus das »Instrument«, mit dem die Evangelische Kirche den Dialog mit Wissenschaft, Kunst und Technik sucht. »Dies kann einerseits zur Kooperation führen, andererseits aber auch ein kritisches Gegenüber zu Hochschule und Wissenschaft erfordern.«[13] So kann man z.B. von Seiten der Hochschulgemeinden versuchen, gerade nichttheologische Professorinnen bzw. Professoren für eine gottesdienstliche Kanzelrede in der Kirche auch einer Parochialgemeinde zu gewinnen. Dadurch wird nicht nur eine Verbindung zwischen Ortsgemeinde und ESG geschaffen, sondern auch eine Brücke zur Hochschule geschlagen; Glaube und Wissenschaft werden miteinander ins Ge-

---

[11] Zitiert nach www.esg-bremen.de (5.2.2008).

[12] Vgl. *Kirchenamt der EKD* (Hrsg.), Die Präsenz der evangelischen Kirche an der Hochschule. Ein Positionspapier des Rates der Evangelischen Kirche in Deutschland, Hannover 2006, 2f.

[13] *Kirchenamt der EKD* (Hrsg.), Die Präsenz der evangelischen Kirche, 4.

spräch gebracht. Ein Gottesdienstnachgespräch kann dies vertiefen. Auch Gottesdienste in universitären Räumen tragen zur Vernetzung von Kirche und Hochschule bei. Dies kann auch geschehen durch von der ESG initiierte Ringvorlesungen, Hochschultage oder -dialoge, Bibelabende und theologische Gesprächskreise.

An Universitäten mit theologischen Fakultäten bieten sich darüber hinaus noch weitere Möglichkeiten der Kooperation – bis hin zu einer wie immer gearteten institutionalisierten Zusammenarbeit von Theologischer Fakultät und Hochschulgemeinde.

3. Aufgaben der Hochschulgemeinden

Als Aufgaben der Hochschulgemeinden sind vor allem die folgenden fünf Bereiche zu nennen.

3.1 Gottesdienst und Spiritualität

Der Auftrag der Studierendengemeinden ist der, den Glauben ins Gespräch zu bringen. Analog den Aufgaben einer Parochialgemeinde bietet die Hochschulgemeinde Raum für bewährte, aber auch für neue Formen der Spiritualität. In Gottesdiensten, in Andachten, Agape-Feiern, Gebeten, Meditationen, aber auch in der Kirchenmusik können eigene spirituelle Erfahrungen einfließen und so dem Wohl und Heil der Teilnehmenden dienen. Dieser Aspekt der kirchlichen Arbeit an Hochschulen scheint derzeit wieder mehr an Bedeutung zu gewinnen, was sich etwa in dem von studentischer Seite geäußerten Wunsch zeigt, einen eigenen Andachtsraum – am besten eine eigene Kapelle – einzurichten bzw. zu bekommen, oder auch in der Bitte der Studierenden, in den Gottesdiensten regelmäßig Abendmahl zu feiern. An dieser Stelle kann darüber hinaus auch eine Schnittstelle zu mit den Parochialgemeinden geschaffen werden, insofern gerade die Gottesdienste der ESG häufig in Ortskirchen stattfinden und insofern auch für die Ortsgemeinden offen sind.

3.2 Seelsorge, Begleitung, Förderung

In Anbetracht der Tatsache physischer und psychischer Probleme vieler Studierender – gerade in der Studienanfangsphase – liegt hier ein Schwerpunkt kirchlicher Arbeit an der Hochschule. Dieser verdient darüber hinaus auch die Unterstützung der Universität, insofern hier ein Angebot gemacht wird, das einem gesunden Hochschulklima zuträglich ist. Dies kann z.B. dadurch geschehen, dass die Angebote der Studierendengemeinde im Immatrikulationssekretariat ausgelegt werden und ggf. auf diese hingewiesen wird. In der Tat hat die Arbeit mit »Erstsemestern« und Hochschulwechslern an vielen ESGn Priorität. Hier können sich die in der ESG Mitarbeitenden mit ihren Erfahrungen auch nachhaltig einbringen: »Kennenlerntage« mit Stadtrallyes, studentische Infobörsen und Erstsemesterfreizeiten sind häufig Kernveranstaltungen der Erstsemesterarbeit. Dass dabei viele soziale Kontakte auch über Fächergrenzen hinaus entstehen, ist ein Ziel dieser Veranstaltungen. In der Tat erweist sich die Zufriedenheit der sozialen Unterstützung »als wichtigste Determinante der Gesundheit der Studierenden«. Dabei kann das soziale Netz für die Studierenden nicht groß genug sein. »Integration und Adaption an die Studiensituation werden ebenfalls am besten durch die Zufriedenheit mit der sozialen Unterstützung erklärt«[14]. Die Hochschulgemeinde kann sich so als Ort profilieren, an dem erste soziale Kontakte am Studienort entstehen und Studierende Studierende unterstützen.

Darüber hinaus wird in der ESG auch Hilfe in ganz konkreten Notfällen angeboten, vor allem in Form von Einzelseelsorge. Die Studierendenpfarrer/innen sind vor Ort präsent und laden ein zum persönlichen Gespräch mit dem Ziel, Hilfestellung zur Persönlichkeitsentwicklung und Identitätsfindung zu geben, das Selbstwertgefühl und den Optimismus der Studierenden zu stärken sowie ggf. auf andere kompetente Beratungsangebote (etwa der Diakonie) zu verweisen. Aber auch die finanzielle Unterstützung bedürftiger Studierender durch die ESG ist möglich. Viele Hochschulgemeinden haben hierfür Notfonds eingerichtet. Ebenso bemüht sich die ESG um Vermittlung von Stipendien (etwa das Evang. Studienwerk Villigst) und Beihilfen gemäß ihrem diakonischen Auftrag.

Gerade an besonders beliebten Hochschulstandorten besteht immer wieder ein Mangel an Wohnraum. Ist kein Wohnheim in evangelischer Trägerschaft vor Ort, kann die ESG bei der Vermittlung von Zimmern behilflich sein und ggf. Gemeindeglieder der Parochie bitten, Wohnraum zur Verfügung zu stellen. Im Einzelfall wird zu überlegen sein, ob nicht – zumindest für eine Übergangszeit – der eine oder andere Raum in der ESG für einen Studierenden zur Verfügung gestellt werden kann.

3.3 Ökumene

Die ESG weiß sich als Teil der weltweiten Kirche auch zur Partnerschaft mit der Hochschularbeit der katholischen Kirche und anderer Konfessionen gewiesen. Dies wird vor Ort vielfach deutlich durch gemeinsame Semesterprogramme – teilweise unter einem gemeinsam verantworteten Semestermotto –, gemeinsame Gottesdienste (vor allem am Semesteranfang und -schluss), gemeinsame Planungswochenenden und gemeinsame spirituelle oder thematische Veranstaltungen. Gerade auch die Erstsemesterarbeit wird häufig gemeinsam verantwortet, so dass das Zeugnis der christlichen Kirchen über die Vermittlung der Mitarbeitenden der jeweiligen Gemeinden vor den teilnehmenden Studierenden Gewicht bekommt. Wie viel an Ökumene vor Ort möglich ist, hängt nicht zuletzt auch ab von der persönlichen Sympathie der Hauptamtlichen einander gegenüber. In jedem Fall sollte jedoch eine vertrauensvolle Zusammenarbeit im Dienst des ge-

---

[14] *N. Bachmann/D. Berta/P. Eggli/R. Hornung*, Macht Studieren krank?, 196f.; vgl. auch *H.J. Krüger u.a.*, Studium und Krise. Eine empirische Untersuchung über studentische Belastungen und Probleme, Frankfurt/New York 1986, 48–50.

meinsamen Zeugnisses möglich sein. Dies kann auch den Kontakt zu anderen christlichen Hochschulgruppen (etwa der Studentenmission Deutschlands [SMD]) einschließen.

3.4. Wahrnehmung gesellschaftlicher und hochschulpolitischer Verantwortung

Spätestens seit den Studentenunruhen von 1968 versteht sich die Studierenden-gemeinde als prophetische Gemeinde im Rahmen der Landeskirche, als »Hand-lungsmodell« für die Zukunft.[15] Eine Hochschulgemeinde kann – theologisch begründet – durchaus ein Raum des Experimentierens und des Wagnisses sein. Hierzu gehört neben der gelebten Ökumene auch die politische Verantwortung, zumal nach wie vor die Studierenden insgesamt betrachtet überdurchschnittlich an Politik interessiert sind. Über 57 % der Studierenden sind der Meinung, Politik solle man nicht einfach den gewählten Volksvertretern überlassen.[16] Von daher bietet die Hochschulgemeinde ein Forum, jenseits der Parteien politische Fragen auch in den Gottesdienst einzubeziehen, politische Überzeugungen miteinander ins Gespräch zu bringen, theologisch zu hinterfragen oder zu fundieren.

»Die Arbeit der evangelischen Kirche an der Hochschule weiß sich aus christli-cher Verantwortung der Gerechtigkeit, dem Frieden und der Bewahrung der Schöpfung verpflichtet. Sie nimmt aktiv an der Gestaltung des demokratischen Gemeinwesens teil.«[17] Diese Teilnahme kann je nach Anlass unterschiedlich aus-sehen, sie kann stattfinden etwa durch Friedensgebete, Mahnwachen, Informati-onsveranstaltungen, Podiumsdiskussionen ggf. sogar auch durch die Organisie-rung einer Demonstration. Insofern tragen die Hochschulgemeinden auch zur Meinungsbildung an den Universitäten bei.

Auch bei der Integration ausländischer Studierender haben die Hochschulge-meinden Vorbildfunktion. Im Jahr 2007 waren an deutschen Universitäten knapp 190.000 ausländische Studierende immatrikuliert, davon über 26.000 aus China, knapp 12.500 aus Bulgarien, nahezu ebenso viele aus Polen und immerhin knapp 10.000 aus Russland. Der Integration dieser Menschen dienen z.B. Länderabende, in denen sie die Gelegenheit bekommen, ihr Land vorzustellen und soziale Kon-takte am Studienort zu knüpfen. Sind Wohnheime in evangelischer Trägerschaft am Ort, sollten Wohnheimplätze bevorzugt ausländischen Studierenden angeboten werden. Es ist ein Anliegen der Hochschulgemeinden, den interreligiösen Dialog, am besten ökumenisch verantwortet voranzubringen, und so zu helfen, Vorurteile abzubauen. Hier kann auch eine Kooperation mit den zumeist vor Ort vorhande-nen kirchlichen Bildungswerken hilfreich sein.

---

[15] Überaus lesenswert ist der Erfahrungsbericht von *K.-B. Hasselmann*, Politische Ge-meinde. Ein kirchliches Handlungsmodel am Beispiel der Evangelischen Studentenge-meinde der FU Berlin, Hamburg 1969.

[16] *F. Welker*, Politische Partizipation von Studierenden. Ergebnisse einer empirisch-analytischen Studie, Marburg 2007, 38 und 62.

[17] *Kirchenamt der EKD* (Hrsg.), Die Präsenz der evangelischen Kirche, 5.

3.5 Die Räume der Hochschulgemeinde als Heimat

Karge und überfüllte Hochschulgebäude tragen dazu bei, dass sich Studierende in der Universität nicht zuhause fühlen. Hier hat die private Unterkunft eine wichtige Funktion als »eigene soziale Welt«. Doch häufig stimmt die tatsächliche Behausung mit der bevorzugten Wohnform nicht überein: »Gut zwei Fünftel der Studierenden präferieren eine andere als die derzeit genutzte Wohnform«[18]. Hier können die Räumlichkeiten der Hochschulgemeinde eine wichtige Funktion als Rückzugsmöglichkeit werden. Viele ESGn bieten wöchentlich einen Kneipenabend an. Gemeinsames Kochen, und Feiern von Festen dient der Pflege sozialer Kontakte. Und schon durch die innenarchitektonische Gestaltung soll deutlich sein, dass die Studierenden hier angenommen und willkommen sind. Von daher sind Geselligkeit, Lebensfreude und Mitmenschlichkeit sehr wichtige Aspekte der Arbeit in den Hochschulgemeinden. Zu wünschen ist, dass die Studierenden die Räume als »ihre eigenen« vier Wände empfinden und so gerne und immer wieder den Weg in die Hochschulgemeinde finden. Insofern ist das Freizeitangebot der Studierendengemeinden in seiner Funktion für die Studierenden nicht zu unterschätzen.

4. Die in der Hochschulgemeinde tätigen Menschen

4.1 Studentische Mitarbeitende

Studierendengemeinde versteht sich auch als Beteiligungsgemeinde. Fragt man Studierende, warum sie zur ESG gestoßen sind, erhält man unterschiedliche Antworten. Zwei Gründe werden jedoch immer wieder genannt: Zum einen ist es die Prägung durch das Elternhaus und der Wunsch, in christlicher Verantwortung tätig werden zu können, und zum anderen ist es die Suche nach Solidarität und Orientierung. Auf diesem Hintergrund ist die ESG eine Gemeinschaft von Studierenden, »die auf der Suche nach Solidarität und Nächstenliebe Gebende und Nehmende zugleich sind«[19]. Vielfach stoßen Interessierte zur Hochschulgemeinde durch einzelne Veranstaltungen; darüber hinaus ist zu überlegen, ob nicht auch Besuche der Studierendenpfarrerin bzw. des Studierendenpfarrers in den Wohnheimen praktiziert werden sollten. Durch ein persönliches Gespräch – verbunden mit einem ersten Kennenlernen – werden viele Angebote der ESG erst wahrgenommen.

Dass der Kreis der Mitarbeitenden in der Regel weit überwiegend aus Studentinnen besteht, hängt ursächlich mit dem Phänomen zusammen, dass Frauen

---

[18] *Bundesministerium für Bildung und Forschung*, Die wirtschaftliche und soziale Lage der Studierenden, 37.

[19] *M. Feist*, Die rechtliche Situation der Evangelischen Studentengemeinden (Textband), Frankfurt/Main 1982, 102.

durchschnittlich ein stärkeres Interesse an Werten haben als Männer.[20] Die Folge daraus ist, dass Geisteswissenschaften mit ihrer etwas geringeren Arbeitsbelastung gegenüber den Naturwissenschaften auch eher von Frauen gewählt werden, so dass dadurch auch ein zeitintensiveres Engagement in die ESG-Arbeit eingebracht werden kann.

Zuweilen sind sogar Ehemaligenvereine gegründet worden.[21] Diese haben es sich zum Ziel gemacht, die Arbeit der Hochschulgemeinden im Hinblick auf einzelne Projekte finanziell und ideell zu unterstützen, beispielsweise indem Mitglieder selbst als Ansprechpartner zur Verfügung stehen, Kontakte zu Firmen herstellen, Praktika vermitteln ... Dadurch können sich Studierende im Hinblick auf die Wahl ihres Studienganges bestärken oder hinterfragen lassen und einen Blick ins (künftige) Berufsleben werfen.[22] Hier werden Netze geknüpft, die über das Studium hinausreichen. Das hohe ehrenamtliche Engagement vieler Studierender im Rahmen der Hochschulgemeinden fordert von den Hauptamtlichen eine intensive Mitarbeitendenpflege.

4.2. Studierendenpfarrer/in

Wie inzwischen deutlich geworden sein dürfte, sind die Erwartungen an die Hochschulpfarrerin bzw. den Hochschulpfarrer weit gespannt. Als Ansprechpartner/in für Studierende und Hochschulangehörige soll sie bzw. er den kirchlichen Auftrag im Hochschulbereich wahrnehmen und Verkündigung, Seelsorge und Diakonie in vielfältiger, dem Tätigkeitsbereich entsprechender Form anbieten. Die Studierenden erwarten einen Menschen, der gleichzeitig Glied der Gemeinde, theologisch versierter Experte, zeitlich flexibler Kumpel, engagierter Organisator, erfahrener Seelsorger, praktischer Arbeiter und beliebter Entertainer ist, der theologisch berät, fachkundig begleitet. Er soll dort raten und tätig werden, wo man ihn ruft, der im übrigen aber die Verantwortung der Studierenden akzeptiert.

So verschieden die Persönlichkeiten, so farbig sind die Bilder, die Studierendenpfarrer/innen von ihrem Dienst zeichnen. Ganz überwiegend sehen sie sich als Seelsorger/innen der Studierenden, Begleiter/innen in der ESG und kirchliche Ansprechpartner/innen im Hochschulbereich.

---

[20] *Th. Gensicke*, Zeitgeist und Wertorientierungen, in: 15. Shell Jugendstudie: Jugend 2006, 169–202, hier: 181–183.

[21] So z.B. der Ehemaligenverein der Bayreuther Studierendengemeinden (ESG *und* KHG), im Internet zu finden unter www.dinonysos.de.

[22] Knapp 40 % aller Studierenden sind mehr oder weniger unsicher, ob sie das richtige Studium gewählt haben (*J. Abel*, Auswirkungen von Studien- und Berufsperspektiven auf das Studieninteresse, in: *Ders./Ch. Tarnai* [Hrsg.], Pädagogisch-psychologische Interessenforschung in Studium und Beruf, 11–28, hier: 25).

5. Vernetzung der ESG-Arbeit auf landeskirchlicher und auf EKD-Ebene

Häufig ist die bzw. der Studierendenpfarrer/in zusätzlich mit einem Predigtauf-trag noch an einer Ortsgemeinde tätig. Dieser Bezug zur Parochialgemeinde ist weniger als zusätzliche Belastung gedacht, sondern eher als Chance zum Aus-tausch und zur gegenseitigen Information über Tätigkeiten und Aktionen. Zugleich ist sie bzw. er Mitglied des Pfarrkapitels und von daher gehalten, an den Pfarrkonferenzen des Dekanats teilzunehmen. Dieser Kontakt kann auch dazu dienen, die in der ESG gesammelten Erfahrungen auch für Parochialgemeinden fruchtbar zu machen. Schließlich ist die bzw. der Hochschulpfarrer/in auch Mit-glied in der landeskirchlichen Studierendenpfarrkonferenz, in der man sich am Ende eines jeden Semesters über die Erfahrungen austauscht und gegenseitig Impulse weitergibt.

Als Teilgemeinde der Bundes-ESG hält darüber hinaus jede Gemeinde Kontakt mit der Geschäftsstelle der ESG. Diese unterstützt die Arbeit der Studierendenge-meinden durch Einwerbung von Finanzmitteln bei staatlichen Stellen, durch Kommunikation und Austausch zwischen Gemeinden und Pfarrer/innen, durch Aufbereitung von Themen, die von bundesweiter inhaltlicher Bedeutung sind, durch das Anbieten von Einführungsveranstaltungen für neue Pfarrer/innen sowie durch das Angebot von Fortbildungsveranstaltungen für Studierende im Rahmen der ESG.

6. Hochschulgemeindearbeit als gemeindepädagogisches Handlungsfeld

Anders als viele Parochialgemeinden verstehen sich Hochschulgemeinden häu-fig dezidiert als basisgemeindlich orientiert.

6.1 Das basisgemeindliche Modell

D.h. man sucht nach der Möglichkeit der Beteiligung aller Gemeindeglieder nach ihren unterschiedlichen religiösen und politischen Bedürfnissen und ihren zeitlichen Möglichkeiten, *de facto* beteiligen sich allerdings nur die an der ESG-Arbeit Interessierten bzw. diejenigen, die in der ESG Halt in Krisensituationen suchen. Die Studierenden sind natürlich auch Adressaten, doch in der Regel we-sentlich stärker Subjekt der Gemeindearbeit.

Studierende sollen die Prioritäten der Gemeindearbeit mitbestimmen. Auf der Basis der christlichen Gemeinschaft erleben sie die Tragfähigkeit derselben auch und gerade in kritischen Lebenslagen, sie werden befähigt zur Schließung von Kompromissen und lernen es, Konflikte auszutragen. Dieser basisgemeindliche Ansatz lässt sich in den allermeisten Parochialgemeinden nur ansatzweise ver-wirklichen, in den Studierendengemeinden, die dezidierte Freiwilligkeitsgemein-den sind, ist er die Regel.

6.2 Perspektiven kirchlicher Hochschularbeit

Abschließend seien noch fünf Gesichtspunkte für die Arbeit in den Hochschulgemeinden herausgestellt:

— Studierende sollen den christlichen Glauben als Angebot zur Lebenshilfe verstehen können. Die Hochschulgemeinde hält im Rahmen des universitären Alltags an der Überzeugung fest, dass es jenseits der Wissenschaft noch eine Dimension gibt, die dem Leben – gerade in Sinnkrisen (z.B. bei nicht bestandenen Prüfungen) – Sinn gibt. Die Rechtfertigungslehre betont die Annahme des Menschen ohne Ansehen seiner Leistung. Die Hochschulgemeinde will Teil der Gestaltwerdung des Gottesreiches auf dieser Erde sein und hält somit auch die Hoffnung für die Welt, in die auch jedes Einzelschicksal eingeschlossen ist, wach.
— Studierende sollen durch das Angebot der Studierendengemeinden dazu befähigt werden, die Vereinzelung zu überwinden und sich der christlichen Solidargemeinschaft bewusst zu werden, die nicht nur Studierende, sondern auch Examinierte (»Ehemalige«), Dozierende und Hochschulmitarbeitende umschließt. Hochschulgemeinden können ein Freiraum werden, in denen gerade nicht das Gegenüber, sondern das Miteinander von Dozierenden und Studierenden deutlich wird. Nicht zuletzt kann die Gemeinschaft der ESG Studierende dazu ermuntern, in Diskussionen die eigene Meinung zu profilieren und zu äußern.
— Hochschulgemeinden sollen sich ihres prophetischen Auftrags bewusst sein; d.h. Studierende sollen sich bewusst werden, welche gesellschaftlichen Implikationen die christliche Botschaft hat. Gemeinsam soll überlegt werden, ob und wenn ja welche politischen Signale angesichts bestehender Konflikte oder drohender Katastrophen geboten sind. In ihrem Engagement für Frieden, Gerechtigkeit und Bewahrung der Schöpfung bei einer vorrangigen Option für Gewaltfreiheit weiß sich die Hochschulgemeinde in der Nachfolge Jesu von Nazareth. Von seiner Botschaft her sind alle politischen Aktionen abzuleiten bzw. zu kritisieren.
— Schließlich erhofft sich die Kirche selbst durch die Verbindung von Glaube und Wissenschaft in den Studierendengemeinden wichtige Impulse für ihren Weg in die Zukunft. Von daher sind die Erfahrungen und Erkenntnisgewinne der ESG-Arbeit immer wieder mit Parochialgemeinden zu verknüpfen und mit der Kirchenleitung zu kommunizieren.
— Die Verbindung mit Parochialgemeinden soll es schließlich den mit dem Examen in der Regel aus der ESG-Arbeit ausscheidenden Studierenden ermöglichen, auch über die Studienzeit hinaus mit der Kirche verbunden zu bleiben und in der eigenen Kirche eine geistliche Heimat und Raum für Engagement zu finden.

Literatur

Bachmann, Nicole/*Berta*, Daniela/*Eggli*, Peter/*Hornung*, Rainer, Macht Studieren krank? Die Bedeutung von Belastung und Ressourcen für die Gesundheit der Studierenden, Bern u.a. 1999.

Bundesministerium für Bildung und Forschung (Hrsg.), Die wirtschaftliche und soziale Lage der Studierenden in der Bundesrepublik Deutschland 2006. 18.Sozialerhebung des Deutschen Studentenwerks durchgeführt durch HIS Hochschul-Informations-System – Ausgewählte Ergebnisse, Bonn/Berlin 2007.

Feist, Michael, Die rechtliche Situation der Evangelischen Studentengemeinden, Textband und Materialband, Frankfurt/Main 1982.

Hallermann, Heribert, Präsenz der Kirche an der Hochschule. Eine kirchenrechtliche Untersuchung zur Verfassung und zum pastoralen Auftrag der katholischen Hochschulgemeinden in Geschichte und Gegenwart, München 1996.

Hartmann, Richard, Welche Zukunft hat die Hochschulgemeinde, Freiburg u.a. 2000.

Kirchenamt der EKD (Hrsg.), Die Präsenz der evangelischen Kirche an der Hochschule. Ein Positionspapier des Rates der Evangelischen Kirche in Deutschland, Hannover 2006.

Nacke, Stefan/*Köppen*, Hans-Bernd (Hrsg.), Am Puls der Zeit … Dimensionen einer Hochschulpastoral, Münster 2002.

18. Renate Zitt
Diakonisch-soziales Lernen in der Gemeinde

»Diakonie ist Kennzeichen eines Miteinanders, in dem Menschen einander nicht allein lassen, sondern einander annehmen und beistehen. Gemeinde ist als Leib Christi dazu berufen, soweit als möglich eine Kultur der Anteilnahme zu gestalten. In diakonischem Handeln sucht Gemeinde Gottes Erbarmen wider zu spiegeln – in ihrem eigenen Feld und darüber hinaus.«[1]

1. Einführendes

Zentrales Thema diakonisch-sozialen Lernens in der Gemeinde ist: Wie kann Gemeinde und Kirche begriffen werden als Ort und als Geschehen der Erfahrung und des Zeugnisses für die Menschenfreundlichkeit Gottes, des Geschenks der Diakonie der Versöhnung, als Ort des Lernens von Diakonie, als Ort der Sensibilisierung für Fragen der Anerkennung und des Zusammenlebens in gerechten Strukturen? Hier ergeben sich Brücken zu den Konzepten einer lebensweltorientierten Sozialen Arbeit und Gemeindepädagogik seit den 1990er Jahren.

Diakonisch-soziales Lernen in der Gemeinde soll Lebens- und Freiräume ermöglichen und helfen, dass Menschen sich als aufeinander angewiesene Subjekte erfahren und das Leben auch in belasteten Situationen miteinander gestalten können. Diakonie ist eine – wenn nicht die – grundlegende Dimension von Gemeinde und Kirche. Beim diakonisch-sozialen Lernen in der Gemeinde geht es daher einerseits um komplexe Bildungsprozesse und andererseits um Strukturbedingungen von Diakonie, Kirche, Gemeinde, Sozialstaat und Gesellschaft.[2] Denn: Diakonie weist immer über binnenkirchliche Bezüge hinaus.

---

[1] *G.K. Schäfer,* Diakonie in der Ortsgemeinde, in: Lernort Gemeinde, 21/2003, H. 2, 17.

[2] Exemplarische Überblicksliteratur und Sammelbände zum Thema: *G. Adam/H. Hanisch/H. Schmidt/R. Zitt* (Hrsg.), Unterwegs zu einer Kultur des Helfens. Handbuch des diakonisch-sozialen Lernens, Stuttgart 2006. *A. Götzelmann* (Hrsg.), Diakonische Kirche. Anstöße zur Gemeindeentwicklung und Kirchenreform, Heidelberg 2003; *V. Herrmann/M. Horstmann* (Hrsg.), Studienbuch Diakonik, B 2: Diakonisches Handeln – diakonisches Profil – diakonische Kirche, Neukirchen-Vluyn 2006; *G. Ruddat/G.K. Schäfer* (Hrsg.), Diakonisches Kompendium, Göttingen 2005; *M. Schibilsky/R. Zitt* (Hrsg.), Theologie und Diakonie, Gütersloh 2004.

Befragungen zur Diakonie in Gemeinden Anfang der 1990er Jahre haben im Rahmen von zwei Projekten[3] folgende Ergebnisse gezeigt:

(1) Es lassen sich vielfältige engagierte Aktivitäten von Einzelnen oder Gruppen feststellen.

(2) Diakonie wird häufig mit »Hilfe« und »Helfen«, »Dienen« und »Dienst« assoziiert.

(3) Diakonie wird als Aufgabe jedes Christen, der Gemeinde oder von Organisationen betrachtet.

(4) Als Zielgruppe diakonischen Handelns werden vornehmlich Alte und Kranke assoziiert.

(5) Beim Einzelnen kann das Stichwort »Diakonie« eine Art Leistungsdruck hervorrufen bzw. das Gefühl einer Überforderung.

(6) Das Gefühl der Überforderung zeigen auch ehrenamtlich Tätige (zumeist Frauen). Dies weist auf mangelhafte Begleitung, Schulung und Förderung Ehrenamtlicher.

(7) Diakonische Aktivitäten sind in hohem Maße personenabhängig, als »zufällige« Wahrnehmungen und Reaktionen. Sie sind geprägt von Spontaneität und Dominanz personaler Hilfe.

(8) Diakonie erscheint eher als zufälliges, denn als konstitutives Element der Gemeindepraxis.

(9) Sie ist kaum Ausdruck konzeptioneller Orientierung und breiter Willensbildungsprozesse.

(10) Verbindungslinien zwischen Verkündigung, Gottesdienst und diakonischem Handeln sind kaum sichtbar.

(11) Defizite werden sichtbar hinsichtlich der innergemeindlichen Kommunikation wie mit der Zusammenarbeit zwischen Gemeinden und überparochialen Diensten und Einrichtungen.

Diese exemplarischen Befragungsergebnisse bezeichneten die Problemfelder im Verhältnis von Diakonie und Gemeinde. Als Dualität ist dies auch in der Entstehungsgeschichte des Diakonischen Werks aus den Wurzeln des sozialen Vereinsprotestantismus begründet und in der heutigen Ausprägung der Diakonie als Freiem Wohlfahrtsverband in sozialstaatlichen Aufgaben.

Lange Zeit war die Diskussion um die diakonische Gemeinde davon bestimmt, dass man – infolge der Professionalisierung der Sozialen und Diakonischen Arbeit

---

[3] Pilotprojekt »Förderung der Gemeinde-Diakonie im Kirchenbezirk Herrenberg«: *D. Becker-Hinrichs/S. Krautter u.a.* (Hrsg.), »In Ängsten und siehe, wir leben«. Auf dem Weg zu einer diakonischen Gemeinde. Ein Werkstattheft, Herrenberg [2]1990. *S. Krautter*, Landeskirchliches Pilotprojekt »Förderung der Gemeindediakonie im Kirchenbezirk Herrenberg«. Materialheft; Projekt »Diakonische Gemeinde« des Lutherstifts Falkenburg: *M. Ruhfus*, Diakonie – Lernen der Gemeinde. Grundzüge einer diakonischen Gemeindepädagogik, Rothenburg 1991. Projekt Diakonische Gemeinde, hrsg. v. *Lutherstift in Falkenburg*, (falkenburger blätter 9), Ganderkesee 1988.

in der Gesellschaft – die Auswanderung der Diakonie aus der Gemeinde beklagte. In jüngerer Zeit ist die Diskussion – wie in der Praktischen Theologie generell – eher vom Wahrnehmungsparadigma bestimmt und Diakonie wird stärker in ihrer Vieldimensionalität beschrieben. Die Wahrnehmung und Gestaltung diakonischer Gemeinde stellt einen Entdeckungs- und einen Bildungsprozess dar. Dieser Bildungsprozess kann wahrgenommen, reflektiert und gestaltet werden.

2. Zum Verhältnis von Diakonie und Gemeinde

Kindertagesstätten sowie die Diakonie- und Sozialstationen weisen engste Berührungspunkte zwischen professioneller Diakonie und Ortsgemeinde auf. Am Beginn des 19. Jahrhunderts stand das Engagement von Frauen und Laien in Vereinen an der Wiege der organisierten Diakonie und erfuhr ihre Institutionalisierung in der Gründung der Inneren Mission durch *J.H. Wichern* 1848 auf dem Wittenberger Kirchentag. Die organisierte Form von Diakonie, die im 19. Jahrhundert angesichts neuer Herausforderungen und Nöte sowie im Zuge der Erweckungs- und Aufbruchsbewegung der Inneren Mission Einzug auch in die Parochialgemeinden hielt, war meist von Frauen getragen und kümmerte sich dort vor allem um die Kinder und Jugendlichen und um kranke und pflegebedürftige Menschen. Die Diakonissen, Gemeindeschwestern und engagierte Kreise riefen Kindergärten, Sonntagsschulen und die Gemeindekrankenpflege in Form von Vereinen in den Gemeinden ins Leben.

Kindertagesstätte und Gemeindekrankenpflege waren und sind die beiden traditionellen Säulen professionell organisierter Diakonie in der Gemeinde. Sie stehen beispielhaft für das komplexe Verhältnis von Kirchengemeinde, Diakonie und sozialstaatlich organisierten Strukturen des Gemeinwesens. Eine Kindertagesstätte erfüllt

– einerseits die Erwartungen an eine Kindertagesstätte in Trägerschaft einer evangelischen Kirchengemeinde,
– andererseits die Erwartungen an ein diakonisches Nachbarschaftszentrum,
– zum Dritten aber auch ihren Dienst in der Gesellschaft als Verwirklichung des subsidiären Sozialstaats auf der Ebene der Kommune.

Die Kindertagesstätte hat nicht nur die engere Gemeinde der Gottesdienstbesucher/innen, der Kerngemeinde oder der evangelischen Christen/innen im Auge, sondern hat eine Aufgabe innerhalb der kommunalen Gemeinde, im Gemeinwesen vor Ort für alle Menschen.

Diakonie in der Ortsgemeinde vollzieht sich in unterschiedlichen Bezugsfeldern.[4] In den letzten 40 Jahren wurde die Verantwortlichkeit für spezialisierte diakonische Dienste auf die sog. mittlere Ebene verlagert. Die Soziale Arbeit und die Beratungsarbeit wurden teilautonome Subsysteme mit abgegrenztem Aufga-

---

[4] Vgl. hierzu *G.K. Schäfer*, Gottes Bund entsprechen. Studien zur diakonischen Dimension christlicher Gemeindepraxis (VDWI 5), Heidelberg 1994, 265ff.

benfeld auf überparochialer Ebene. Darin spiegelten sich die Integration und Kooperation der Diakonie im Rahmen des staatlichen Sozialsystems wider. Es kam zu einem intensiven Prozess der Professionalisierung, Spezialisierung und Methodenangleichung. Diese Entwicklung zeigte auch Rückwirkungen auf die Gemeinden, etwa in der Delegation von Aufgaben an Experten.

Zwei Thesen aus der Literatur zur kontroversen Verhältnisbestimmung von Diakonie und Kirchengemeinde seien kurz skizziert:[5]

(1) Das so genannte »Zwei-Welten-Modell« beschreibt die Dissoziation von Diakonie und Ortsgemeinde.[6] Hier dominiert der Topos der Entfremdung von Diakonie und Gemeinde, der gemeindelosen Diakonie und der diakonielosen Gemeinde. Nach *Michael Schibilsky* leben sie in verschiedenen Welten, zwischen denen die Brücken brüchig geworden seien.[7] Einer hoch kompetenten, gesellschaftlich anerkannten, in den Sozialstaat integrierten Großorganisation stehe die vereinzelte Gemeinde als Parochie gegenüber, in deren Praxis soziale Verantwortung verkümmert sei.[8]

(2) Andererseits ist *Diakonie* nach den Bestimmungen der landeskirchlichen Gesetze *Lebens- und Wesensäußerung der Kirche* und der christlichen Gemeinde. Dafür steht das Modell der konzentrischen Kreise, in denen sich die Diakonie von der gemeindlichen, der übergemeindlichen hin zur ökumenischen Diakonie ausweitet. In diesem Modell werden die Zusammenhänge zwischen dem im Diakonischen Werk institutionalisierten Hilfehandeln und den Kirchengemeinden erwünscht.

---

[5] Vgl. zum Thema *R. Zitt*, Auf der Suche nach der diakonischen Gemeinde, in: *V. Herrmann/M. Horstmann* (Hrsg.), Studienbuch Diakonik, 207–226 sowie *G.K. Schäfer*, Gottes Bund entsprechen, aaO., 228ff.

[6] Von dieser Verhältnisbestimmung geht etwa das *Diakoniestift Falkenburg* mit seinem Projekt Diakonische Gemeinde aus (s. Projekt Diakonische Gemeinde, aaO.)

[7] Vgl. hierzu *M. Schibilsky*, Neue Armut und Gemeinde. Auf dem Weg zu einer sozialethisch orientierten Gemeinde, in: PTh 78/1989, 2ff.

[8] Die Spannung innerhalb des Religionssystems zwischen Kirche (als Funktionsbezug geistlicher Kommunikation auf die Einheit der Gesellschaft) und Diakonie (als Leistungsbezug auf die Vielfalt gesellschaftlicher Teilbereiche) ist damit zwangsläufiger Ausdruck des Widerspruchs der Einheit der modernen Gesellschaft und der Vielheit ihrer gesellschaftlichen Teilsysteme. Gegenüber einem solchen Blick auf die Funktionsweise der Gesellschaft und ihrer Teilsysteme (in Aufnahme von Überlegungen *N. Luhmanns*) hat die kritische Theorie der Frankfurter Schule einen Ansatz, der vom Subjekt und seinem Streben nach Emanzipation, Autonomie, Freiheit, Mündigkeit und Gerechtigkeit her denkt. Systemzusammenhänge werden daraufhin analysiert, ob sie diese Prozesse fördern oder verhindern.

Hinzuweisen ist in diesem Zusammenhang auf einige Ergebnisse der vierten EKD-Umfrage über Kirchenmitgliedschaft von 2003.[9] Als einer der Hauptgründe für die meist distanzierte, aber auch wohlwollende Mitgliedschaft werden genannt: 45 % (West) und 54 % (Ost): »weil mir der christliche Glaube etwas bedeutet« und 50 % (West und Ost): »Weil ich auf kirchliche Trauung oder Beerdigung nicht verzichten möchte«. Damit fast gleichrangig begründen 43% (West) und 54 % (Ost) ihre Mitgliedschaft damit, dass die Kirche »etwas für Arme, Alte und Kranke tut«. Demgegenüber begründen nur 20 % (West) und 28 % (Ost) ihre Mitgliedschaft mit dem Satz, »weil ich die Gemeinschaft brauche«. Professionalität ist erwünscht, Delegation diakonisch-sozialer Arbeit an »die Kirche« wird finanziert. Etwas problematisch scheint aber das implizite Denken: ›Kirche ist etwas für die anderen, für die Armen, Kranken und Behinderten, die Betreuung brauchen – Gemeinschaft und sinnvolle Möglichkeiten zur Mitarbeit gibt sie mir nicht‹.

Die Förderung und Begleitung von ehrenamtlicher Arbeit – im Sinne des Priestertums aller Gläubigen – ist daher gefragt. Und es bleibt ein zentrales Thema, wie gerade diakonisch-soziales Engagement Kontakte zur Gemeinde ermöglichen kann.

Karl Michael Engelbrecht plädiert bei seinen Überlegungen zu einem diakonischen Gemeindeaufbau[10] im volkskirchlichen Kontext dafür, von den zentralen Funktionen der Gemeinde im lebensweltlichen Kontext – der Sozialisation und der Lebensbegleitung – auszugehen. Das geistliche Element und die tragenden, stützenden Halteseile bilden in seinem Modell die Kasualien und die Gottesdienste, insbesondere die Feste des Kirchenjahrs. Er sieht drei Säulen:

— Als professionelle Einrichtung und *erste Säule* der gemeindlichen Diakonie zur Sozialisation nennt er die *Kindertagesstätte.* Er plädiert für den Ausbau zum Nachbarschaftszentrum.[11]
— Lebensbegleitung und Pflege in Krankheit und Notsituationen sieht er durch die professionelle *zweite Säule der Diakoniestation* verkörpert. Ergänzend dazu gibt es die ehrenamtlich organisierte Nachbarschaftshilfe.
— Neben den beiden professionellen Säulen Kindertagesstätte und Diakoniestation ist das *ehrenamtliche Engagement* für die Diakonie in der Gemeinde *die dritte Säule* im Konzept Engelbrechts. Sie manifestiert sich im Forum des Diakonieausschusses der Gemeinde. Gerade in der Unterstützung nach-

---

[9] S. Kirche in der Vielfalt der Lebensbezüge. Die vierte EKD-Erhebung über Kirchenmitgliedschaft, hrsg. v. *W. Huber u.a.*, Gütersloh 2006, 448f.
[10] *K.M. Engelbrecht*, Leben formen – Formen leben. Kindertagesstätte und Diakoniestation im Gemeindeaufbau (Themen der Diakonie 26), Treysa: Diakonischen Werk in Hessen und Nassau 1996.
[11] Vgl. hierzu auch *F. Schmidt/A. Götzelmann* (Hrsg.), Der evangelische Kindergarten als Nachbarschaftszentrum in der Gemeinde (DWSt 9), Heidelberg 1997.

barschaftlicher Strukturen ist eine besondere Rolle und Chance der Gemeinde vor Ort zu sehen.

3. Theologische Erwägungen zur Frage der Diakonie

Wenden wird uns zunächst der biblischen Überlieferung zu, in der wir auf eine Vielschichtigkeit von Aussagen stoßen.

3.1 Biblische Aspekte zum Begriff Diakonie

Im *Alten Testament* korrespondiert dem befreienden, liebenden Handeln Gottes die Güte zu Gunsten der Armen und Elenden zur Geltung zu bringen. Der Gottesdienst und die soziale Verantwortung gehören zusammen. In den biblischen Rechtstraditionen und prophetischen Überlieferungen gibt es Schutzbestimmungen für Witwen, Waisen, Alte, Verschuldete, Fremde, Versklavte und Tagelöhner. Außerdem gibt es soziale Gesetzes bezüglich der Wirtschaft (vgl. u.a. Dtn 10,16ff., Jes 58, Ps 82 u. Ps 146), die unter anderem Schuldenerlasse fordern. In den Psalmen wird der Klage über Krankheit, Leid und Unrecht öffentlich Raum gegeben. Gott wird dabei als derjenige begriffen, der Leiden sieht und Klagen hört und für Gerechtigkeit eintritt.

Im *Neuen Testament* wird Diakonie zu einem zentralen Begriff. Im 2. Korintherbrief ist von der »Diakonie der Versöhnung« (2.Kor 5,18ff.) die Rede. In den Evangelien gilt Jesus Christus als der Diakon, der nicht herrscht, sondern mit seinem Leben dient (Mk 10,42ff.). Diesem einander dienenden Verhalten soll auch die Gemeindestruktur entsprechen, und im Abendmahl und in der Fußwaschung wird dies symbolisiert (Lk 22,27). Insofern ist Diakonie der zentrale Begriff zur Beschreibung des Wesens der Gemeinde. Im Matthäus-Evangelium wird mit den Werken der Barmherzigkeit an den Hungernden, Dürstenden, Nackten, Kranken, Fremden und Gefangenen – darin werden Facetten von Jes 58 aufgenommen – eine universale Ethik beschrieben (Mt 25,31ff.). Diese universale Ethik wird mit dem Begriff »diakonein«, dienen, zusammengefasst.

Die Beispielgeschichte vom Barmherzigen Samariter veranschaulicht den Zusammenhang von Gottes- und Nächstenliebe im helfenden Handeln (Lk 10). Die Ämter und Aufgaben des Wortes und des Handelns werden in den Paulusbriefen als Diakonie der Versöhnung gebündelt. Aus der neueren exegetischen Diskussion wissen wir, dass das Bedeutungsspektrum von »diakonia« neben Dienen auch die Aspekte »Vermittlung von wichtigen Botschaften« und Kommunikation zwischen unterschiedlichen Orten umfasst.[12] Der griechische Begriff Diakonie ist daher auch mit Amt, Vermittlung und Kommunikation verknüpft, also mit einem spannungsvollen Miteinander unterschiedlicher Dimensionen.

---

[12] Vgl. *H.-J. Benedict,* Die größere Diakonie: Versuch einer Neubestimmung im Anschluss an John N. Collins, in: *V. Herrmann/R. Merz/H. Schmidt* (Hrsg.), Diakonische Konturen. Theologie im Kontext sozialer Arbeit, Heidelberg 2003, 127–135.

3.2 Diakonietheologische Positionen

Paul Philippis vielzitierter Satz aus seiner Abschiedsvorlesung, »Wer von der Diakonie recht reden will, muß von der rechten Gemeinde reden«[13], weist auf die zentrale Bedeutung der Gemeinde hin. In seiner »Christozentrischen Diakonie«[14] betont Philippi, dass Diakonie Wesenselement christlicher Gemeinde und deshalb auch kirchlicher Lehre ist. Aus der diakonischen Grundstruktur des Christusereignisses folge die christologische Prägung der Diakonie der Kirche. Diakonie ist das Strukturprinzip und die Lebensform der Gemeinde. Das diakonische Amt der Kirche ist dem Amt der Wortverkündigung konstitutiv zugeordnet und soll sich nach Philippi in den Amts- und Leitungsstrukturen der Gemeinde widerspiegeln. Philippi hat die vorhin zitierten »Leitlinien zum Diakonat« von 1975 und deren Definition »Diakonie ist Präsenz der Gemeinde im sozialen Bezugsfeld« maßgeblich mitgeprägt.

Ulrich Bach[15] hat, gegen eine sektoriale Betrachtung, die Diakonie als Dimension aller Theologie betont. Gegenüber Philippi betont Bach weniger den Gedanken des Amtes für die Diakonie, sondern eher die allgemeine Nächstenliebe im Priestertum aller Gläubigen. Für ihn ist der entscheidende Orientierungspunkt das Kreuzesgeschehen.

Diakonie meint seines Erachtens keine soziale Strategie, sondern einen Lernprozess solidarischer Diakonie. Sie ist nicht einfach Sozialarbeit in kirchlicher Trägerschaft, sondern sie ist Struktur des Miteinanders. Kirche ist »Patientenkollektiv«; die Spaltung zwischen »oben« und »unten«, zwischen dem Subjektsein des Helfers und dem Objektsein des zu Helfenden wird hier aufgehoben. Es besteht ein Lebensraum, in dem sich alle als defizitäre Existenzen annehmen können, die aus der Vergebung leben. In diesem Sinne versteht Bach auch »heilende Gemeinde« als Raum, wo diese Erfahrung und dieser solidarische Lernprozess möglich ist.

Im Sinne einer »Diakonie von unten«, die ihren Ausgangspunkt beim Priestertum aller Gläubigen und ihren Charismen nimmt, zeichnet auch *Jürgen Moltmann* die Diakonie in die Koinonia, die Gemeinschaft der Gemeinde, ein. Er betont jedoch stärker ihren Charakter als Dienst der Versöhnung und der Befreiung im Horizont des Reiches Gottes. Moltmann betont die Wichtigkeit der Diakonisierung der Gemeinde und der Gemeindewerdung der Diakonie.

---

[13] Vgl. etwa: *P. Philippi*, Über die soziale Dimension lutherischer Ekklesiologie – Abschiedsvorlesung vom 20.1.1993, in: *M. Järveläinen*, Gemeinschaft in der Liebe (DWSt 1), Heidelberg 1993, 151ff.

[14] *P. Philippi*, Christozentrische Diakonie. Ein theologischer Entwurf, Stuttgart 1975 (1963) ²1975. Vgl. außerdem: *Th. Strohm*, Impulsgeber des diakonischen Wiederaufbaus. Die Diakoniewissenschaftler Herbert Krimm, Heinz Wagner, Paul Philippi, in: Diakonie Jahrbuch 1993, 95ff.

[15] Vgl. zum Folgenden auch *G.K. Schäfer*, Gottes Bund entsprechen, aaO., 181ff.

Der Waldenser Theologe *Paolo Ricca*[16] spitzt zu: Diakonie ist Ort der Offenbarung der Kirche. Seiner Ansicht nach muss es heißen: »Die Kirche ist Diakonie«, Diakonie stellt das Wesen der Kirche dar. Diakonie ist »nicht nur die Hand, sondern auch das Herz der Kirche. Weil die Kirche die Gemeinde eines Dieners ist.« Jesus selbst nennt sich Diakon (Lk 22,27) im Kontext des Abendmahls und des Rangstreits der Jünger. Diakonie ist danach Dienst an der Freiheit der Menschen, Dienst um seiner selbst willen und Dienst, der auch den Staat an seine Verantwortung und Aufgaben erinnert. Der spezifische Weg der Diakonie ist der Weg zum fernsten Nächsten, zu den Aussätzigen in der Gesellschaft.

Der Systematiker und Sozialethiker *Heinz-Dietrich Wendland* betont zusätzlich die Ortsbestimmung der »Diakonie zwischen Kirche und Welt«. Gegenüber Ansätzen, die die Diakonie nur in der Gemeinde verorten wollen, betont Wendland den Weltdiakonat Jesu Christi und seine doppelte Präsenz in der Gemeinde und in den geringsten Brüdern, als verborgene Präsenz Jesu Christi in der Welt (vgl. Mt 25,31–46). Diakonie hat dabei eine vierfache Gestalt: Diakonie ist in Beziehung mit Martyria und Leiturgia das Uramt und Urgesetz der Kirche. Sie realisiert sich (vorinstitutionell) in Bruder- und Nächstenliebe als allgemeines Diakonentum. Sie prägt sich darüber hinaus in Ämtern und Einrichtungen aus. Und sie muss die Form universeller, gesellschaftlicher Diakonie annehmen, die auch auf die Institutionen ausgerichtet ist, die den Menschen unter den Bedingungen der Moderne als soziale und institutionelle Existenz prägen.

Deutlich wird an Wendlands Ansatz, dass der Weg zum Einzelnen, dem geholfen werden soll, auch über Strukturen und Institutionen führt. Die Strukturen sind dem Menschen zur verantwortlichen Gestaltung übergeben, in Solidarität und Anwaltschaft für die Menschenwürde gerade der Menschen, die in Not sind, ebenso wie für die Verwirklichung von Liebe und Gerechtigkeit durch Strukturen.

3.3 Vier Dimensionen von Diakonie

In ihrer konkreten Gestalt ist Diakonie zeitabhängig, situationsabhängig und gesellschaftsabhängig. Sie hat sich im Laufe der Geschichte ausdifferenziert und vor allem seit der Sozialen Frage im 19. Jahrhundert professionell in eigenen Strukturen etabliert. Differenziert werden können idealtypisch vier Dimensionen und Ausprägungen von Diakonie, die im Zusammenhang mit diakonisch-sozialem Lernen in der Gemeinde eine Rolle spielen:

(1) Die *alltägliche Diakonie* und Kultur des Miteinander, als *Mitmenschlichkeit und universales Hilfeethos*, die schöpfungstheologisch begründet werden kann. Auf diesen Begründungsstrang legt der Diakonietheologe Hans-Jürgen Benedict

---

[16] S. P. *Ricca*, Die Waldenser Kirche und die Diakonie in Europa – eine Perspektive des Südens, in: Diakonie und europäischer Binnenmarkt. Dokumentation einer wissenschaftlichen Arbeitstagung des Diakoniewissenschaftlichen Instituts und der Kaiserswerther Generalkonferenz (4.–7.3.1992), Heidelberg 1992, 138–149.

großen Wert. Für ihn ist Diakonie als universales Solidaritätsprogramm und universales Hilfeethos von Gott seiner Schöpfung insgesamt eingestiftet. Er beschreibt in diesem Zusammenhang Gott als Geheimnis der Welt und als Beziehungskraft der Liebe, Barmherzigkeit und Gerechtigkeit, die zu ihrer Verwirklichung auf die Kooperation der Menschen, mit ihren ganz menschlichen Mitteln und Begrenzungen, angewiesen ist.[17]

(2) *Diakonie als Gemeindestruktur und Struktur kirchlicher Ämter* kann christologisch, gemeindetheologisch und kirchentheoretisch begründet werden. »Diakonie ist Kirche« – wie es das Leitbild Diakonie von 1997 ausdrückt. Nach Paul Philippi wurzelt Diakonie in der Gemeinde und nach Paolo Ricca ist Diakonie das Herz der Kirche und soll dem fernsten Nächsten und seiner Freiheit dienen.

(3) *Die sozialstaatlich orientierte Diakonie* in ihrer institutionalisierten Form als freier Wohlfahrtsverband vereint heute im Kontext des Sozialstaats in Deutschland (in einer ähnlichen Größe wie der Caritasverband) ca. 400.000 hauptamtliche und fast ebenso viele ehrenamtliche Mitarbeiter/innen und umfasst alle Felder sozialer, gesundheitlicher und pflegerischer Arbeit. Meistens wird bei Diakonie an das professionelle Hilfehandeln diakonischer Einrichtungen gedacht.

(4) Diakonie beinhaltet aber in der Dimension einer anwaltschaftlichen, gesellschaftlichen Diakonie auch das Verständnis *als Lobbyistin der Benachteiligten für Menschenwürde und Gerechtigkeit in der Gesellschaft.* Sozialanwaltliche Diakonie nimmt sehr genau wahr, was sich in der sozialen Entwicklung und bezüglich neu entstehender Notlagen tut und versucht, Projekte und Handlungsstrategien im Sinne des Schutzes der Würde der Menschen und der Wahrung ihrer Rechte zu entwickeln.

Diese unterschiedlichen Dimensionen von Diakonie sind beim diakonisch-sozialen Lernen in der Gemeinde nicht gegeneinander auszuspielen, sondern aufeinander zu beziehen.

4. Diakonisch-soziales Lernen als Aufgabe der Gemeinde

Für die Frage nach dem diakonisch-sozialem Lernen geht es darum, die Dimensionen der alltäglichen, kirchengemeindlichen, sozialstaatlich orientierten und sozialanwaltschaftlichen Diakonie aufeinander zu beziehen und dabei die gesellschaftliche Dimension im Blick zu behalten. Die jeweiligen Bereiche sind nicht getrennt voneinander zu denken, sondern gehen vielfältig ineinander über bzw. wirken zusammen. Diese Systematisierung kann dabei helfen, dass diakonisch-soziales Lernen in der Gemeinde nicht gegen andere Konkretionen der Diakonie ausgespielt wird, sondern dass immer wieder neu durchbuchstabiert wird, wie die

---

[17] Vgl. *H.-J. Benedict,* Gott als kooperative Macht der Barmherzigkeit und Gerechtigkeit – Biblische Diakonie, diakonische Gemeinde, in: *M. Schibilsky/R. Zitt* (Hrsg.), Theologie und Diakonie, Gütersloh 2004, 66–78.

371

verschiedenen Dimensionen der Diakonie sinnvoll aufeinander zu beziehen und miteinander zu vernetzen sind.

Diakonie in der Gemeinde vor Ort ist insofern ein subjekt- und sozialraumbezogener Gestaltungsprozess, für den die Verantwortung bei allen Gemeindegliedern, insbesondere aber beim Ältestenkreis und Kirchengemeinderat, liegt. Und natürlich bei denjenigen, die beruflich in der Gemeinde die Mitverantwortung für eine lebendige Gestaltung des Kircheseins vor Ort übernommen haben, z.B. die Gemeindepädagog*innen*, Diakon*innen* und Pfarrer*innen*. Wenn die diakonische Verantwortung in der Gemeinde wahrgenommen werden soll, dann handelt es sich in erster Linie um einen Bildungsprozess.

Zur Diakonie in der Gemeinde vor Ort gehört die Wahrnehmung der Lebensbedingungen der Einzelnen und der Strukturen in der Gesellschaft. Das meint, sich der Verletzlichkeit und Fragmentarität des Lebens bewusst zu sein und sich dieser Verletzlichkeit auszusetzen. *Johann Baptist Metz* hat dafür den Begriff »compassion« geprägt.[18] Compassion: sich berühren lassen vom anderen, Mitempfinden, sensibel sein für die eigene Hilfebedürftigkeit und die Hilfebedürftigkeit des anderen. Metz betont, dass Jesu Blick zuerst den Leidenden gilt und Gott für die Leidenden und für Gerechtigkeit eintritt. »Compassion« als Sensibilität für das individuell und strukturell begründete Leiden hat für Metz auch eine politische, sozialanwaltschaftliche Seite und fordert ein sozialanwaltschaftliches Handeln. In der modernen Gesellschaft braucht es dazu ergänzend institutionelle Hilfen und Organisationen.

Die Soziologen stellen fest: In der postmodernen Gesellschaft gibt es mehr Freiheit, mehr Entscheidungsmöglichkeiten, mehr Markt, aber auch mehr Risiken des Scheiterns. Zugleich ist das eigene Leben von Institutionen abhängig. In dieser Situation muss das Leben reflektiert und gestaltet werden. Für die Gestaltung ihres Lebens sind die Menschen auf Beziehungen und Netzwerke angewiesen. Sie brauchen Orte, wo sie als ganze Personen mit ihrer Lebensgeschichte wahrgenommen werden. Diakonisch-soziales Lernen in der Gemeinde soll Lebens- und Freiräume ermöglichen und helfen, dass Menschen sich als aufeinander angewiesene Subjekte erfahren und das Leben auch in belasteten Situationen miteinander gestalten können.

5. Didaktik diakonisch-sozialen Lernens

Es gibt viele Möglichkeiten, wie Kirchengemeinden versuchen können, ihre diakonischen Dimensionen zu leben, der Botschaft von der Liebe Gottes, von der sie leben, Ausdruck zu verleihen, Not und Probleme wahrzunehmen, darüber nachzu-

---

18 *J.B. Metz*, Compassion – Zu einem Weltprogramm des Christentums im Zeitalter des Pluralismus der Religionen und Kulturen, in: *Ders./L. Kuld/A. Weisbrod* (Hrsg.), Compassion. Weltprogramm des Christentums. Soziale Verantwortung lernen, Freiburg 2000, 9–18.

denken, etwas zu tun, zu vernetzen und auch Lobbyarbeit für die zu leisten, die es nötig haben.

Diakonisch-soziales Lernen impliziert, soziale Wirklichkeit vor Ort differenziert wahrzunehmen und das Leben mit seinen Facetten der Verletzlichkeit, der Hoffnung und der Verantwortung »im Horizont sinnstiftender Deutungen des Lebens«[19] zu reflektieren und mit zu gestalten. *Karl Ernst Nipkow* hat hervorgehoben, dass es dabei um eine integrative diakonische Bildung geht, die von einer Kultur wechselseitiger Anerkennung geprägt ist. *Jürgen Gohde* akzentuiert, dass diakonische Bildungsarbeit »kommunikative Annahme, Zuwendung und Anerkennung des ganzen Menschen«[20] ist.

5.1 Diakonisch-soziales Lernen: Dimensionaler Aspekt

• *Diakonische Grunddimension der Gemeinde wahrnehmen und gestalten*

Die diakonische Grunddimension der Gemeinde zieht sich durch alle Lebens- und Wesensäußerungen der Gemeinde: z.B. auch durch das Leiten, Predigen, die Seelsorge, die Art des Umgangs miteinander. Es drückt sich eine bestimmte Bewegung aus, wie miteinander umgegangen wird, wie die Menschenfreundlichkeit Gottes bezeugt wird. Diese Grunddimension der gemeindlichen Diakonie ist deshalb wichtig, weil sie ermöglicht, diakonisch-soziales Lernen nicht auf bestimmte Hilfesektoren und sog. Problemgruppen zu fixieren und eine Oben-unten-Mentalität zu fördern, sondern dem Gedanken des Priester*innen*- und Diakon*innen*tums aller Glaubenden Raum zu geben.

• *Bildungsschritte diakonischer Gemeinde*

Zu überlegen ist, wie Bewusstseins-, Wahrnehmungs- und Zielbildungsprozesse im Hinblick auf die diakonische Dimension in der Gemeinde initiiert und durchgeführt werden könnten. Bewusstsein für die diakonische Dimension der Gemeinde wach zu halten und Prozesse zu initiieren ist ein komplexer Bildungsprozess. Dabei ist nach dem Dreischritt wahrnehmen – reflektieren – gestalten vorzugehen:

(1) *wahrnehmen* der Bedürfnisse, Wünsche, Gaben und Aufgaben der Subjekte im Sozialraum,

(2) *begründen* und urteilen im Licht biblisch-theologischer und sozialwissenschaftlicher Reflexion,

---

[19] So wird in der Bildungsdenkschrift: *Kirchenamt der EKD* (Hrsg.), Maße des Menschlichen. Evangelische Perspektiven zur Bildung in der Wissens- und Lerngesellschaft, Gütersloh 2003, 66, formuliert.

[20] *J. Gohde,* Profile diakonisch-sozialer Bildung, in: *G. Adam u.a.* (Hrsg.), Unterwegs zu einer Kultur des Helfens, 41.

(3) *gestalten und handeln* im Hinblick auf die Gemeinde und den gesellschaftlichen Kontext.[21]

Mögliche Instrumente der Wahrnehmung sind beispielsweise Gemeindebefragungen und Sozialraumanalysen. Dabei geht es um Fragen der folgenden Art:
— Welche Binnenstrukturen der Gemeinde sind diakonisch? Wie sind die Kindertagesstätte und die Sozialstation in das gemeindliche Leben und das Gemeinwesen eingebunden?
— Welche Möglichkeiten bestehen, Diakonie in Gemeinde und Sozialraum weiterzuentwickeln?
— Welche Ziele sollen damit erreicht werden? Welche Rolle spielt die Diakonie im Gottesdienst?
— Wie kommt Diakonie in der Kinder- und Jugendarbeit vor?
— Wie werden Kindergarten und Diakonie- bzw. Sozialstation im Presbyterium behandelt?
— Gibt es einen Diakonieausschuss in der Gemeinde?
— Was sind seine Aufgaben?
— Wen hat die Diakonie in der Gemeinde besonders im Blick?
— Wie ist die Verbindung zu Krankenhäusern, Alten- und Pflegeheimen?
— Wie kommen Asylsuchende und Aussiedler in den Blick?
— Wie werden Armut, Arbeitslosigkeit und soziale Ausgrenzung wahrgenommen?
— Wie wird »Leben in Gemeinschaft« auf der Ebene der Gemeinde umgesetzt?[22]

Als konkrete Fragestellung für diakonisch-soziales Lernen in der Gemeinde ist zu diskutieren: Wäre ein Amt sinnvoll, das sich als Anleitung für diakonisches Sein und Handeln der Kirche für die Verwirklichung des allgemeinen Diakonats der Gemeinde versteht? Soll diese anleitende Kompetenz ehrenamtlich oder professionell sein? Soll sie in der Gemeinde oder eher auf der mittleren Ebene angesiedelt werden?

---

[21] Diesem Dreischritt entspricht die Gemeindetypologie von *Christof Bäumler* in seinem Buch »Kommunikative Gemeindepraxis« (München 1984). a) Das Sehen und Wahrnehmen entspricht der bedürfnisorientierten Gemeinde, die sich auf die Spurensuche nach den Wünschen und Bedürfnissen begibt. b) Das Begründen und Urteilen entspricht der bewusstseinsorientierten Gemeinde im Hinblick auf die christliche Überlieferung. c) Der dritte Punkt entspricht der handlungsorientierten Gemeinde im Hinblick auf den gesellschaftlichen Kontext. Nach Bäumler sind diese drei Gemeindetypen komplementär und unverzichtbar für die Gemeindeplanung als sozialen Prozess.

[22] Über diese Fragen wird intensiv im Diakonischen Werk der Evangelischen Kirche im Rheinland nachgedacht. Dort entsteht derzeit ein »Gemeinde-Diakonie-Ausschuss-Handbuch«.

• *Vernetzung und Informationsaustausch*

Voraussetzung für eine gelingende Kooperation für diakonisch-soziale Lernprozesse sind: die Sicherstellung eines kontinuierlichen Informationsflusses, ein basales gemeinsames Problembewusstsein sowie die Verständigung über integrale Handlungsperspektiven, die erst eine sinnvolle Bestimmung von Aufgaben und Prioritäten ermöglicht, z.B. mit Hilfe eines Leitbildprozesses oder der Diskussion von Zielperspektiven. Außerdem werden Fragen nach Vernetzung und der sinnvollen und effizienten Kooperation mit übergemeindlichen Dienststellen und Einrichtungen der Diakonie sowie anderen Trägern sozialer Arbeit virulent.

Mögliche Aktivitäten und Schwerpunkte können jeweils auf theologischer (diakonische Dimension des Gottesdienstes, diakonisch-theologische Fortbildungen, Schulungen Ehrenamtlicher), gesellschaftspolitischer (sozialpolitisches Gewissen der Gemeinde, Diskussionsforen, Vernetzung) und organisatorischer Ebene (Verteilen und Überprüfen der zweckgebundenen Spenden, Überprüfung der kirchlichen Gebäude auf Erste-Hilfe-Einrichtung und Zugänglichkeit) liegen.

• *Subjektorientierung*

Diakonie ist das Herz der Kirche (Paolo Ricca). Sie macht Hilfebedürftige nicht zu Objekten, sondern sieht sie als Subjekte und strebt eine Beziehung in Freiheit an. Die Gemeinden haben hier ein großes Wirkungsfeld und eine große Verantwortung in der Ausbildung eines diakonischen Bewusstseins und einer diakonischen Verantwortung. Diakonisch-soziales Lernen in der Gemeinde trägt dafür Sorge, dass jede und jeder Einzelne, seine diakonische Gabe und Aufgabe erkennt und wahrnimmt.

• *Gemeinde-Begriff*

Wenn wir über Gemeinde als diakonisches Subjekt nachdenken, dann ist Gemeinde einmal als Geschehen der Kommunikation des Evangeliums, in Gemeinschaft (*Koinonia*), Zeugnis (*Martyria*) und Dienst (*Diakonia*) im Blick, zum anderen als offene, plurale, volkskirchlich geprägte Gemeinde im Kontext der gegliederten Gesamtkirche mit ihren spezifischen Diensten und Funktionen (z.B. als Verwaltungseinheit, als Ort religiösen und sozialen Lebens, als Ort verschiedenster Gruppen und Initiativen). Mit *Christof Bäumler* kann Gemeinde theologisch als »Gemeinde der Befreiten« beschrieben werden, in der das Evangelium von der Menschenfreundlichkeit Gottes in Zeugnis, Gemeinschaft und Dienst erfahren und weitergegeben wird.

• *Lobbyarbeit*

Zudem kann diakonisch-soziales Lernen in der Gemeinde nicht umhin, politische Lobbyarbeit für die notwendigen Rahmenbedingungen der Subjekt- und Lebensweltorientierung ihrer Arbeit zu betreiben. Dazu müssen Strukturen sehr genau wahrgenommen werden, gesetzliche Vorgaben berücksichtigt sowie Vernetzungen mit professionellen Netzwerken und anderen Institutionen angestrebt werden.

- *Bezüge zu Methoden Sozialer Arbeit*

Dann ist die Frage nach der Verbindung mit der professionellen Arbeit und den konkreten Methoden der Sozialen Arbeit sowie gemeindepädagogischer Konzepte zu bedenken. Netzwerk-Konzepte sehen z.B. die Menschen in unterschiedlichen Bezügen und analysieren diese Bezüge zum Zweck des Aufbaus und der Bildung von Hilfestrukturen und lebensfördernden Netzen vor Ort. Für den Aufbau solcher Netze werden die kleinräumigen örtlichen und sozialen Felder bzw. Strukturen nach Möglichkeiten der helfenden Intervention durchforstet und vorhandene Ressourcen erschlossen. Diakonische Gemeinde kann sich einerseits modellhaft ins Spiel bringen und gleichzeitig als eine Art Frühwarnsystem und Hilfekultur vor Ort dienen, die professionellen übergemeindlichen Dienste informieren und heranziehen, sowie sich gleichzeitig von ihnen beraten lassen.

5.2 Diakonisch-soziales Lernen in konkreten Handlungsfeldern

- *Förderung freiwilligen sozialen Engagements vor Ort*

Diakonie im Sinne freiwilligen sozialen Engagements[23] und deren Förderung vor Ort in Gemeinde und Gemeinwesen stellt eine wichtige und aktuelle Aufgabe diakonisch-sozialen Lernens dar. Gemeinden können sich dabei Rat und Unterstützung von den Diakonischen Werken auf Bezirksebene holen, die vielfältige Erfahrung in der Begleitung von projektorientierten, zeitlich begrenzten, an Fähigkeiten und an Neigungen orientiertem ehrenamtlichen Engagement haben.

Exemplarisch können hier die Initiativen der Tafeln, Vesperkirchen, Hospizvereine, der Telefonseelsorge etc. genannt werden. Wo sich engagierte Menschen zusammenfinden und nach Möglichkeiten der Selbsthilfe, der Hilfe und der Unterstützung bewährter Hilfeformen suchen, da geschieht alltägliche Diakonie, z.B. auch in Diakonievereinen oder Initiativen und Gruppen, die die Diakonie- und Sozialstationen unterstützen. Nachbarschaftshilfe, ehrenamtliche Besuchsdienstkreise und finanzielle Unterstützung sind hier ebenfalls zu nennen.

- *»Miteinander Kirche leben lernen ohne Ausgrenzung« (z.B. in der Arbeit mit Konfirmandinnen und Konfirmanden)*

Elementare Diakonie geschieht in einer Kirchengemeinde z.B. in der Konfirmandenarbeit, wenn hier eine gemeindliche Kultur der Anerkennung erfahrbar

---

[23] S. dazu *Th. Mäule/A. Leis,* Wichern III: Diakonische Profilierung und Sozialraumorientierung als Herausforderung für Gemeinden und diakonische Einrichtungen, in: *A. Götzelmann* (Hrsg.), Diakonische Kirche, Heidelberg 2003, 151–164.

wird. Die Jugendlichen kommen oft aus sehr heterogenen Milieus. Nach *Dietrich Bonhoeffers* Ansatz geht es im Konfirmandenunterricht nicht in erster Linie um Wissensvermittlung, sondern um ein exemplarisches Leben als Kirche miteinander in der Gemeinde. Im Konfirmanden- und Konfirmandinnen-Jahrgang erfahren die Jugendlichen – wohl zum letzten Mal in ihrem Leben – keine Ausdifferenzierung nach Bildungsgraden, Bildungsschichten und Sozialmilieus, sondern sie sind als Jahrgangsgruppe dadurch eine Gruppe, dass sie zur Ortsgemeinde – zu einem Sozialraum – gehören.

Ein Konzept elementarer Diakonie will den Konfirmandinnen und Konfirmanden vermitteln, dass sie in ihrer Individualität, aber auch mit ihren Problemen und mit ihren Stärken in der Gemeinschaft angenommen sind und ihre Fähigkeiten und auch ihren Stress, Ärger und Not einbringen und loslassen können. Im Sinne eines integrativen diakonischen Bildungsverständnisses lernen Sie auch, mit dem Anderssein des Anderen in ihrer Gruppe umzugehen und dies zu respektieren. Dazu sollten sie am Anfang der Konfirmandenzeit erfahren, dass hier andere Gesetze gelten, dass sie die Welt aus neuen Deutungsperspektiven miteinander erleben können. Das soll kein »normaler« Schulunterricht werden, vielmehr sollen miteinander Fragen diskutiert und christliche Deutungshorizonte und gemeinsames Leben (in Freizeiten und Projekten) kennengelernt werden. Am Schluss ihrer Zeit als Konfirmanden/innen sollten sie die Zusicherung bekommen, dass sie immer – mit welchem Problem auch immer – in die Gemeinde kommen können, es wird jemand da sein, der sich Zeit für sie nimmt.

Bei Jugendlichen ist eine ausgeprägte Bereitschaft da, sich mit diakonischen und sozialen Fragen zu beschäftigen. Soziale und diakonische Praktika in der Arbeit mit Konfirmandinnen und Konfirmanden und die Möglichkeit eines begleiteten Einsatzes in diakonischen Arbeitsfeldern sind Aufgaben der diakonischen Gemeinde in dieser Richtung.[24]

- *Sozialstaatlich orientierte Diakonie in der Gemeinde: z.B. Evangelische Kindertagesstätte*

Die Kindertagesstätte in der Trägerschaft der evangelischen Kirchengemeinde ist vor Ort präsent und für alle Kinder offen. Als ein diakonisches Nachbarschaftszentrum der Kirche verbindet sie die Familien im Viertel. Als sozialstaatliche Diakonie agiert sie auf der Ebene der Kommune. Die Kindertagesstätte hat nicht nur die engere Gemeinde der Gottesdienstbesucher/innen, der Kerngemeinde oder der evangelischen Christen/innen im Auge, sondern hat eine Aufgabe innerhalb der kommunalen Gemeinde, im Gemeinwesen vor Ort für alle Menschen. Sie bietet neben der pädagogischen auch die religionspädagogische Seite in ihrer Arbeit und stellt ein gemeindepädagogisch reiches Element in der Gemeinde dar.

Entscheidend ist, dass sich die Kirchengemeinde mit ihrer Kindertagesstätte identifiziert und die Mitarbeiter/innen in ihren Aufgaben unterstützt. Symbolisch

---

[24] Vgl. hierzu *G. Adam u.a.* (Hrsg.), Unterwegs zu einer Kultur des Helfens, aaO.

377

kommt der Zusammenhang immer wieder in festlich gestalteten Familiengottesdiensten zum Ausdruck. In den Kindertagesstätten wird es darum gehen, die Herausforderung des besonderen Bedarfs von Alleinerziehenden wahrzunehmen, die
Gemeinde auf diese Aufgabe hinzuweisen und gemeinsam ein Profil zu entwickeln, das der Trägerschaft entspricht. Außerdem geht es in den Kindertagesstätten der Gemeinden darum, die Verknüpfung von gemeinde-pädagogisch-diako-
nischen Dimensionen bewusst zu gestalten. Die Kindertagesstätte kann sich zum
Nachbarschaftszentrum ausweiten, in dem die Rollen von Helfern und Hilfeemp-
fängern wechseln können.

- *Sozialanwaltschaftliche Diakonie: Diakonie zwischen Subjekt und Sozialrecht*

Soziale Hilfe und soziale Rechte sind ein selbstverständlicher Teil des Sozial-
staates, nur ist es nicht immer leicht, die Wege gewiesen zu bekommen, um diese
Rechte auch in Anspruch zu nehmen. In Kirchengemeinden werden sich vielfältige Kompetenzen finden lassen, sozialen und sozialrechtlichen Nöte ein Ohr in der
Gemeinde zu verschaffen, Hilfemöglichkeiten zu öffnen, zuständige Adressen zu
vermitteln, Organisationen und Behörden in Gang zu setzen. Die Menschen sollen
nicht allein gelassen, sondern befähigt werden, ihre Wege im Umgang mit sozialrechtlichen Ansprüchen zu gehen.

Damit soll nicht dem Sozialamt und dem Diakonischen Werk die Arbeit weggenommen werden. Im Gegenteil: Die Ratsuchenden werden sich später selbstbewusst an diese Einrichtungen wenden, denn sie sind dazu ermutigt worden, diese
Schritte zu gehen. Entscheidend für eine solche ehrenamtliche Sozialrechtsberatung ist die Wahrung der Schweigepflicht und eine gute Supervision. Wichtig ist
dabei eine gute Vernetzung mit der Diakonie auf Bezirks- bzw. Kirchenkreisebene
und mit den Sozialbehörden vor Ort.

Entscheidend muss in der Sozialrechtsberatung sein: Menschen werden hier
würdevoll behandelt, finden offene Ohren und werden nicht nur auf die Hilfebedürftigkeit reduziert. Es geht darum, die Erfahrung zu vermitteln, dass Unterstützung gesucht werden darf und dabei niemand unfreundlich behandelt wird. Gemeinden werden dabei mit sozialen Konstellationen konfrontiert werden, bei denen Menschen durch die sozialen Netze nicht aufgefangen werden. Hier gilt es
dann Lobbyarbeit zu machen und auf die politischen und sozialen Strukturen vor
Ort mit Einfluss zu nehmen.

- *Vernetzungen mit diakonischen Einrichtungen, Unterstützung der haupt- und
  ehrenamtlichen Mitarbeiter/innen*

Hier geht es darum, eine Vernetzung mit diakonisch-sozialen Einrichtungen
herzustellen: mit Krankenhäusern, Altenheimen, Einrichtungen für behinderte
Menschen, Einrichtungen für Wohnungslose, Beratungsstellen etc. Diakonische
Einrichtungen sind selbst diakonische Gemeinden, die die Vernetzung mit den

Kirchengemeinden vor Ort brauchen bzw. die von den Kirchengemeinden gebraucht werden.

Einen wichtigen Aspekt hat diakonisch-soziales Lernen in der Gemeinde auch gegenüber den Mitarbeiter/innen in diakonischen Einrichtungen. Das betrifft hauptamtlich oder nebenamtlich Beschäftigte ebenso wie die Verknüpfung mit dem sozialen Ehrenamt. Mitarbeitende in der Diakonie brauchen Zeit für Gespräche und Seelsorge und solide Rahmenbedingungen für ihre diakonische Arbeit, die sich dem Nächsten zuwendet und einen ganzheitlichen Dienst leisten will. Auch die Verantwortlichen brauchen einen Kreis, der sie unterstützt. Ehrenamtliche brauchen gute Begleitung und Beratung bei ihrer Tätigkeit. Eine große Aufgabe bildet die Entwicklung der Zusammenarbeit zwischen haupt- und ehrenamtlich Mitarbeitenden, zwischen den verschiedenen Tätigkeitsbereichen zugunsten einer ganzheitlichen Zuwendung zu den Menschen.

Bei einer Delegation der diakonischen Aufgaben der Gemeinde an professionelle Träger geht es auch um eine geistige Mitträgerschaft. Im Hinblick auf die traditionellen Felder der Gemeindediakonie, Kindergärten und Diakonie- und Sozialstationen bedeutet dies ein aktives Tragen und Unterstützen der Arbeit sowie eine Einbindung in die Gemeindearbeit: Diakonie- und Sozialstationen können mit Besuchskreisen der Gemeinde zusammenarbeiten, Anliegen können in die Gottesdienste getragen werden. Kollekten machen bewusst, dass diese Arbeit zur Gemeinde gehört.

6. Zusammenfassung

Oft geschieht »diakonische Gemeinde«, ohne dass es so genannt wird. Für das Nachdenken über diakonisch-soziales Lernen in der Gemeinde, ihre Wahrnehmung und Gestaltung, braucht es in erster Linie ein weites Verständnis von »Diakonie«. Diakonie verknüpft und vernetzt alltägliche Diakonie als Haltung und Kultur des Miteinanders, Diakonie als Dimension von Kirche und Gemeinde, Diakonie als professionell organisiertes Hilfehandeln im Sozialstaat und Diakonie als sozialanwaltschaftliches, gesellschaftliches Engagement. Diakonie wurzelt in Gottes vorbehaltloser Liebe zu jedem Menschen und impliziert die Wahrnehmung von Lebensgeschichten, Lebenswelten und Sozialräumen. Die Entwicklung und Begleitung diakonisch-sozialen Lernens in der Gemeinde setzt ein diakonisches Bildungsverständnis voraus und erfordert Vernetzung und Kommunikation.

Literatur

Adam, Gottfried/*Hanisch*, Helmut/*Schmidt*, Heinz/*Zitt*, Renate (Hrsg.), Unterwegs zu einer Kultur des Helfens. Handbuch des diakonisch-sozialen Lernens, Stuttgart 2006.

Hanisch, Helmut/*Schmidt*, Heinz (Hrsg.), Diakonische Bildung. Theologie und Empirie, Heidelberg 2004.

19. Jürgen Wolff
Evangelische Erwachsenenbildung zwischen Profil und Zeitgeist

»Christliche Erwachsenenbildung ist so alt wie die Kirche selbst.«[1] Trotz dieser (steilen) These, mit der *Klaus Wegenast* seinen Aufsatz über Evangelische Erwachsenenbildung im »alten« »Gemeindepädagogischen Kompendium« beginnt, zählt die Erwachsenenbildung nach wie vor zu den im binnenkirchlichen Diskurs umstrittensten gemeindepädagogischen Handlungsfeldern.

0. Vorbemerkungen

In der theologischen Aus- und Weiterbildung spielt sie ebenso eine marginale Rolle wie in den einschlägigen Lehrbüchern der Praktischen Theologie[2] bzw. der Religionspädagogik.[3] Im Zuge kirchlicher wie staatlicher Sparmaßnahmen zur Konsolidierung der jeweiligen Haushalte gehörte die Erwachsenenbildung zu den pädagogischen Arbeitsbereichen, denen prozentual die größten finanziellen Einschränkungen auferlegt wurden. Die Erwachsenenbildung gilt als so genannte »freiwillige« Leistung des Staates wie der Kirche und steht daher im besonderen Maße im Fokus der Sparkommissäre. Sie ist gehalten – immer wieder neu – ihre spezifischen Leistungen für Kirche und Gesellschaft zu belegen. In diesem – zum Überleben notwendigen – Prozess einer permanenten Legitimierung der eigenen Arbeit bewegt sich die Evangelische Erwachsenenbildung im Spannungsfeld zwischen theologischer bzw. bildungstheoretischer Profilierung und den Erfordernissen eines Marktes[4], der längst nicht mehr nur aus gemeinnützigen Bildungsträgern

---

[1] *K. Wegenast*, Evangelische Erwachsenenbildung, in: *G. Adam/R. Lachmann* (Hrsg.), Gemeindepädagogisches Kompendium, Göttingen 1987, 379.

[2] Vgl. *M. Nicol*, Grundwissen Praktische Theologie, Stuttgart 2000, 161: »Das Thema Erwachsenenbildung ist zwar wichtig, aber kaum relevant für das Examen.«

[3] Vgl. *F. Schweitzer*, Religionspädagogik, Gütersloh 2006, der fast entschuldigend konstatiert: »Wenn dieser Abschnitt zum Erwachsenenalter vergleichsweise kürzer ausfällt als die zum Kindes- und Jugendalter, so soll darin keineswegs eine Geringschätzung zum Ausdruck kommen. Vielmehr gilt umgekehrt: Die Vernachlässigung von religiöser Bildung im Erwachsenenalter ist zu überwinden zugunsten einer systematischen Wahrnehmung dieses Bereichs als eines genuinen Bestandteils von Religionspädagogik und kirchlicher Bildungsarbeit.« (252f.)

[4] Vgl. *Kirchenamt der EKD* (Hrsg.), Orientierung in einer Zeit zunehmender Orientierungslosigkeit. Evangelische Erwachsenenbildung in kirchlicher Trägerschaft. Eine Stellungnahme, Gütersloh 1997.

oder kulturellen Institutionen, sondern aus einem Sammelsurium höchst unterschiedlicher (auch kommerzieller) Anbieter besteht, die sich um Kopf und Körper, Geist und Seele der Menschen in deren Freizeit kümmern.

Die Evangelische Erwachsenenbildung befindet sich dadurch in einem geradezu klassischen Dilemma: Bietet sie möglichst marktgängige, im Trend liegende Angebote für einen breiten Adressatenkreis an, gilt sie in manchen kirchlichen Kreisen als Symbol für eine profillos gewordene, dem – hier in einem negativen Sinne verstandenen – Zeitgeist nachhängende Volkskirche, die sich besser auf ihre Kernkompetenz, d.h. die Verkündigung, besinnen sollte. Werden hingegen Bedürfnisse und Erwartungen der Adressaten ignoriert, um allzu steiler Themen und Inhalte willen, gilt Evangelische Erwachsenenbildung als bildungsbürgerlich-elitäre Veranstaltung für wenige mit einem geringen Nutzen für die verfasste Kirche, auf die angesichts einer notwendigen Verdichtung kirchlicher Angebote auch verzichtet werden kann.

Es soll im Folgenden gezeigt werden, dass Evangelische Erwachsenenbildung in ihren differenzierten Organisations- und Erscheinungsformen unverzichtbar ist für eine Kirche, die Menschen in der Vielfalt höchst unterschiedlicher Lebensbezüge gerecht werden will.[5] Nach einem kurzen Abriss der Geschichte (Kap. 1) wird der Versuch unternommen, die gegenwärtige empirische »Erwachsenenbildungslandschaft« durch terminologische Klärungen zu skizzieren, um die unterschiedlichen Akzentuierungen und Zugänge innerhalb des Handlungsfeldes aufzuzeigen. Damit verbunden ist zugleich eine inhaltliche Profilierung, in deren Zentrum der Begriff einer Evangelischen Erwachsenenbildung steht. Es gilt, diese in pädagogischer Hinsicht unter Verweis auf die Tradition des Bildungsbegriffs[6] ebenso zu konturieren wie in theologischer Hinsicht durch die Frage nach dem so genannten ›Proprium‹, der normativ-inhaltlichen Füllung des spezifisch »Evangelischen«. Weiterhin sollen unterschiedliche Institutionsformen vorgestellt werden (Kap. 2).

Dass der einstige Vorwurf eines Theoriedefizits[7] der Evangelischen wie Katholischen Erwachsenenbildung sich heute in dieser Form nicht mehr halten lässt,

---

[5] W. Huber/J. Friedrich/P. Steinacker (Hrsg.), Kirche in der Vielfalt der Lebensbezüge, Gütersloh 2006.

[6] Vgl. u.a. W. Klafki, Neue Studien zur Bildungstheorie und Didaktik, Weinheim ⁵1996 sowie: H. Rupp, Religion – Bildung – Schule, Weinheim 1994.

[7] Für die Evangelische Erwachsenenbildung: Ch.T. Scheilke, Evangelische Erwachsenenbildung. Versuch einer Zwischenbilanz, in: JRP 12/1995, 186–188; s. auch G. Adam, Kirchliche Erwachsenenbildung, in: JRP 6/1989, 133–151; für die Katholische Erwachsenenbildung: M. Blasberg-Kuhnke, Erwachsenenbildung, in: H.-G. Ziebertz/W. Simon (Hrsg.), Bilanz der Religionspädagogik, Düsseldorf 1995, 434f.; vgl. auch: J. Wolff, Die Dignität der Praxis ist unabhängig von der Theorie, die Praxis wird nur mit der Theorie eine bewußtere Evangelische Erwachsenenbildung als interdisziplinäre Handlungswissenschaft, in: A. Seiverth (Hrsg.), Re-Visionen Evangelischer Erwachsenenbildung. Am Menschen orientiert, Bielefeld 2002, 603–614.

belegt ein Überblick über die Theoriediskussion der letzten Jahre (Kap. 3). Das Spezifikum der gegenwärtigen Evangelischen Erwachsenenbildung zeigt in besonderer Weise der Blick auf ihre Didaktik (Kap. 4). Ähnliches gilt für die Methodenfrage: Gerade Menschen mit eher negativ geprägten schulischen Lernerfahrungen können in der methodisch differenzierten Erwachsenenbildung, die nicht an schulische Zeitstrukturen und Leistungsmessung gebunden ist, neue Möglichkeiten eines subjektorientierten Lernens entdecken. Und: Methoden der Erwachsenenbildung sind weit mehr als aufwändig gestaltete Powerpoint-Präsentationen (Kap. 5). Abschließend sollen zwei inhaltliche Konkretionen exemplarisch kurz vorgestellt werden: Bibliodrama und Glaubenskurse (Kap. 6).

1. Kleine Geschichte der Evangelischen Erwachsenenbildung[8]

Auch wenn schon zu biblischen Zeiten verschiedene Formen des (religiösen) Lernens und der Unterweisung für Erwachsene praktiziert wurden, haben die Kirchen die Erwachsenenbildung als eigenständiges Handlungsfeld erst sehr spät entdeckt. So fehlt bislang eine wissenschaftliche Aufarbeitung der Geschichte der Evangelischen Erwachsenenbildung[9] bzw. eine Geschichte des religiösen Lernens Erwachsener vor der Gründung der Deutschen Evangelischen Arbeitsgemeinschaft für Erwachsenenbildung (DEAE) am 14.08.1961.

Aber auch für die überschaubare Zeit seit 1961 liegt noch keine Darstellung der Geschichte der Evangelischen Erwachsenenbildung vor. Ähnlich problematisch gestaltet sich die Frage nach deren Beginn. Mit *Klaus Wegenast* kann auf das Lehrgespräch verwiesen werden, das der Taufe des Kämmerers aus Äthiopien (Apg 8,26–40) durch Philippus vorausging.[10] Die Vorbereitung Erwachsener auf die Taufe stand auch im Zentrum des Taufkatechumenats als eines Vorläufers der Erwachsenenbildung in der Alten Kirche.

Von grundlegender Bedeutung für die Bildung Erwachsener erwies sich die Reformation. Die Lehre vom allgemeinen Priestertum aller Gläubigen hatte zur Folge, dass jeder Christenmensch vor die Aufgabe gestellt war, zumindest ein Grundwissen dessen, was zum Heil notwendig war, zu erlernen. Der Kleine Katechismus als das Lehrbuch der Reformation richtete sich zuerst an Erwachsene, die als Multiplikatoren für alle Glieder der Familie zu geistlichen Lehrern wurden.[11] Auch wenn hier noch nicht von Erwachsenenbildung im heutigen Sinne gesprochen wird, belegen die skizzierten Entwicklungslinien eine protestantische Tradition, aus der sich im Zeitalter der Aufklärung allmählich Erwachsenenbildung entwickelte. Trotz ihrer religiösen Wurzeln ist die Erwachsenenbildung allerdings

---

[8] Vgl. *J. Wolff*, Zeit für Erwachsenenbildung. Evangelische Erwachsenenbildung zwischen Zeit-Diagnosen und Freizeitbedürfnissen, Göttingen 2005, 59–104.

[9] Vgl. u.a. *Ch. Meier*, Zur Geschichte der christlich motivierten Erwachsenenbildung, Karlsruhe 1982, 7.

[10] *K. Wegenast*, Evangelische Erwachsenenbildung, aaO., 379.

[11] Vgl. *H. Rupp*, Religion – Bildung – Schule, Weinheim 1994, 35.

kein »Kind der Kirche«[12], sondern sie entsteht in einer kirchenkritischen Zeit als Gegenüber zur Kirche. So terminiert *Frolinde Balser* den Beginn kirchlicher Erwachsenenbildung auf das Jahr 1848, denn: »In den deutschen Staaten ... konnten bis 1848 beide Kirchen unbestritten ihren Einfluß direkt auf Organisation und Durchführung des Erziehungswesens in den Schulen ausüben. Anscheinend ist das der Grund, warum die konfessionell gebundene Erwachsenenbildung erst einsetzte, als diese Voraussetzung nicht mehr in gleichem Maße bestand, also seit 1848.«[13]

Doch während in der katholischen Kirche seit Mitte des 19. Jahrhunderts in der Gestalt katholischer Vereine Erwachsenenbildung betrieben wurde, beginnt die offizielle, d.h. unmittelbar von kirchenleitenden Organen initiierte Evangelische Erwachsenenbildung, erst nach dem 2. Weltkrieg mit der Gründung Evangelischer Akademien. In der Zeit davor kann allenfalls mit *Christoph Meier* von einer »christlich motivierten Erwachsenenbildung«[14] gesprochen werden, die vorwiegend von engagierten Gruppen und Persönlichkeiten am Rande der Amtskirchen geleistet wurde.

Doch worin besteht nun das Spezifikum erwachsenenbildnerischen Handelns, gerade in Abgrenzung zu Verkündigung und diakonischem Auftrag der Kirche? Das Thematisieren von gesellschaftlichen und mentalen Veränderungen erweist sich als durchgängiges Motiv, gewissermaßen als charakteristisches und konstitutives Merkmal für die Erwachsenenbildung in ihrer Geschichte bis zur Gegenwart. Häufig ist von Umbruchzeiten die Rede, die als individuelle oder kollektive Lern-Anlässe für Erwachsene interpretiert werden. Dabei wird der zeitgeschichtliche Kontext häufig als Herausforderung oder Anfrage verstanden, für den eine erwachsenenbildnerisch angemessene Antwort zu entwickeln ist. Je nachdem, ob der Fokus der Zeitdiagnose mehr auf der Ideen- oder der Sozialgeschichte liegt, sind zwei grundlegend verschiedene, idealtypische Varianten der Erwachsenenbildung zu unterscheiden. Einerseits gibt es eine »klassische«, am intellektuellen und kulturellen Zeitgeist orientierte, eher auf die Mittelschicht zielende bildungsbürgerliche Variante der Erwachsenenbildung, während andererseits Erwachsenenbildung im Kontext sozialer Problemstellungen eher kompensatorische Aufgaben zugewiesen werden, d.h., sie wird als Schlüssel zur Lösung einer besonderen gesellschaftlichen Notlage angesehen.

Für das 19. und das beginnende 20. Jahrhundert dominiert die so genannte »Soziale Frage« die gesellschaftliche Wirklichkeit – und damit auch die Themen und Inhalte der Erwachsenenbildung. Die Initiativen und Ansätze der Erwachsenenbildung in ihrer eher kompensatorischen Variante sind fast durchgängig als Antwortversuche auf diese massiven psychosozialen und gesellschaftspolitischen Veränderungsprozesse zu verstehen. Dabei zeigte sich, dass die Evangelische

---

[12] *K. Wegenast*, Evangelische Erwachsenenbildung, aaO., 379.

[13] *F. Balser*, Die Anfänge der Erwachsenenbildung in Deutschland in der ersten Hälfte des 19. Jahrhunderts, Stuttgart 1959, 212.

[14] *Ch. Meier*, Zur Geschichte der christlich motivierten Erwachsenenbildung, aaO., 8.

Kirche mit ihrer Nähe zur staatlichen Obrigkeit im Rahmen des landesherrlichen Kirchenregimentes dieser Situation weitgehend hilflos gegenüberstand und nicht in der Lage war, die offensichtlichen Veränderungen wahrzunehmen und für kirchliches Handeln zu reflektieren. Für das 19. Jahrhundert sind nur wenige evangelische Einzelinitiativen (z.B. *Oberlin, Fliedner, Wichern*) zu verzeichnen, bei denen die sozialdiakonische Motivation der Arbeit überwiegt. Dennoch liegen hierin Wurzeln der Evangelischen Erwachsenenbildung!

Die entstehende Evangelische Erwachsenenbildung entwickelte ihre system-konservative Identität im Gegenüber, als Reaktion auf nahezu ausschließlich negativ bewertete aufklärerische, später »liberalistische« und »sozialistische« Zeitströmungen, die als Bedrohung der bestehenden Ordnung, Kultur und Tradition erlebt wurden und die es zu bekämpfen galt. Die soziale Randständigkeit der Evangelischen Erwachsenenbildung blieb auch in der Zeit des Deutschen Kaiserreiches bestehen. Die zahlenmäßig bescheidenen, nur geringe Wirkung erzielenden Initiativen erstreckten sich vor allem auf die Beteiligung evangelischer Theologen (u.a. *Schleiermacher*) an der Universitätsausdehnungsbewegung, dem so genannten »freien Protestantismus«, und auf wenige (an katholische Vorbilder angelehnte) evangelische Arbeitervereine, die erst mit der ab 1880 beginnenden Verkürzung der Arbeitszeit für Industriearbeiter eine realistische Chance hatten, ihr Klientel auch tatsächlich zu erreichen.

Auch in der aufblühenden Erwachsenenbildungslandschaft der Weimarer Republik, die aus protestantischer Perspektive vorwiegend als krisenbehaftete Zwischen-Zeit gesehen wurde, nimmt der protestantische Beitrag, der überwiegend aus der Mitarbeit christlich motivierter Persönlichkeiten ohne kirchliche Ämter und Funktionen an der »freien Volksbildung«, dem Engagement der religiösen Sozialisten für die Arbeiterbildung und aus evangelischen Heimvolkshochschulen bestand, nur eine Randposition ein. Eine Kirche, geprägt durch eine latente Gegenwartsfeindlichkeit, ohne innere Beziehung zum neuen demokratischen Staat und ohne Bezug zu den sozialrevolutionären Bestrebungen der Arbeiterschaft konnte zwar ihren Bestand sichern und ihren Status wahren, verlor aber den Blick für die sie umgebende Weltlichkeit. *Oskar Hammelsbeck* (von 1926–1933 Leiter der Volkshochschule Saarbrücken) als exemplarischer evangelischer Vertreter der Weimarer »freien Volksbildung« entwickelte angesichts der Spannung zwischen einer durch Arbeits- und Trostlosigkeit geprägten Gegenwart vor allem junger Menschen und der deutschen Bildungstradition die Formel von der »Vergegenwärtigung der Bildung«. Demnach seien die Analyse und Reflexion der gegenwärtigen Situation die erste und grundlegendste Aufgabe aller Erwachsenenbildung. Doch zugleich müsse sie auch als Hüterin des »Mehr-als-Gegenwärtigen«, als Erbe des Humanums, das letztlich in der Transzendenz gründet, einen Gegenpol zu den Nöten der Gegenwart darstellen.[15]

---

[15] Vgl. *O. Hammelsbeck*, Erwachsenenbildung als Wandlung und Wagnis, Bad Heilbrunn 1990 (Quellenband) und *J. Wolff*, Oskar Hammelsbeck – auch ein Klassiker der Evange-

Die *religiösen Sozialisten* fanden angesichts der massiven sozialen Probleme ihrer Zeit einen anderen Lösungsansatz: Sie reagierten auf die soziale Not des Proletariats und einer weitgehend untätigen Kirche mit einer radikalen Hinwendung zur Wirklichkeit durch eine eindeutige Parteinahme für gesellschaftliche Veränderungen zugunsten der Arbeiterschaft – und einem gleichzeitigen Verlust ihrer Kirchlichkeit. Die zeittypischste Variante der Evangelischen Erwachsenenbildung der Weimarer Republik war allerdings die Heimvolkshochschule in der Tradition des dänischen Bischofs *N. Grundtvig* (1783–1872), wobei die Bandbreite der Heimvolkshochschulen das gesamte Spektrum des Protestantismus der Weimarer Epoche von sozialistisch bis völkisch umfasste.

Mit dem militärischen, politischen, ideologischen und gesellschaftlichen Zusammenbruch am Ende des Dritten Reiches hatten sich die grundlegenden Rahmenbedingungen für die Evangelische Erwachsenenbildung nachhaltig verändert. Es waren hoffnungsvolle Vorzeichen für eine Erneuerung der Kirche und ihrer Erwachsenenbildung, zumal die Kirchen als eine der wenigen Institutionen unmittelbar nach Kriegsende noch halbwegs intakt und politisch nicht völlig diskreditiert waren. Geblieben waren auch die Erkenntnisse und Erfahrungen der »Weimarer freien Volksbildung«, deren Vertreter zunächst Theorie und Praxis der Erwachsenenbildung nach 1945 bestimmten.[16] Nachdem zunächst evangelische Einzelpersonen ohne kirchliche Beauftragung Erwachsenenbildungsaktivitäten entfalteten, erfolgten nun in nahezu allen Landeskirchen Akademiegründungen durch die Kirchenleitungen. Weiterhin werden in den 1950er Jahren auch einige kirchliche Heimvolkshochschulen wieder bzw. neu gegründet. Im Zuge von Reeducation, dem wirtschaftlichen Wiederaufbau und der politischen Restauration der Adenauer-Ära entstand allerdings eine romantisch-idealistische Erwachsenenbildung, die verhaftet blieb in der Rückbesinnung auf Traditionen und klassische Bildungsinhalte. Eine Sonderstellung nahmen die Heimvolkshochschulen ein. Mit ihren viermonatigen Winterkursen in der Grundtvigschen Tradition boten sie jungen Menschen aus dem ländlichen Raum an der Schwelle zum Erwerbsleben eine Lebens- und Lerngemeinschaft auf Zeit. Für die Evangelische Erwachsenenbildung dieser Epoche kann abschließend weithin der Einschätzung von *Martina Blasberg-Kuhnke* gefolgt werden, die folgendes Fazit zieht:

»Beide Kirchen verpassen in den fünfziger Jahren, mit weitreichenden Folgen, den Kairos der Entwicklung einer gesellschaftlich relevanten, weil mit den Anforderungen der Zeit korrepondierenden, kirchlich und theologisch verantworteten und andragogisch ausgewiesenen Konzeption kirchlicher Erwachsenenbildung,

---

lischen Erwachsenenbildung, in: *H. Rupp/R. Wunderlich/M. Pirner* (Hrsg), Denk-Würdige Stationen der Religionspädagogik, Jena 2005, 265–276.

[16] Es kamen allerdings nicht alle wichtigen Vertreter der »freien Volksbildung« zurück. *Paul Tillich* etwa blieb, abgesehen von einigen Vortragsreisen, in den USA und hat sich nach 1945 ebenso wenig zur Erwachsenenbildung geäußert wie *Oskar Hammelsbeck*. Auch die Ansätze der religiösen Sozialisten der Weimarer Republik wurden nach Kriegsende nicht wieder aufgenommen.

übernehmen vielmehr kritiklos die sich entwickelnden gesellschaftlichen Ansätze, bzw. behaupten einen ›Mehrwert‹ kirchlich-christlicher Erwachsenenbildung, der sich in inhaltsarmen Formulierungen wie ›vom Evangelium her‹ oder ›aus christlicher Grundhaltung heraus‹ erschöpft.«[17]

Es dauerte bis ins zweite Nachkriegsjahrzehnt, ehe die Evangelische Erwachsenenbildung, angestoßen durch das Gutachten »Zur Situation und Aufgabe der Deutschen Erwachsenenbildung« des Deutschen Ausschusses für das Erziehungs- und Bildungswesen von 1960 und der daraufhin folgenden Gründung der Deutschen Evangelischen Arbeitsgemeinschaft für Erwachsenenbildung, einen Aufschwung erlebte. Mit anderen Worten erfuhr die Evangelische Erwachsenenbildung erst durch bildungspolitische Impulse von außen einen entsprechenden binnenkirchlichen Bedeutungszuwachs, der sich in Bayern u.a. in der Gründung städtischer evangelischer Bildungszentren[18] und evangelischer Familienbildungsstätten niederschlug.

Analog dazu erfolgte der weitere Ausbau der Evangelischen Erwachsenenbildung in den Regionen erst nach den vorherigen Impulsen durch den »Strukturplan für das Bildungswesen« des Deutschen Bildungsrates von 1970 und den folgenden, je nach Bundesland unterschiedlichen Weiterbildungsgesetzen, durch die entsprechende Finanzmittel für einen Ausbau avisiert wurden. Allerdings wurde der ursprünglich angestrebte flächendeckende Ausbau der Evangelischen Erwachsenenbildung häufig nicht erreicht. Seit den 1990er Jahre sind vielmehr erhebliche Reduzierungen der kirchlichen und staatlichen Zuschüsse zu verzeichnen, die zu spürbaren Einschränkungen der Arbeit bis hin zu einer Bestandsgefährdung ganzer Institutionen geführt haben.

2. Rahmenbedingungen, terminologische Abgrenzungen und Institutionen

Wenden wir uns zunächst den soziokulturellen, psychosozialen und rechtlichen Rahmenbedingungen zu.

2.1 Rahmenbedingungen

2.1.1 Soziokulturelle Rahmenbedingungen

Der Blick auf die gegenwärtige empirische »Erwachsenenbildungslandschaft« erfordert zunächst, sich die Bedingungsfaktoren vor Augen zu führen, die erwachsenendidaktisches Handeln bestimmen. Dabei hat der kurze geschichtliche Rückblick gezeigt, dass (Evangelische) Erwachsenenbildung nicht isoliert von gesamtgesellschaftlichen Entwicklungen betrachtet werden darf. Denn Erwachsenenbildung ist nicht nur individualistisch als organisiertes und strukturiertes Lernen von

---

[17] *M. Blasberg-Kuhnke*, Erwachsenenbildung, aaO., 438.
[18] In Bayern entstanden evangelische Bildungszentren in München (1962), Nürnberg sowie Würzburg (beide 1963).

einzelnen Erwachsenen zu verstehen, sondern auch als Lernprozesse von Erwachsenen, die in einen historischen und sozialen Kontext eingebunden sind. In Theorie und Bildungspraxis reflektiert sie aktuelle gesellschaftliche Entwicklungen und ist zugleich eine Funktion der Gesellschaft. Dieser muss sie Rechnung tragen, will sie nicht der Gefahr gesellschaftlicher (und auch kirchenpolitischer) Bedeutungslosigkeit und Selbstmarginalisierung unterliegen.

Eine umfassende Analyse der gegenwärtigen Gesellschaft mit ihren Auswirkungen auf die Theoriediskussion und Bildungspraxis kann an dieser Stelle nicht geleistet werden, denn zu uneindeutig und zu sehr im Wandel begriffen erscheint die gegenwärtige gesellschaftliche Situation, als dass einem Erklärungsmodell Vorrang eingeräumt werden könnte.[19] *Ortfried Schäffter* schließt aus den unterschiedlichen Zeitdiagnosen, dass die gegenwärtige Gesellschaft schlichtweg unbestimmbar sei.[20] Mit anderen Worten charakterisiert diese postmoderne Gegenwartsbeschreibung primär ein Defizitsyndrom: Das Fehlen von überindividuellen, konsensfähigen Sinnstrukturen wird zum Profil der Jetzt-Zeit – und hat dadurch Konsequenzen für erwachsenendidaktisches Handeln.

2.1.2 Psychosoziale Rahmenbedingungen

Erwachsenen-bildung versteht den Erwachsenen nicht als einen aus Kindheit/Jugend hervorgegangenen »fertigen« Menschen, sondern als Individuum, das in allen Lebensphasen – ›lebenslang‹ – lernfähig ist. Die Adressaten/Teilnehmenden werden dabei als Subjekte ihres eigenen, individuellen Bildungsprozesses und Lernweges betrachtet. Erwachsene lernen nicht voraussetzungslos, sondern die je individuelle Lebenswelt und persönlichen Lebensbedingungen prägen ihre Wahrnehmung der Wirklichkeit und diese gilt es zu analysieren. Dieses im sozialen Kontext entstandene Alltagswissen wird als Deutungsmuster bezeichnet.

Rolf Arnold definiert Deutungsmuster als »die mehr oder weniger zeitstabilen Sichtweisen und Interpretationsmuster von Menschen, die diese zu ihren alltäglichen Handlungs- und Interaktionsbereichen lebensgeschichtlich entwickelt haben.«[21] Deutungsmuster sind lebensgeschichtlich verankerte, mit der eigenen Identität untrennbar verwobene, kognitiv wie affektiv besetzte Weltanschauungen von Individuen, auf die sich alle kognitiven, affektiven oder pragmatischen Lernprozesse gründen. Sie bilden die Grundlage von erwachsenendidaktischen Prinzipien wie Teilnehmerorientierung, Erfahrungsorientierung und Lebensweltbezug. Diese Individualisierung und Privatisierung von Weltanschauungen in einer pluralistischen Gesellschaft hat eine eminente Bedeutung für die Erwachsenenbildung. Denn: »Erwachsenenbildung muss angesichts vielfältiger Weltanschauungen und

---

[19] Vgl. *J. Wolff*, Zeit für Erwachsenenbildung, aaO., 97–225.

[20] Vgl. *O. Schäffter*, Weiterbildung in der Transformationsgesellschaft. Zur Grundlegung einer Theorie der Institutionalisierung, Hohenbegehren 2001.

[21] Vgl. *R. Arnold*, Deutungsmuster. Zu den Bedeutungselementen sowie den theoretischen und methodischen Bezügen eines Begriffes, in: ZfP 29/1983, 894.

Lebensstile offen sein für die in unterschiedlicher Weise suchenden, fühlenden, denkenden und glaubenden Frauen und Männer; diese wollen in ihren Erfahrungen ernst genommen und in ihrer spirituellen Entwicklung gefördert werden.«[22]

2.1.3 Rechtliche und finanzielle Rahmenbedingungen

Die Situation der Evangelischen Erwachsenenbildung zwischen staatlichem Weiterbildungssystem und kirchlichem Auftrag zeigt sich exemplarisch an der Finanzierung. Die Erwachsenenbildung oder nichtberufliche Weiterbildung wird seit den 1970er Jahren durch Weiterbildungsgesetze der Bundesländer geregelt. In diesen Gesetzen wird u.a. definiert, nach welchen (überprüfbaren) Kriterien Bildungsmaßnahmen mit Erwachsenen staatlich bezuschusst werden können. Nachdem zunehmend betriebswirtschaftliche Denkschemata auch in die Kultusbürokratie eingezogen sind, bestehen in zahlreichen Bundesländern politische Bestrebungen, die finanzielle Förderung zukünftig nur noch Einrichtungen zu gewähren, die zuvor Qualitätssicherungssysteme eingeführt haben und über entsprechende Zertifizierungen verfügen.

Die Evangelische Erwachsenenbildung ist in dieses staatliche Fördersystem integriert, ungeachtet dessen, ob die jeweiligen Institutionen als Einrichtungen der verfassten Kirche oder als rechtlich selbstständige, eingetragene Vereine auftreten. Neben staatlichen und kirchlichen Zuschüssen werden Teilnehmerbeiträge und mitunter sehr arbeits- und zeitaufwändig zu akquirierende »sonstige« Einnahmen (Projektmittel des Landes, des Bundes, der EU oder auch von privaten Einrichtungen wie Stiftungen; Gelder von Sponsoren/Fundraising) zunehmend wichtiger, um den Verlust einstiger öffentlicher und kirchlicher Zuschüsse zu kompensieren und den institutionellen Bestand, d.h. auch die Personalstellen, zu sichern.

2.2 Terminologische Klärungen[23]

Da der Sprachgebrauch keineswegs einheitlich ist, müssen wir uns jetzt terminologischen Fragen zuwenden.

2.2.1 Erwachsenenbildung

Der Begriff *Erwachsenen-Bildung* enthält den unverzichtbaren Anspruch, »nicht nur Ausbildung oder Schulung, sondern Bildung Erwachsener zu sein.«[24] Er bezieht sich damit auf eine pädagogische Bildungstradition, die historisch geprägt wurde durch Aufklärung, Neuhumanismus und deutschen Idealismus. Wor-

---

[22] S. *Leimgruber/R. Englert*, Erwachsenenbildung stellt sich religiöser Pluralität. Zusammenfassende Thesen, in: *Dies.* (Hrsg.), Erwachsenenbildung stellt sich religiöser Pluralität, Gütersloh/Freiburg 2005, 287.

[23] Vgl. *J. Wolff*, Zeit für Erwachsenenbildung, aaO., 21–45.

[24] *R. Arnold*, Erwachsenenbildung. Eine Einführung in Grundlagen, Probleme und Perspektiven, Baltmannsweiler ³1996, 238.

um aber geht es, wenn von Bildung die Rede ist? Der etymologische Hinweis auf die christliche Imago-Dei-Lehre hilft nur begrenzt weiter. Dieses Verständnis von Bildung als Einbilden Gottes in die Seele des Menschen erhält mit dem Übergang zur Neuzeit einen neuen, ganz anderen Akzent: ›Bildung‹ zielt auf eine wachsende Selbstgestaltung und Selbstverfügung des Menschen, auf die Entwicklung seiner eigenen Kräfte u. Anlagen, auf die »Konstitution von Subjektivität«.[25]

Der Bezug auf den Bildungsbegriff konturiert und profiliert aus pädagogischer Perspektive jede Rede von Erwachsenen-Bildung in normativer Hinsicht. Mit anderen Worten wird mit dem Bildungsbegriff eine pädagogische Norm gesetzt, die gleichermaßen für alle weiteren Komposita oder Attribute, die mit »Bildung« verbunden sind, gilt. Dieses kritisch-aufklärerische Potenzial des Bildungsbegriffes richtet sich gleichermaßen gegen eine berufliche oder politische Funktionalisierung wie alle Versuche einer kirchlich-missionarischen Instrumentalisierung.[26]

Mit dieser Definition soll von einem »Recht auf (Erwachsenen-)Bildung für alle« gesprochen werden, das nicht durch milieuspezifische oder pekuniäre Hürden kontingentiert werden darf. Dieses lebenslange Recht auf Bildung darf aber nicht im Sinne einer »Klientelisierung« erwachsener Menschen missverstanden werden, sondern ist ein Ausdruck demokratischer Freiheit.

2.2.2 Religiöse Erwachsenenbildung

Religiöse Erwachsenenbildung soll hier nicht als Oberbegriff für die Angebote konfessioneller Bildungseinrichtungen verstanden werden, sondern als eine wichtige Dimension, als ein bedeutender Teilbereich sowohl der kirchlichen als auch einer weltanschaulich neutralen Bildungsarbeit mit Erwachsenen, der es um die Thematisierung grundlegender Lebens- und Sinnfragen in einem religiösen oder weltanschaulichen Horizont geht. Religiöse Erwachsenenbildung wird bestimmt durch ihre Inhalte (nicht durch ihren Träger!), deren Ausgangspunkt bei den existentiellen Fragen der Menschen liegt.

2.2.3 Kirchliche Erwachsenenbildung

Dieser Begriff bezeichnet die »Gesamtheit der von den christlichen Kirchen unternommenen Erwachsenenbildungsarbeit«[27]. Dabei sind alle Veranstaltungen von organisierten Lernprozessen für die Bildung Erwachsener, die von eigens dafür geschaffenen kirchlichen Einrichtungen oder im Rahmen des gemeindepä-

---

[25] *L. Pongratz,* Art. Bildung, in: LexRP 1, 2001, 193.

[26] Vgl. *K.E. Nipkow*, Bildung als Lebensbegleitung und Erneuerung, Gütersloh ²1992, 59: »Die Hauptfunktion des Bildungsbegriffs ist jeweils regulativer Natur. Er reguliert unsere Aufmerksamkeit, indem er uns warnt, unverzichtbare Denk- und Handlungszusammenhänge zu vergessen.«

[27] *R. Englert*, Religiöse Erwachsenenbildung, Stuttgart 1992, 22.

dagogischen Handelns der Kirchengemeinden geplant und durchgeführt werden, als kirchliche Erwachsenenbildung zu bezeichnen.

2.2.4 Evangelische Erwachsenenbildung

Evangelische Erwachsenenbildung basiert auf der Prämisse einer grundsätzlichen Vereinbarkeit von christlichem Glauben und der zentralen pädagogischen Dimension der Bildung. Als Teil des staatlichen Bildungssystems ist Evangelische Erwachsenenbildung gehalten, ihre Aufgaben und Ziele bildungstheoretisch zu legitimieren. Als kirchliches Handlungsfeld ist Evangelische Erwachsenenbildung gehalten, ihre Aufgaben und Ziele theologisch zu legitimieren. Nach evangelischem Verständnis beruht Bildung auf dem christlichen Menschenbild: Trotz aller Fragmentarität des Menschen und seiner Trennung von Gott bleibt es die zentrale Aufgabe, in allen Menschen Gottes Ebenbild zu entdecken und für seine Unverlierbarkeit einzustehen.

Für den Bildungsbegriff als der leitenden pädagogischen Kategorie der Evangelischen Erwachsenenbildung ist die Vorstellung des Menschen als Subjekt, das zu einem selbstbestimmten Leben in Würde, Freiheit und Verantwortung für sich selbst und andere fähig ist, konstitutiv. Bildung bedeutet aus evangelischer Sicht keinen Gegensatz zur Glaubenserfahrung, sondern die Idee der Bildung und die Wahrheit der Glaubenserfahrung sind beide unteilbar und zugleich wechselseitig vermittelbar.[28]

Evangelische Erwachsenenbildung ist nicht allein durch die strukturelle Anbindung zur Evangelischen Kirche gekennzeichnet, sondern das ›Evangelische‹ bezeichnet einen programmatischen Bezugspunkt, eine Basis aller Normen und Werte, einen Maßstab und Anspruch, der in Themen, Zielen, Inhalten und Methodik der Bildungsarbeit Gestalt gewinnt. ›Evangelisch‹ meint: auf das Evangelium bezogen, in ihm gegründet, von ihm inspiriert, an ihm orientiert. Die christliche Liebe (*Agape*) als menschliche Antwort auf Gottes Liebe wird als zentrale Norm eines evangelischen Argumentierens, Urteilens, Entscheidens und Handelns verstanden.

In der reformatorischen Lehre von der Rechtfertigung des Menschen allein aus Gnade werden Zuspruch wie Anspruch dieser Liebe theologisch wie anthropologisch verdeutlicht: Die von Gott geschenkte, nicht auf eigener Leistung gründende Gnade befreit den Menschen und motiviert zum Dienst in der Welt. Aus theologischer wie pädagogischer Überzeugung stellt sich Evangelische Erwachsenenbildung den Herausforderungen der gegenwärtigen Welt. Sie weiß um ihre Beheimatung in der jüdisch-christlichen Tradition und ist offen für den Dialog mit anderen, fremden Menschen, Kulturen, Religionen, Weltanschauungen, Völkern.

---

[28] Vgl. *K.E. Nipkow*, Bildung als Lebensbegleitung und Erneuerung, aaO., 561.

2.2.5 Theologische Erwachsenenbildung

Theologische Erwachsenenbildung richtet ihren Fokus zunächst (aber nicht ausschließlich) auf den inhaltlichen Aspekt der Erwachsenenbildung: Gegenstand der theologischen Erwachsenenbildung sind Themen, Methoden und Erkenntnisse der wissenschaftlichen Theologie, die im Rahmen der theologischen Erwachsenenbildung für interessierte Laien didaktisch aufbereitet und vermittelt werden. Theologische Erwachsenenbildung als so genannte Laientheologie zielt auf das »selbständige Denken und Urteilen von Laien in theologischen und religiösen Fragen«[29] und ist – im Unterschied zur akademischen Lehre – weder berufsqualifizierend noch dem Wissenschaftsbetrieb verpflichtet.

2.2.6 Katechetische Erwachsenenbildung

Katechetische Erwachsenenbildung richtet ihren Fokus zunächst (aber nicht ausschließlich) auf den inhaltlichen Aspekt der Erwachsenenbildung. In Unterscheidung zur theologischen Erwachsenenbildung zielt katechetische Erwachsenenbildung aber auf die elementare Vermittlung christlicher Glaubensinhalte und christlichen Verhaltens. »Ausgangspunkt ist ein anfänglicher Glaube oder eine Glaubensbereitschaft; Ziel ist die Förderung eines reflektierten Glaubensbewußtseins und einer diesem Glauben entsprechende Lebensgestaltung.«[30] Während Theologische Erwachsenenbildung auf einer »Hermeneutik des noch nicht vorhandenen Einverständnisses« basiert und einer »Didaktik des offenen Suchens und kritischen Diskurses« folgt, gründet katechetische Erwachsenenbildung in einer »Hermeneutik des schon gegebenen Einverständnisses im Glauben.«[31]

Als Katechetische Erwachsenenbildung können vor allem die regelmäßig stattfindenden, traditionellen Erwachsenenbildungsangebote der Kirchengemeinden mit einem relativ festen Besucherkreis bezeichnet werden. Je nach konfessioneller Ausrichtung gehören diese Angebote institutionell zur Evangelischen bzw. Katholischen Erwachsenenbildung.

---

[29] *W. Lück/F. Schweitzer*, Religiöse Bildung Erwachsener, Stuttgart 1999, 70.

[30] *G. Ruppert*, »Warenhaussammelsurium« oder »Der längere Atem der Hoffnung«?, in: *W. Weiß* (Hrsg.), Zeugnis und Dialog. Die katholische Kirche in der neuzeitlichen Welt und das II. Vatikanische Konzil, Würzburg 1996, 526. Ruppert definiert an dieser Stelle allerdings Katechese in Abgrenzung zu Kirchlicher Erwachsenenbildung.

[31] So *K.E. Nipkow*, Bildung als Lebensbegleitung und Erneuerung, aaO., 572.

2.3. Institutionen

2.3.1 Evangelische Akademien[32]

Vorbereitet durch eine Denkschrift von Helmut Thieliecke aus dem Jahr 1942 kam es bereits am 29.09.1945 zur Gründung der Evangelischen Akademie Bad Boll, weitere Akademiegründungen erfolgten kurze Zeit später. Sie wurden errichtet als Stätten des interdisziplinären Gesprächs und der Begegnung zwischen unterschiedlichen Gruppen der Gesellschaft, zwischen Kirche und Welt. Das besondere Merkmal der Akademiearbeit besteht in der Durchführung von Tagungen auf neutralem Boden, an einem »Dritten Ort«. Dieses häufig mehrtägige Zusammensein unterschiedlichster Menschen prägt den Stil der Akademiearbeit: das wechselseitige Kennenlernen und die persönlichen Gespräche der Teilnehmenden, der (auch kontroverse) Diskurs im verbindenden Klima des Gastseins im schönen Ambiente, abseits der alltäglichen Sorgen und Nöte. Seit den 1960er Jahren entstanden »Freundeskreise« der Akademien in einzelnen Regionen zur Kontaktpflege der Akademiebesucher »zu Hause« und zur Durchführung eigenständiger Bildungsveranstaltungen.

2.3.2 Evangelische Bildungszentren/Stadtakademien

Evangelische Bildungszentren oder Stadtakademien sind evangelische Bildungseinrichtungen mit zum Teil sehr unterschiedlichen Prägungen, die von Dekanaten oder Gesamtkirchengemeinden seit den 1960er in größeren Städten errichtet wurden. Damit war die verfasste Kirche erstmals mit eigenen Bildungseinrichtungen in Städten vertreten. Mit unterschiedlichen Veranstaltungsformen, Themen und Inhalten wird ein städtisches, pluralistisches Milieu angesprochen. Je nach Tradition und Profil der Einrichtungen liegen die Schwerpunkte in den Bereichen Theologie/Spiritualität, Gesellschaft/Sozialethik, Persönlichkeitsbildung, Zeitgeschichte, Kunst/Kulturgeschichte, interreligiöser/interkultureller Dialog.

2.3.3 Evangelische Bildungswerke

Im Zuge der Errichtung staatlicher Weiterbildungsgesetze entstanden in vielen Dekanaten/Kirchenkreisen Evangelische Bildungswerke, die zumeist in der Rechtsform des eingetragenen Vereins errichtet wurden. Mitglieder dieser Vereine sind überwiegend evangelische Kirchengemeinden und sonstige evangelische Einrichtungen. Ihre Aufgaben bestehen in der Unterstützung der Bildungsarbeit ihrer Mitglieder in den Kirchengemeinden (traditionell: zielgruppenspezifische Kreise von Mutter/Kind bis Senioren) und der Aus- und Fortbildung von haupt-, neben- und ehrenamtlichen Mitarbeitenden der gemeindlichen (katechetischen)

---

[32] Zu weiteren Informationen zu Selbstverständnis, Zielen, Arbeitsweisen und Historie der Evangelischen Akademien vgl. http:www.evangelische-akademien.de (22.8.2008).

Erwachsenenbildung. Größere Evangelische Bildungswerke übernehmen auch die Aufgaben eines Evangelischen Bildungszentrums / einer Stadtakademie. In Städten, in denen Evangelische Bildungswerke *und* Evangelische Bildungszentren bestehen, wurden in den letzten Jahren (meist) Kooperationsvereinbarungen geschlossen, um die Aufgabenbereiche abzugrenzen.

2.3.4 Evangelische Familienbildungsstätten

(Religiöse) Erziehungs- und Lebensfragen, Gesundheitsbildung, hauswirtschaftliche Kompetenzen, Kreatives Gestalten sind die klassischen Inhalte der Familienbildungsstätten, die seit den 1960er Jahren – in den Anfangsjahren oft als »Mütterschulen« – in unterschiedlicher Trägerschaft vor allem in Städten entstanden sind. Die Finanzierung erfolgt nach den Weiterbildungsgesetzen sowie nach dem Kinder- und Jugendhilfegesetz (=KJHG). Ein zentraler Leitgedanke liegt in der Prävention: Durch Angebote der Familienbildung soll die Erziehungsfähigkeit von Familien gestärkt werden. In ihren Angeboten reflektieren sie u.a. die Veränderung von Familien- und Elternrollen, die im Zuge der Deregulierungen von Arbeitsverhältnissen sowie geänderten Familienkonstellationen entstanden sind. Im Kontext der aktuellen Debatten zur demographischen Entwicklung der deutschen Gesellschaft ist daher die Weiterentwicklung der Familienbildungsstätten zu »Mehrgenerationenhäusern« zu sehen.[33]

2.3.5 Heimvolkshochschulen/ländliche Bildungs- und Tagungszentren

An keinem anderen Einrichtungstypus lässt sich die zeitgeschichtliche Gebundenheit sowie die Entwicklungen der Bildungsarbeit so klar herausarbeiten wie an den Heimvolkshochschulen: Die Gründungsphase in der Weimarer Republik brachte eine Vielzahl höchst unterschiedlich profilierter Heimvolkshochschulen in evangelischer Trägerschaft hervor. Wieder – oder auch neu – gegründet in den 1950er Jahren dominierten in den Anfängen die mehrmonatigen Winterkurse für die ländliche, bildungsbenachteiligte Bevölkerung. Im Zuge der Veränderung des Bildungswesens in den 1970er Jahren entwickelten sich die Heimvolkshochschulen zu modernen Tagungshäusern der Evangelischen Erwachsenenbildung auf dem Lande mit einem je eigenen Profil. Diese Veränderung drückt sich bei manchen Einrichtungen u.a. auch in einer neuen Namensgebung als »Evangelisches Bildungs- und Tagungszentrum« aus.

3. Zur Theoriediskussion in der Evangelischen Erwachsenenbildung

Evangelische Erwachsenenbildung beeindruckt auf den ersten Blick durch harte Fakten: Statistiken belegen große Zahlen von Teilnehmenden, Doppelstunden

---

[33] Vgl. http://www.mehrgenerationenhaeuser.de (22.8.2008).

und Veranstaltungen[34]; anspruchsvolle Programmhefte erscheinen in modernem Layout; evangelische Bildungshäuser sind professionell ausgestattet; die Mitarbeitenden sind (meist) qualifiziert und motiviert.

»Praxis stabil – Theorie labil«[35], so beschrieb *Gottfried Adam* den Zustand der Evangelischen Erwachsenenbildung im Jahr 1989. Und *Christoph Scheilke* stellt 1995 fest: »Der dauernde Legitimationszwang führt ... zu einem auffälligen Mangel an kritischer Praxisreflexion.«[36] *Stephan Leimgruber* und *Rudolf Englert* resümieren 2005: »Zur theoretischen Fundierung einer sich religiöser Pluralität stellenden Erwachsenenbildung bedarf es sowohl grundlagentheoretischer Arbeiten als auch anwendungsorientierter Arbeiten. Leider ist in beiden Feldern zur Zeit ein Defizit zu konstatieren.«[37] In der Tat dominieren in der Literatur *ad hoc-Beiträge*, geschrieben aus einer überwiegend defensiv-apologetischen Perspektive zur Legitimation der eigenen Arbeit gegenüber bestehenden oder potentiellen Geldgebern. Eine schlechte Voraussetzung für den fachwissenschaftlichen Diskurs. Doch auch wenn die Forschungslage im Handlungsfeld Erwachsenenbildung im gemeindepädagogischen Vergleich Defizite aufweist, dürfen – ohne Anspruch auf Vollständigkeit – einige grundlegende Arbeiten nicht übersehen werden.[38]

3.1 Ein Einblick in die Theoriediskussion der Evangelischen Erwachsenenbildung[39]

Bis in die Gegenwart wird die Theoriediskussion der Evangelischen Erwachsenenbildung nachhaltig beeinflusst durch *Ernst Langes* Programm einer »Sprachschule für die Freiheit«[40] – ein Sammelband von Vorträgen, gehalten zwischen 1969 und 1974. Charakteristisch für Langes Verständnis von Erwachsenenbildung ist sein Anspruch, Erwachsenenbildung nicht theologisch-deduktiv zu konzipieren oder kirchlich-strukturell zu instrumentalisieren, sondern auf die konkrete Situation des Menschen einzugehen. Der Erwachsenenbildung maß Lange die Aufgabe zu, die aktuelle Wirklichkeit des Menschen, den er unterdrückt sah durch subtile gesellschaftliche Zwänge im Westen oder durch massive wirtschaftliche und poli-

---

[34] Vgl. *K. Pehl*, Evangelische Erwachsenenbildung in Zahlen, in: *A. Seiverth* (Hrsg.), Re-Visionen Evangelischer Erwachsenenbildung. Am Menschen orientiert, Bielefeld 2002, 213–230.

[35] *G. Adam*, Kirchliche Erwachsenenbildung, in: JRP 6/1989, 136.

[36] *Ch.T. Scheilke*, Evangelische Erwachsenenbildung. Versuch einer Zwischenbilanz, in: JRP 12/1995, 188.

[37] *S. Leimgruber/R. Englert*, Erwachsenenbildung stellt sich religiöser Pluralität, aaO., 289.

[38] Vgl. die ausführliche Darstellung der behandelten und weiterer Arbeiten in *J. Wolff*, Zeit für Erwachsenenbildung, aaO., 104–151.

[39] Vgl. *J. Wolff*, Zeit für Erwachsenenbildung, aaO., 104–126.

[40] *E. Lange*, Sprachschule für die Freiheit, München 1980.

tische Zwänge in der *Dritten Welt,* zu erhellen im Lichte der biblischen Verheißungen.[41]

In diesen Argumentationsfiguren zeigen sich die beiden Pole von Langes Ansatz: Ausgehend von der Analyse der politischen und psychosozialen Wirklichkeit
der jeweiligen Gesellschaft hat Evangelische Erwachsenenbildung die Aufgabe,
bestehende Unterdrückungen aufzudecken und Lernprozesse zu initiieren, in denen als Zielhorizont die Verheißungen des Alten und Neuen Testamentes erscheinen. In ihnen, verdichtet in den Glaubenssymbolen Sabbat und Kreuz, entwickelt
Lange seine Zielvorstellungen für alle theologischen und pädagogischen Überlegungen, die sich konkretisieren in seinem Modell einer konfliktorientierten Erwachsenenbildung. Im und am Konflikt entsteht ein exemplarisches Lernfeld
gerade für diejenigen Menschen, denen der Mut fehlt, dem Ruf der Verheißungen
zur Freiheit zu folgen. Evangelische Erwachsenenbildung habe in diesem Kontext
die besondere Aufgabe, »Sprachschule für die Freiheit« zu sein.

Christoph Meier reflektiert ebenfalls Evangelische Erwachsenenbildung im
Spannungsfeld zwischen Kirche und Gesellschaft.[42] Er entwickelt eine kritisch-
funktionale Theorie kirchlichen Handelns als integrierendes Vermittlungsmodell
zwischen kritischer Theorie und Systemtheorie. Gottes Offenbarung in der Geschichte führt zu einer grundsätzlichen Akzeptanz der Welt in ihrer jeweiligen
historischen Situation. Der Horizont Evangelischer Erwachsenenbildung wird auf
die gesellschaftliche Wirklichkeit der Gegenwart erweitert. Zugleich eröffnen die
Verheißungen eines neuen Himmels und einer neuen Erde eine neue Perspektive,
die über den Status quo hinausragt. Evangelische Erwachsenenbildung steht dann
vor der Aufgabe, traditionsgeleitetes Wissen in den kritischen Diskurs der modernen pluralen Gesellschaft einzubringen, um dadurch einen Beitrag zu leisten zum
kommunikativen Suchprozess der Gesellschaft.

Volker Weymann entwickelt seine Konzeption einer theologischen Didaktik[43] in
Abgrenzung zur Korrelationsdidaktik Tillichs. Die biblischen Glaubenswahrheiten
sind als Erfahrungen von Menschen in ihrer historischen Zeit zu verstehen und
dürfen nicht losgelöst von ihrem sozialen und zeitgeschichtlichen Kontext betrachtet werden. Sie erhalten konkrete Erfahrungen der Menschen mit Gott und
eröffnen dadurch eine Perspektive, die Menschen unserer Zeit helfen kann, eigene
Lebenssituationen anders wahrzunehmen. Weymann unterscheidet dabei einen
bibelorientierten (der Bibeltext als befreiender Gegentext zur Wirklichkeit) von
einem problemorientierten (von den Widersprüchen des Lebens zur befreienden
Wahrheit der Botschaft) Zugang.

---

[41] Vgl. *K. Liedtke,* Wirklichkeit im Lichte der Verheißung. Der Beitrag Ernst Langes zu
einer Theorie kirchlichen Handelns (STh 1), Würzburg 1987.

[42] *Ch. Meier,* Kirchliche Erwachsenenbildung, Stuttgart 1979.

[43] *V. Weymann,* Evangelische Erwachsenenbildung. Grundlagen theologischer Didaktik,
Stuttgart 1983.

Gottfried Orths Konzeption einer theologischen Erwachsenenbildung[44] ist geprägt von seiner befreiungstheologisch begründeten Option für die Armen, vor allem in den Ländern der so genannten »Dritten Welt«. Die theologische Erwachsenenbildung habe zu deren Befreiung ihren Beitrag zu leisten, denn die Länder wie die Kirchen der »Ersten Welt« seien mitverantwortlich für den weltweiten Gegensatz von arm und reich. Erwachsenenbildung wird dadurch letztlich zu einer engagierten Parteinahme für Frieden, Gerechtigkeit und die Bewahrung der Schöpfung.

Reflexion und Spiritualität, mit diesen auf den ersten Blick fast als Antagonismen erscheinenden Begriffen charakterisiert *Hans-Joachim Petsch*[45] vor dem zeitgeschichtlichen Hintergrund einer pluralistischen (Post-)Moderne das Anforderungsprofil einer »Erwachsenenbildung in kirchlicher Trägerschaft«. Reflexion versteht er »als Selbstreflexion …, die sich nicht nur begreifend und bewältigend nach außen, sondern auch achtsam und vergegenwärtigend nach innen richtet«[46] und plädiert daher für eine »doppelte Reflexionsrichtung in der Evangelischen Erwachsenenbildung«[47]. Die Reflexion der Fragen und Probleme der säkularen Welt (Reflexion »nach außen«) muss durch eine Reflexion im Blick auf den inneren Menschen (Reflexion »nach innen«) ergänzt werden. Petsch fordert von der Kirche eine intensive Auseinandersetzung mit der Moderne. Religion habe Anteil an der Moderne, und die Moderne selbst werde zu einem zentralen Thema der Religion. Durch die neuzeitliche Theologie werden Kirche und Religion mit der Moderne verbunden. Dabei sei die Erwachsenenbildung der Ort schlechthin der Moderne in der Kirche und habe den Auftrag einer produktiven Kommunikation mit der Moderne.

Thomas Bornhausers Konzeption einer kirchlichen Erwachsenenbildung[48] reflektiert intensiv die postmoderne Pluralität. Die Postmoderne, gekennzeichnet durch die Auflösung ewig gültiger Wahrheiten zugunsten eines pluralistischen Nebeneinanders gleichermaßen gültiger Sinnstrukturen, wird nicht länger beklagt, sondern zur Grundvoraussetzung seiner Konzeption. Denn kirchliche Erwachsenenbildung müsse durch die Entwicklung komplementärer Denkstrukturen jenseits der klassischen Logik Vielfalt ermöglichen und zugleich Beliebigkeit verhindern. Er entwickelt sein Modell eines Denkens in Komplementaritäten durch die Übertragung einer Erkenntnis aus der Quantenphysik – ein Elektron kann je nach Versuchsanordnung sowohl Welle als auch Teilchen sein – auf den Bereich der Geistes- und Sozialwissenschaften. So könne man angesichts der Vielfalt möglicher

---

[44] *G. Orth*, Erwachsenenbildung zwischen Parteilichkeit und Verständigung, Göttingen 1990.

[45] *H.-J. Petsch*, Reflexion und Spiritualität. Evangelische Erwachsenenbildung als Ort der Moderne in der Kirche (STh 7), Würzburg 1993.

[46] *H.-J. Petsch*, Reflexion und Spiritualität, aaO., IV.

[47] Ebd.

[48] *Th. Bornhauser*, Gott für Erwachsene. Ein Konzept kirchlicher Erwachsenenbildung im Zeichen postmoderner Vielfalt, Stuttgart 2000.

Gotteserfahrungen von Gott keine *All-* oder *Ist*-Aussagen, sondern nur *Kann-*Aussagen treffen. Der Gefahr diffundierender Beliebigkeit begegnet Bornhauser durch seine Entscheidung für »das Leben als *nota dei*«[49], als Erkennungsmerkmal Gottes, als normatives Kriterium für die Gültigkeit von Gottesvorstellungen. Dort, wo sich Gottesbilder lebensfreundlich auswirken, ist zu erwarten, dass sich hier tatsächlich das Wirken des lebensfreundlichen Gottes erweist.

3.2 Evangelische Erwachsenenbildung zwischen Zeitdiagnosen und Freizeitbedürfnissen

Der kurze Einblick in die Theoriediskussion der Evangelischen Erwachsenenbildung ergibt ein uneinheitliches Bild: Es lassen sich idealtypisch drei unterschiedliche Theoriemodelle unterscheiden, die jeweils auch ihre Entsprechungen in der gegenwärtigen Bildungspraxis haben:

(1) Evangelische Erwachsenenbildung als *»Sprachschule für die Freiheit«*: Mit dem Begriff von Ernst Lange soll ein Typus charakterisiert werden, dessen Profil durch ein ethisch akzentuiertes, sozialpolitisches Engagement auf der Seite der Armen zur Veränderung ungerechter politischer und gesellschaftlicher Strukturen gekennzeichnet ist.

(2) Evangelische Erwachsenenbildung als *Persönlichkeitsbildung/Identitätslernen*: Bei diesem Verständnis wechselt der Fokus von (benachteiligten) Gruppen auf das Subjekt. Im Zentrum der Betrachtungen steht das lernende Individuum, der Mensch auf seiner Suche nach Sinn, tragfähigen Werten, Spiritualität, Orientierung, Bewältigung von schwierigen Lebensphasen.

(3) *Integrative Modelle* der Evangelischen Erwachsenenbildung: Die Gleichzeitigkeit und -gültigkeit von Weltanschauungen und Sinnsystemen in postmodernen Zeiten bereitet den Nährboden für diese dritte Kategorie, deren Intention gerade darin besteht, die postmoderne Vielfalt der Theorieentwürfe, Praxismodelle, Leitbilder von Einrichtungen in *eine* Konzeption zu integrieren.[50] Die Pointe besteht darin, aus der Fülle divergenter bis kontroverser Praxismodelle und -erfahrungen einen plausiblen theoretischen Rahmen zu entwickeln, der die bestehende Pluralität zulässt und zugleich – durch normative Kriterien – Beliebigkeit verhindert.

Diese unterschiedlichen Theoriemodelle haben ihre Entsprechung auch in den gegenwärtig zu unterscheidenden vier didaktischen Grundmodellen.[51] Doch eine Evangelische Erwachsenenbildung, die sich zunächst und primär als Theorie einer konkreten Bildungspraxis versteht, kann sich nicht darin erschöpfen, Theoriemodelle vergleichend zu referieren – und dabei die Praxis weitgehend auszublenden. Das immer wieder beklagte Theoriedefizit der Evangelischen Erwachsenenbil-

---

[49] *Th. Bornhauser*, Gott für Erwachsene, aaO., 21.
[50] Vgl. u.a. das Modell einer perspektivenverschränkenden religiösen Erwachsenenbildung des katholischen Religionspädagogen *R. Englert*, Religiöse Erwachsenenbildung, aaO.
[51] Vgl. 4. Zur Didaktik der Evangelischen Erwachsenenbildung.

dung kann auch verstanden werden als Ausdruck fehlender Kommunikation zwischen Theorie und Praxis. Demgegenüber soll hier ein Verständnis von Evangelischer Erwachsenenbildung als interdisziplinäre Handlungswissenschaft propagiert werden, die sich »als Forschungspartnerin der Praktiker im Prozess der Entwicklung einer Praxistheorie versteht [und J.W.] versucht, in der analysierenden und optierenden Auseinandersetzung mit erwachsenenbildnerischen Problemstellungen in Geschichte und Gegenwart Handlungsorientierungen für die Zukunft zu gewinnen.«[52] Evangelische Erwachsenenbildung nimmt ihren Ausgangspunkt in der Praxis, d.h. zunächst in der Analyse der äußeren Rahmenbedingungen. In den Fokus rückt der potentielle Adressat, den es anzusprechen gilt. Dabei sollen an dieser Stelle zwei exemplarische Bedingungsfaktoren besonders berücksichtigt werden:

(1) Evangelische Erwachsenenbildung wendet sich an Menschen in deren (häufig knapp bemessener) Freizeit. Damit besteht eine Konkurrenzsituation zu anderen Anbietern auf dem prosperierenden Freizeitmarkt.

(2) Evangelische Erwachsenenbildung ist nicht nur individuelles Lernen von Erwachsenen, sondern zugleich auch Ausdruck einer konkreten zeitgeschichtlichen oder kirchlich-religiösen Konstellation.[53] Diese gilt es zu identifizieren, einerseits um (gerade auch kirchenferne) Menschen in deren spezifischer Situation zu erreichen und andererseits um ihrer selbst willen: Denn ansonsten wäre Evangelische Erwachsenenbildung folgenlos – und dadurch als kirchliches Handlungsfeld ebenso überflüssig wie als staatliche Aufgabe.

3.2.1 Die Freizeit als didaktischer Ort der Evangelischen Erwachsenenbildung

Es gehört zu einem konstitutiven Merkmal gemeindepädagogischer Aktivitäten, dass diese in der Freizeit der Teilnehmenden stattfinden und aus deren Sicht als Freizeitaktivität zu verstehen sind – während sie aus der Perspektive der hauptamtlichen Mitarbeitenden existenzsichernde Erwerbsarbeit bedeuten. Diese völlig unterschiedliche Perspektive, die einhergeht mit unterschiedlichen Mentalitäten der Akteure, gilt auch und gerade für die Erwachsenenbildung. Es ist hier eine parallele Entwicklung nahezu aller gemeindepädagogischen Handlungsfelder zu konstatieren: Analog zur Reduzierung der gymnasialen Schulzeit für die Konfirmanden- und Jugendarbeit oder den Veränderungen im Zuge der Einführung von Bachelor- bzw. Masterstudiengängen für die Studierendenarbeit hat sich vor allem auch in der Erwachsenenbildung das Zeitbudget vieler Adressaten erheblich reduziert – mit weitreichenden Folgen für alle didaktischen Überlegungen.

Denn wenn die zur Verfügung stehende, individuelle freie Zeit knapper wird, müssen bezüglich der Didaktik und Methodik gerade die Freizeitbedürfnisse des jeweiligen Klientels besonders beachtet werden. Die Themen können noch so wichtig, die Referentinnen und Referenten noch so qualifiziert sein: Die Bedürf-

---

[52] *M. Blasberg-Kuhnke*, Erwachsenenbildung, aaO., 437.
[53] Vgl. Kap. 1: Kleine Geschichte der Evangelischen Erwachsenenbildung.

nisse der Menschen zur Gestaltung ihrer (subjektiv meist als knapp erlebten) Freizeit, die Art und Weise, wie Menschen ihre Freizeit verbringen möchten oder tatsächlich verbringen, ist eine fundamentale Voraussetzung der Evangelischen Erwachsenenbildung und geht jeder inhaltlichen oder konzeptionellen Überlegung voraus. Jede Praxistheorie der Evangelischen Erwachsenenbildung ist daher gehalten, die Freizeitstrukturen und -bedürfnisse der jeweiligen Zielgruppe im Vorfeld jeder Programmplanung zu analysieren.

Die Untersuchung gegenwärtiger Freizeitzeitstrukturen innerhalb der gegenwärtigen Gesellschaft ergibt einen heterogenen Befund: Die dem Individuum zur Verfügung stehende freie Zeit ist höchst ungleich verteilt. Es kann nicht länger von einer Normalverteilung der Freizeit ausgegangen werden. Zeitnot von (über-) beschäftigten Arbeitnehmern, Alleinerziehenden und Eltern von Kleinkindern auf der einen Seite steht ein (oft unfreiwilliger) Überfluss an freier Zeit von Menschen ohne Erwerbsarbeit oder jenseits der Erwerbsarbeit auf der anderen Seite gegenüber. Dieser Befund erfordert ein differenziertes Programmangebot, das den unterschiedlichen Zeitbudgets und den damit korrespondierenden Motiven und Wünschen an die Inhalte, Veranstaltungsformen und Kommunikationsstrukturen gerecht werden muss.

Freizeit soll aber nicht nur als Voraussetzung, sondern auch als Lernfeld der Evangelischen Erwachsenenbildung betrachtet werden. Der Topos »Freizeit als Lernfeld« grenzt die Evangelische Erwachsenenbildung zum einen gegenüber einer überwiegend beruflich motivierten Weiterbildung ab und akzentuiert zum anderen die beiden Perspektiven »Evangelische Erwachsenenbildung *in* der Freizeit« und »Evangelische Erwachsenenbildung *für* die Freizeit«.

»Evangelische Erwachsenenbildung in der Freizeit« reflektiert die gewachsene Bedeutung der Freizeit für die Identität des Menschen und zieht daraus konzeptionelle Konsequenzen. Das Lernfeld Freizeit beinhaltet besondere Lernchancen an einem im Vergleich zu Schule, Aus- oder Weiterbildung wenig reglementierten Lernort, die es didaktisch und methodisch kompetent zu nutzen gilt. Angesichts eines knappen Zeitbudgets bei vielen konkurrierenden Anbietern in Sachen Freizeitgestaltung mit den unterschiedlichsten Qualitäten und Interessen beschreibt Zeitsouveränität eine neue Zieldimension der Evangelischen Erwachsenenbildung für einen mündigen und sinnstiftenden Umgang mit der individuellen Freizeit. Zeitsouveränität zielt dabei auf eine Vergrößerung individueller Handlungsspielräume im Umgang mit der Zeit, auf die Festlegung und Wahrung der Grenze zwischen Arbeit und Nichtarbeit, auf ein Moment der Befreiung aus den Zwängen von Erwerbs- und Familienarbeit, auf eine individuelle und verlässliche Lebensplanung und auf eine Wiedergewinnung eigener Frei- und Spielräume für ein Leben jenseits der Pflichten.

»Evangelische Erwachsenenbildung für die Freizeit« reflektiert in besonderem Maße die Erkenntnis der empirischen Sozialforschung, dass immer mehr Menschen ohne oder jenseits der Erwerbsarbeit über eine Fülle an freier Zeit verfügen, deren sinn- und identitätsstiftende Gestaltung zu einer wichtigen Aufgabe auch der

Evangelischen Erwachsenenbildung werden kann. Doch die Realisierung dessen erfordert eine Veränderung und Erweiterung der bestehenden Konzeptionen um eine Art »zweites Programm« der Evangelischen Erwachsenenbildung, das bisher nur in wenigen Ansätzen (z.B. in spezifischen Bildungsangeboten für Senioren) vorhanden ist.

3.2.2 Evangelische Erwachsenenbildung als Zeitdiagnose

Seit ihrem Beginn ist (Evangelische) Erwachsenenbildung eine Signatur ihrer Zeit. Von ihrer historischen Entstehung durch alle Epochen bis zur aktuellen Situation kann sie als Antwort auf die Fragen ihrer jeweiligen Zeit verstanden werden – oder aber als bewusste Weigerung, sich diesen zu stellen, allerdings um den Preis ihrer Selbstmarginalisierung. Das Wahrnehmen und Reflektieren gegenwärtiger Entwicklungen und Tendenzen wird daher zu einer grundlegenden und unverzichtbaren Kernkompetenz für eine adressatengerechte und zeitgemäße Evangelische Erwachsenenbildung. Die Analysen der gegenwärtigen Zeit, seien sie von Soziologen, Theologen, Politikern oder Journalisten vorgenommen, bilden dabei in all ihrer Heterogenität einen kräftigen Impuls, der in der konkreten Programmplanung kreativ aufgenommen werden kann. Die Vielzahl differenter und gleichwohl plausibler »Zeitdiagnosen« kann dabei zu einer multiperspektivischen Wahrnehmung der Strukturen der gegenwärtigen Gesellschaft führen und – z.B. durch eine intensive Diskussion in einem Programmbeirat/Kuratorium – das inhaltlich-thematische Spektrum der Evangelischen Erwachsenenbildung bereichern und dadurch das Spektrum und die Qualität der Angebote steigern.

Wenn für Evangelische Erwachsenenbildung ein Bildungsverständnis konstitutiv ist, das den Menschen als Subjekt versteht, der zu einem Leben in Würde und Freiheit berufen ist und das mit *Wolfgang Klafki* durch den Zusammenhang der drei Grundfähigkeiten Selbstbestimmungs-, Mitbestimmungs- und Solidaritätsfähigkeit gekennzeichnet ist[54], lässt sich daraus schlussfolgern, dass diese Grundfähigkeiten nur dann entfaltet werden können, wenn zuvor die gegenwärtige Gesellschaft mit der ihr zugrunde liegenden Dynamik verstanden worden ist. Die Aufklärung einer sich permanent verändernden, globalisierten Gesellschaft über die ihr eigene Strukturierung wird damit zu einer grundlegenden und zumindest vorläufig unabschließbaren Aufgabe der Evangelischen Erwachsenenbildung.

»Zeitdiagnosen« können in ihrer pointierten Zuspitzung diese Aufklärungsarbeit befruchten, da sie sich zum einen nicht nur an Fachwissenschaftler, sondern an eine interessierte Öffentlichkeit richten, und zum anderen, da sie ihre (politischen) Intentionen zumeist nicht verhehlen können und dadurch einen gesellschaftlichen Diskurs geradezu provozieren. Doch Evangelische Erwachsenenbildung kann sich nicht damit begnügen, in einer Art »Beobachterrolle« zu verharren und sich darauf beschränken, gesellschaftliche Entwicklungen bloß »von außen« wahrzunehmen. Der Prozess der Wahrnehmung ist dialogisch. Er verändert den

---

[54] Vgl. oben 2.2.1 (Erwachsenenbildung).

Wahrnehmenden wie den Gegenstand. Er führt von der analytischen Reflexion zu einem verändernden Engagement. Denn der öffentliche Diskurs kann einen »Zeitgeist« erzeugen, in dem sich politische, gesellschaftliche oder auch kirchliche Positionen verändern. Mit anderen Worten zielt das reflektierte Wahrnehmen gesellschaftlicher Prozesse auf eine kritische Überprüfung des Status quo.

4. Zur Didaktik der Evangelischen Erwachsenenbildung

Didaktische und methodische Qualifizierungsmaßnahmen waren *das* Merkmal schlechthin der Evangelischen Erwachsenenbildung in der Aufbauphase in den 1970/1980er Jahren. Ausgehend von didaktischen Modellen aus der Schulpädagogik wurden diese Erkenntnisse in das relativ neue Handlungsfeld übertragen: Zielgruppen-, Lebenswelt- und Adressatenorientierung hießen die Schlagworte aus den Anfängen, später kamen noch Erfahrungsorientierung und Deutungsmuster dazu. Es galt, erwachsenendidaktisches und -methodisches Know-How allen zu vermitteln, die haupt-, neben- oder ehrenamtlich in der gemeindlichen wie übergemeindlichen Erwachsenenbildung tätig waren. In dieser Phase bestand erwachsenendidaktisches Lehren und Lernen häufig auch in einem Aufarbeiten längst vergangener, negativer Schulerfahrungen, in denen Lernen mit fast ausschließlich negativen Konnotationen belegt wurde. Lernen in der Erwachsenenbildung sollte ein befreiendes und befreites Lernen sein, das den Menschen neue Horizonte eröffnete.

Die konzeptionellen Entwicklungen der Evangelischen Erwachsenenbildung in Zeiten postmoderner religiöser wie soziokultureller Pluralität führen auch zu Konsequenzen bezüglich ihrer Didaktik. Wenn in einer komplexen und sich heterogen präsentierenden Gesellschaft, in der das Tempo der Veränderungen dramatisch ansteigt, nur noch konsensfähig zu sein scheint, dass von einer Auflösung überdauernder, »wahrer«, eindeutiger und allgemeingültiger Sinnsysteme gesprochen werden kann, müssen auch neue didaktische Überlegungen angestellt werden. Es gilt Abschied zu nehmen von der Vorstellung, kirchliche, religiöse oder gar gesellschaftliche Entwicklungen könnten von der Erwachsenenbildung antizipiert werden.

Seit ihren historischen Anfängen »funktionierte« Erwachsenenbildung nach einem linearen didaktischen Modell: Die jeweilige – als defizitär interpretierte – gegenwärtige Situation galt als Lernanlass, dessen (curricular) definierte Ziele in einem Steigerungsverhältnis zur Ausgangslage verstanden wurden. Dieses didaktische Grundmodell muss in einer globalisierten, sich in einem ständigen offenen Transformationsprozess befindlichen Gesellschaft, in der einerseits alte Werte und Normen, Strukturen und Regeln des Zusammenlebens an Bedeutung verloren haben und andererseits Richtung und Ziel dieses Prozesses noch weithin unbestimmt bleiben, erweitert werden um alternative didaktische Modellkonstrukte.

Mit *Ortfried Schäffter*[55] können auf einem Kontinuum idealtypisch vier didaktische Grundmodelle unterschieden werden.

---

[55] *O. Schäffter*, Weiterbildung in der Transformationsgesellschaft, aaO., 17–28.

Übersicht: Modelle der Transformation/Didaktische Modelle

Lern-Typus (Didaktische Modelle)	Transformationsmuster	Ausgangslage	Zielwert	Methodenkonzeption
Lernen als Prozess der Konversion (Qualifizierungsmodell)	lineare Transformation	bekannt	bekannt	- Curricular strukturierte Maßnahmen - Trainingsverfahren - Instruktionsverfahren
Lernen als Prozess der Aufklärung (Aufklärungsmodell)	Zielbestimmte Transformation	unbekannt	bekannt	- Modell-Lernen - Leitbild-Konzepte der Selbststeuerung - sozialtherapeutische Ansätze
Lernen als Suchbewegung (Suchbewegungsmodell)	zieloffene Transformation	bekannt	unbekannt	- Zukunftswerkstatt - Zielfindungsseminar - biografisches Lernen
Lernen als permanente Selbstvergewisserung (Selbstvergewisserungsmodell)	reflexive Transformation	unbekannt	unbekannt	- Supervision - kollegiale Praxisberatung - Selbsthilfegruppen - Entwicklungsbegleitung

Das Qualifizierungsmodell mit einer linearen Transformation entspricht der weithin bekannten Lernorganisation: Ausgehend von einer bekannten, defizienten Situation (Ist) wird durch ein Bildungsprogramm (Kurs, Seminar, Vortrag) ein Zugewinn an Wissen oder Kompetenz bis zu einem wiederum definierten Zielzustand (Soll) angestrebt. Aus dem Abgleich zwischen den Lernvoraussetzungen der Adressaten und dem angestrebten Lernergebnis werden Bildungskonzeption und -curriculum entwickelt. Zumeist stillschweigend vorausgesetzt wird bei diesem Modell, dass *Ist* und *Soll* bekannt sind. Beispiele aus der Evangelischen Erwachsenenbildung: Theologische Lernprogramme (Glaubens- und Bibelkurse), methodische Fortbildungen für Leiter/innen von Gruppen in der gemeindlichen Erwachsenenbildung.

Wird die Ausgangslage von den Adressaten als diffus, von Erwachsenenbildnern als unbestimmbar erlebt und ist zugleich der angestrebte Zielhorizont bekannt, spricht Schäffter von einer zielbestimmten Transformation. Die Bildungsmaßnahmen sind hier ausschließlich von ihrem projektierten, möglichst attraktiven Ziel her zu konzipieren. In einem Prozess der Aufklärung wird die Befreiung aus einer nicht mehr tragfähigen, gegenwärtigen Ausgangssituation angestrebt. Der Zielhorizont dieses Befreiungsprozesses liegt in der »Aneignung und Übernahme eines Leitbildes als Vor-Bild, das an die Stelle von Orientierungsnot und Unwissen gesetzt wird.«[56] Beispiele aus der Evangelischen Erwachsenenbildung: erfahrungsbezogene Bildungsmaßnahmen, Persönlichkeitsbildung, manche spirituelle Kursangebote.

Bei einer zieloffenen Transformation ist die Ausgangslage, die sich als obsolet erwiesen hat, bekannt, nicht aber das anzustrebende Ziel. »Erlebt werden zieloffene Transformationen von den Betroffenen meist als Aufbruch, Ausbruch oder als verwirrende Umbruchsituationen hinein in einen verunsichernden Schwebezustand, bei dem zwar klar ist, welche Ordnung man verlassen oder verloren hat, nicht aber, wie die zukünftige aussehen wird.«[57] Der anzustrebende Zielzustand kann nicht objektiv und allgemeingültig durch den Anbieter definiert werden, sondern er erschließt sich allein in einem persönlichen Klärungs- und Entscheidungsprozess im Rahmen der individuellen Möglichkeiten des Subjekts. Zieloffene Transformationen setzen allerdings »eine prinzipielle Bestimmbarkeit eines ›gegenseitigen Ufers‹«[58] voraus, das im Rahmen eines Lernprozesses in einer Phase des Übergangs erreicht werden und dann einen festen Halt und eine Orientierung bieten kann. Beispiele aus der Evangelischen Erwachsenenbildung: seelsorgerlich-diakonische Bildungsmaßnahmen, wie z.B. Seminare für Trauernde.

In einer sich in einem ständigen Wandel befindenden Gesellschaft ist diese Voraussetzung nicht länger selbstverständlich. Der angestrebte Zielzustand befindet sich im Modell einer reflexiven Transformation selbst in einem Strukturwandel, oder er erfährt im Prozess der Aneignung eine fortlaufende Veränderung. »Die Veränderungsstruktur unter den Bedingungen einer reflexiven Transformation lässt sich charakterisieren als Übergang von einem weitgehend ungeklärten Zustand A zu einem prinzipiell unerkennbaren Zustand B.«[59] Da aber die defiziente Ausgangslage nicht als sicheres Vorwissen verfügbar ist, beginnt der Veränderungsprozess bereits mit einer reflexiven Klärung der Situation. Je besser diese gelingt, um so mehr lässt sich der Ausgangspunkt im Sinne eines *Abstoß-Effekts* nutzen. Doch im Unterschied zum Modell einer zieloffenen Transformation wird hier kein gefestigter Halt, der Orientierung bieten kann, erreicht. Es wird vielmehr ein Kreislauf permanenter Veränderungen gestartet, in dem der jeweils erreichte Zielpunkt immer wieder in Frage gestellt und die Suchbewegung damit erneut in Gang gesetzt wird. Evangelische Erwachsenenbildung ist daher auch gefordert,

---

[56] *O. Schäffter*, Transformationsgesellschaft. Temporalisierung der Zukunft und die Positivierung des Unbestimmten im Lernarrangement, in: *J. Wittpoth* (Hrsg.), Erwachsenenbildung und Zeitdiagnose. Theoriebeobachtungen, Bielefeld 2001, 57.

[57] *O. Schäffter*, Transformationsgesellschaft , aaO., 58.

[58] *O. Schäffter*, Transformationsgesellschaft , aaO., 60.

[59] Ebd.

sich diesem kontinuierlichen Veränderungsdruck zu verweigern und zum Widerstand gegenüber einem blinden Beschleunigungsdruck zu ermutigen. Beispiele dafür sind: Bildungsangebote für Arme bzw. von Armut bedrohte Menschen, für Arbeitslose oder für Asylsuchende, entschleunigende Angebote.

Die vier beschriebenen Transformationsmuster dürfen nicht im Sinne einer schrittweisen Entwicklung oder eines strukturellen Wandels vom klassischen Modell einer linearen Transformation zum »neuen« Modell einer reflexiven Transformation verstanden werden, sondern alle vier Transformationsmuster sind gleichzeitig und nebeneinander wirksam. Sie sind allerdings in der Praxis zu unterscheiden, denn aus den verschiedenen Transformationsmustern ergeben sich unterschiedliche Aufgaben, Ziele und Inhalte für die Evangelische Erwachsenenbildung, auf die jeweils mit einem spezifischen didaktischen und methodischen Setting zu reagieren ist.

5. Methoden der (Evangelischen) Erwachsenenbildung

Ob in Universität, berufsbezogener Weiterbildung oder Evangelischer Erwachsenenbildung: Vielfach wird heute erwachsenendidaktische Kompetenz geradezu mit Methodenkompetenz identifiziert. Denn in den letzten Jahren hat sich die Methodik der Erwachsenenbildung aus dem einstigen Schatten der schulischen Unterrichtsmethoden gelöst und ein neues ausdifferenziertes Methodenrepertoire entwickelt, das dem Lernen von Erwachsenen unter den je spezifischen Rahmenbedingungen entspricht. Ein Blick in den Seminarraum genügt: von der Metaplan-Tafel zum Flipchart, von der Computeranimation per Powerpoint über E-Learning – Arbeitsplätzen und visualisierten Mind Maps bis zum Open-space-Setting.

Es besteht gegenwärtig die Gefahr, dass methodische Technik eine Eigendynamik entwickelt und über erwachsenendidaktische Reflexion triumphiert. Demgegenüber muss betont werden, dass auch im kirchlichen Handlungsfeld Erwachsenenbildung die Methoden als dienende und helfende Verfahrensweisen zur Erreichung von (Lern-)Zielen zu verstehen sind. Sie korrespondieren mit den jeweils vorherrschenden Lern-Typen/didaktischen Modellen.[60] Es ist dabei unerheblich, ob Lernziele vom Erwachsenenbildner autokratisch gesetzt, durch ein Curriculum definiert oder im Dialog mit der Lerngruppe gemeinsam entwickelt werden.

Der Methodeneinsatz wird durch die strukturellen Vorgaben des Handlungsfeldes Erwachsenenbildung[61] sowie durch die je spezifischen Rahmenbedingungen bestimmt. Diese sind geprägt durch eine freiwillige Teilnahme erwachsener Menschen – meist gegen ein Entgelt – in deren Freizeit. Die Teilnahme verspricht meist nicht den Erwerb von Kompetenzen oder Qualifikationen, die für die Erwerbsarbeit unmittelbar verwertet werden können. Welche Methoden verwendet werden, richtet sich nach

---

[60] Vgl. die vier unterschiedlichen Lern-Typen/didaktischen Modelle mit den jeweiligen Zielwerten in Kapitel 4.

[61] Vgl. Kapitel 2.1.

– dem *Lernort* (Räume in Kirchengemeinden, einem Bildungswerk auf Dekanatsebene, einer Familienbildungsstätte, einer Heimvolkshochschule oder einer
evangelischen Akademie),
– der *Zielgruppe* (Alter, Geschlecht, eher feste oder eher offene Gruppe),
– dem *Lernziel* (das angestrebte Ergebnis am Ende des Lernweges),
– der Struktur des *Inhalts* (kognitives Wissen, Biografiearbeit, Vermitteln von
Techniken etc.),
– der konkreten *Situation* (d.h. offen und flexibel sein für das Hier und Jetzt),
– dem *zeitlichen Rahmen* (am Abend nach einem langen Arbeitstag oder an
einem Vormittag) und natürlich auch
– nach der Person des *Lehrenden.*

Zwischen all den genannten Einflussfaktoren bestehen Interdependenzen. Mit
Jörg Knoll kann die Wechselwirkung der verschiedenen Einflussfaktoren auf die
methodischen Entscheidungen mit einem Mobile verglichen werden.[62] Alle Teile
sind einander zugeordnet, aber nicht fixiert, sondern frei beweglich. Jede Veränderung eines Elementes, z.B. der Gruppe oder des Ziels, verändert die Balance und
führt zu einem Ungleichgewicht. Es muss auf der Ebene der Methode »nachjus-
tiert« werden, um die Balance aller Faktoren wieder herzustellen.

Angesichts einer Fülle von methodischer Literatur in der Religionspädagogik
und eines Booms an neuen Methoden in der Erwachsenenbildung soll an dieser
Stelle nicht versucht werden, einen Überblick[63] über den gegenwärtigen Stand der
Diskussion zu geben. Gerade sehr spektakuläre oder material- bzw. technikinten-
sive Methoden/Medien können zu Irritationen oder zu einer falschen Gewichtung
führen, indem didaktische Entscheidungsprozesse durch methodische Vorgaben
determiniert werden. Aber wenn Methoden nach dem griechischen Ursprungswort
als Wege verstanden werden, die in der konkreten Praxis zu einem Ziel führen
bzw. beitragen sollen, einen Zielhorizont (gemeinsam) zu entwickeln, lassen sich
zumindest Kriterien und Hinweise für den Methodeneinsatz in der Evangelischen
Erwachsenenbildung benennen:
– Die eingesetzten Methoden müssen zu Zielen und Inhalten passen. Methoden
sind nicht beliebig mit Inhalten oder Zielen kombinierbar.
– Die eingesetzten Methoden sollen die Teilnehmenden motivieren, sich mit
dem Thema intensiv auseinander zu setzen. (Ältere) Erwachsene bevorzugen –
gerade auch am Lernort Kirchengemeinde – Methoden, die sie bereits kennen,
d.h., sie sind eher rezeptiv bzw. dozentenorientiert. Methodische Innovationen
müssen behutsam eingeführt werden.

---

[62] Vgl. *J. Knoll*, Kurs- und Seminarmethoden, Weinheim [7]1992, 30ff.
[63] Vgl. u.a. *G. Adam/R. Lachmann* (Hrsg), Methodisches Kompendium für den Religionsunterricht Bd. I und II, Göttingen [4]2002 bzw. [2]2006 sowie *H. Siebert*, Methoden für die
Bildungsarbeit, Bielefeld [3]2008.

- Die eingesetzten Methoden müssen zur Person des Dozenten passen. Bei eher subjektorientierten Lernprozessen, wie sie für die Evangelische Erwachsenenbildung charakteristisch sind, kommt der Authentizität des Lehrenden eine große Bedeutung zu.
- Die eingesetzten Methoden müssen der jeweiligen Situation entsprechen: Abendliche Lehrveranstaltungen nach einem langen Arbeitstag erfordern andere methodische Entscheidungen als ein Studientag am Wochenende. Wenn sich die Lerngruppe schon lange kennt und miteinander vertraut ist, können andere Methoden verwandt werden als bei einer Gruppe, die sich erst bei Seminarbeginn konstituiert.
- Methodische Entscheidungen werden zweckmäßig parallel zur Konzeption einer Veranstaltung getroffen und folgen deren Planungsschritten von der Ausschreibung/Veranstaltungsankündigung (evtl. mit methodischen Hinweisen als Entscheidungshilfe für Interessenten) über die Gestaltung von Anfangssituationen, den einzelnen Phasen der Erschließung von Inhalten über die Vertiefung bis zur Ergebnissicherung, Evaluation und dem Beenden der Veranstaltung.[64]

6. Inhaltliche Konkretionen

Das Themenspektrum der Evangelischen Erwachsenenbildung ist vielfältig und bunt. Die unterschiedlichen Institutionstypen[65] stehen auch für verschiedene thematisch-inhaltliche Profile. Insgesamt dominieren die Themenbereiche »Religiöse Bildung« (Theologie, Philosophie/Weltanschauungen, Religionswissenschaft, Spiritualität), »Lebens- und Erziehungsfragen« (Pädagogik, Psychologie, Persönlichkeitsentwicklung, Gesundheit, Eltern- und Familienbildung), »Politik und Gesellschaft« (Zeitgeschichte, Ethik, Soziologie, Wirtschaft) sowie »Kunst, Kultur, musische Betätigung« (Literatur, Kunstgeschichte, Freizeitgestaltung).[66] Im Folgenden sollen zwei exemplarische Veranstaltungsformen vorgestellt werden, die charakteristisch sind für Inhalte aus dem Themenbereich der Religiösen Bildung.

6.1 Bibliodrama

Mitte der 1970er Jahre tauchte urplötzlich ein neuer Begriff in der Erwachsenenbildungslandschaft auf, der – ausgehend von der Bielefelder Theaterpädagogin *Else Natalie Warns* über *Wolfgang Teichert* von der inzwischen aufgelösten Evangelischen Akademie Nordelbien in Bad Segeberg und *Gerhard Marcel Martin* von der Evangelischen Akademie Arnoldshain – für Furore sorgte: Bibliodrama. Innerhalb relativ kurzer Zeit wurden mit großem Erfolg mehrtägige Bibliodrama-Seminare für Mitarbeitende in Gemeindepädagogik und Schule an-

---

[64] Vgl. *W. Lück/F. Schweitzer*, Religiöse Bildung Erwachsener, aaO., 125–134.

[65] Vgl. Kap. 2.3.

[66] Vgl. *A. Seiverth* (Hrsg.), Re-Visionen Evangelischer Erwachsenenbildung, aaO., 201–520.

geboten. Es folgten schon bald qualifizierende Weiterbildungsangebote zum/zur »Bibliodrama-Leiter*in*«, die Bewegung nahm an Fahrt auf. In der Hochzeit etwa von 1985–1995 gehörten Bibliodrama-Workshops zum Standard-Angebot der Evangelischen Erwachsenenbildung. Doch fast zeitgleich mit einer Phase der organisatorischen Konsolidierung und wissenschaftlichen Reflexion um die Jahrtausendwende schien der Zenit überschritten: Das Bibliodrama verschwand allmählich wieder von der Bildfläche und mangels Nachfrage auch aus den Programmheften.[67]

Das Bibliodrama – eine typische Modewelle, dem therapeutisch-esoterischen Zeitgeist der 1980er Jahre geschuldet, oder aber in konkrete Programmplanung umgesetztes Profil der Evangelischen Erwachsenenbildung, um via Bibliodrama Konvergenzen zwischen Bildung und Glaube, Gotteserfahrung und Persönlichkeitsentwicklung zu entwickeln?

»Bibliodrama ist ein mehrstündiges bis mehrtägiges, methodenplurales, durch einen Leiter oder eine Leiterin begleitetes Prozessgeschehen einer Gruppe von Menschen mit einem biblischen Text. Ziel eines Bibliodramas ist die ganzheitliche, wechselseitige Erschließung des Textes und der Lebenssituation bzw. Biographie der Teilnehmer. Das Prozessgeschehen verläuft dabei über die drei Begegnungsebenen Ich-Text, Ich-Gruppe, Gruppe-Text.«[68] Ein Bibliodrama bewegt sich stets in diesem Dreieck zwischen Bibeltext, Individuum und Gruppe. Es ist erfahrungs- und textorientiert: Eigene lebensgeschichtliche Erfahrungen kommen in Kontakt mit Personen, Emotionen, Begebenheiten und Geschichten aus der Bibel. In der unmittelbaren Begegnung mit biblischen Gestalten im bibliodramatischen Spiel wird der »garstige Graben« der Geschichte überwunden. In der Gruppe treffen sich Menschen, die je ihre eigene Lebens- und Glaubenserfahrungen in den Prozess einbringen. Diese Begegnungen können den eigenen Horizont erweitern – aber auch verunsichern. »Es geht in diesem Prozeß gleichermaßen um das Bewußtmachen von Irritationen, Projektionen, Blockierungen in und gegenüber biblischen Texten wie um die Entdeckung von deren befreiendem lebensfreundlichem Potential.«[69] Der biblische Text ist kein »Drehbuch«, sondern als textliche Grundlage die Basis und das korrigierende Gegenüber jedes bibliodramatischen Spiels.

Schon diese kurze Beschreibung mag die Faszination bibliodramtischen Spiels erhellen, dessen organisatorische Voraussetzungen kongenial den strukturellen Rahmenbedingungen der Evangelischen Erwachsenenbildung entsprechen: Menschen kommen freiwillig zusammen, verbringen meist mehrere Tage an einem »dritten Ort« zusammen, um sich miteinander auf den Weg mit einem biblischen

---

[67] Zu aktuellen Angeboten siehe unter http://www.bibliodrama-gesellschaft.de (22.8.2008).
[68] *H. Aldebert*, Art. Anspiel – Rollenspiel – Bibliodrama, in: *G. Bitter/R. Englert/G. Miller/K.E. Nipkow* (Hrsg.), Neues Handbuch religionspädagogischer Grundbegriffe, München 2002, 505.
[69] *G. M. Martin*, Sachbuch Bibliodrama. Praxis und Theorie, Stuttgart 1995, 9.

Text zu machen, um miteinander zu spielen und zu reflektieren, um sich in alten Rollen wiederzufinden oder auch in neuen Rollen zu erproben, um ihre eigene lebensgeschichtlich erworbene Theologie bestätigt oder aber in Frage gestellt zu sehen. Doch zugleich liegt in diesem anspruchsvollen Programm auch die Ursache für die schwindende Nachfrage: Bibliodrama kostet Zeit (1–5 Tage), Geld (1–2 Leiter/innen bei Gruppen bis maximal 18 Personen) und viel Mut, sich auf den Prozess einzulassen. Und es haben sich inzwischen auch andere Angebote in der Evangelischen Erwachsenenbildung entwickelt, in denen theologisches Wissen, persönlicher Glaube und lebensgeschichtliche Fragen in der Konstellation einer Gruppe aufeinander bezogen werden.

6.2 Glaubenskurse

Gegenwärtig boomen Glaubenskurse: »In den letzten Jahren sind in verschiedenen Ländern Hunderte von Glaubenskursen entwickelt worden ... Im deutschsprachigen Raum gibt es inzwischen Dutzende von Glaubenskursen in Buchform, in vielen Gemeinden gehören solche Kurse zum festen Bestandteil der kirchlichen Praxis.«[70] Die Nachfrage ist offenbar ungebrochen und das Angebot ist unübersichtlich geworden.[71]

Innerhalb der binnenkirchlichen Aufgabenverteilung wird die Einladung an Erwachsene zum Glauben zumeist unter Begriffen »Gemeindeaufbau/Evangelisation« verhandelt und häufig an evangelikale Gruppen am Rande des landeskirchlichen Spektrums delegiert. Deren Profil unterscheidet sich erheblich von dem bildungstheoretischen Anspruch der Evangelischen Erwachsenenbildung, die sich nicht nur als gemeindepädagogisches Handlungsfeld, sondern auch als Teil des staatlichen Weiterbildungssystems versteht. So klagt *Götz Häuser*: »Problematisch ist, dass die Evangelische Erwachsenenbildung ihrer Verantwortung für die Bildung auch des Glaubens der Erwachsenen vergleichsweise wenig Rechnung trägt.«[72] Er fordert daher von der Evangelischen Erwachsenenbildung die »Rückkopplung an den elementaren Gegenstand des Glaubens ..., um so das Proprium des Evangelischen ... im Konzert pluraler Bildungsträger«[73] herauszustellen. Können Glaubenskurse aber einen Beitrag zur Profilierung der Evangelischen Erwachsenenbildung leisten?

---

[70] *J. M. Sautter*, Spiritualität lernen. Glaubenskurse als Einführung in die Gestalt des christlichen Glaubens, Neukirchen-Vluyn ²2007, 15f.

[71] S. auch die Webside http://www.glaubenskursfinder.de (22.8.2008) bzw. die über das Amt für Gemeindedienst, Sperberstr. 70, 90461 Nürnberg zu beziehende CD »Glaubenskursfinder«, die einen vergleichenden Überblick über die gängigsten Glaubenskurse enthält.

[72] *G. Häuser*, Einfach vom Glauben reden. Glaubenskurse als zeitgemäße Form der Glaubenslehre für Erwachsene, Neukirchen-Vluyn 2004, 62.

[73] *G. Häuser*, Einfach vom Glauben reden , aaO., 65.

Evangelische Erwachsenenbildung basiert auf der Prämisse einer grundlegenden Vereinbarkeit von christlichem Glauben und der pädagogischen Kategorie der Bildung. Mit der Reformation war ein kräftiger Bildungsimpuls verbunden: Die Ermutigung, selbst die Bibel lesend zu entdecken, ohne auf die Kirche als Heilsinstanz angewiesen zu sein, sowie die Vorstellung vom Allgemeinen Priestertum aller Gläubigen erforderte zumindest ein grundlegendes Glaubenswissen. Denn Glaubensgewissheit erwächst aus Glaubenswissen. Doch Glaube entsteht aus reformatorischer Sicht weder durch das Handeln der Kirche noch durch Lernprozesse, sondern ist als unverfügbares Geschenk Ausdruck der göttlichen Gnade. Sind dann Glaubenskurse »Mogelpackungen«, die mit falschen Versprechungen arbeiten?

Der Begriff »Glaubenskurse« ist unglücklich: theologisch zumindest missverständlich und als Bezeichnung für einen Veranstaltungstypus eher abschreckend als werbend – nicht zuletzt auch daher die von Häuser mokierte Absenz der Evangelischen Erwachsenenbildung. Doch das mit »Glaubenskursen« Intendierte bleibt unverzichtbar: die theologisch wie pädagogisch verantwortete, erwachsenendidaktisch kompetente Verbindung der existentiellen Fragen des Menschen mit dem Evangelium von der Offenbarung Gottes in Jesus Christus.

Diese Botschaft der Bibel will in einer pluralistischen Gesellschaft mit einer Vielzahl höchst unterschiedlicher, konkurrierender Weltanschauungen und religiösen Strömungen immer wieder neu entfaltet und in Beziehung gesetzt werden auf den heutigen Menschen in seiner konkreten Lebenssituation. Zwar ist Glaube nicht lernbar, aber Glaubensinhalte können auch für Erwachsene wieder oder neu erschlossen werden.[74] Und: Erlernt und eingeübt werden können die unterschiedlichen Erscheinungsformen, in denen Glaube Gestalt gewinnt. *Jens Martin Sautter* bezeichnet dies als Spiritualität.[75]

Glaubenswissen und Spiritualität müssen sich wechselseitig inspirieren und ergänzen, damit kognitives Wissen in existentielles Erfahrungswissen überführt und damit Spiritualität kognitiv verankert und dadurch geerdet werden kann. Glaubenskurse können hierfür einen wichtigen Beitrag leisten, sofern sie den Menschen als lernendes Subjekt ernst nehmen und auf jede Indoktrination verzichten.

---

[74] *R. Lachmann*, Kann man »Glauben« lernen?, in: KatBl 115/1990, H. 11, 758–763.
[75] *J. M. Sautter*, Spiritualität lernen, aaO., 16f.

Literatur

Englert, Rudolf/*Leimgruber*, Stephan (Hrsg.), Erwachsenenbildung stellt sich religiöser Pluralität, Gütersloh/Freiburg 2005.

Lück, Wolfgang/*Schweitzer*, Friedrich, Religiöse Bildung Erwachsener. Grundlagen und Impulse für die Praxis, Stuttgart 1999.

Petsch, Hans-Joachim, Reflexion und Spiritualität. Evangelische Erwachsenenbildung als Ort der Moderne in der Kirche (STh 7), Würzburg 1993.

Seiverth, Andreas (Hrsg.), Re-Visionen Evangelischer Erwachsenenbildung. Am Menschen orientiert, Bielefeld 2002.

Wolff, Jürgen, Zeit für Erwachsenenbildung. Evangelische Erwachsenenbildung zwischen Zeitdiagnosen und Freizeitbedürfnissen (ARP 27), Göttingen 2005.

20. Peter Bubmann
Der Kirchentag als Bildungsangebot

»Der Deutsche Evangelische Kirchentag will Menschen zusammenführen, die nach dem christlichen Glauben fragen. Er will evangelische Christen sammeln und im Glauben stärken. Er will zur Verantwortung in der Kirche ermutigen, zu Zeugnis und Dienst in der Welt befähigen und zur Gemeinschaft der weltweiten Christenheit beitragen.«[1]

Diesem umfassenden Selbstanspruch des Kirchentages korrespondiert eine Außenwahrnehmung aus journalistischer Sicht: Der Kirchentag habe den Charakter einer »riesigen protestantischen Volkshochschule mit renommierten Referenten und einigermaßen aktiver, oft auch emotionaler Beteiligung seiner Zuhörer« und sei zu verstehen als »größte Bildungsveranstaltung der Republik zu den wichtigen Themen, die der Gesellschaft, ja der Welt unter den Nägeln brennen«.[2]

Es mag überraschen, dass in der gemeindepädagogischen Literatur nur selten vom Kirchentag die Rede ist, dann allerdings meist an hervorgehobener Stelle. Die »Empfehlungen zur Gemeindepädagogik« der EKD aus dem Jahr 1982 würdigen den Kirchentag als Ort, an dem vor allem Jugendliche »ihre Sehnsucht nach Gemeinschaft und Gespräch, Sinngebung und gemeinsamer Aktion«[3] stillen können.

Nach *Karl Foitzik* und *Elsbe Goßmann* sind Kirchentage »für viele Menschen deshalb so anziehend, weil dort lebenswichtige Fragen nicht ausgeklammert, sondern auf die biblische Botschaft bezogen diskutiert werden«.[4] Auch *Christian Grethlein* verweist auf die methodisch abwechslungsreichen Bildungsangebote des »Marktes der Möglichkeiten« und auf die besonderen Liturgien, in denen die gemeindepädagogische und liturgische Dimension ineinander integriert seien.[5]

---

[1] Präambel der Grundordnung des Deutschen Evangelischen Kirchentags.

[2] Beide Zitate: *L. Tauber,* Scharfe Worte vor großem Publikum. Der Deutsche Evangelische Kirchentag in Köln – der wahre Gegengipfel zu G 8, in: Sonntagsblatt. Evangelische Wochenzeitung für Bayern, Nr. 24, 17.6.2007, 3.

[3] Zusammenhang von Leben, Glauben und Lernen. Empfehlungen zur Gemeindepädagogik, vorgelegt von der Kammer der EKD für Bildung und Erziehung, hrsg. von der *Kirchenkanzlei der EKD*, Gütersloh 1982, 44; vgl. 30.

[4] *K. Foitzik/E. Goßmann,* Gemeinde 2000. Wenn Vielfalt Gestalt gewinnt. Prozesse, Provokationen, Prioritäten (Gemeindepädagogik 9), Gütersloh 1995, 91.

[5] Vgl. *Ch. Grethlein*, Gemeindepädagogik (de Gruyter Studienbuch), Berlin/New York 1994, 336f.

Könnte darüber hinaus der Kirchentag als ein Modell gemeindepädagogischer Praxis verstanden werden?[6] Um dies zu klären, müssen die dort stattfindenden Bildungsprozesse genauer in den Blick genommen werden. Inwiefern konstituiert sich dort eine besondere Gestalt von Gemeinde und Kirche als Lerngemeinschaft?[7]

1. Phänomen und Geschichte

Die Kirchen- und die Katholikentage in der heutigen Form gibt es seit dem Jahre 1948.[8]

1.1 Ein Blick in die Geschichte

Während die Katholikentage aus den Treffen des Dachverbands katholischer Vereine entstanden, erwuchsen die Evangelischen Kirchentage aus den von *Reinold von Thadden-Trieglaff* (1891–1976) maßgeblich gestalteten »Evangelischen Wochen«, die der theologischen Zurüstung von Laien dienten, also volkspädagogische Ziele verfolgten. Auf der Deutschen Evangelischen Woche 1949 in Hannover proklamierte deren Präsident *Gustav Heinemann* den Deutschen Evangelischen Kirchentag (DEKT) als Dauereinrichtung. Seitdem findet er zunächst jährlich, seit 1961 im Zweijahresturnus an wechselnden Orten statt.

In den 50er Jahren (1949–1961) wird der (gesamtdeutsche) Kirchentag als Demonstration deutscher Einheit und nationaler Zusammengehörigkeit verstanden. Das starke Gemeinschaftserleben mündet in evangelische Groß-Kundgebungen mit autoritativen, wegweisenden »Kirchentagsworten«. Die Kirchentage der 60er Jahre (1963–1971)[9] reagieren auf die Durchsetzung der modernen Massendemo-

---

6   Vgl. *P. Bubmann*, Der Deutsche Evangelische Kirchentag – ein Modell für das Gemeindeleben?, in: DtPfrBl 99/1999, 267–270.

7   Im Folgenden ist zunächst von den zentralen DEKT die Rede. Die Katholikentage sind teilweise anders organisiert. In ihnen repräsentieren sich unter der Leitung des Zentralkomitees der Deutschen Katholiken die katholischen Verbände und die organisierten Laien in der Kirche. Dadurch ist die kirchliche Orientierung der Katholikentage insgesamt deutlicher ausgeprägt als beim evangelischen Pendant. Als Lernorte des Glaubens sind jedoch Kirchen- wie Katholikentage (wie auch der »Katholikentag von unten«) von vergleichbarer Bedeutung. S. dazu *H. Hürten*, Spiegel der Kirche – Spiegel der Gesellschaft? Katholikentage im Wandel der Welt, Paderborn 1998. Zum DEKT bietet einen ersten Überblick *G. Ruddat*, Lernort Kirchentag, in: LexRP 2, 2001, 1227–1232.

8   Zu den historischen Vorläufern vgl. *P. Steinacker*, Art. Kirchentage, in: TRE XIX, 1990, 101–110, hier: 101–104.

9   Hier sind zunächst die bundesrepublikanischen DEKTe im Blick. Die regionalen Kirchentage in der DDR folgten von 1961 bis 1989 teilweise im Rahmen der organisatorischen Möglichkeiten ähnlichen Trends (Übernahme der Form der Liturgischen Nacht; festliche Abschlussveranstaltungen), konzentrierten sich jedoch teilweise, vor allem in der sächsischen Kirchentagskongressarbeit, stark auf Gesprächsformen in kleineren Gruppen, vgl. *O. Schröder/H.-D. Peter* (Hrsg.), Vertrauen wagen. Evangelischer Kir-

kratie mit ihren politischen Kontroversen aber auch auf die Entstehung der industriellen Massenkultur. Der Streit um die Wahrheit bestimmt nun die »Volksakademie für fünf Tage«[10]. Der Kirchentag setzt auf die Freiheit und Mündigkeit der Christen und entwickelt sich zu einem kontrovers diskutierenden Forum. Wiederum anders geprägt sind die Kirchentage der 70er Jahre (1973–1979): Die Forderung der 68er Generation nach Kommunikation und Partizipation von unten wird teilweise eingelöst. Der Kirchentag eröffnet vielfältige Möglichkeiten der Mitwirkung im liturgischen Bereich wie beim Markt der Möglichkeiten.

Die Kirchentage der 80er Jahre (1981–1989) wenden sich den großen gesellschaftlichen Themen zu (Friedensfrage, Nachrüstungsdebatte, Ökologie). Der Kirchentag wird nun als Teil eines konziliaren Prozesses des Bekennens beschrieben. Die protestantische Wiederentdeckung von Sakrament, Symbol, Sinnlichkeit und ganzheitlichem Erleben nimmt ihren Anfang. Der Kirchentag wird mit seinem die Autonomie der Teilnehmer berücksichtigenden ganzheitlichem Stil zum Sinnstiftungsangebot in einer des integrierten Gesellschaft.

Im letzten Jahrzehnt des Jahrhunderts (Kirchentage 1991–1999) verstärken sich die spät- oder postmodernen Züge: Gesteigerter Pluralismus und Individualismus sowie intensivierte Erlebnissuche und Ästhetisierung prägen einerseits die Gesellschaft und Teile des Kirchentages, während andererseits neue gesellschaftliche Brüche (Arbeitslosigkeit, wachsendes Auseinanderklaffen zwischen Arm und Reich) und Sehnsüchte nach verbindender Identität (neue Thematisierung von nationaler Einheit) wieder aufbrechen, verbunden mit dem Bemühen um eine inhaltliche Konzentrierung und Profilierung des Kirchentags-Angebots.

Im Jahr 2003 beginnt ein neues Kapitel der Kirchentagsgeschichte: Nach dem wenig erfolgreichen ökumenischen Pfingsttreffen 1971 in Augsburg, findet nun der erste Ökumenische Kirchentag in Berlin statt. Er erweist sicht nicht nur als strahlendes und medial viel beachtetes Fest, sondern – bereits in der Vorbereitungsphase – als ein Anlass intensiven ökumenischen Lernens.

1.2 Die Gestalt des DEKT

Der DEKT ist eine auf Vereinsbasis organisierte fünftägige Großversammlung im Zweijahresturnus an wechselnden Orten in einer Juniwoche von Mittwoch bis Sonntag. Neben der prägenden Kirchentagslosung als Leitwort bilden die biblischen Texte für Bibelarbeiten und die zentralen liturgischen Feiern sowie systematische Themengliederungen den inhaltlichen Rahmen und das Fundament der Kirchentagsarbeit.

---

chentag in der DDR, Berlin 1993, hier etwa die Hinweise auf 106f., 116 u. 195. Vgl. auch *P. Beier*, Missionarische Gemeinde in sozialistischer Umwelt. Die Kirchentagskongressarbeit in Sachsen im Kontext der SED-Kirchenpolitik (1968–1975) (AKZG B 32), Göttingen 1999.

[10] *H. Schröer*, Anstiftung zu lebendiger Liturgie, in: *R. Runge/C. Krause* (Hrsg.), Zeitansage. 40 Jahre Deutscher Evangelischer Kirchentag, Stuttgart 1989, 65–81, hier: 69.

Für die Besucher*innen* gibt es nicht *den* Kirchentag. Seine vielschichtige Struktur und sein vielfältiges Angebot ermöglichen das Erleben ganz unterschiedlicher Kirchentage. Auch sind die Erfahrungen des Kirchentages für Mitwirkende und Teilnehmende verschieden. Dennoch lassen sich einige Grundlinien seiner Gestalt benennen:

– Für die Mitwirkenden (die einen immer stärker wachsenden Teil der Dauerteilnehmenden darstellen – 2005 knapp 50 %!) beginnt das Ritual Kirchentag schon mit der kreativen Phase der Ideensammlung im Herbst nach einem Kirchentag: Welche Themen liegen in der Luft, wo liegt Diskussions- und Lernbedarf? Mit Spannung wird die Losungsfindung des Präsidiums im Januar des kirchentagsfreien Jahres erwartet. Dann finden sich Vorbereitungsgruppen für unterschiedlichste Veranstaltungen zusammen. Ein Netzwerk kreativer Erwachsenenbildung und lebendiger Liturgie formiert sich. Immer wieder entstehen neue befruchtende Kontakte zu Menschen aus der ganzen Bundesrepublik und auch zu Gästen aus dem Ausland. In fünf bis sieben Vorbereitungssitzungen werden Liturgien, Foren und andere Veranstaltungen entwickelt und minutiös durchgeplant. Das Erscheinen des Programmbuches ist ein erster Höhepunkt des Kirchentagsrituals für die Mitwirkenden.

– Für die Teilnehmenden beginnt das Ritual mit der Anmeldung und mit dem Erhalt der Teilnehmerunterlagen. Die Anreise gestaltet sich in Bussen und Sonderzügen bereits zum ritualisierten Event. Der erste Abend bringt nach den Eröffnungsgottesdiensten die Menschen im »Abend der Begegnung« einander näher. Die folgenden Tage werden (zumindest dem Programmangebot nach) mit einer Bibelarbeit eröffnet. Dann trennen sich die Wege in ein kaum mehr zu überblickendes Angebot von Informations-, Diskussions- und Feier-Veranstaltungen. Am Freitagabend wird in den gastgebenden Gemeinden und auch in einigen Hallen Feierabendmahl gefeiert: Zwischenstation und Stärkung zur Kirchentagshalbzeit. Am Ende der Tage steht die gemeinsame Schlussversammlung mit Abendmahl im Stadion. Von dort aus wird dann mit dem Reisesegen die Heimfahrt angetreten.

In dieser Gestalt als einer besonderen Gemeinde auf Zeit lässt sich der Kirchentag in ekklesiologischer Perspektive in vierfacher Hinsicht als »*vorläufige Kirche*«[11] beschreiben:
(1) Er ist nur vorläufig als Verein institutionalisiert und kann sich jederzeit wieder auflösen.
(2) Er läuft stellvertretend in Zwischenbereiche zwischen Christentum und Welt vor.
(3) Er läuft der verfassten Kirche voraus und spielt für sie eine Vorreiterrolle.

---

[11] *H. Schroeter,* Kirchentag als vor-läufige Kirche. Der Kirchentag als eine besondere Gestalt des Christseins zwischen Kirche und Welt (PT heute 13), Stuttgart/Berlin/Köln 1993, 11.

(4) Er ist in ekklesiologischer Hinsicht eine Kirchenform, die nicht die traditionellen Kennzeichen der Kirche für sich in Anspruch nimmt.

Gleichzeitig handelt es sich um eine Gestalt von »*Kirche bei Gelegenheit*«[12], also um eine Form kasueller Kirche, ähnlich den Kasualien Taufe, Konfirmation, Trauung und Beerdigung.

Für die Teilnehmenden sind der Kontakt zur Kirche und die Auseinandersetzung mit Glaubensinhalten zeitlich klar begrenzt: »Der Kirchentagsgänger ist ein Festtagskirchgänger eigener Prägung, insofern das Fest Kirchentag nicht über die Sozialisationsform Familie, sondern vorwiegend über die Sozialität von Gruppen vermittelt wird, so daß er als öffentliche Kasualie bezeichnet werden kann.«[13]

2. Forum, Ritual und konfirmierende Kasualie

2.1 Zeitansage und »Sprachschule des Glaubens«

Ein Grundcharakteristikum des Kirchentages ist sein Bewegungscharakter. Er wurde bereits als Kirche in Bewegung gegründet, als Bewegung der Laien in der Kirche wie als Bewegung auf die Welt zu und von ihr her. Kontextualität ist eine Grundregel der Kirchentagsgrammatik. Von Vordenkern des Kirchentages wurde er in dieser Struktur daher immer wieder als *evangelische Zeitansage* beschrieben. »Zeitansage und Ortsanweisung im Licht des Evangeliums aber vollziehen sich im Kirchentag in drei miteinander verschränkten Dimensionen: in biblisch-theologischer Arbeit, in thematischer Auseinandersetzung mit den Grundfragen politischer, gesellschaftlicher und persönlicher Existenz sowie in lebendiger Liturgie. Die Vergewisserung des Glaubens, die Klärung von Weltverantwortung und die Feier der Versöhnung bilden die entscheidenden Dimensionen, in denen das Geschehen des Kirchentages zu beschreiben, zu verstehen und weiterzuentwickeln ist.«[14]

In all seinen Veranstaltungsformen fördert der Kirchentag die religiöse Ausdrucksfähigkeit und wird so – insbesondere auch im Kontext einer säkularisierten

---

[12] Vgl. *M. Nüchtern,* Kirche bei Gelegenheit. Kasualien – Akademiearbeit – Erwachsenenbildung (PTh heute 4), Stuttgart/Berlin/Köln 1991.

[13] *H. Schroeter,* Kirchentag als Gesamtkunstwerk. Ein Bericht über seine kulturellen Dimensionen, in: Kirche und Kultur in der Gegenwart. Beiträge aus der evangelischen Kirche, hrsg. v. *H. Donner* (GEP-Buch), Frankfurt a.M. 1996, 326–342, hier: 330f.; vgl. auch *H. Schroeter,* Kirchentag als vor-läufige Kirche, aaO., 337f.

[14] *W. Huber,* Der Kirchentag – Fünf Versuche, ihn zu verstehen, in: Praktisch-theologische Hermeneutik. Ansätze – Anregungen – Aufgaben, hrsg. v. *D. Zilleßen u.a.,* Rheinbach-Merzbach 1991, 469–481, hier: 481.

Umwelt – zu einer »Sprachschule des Glaubens«[15]. Er vermittelt »wichtige theologische Fragen, wird zum Ort des theologischen Disputs und der Orientierung an zentralen Themen christlicher Existenz«[16].

Allerdings erlaubt die plurale Struktur des Kirchentages spätestens seit den 1980er Jahren keine autoritative Kirchentagsinstanz mehr (auch nicht das Präsidium oder Präsidenten), die einfach die Zeit »ansagen« und also aktuelle religiöse Lerninhalte für die Teilnehmenden festlegen und verlautbaren könnte. Auch konziliare Verständigungsprozesse in den Kirchentagsgremien oder in den Kirchentagshallen ergeben nicht automatisch eine klare Zeitansage. Die Einmütigkeit im theologisch-ethischen Urteil wird selten und dann oft nur sehr mühsam erreicht. Der Kirchentag hat mit einer Instruktions-Didaktik nichts zu tun. Statt wegweisender Erklärungen oder autoritativer Kirchentagsworte werden dialogische Diskurse und Foren inszeniert und vielfältige Angebote für autonome Bildungsprozesse bereitgehalten. Damit ist das Kirchentagsgeschehen selbst zu einem deutlichen Zeichen der Durchsetzung eines subjekt- und diskursorientierten religiösen Bildungsverständnisses geworden.[17]

Diese Grobtendenz bestimmt auch die neuere Entwicklung der Katholikentage. Den 93. Deutschen Katholikentag in Mainz 1998 beschrieb ein Beobachter aufgrund seiner konzentriert-nüchternen Diskussionskultur dabei als »Volkshochschule ›Katholikentag‹«.[18] Auch die Evangelischen Kirchentage werden häufig in Analogie zur erwachsenenbildnerischen Arbeit Evangelischer Akademien gesehen.

2.2 Forum des Protestantismus

Spätestens nach Einrichtung des »Marktes der Möglichkeiten« lag es nahe, den Kirchentag als religiöses Marktforum zu interpretieren. Der frühere Generalsekretär *Hans Hermann Walz* hat bei dieser Formel allerdings nicht zuerst an eine kognitiv-diskursive Forumsveranstaltung gedacht, sondern an einen Ort, »vergleichbar dem Markt und Gerichtsplatz einer Metropole, auf dem die alle angehenden

---

[15] *M. Käßmann,* Kirche in der Zukunft – Impulse aus der Kirchentagsarbeit, in: DtPfrBl 98/1998, 655–658, hier: 657 (unter – nicht explizit gemachter – Aufnahme des Begriffs, der durch *Ernst Lange* geprägt wurde).

[16] *M. Käßmann,* Seismograph der Kirche. Der Deutsche Evangelische Kirchentag wird fünfzig, in: EvKomm 32/1999, H. 5, 34–37, hier: 36.

[17] *Traugott Jähnichen* sieht in der Diskurskultur des Kirchentages als Institutionalisierung der Dauerreflexion einen entscheidenden fruchtbaren Beitrag des Kirchentages zur demokratischen Entwicklung in Kirche und Gesellschaft, vgl. *T. Jähnichen,* Kirchentage und Akademien. Der Protestantismus auf dem Weg zur Institutionalisierung der Dauerreflexion, in: *N. Friedrich/T. Jähnichen* (Hrsg.), Gesellschaftliche Neuorientierungen des Protestantismus in der Nachkriegszeit (Bochumer Forum zur Geschichte des sozialen Protestantismus 3), Münster/Hamburg/London 2002, 127–144.

[18] *K. Foitzik,* Fest der radikalen Mitte. Der 93. Deutsche Katholikentag in Mainz, in: HK 52/1998, 336–342, hier: 339.

Dinge allen zugänglich verhandelt werden, auf dem das Spiel von Angebot und Nachfrage gespielt wird, auf dem in Meinung und Gegenmeinung diskutiert und besonnen entschieden wird, auf dem gepredigt und getanzt wird, auf dem es auch Demonstrationen gibt und Umzüge.«[19] Eine der zentralen Veranstaltungsformen der Kirchentage – die »Foren« – nehmen diesen Anspruch auf. Aber auch liturgische Tage bieten Bühnen für kontroverse Auseinandersetzungen, für Erinnern, Gegenwartsanalysen und Zukunftsprognosen. Immer wieder haben Kirchentage durch solche Veranstaltungen wesentliche religiös-ethische Bildungsprozesse in Gang gesetzt, die weit über das Großereignis hinaus wirkten.

2.3 Spielplatz, Gesellschaftsspiel und Experimentierfeld

Das Spielerisch-Unbestimmte und Bund-Schillernde wird von postmodern-theologischer Seite positiv als Proprium der Kirchentage beschrieben. *Harald Schroeter* schlägt eine Interpretation vor, die den Kirchentag als »›Gesellschafts-spiel‹« und »Spiel-Raum« versteht, »in dem Kirche und Welt sowohl Zusammen-als auch ›Gegenspiele‹ inszenieren können«.[20] Mittels einer Differenzierung des Spielbegriffs charakterisiert er den Kirchentag als Gesellschaftsspiel, Kirchspiel und Laienspiel im Spielfeld zwischen Kirche und Welt.[21]

In diesem Sinne dient der Kirchentag als »›Experimentierfeld der Kirche‹«[22] als »Ort des Experiments«[23], der durch eine »Atmosphäre eines bunten Treibens«[24] geprägt ist. Hier werden die Umrisse einer »Erlebniskirche« und einer performativen Religions-Didaktik erkennbar, in der man sich spirituell-kulturell anregen und unterhalten und zugleich diskret (oder auch explizit) religiös ›belehren‹ lässt.

2.4 Ritual, Wallfahrt und konfirmierende Kasualie

Für viele Teilnehmenden hat der Kirchentagsbesuch Ritualcharakter. Er kann hinsichtlich seiner Bedeutung für die Teilnehmenden zwischen lebenszyklischen Ritualen (wie z.B. der Konfirmation oder der Hochzeit) und jahreszyklischen Ritualen (wie dem Weihnachtsfest) angesiedelt werden. Der Kirchentag als Ritual

---

[19] *H.H. Walz* zitiert bei: *M. Affolderbach,* Der Eindruck einer anderen Kirche. Über das Interesse Jugendlicher am Kirchentag, in: *T. Schmieder/K. Schuhmacher* (Hrsg.), Jugend auf dem Kirchentag. Eine empirische Analyse von A. Feige, I. Lukatis und W. Lukatis, Stuttgart 1984, 155–169, hier: 159.

[20] *H. Schroeter,* Kirchentag als vor-läufige Kirche, aaO.,19.

[21] Vgl. *H. Schroeter,* Ecclesia ludens. Ein Versuch über den DEKT, in: Forschungsjournal Neue Soziale Bewegungen 3–4: »Die herausgeforderten Kirchen. Religiosität in Bewegung«, 1993, 110–122, hier: 111–114.

[22] *Hanns Lilje* zitiert bei: *H.N. Janowski,* Der Kirchentag, in: Handbuch der Praktischen Theologie, Bd. 4: Praxisfeld: Gesellschaft und Öffentlichkeit, hrsg. von *P.C. Bloth u.a.,* Gütersloh 1987, 100–110, hier: 109.

[23] *M. Käßmann,* Kirche in der Zukunft, aaO., 657.

[24] *M. Affolderbach,* Der Eindruck einer anderen Kirche, aaO., 159.

hat jedoch auch Elemente eines Weltanschauungsrituals (etwa eines Parteitages), bei dem die Alltagswelt aus der Distanz neu angesehen und interpretiert wird. Bezüglich seiner Funktion ist das Ritual Kirchentag einerseits beschreibbar als *Initiationsritual*, d.h. als ein einführendes Schwellenritual hin zu einem eigenverantworteten erwachsenen christlichen Glauben. Manche, die sich nach der Konfirmation von der heimatlichen Gemeinde abgewandt haben, finden hier neuen Zugang zum Glauben. In der Regel allerdings existiert bei den Teilnehmenden bereits eine stärkere Kirchenbindung. Hier kann der Kirchentag als *Partizipationsritual* interpretiert werden, als ein Ritual, das die Gruppenzugehörigkeit stärkt und Vergewisserung über die eigene Zugehörigkeit zur Gemeinschaft der Glaubenden vermittelt.

Der starke Bewegungscharakter legte es nahe, die Kirchentage als evangelische *Wallfahrten* zu interpretieren[25]. Wie von einer Wallfahrt erwarten sich die Teilnehmenden vom Kirchentag Gottesbegegnung, Ausbrechen aus dem Alltag, neue Anstöße für die Lebensführung und Lebenshilfe. Als solches Wallfahrts-Ritual ist der Kirchentag zwischenzeitlich zu einem »neuartige(n) Bestandteil des Kirchenjahres«[26] geworden. Zeitlich liegt er dem Weihnachtsfest genau gegenüber und befindet sich oft in der Nähe des Pfingst- und Fronleichnamsfestes. Auch sachlich besteht eine Nähe zum Pfingstfest: Die Botschaft und die Kraft des Evangeliums kommen in vielfältiger Weise zum Ausdruck und sind zugleich auf die Ökumene bezogen.

Zugleich lassen sich Ähnlichkeiten mit den Zielen des konfirmierenden Handelns der Kirche erkennen. In der Konfirmandenarbeit wie beim Kirchentag geht es um Stärkung des Glaubens für den Alltag, um ethische Orientierung, um gemeinsames Bekenntnis und um Segnung für den weiteren Weg (vor allem in der Schlussversammlung).

Erhebungen zufolge sind es vor allem die jüngeren Menschen unter 30 Jahren mit höheren Bildungsabschlüssen, die sich hier treffen, dazu eine wachsende Anzahl kirchlicher Mitarbeiter*innen*. Sie sind auf der Suche nach spiritueller Selbstverwirklichung und ethischer Orientierung für ihr Leben. Der Kirchentag ist daher ein Treffen *bestimmter Milieus*, vorrangig desjenigen Milieus, das *Gerhard Schulze* unter dem Titel des »Selbstverwirklichungsmilieus« beschrieben hat.[27] Für dieses Milieu ist der Zugang zu Glauben und Kirche nur als selbstbestimmter denkbar. Die meisten Kirchentagteilnehmenden wollen als mündige Christinnen und Christen im Dialog mit anderen ihren Glauben selbstverantwortlich gestalten. Sie sind auf der Suche nach ihrem Glauben.

---

[25] Vgl. *H. Schröer*, Anstiftung zu lebendiger Liturgie, in: *Ders.*, In der Verantwortung gelebten Glaubens. Praktische Theologie zwischen Wissenschaft und Lebenskunst (PTh 39), hrsg. von *G. Fermor/G. Ruddat* u. *H. Schroeter-Wittke*, Stuttgart 2003, 67–78.

[26] *H. Schroeter*, Kirchentag als Gesamtkunstwerk, aaO., 330.

[27] Vgl. *G. Schulze*, Die Erlebnisgesellschaft. Kultursoziologie der Gegenwart, Frankfurt a.M./New York ²1992, 312–321.

Der Kirchentag nimmt diesen typisch spätmodernen Wunsch auf und hält vielfältige Angebote der persönlichen religiösen Lebenskunst vor und ermöglicht doch, Gemeinschaft mit Gleichgesinnten zu erleben. Er ist deshalb zu einem bevorzugten Ort für solche Menschen und Gruppen geworden, die in manchen kerngemeindlich geschlossenen Milieus der Ortsgemeinden kaum einen Platz fanden und finden: radikale Pazifisten und Umweltschützer, feministische Theologinnen und Mystiker, homosexuelle Frauen und Männer usw. Ihnen werden Räume zur Selbsterfahrung und zum Austausch geboten. Damit gewinnt der Kirchentag für diese Menschen eine besondere Bedeutung als Freiraum religiöser Lern- und Identitätsbildungsprozesse.

Zugleich wird der Kirchentag seit den 1990er Jahren zunehmend wichtig als *Fortbildungs-Messe* für kirchliche Mitarbeitende. Hier informiert man sich auf dem »Markt der Möglichkeiten« oder in der Kirchentagsbuchhandlung über neue Entwicklungen in der Gemeindearbeit und in kirchlichen und diakonischen Diensten und Einrichtungen und lässt sich durch Musik und Liturgien anregen.

Der DEKT lässt sich zusammenfassend als ein konfirmierendes, pfingstliches Wallfahrtsritual des kirchlichen Selbstverwirklichungsmilieus und als kirchliche Mitarbeiter-Fortbildungsmesse charakterisieren. Er ist eine Form von Kirche bei Gelegenheit im Übergangsfeld zwischen jahreszeitlichen kirchlichen Festen und biografischen Ritualen wie der Konfirmation und zugleich ein Lern- und Bildungsort des Glaubens für mündige Menschen. Identitätsbildendes Lernen und spirituelle oder liturgische Erfahrungen verbinden sich zu erlebnisintensiven Festzeiten und Begegnungen.

3. Zur Didaktik des Kirchentages

Anders als in Schule und Konfirmandenarbeit kennt der Kirchentag kein feststehendes Curriculum. Die Ziele und Inhalte der Kirchentagsveranstaltungen werden alle zwei Jahre in den zuständigen Gremien in Auseinandersetzung mit aktuellen Zeitentwicklungen je neu festgelegt. Als Rahmen hat sich der ökumenische konziliare Prozess für Frieden, Gerechtigkeit und Bewahrung der Schöpfung erwiesen. Seit den 1990er Jahren spielt die Begegnung mit gegenwärtiger Kunst und Kultur eine zunehmende Rolle. Die ästhetische Wende hat auch die Lernprozesse des Kirchentages erreicht.

Wie in den meisten gemeindepädagogischen Theorien geht das Kirchentagsgeschehen von *subjektorientierten Bildungsprozessen* aus. Die Besucher*innen* werden als autonome Subjekte respektiert, die religiös und ethisch nicht zu bevormunden sind. Wie die Gemeindepädagogik verfolgt der Kirchentag auch programmatisch das Ziel, die heutige Lebenswelt und den Glauben aufeinander zu beziehen. Thematisch erweist er sich oft als Trendscout aktueller Diskussionslagen. Der Kirchentag ist so – ähnlich wie die Erwachsenenbildung insgesamt – ein Lernort auch für die Kirche und ihre Mitarbeitenden in Bezug auf aktuelle kulturelle Ausdrucksformen. Aufgrund der Gäste aus anderen kulturellen Kontexten kommt es beim Kirchentag auch verstärkt zu interkulturellen Lernerfahrungen – sei es in der Begegnung mit afrikanischer Frömmigkeit oder im Dialog von »Jesus Freaks« und Angehörigen evangelischer Kommunitäten.

Weil der Kirchentag kreative und experimentelle Liturgien erlaubt und fördert, ereignen sich hier in besonderer Weise *spirituelles Lernen* und *liturgische Bildung*. Politische Nachtgebete, Feierabendmahl, Salbungs- und Segnungsgottesdienste, getanzte Liturgien haben von hier aus ihren Weg in viele Gemeinden und an viele andere Orte gefunden. Im Miterleben modellhafter Liturgien wird deren Logik und Inszenierung besonders intensiv erfahren und so angeeignet.

Die Form der *Bibelarbeit* durch ausgewiesene Experten (nicht nur Theologen) hat beim Kirchentag höchste Priorität und ermöglicht in besonderer Weise *biblisch-theologisches Lernen*. Hier werden außerhalb der Mauern der universitären Fachtheologie Einblicke in den Umgang mit der Heiligen Schrift eröffnet. Performativ-inszenatorische Elemente ermöglichen über die traditionelle Form des Vortrags hinaus eine ganzheitliche Begegnung und Auseinandersetzung mit dem Text.

Kirchentage sind zum anderen Orte *ethischer Urteilsbildung* und *politischer Bildung*. Politiker*innen* diskutieren miteinander und mit den Besucher*innen* sowie Expert*innen* aus Wissenschaft und Kirche aktuelle politische und fundamentale ethische Fragestellungen. Der Kirchentag zählt damit zu den wichtigen bürgerschaftlichen Institutionen, die in der Willensbildung zwischen den Einzelnen und dem Staat bzw. politischen Experten vermitteln. Charakteristisch ist, dass um einen ethischen Grundkonsens aus der Glaubensvergewisserung heraus in konziliaren Prozessen heftig gerungen wird. Mehrheitlich optieren die Teilnehmenden für eine gerechte Wirtschaftsordnung, eine Kultur der Gewaltfreiheit und einen sorgsamen Umgang mit der Natur, sie engagieren sich gegen Rassismus und Diskriminierung jeder Art.

Manchmal schlägt sich dies in Petitionen und Unterschriftenaktionen nieder, immer wieder kulminieren Veranstaltungen auch in öffentlichen Protestkundgebungen, in denen symbolische Kleidungsstücke (die berühmten Kirchentagsschals) zur Artikulation grundlegender Überzeugungen herangezogen werden. »Der Kirchentag kann als ›glaubensgestützter Teil der Zivilgesellschaft‹ ein Ferment für die Veränderung der Gesellschaft sein. Er kann verdrängte Themen thematisieren, Dilemmata und Defizite erneut in das Bewußtsein bringen, auch wenn sie beiseite geschoben sind.«[28]

In hervorragender Weise hat der Kirchentag zur Entwicklung des *jüdisch-christlichen Dialogs* durch eine kontinuierliche Arbeitsgruppe und viele Veranstaltungen beigetragen. Die diesbezüglichen Lernerfolge haben sich auch in entsprechenden Erklärungen vieler Landeskirchen niedergeschlagen. Das *ökumenische Lernen*, verstanden zunächst als Begegnung mit christlichem Glauben im Horizont weltweiter Christenheit, gehört von Anfang an zum Kirchentag dazu.

---

[28] *M. Käßmann*, Konsens im Konflikt. Zukunftsperspektiven einer Laienbewegung, in: EvKomm 28/1995, 203–206, hier: 206.

Gäste aus aller Welt bringen andere Deutungen und Lebensformen des christlichen Glaubens ins Spiel. Seit der Vorbereitung auf den Ökumenischen Kirchentag 2003 in Berlin spielt auch der *evangelisch-katholische Dialog* eine große Rolle im Kirchentagsgeschehen. Hinzu treten seit jüngster Zeit verstärkt die *interreligiösen Begegnungen* mit Vertretern des Islam und des Buddhismus. Es sind die persönlichen Begegnungen, die Interviews und Erzählorte, die solche vertieften dialogischen Lernerfahrungen in besonderer Weise ermöglichen.

4. Gemeindepädagogisches Modell?

Die Gründungsväter des Kirchentages hatten weitgehende kirchenreformerische Hoffnungen. Für die Teilnehmenden spielt diese Erwartung jedoch eine geringere Rolle[29]. Offenbar hat der Kirchentag für viele seiner Teilnehmenden einen ganz eigenen Stellenwert. Er definiert sich nicht zuerst über seine Rückwirkung auf das Leben der Ortsgemeinde zuhause. Die Strukturen und das Erleben von Kirchentagen können auch nicht einfach auf das alltägliche kirchliche Leben übertragen werden, weil die Kirchen- und Katholikentage durch ihre Eigenart als (Hoch-)Feste einer zeitlich begrenzten Massengemeinde aus dem normalen Leben herausgehoben sind.

Einzelne Impulse des Kirchentages – insbesondere liturgische Feier-Formen, Lieder und die Grundanliegen des konziliaren Prozesses für Frieden, Gerechtigkeit und Bewahrung der Schöpfung – haben dennoch die traditionellen Ortsgemeinden befruchtet.

Auch organisatorisch-strukturell wurde und wird vom Kirchentag gelernt: Gemeindefeste werden teils in bewusster Anlehnung an Kirchentagsstrukturen organisiert, Vorbereitungsprozesse in Analogie zum Kirchentag gestaltet. Die diskursiven Kommunikationsformen der Foren, die sinnlich-ganzheitlichen Gestaltungen liturgischer Tage wie die Form des »Marktes der Möglichkeiten« wirken zurück auf Gemeinde- und Regionalkirchentage.

Trotzdem kann der Kirchentag nicht einfach als Muster-Modell gemeindepädagogischer Veranstaltungen auf der Ortsgemeinde-Ebene übernommen werden. Dazu sind seine Angebote zu stark auf ein bestimmtes Milieu und auf bestimmte Altersstufen eingeengt. Die Lebenswelt und die Probleme weniger hoch gebildeter Milieus kommen kaum vor. Senioren und Kinder sind wenig im Blick. Der Kir-

---

[29] Bei einer Befragung beim Kirchentag 1993 in München ergab sich hinsichtlich des Besuchsmotivs aller Befragten zwar, dass für über 40 % der Befragten die Motivation »Ich möchte neue Ideen für das Gemeindeleben bei uns zu Hause bekommen« ein wichtiger oder besonders wichtiger Grund der Teilnahme am Kirchentag war. Dem stehen jedoch auch 36 % der Besucher gegenüber, für die dieses Motiv eine geringe oder überhaupt keine Rolle spielt. Vgl. DEKT-Teilnehmerbefragung durch das Deutsche Wirtschaftswissenschaftliche Institut für Fremdenverkehr e.V. an der Universität München, Tabellen 16–18, unveröffentlichtes Typoskript des Kirchentages, Fulda o.J., S. 42–44 (Motiv Nr. 9).

chentag bietet keine Lösung für die wichtige gemeindepädagogische Frage, wie verschiedene Milieus einander begegnen und miteinander lernen können.

Modellhaft gelungen ist bei den Kirchentagen hingegen die *Einbeziehung von Ehrenamtlichen und »Laien«.* Was gemeindepädagogische Konzeptionen programmatisch einfordern – die Beteiligungs-Gemeinde der vielen ehrenamtlich eingebrachten Begabungen – findet beim Kirchentag bereits statt. Er zeigt, wie es zu einer fruchtbaren Zusammenarbeit von sehr wenigen Hauptamtlichen mit sehr vielen Ehrenamtlichen kommen kann. Die Aufgabe der hauptamtlichen Stabsmitglieder des Kirchentages ist es, kompetente ehrenamtliche Mitarbeiter zur kreativen Arbeit an einem Projekt zu motivieren, anzuleiten und zu unterstützen.

Es ist darüber hinaus auch kein Schaden, wenn der Kirchentag verstärkt als »Ideenbörse« und »Beratungskongress der Ehrenamtlichen«[30] genutzt wird. Er erweist sich so in besonderer Weise als Lernort kirchlicher Multiplikatoren.

Literatur

Goertz, Hajo, Brückenschläge. Wirken und Wirkung der Katholikentage, Kevelaer 2006.

Huber, Wolfgang, Der Kirchentag – Fünf Versuche, ihn zu verstehen, in: Praktisch-theologische Hermeneutik. Ansätze – Anregungen – Aufgaben, hrsg. v. *Dietrich Zilleßen u.a.,* Rheinbach-Merzbach 1991, 469–481.

Ratzmann, Wolfgang (Hrsg.), Der Kirchentag und seine Liturgien, Leipzig 1999.

Runge, Rüdiger/*Käßmann,* Margot (Hrsg.), Kirche in Bewegung. 50 Jahre Deutscher Evangelischer Kirchentag, Gütersloh 1999.

Schroeder, Otto/*Peter,* Hans-Detlef (Hrsg.), Vertrauen wagen. Evangelische Kirchentage in der DDR, Berlin 1993.

Schroeter, Harald, Kirchentag als vor-läufige Kirche. Der Kirchentag als eine besondere Gestalt des Christseins zwischen Kirche und Welt (PTh heute 13), Stuttgart/Berlin/Köln 1993.

---

[30] *J. Janssen,* Wie viele Brote habt ihr? Der Kirchentag und die Kirche der Zukunft, in: Junge Kirche 68/2007, Nr. 1, 30–32, hier: 31.

21. Renate Rogall-Adam
Altenbildung als kirchliches Handlungsfeld

»Dem Fünfzehnjährigen erscheinen zwanzig Jahre alt, dem Dreißigjährigen fünfzig und mir ein Neunzigjähriger. Beginnt es mit dem Ausscheiden aus dem Beruf? Wann werden dann die Frauen alt, die keinen anderen Beruf hatten, als oft bis zum Tode für Mann und Kinder und Enkel da zu sein? Wenn sie – endlich – allein sind? … Ja, hier sind viele, die zum ersten Mal nach Jahrzehnten ihr Leben selbständig führen müssen oder dürfen? Sind sie nun wirklich alt? Beginnt vielleicht noch einmal Leben?«[1]

Das Zitat von *H. Albertz* führt mitten in die Fragen um das Altwerden[2] und die Altenbildung[3] hinein. Es macht deutlich: Alter ist ein Phänomen, das überaus vielschichtig ist.

1. Gesichter des Alters und demographische Entwicklung

Das Alter ist eine zentrale Kategorie in der Bewertung von Situationen, Menschen und Ereignissen. Dabei erhält diese ihre jeweilige Bedeutung jedoch erst durch die Situationen, Menschen und Ereignisse.[4] So können bei der Verwendung des Begriffes »Alter« folgende Bedeutungen unterschieden werden:[5]

---

[1] *H. Albertz*, Am Ende des Weges. Nachdenken über das Alter, München 1989, 86f.

[2] Zur Thematik insgesamt s. *DIFF*, Funkkolleg Altern, Studienbriefe 1–7, Tübingen 1996/97; *C. Grethlein*, Gemeindepädagogik, Berlin/New York 1994, 299–321; *M. Blasberg-Kuhnke/A. Wittrahm* (Hrsg.), Altern in Freiheit und Würde. Handbuch christliche Altenarbeit, München 2007; *S. Kade*, Altern und Bildung. Eine Einführung, Bielefeld 2007.

[3] Im Blick auf die Begrifflichkeit stellt *C. Schweppe* mit Recht fest: »Eine genaue Klärung der Begriffe Altenarbeit/Altenbildung liegt bislang nicht vor. Wesentliche Gründe liegen zum einen in ihrer kurzen Geschichte, zum andern in den Schwierigkeiten der Bestimmung ihrer Gegenstandsbereiche.« (Art. Altenarbeit, Altenbildung, in: *H.-H. Krüger/C. Grunert* [Hrsg.], Wörterbuch Erziehungswissenschaft, Wiesbaden 2004, 11–16, hier: 11.). Vgl. aber schon die weiterführenden Ausführungen von *M. Blasberg-Kuhnke*, Art. Alte, Altenbildung, in: LThK 1, ³1993, 24–29.

[4] Siehe *A. Niederfranke u.a.*, Die Farben des Herbstes, in: *DIFF*, Funkkolleg Altern. Studienbrief 1, Tübingen 1996, 7.

[5] Vgl. *H. Klingenberger*, Ganzheitliche Geragogik, Bad Heilbrunn/Obb. 1992, 30ff.

- *Das kalendarische Alter:* Man ist so alt, wie es in der Geburtsurkunde steht. –
  Damit wird die Zeitspanne im Leben eines Menschen beschrieben, die seit der
  Geburt vergangen ist. Die Lebensphase »Alter« ist ein Teil des Lebenslaufs.
  Sie dehnt sich immer stärker aus und kann sich vom 50. bis über das 100. Le-
  bensjahr erstrecken. Das kalendarische Alter sagt nichts aus im Blick auf die
  Befindlichkeit eines Menschen.
- *Das soziale Alter:* Man ist so alt, wie man gemacht wird. – Altwerden ge-
  schieht in einem gesellschaftlichen Umfeld mit seinen Bedingungen. Es wird
  bestimmt durch das, was in der Gesellschaft gerade »dran« ist. In unserer Ge-
  sellschaft wird die Altersphase meist durch das gesetzlich festgesetzte Renten-
  eintrittsalter bestimmt.
  Es gibt aber verschiedene Möglichkeiten, dass der Übergang in den Ruhestand
  früher stattfinden kann (z.B. Gesetze zum Vorruhestand, frühe Berufs- und
  Erwerbsunfähigkeit). Das bringt eine Vorverlegung der Altersphase mit sich.
  Es kann daher von einer Verjüngung des Alters gesprochen werden.
- *Das subjektive oder psychologische Alter:* Man ist so alt, wie man sich fühlt. –
  Dieser Aspekt nimmt das jeweils individuelle Altersgefühl und die persönliche
  Interpretation bzw. Wahrnehmung auf.

Vom Begriff des »Alters« ist der Begriff des »Alterns« abzugrenzen. Altern ist
ein lebenslanger Prozess, der nicht mit einem feststehenden kalendarischen Jahr
beginnt, sondern sich über die gesamte Biografie eines Menschen hinzieht. Altern
ist ein soziales Merkmal, das seine individuelle Ausprägung erfährt. Man kann
sagen: Altern hat viele Gesichter, und ältere Menschen leben (altern) aufgrund der
spezifischen Lebensläufe auf sehr unterschiedliche Weise.
   Der Anteil der Älteren an der Gesamtbevölkerung nimmt ständig zu. In nahezu
allen Ländern der Welt ist mit einer Erhöhung der durchschnittlichen Lebenserwartung zu rechnen. Es sind deutliche *demographische Veränderungen*[6] festzustellen. Eine ausgeglichene Bevölkerungspyramide gibt es nicht mehr. Bildlich
gesprochen ist aus der Bevölkerungspyramide ein Bevölkerungspilz geworden.
Immer mehr Menschen werden immer älter.
   Die tabellarische Übersicht auf der folgenden Seite zeigt sehr anschaulich, dass
und wie der Anteil der über 60-Jährigen an der Gesamtbevölkerung kontinuierlich
ansteigt.

---

[6]   Vgl. *U. Lehr,* Psychologie des Alterns, Wiebelsheim [10]2003, 30ff.

Tab. 1: Altersgruppen (%) nach Dekaden 1990–2030[7]

	Gesamt in Mio.	bis 20 Jugendl.	20–59 Erwach-sene	60–74 Junge Alte	75–84 Hochalt-rige	über 85 Langle-bige	Summe 60 +
1990	79,8	21,7	57,9	13,3	5,7	1,4	20,4
2000	82,2	21,2	55,9	15,9	5,0	1,9	22,8
2010	81,0	18,5	56,3	17,0	6,3	2,0	25,3
2020	78,5	16,6	54,4	18,2	8,3	2,5	29,0
2030	74,3	16,1	48,4	23,7	8,2	3,6	35,5

Um 1900 betrug der Anteil der über 60-Jährigen gerade einmal 5 %, während es 2000 bereits 22,8 % waren. Für das Jahr 2040 rechnet man für Deutschland mit ungefähr 37 % der Gesamtbevölkerung, die 60 Jahre und älter sind. Auch die über 80- bis 100-Jährigen nehmen zu: Heute sind es ca. 7 %, 2050 wird diese Gruppe auf mehr als 12 % angewachsen sein. Es ist deutlich, dass gerade in den ältesten Altersgruppen das Ansteigen am stärksten ist. Es ist eine unumkehrbare Tatsache: Wir leben in einer »alternden Gesellschaft«. Der Geburtenrückgang und die zunehmende Lebensdauer sind dabei die wesentlichsten Gründe für diesen Prozess.

Nach den Angaben des Statistischen Bundesamtes (2003)[8] hatten Mädchen, die Mitte des 20. Jahrhunderts geboren wurden, bei ihrer Geburt eine Lebenserwartung von 68,5 Jahren, Jungen dagegen nur von 64,5 Jahren. Für Mädchen, die heute geboren werden, beträgt die durchschnittliche Lebenserwartung 81 Jahre und für Jungen 75 Jahre. Wer heute 60 Jahre ist, der kann als Frau noch weitere 23,5 und als Mann weitere 19 Lebensjahre erwarten. Diese Entwicklung wird sich bei gleich bleibenden Lebensbedingungen in abgeschwächter Form fortsetzen. Das bedeutet, dass die individuelle Lebensspanne weiterhin zunimmt. Das Erreichen des 75. Lebensjahres ist keine Seltenheit mehr. Immer mehr Menschen erreichen ein hohes Alter. Das verändert das Erscheinungsbild und die Bedürfnisse einer Gesellschaft.

In der Gruppe der über 60-Jährigen und besonders der Gruppe der über 80-Jährigen gibt es einen hohen Frauenanteil, wie die folgende Tabelle belegt.

Tab. 2: Feminisierung: Anteil der Geschlechter nach Alter (%) (1995)[9]

	50–60	60–70	70–80	80+
Männer	50,2	46,3	34,4	27,1
Frauen	49,8	53,7	63,6	72,9

---

[7] Nach *S. Kade*, Altern und Bildung, aaO., 21 unter Bezug auf *M. Schölkopf*.
[8] Vgl. *M. Blasberg-Kuhnke/A. Wittrahm* (Hrsg.), Altern in Freiheit und Würde, aaO., 31ff.
[9] Nach *S. Kade,* Altern und Bildung, aaO., 27 unter Bezug auf *M. Schölkopf*.

1990 kamen auf 100 über 60-jährige Männer 168 Frauen. Bei den über 80-Jährigen standen 100 Männern 258 Frauen gegenüber; zehn Jahre später waren es schon 296 Frauen. In der Gruppe der über 100-Jährigen ist das Verhältnis 1:6. Man spricht daher von einer »Feminisierung des Alters«, so dass man sagen kann: Unsere Altersgesellschaft ist eine »Frauengesellschaft«.

Diese Entwicklung ist auch hinsichtlich der zunehmenden Singularisierung des Alters zu beobachten. Sind bei den 60- bis 65-jährigen Männern noch 84,2 % verheiratet, so ist der Prozentsatz bei den Frauen nur noch 69,4 %. Bei den 75- bis 80-Jährigen sind 77,2 % Männer, aber nur noch 27,3 % Frauen verheiratet. Bei der Gruppe der über 80-Jährigen ist die Quote der Verheirateten bei den Männern 54,2 % (40,3 % sind verwitwet) gegenüber 9,3 % bei den Frauen (79,5 % sind verwitwet). Dabei ist auch hier mit einem zunehmenden Trend zu rechnen. –

Die demographische Entwicklung ist zum einen durch eine zunehmende Zahl älterer und alter Menschen und zum anderen durch eine Strukturverschiebung im Altersaufbau gekennzeichnet.

2. Das Dritte und das Vierte Alter – Konturen einer älter werdenden Gesellschaft

Nach *Horst Opaschowski*[10] gilt die traditionelle Dreiteilung der Lebensläufe in Kindheit und Jugend als Lernphase, in das Erwachsenenalter als Arbeitsphase und in das höhere Alter als Renten- und Ruhephase so einfach nicht mehr. Wir bekommen es zunehmend mit »Patchwork-Biografien« zu tun, d.h., es fügen sich ganz unterschiedliche Lebensphasen zusammen, die aus Zeitarbeit, Teilzeitarbeit, Jobsharing, Erziehungsurlaub sowie Phasen der Arbeitslosigkeit bestehen können. Die Jahre der beruflichen Tätigkeit (etwa 35 bis 40 Jahre) machen bei einer Lebensdauer von beispielsweise 85 Jahren einen deutlich geringeren Anteil aus, als wenn das Leben nur 70 Jahre dauert.

Von einer »Revolution der Lebenszeit« wird im Rahmen der Familienforschung gesprochen. Durch die gestiegenen Lebenserwartungen bekommen die Großeltern-Eltern-Kind-Enkel-Beziehungen einen größeren Stellenwert. Sie dauern evtl. mehr als 40 Jahre. Das hat Auswirkungen auf die individuelle Lebensplanung und die Familienbeziehungen. Die Partnerbeziehungen sind von diesen Veränderungen ebenfalls betroffen. Viele Ehen dauern heute 30 Jahre und länger. Es ergibt sich als Konsequenz, dass die bisherige Einteilung von Lebensläufen durch die gesellschaftliche Entwicklung aufgehoben wird, und dass sich eine Mehr-Generationen-Gesellschaft abzeichnet.

Der Soziologe *Peter Laslett*[11] nimmt diese gesellschaftlichen Entwicklungen auf und fügt zwischen dem Erwachsenenalter, das mit der Berufstätigkeit verbunden ist, und der Hochaltrigkeit eine weitere, neue Phase ein, die er als »*Das Dritte*

---

[10] Vgl. *H.W. Opaschowski*, Der Generationenpakt, Darmstadt 2004, 24ff.

[11] *P. Laslett*, Das dritte Alter. Historische Soziologie des Alterns, Weinheim/München 1995.

Alter« bezeichnet. Frauen und Männer befinden sich dann in einer Lebenslage, in der sie von beruflichen und familiären Verpflichtungen häufig befreit sind. Ihnen stehen materielle Ressourcen und Kompetenzen zur Verfügung, die sie für ihre Interessen und Bedürfnisse einsetzen können. Diese Situation gibt ihnen die Möglichkeit, das eigene Leben in freiwilliger Bindung an andere und an das Gemeinwesen (Kirche und Kommune) selbst zu gestalten: Sie können sich auf diese Weise verwirklichen, was in den Jahren zuvor so nicht möglich war.

An das Dritte Alter schließt sich *»Das Vierte Alter«* an. Dieses ist eher geprägt von altersbedingten körperlichen, psychischen und häufig auch materiellen Einschränkungen sowie der Verschlechterung der gesundheitlichen Situation, der Einschränkung der Mobilität, dem Verlust an Selbstständigkeit, der bis hin zur Pflegebedürftigkeit führen kann. Auf diese Weise geraten die Menschen zunehmend mehr in die Abhängigkeit von anderen Menschen und Institutionen. Zudem kommt oft dazu, dass andere Personen oder gar die Menschen selbst ihre eigene Situation als stärker begrenzt und eingeschränkt bewerten, als sie es tatsächlich ist – so dass sich im Sinne einer »selfulfilling prophecy« die Situation unnötigerweise verschärft.

Für die weitere konzeptionelle Entwicklung der Altenbildung sind sowohl die Analysen und Einsichten Lasletts und damit die Differenzierung in das Dritte und Vierte Alter als auch der Strukturwandel des Altersaufbaus der Gesellschaft zu berücksichtigen. Hinzu kommt der individuelle Strukturwandel des Alterns. Es lassen sich fünf Strukturmerkmale des Alterns in der Moderne unterscheiden:[12]

- *Verjüngung* – In vielen Bereichen werden ältere Menschen immer früher mit dem »Mythos der Verjüngung« konfrontiert: Arbeitnehmer*innen* gelten mit 45 Jahren schon als alt. Ihre Chancen auf eine Beschäftigung werden immer schlechter. Auch die Werbung trägt dazu bei, indem sie das neue Bild vom Alter aufnimmt und ältere Menschen möglichst jung darstellt.
- *Entberuflichung* – Ältere Arbeitnehmer*innen* haben immer weniger Anteil an der Erwerbsarbeit. Die Chance, dass Jüngere Erfahrungen mit Älteren teilen, wird immer geringer. Das Ruhestandsalter erreichen immer mehr ältere Menschen. Sie können mit einer verlängerten eigenständigen Lebensphase jenseits der Erwerbsarbeit rechnen. Die gewonnenen Jahre sind das Ergebnis von vorzeitigem Ausstieg aus dem Beruf und der verlängerten Lebenserwartung.
- *Feminisierung* – Das Alter ist weiblich: Im höheren Alter steigt der Anteil der Frauen auf Grund ihrer höheren Lebenserwartung ständig an. Es kann davon gesprochen werden, dass die Altersbevölkerung eine »Zwei-Drittel-Frauengesellschaft« ist.
- *Singularisierung* – Der Anteil der Alleinlebenden nimmt zu. Viele Menschen leben schon heute allein. Das wird in Zukunft weiter zunehmen. Damit wächst die Wahrscheinlichkeit eines späteren Hilfebedarfs.

---

[12] *H.W. Opaschowski,* Der Generationenpakt, aaO., 26f. unter Bezug auf *H.P. Tews.*

– *Hochaltrigkeit* – Die Hochaltrigkeit nimmt deutlich zu. Die Zahl der Menschen, die über 100 Jahre alt werden, wird steigen.

Altern und Alter erfahren einen Bedeutungswandel. Kennzeichnend für die gegenwärtige und zukünftige Situation alter Menschen ist die zunehmende Unterschiedlichkeit und Uneinheitlichkeit. Dies betrifft die Lebenslagen und die Lebensstile der älteren Bevölkerung. Die Lebensphasen jenseits der Erwerbsarbeit gewinnen an eigenem Gewicht. Das Älterwerden führt kein marginales Schattendasein mehr, sondern rückt zunehmend ins Zentrum einer Neuorientierung des Lebens. Frührentner »müssen schon bald die Erfahrung machen, dass ihre ›Hobbys immer nur bis Mittwoch reichen‹. Offen bleibt die Frage: ›Und was dann?‹ – so lange jedenfalls, bis ein neues Aufgabenfeld mit Sinn und Ernstcharakter gefunden oder ein Seniorenstudium begonnen wird. Statt befürchteter Alterslast heißt es eher: neues Potential von Interessen und Fähigkeiten.«[13]

3. Frauen und Männer altern anders

Es ist nicht nur sinnvoll, sondern notwendig, ältere und alte Menschen als Männer und als Frauen in den Blick zu nehmen. »›Geschlecht‹ ist ein sozialer Platzanweiser, der Frauen und Männern ihren Ort in der Gesellschaft, ihren Status, ihre Lebenschancen zuweist.«[14] Die Art und Weise, wie Menschen in unserer Gesellschaft leben und alt werden, ist nicht geschlechtsneutral. Der Mensch altert als Mann und als Frau unter differenzierten gesellschaftlichen Bedingungen. Geschlechtlichkeit prägt das Altern und auch den gesellschaftlichen und kirchlichen Umgang damit. Diese Unterschiede sind sowohl in der eigenen Lebensgeschichte als auch im konkreten Alltag wahrzunehmen.

Im Blick auf dieses Themenfeld formuliert *G.M. Backes:* »Die vielschichtigen Bedeutungsgehalte, die dem weiblichen und männlichen Geschlecht für das Alter(n) und ›Geschlecht und Alter(n)‹ als Strukturmerkmal der Gesellschaft mit Konsequenzen für die Lebenslagen bis ins Alter zukommen, werden im deutschsprachigen Raum bislang eher undifferenziert, unzureichend und kaum im Gesamtkontext ihrer Entstehung und Bedeutung thematisiert. Dies steht in einem eigenartigen Kontrast zu der bereits recht populären Erkenntnis, dass ›das Alter weiblich‹, d.h. zumindest quantitativ, wenn nicht gar qualitativ eher von Frauen geprägt sei.«[15]

Das, was bisher in der Geschlechter- und Altersforschung vorrangig beschrieben wird, bezieht sich nach G.M. Backes eher auf die Bearbeitung der ungleichen Lebensdauer von Männern und Frauen, der unterschiedlichen Betroffenheit von

---

[13] *H.W. Opaschowski,* Der Generationenpakt, aaO., 76.

[14] *K. Derichs-Kunstmann u.a.,* Frauen lernen anders … Lernen Frauen anders?, Bielefeld 1993, 12.

[15] *G.M. Backes,* Alter(n) und Geschlecht. Ein Thema mit Zukunft, in: AuPZ 49–50/2005, 31–38, bes. 34ff

Problemen im hohen Alter oder auf das Altern von Frauen im Sinne von »Feminisierung des Alters«. Aspekte wie z.B. die Bedeutung des hohen Anteils von Frauen im Alter für die Sozialstruktur einer sich wandelnden Gesellschaft finden kaum Beachtung. Dazu sei im Folgenden auf einige Aspekte hingewiesen:[16]

- Frauen haben eine längere durchschnittliche *Lebenserwartung* als Männer: Zwei Drittel der über 60-Jährigen und drei Viertel der über 75-Jährigen sind Frauen. Vor allem bei den 85-Jährigen und älteren Menschen zeichnet sich mit einem Anteil von mehr als drei Viertel Frauen eine »Feminisierung des Alters« ab. Altersfragen werden in Zukunft in einem hohen Maße Frauenfragen sein.
- Frauen leben weitaus häufiger im Alter *nicht mehr in einer Partnerschaft*. Sie beschließen ihr Leben häufiger als Witwen oder Alleinlebende.
- Die *Normalbiografie* orientiert sich beim Mann – auch wenn in unserer Gesellschaft zunehmend seltener davon gesprochen werden kann – eher an der Erwerbstätigkeit, die bei der heutigen älteren Generation in der Regel geradlinig verlaufen ist. Bei den Frauen ist es dagegen häufig so, dass die Familienaufgaben mit einer beruflichen Tätigkeit vereinbart werden mussten. Ihr Lebenslauf ist insgesamt stärker durch Brüche gekennzeichnet. Die Verknüpfung von häufig unvereinbaren Aspekten und Widersprüchen kann allerdings dazu beitragen, dass Frauen für das Älterwerden besser vorbereitet sind.
- Männer haben aufgrund ihrer geradlinigeren Erwerbsbiografie meist eine bessere *soziale Absicherung* als Frauen. Die selbst erworbenen Rentenansprüche für Frauen fallen niedriger aus als diejenigen für Männer. Frauen sind daher eher als Männer von sozialen Problemen betroffen.
- *Familienorientierung:* Männer streben nach der Pensionierung häufiger eine Tätigkeit an, die eine modifizierte Fortsetzung ihres Berufes ist. Frauen konzentrieren sich eher auf Haus- und Familienarbeit. Auch in der jüngeren Generation, die durch eine zunehmende Berufstätigkeit der Frauen geprägt ist, zeigt sich bei Frauen nach wie vor eine stärkere *Familienorientierung*, als das bei den Männern der Fall ist.
- *Krankheit:* Frauen haben zwar eine höhere Lebenserwartung als Männer, sie sind aber mit zunehmendem Alter häufiger von chronischen Krankheiten, psychosozialen Notlagen und Pflegebedürftigkeit betroffen.
- *Doppelte Benachteiligung der Frauen:* Obwohl Frauen im Alter zahlenmäßig dominieren und das Erscheinungsbild bestimmen, gibt es die These von der »doppelten Benachteiligung der alten Frauen«[17]. Die Benachteiligung besteht

---

[16] Vgl. die folgende Literatur: *G.M. Backes*, Alter(n) und Geschlecht, aaO., 34ff.; *Dies.*, Geschlechterverhältnisse im Alter, in: *B. Jansen u.a.* (Hrsg.), Soziale Gerontologie, Weinheim/Basel, 1999, 453–469; *I. Fokken*, Geschlechterverhältnisse im Lebensverlauf, in: aaO., 441–452.

[17] Zum Folgenden *I. Fokken*, Geschlechterverhältnisse im Lebenslauf, aaO., 444f.

einerseits in ihrem Frau-Sein in einer patriarchalen Gesellschaft und andererseits in ihrem Alt-Sein in einer von Jugendlichkeitswerten dominierten Kultur.

– *Doppelte Marginalisierung der Männer*: Männer befinden sich zum Beginn und zum Ende ihres Lebens in weitgehend weiblich bestimmten Entwicklungs- und Lebenskontexten. In der Kindheit überwiegen Frauen als Bezugs- und Erziehungspersonen. Mit dem Ruhestand werden Männer aus der »aktiven Männergesellschaft« entlassen und befinden sich erneut in einer Lebensphase, in der die Frauen wiederum dominieren. Für ein solch weiblich bestimmtes Umfeld gibt es kaum männliche Lebensmodelle, mit denen sie sich identifizieren könnten. Dazu kommt, dass Männer im mittleren Erwachsenenalter häufig große Macht- und Entscheidungsbefugnisse hatten. Diese sind eine wesentliche Quelle männlicher Identität und Selbstbestätigung. Mit dem Eintritt in den Ruhestand schwinden diese gesellschaftlichen Einflussmöglichkeiten. Darum spricht *Insa Fokken* davon, dass Männer möglicherweise auch im Alter doppelt marginalisiert sind.[18]

Diese Auflistung macht das Geschlechtsspezifische im Blick auf die Lebensläufe von Frauen und Männern sichtbar. Die Vielfalt der Lebensläufe, insbesondere bei Frauen, wird erkennbar. Es wird deutlich, dass Frauen und Männer bei Angeboten der Altenbildung nicht »über einen Kamm geschoren werden können«. Das Wissen darum, dass Frauen und Männer in die Gesellschaft auf unterschiedliche Weise eingebunden sind und unterschiedliche Biografien aufzuweisen haben, kann eine erste Orientierung geben. Im Blick auf Frauen kann das bedeuten, dass der Ansatz in Richtung auf die Familie zu suchen ist – anders als bei den Männern, wo die Erwerbsarbeit im Vordergrund steht. Allerdings ist damit zu rechnen, dass heutige Frauen eine solch einseitige Orientierung nicht mehr wollen, sondern ihre Potenziale zugleich auch in der Berufsorientierung sehen.

4. Theologische Überlegungen

Nach der Analyse der Situation älterer und alter Menschen ist nun danach zu fragen, welche Perspektiven aus theologischer Sicht zum Thema der Altenbildung einzubringen sind.

4.1 Alter in biblischer Sicht

Sowohl im AT als auch im NT kommt das Thema Alter nicht als Hauptthema, wohl aber als ein wichtiges Nebenthema vor.[19] Leben wird in der Bibel als Geschenk Gottes verstanden. Deshalb gilt das lange und erfüllte Leben als ein besonderer Segen Gottes. In Gen 5,1ff. findet sich eine lange Liste von Menschen, die

---

[18] Ebd.
[19] Zum Folgenden vgl. teilweise *Ch. Gäbler-Kaindl*, Frauenmorgen. Aufbrüche in eine christliche Alterskultur, Stuttgart 2005, 21ff.

aus heutiger Sicht ein wahrhaft biblisches Alter erreicht haben. Diese Liste reicht von Adam bis Noah. Lange Lebensdauer ist im AT ein wichtiges Thema, das positiv besetzt ist.

Die Aufforderung, alten Menschen ehrfürchtig zu begegnen, findet sich an zahlreichen Stellen des AT: »Vor einem grauen Haupt sollst du aufstehen und die Alten ehren und sollst dich fürchten vor deinem Gott: ich bin der Herr.« (Lev 19, 32) Diese Aufforderung besagt, dass ein alter Mensch Gott besonders nahe ist und dass in einem alternden Menschen Gottes Kraft zu erkennen ist. Auch im Elterngebot des Dekalogs wird eindrücklich beschrieben, dass den alten Menschen ehrwürdig begegnet werden soll: »Du sollst deinen Vater und deine Mutter ehren, auf dass du lange lebst in dem Lande, das dir der Herr, dein Gott, geben wird.« (Ex 20,12) Diese Weisung richtet sich an die mittlere Generation. Es geht darin sowohl um die materielle Versorgung der Älteren als auch um die Anerkennung ihrer Erfahrungen und Lebensweisheiten. Der Sache nach geht es damit um den Generationenvertrag.

Die Anerkennung der älteren Männer im gesellschaftlichen Bereich wurde deutlich im Amt des Ältesten. Der älteste und noch leistungsfähige Mann hatte in einer Großfamilie die Leitung wahrzunehmen. Damit waren Aufgaben und Privilegien verbunden. Aber nicht nur die Fülle des Lebens, sondern auch die Hinfälligkeit des Menschen wird im AT angesprochen. Dass das Alter beschwerlich und mühsam sein kann, wird z.B. im Gebet des Psalmisten deutlich: »Verwirf mich nicht in meinem Alter, verlass mich nicht, wenn ich schwach werde.« (Ps 71,9)

In der Kindheitsgeschichte Jesu (Lk 1) werden mit Zacharias und Elisabeth, Simeon und Hanna vier alte Menschen namentlich genannt. An der Schwelle zwischen Altem und Neuem Bund kommt diesen alten Menschen eine besondere Bedeutung zu: Sie zeigen die Verbundenheit mit der jüdischen Tradition und weisen auf das Neue hin: In einem Kind wird die Hoffnung, der erwartete Messias, erkannt. In zwei Lobgesängen (Zacharias: Lk 1,67ff.; Simeon: Lk 2,29ff.) wird diese Hoffnung ausgedrückt.

Eine weitere Gruppe älterer Menschen, die im NT eine besondere Beachtung findet, sind die Witwen. Bei dem Evangelisten Lukas werden Witwen als Vorbilder hingestellt, die sich durch ihre Hartnäckigkeit Recht verschaffen (Lk 18,1ff.) und auf Gottes Fürsorge bauen (Lk 2,1ff.). Die Zuwendung Jesu zu Menschen – insbesondere zu Frauen –, die in Armut leben oder durch ihr Alter benachteiligt sind, hat in den Gemeinden weiter gewirkt. Die älteren Witwen erhielten Aufgaben in der Gemeinde, und die Gemeinde sorgte für ihre materielle Absicherung. In 1 Tim 5,3ff. wird dies ausdrücklich beschrieben. Um Missbräuche auszuschließen, werden dort drei Gruppen von Witwen unterschieden. Die »rechten« Witwen sind die Frauen, die über 60 Jahre sind und alleine leben. Sie können in der Gemeinde Aufgaben (wie Fürbitte und diakonische Dienste) übernehmen. Auf diese Weise werden Frauen, die alt und arm sind, versorgt und in die Gemeinde integriert. Es sei ausdrücklich hervorgehoben, dass diese Witwen nicht Almosen bekamen, sondern eine sinnvolle Aufgabe erhielten.

Als biblische Gesichtspunkte zum Alter und zu einer christlichen Alterkultur sind erkennbar: die Achtung vor den alten Menschen, die solidarische Unterstützung alter Menschen sowie Nutzbarmachen der Lebenserfahrung und das Achten auf die Ratschläge alter Menschen. Dem allen liegt aber voraus, dass auch den alten Menschen eine Würde innewohnt, die sie nicht selbst zu verdienen haben, die auch ihnen von Gott aus Liebe geschenkt wird. Denn: Die Würde des Menschen kommt nach biblischem Verständnis nicht aus eigener Kraft, sondern ist ein Geschenk Gottes an den Menschen. Im priesterschriftlichen Schöpfungsbericht wird dies in der Aussage von der Gottebenbildlichkeit des Menschen zusammengefasst (Gen 1,26f.).

4.2 Gottebenbildlichkeit und Altenbildung

Die Gottebenbildlichkeit ist ein wesentliches Kriterium für die Altenbildung. Sie wird den Menschen zusammen mit dem Segen verliehen. Mit der Gottebenbildlichkeit ist als Auftrag die Mitgestaltung der Schöpfung verbunden. Für die Würde des Menschen bedeutet das, sie kommt nicht aus der Lebensführung, sondern sie ist eine »Wesensbestimmung – Zusage Gottes an den Menschen. Mit seiner Gottebenbildlichkeit hat jeder Mensch ohne eigenes Zutun oder Leisten Anteil am Segen Gottes, unverlierbare Würde.«[20] Die Aussage von der Gottebenbildlichkeit wird Menschen gesagt, die sich in der trostlosen und wenig aussichtsreichen Situation des babylonischen Exils befinden. Gottebenbildlichkeit ist damit keine Beschreibung eines bereits gegebenen Zustandes, sondern eine »Zusage, die über die Gebrochenheit des bestehenden Lebens hinausweist. Mit der Zusage der Gottebenbildlichkeit wird uns eine Hoffnungsperspektive eröffnet.«[21] Das bedeutet, dass gerade auch in schwierigen Lebenssituationen die Zusage der Gottebenbildlichkeit aufrichten und ermutigen, Hoffnung vermitteln und Lebensperspektiven eröffnen will.

Paulus hat im Korintherbrief diese Gottebenbildlichkeit verdeutlicht, indem er davon spricht, dass Gott erwählt hat, was vor der Welt schwach ist. »Lass Dir an meiner Gnade genügen; denn meine Kraft ist in den Schwachen mächtig.« (2 Kor 12,9) Das bedeutet, dass Schwäche und Unvollkommenheit nicht in Widerspruch zur Gottebenbildlichkeit stehen, sondern ihre Entsprechung sind. D.h., der Mensch ist ein »ganzer« Mensch – auch in seiner Schwäche und Hilfsbedürftigkeit.

Die Gottebenbildlichkeit ist auch gegenwärtig für die Altenbildung ein wichtiges Kriterium. In einem Positionspapier der Evangelischen Arbeitsgemeinschaft für Altenarbeit in der EKD wird dies dahingehend konkretisiert, dass alte Menschen Stellvertretende und Beauftragte Gottes sind, Neues schaffen können, als Mann und Frau das Gegenüber Gottes auf der Erde darstellen, zur Freiheit und

---

[20] *M. Schibilsky,* Bildung – am Beispiel Altenarbeit, in: ZPT 54/2002, 25–32, hier: 26.
[21] *M. Schibilsky,* Bildung, aaO., 26f.

Mündigkeit berufen und in ihrem Wesen auf Beziehung und Dialog angewiesen sind. Sie haben den Auftrag, die Erde zu bebauen und zu bewahren.[22]

Wenn in dieser Weise von Würde, Freiheit und Beauftragung die Rede ist, kann das zentrale Stichwort nicht Betreuung sein, sondern nur Bildung lauten. Bereits *Johann Amos Comenius* hat in seiner »Pampaedia« das Alter als die letzte seiner sieben Lebensstufen bezeichnet. Diese wird ausdrücklich als »die letzte und daher höchste aller Schulen«[23] bezeichnet. Die zentrale Zielbestimmung der Bildung besteht für Comenius darin, »dem Menschen als dem Ebenbild Gottes dazu zu verhelfen, die höchste Vollkommenheit, die auf Erden nur möglich ist, zu gewinnen.«[24]

Comenius schreibt hinsichtlich der Konkretisierung dieser Zielbestimmung im Blick auf das Alter weiter: »In der Schule des Alters muss man die Greise lehren, und diese müssen es lernen, Folgendes zu kennen, zu können und zu wollen: das bisher durchlebte Leben recht zu füllen (*frui*), den Rest des Lebens richtig zu vollenden und das ganze irdische Leben richtig zu beschließen und fröhlich in das ewige Leben einzugehen. – Dementsprechend hat diese Schule drei Klassen: (1) Die Klasse derjenigen, die auf der Schwelle des Greisenalters stehen und ihre bereits erfüllten und noch zu erfüllenden Aufgaben bedenken. (2) Die Klasse derer, die das hohe Greisenalter erreicht haben und sich beeilen, das zu vollenden, was noch zu tun ist. (3) Die Klasse derer, die das Greisenalter durchlebt haben und nur noch den Tod erwarten.«[25] Er verweist auch bereits darauf, dass die Ziele der Stufen des Greisentums nicht durch die Zahl der Jahre zu ermessen sind, sondern dass diese vielmehr von der Frische bzw. dem Verfall der Kräfte abhängig sind.

Für das *rüstige Greisentum* geht es darum, auf die eigene Vergangenheit zurückzublicken, die Gegenwart zu überblicken und sich über die Ernte seiner Jahre zu freuen sowie nach dem auszuschauen, was noch zu tun ist, sich vor Unglücksfällen in Acht zu nehmen, sich vor Krankheiten zu hüten und auf eine gesunde Lebensweise zu achten.[26] Im *hohen Alter* sollen die Alten für die Vollendung ihrer irdischen Aufgaben sorgen und »die ganze, ihnen noch verbleibende Zeit auf das verwenden, wodurch sie am meisten sich selbst und ihren Nachkommen nutzen können.«[27] Im *hinfälligen Alter* geht es schließlich um die Aufgabe, »den Tod zu empfangen und in seiner Begleitung in das neue, unsterbliche Leben einzutreten.«[28]

---

[22] *Evangelische Arbeitsgemeinschaft für Altenarbeit in der EKD* (Hrsg.), Alter und ältere Menschen in Kirche und Gesellschaft. Positionen der EAfA, Hannover 2002, 5.

[23] *J.A. Comenius,* Pampaedia, hrsg. von *D. Tschiżewskij/H. Geissler/K. Schaller* (PF 5), Heidelberg ²1965, 419–445: Kap. XIV: Die Schule des Greisenalters, Zitat: 425.

[24] *J.A. Comenius,* Pampaedia, aaO., 15.

[25] Ebd., 423.

[26] Siehe ebd., 429 u. 431.

[27] Ebd., 437.

[28] Ebd., 443.

Diese Zielbestimmungen sind erstaunlich »modern«: Wir sprechen heute von Biografiearbeit, Lebenssinn, Lebensbilanz, bürgerschaftliches Engagement, Bewältigung des Todes. Kurzum: Es geht im Zentrum um den Lebenssinn und die Frage der Lebensbestimmung.

5. Überlegungen zur Kirche vor Ort und zur Zielgruppe

Was bedeuten die bisherigen Darlegungen für die Planung kirchlicher Altenbildung[29] vor Ort und hinsichtlich der religiösen Ansprechbarkeit der Zielgruppe?

5.1. Begegnung und Kommunikation vor Ort

So unterschiedlich Frauen und Männer im Alter sind, so unterschiedlich werden auch die Orte der Begegnung sein. Kirchengemeinden sind einer der wenigen Orte, die den Bereich der Öffentlichkeit und den privaten Bereich aufnehmen und miteinander verbinden. Sie geben die Chance zur Kommunikation und zur Begegnung im öffentlichen Raum und nehmen Themen der Lebenswelt auf. Treffpunkte und Orte der Begegnung sind darum zu befragen, wie sie den älteren Menschen Chancen zur Partizipation und zur Kommunikation ermöglichen.

Mit zunehmendem Alter ist dabei die Erreichbarkeit ein wichtiges Kriterium. Damit bekommen der Stadtteil, das Dorf und die Ortsgemeinde einen wichtigen Stellenwert. Da die Ortsgemeinde heute nicht mehr für alle Menschen den ausschließlichen Ort der Begegnung darstellt, erhalten die unterschiedlichen kirchlichen Ebenen wie Kirchenkreis, Landeskirche, regionale und gesamtkirchliche Einrichtungen eine größere Bedeutung. Deshalb ist es wichtig, dass auf allen Ebenen neue Orte der Kommunikation entdeckt oder geschaffen werden.

Die Bildungsformen richten sich dabei nach den teilnehmenden Frauen und Männern, den Inhalten und Zielen. Es ist eine partizipative Beteiligungskultur mit entsprechenden Strukturen und Arbeitsformen zu entwickeln. Eine solche Kultur ist charakterisiert durch:
– »Bildung als Teilgabe von Wissen
– Begegnung als Ermöglichung von Kommunikation gegen drohende Vereinsamung
– Beteiligung als Wertschätzung der eigenen Ressourcen
– Befähigung als Eröffnung neuer Perspektiven
– Begleitung als Ermutigung für eigene Schritte auf neuen Wegen
– Beratung als Hilfe zur Selbstfindung in kritischen Übergängen.«[30]

---

[29] Dass Evangelische Kirche und Ortsgemeinden sich um alte Menschen kümmern, ist nichts Neues. Bemühungen um diese Gruppe von Gemeindemitgliedern hat es immer gegeben. Sie wurden herkömmlich mit »Altenarbeit« bezeichnet. Der Wechsel hin zum Begriff der »Altenbildung« signalisiert den Perspektivenwechsel hin zur Subjektorientierung.

[30] *F. Binder,* Partizipation konkret – Neue Beteiligungsformen in der Altenarbeit, in: *EAfA* (Hrsg.), Platz für Potenziale?, Partizipation im Alter zwischen alten Strukturen und neu-

Die Altenbildung vollzieht sich in organisierten und selbst organisierten Formen. Dabei ist auch die Schaffung von informellen Gelegenheiten für Kontakte und Begegnungen wichtig. Die methodische Gestaltung dieser Formen und Begegnungen ist aufgrund der jeweiligen Themen zum einen handlungs- und gesprächsorientiert, zum anderen erfahrungs- und gruppenbezogen sowie erlebnisorientiert zu gestalten. Das erfordert für die Gruppenleitung Erfahrung und Kompetenz im Leiten von Gruppen und in der Gesprächsführung.

5.2 Zur Heterogenität der Zielgruppe und ihrem Verhältnis zur Kirche

Altenbildung hat es nicht mit einer einheitlich strukturierten Zielgruppe zu tun, sondern es ist eine Vielfalt charakteristisch: älter werdende und hochbetagte Männer und Frauen im ländlichen oder städtischen Raum, älter werdende Menschen aus den verschiedenen Gesellschaftsschichten, die über unterschiedliche Bildungsvoraussetzungen verfügen und unterschiedliche Formen religiöser Sozialisation mitbringen. Es gibt Männer und Frauen, die sich in ökonomischer Hinsicht durch eine ausreichende oder nicht ausreichende finanzielle Absicherung unterscheiden. Darüber hinaus interessieren sich Menschen aller Altersgruppen für das Thema »Alter und Altern«. Außerdem gehören die pflegenden und pflegebedürftigen Menschen mit ihren Angehörigen zur Zielgruppe. Es handelt sich also insgesamt um eine Heterogenität der Bedarfs- und Interessenstruktur.

Von besonderem Interesse ist in diesem Zusammenhang die Frage, welche Ansichten, Gewohnheiten und Haltungen ältere und hochbetagte Menschen im Blick auf ihre Kirche haben. Die vierte EKD-Erhebung über Kirchenmitgliedschaft[31] gibt über das Verhältnis zur Kirche einige Auskünfte:

Ein Drittel der evangelischen Kirchenmitglieder sind 60 Jahre und älter. Im Blick auf andere Altersstufen ist dies eine sehr starke Gruppe, die überwiegend aus Frauen besteht. Nach der EKD-Studie sind ältere Menschen über 60 Jahre im klassischen Sinne »kirchlich« geprägt. Fast 50 % geben an, in irgendeiner Form am kirchlichen Leben beteiligt zu sein; je 20 % beteiligen sich bei Kirchenwahlen und interessieren sich für kirchenmusikalische Veranstaltungen. Bei den Kirchenmitgliedern zwischen 60 und 69 Jahren sagen nur 2 %, dass sie überlegen, aus der Kirche auszutreten. Bei den über 70-Jährigen sind es 0 %. Im Vergleich dazu sagen 14 % der Mitglieder zwischen 14 und 19 Jahren, dass ihr Austritt nur noch eine Frage der Zeit sei.

Das Interesse an den sozialen Leistungen der Kirche verteilt sich relativ gleichmäßig über die verschiedenen Altersgruppen. Die verkündigungsbezogenen Leistungen werden aber besonders von den älteren Mitgliedern gewürdigt. Die Kasualien gehören für ältere Menschen ganz selbstverständlich zum Leben. Au-

---

en Erfordernissen, Hannover 2006, 29. Beispiele für neue Partizipationsformen sind aaO., 33–35, zu finden.

[31] *W. Huber/J. Friedrich/P. Steinacker* (Hrsg.), Kirche in der Vielfalt der Lebensbezüge. Die vierte EKD-Erhebung über Kirchenmitgliedschaft, Gütersloh 2006.

ßerdem ist es ihnen wichtig, dass die Kirche sich für christliche Werte einsetzt. In den Kirchenmitgliedschaftsuntersuchungen zeigt sich seit 1972 durchgehend, dass im Alter die Menschen offensichtlich stärker mit der Kirche verbunden sind. Nach *C. Schulz* könnte eine solche Bindung bedeuten: »Die Kirche gehört zu meinem Leben, sie hat sich über Jahre bewährt, ich mag sie aus meinem Leben nicht streichen, auch wenn mir nicht alles gefällt. Vielleicht ist Kirche gerade darin stark: Sie begleitet Menschen in der Lebenszeit, so dass die Verbindung, auch das innere Verstehen, die Vertrautheit, immer stärker werden. Kirche kann in diesem Modell, über Jahrzehnte hinweg, offenbar ihre Stärken besonders gut verdeutlichen.«[32]

Viele Mitglieder der jüngeren Generation und auch manche ältere Menschen erleben eine solch hohe Bindung zur Kirche nicht oder nicht mehr. Es gibt zunehmend weniger Gelegenheiten, mit der Kirche in Kontakt zu kommen, wenn man keine kirchliche Trauung der Kinder oder die Taufe der Enkel mehr erlebt und es auch über den Bekanntenkreis keine Kontakte zur Kirche mehr gibt. D.h., auch in religiöser Hinsicht ist keine einheitliche Bedarfs- und Interessenstruktur vorhanden.[33]

So stellt sich die Frage: Wie können Bindungen geschaffen werden, wenn es kein »lebenslanges Leben mit der Kirche« mehr gibt? Die Studie nimmt nun eine Analyse heutiger Lebensstile vor, die hier neue Gesichtspunkte aufzeigt. Dabei umfassen die Fragen des Lebensstils das Freizeitverhalten, den Musikgeschmack und die Wert- und Normorientierungen. Auf der Basis der Befragungsergebnisse werden idealtypisch sechs Lebensstile evangelischer Kirchenmitglieder herausgearbeitet.

---

[32] *C. Schulz*, Kirche im Fokus, in: *EAfA* (Hrsg.)*, Platz für Potentiale, aaO., 17–22, hier: 18.

[33] Zur Frage des Glaubens im Alter s. *A.M. Lamprecht*, Christlicher Glaube im Alter (Forum Theologie und Psychologie 10), Münster 2006 sowie die Ergebnisse des Forschungsprojektes »Religiöse Entwicklung im Erwachsenenalter«, in: *W. Fürst u.a.* (Hrsg.), »Selbst die Senioren sind nicht mehr die alten … «, Praktisch-theologische Beiträge zu einer Kultur des Alterns, Berlin u.a. 2003, bes. 56 (Dimensionen der Religiosität), 67ff. (Zentrale Ergebnisse).

Die folgenden beiden Lebensstile sind für die Zielgruppe der »Altenbildung« von besonderer Relevanz:[34]

Tab. 3: Lebensstile evangelischer Kirchenmitglieder

Typ 1 *hochkulturell-traditionsorientiert* (13 %) *Alter:* 63	Typ 2 *gesellig-traditionsorientiert* (16 %) *Alter:* 65
Sozialstrukturelle Merkmale: 65 % weiblich, viele Rentner/innen, Berufsstatus: überdurchschnittlich viele leitende Angestellte, Beamte, Freiberufler	*Sozialstrukturelle Merkmale:* 63 % weiblich, meist Rentner/innen, Bildungs- und Einkommensniveau unterdurchschnittlich: viele un- und angelernte Arbeiter/innen
Wertorientierung: Niveau, gesellschaftliches Ansehen, Altruismus, Engagement	*Wertorientierung:* sparsam, oft altruistisch und naturverbunden
Freizeit: Ausstellungen, Konzerte, Bücher, Kontakte zu Familie und Freunden	*Freizeit:* Geselligkeit, Kontakt mit Familie, Freunden, Nachbarn
Musikgeschmack: Klassische Musik, Oper, Jazz	*Musikgeschmack:* Volksmusik

Bei Menschen des Typs 1 kann man sich gut vorstellen, dass diese ein besonderes Interesse an kirchlichen Veranstaltungen haben, das im Umkreis von Gesprächskreisen sowie besonderen Gottesdienstformen zu suchen ist. Auch sind sie bereit, Leitungsaufgaben in der Gemeinde zu übernehmen. – Der zweite Lebensstil-Typ bevorzugt eher Veranstaltungen mit geselligen Momenten in der Ortsgemeinde. Dieser Typ engagiert sich z.B. in der Frauenhilfe. Er nimmt aber eine ablehnende Haltung gegenüber hochkulturell orientierten Aktivitäten ein.

Mit Hilfe des Lebensstilkonzeptes können Kirchenmitglieder und ihr Teilnahmeverhalten differenzierter als bisher wahrgenommen werden. Es wird deutlich, dass das Verhältnis zur Kirche nicht nur durch die persönliche religiöse Sozialisation geprägt wird, sondern auch durch Lebenslagen und Lebensbedingungen. Angesichts der unterschiedlichen Bedarfs- und Interessenstruktur älterer Menschen gibt es Handlungsbedarf für Kirche und Gemeinden, nicht zuletzt im Blick auf die Formen kirchlichen Handelns, die nicht für alle Menschen gleich attraktiv sind. Der Wandel der Lebensstile zieht auch einen Wandel der Beteiligungsformen nach sich. Die unterschiedlichen Bildungsvoraussetzungen und Gewohnheiten brauchen zur Entwicklung von Aktivitäten und Partizipation eine passgenaue Ansprache und Begleitung.

Die Studie macht auch deutlich, dass besonders bei Typ 1 die Gemeinwohlorientierung als zentrales Motiv vorhanden ist. Dieses Motiv ist verknüpft mit einem »gewissen Pflichtbewusstsein« und mit einem Gefühl für »gesellschaftliche Ver-

---

[34] Vgl. *J. Hermelink u.a.* (Hrsg.), Kirche in der Vielfalt der Lebensbezüge, Bd. 2, Gütersloh 2006, 56f. und *C. Schulz*, Kirche im Fokus, aaO., 19.

antwortung«. Bei den Lebensstil-Typen, die für jüngere Menschen charakteristisch sind, ist mit dieser Frage dagegen das Interesse verbunden, was man durch die Mitarbeit für sich selbst erreichen kann.[35]

Die traditionellen, an Betreuung und Unterhaltung orientierten Formen kirchlicher Altenarbeit werden von der gegenwärtigen älteren Generation eher als unpassend angesehen. Sie entsprechen zudem auch nicht dem christlichen Menschenbild, das »das Subjektsein des Menschen als Ebenbild Gottes betont. Auch mit fortgeschrittenem Alter bleibt der Mensch nach christlicher Überzeugung ein eigenständiges, selbstbewusstes Wesen, das sein Leben in Freiheit, Würde und Verantwortung für sich und andere gestalten darf und soll.«[36] In der kirchlichen Altenbildung sollte darum in Zukunft konsequenter als bisher nicht von feststehenden Angeboten der Gemeinde, sondern vom älter gewordenen Menschen und seinen Bedürfnissen her gedacht und geplant werden.

6. Zur Didaktik einer Bildung im Dritten Alter

Der Soziologe *Peter Laslett*[37] hat das Erwachsenenalter neu strukturiert. Dabei ist der Übergang in das Dritte Alter mit Umorientierungen, neuen Anforderungen, aber auch mit Irritationen verbunden, die es zu gestalten gilt. Nach *Sylvia Kade* »sind die Mangelerfahrungen im Alter gesellschaftlich hergestellt, nicht als Defizite dem Alter zuzuschreiben. Sie sind strukturell verursacht und mit den Problemen von Nichtwissen (Desorientierung), Ungewissheit (Desillusionierung), Unsi-

---

[35] Die Frage der Religiosität im Alter ist auch Thema im interdisziplinären gerontologischen Diskurs. Dies zeigt z.B. die von *R. Kunz* hrsg. Veröffentlichung »Religiöse Begleitung im Alter« (Zürich 2007), in der »Religion als Thema der Gerontologie« behandelt wird. Neben den anthropologischen, ethnischen und Sinngebungsfragen geht es hier auch um das Thema der religiösen Ressourcen in ihrer Bedeutung für das Wohlbefinden älterer Menschen. Hier kommt Religion als Ressource für die Lebensbewältigung in den Blick. In schwierigen Situationen, in Situationen des Leids und des Verlustes, in der Auseinandersetzung mit Schicksalsschlägen, kann Religion ein wichtiger Faktor von Coping-Strategien sein. *Matthias Allemand* und *Mike Martin* »Religiöse Ressourcen im Alter« (ebd., 25–43) gehen unter dieser Fragestellung den Themen Gebet, Kirchgang, religiöse Bewältigungsstrategien und soziale Beziehungen nach. *Uwe Sperling* kommt in seinem Artikel über die Zusammenhänge zwischen »Spiritualität und Wohlbefinden im Alter« zu dem Ergebnis: »Summarisch kann heute als unbestritten festgestellt werden, dass Religiosität und Spiritualität zu Gesundheit und Wohlbefinden beitragen können« (ebd. 73–98, hier: 77). Die empirischen Befunde der Religionsgerontologie sichtet kritisch: *A. Kopp-Gärtner*, Religion als salutogene Ressource, Diss. Ev.-Theol. Fak., Wien 2006, 863 S.

[36] *U. Pohl-Patalong*, Bildungsarbeit mit älteren Menschen, in: *M. Blasberg-Kuhnke/A. Wittrahm* (Hrsg.), Altern in Freiheit und Würde, aaO., 257.

[37] *P. Laslett*, Das dritte Alter, aaO.

cherheit (Desintegration) und Unkompetenz (Disengagement) verbunden.«[38] Es ist eine – historisch gesehen – neue Phase, für die es bislang keine Vorbilder gibt.

Für ein gelingendes Leben im Alter ist es wichtig, den eigenen Lebensweg mit den getroffenen Entscheidungen als Teil der eigenen Lebensgeschichte zu akzeptieren und als Erfahrung für den zukünftigen Lebensweg zu nutzen. Themen in dieser Phase können all das sein, was in der Gesellschaft und in der Welt passiert und was ältere Menschen interessiert. Daraus ergibt sich für die Altenbildung im Dritten Alter folgendes didaktische Raster:[39]

Tab. 4: Lernfelder und Themen im Dritten Alter

Information: Alltag	*Reflexion: Biografie*
Gesprächskreis: Aktuelle Tagesthemen	Erzählen: Vom Familienfoto zur Story
Diskussionsreihe: Gemeinsam Wohnen	Betriebschronik: Weißt du noch?
Singles kochen: Ernährung für Ältere	Philosophie-Salon: Über das Altern
Themenreihe: Leben mit Krankheiten	Umgang mit Ängsten: Kinderängste?
Treffs: Walking im Bürgerpark	Schreibstube: Zeitzeugen berichten
Kompetenz: Produktivität	*Kommunikation: Kreativität*
Wir suchen uns ein Ehrenamt!	Hölderlin: Fahrrad-/Lesetour
Sorgearbeit: Wenn Eltern altern	Filmclub: Filme und Geschichten
Fortbildung: »Stadtführer«	Sonntagsrunde: Literarischer Salon
Fotoreportage: Stadtteilporträts	Gruppenbilder: Malen nach Musik
Ökologie: Pflanzen im Schulgarten	Besuche: Theater der Saison

Bildung im Dritten Alter als Teilbereich der Erwachsenenbildung unterstützt den Prozess des lebenslangen Lernens und ist als kirchliche Altenbildung in das Selbstverständnis des gesamtkirchlichen Handelns eingebunden. Sie ist im Kontext der Gemeinde zu sehen und zu konzipieren. Die konkrete Ausgestaltung wird sich immer wieder am Anspruch der Kirche »Weggemeinschaft zu sein« messen lassen müssen.

Auf diesem Hintergrund soll und kann die Gemeinde älteren und alten Menschen Chancen eröffnen, lebensbegleitendes Lernen zu praktizieren. Dabei geht es um ein freiwilliges Lernen Erwachsener am Ort »christliche Gemeinde«, das sich den individuellen, sozialen und gesellschaftlichen Anforderungen dieser Lebensphase stellt. Sylvia Kade hat dazu vier Bildungsperspektiven formuliert: (1) Bildung im Alter, (2) Bildung für das Alter, (3) Bildung mit Älteren und (4) Bildung im Umgang mit Älteren.[40]

---

[38] *S. Kade,* Altern und Bildung, aaO., 127.
[39] *S. Kade,* Altern und Bildung, aaO., 140.
[40] Vgl. *S. Kade*, Altern und Bildung, aaO., 127–131, 156–227 unter Bezugnahme auf *E. Bubolz-Lutz.*

(1) Bildung im Alter –»für mich«

Bei diesem Aspekt geht es im weitesten Sinne um die Entdeckung der eigenen Lebensgeschichte, um den Biografiebezug. Für das Lernen im Alltag ist Ausgangspunkt die Bildungsgeschichte, die darin entwickelte Lernfähigkeit und der biografieabhängige Lernanlass. In einer Studie über das Seniorenstudium wurde nach den Einflüssen gefragt, die für die Bildungsgeschichte wichtig waren.[41] Die Mehrheit der Befragten gab an, dass Schule und Beruf sie am stärksten geprägt haben. Deutlich wurde in dieser Studie aber auch, dass dem Geschlecht eine wichtige Bedeutung zukommt. So werden Männer besonders durch den Beruf geprägt. Bei den Frauen haben die »Lektüre« und das »Reisen« einen großen Einfluss. Es sind vor allem Frauen, die die Auffassung vertreten, dass Krisen sie weiter gebracht hätten.

Das Lernen im Alter ist an konkrete Situationen gebunden und erfolgt nach Bedarf, wobei das Ziel offen gehalten ist. So möchte z.B. ein älterer Mensch am Computer nur soviel lernen, wie er zum Schreiben von Texten oder zum Versenden von Fotos an die Enkelkinder braucht. Sein Interesse ist nicht davon geprägt, alles über den Computer zu erfahren. Sein Wunsch besteht vielmehr darin, die beiden genannten Interessen umsetzen zu können. Für ein Programm in der Altenbildung könnte das bedeuten, eine nachfrageorientierte Grundstruktur zu entwickeln, die mit den individuellen Bildungsbedürfnissen verknüpft wird. Damit wäre das Lernen »maßgeschneidert«. Lernen in Gruppen wird dadurch möglich, dass sich Themen bündeln lassen und durch Anregung, Erfahrungsaustausch und Erörterung mit anderen zur Nachfrage werden.

Im Rahmen des biografischen Lernens stellen die Selbstbestimmung und Selbstreflexion ein erstes Themenfeld dar: Wer bin ich? Wie bin ich geworden? Was hat mich geprägt? Wie geht es mit mir weiter? Weitere Themenbereiche können sein: Lebensstationen (Kindheit, Jugend), Alltagsgeschichten (Familie, Kultur), Zeitgeschichte (Epoche, Schlüsselereignisse), geographisch – politisch festgelegte Räume (Heimat, soziales Umfeld), Naturräume (Orte der Freizeit) und soziale Welten (Schule, Arbeit, Kirche).

Von biografischem Lernen kann dann gesprochen werden, wenn die Biografie selbst zum Thema des Lernens geworden ist. Einen besonderen Stellenwert hat dabei das Erzählen. Es kann helfen, den eigenen Lebenslauf mit seinen Höhen und Tiefen, seinen Erfolgen und Misserfolgen zu vergegenwärtigen. Dabei ist nicht nur der »Blick zurück« oder der Blick in die Gegenwart, sondern auch der Blick in die Zukunft wichtig. Eine wesentliche Aufgabe besteht darin, zum Erzählen und Zuhören zu ermutigen und Rahmenbedingungen zu schaffen, die zum Erzählen motivieren.[42]

---

[41] Vgl. *S. Kade*, Altern und Bildung, aaO., 164f.

[42] Zur Bedeutung von Erinnern und Erzählen, Lebensrückblick und biografisches Erzählen und deren Erforschung siehe *B. Bothe*, Vertrauen und Fragilität. Erzählungen alter Men-

Beispiel: Modell »Frauenmorgen«[43]

Die »für mich« – Perspektive der Bildung im Dritten Alter soll noch an einem Beispiel konkretisiert werden, das zugleich die geschlechtsspezifische Ausrichtung von Altenbildung realisiert. *Christa Gäbler-Kaindl* hat mit ihrer Veröffentlichung »Frauenmorgen« einen Bericht darüber vorgelegt, wie Frauen »sich im dritten Alter gemeinsam bilden«. Inhaltlich geht es um die Herausforderungen im Lebensabschnitt »Alter«, um die Erfahrungen der beteiligten Frauen und um die Aufgaben einer christlichen Alterskultur. Die Zusammenkünfte haben die dabei beteiligten Personen zu einer selbst bestimmten Gestaltung des Alters ermutigt.

Ältere und alte Frauen kamen über einen längeren Zeitraum regelmäßig zusammen. Sie erzählten einander, wie ihre »späten Jahre« wirklich ablaufen. Dabei bestand ihre Motivation darin, dass sie das Älterwerden selbstbestimmt bewältigen wollten. Sie hatten das Ziel, auf eine ihnen gemäße Weise leben zu lernen – jenseits der Betreuung durch andere Menschen und ohne Inanspruchnahme organisierter Angebote für alte Menschen.[44]

Die Verfasserin gibt zudem eine Reihe von Hinweisen dazu, wie die Lernbereitschaft im Alter gefördert und die Motivation erhalten bleibt:
– »Ältere und alte Frauen wollen als Erwachsene angesprochen werden ...
– Was neu zu lernen ist, haftet am besten, wenn es sich mit dem Wissen, das im Langzeitgedächtnis vorhanden ist, verbinden lässt …
– Die Motivation zum Lernen bleibt erhalten, wenn die Gruppe soziale Anerkennung erfährt ...
– Die Gesprächsteilnehmerinnen werden entlastet, wenn jeder Zusammenkunft eine klare Übersicht über das zu Lernende vorangestellt wird ...
– Es ist Rücksicht zu nehmen auf die körperlichen Kräfte der Frauen ...
– Das Lerntempo geben die Frauen vor ...
– Eine Atmosphäre des Vertrauens ist unerlässlich, wenn Neues gelernt werden soll ...
– Ein gleich bleibender Rhythmus der Treffen schützt vor blockierenden Erfahrungen von Vergesslichkeiten.«[45]

(2) Bildung für das Alter – »für uns«

Bei dieser Bildungsperspektive sind die Älteren vorrangig »unter sich«. Hier geht es primär nicht um das individuelle Lernen, sondern um das »wir für uns«.

---

schen vom guten Leben, in: *R. Kunz* (Hrsg.), Religiöse Begleitung im Alter. Religion als Thema der Gerontologie, Zürich 2007, 99–120.
[43] *Ch. Gäbler-Kaindl,* Frauenmorgen, aaO.
[44] Zu einer geschlechtsspezifischen Altenbildung s. auch *P. Bohnenkamp,* Altern als Mann, in: *M. Blasberg-Kuhnke/A. Wittrahm* (Hrsg.), Altern in Freiheit und Würde, aaO., 99f.
[45] *Ch. Gäbler-Kaindl,* Frauenmorgen, aaO., 201ff.

Angehörige einer Generation lernen gemeinsam für die gleiche Lebensphase. Dieses Programm ist in der kirchlichen Altenbildung weitgehend vertreten und für viele ein attraktives Angebot. Diese Angebote vermitteln notwendiges Wissen für den Übergang in diese Lebensphase, geben Sicherheit, machen Angebote zur sozialen Integration und tragen dazu bei, dass wichtige Kompetenzen erhalten bzw. erweitert werden.

Wie in jeder Lebensphase ereilen Menschen auch im Alter kritische Lebensereignisse. »Zum kritischen Ereignis werden Wendepunkte im Lebenslauf, weil sie zwar zu erwarten, aber kaum antizipierbar sind und ungewollt widerfahren. Sie treffen unerwartet ein und uns unvorbereitet an.«[46] Zur Krise kommt es, wenn ein Ereignis nicht mehr mit den gewohnten Mitteln bewältigt werden kann. Nicht alle Ereignisse bzw. Krisen können gemeinsam mit anderen bewältigt werden, wie das Beispiel der Verwitwung deutlich macht. Dies betrifft zwar viele, aber jeweils zu einem anderen Zeitpunkt. Es gibt keine Gleichzeitigkeit der Ereignisse. Das bedeutet: Ereignisse, die alterstypisch sind, eignen sich nicht dazu, soziale Netze aufzubauen und Krisen gemeinsam zu bewältigen. Notwendig ist in diesen Situationen, dass die älteren Menschen Unterstützung erhalten. Dazu gehören Bildungsangebote, die helfen, neue Bewältigungsstrategien zu entwickeln.

(3) Bildung mit Älteren – »mit anderen«

Diese Bildungsperspektive hat das intergenerationelle Lernen im Blick. Nicht in jeder altersheterogenen Gruppe findet auch der Dialog zwischen den Generationen statt. Für einen Dialog reicht die Altersdifferenz zwischen den Beteiligten nicht aus. Nach *Sylvia Kade* wird altersübergreifendes Lernen zur intergenerationellen Bildung, wenn die Generationenfrage selbst zum Thema wird. Wichtig ist auch, dass die Beteiligten an dem Thema Interesse haben. Es muss dies aber kein gleichlaufendes Interesse sein. Das ist eher die Ausnahme. Ein Dialog zwischen den Generationen entsteht dann, wenn nicht nur Wissen angeeignet wird, sondern auch der Wert der Erfahrung für das eigene Leben, d.h. der biografische Bezug, zur Sprache kommt. Ein Dialog auf »gleicher Augenhöhe« entsteht dann, wenn im Vorfeld abgeklärt worden ist, worin das eigentliche Interesse besteht. Anlässe für den Kontakt zwischen den Generationen können sein:
– Ältere berichten in einem Erzählcafé oder in einem Museum anschaulich als Zeitzeugen aus der Geschichte.
– Junge Menschen haben ein persönliches Interesse, sich mit älteren Menschen auszutauschen als Vorbereitung auf eine berufliche Ausbildung (z.B. Altenpflegerin) oder eine ehrenamtliche Tätigkeit.
– Ältere Menschen, die Schüler*innen* als Tutor ihr Wissen und ihre Erfahrungen in Bibliotheken, in Schulgärten, in Theatergruppen zur Verfügung stellen.

---

[46] *S. Kade,* Altern und Bildung, aaO., 166.

Ein Dialog entsteht, wenn der Kontakt und die Beziehung zwischen den Generationen freiwillig eingegangen werden. Das Erfahrungswissen der Älteren kann von den Jüngeren eher angenommen werden, wenn die Älteren ihre Autorität nicht ausspielen und die Jüngeren kritisieren und zurechtweisen. Jüngere Menschen können Kompetenzen der Älteren eher akzeptieren, wenn sie einfühlsam vermittelt werden und die selbstständige Aneignung gefördert wird. Deutlich ist, dass das Generationengespräch sehr sensibel und einfühlsam zu entwickeln ist.

Sylvia Kade weist darauf hin, dass die Weitergabe von Erfahrungswissen als eine Aufgabe zu sehen ist, die von älteren Menschen noch erwartet wird, dass es aber nicht selbstverständlich ist, dass Jüngere sich für das Alter interessieren. [47] Ein Austausch zwischen den Generationen findet in unserer Gesellschaft heute nur noch selten statt. Für Kirchengemeinden, die als Institution für alle Altersgruppen offen sind, liegen hier Chancen. Die Bildungsarbeit wird dabei als Aufgabe der christlichen Gemeinde im Miteinander von Menschen und Generationen begriffen. Sie kann dazu beitragen, dass christliche Gemeinden Orte der Subjektwerdung für alle Menschen werden. Der Dialog der Generationen ist keineswegs selbstverständlich, er muss vielmehr bewusst gestaltet werden.[48]

(4) Umgang mit Älteren – »für andere«

Die Bildungsperspektive »für andere« steht für eine Beschäftigung mit dem Alter, die auf den Umgang mit Älteren vorbereitet. Im Mittelpunkt stehen die eigene Einstellung zum Alter, die biografische Selbstvergewisserung über das Altern, die Erfahrungen mit älteren Menschen und die Art und Weise, wie ältere Menschen lernen. Diese Perspektive knüpft an Erfahrungen mit dem Älterwerden an und reflektiert diese. Personenbezogene Tätigkeiten im Umgang mit älteren Menschen setzen die Reflexion über das eigene Altersbild voraus, insbesondere bei abhängigen älteren Menschen. Häufig sind die eigenen Altersbilder nicht bewusst. Es besteht die Gefahr, dass eigene Ängste und Befürchtungen auf andere übertragen werden. Für den Umgang mit Älteren ist daher eine reflexive Kompetenz von Bedeutung.

Die Vorbereitung zum Umgang mit Älteren setzt bei dem persönlich erworbenen Erfahrungswissen an. Damit ist das praktisch erfahrene und reflektierte Wissen gemeint. Es gibt verschiedene Formen von Erfahrungswissen (z.B. das Alltagswissen, das Lebenswissen, das Berufswissen). Für folgende Personengruppen kann die Bildung für den Umgang mit Älteren von Bedeutung sein:
– Junge Menschen, die einen Beruf erlernen wollen, der mit Älteren zu tun hat.
– Jüngere Menschen, die in der Bildungsarbeit mit Älteren beruflich oder ehrenamtlich tätig sind oder sein wollen.

---

[47] *S. Kade*, Altern und Bildung, aaO., 196f.
[48] Anregungen für generationenübergreifende Projekte bietet: *Ministerium für Generationen, Familie, Frauen und Integration des Landes NRW* (Hrsg.), Generationenübergreifende Projekte. Beispiele aus der Praxis für die Praxis, Düsseldorf 2007.

– Menschen des Dritten Alters, die sich für noch ältere Personen, die im Vierten Alter leben, engagieren wollen, indem sie beispielsweise Lernpartnerschaften eingehen.

– Ältere Menschen, die Jüngeren (z.B. Schüler*innen*) ihr Erfahrungswissen weitergeben wollen.

Erwachsene im Dritten Alter verfügen auf Grund ihrer Lebens- und Berufserfahrung über vielfältige Kenntnisse und Fähigkeiten. Sie können selbst bestimmen, was und wie sie lernen wollen, und sie können diesen Prozess aktiv mitgestalten und verantworten. Dabei stehen aber nicht der Erwerb von Informationen und die Vermittlung von Wissen im Vordergrund, sondern der Zuwachs an Kompetenz zur selbstbestimmten Lebensführung. Die besonderen Möglichkeiten der gemeindepädagogisch orientierten Altenbildung liegen dabei in der Entwicklung einer Altersidentität.[49]

7. Zur Didaktik einer Bildung im Vierten Alter

Frauen und Männer haben trotz mancher Einschränkungen auch im Vierten Alter[50] Bedürfnisse, Wünsche sowie Entwicklungsmöglichkeiten. Auch wenn sie auf Unterstützung und Hilfe durch andere Menschen angewiesen sind, ist es möglich, das eigene Leben aktiv zu gestalten und in Würde zu leben. In der Selbstwahrnehmung sind häufig die Einschränkungen und Defizite dominant. Umso wichtiger ist eine realistische Einschätzung der Möglichkeiten und Grenzen, um angemessene Formen der Bildung zu entwickeln. In den »Leitlinien zur Bildung im Vierten Alter« der Katholischen Bundesarbeitsgemeinschaft für Erwachsenenbildung wird explizit darauf verwiesen, dass die Aufgabe und Möglichkeit der Gestaltung des eigenen Lebens als »Ebenbild«, d.h. als Gegenüber und Partner Gottes, erst mit dem Tode endet. Es »gilt die Selbst- und Fremdverpflichtung, Möglichkeiten zur Bildung, d.h. zur Arbeit an diesem Menschsein als Ebenbild, bis zuletzt wahrzunehmen.«[51]

Dabei ist insbesondere wichtig, den älteren Menschen weiterhin die Selbstbestimmung zu ermöglichen. Das bedeutet z.B., dass sie nicht nur Gelegenheit erhalten, darüber zu entscheiden, was sie wollen, sondern auch, wie und mit wem sie das Gewollte durchführen. In Altenheimen ist die eigene Beteiligung oft nur darauf reduziert, dass alte Menschen sagen können, ob sie ein Unterhaltungs- oder Bildungsangebot annehmen oder ablehnen möchten. Menschen im Vierten Alter werden bis zum heutigen Tage in ihren Bildungsmöglichkeiten weitgehend unterschätzt. Selbst Pflegedürftigkeit bedeutet nicht gleichzeitig den Verlust von

---

[49] Dazu Teil 4.1 »Alter in biblischer Sicht« und Teil 4.2 »Gottebenbildlichkeit und Altenbildung«.

[50] S. oben Teil 2: »Das Dritte und das Vierte Alter«.

[51] *Katholische Bundesarbeitsgemeinschaft für Erwachsenenbildung* (Hrsg.), Bildung lebenslang. Leitlinien einer Bildung im dritten und vierten Alter, Bonn 2002, 27–48, hier: 31.

Selbstbestimmung. Die Bildungsarbeit mit Menschen des Vierten Alters setzt dort an, wo
- Vertrauen in die eigene Lernfähigkeit entwickelt werden kann,
- es Unterstützung gibt, die eigenen Fragen und Interessen zu formulieren,
- gemeinsam Wege gesucht werden, um die innere Autonomie zu erhalten,
- akzeptiert wird, dass Hilfe und Unterstützung notwendig und die Bereitschaft vorhanden sind, solche Unterstützung anzunehmen.

Für die Lebenssituation im Vierten Alter ergeben sich folgende Bildungsperspektiven:[52]

Tab. 5: Lernfelder und Themen im Vierten Alter

Information: Alltag	*Reflexion: Biografie*
Alltag: Hilfe zur Selbsthilfe	Vorleser/innen (im Heim)
Kompetenztraining: Tanzen, Singen	Familienfoto: Biografisches Erzählen
Wohnen im Alter: Daheim oder im Heim	Zeitreise: Kinderspiele, Schulzeit
Schach im Internet	Glaubensbilder: Der verlorene Sohn
Kompetenz: Produktivität	*Kommunikation: Kreativität*
Nachbarschaftshilfe, Besuchdienst	Talkshow: Wunschgäste (im Heim)
Gemeinsam kochen (im Heim)	Stadtteilchronik: Ausflug, Erzählen
Kunst-, Lieder-, Theater-AG (im Heim)	Mobiles Erzählcafé (im Heim)
Dasein: Sterbende begleiten	Stadtreisen: Urlaub ohne Koffer

Die Bildung im Vierten Alter wird die individuelle Befindlichkeit verstärkt berücksichtigen müssen. Sie findet in kleinen Gruppen oder im Zweiergespräch statt. Bildungsprozesse werden sich dabei mit pflegenden Dienstleistungen abwechseln.[53] Es gibt bislang noch wenig Konzepte, wie die Bildung für Menschen im Vierten Alter konkret aussehen kann.

Beispiel: Modell »Lernpartnerschaften«

Das Modell der »Lernpartnerschaften«[54] stellt ein gelungenes und praktikables Konzept einer solchen Altenbildung dar. Menschen im Vierten Alter haben zwar häufig körperliche Einschränkungen, sind aber geistig noch fit und haben Interesse an neuen Anregungen und an Bildung. Ihnen fehlen aber Kontakte, sie haben kaum Anreize von außen. Aufgaben werden ihnen nicht mehr zugetraut, und sie

[52] Nach *S. Kade,* Altern und Bildung, aaO., 143.
[53] *S. Kade,* Altern und Bildung, aaO., 48.
[54] Vgl. *E. Eichhorn-Kösler/B. Kraus,* Interessen (neu) entdecken und ernst nehmen – Ältere als Akteure ihres Lebens, in: *M. Blasberg-Kuhnke/A. Wittrahm* (Hrsg.), Altern in Freiheit und Würde, aaO., 267f.

sind möglicherweise verunsichert, da sie die häusliche Umgebung aufgeben und in ein Heim ziehen mussten. Diese Situation führt nicht selten zur Resignation. Hier setzt das Modell der Lernpartnerschaften an.

Menschen, die eine Lernpartnerschaft übernehmen, gehen in die Wohnung von Menschen des Vierten Alters oder in das Heim, wo diese leben. In der Begegnung entsteht eine Lernsituation, an der zwei Menschen beteiligt sind: die »mobile« Lernpartnerin und der an die Wohnung oder das Heim gebundene Lernpartner. Am Beginn der Partnerschaft steht der Beziehungsaufbau im Vordergrund. Es geht darum, ein gegenseitiges Vertrauen herzustellen und eine Gesprächsbasis zu schaffen. Um eine solche Beziehung aufbauen zu können, ist Kontinuität wichtig. Deshalb werden regelmäßige Treffen verabredet. Auf dieser Grundlage können dann gemeinsam Themen besprochen werden, die für beide Seiten relevant und von Interesse sind. Eine solche Lernpartnerschaft beinhaltet:
- »die Auseinandersetzung mit der eigenen Lebenssituation
- die Pflege von Hobbys und geistigen Interessen
- die Erschließung neuer Erfahrungs- und Erlebnismöglichkeiten
- die Auseinandersetzung mit neuen Themen
- die Bearbeitung von Fragen nach dem Lebenssinn
- sowie die Reflexion der eigenen Lebensgeschichte.«[55]

In einer solchen Partnerschaft liegen für beide Seiten Chancen und Vorteile. Es werden Lebensqualität und Selbstwertgefühl gesteigert, gemeinsame Interessen verfolgt, und es findet ein Von-einander-lernen statt. Auf diese Weise entsteht eine gegenseitige Bereicherung. Für die »mobilen« Lernpartner gibt es darüber hinaus die Chance, sich bewusst mit dem eigenen Älterwerden auseinander zu setzen. Sie bekommen einen Einblick, wie ein Leben mit Einschränkungen so geführt werden kann, dass dabei auch Zufriedenheit entsteht. Es wird zudem deutlich, dass das Geben und Nehmen zur menschlichen Existenz gehört.

8. Altenbildung – um der Freiheit und Würde des Menschen willen

Die Altenbildung ist ein künftig zunehmend wichtiger werdender Bereich der Gemeindepädagogik. Ein Blick auf die gegenwärtige Realität kirchlicher Altenbildung macht bewusst, dass noch einiges an Entwicklungsarbeit ansteht, um den Schritt von einer »Altenarbeit« hin zur »Altenbildung« konsequent zu vollziehen.
- In der konkreten Umsetzung wird christliche Gemeinde sich dabei als ein Ort zu bewähren haben, an dem ältere und alte Menschen als Ebenbilder Gottes jenseits von gesellschaftlichen Zwängen in Freiheit und Würde alt werden und alt sein können.
- Soweit die Formen des Lernens und der Bildung noch in starkem Maße von Wissensvermittlung und Belehrung bestimmt sind, gilt es, diese in Richtung auf Begleitung, Beratung und gemeinsames Lernen zu transformieren.

---

[55] *E. Eichhorn-Kösler/B. Kraus*, Interessen, aaO., 267f.

- Die Bildungsbedürfnisse und das Subjektsein der älteren Menschen sind bei allen Bemühungen als wesentliche Kriterien im Auge zu behalten.
- Die Kirchengemeinden werden ihre Leitbilder im Blick auf die Menschen im Dritten und Vierten Alter neu zu bedenken und zu erweitern haben.[56]
- Im Interesse einer guten Qualität wird es sich im Blick auf eine Reihe von Angeboten als sinnvoll erweisen, über die einzelne Kirchengemeinde hinaus-zugehen, in einem Verbund von mehreren Kirchengemeinden zu kooperieren und weitere kirchliche Einrichtungen (Kirchenkreis, regionale Bildungshäuser etc.) in die Altenbildung einzubeziehen.
- In der Altenbildung liegt auch für Gemeindepädagoginnen und Gemeindepä-dagogen ein wichtiges Arbeitsfeld.
- Für den Bereich ist insgesamt eine entsprechende Aus-, Fort- und Weiterbil-dung von haupt- und ehrenamtlich Mitarbeitenden wichtig.[57]

Literatur

Blasberg-Kuhnke, Martina/*Wittrahm*, Andreas (Hrsg.), Altern in Freiheit und Würde. Handbuch christliche Altenarbeit, München 2007.

Deutsche Evangelische Arbeitsgemeinschaft für Erwachsenenbildung (Hrsg.), Kräfte wahr-nehmen – Übergänge gestalten. Bildungsarbeit mit Älteren (Forum Erwachsenen-bildung. Beiträge und Berichte 2006, 1), Frankfurt a.M. 2006.

Evangelische Erwachsenenbildung Niedersachsen (Hrsg.), Späte Freiheit Ruhestand – Älterwerden als Aufgabe und Abenteuer. Zwölf Themen für die Bildungsarbeit mit Menschen im dritten Lebensabschnitt, Hannover 2003.

Gäbler-Kaindl, Christa, Frauenmorgen. Aufbrüche in eine christliche Alterskultur, Stuttgart 2005.

Kade, Sylvia, Altern und Bildung. Eine Einführung, Bielefeld 2007.

Kunz, Ralph (Hrsg.), Religiöse Begleitung im Alter. Religion als Thema der Gerontologie, Zürich 2007.

---

[56] S. die Projektbeschreibungen bei *Diakonisches Werk der EKiR u.a.*, Evangelisches Zentrum für Innovative Seniorenarbeit, Düsseldorf ²2007 (www.zentrum.evangelische-seniorenarbeit.de).

[57] Dazu siehe das Qualifizierungsprojekt: *Evangelisches Erwachsenenbildungswerk Nord-rhein* (Hrsg.), Aufwind, Düsseldorf 2006.

22. Roland Rosenstock
Lernort Internet

Die Funktion der Medien kann in der praktisch-theologischen Theoriebildung unter dem Aspekt ihrer psychologisch-kommunikativen Bedeutung für den Einzelnen beschrieben werden, dann tritt besonders der Unterhaltungs- oder Verkündigungsaspekt in den Vordergrund. Aus der Perspektive der Religionspädagogik ist eher die gesamtgesellschaftliche Aufgabe der Medien von Bedeutung, d.h. ihre kommunikativ-bildende Funktion.

Das Internet bietet auch einzelnen Ortsgemeinden neue Möglichkeiten der Öffentlichkeitsarbeit: Immer mehr Gemeinden sind Online erreichbar und bieten so eine Anlaufstelle für Gemeindemitglieder, für Zugezogene und Suchende. Informationen über die neuesten Ereignisse, Einladungen etc. werden oft in Text- und Bildform präsentiert, dagegen bieten Chats und Foren die Möglichkeit eines intensiven Austausches von Gruppen über religiöse sowie soziale Themen. Zudem können lokal stark gesplitterte Gemeinden sich über das Internetangebot vernetzen. Doch dienen de meisten Seiten eher der Information denn einer mediengemäßen Kommunikation, die sich an den Bedürfnissen der Zielgruppen orientiert.

0. Einführung: Internet und Gemeinde

In Anlehnung an den Kieler Religionspädagogen *Reiner Preul* wird daher die These vertreten, dass die Medien als Bildungsinstitution beschrieben werden können: »Kirche und moderne Medien lassen sich institutionentheoretisch unter einen gemeinsamen Begriff bringen: den der Bildungsinstitution. Bildungsinstitutionen sind alle Institutionen, die sich auf das Erleben und Bewusstsein der Menschen mit den Mitteln der Sprache, der Kunst, des Spiels oder auch des Ritus beziehen, es darstellen und dadurch bilden.«[1]

Auch wenn das Fernsehen gegenwärtig noch seine Stellung als Leitmedium im crossmedialen Medienensemble behauptet, wird es in wenigen Jahren vom Internet abgelöst werden. Dazu sei auf die aktuelle Digitalisierung und Zusammenfügung der unterschiedlichen Medienformate im Netz verwiesen.[2] Mit web 2.0 hat ein neues Medienzeitalter begonnen, in dem Internetplattformen wie »YouTube« bzw. das Erstellen sowie Versenden von »Videocasts« für Jugendliche spannender sind als jedes Musikvideo auf MTV oder VIVA.

---

[1] *R. Preul*, Religionskultur und Medienkultur. Eine Verhältnisbestimmung, in: *W. Gräb/B. Weyel* (Hrsg.), Praktische Theologie und protestantische Kultur, Gütersloh 2002, 364–376.

[2] *R. Rosenstock/U. Hahn*, Art. Medien, in: TRT, Bd. 2, Göttingen ⁵2008, 765–769.

Die neue »Handygeneration« verfügt nicht nur über hochwertige Digitalkameras, sondern auch über leistungsfähigere Internetzugänge. Ebenso wird durch die Entwicklung von portablen Multimediageräten der Siegeszug des World Wide Web beschleunigt. So wächst dem Medium Internet eine zentrale Bildungsfunktion zu. Es wird nicht mehr nur als Wissens- und Recherchemedium in den Schulen eingesetzt, sondern auch in den privaten Haushalten und am eigenen Körper immer verbreiteter sein.

Das Internet ermöglicht es Menschen, miteinander in Kontakt zu treten, etwa über Blogs, Wiki's oder Foren. Es werden Gemeinschaften gebildet, die sich in so genannten Online-Communities organisieren. Auch nach religiösen Inhalten wird gesucht und was die meisten Menschen heute über Religionen und den Glauben wissen, erfahren sie zunehmend durch eine Suchanfrage bei »Google«. Der Bildungsinstitution »Kirche« kommt in der Medienentwicklung die Aufgabe zu, die Kommunikation über die Religion bzw. das christliche Wirklichkeitsverständnis zu ermöglichen und zu verbessern.

Die Evangelische Kirche hat die Chance erkannt, für bestimmte Zielgruppen religiöse Websites zu entwickeln, die für das Konzept einer medienerfahrenen Gemeindepädagogik eine hohe Relevanz besitzen. Dabei besteht das Ziel darin, die Menschen zu einem eigenständigen Nachdenken und Sprechen über Religion herauszufordern, Medieninhalte zu produzieren und gesellschaftsrelevant in Umlauf zu bringen. In Chats und auf Communityseiten entstehen »soziale Welten«, in denen die Teilnehmer zusammen spielen können oder gemeinschaftlich Probleme lösen. *B.-M. Haese* bemerkt dazu: »Die Gemeinschaft als konstituierende Größe jeder Glaubensinstitution kann man auch im Internet ausfindig machen, sofern man dessen Kommunikations- und Gesellschaftsformen überhaupt als Gemeinschaft anerkennt.«[3]

1. Zielgruppe Kinder: www.kirche-entdecken.de

In der Gemeindepädagogik werden in der Arbeit mit Kindern bislang vor allem das Buch, das Hörspiel oder das Medium des Kinderfilms erfolgreich eingesetzt. Ihre Popularität ist ungebrochen. Inzwischen sind aber auch erste religiöse Computerspiele entwickelt worden, die Kinder spielerisch mit dem Leben Jesu oder der Zeit des Alten Testaments in Kontakt bringen. Im Internet können die Kinder die interaktiven Möglichkeiten des Mediums nutzen, die sie zu eigenem Handeln anregen.

1.1 Medienverhalten von Kindern

Dreiviertel aller Kinder verfügen über einen Zugang zu einem Computer. 45 % der 6- bis 12-Jährigen verfügen über einen Internetanschluss zu Hause, das sind

---

[3] Vgl. *B.-M. Haese*, Art. Internet, in: *W. Gräb/B. Weyel* (Hrsg.), Handbuch Praktische Theologie, Gütersloh 2007, 310–321, hier: 316.

2,7 Millionen Kinder in Deutschland. Und 20 % der 6- bzw. 7-Jährigen nutzen ihn auch. Bei den 8- bis 9-Jährigen sind es 30 % und bei den 10- bis 11-Jährigen sogar 60 %.[4] Längst haben die erfolgreichen Kindersender »Super RTL« und »KI.KA« ihr Internetangebot für die Allerkleinsten (toggolini.de) und die Grundschulkinder (kika.de und toggo.de) ausgebaut. Mit dem »Netz für Kinder« (www.fragfinn.de) stehen den Kirchengemeinden und den Grundschulen ausgewählte Kinderseiten zur Verfügung. Da die Seiten von der Wirtschaft und jugendschutz.net auf gefährliche Inhalte vorgeprüft werden, bewegen sich die Kinder in einem gesicherten Surfraum.

www.kirche-entdecken.de ist das erste Internet-Angebot der Evangelischen Kirchen für Kinder im Grundschulalter bis zu zehn Jahren[5]. Kinder lernen den Kirchenraum als Erlebnisraum kennen. Kreativität und Medienkompetenz werden gefördert, Wissen über den christlichen Glauben wird spielerisch vermittelt.

Die Seite ist unter anderem für die Arbeit mit Kindern in der Gemeinde entwickelt worden. Klassische Education- bzw. gemeindepädagogische Inhalte werden dabei mit Entertainment- also Unterhaltungsformaten (Spiele, Web-Filme, Downloads, Communitybildung etc.) verbunden (Edutainment).[6]

Neben religiösen Basisinformationen steht vor allem die Vermittlung von biblischen Geschichten im Vordergrund, deren Auswahl sich am Kirchenjahr orientiert. Zentraler Charakter ist dabei »Kira, die Elster«. Sie informiert, hilft und begleitet die jungen Benutzer auf ihrem Weg durch die virtuellen Kirchenräume. Von Anfang an ist ein Besuch der Seite ohne Lesefähigkeit möglich, da alle Texte von einem professionellen Sprecher vorgelesen werden. Alle Menü-Funktionen sind mit Sprecherstimmen hinterlegt, navigiert wird über Symbole, nicht über Schlagworte.

1.2 Interaktive Räume

Die Kinder können neun Räume entdecken. Mit Hilfe der multimedialen Interaktionsfunktionen können sie eigenständig agieren. Die Navigation erfolgt denkbar einfach: Die Symbole am unteren Rand führen in alle Räume der Kirche. Mit ihnen kann man schnell zwischen den Räumen wechseln. Die Symbole an der

---

[4] Vgl. *G. Frey-Vor/G. Schumacher* (Hrsg.), Kinder und Medien 2003/2004, Baden-Baden 2006.

[5] S. dazu *R. Rosenstock/J. Haberer/M. Strecker/J. Neukirch,* Kirche entdecken. Kira und Benjamin führen auf einer spannenden Entdeckungsreise durch Kirchenraum und Bibel, Stuttgart 2007; *R. Rosenstock/M. Birgden/O. Tesmer,* Kirche entdecken. Unterwegs mit Kira Elster und Otmar Eule, Gütersloh 2008.

[6] Entwickelt wurde und betreut wird www.kirche-entdecken.de von *Johannes Neukirch* (Hannover), *Roland Rosenstock* (Greifswald) und *Marius Strecker* (München). Realisiert wurde das Kinderportal von der Agentur Kerygma (Köln). Im Jahr 2007 wurde die Seite mit dem silbernen WebFish (EKD und GEP) und dem »Erfurter Netcode« als qualitativ hochwertiges Angebot für Kinder ausgezeichnet.

linken Seite geben weitere Informationen und Hilfen, etwa Tipps für die Navigation, Surftipps zu anderen kindgerechten Angeboten, und sie können die Elster bzw. die Töne stumm schalten.

- Ausgangspunkt bildet der *Hauptraum* der Kirche, von hier aus kann man alle anderen Räume erkunden. Über einen Postkasten können E-Mails an »Kira« versandt werden, die von der Onlineredaktion beantwortet werden.
- Das *Lesezimmer* bewohnt die Kirchenmaus »Benjamin«. Das Bücherregal ist in verschiedene Genres eingeteilt (z.B. Geschichten, Witze, Bastelanleitungen, Rezepte etc.). Über einen Beamer können biblische Bildergeschichten auf einer sich ausrollenden Leinwand angeschaut werden.
- Im *Kellergewölbe* können sich die Kinder zwischen einer interaktiven Meditationsecke und einem Spielebereich entscheiden. Mit dem verwirrten Archäologieprofessor Lausig kann man ein Symbol-Memory spielen oder eine Zeitmaschine betreten, die die Kinder in die Zeit des Mose entführt. In Form eines Frage- und Antwortspieles wird hier ihr Wissen über die »Zehn Gebote« getestet.
- Im *Schreiberzimmer* entdecken die Kinder die biblischen Welten. Je nach der Zeit im Kirchenjahr begegnen sie einer zentralen Erzählung aus dem Alten bzw. Neuen Testament. Sie erhalten Informationen über die Menschen, die zur Zeit Jesu gelebt haben.
- Kira musiziert mit Benjamin im *Orgelzimmer*. Durch Anklicken kann man neue Instrumente hinzufügen. Die User können so das »Kindermutmachlied« mit verschiedenen Instrumenten spielen.
- Der *Traumhimmel* ist ein kreativer Ort. Hier können eigene Sterne beschriftet bzw. ausgemalt und in den Himmel geschickt werden. Daneben gibt es Lieder und Geschichten zu Engeln und Himmelsgestirnen, die durch ein Fernrohr betrachtet werden.
- Das *Küsterzimmer* enthält viele Informationen zum Kirchenjahr und den christlichen Festen. Im Küsterschrank befinden sich zwei Talare und liturgische Geräte. Sie verweisen auf den Gottesdienst. Zu bestimmten kalendarischen Ereignissen findet man die Gegenstände im Hauptraum.
- Der *Altarraum* enthält zwei Videofilme: Den Kindern werden die Sakramente »Taufe« und »Abendmahl« erklärt. Über das Kreuz können Segenswünsche als E-Cards versandt werden (zu Kirchlichen Feiertagen, Reisezeit, Krankheit).

1.3 Interaktiver Adventskalender

Mit einem interaktiven Online-Adventskalender können sich die jungen Besucher/innen auf Weihnachten einstimmen. Der Kalender startet jährlich am ersten Dezember mit einem eigenen Feld auf der Startseite und reicht bis zum 25. Dezember.

Auch hier wird über die Gegenstände im Bild navigiert. Alle Texte werden von einer professionellen Sprecherin vorgelesen. Jeden Tag kann ein kleines Päckchen angeklickt und die Weihnachtsgeschichte nacherlebt werden. Wissenswertes aus der »Zeit Jesu« fließt nebenbei in den Adventskalender ein (etwa über die »Römer als Besatzungsmacht« oder das »Leben der Menschen zur Zeit Jesu«). Die begleitenden Themen sollen die Weihnachtsgeschichte ergänzen und die zeitliche und kulturelle Distanz zwischen dem Jahr Null und unserer Gegenwart verdeutlichen, aber auch überbrücken helfen.

2. Zielgruppe Konfirmandinnen und Konfirmanden: www.konfiweb.de

Aufgrund der multimedialen Möglichkeiten eröffnen sich für die Gemeindepädagogik neue Möglichkeiten, wenn die Lebenswelt der Konfirmanden und ihr Medienverhalten in den Unterricht integriert werden. So können biblische Erzählungen durch Symbolbilder nachgestellt oder mit einfachen Comicprogrammen nachbearbeitet werden. Im Internet bietet sich vor allem die Chance, eine zeitlich begrenzte Community zu bilden, die sich über ihren Konfirmandenstatus identifiziert.

2.1 Medienverhalten von Jugendlichen

Das Konfirmandenalter zeichnet sich durch eine intensive Peer-Group-Orientierung aus. Dabei spielen das Internet und vor allem das Handy eine große Rolle, das von den Kindern heute als so unentbehrlich empfunden wird wie früher die »Armbanduhr«.[7] Das Handy ist kein »Telefon« im klassischen Sinne, sondern Netzwerk, Uhr, Wecker, Filmkamera, MP3-Player, Fernsehen, Lebenshilfe, Garant für Erreichbarkeit, Technikspaß und eine kommunikative Textmaschine (SMS).

Über das Handy wird in Zukunft zunehmend mehr der Zugang zum Internet erfolgen. Eine altersadäquate Jugendarbeit wird daher Konzepte zu entwickeln haben, die das Handy als medialen »Körperteil« der Jugendlichen und technisches Allroundtalent in die gemeindepädagogische Arbeit mit einbeziehen.

Die Internetnutzung von Jugendlichen hat in den letzten Jahren rasant zugenommen. Deshalb muss sich die Gemeindepädagogik der Frage stellen: »Was wollen Jugendliche im Internet nutzen und wo liegen ihre Präferenzen?«

---

[7] 92 % aller Jugendlichen besitzen mindestens ein Handy (JIM 2006, 46). Die Studie »Jugend, Information, (Multi-)Media« wird jährlich durch den Medienpädagogischen Forschungsbund Südwest durchgeführt. Sie stellt eine Basisuntersuchung der Jugendlichen zur Mediennutzung im Alter von 12 bis 19 Jahren dar.

455

Laut der aktuellen Studie der Europäischen Interaktiven Werbevereinigung (EIAA) sind Jugendliche besonders an folgenden Inhalten interessiert (Quelle: www.eiaa.net):

- Suchen von Informationen   87 %
- Schreiben von E-Mails   81 %
- Kommunikation über »social network sites«   42 %
- Chatprogramme (Instant Messaging)   37 %
- Musik laden   31 %
- Videoclips anschauen   30 %

Hier wird deutlich, dass bei Jugendlichen die Kommunikation mit Gleichaltrigen eine entscheidende Rolle spielt. Seiten wie »knuddels.de« oder »schuelervz.net« haben enormen Zulauf. Dort können Jugendliche mit Gleichaltrigen und Gleichgesinnten chatten, kommunizieren, Interessengruppen gründen, Informationen austauschen usw. – Nichtkommerzielle Plattformen, d.h. Seiten, die ein ähnliches, werteorientiertes Angebot an Kinder machen wollen, haben es schwer, hier an Boden zu gewinnen. So ist etwa die Internetseite »KiJuChat« nur an bestimmten Tagen und zu bestimmten Zeiten zugänglich.

2.2 Web-Community

Konfiweb.de ist eine Seite, die speziell für Jugendliche im Konfirmandenunterricht entwickelt wurde. Ihr Ziel ist es, sowohl den Konfirmanden eine Hilfe bei wichtigen Fragen und Problemen zu sein, als auch die Konfirmandenarbeit vor Ort zu unterstützen. Es ist eine Web-Community, die Glaubensthemen aus der Lebenswelt der Jugendlichen aufgreift, sie für Jungen und Mädchen zielgruppenadäquat aufarbeitet und »Konfis« aus einer Region bzw. deutschlandweit miteinander in Kontakt bzw. ins Gespräch bringt. So lernen die Jugendlichen die religiösen Dimensionen ihres Lebens kennen und können sich mit ihren Erfahrungen einbringen.

Die beliebtesten Seiten auf Konfiweb sind neben den Gruppen-Seiten und einzelnen Steckbriefen vor allem die Spezialseiten zur Konfirmation, der Konfi-Check und die Konfi-Sprüche. Die 14- bis 16-Jährigen können sich auf Konfiweb eine eigene Steckbriefseite einrichten und diese individuell gestalten (z.B. mit einem Gästebuch). Neben ihrem Spitznamen können sie auch ein Profil von sich erstellen, in dem sie einen Charakter auswählen, den sie darstellen möchten. In verschiedenen Rubriken wie »Gefühle« oder »Interessen« kann die Konfiweb-Gemeinschaft mehr über den Seiten-Inhaber erfahren. In Foren, in denen über aktuelle oder zeitlose Themen diskutiert werden kann, hat jeder die Möglichkeit, seine Meinung zu äußern und Fragen zu stellen. Dabei gibt es vier bewusst allgemein gehaltene Bereiche: – *Hilfe! Wie geht das? – Dies & Das – Familie, Freundschaft, Beziehung – Kirche, Glauben, Konfirmation.*

Jedes Mitglied kann ein neues Thema eröffnen. Neue Beiträge zu beobachteten Themen werden per E-Mail mitgeteilt. Das Forum wird von der Konfiweb-

Redaktion betreut. Die Moderation einzelner Diskussionen kann den Konfiweb-Mitgliedern übertragen werden. Neben den Foren, gibt es ein internes E-Mail-Programm zum Nachrichtenaustausch sowie die Möglichkeit, elektronische Postkarten (E-Cards) zu verschicken. So kommunizieren die Konfis untereinander, gleichzeitig ist das Eindringen von unerwünschten Spam-Mails oder Viren nicht möglich. Ein Adressbuch erleichtert die Verwaltung der konfiweb-Kontakte.

2.3 Konfi-Stadt

Um andere Konfis zu finden, die vielleicht ähnliche Interessen haben, kann man Gruppen gründen oder ihnen beitreten. Sie stehen unter einem bestimmten Motto und sind in der »Konfi-Stadt« angesiedelt. Jede Gruppe verfügt über eine eigene, selbst gestaltbare Gruppenseite. Mitglieder können eigene Fotos hochladen, über die Aufnahme neuer Mitglieder bestimmen oder Grüße im Gruppen-Gästebuch hinterlassen. Durch die freien Gestaltungsmöglichkeiten eignen sich die Gruppenseiten, um die Ergebnisse einer Konfi-Freizeit oder eines Wochenendes im Internet zu präsentieren.

In der virtuellen »Konfi-Stadt« werden die Konfirmandinnen und Konfirmanden zum Austausch eingeladen. Je nach Interessenlage können sich die Jugendlichen im Gemeindehaus, im Eiscafé, im Future-Lab, auf dem Skateplatz oder auf dem Sportfeld treffen, sich zu einer Gruppe zusammenschließen oder sich in eine andere Gruppe aufnehmen lassen. Die Konfiweb-Nutzer können durch ihre Stadt laufen und an den verschiedenen Plätzen nachsehen, was sich dort so tut oder ob sich etwas verändert hat. Informationen und Tipps zur Konfirmation oder zum Thema Glaube, Kirche Religion, erhält man ebenfalls regelmäßig auf dieser Seite, gerade auch bei aktuellen Anlässen, wie Feier- oder Gedenktagen.

2.4 Professionelle Ansprechpartner in der Zeit der Pubertät

Bei der Aktion »du-fragst-wir-antworten« kann man all seine Fragen loswerden, die von Pfarrerinnen und Diakoninnen und anderen »Experten« beantwortet werden. Für Probleme steht eine Online-Seelsorge zur Verfügung, die von Pfarrerinnen betreut wird. Über ein Mail-Formular kann sich der Jugendliche an sie wenden. Natürlich gelten hier die gleichen Regeln wie für die direkte Seelsorge: Das Angesprochene bleibt vertraulich, auf Wunsch ist die Anonymität des Ratsuchenden gewährleistet. Ca. 40 Mail-Anfragen erreichen z.Zt. die Online-Seelsorge durchschnittlich pro Monat.

Sofern bei der Registrierung das Datum der Konfirmation angegeben wurde, wird zwölf Wochen vor diesem Datum der »Konfi-Countdown« gestartet. Die Jugendlichen erhalten auf der Startseite individuelle Impulse und Tipps, z.B. für die Wahl des Konfirmationsspruchs, für die Gestaltung ihrer Konfirmationseinladungen oder für die Feier ihres großen Festes. Der Konfi-Countdown ist abgestimmt auf häufige Fragen, die konfiweb.de regelmäßig vor den Konfirmationsterminen im Frühjahr erreichen (»Hilfe, was soll ich in meine Einladungen schreiben?« – »Wisst ihr einen guten Konfi-Spruch für mich?«).

3. Zielgruppe Medioren »59plus«: www.unserezeiten.de

Wie im Jugendbereich muss heute auch von verschiedenen »Alterskulturen« ausgegangen werden. Für einen großen Teil dieser Gruppe gehören die sog. Neuen Medien zu ihrer Lebensgestaltung nach dem Übergang vom Berufsleben in den »Ruhestand« dazu. Aufgrund des demographischen Wandels wächst diese Gruppe weiter an, sie identifiziert sich in den Gemeinden aber nicht mit den »Senioren«, sondern engagiert sich bislang vor allem als Ehrenamtliche. Im Rahmen eines EKD-Projektes wird zurzeit ein umfassendes Partizipationsportal im Internet konzipiert.[8] Hierbei sollen sich sowohl Gruppen »vor Ort« konstituieren als auch eine virtuelle Community entstehen.

3.1 Die Mediennutzung älterer Personen

Studien haben ergeben, dass in dem Alterssegment der heutigen 59- bis 69-Jährigen die Gruppe der Internetnutzer am stärksten wächst. Eine Altersgruppe, die sich in den letzten Jahren stark verändert hat. Sie ist bereits mit modernen Medien aufgewachsen und der Umgang mit dem Internet ist vielen vielleicht schon aus dem beruflichen Leben vertraut: 60 % der 50- bis 59-Jährigen nutzen mittlerweile regelmäßig das Internet und werden in näherer Zukunft in den Bereich der Zielgruppe für 59plus liegen. Auch von den über 60-Jährigen benutzen immerhin heute schon knapp 20 % das Internet.[9] Diese Gruppe wird weiter anwachsen und sich mehr und mehr das Internet für die Bedürfnisse der dritten Lebensphase erschließen.

3.2 Partizipation

Das angestrebte Portal stellt in seiner bisherigen Ausrichtung eine Neuerung im nicht-kommerziellen Bereich der Internetangebote für Ältere dar und wird mit seiner Struktur und einem klaren evangelischen Profil eine neue Internetanwendung hinsichtlich (inter-)aktiver Teilhabe für diese Altersgruppe darstellen. Dabei werden auch wesentliche Einsichten der Geragogik in das Konzept integriert. Die Themenbereiche werden – von ihrer Anlage her – die Kommunikation eines christlichen Wirklichkeitsverständnisses aus evangelischer Perspektive heraus eröffnen. Das Portal folgt dem Gedanken der Partizipation: Menschen der Ziel-

---

[8] Die Seite geht im Herbst 2008 online und wird von den Landeskirchen in Bayern, Hannover, Baden und der EKD verantwortet. Neben den großen diakonischen Trägern und Medienverbänden wird die Seite auch von Medienpartnern und Unternehmen unterstützt. Die wissenschaftliche Begleitung erfolgt an der Universität Greifswald.

[9] *B. van Eimeren/B. Frees,* Internetzung zwischen Pragmatismus und YouTube-Euphorie. ARD/ZDF-Online-Studie 2007, in: Media Perspektiven 8/2007, 362–378.

gruppe 59plus sollen sich aktiv beteiligen können und eine Community bilden, mit der sie selbst zum Mit-Betreiber des Portals werden, um es nach ihren Wünschen und Bedürfnissen mit zu gestalten und so auszurichten, dass es auch noch im fortgeschrittenen Alter nutzbar ist. Im Mittelpunkt stehen insbesondere die Communitybildung, Partizipation und Kreativität, ebenso Inhalte und Austausch in Form modularisierter Bausteine. Evangelische Anbieter stellen den Nutzern gezielte Informationen zur Verfügung und bieten eigene Treffpunkte an.

Bei 59plus, sollen die Teilnehmer sich ihre Themen, die sie interessieren, selbst aussuchen, sie redaktionell bearbeiten und auf der Seite einbringen dürfen. Sie agieren also als Autor und Experte ihres eigenen Themas und sind dafür verantwortlich.

Die Grundelemente, aus denen das Portal besteht, sind thematisch eingegrenzte Treffpunkte, wie »Treffpunkt Gesundheit«, »Treffpunkt Spiritualität« oder »Treffpunkt Wohnen im Alter« etc. Eine grundsätzliche Limitierung der Anzahl der Treffpunkte ist nicht vorgesehen, sie können ständig eröffnet oder geschlossen werden. Für jeden Treffpunkt wird es einen Experten geben, der als »Lotse« auftritt und den jeweiligen Treffpunkt betreut. Er beantwortet Fragen der User und kümmert sich um die Chats und Blogs.

Die Treffpunkte dienen den Usern dazu, sich auf verschiedenen Ebenen mit einem Thema zu beschäftigen. Sie finden Informationen, Dokumente und vor allem Gleichgesinnte bzw. Betroffene, mit denen sie per Chat, Foren oder Blogs kommunizieren und zu jedem Thema selbst Material, wie Bilder oder Videos beisteuern können.

Die Personalisierung soll zu einem Profil erweiterbar sein. Die User haben also zum einen die einfache Möglichkeit, sich anzumelden, um bestimmte Funktionen nutzen zu können. Zum anderen haben sie die Möglichkeit, von sich selbst ein ausführliches Profil anzulegen (mit Bild, Adresse, Hobbys etc.).

Die Treffpunkte sind in sich modular aufgebaut und jeweils aus verschiedenen Elementen zusammengesetzt. Ein Modul ist z.B. die »Lotsenstation«, in der die Lotsen sichtbar sind, oder der Forenbereich. Die für die jeweiligen Treffpunkte zuständigen Lotsen können ihren Treffpunkt aus den zur Verfügung stehenden Containern beliebig zusammensetzen. So soll erreicht werden, dass die Treffpunkte alle ähnlich aussehen, trotzdem aber verschiedene Funktionen und Umfänge haben können.

Eine wichtige Rolle spielt das Design. Durch den modularen Aufbau kann sich der User in allen Treffpunkten intuitiv zurechtfinden. Auf der Startseite sollen, neben der allgemeinen Bezeichnung der Seite, nur die thematischen Bezeichnungen der vorhandenen Treffpunkte erscheinen. Sie sind über Symbolbilder ansteuerbar. Wählt man dann einen Treffpunkt aus, erscheint auf der Folgeseite die Struktur dieses Treffpunkts, die aus den jeweiligen Modulen (Containern) besteht.

4. Weitere Internetseiten

4.1 www.youngspirix.de

Im Mittelpunkt stehen hier Kommunikation, Information und Beratung für Jugendliche und Mitarbeiter der evangelischen Jugendarbeit. Hier können Fragen zum Glauben gestellt, Texte zur Bibel und zu eigenen Gedanken u.ä. selbst verfasst und veröffentlicht werden oder auch als E-Cards an Freunde verschickt werden.

Das Portal nutzt vor allem die crossmedialen Möglichkeiten des Mediums Internet. In einem persönlichen »Blog« (Webtagebuch) hat jeder angemeldete User die Möglichkeit über all das zu schreiben, was ihn interessiert oder was es vielleicht für Neuigkeiten gibt. Neben dem *Blog* und dem Gästebuch gibt es unter der Rubrik namens »you&me« auch Youngspirix-Chats und -Foren. Ebenso können *Podcast* hochgeladen und angehört werden.

Wenn man Lust hat, sich einmal journalistisch zu betätigen, besteht z.B. die Möglichkeit, Trendscout oder Redakteur*in* zu werden:

Ein weiteres Highlight stellt »der Raum der Stille« dar, in dem der User kleine Gedichte, kurze Gedanken oder nachdenkenswerte Texte aufschreiben kann. Sie können zusammen mit einem Bild als *E-Card* verschickt werden. Im Webbereich »Herz und Seele« kann man sich *seelsorgerlich* beraten lassen, Kontakte zum Jugendtelefon aufnehmen oder aber auch an einem Aufklärungsquiz der Diakonie teilnehmen, in dem zum Beispiel Fragen über »Schwangerschaft und Verhütung« gestellt werden. Im Bereich »Life and Style« findet man Beiträge und Artikel zu eigentlich allem, was Jugendliche interessiert: Trends, Kultur, Sport, Lernen, Ökologie, Jugendarbeiter*in* usw. Es gibt zahlreiche Projekteinladungen, an denen sich Jugendgruppen beteiligen können.

Neben dem Aufklärungsquiz, gibt es weitere Angebote, sich spielerisch zu betätigen und gleichzeitig sein Wissen rund um Religion, Glaube und Geschichte zu erweitern. Hier stehen die EKD-Spiele zur Verfügung.

Im Webbereich »Himmel und Erde« befindet sich die *Losung* für den jeweiligen Tag und der Monatsspruch mit einem Bild sowie Gedanken dazu, dass Jugendliche ebenfalls zum Nachdenken angeregt werden oder sogar eine eigene Andacht gestalten. Außerdem finden sich Links, wie z.B. zu »BasisB« (Jugendbibel der Deutschen Bibelgesellschaft) oder »Konfiweb« und zu den »Webandachten«. Im Webbereich »Dates und Events« können die Jugendlichen ihre eigenen Veranstaltungen eintragen und sich über Veranstaltungen informieren.

4.2 Kircheneintritt und Seelsorge

Eine kirchliche Imageseite, die *zum Kircheneintritt motivieren* will und viele Informationen rund um die Bedeutung des Glaubens im Lebenslauf bereithält, bietet www.evangelisch-das-ganze-leben.de. Hier erzählen Menschen in unterschiedlichen Lebenslagen von ihren Erfahrungen mit Kirche. In kurzen Filmsequenzen bekommen Besucher der Seite einen Einblick in das vielseitige Engagement der Gemeinden von der Geburt bis zur Bestattung.

Das Ziel, seelsorgerische Hilfe zu leisten, verfolgen www.kummernetz.de und www.trauernetz.de. Die Angebote richten sich an Erwachsene, Jugendliche und Kinder. Neben zahlreichen Tipps und Links, die an Institutionen verweisen, wird versucht, auch über das Internet Hilfe zu leisten. Dabei kommt die gegenseitige Hilfestellung der User durch persönlichen Chat bzw. E-Mail-Austausch oder der Kontakt mit dem Online-Seelsorger in den Blick.

5. Fazit

»Spielend begreifen« ist eigentlich das Stichwort für »kirche-entdecken«. Die Seiten sind hier optimal auf das Surfverhalten der Kinder angelegt. Spielerisch lernen Kinder nicht nur den christlichen Glauben kennen, sondern auch viel über die Bibel, die Kirche und die geschichtlichen Hintergründe. Kreativität und Medienkompetenz der Kinder werden ebenfalls gefördert und die Kinder erleben, dass es in der Kirche viel zu entdecken gibt!

Die vorgeschlagenen Spiel- und Bastelideen lassen sich ebenso wie die Vorlesegeschichten gut in die Gemeindearbeit integrieren. Es gibt viele weitere Anregungen, wie man Kinder, ohne dass sie den Spaß an der Sache verlieren, fördern und fordern kann (z.B. mit einer Geschichte zum Weiterschreiben oder einer Entdeckungstour durch den [realen] Kirchenraum).

In gemeindepädagogischer Hinsicht sind besonders die Verknüpfungen mit dem Kirchenjahr zu nennen. Über eine Datenbank werden je nach Kirchenjahreszeiten und Festtagen zusätzliche Inhalte und Symbole eingeblendet. So steht zum Advent plötzlich ein Tannenbaum im Kirchenraum oder zu Karfreitag ist das Kreuz von einem schwarzen Tuch verhüllt. Wenn die Kinder die entsprechenden Symbole anklicken, entdecken sie Wichtiges zu den Ereignissen der Feste, Ritualen und Kasualien.

Nicht zuletzt soll noch erwähnt werden, dass kirche-entdecken von vielen Kindern mit Migrationshintergrund, erstaunlicherweise auch mit muslimischer Herkunft, entdeckt und genutzt wird. Hier öffnet sich ein weites Feld der Gemeindearbeit, denn durch dieses Medium kommen Kinder mit der Kirche und ihren Inhalten in Kontakt, die ansonsten wohl nie eine Kirche betreten würden.

Jugendliche beschäftigen sich in ihrer Pubertät oft mit Fragen, die den Sinn des Lebens, ihren Glauben und ihre Selbstfindung betreffen. Eine sehr wichtige, gut aufgebaute und wertvolle Seite ist konfiweb.de. Hier gibt es verschiedene Themen zum Glauben, zur Schule und Ausbildung, zu Medien usw. Auch der kommunikative Bereich wird gepflegt. Es können eigene Seiten erstellt werden, es werden Foren angeboten, man kann Freunde finden und chatten.

YoungSprix.de, eine weitere Jugendseite der Arbeitsgemeinschaft der Evangelischen Jugend in der Bundesrepublik Deutschland e.V. (=aej) geht einen ähnlichen Weg, allerdings steht hier die interaktive Kommunikation noch stärker im Mittelpunkt.

Gemeindepädagogen sollten die Chance nutzen, ihre Jugendlichen in eine Community einzupflegen. Neben dem Austausch von Informationen zu aktuellen Ereignissen und Terminen, können sich ganze Jugendgruppen im Internet ein Gesicht und eine Identität schaffen. Man kann Lebens- und Glaubensfragen auf den Grund gehen, mit anderen Jugendlichen reden und diskutieren, wozu es manchmal gar nicht schlecht ist, wenn man sich nur über ein Pseudonym kennt. Auch geben selbst erstellte Seiten Jugendlichen die Möglichkeit, aktiv und kreativ zu werden, Andachten zu verfassen oder Jugendgottesdienste mitzugestalten.

Literatur

Feil, Christine/*Decker*, Regina/*Gieger*, Christoph, Wie entdecken Kinder das Internet?, Wiesbaden 2004.

Haese, Bernd-Michael, Hinter den Spiegeln. Kirche im virtuellen Zeitalter des Internet, Stuttgart 2006.

Rosenstock, Roland, Die Kirche und das Netz. Entmythologisierung und Kompetenzerwerb, in: *Haberer, J./Kraft, F.* (Hrsg.), Lesebuch Evangelische Publizistik (Christliche Publizistik Verlag 11), Erlangen 2004, 155–167.

Rosenstock, Roland/*Beck*, Klaus/*Schubert*, Christiane, Medien im Lebenslauf. Demographischer Wandel und Mediennutzung, München 2007.

Dritter Teil:
Anhang

23. Abkürzungsverzeichnis

1. Lexika, Reihen, Zeitschriften

AHRp	Arbeiten zur Historischen Religionspädagogik, Jena 2003ff.
AKZG	Arbeiten zur kirchlichen Zeitgeschichte, Göttingen
APrTh	Arbeiten zur Praktischen Theologie, Leipzig
ApuZ	Aus Politik und Zeitgeschichte. Beilage zur Wochenzeitschrift »Das Parlament«, Berlin
ARP	Arbeiten zur Religionspädagogik, Göttingen 1982ff.
AuG	Amt und Gemeinde, Wien 1949ff.
BSLK	Bekenntnisschriften der evangelisch-lutherischen Kirche, Göttingen 1930ff.
ChL	Die Christenlehre, Berlin, später Leipzig 1/1948–48/1995 (s.a. CRP, GPG)
CI-Informat.	Informationen des Comenius-Insitutes in Münster
CRP	Christenlehre, Religionsunterricht, Praxis, Leipzig 49/1996–57/2004
CR	Corpus Reformatorum, Berlin u.a. 1834ff.
DIFF	Deutsches Institut für Fernstudien, Tübingen
DtPf Bl	Deutsches Pfarrerblatt, Stuttgart u.a. 1897ff.
DWSt	Diakoniewissenschaftliche Studien, Heidelberg
EKL	Evangelisches Kirchenlexikon, Göttingen ^{2}1961ff., ^{3}1985ff., ^{4}19ff.
EvErz	Der Evangelische Erzieher, Frankfurt a.M. 1948ff. (s.a. ZPT)
EvKomm	Evangelische Kommentare, Stuttgart 1968ff.
GluL	Glaube und Lernen. Zeitschrift für theologische Urteilsbildung, Göttingen 1986ff.
GPG	Gemeindepädagogik Praxis, Leipzig 58/2005ff. (s. zuvor ChL, CRP)
GTA	Göttinger Theologische Arbeiten, Göttingen
HK	Herder Korrespondenz, Freiburg
HPTh	Handbuch Praktische Theologie, Gütersloh 2007.

JRP	Jahrbuch der Religionspädagogik, Neukirchen-Vluyn 1984ff.
KatBl	Katechetische Blätter, München 1875ff.
KESH	Korrespondenzblatt Evangelischer Schulen und Heime, Bielefeld 1960ff.
KU-Praxis	Für die Arbeit mit Konfirmandinnen und Konfirmanden, Gütersloh 1974ff.
LexRP	Lexikon der Religionspädagogik, 2 Bde., Neukirchen-Vluyn 2001
LS	Lebendige Seelsorge, Freiburg i.Br. 1950ff.
LThK	Lexikon für Theologie und Kirche, Freiburg u.a. [2]1957ff., [3]1993ff.
MPTh	Monatsschrift für Pastoraltheologie, Göttingen 1904ff.
ÖR	Ökumenische Rundschau
PF	Pädagogische Forschungen, Heidelberg 1957ff.
PGP	Praxis Gemeindepädagogik, Leipzig 58/2005ff.
PR	Pädagogische Rundschau
PTh	Pastoraltheologie, Göttingen 1981ff.
PTh heute	Praktische Theologie heute, Stuttgart/Berlin/Köln.
RGG	Die Religion in Geschichte und Gegenwart, Tübingen [3]1956–1965; Tübingen [4]1998–2005.
RpB	Religionspädagogische Beiträge
STh	Studien zur Theologie, Würzburg 1987ff.
ThLZ	Theologische Literaturzeitung, Leipzig 1876ff.
TLL	Theologie für Lehrerinnen und Lehrer, Göttingen 1999ff.
ThPr	Theologia Practica, Hamburg, später: Gütersloh 1966ff.
TRE	Theologische Realenzyklopädie, Berlin/New York 1976ff.
TRT	Taschenlexikon Religion und Theologie, Göttingen [4]1983, [5]2007.
VDWI	Veröffentlichungen des Diakoniewissenschaftlichen Instituts, Heidelberg 1989ff.
WA	M. Luther, Werke. Kritische Gesamtausgabe, Weimar 1883ff.
WATr	M. Luther, Werke. Tischreden
WJTh	Wiener Jahrbuch für Theologie, Wien 1996ff.

WPB	Westermann Pädagogische Beiträge, Braunschweig 1949ff.
WPKG	Wissenschaft und Praxis in Kirche und Gesellschaft, Göttingen 1970–1980.
WzM	Wege zum Menschen, Göttingen 1948ff.
ZfP	Zeitschrift für Pädagogik, Weinheim 1954ff.
ZNT	Zeitschrift für Neues Testament, Tübingen 1998ff.
ZPT	Zeitschrift für Pädagogik und Theologie. Der Evangelische Erzieher, Frankfurt a.M. 1998ff.
ZThK	Zeitschrift für Theologie und Kirche, Tübingen 1903ff.

2. Sonstiges

AEJ	Arbeitsgemeinschaft Evangelische Jugend
AT	Altes Testament
BDKJ	Bund der deutschen Katholischen Jugend
BFSFJ	Bundesministerium für Familie, Senioren, Frauen und Jugend
CI	Comenius-Institut Münster
CVP	Christlicher Verein der Pfadfinder
DEAE	Deutsche Evangelische Arbeitsgemeinschaft für Erwachsenenbildung
DEKT	Deutscher Evangelischer Kirchentag
DKV	Deutscher Katecheten-Verein
EAfA	Evangelische Arbeitsgemeinschaft für Altenarbeit in der EKD
EFH	Evangelische Fachhochschule
EKD	Evangelische Kirche in Deutschland
EKiR	Evangelische Kirche im Rheinland
EKU	Evangelische Kirche der Union
ELKB	Evangelisch-Lutherische Kirche in Bayern
KA	Konfirmandenarbeit
KU	Konfirmandenunterricht
LWB	Lutherischer Weltbund
NT	Neues Testament
PTI	Pädagogisch-Theologisches Institut
PTZ	Pädagogisch-Theologisches Zentrum
VELKD	Vereinigte Evangelisch-Lutherische Kirche Deutschlands

24. Verzeichnis der Mitarbeitenden

Adam, Dr. Dr. h.c. Gottfried, Professor für Religionspädagogik an der Universität Wien

Breit-Keßler, Dr. Susanne, Regionalbischöfin, Oberkirchenrätin im Kirchenkreis München

Bubmann, Dr. Peter, Professor für Praktische Theologie (Religions- und Gemeindepädagogik) an der Universität Erlangen-Nürnberg

Englert, Dr. Rudolf, Professor für Religionspädagogik an der Universität Essen

Grethlein, Dr. Christian, Professor für Religionspädagogik an der Universität Münster

Harz, Prof. Dr. Frieder, Professor für Religionspädagogik an der Evangelischen Fachhochschule Nürnberg

Hofrichter, Dr. Claudia, Referentin für Katechese und Meditation in der Diözese Rottenburg-Stuttgart

Lachmann, Dr. Dr. Rainer, Professor (em.) für Religionspädagogik an der Universität Bamberg

Mette, Dr. Norbert, Professor für Religionspädagogik an der Universität Dortmund

Rogall-Adam, Renate, Dipl.Päd., ehemals Lehrbeauftragte an der Evangelischen Fachhochschule in Hannover

Rosenstock, Dr. Roland, Professor für Praktische Theologie an der Universität Greifswald

Rusam, Dr. Dietrich, Privatdozent, ehemals Studentenpfarrer, jetzt Gymnasiallehrer in Bayreuth und Lehrbeauftragter an der Universität Bamberg

Schelander, Dr. Robert, Professor für Religionspädagogik an der Universität Wien

Schreiner, Dr. Martin, Professor für Religionspädagogik an der Universität Hildesheim

Schwab, Dr. Ulrich, Professor für Praktische Theologie und Religionspädagogik an der Universität München

Spenn, Matthias, Pfarrer und wissenschaftlicher Mitarbeiter am Comenius-Institut in Münster

Vorländer, Martin, Pfarrer und Referent der Regionalbischöfin im Kirchenkreis München

Wolff, Dr. Jürgen, Leiter des Evangelischen Bildungswerkes in Bayreuth

Zitt, Dr. Renate, Professorin für Religions- und Gemeindepädagogik an der Evangelischen Fachhochschule Darmstadt

25. Namenregister

26. Sachregister